Fit für das Büromanagement

Arbeitsbuch mit Lernarrangements für die berufliche Kompetenz

1. Auflage

Bestellnummer 327

verlag sol

1. Auflage 2014

ISBN 978-3-942264-32-7 – Bestellnummer 327

Pädagogisches Konzept:
Ulrike Brämer

Text:
Brämer/Bach/Blesius/Quint

Druck:
Caritas Werkstätten, St. Anna, 56766 Ulmen

www.sol-verlag.de
info@sol-verlag.de

Handhabung des Arbeitsbuches

Lern-situation

Das Arbeitsbuch enthält zwölf Lernsituationen, in denen Sie Ihre berufliche Handlungskompetenz erwerben. Die berufsorientierten Lernsituationen beinhalten jeweils mehrere Lernaufgaben; in der ersten Lernsituation eignen Sie sich grundlegende Lernstrategien an, die Sie in den folgenden Lernsituationen trainieren und festigen werden.

Warm-up

Die Lernsituation startet mit einem Warm-up. Dabei werden die in der Lernsituation angestrebten Kompetenzen grafisch dargestellt, sodass Sie einen strukturierten Überblick bekommen, was Sie in den nächsten Unterrichtsstunden erwartet. Sie sollen den Lernstoff im Kontext sehen und neue Informationen in Ihr bestehendes Wissen integrieren. Sie erhalten schnell einen Überblick, welches Vorwissen Sie aktivieren müssen, um den Lernstoff möglichst effizient zu bearbeiten. Sie integrieren somit leichter neue Informationen in bestehendes Wissen.

Lernarrangement

Zu Beginn jeder **Lernaufgabe** steht eine authentische Situation, die Sie zunächst lesen und anschließend mit eigenen Worten konkretisieren.

Aus der Situation heraus, bilden Sie eine **Leitfrage,** an der Sie sich beim Erledigen des Arbeitsauftrages orientieren sollten. Bei der abschließenden Präsentation ist die Leitfrage ausführlich zu beantworten.

Der **Arbeitsauftrag** ist methodisch nach dem Modell der vollständigen Handlung (informieren – planen – entscheiden – ausführen – kontrollieren – auswerten) konzipiert.

Sie werden an die systematische Informationsbeschaffung und -verarbeitung herangeführt. Zu allen **orange unterstrichenen Begriffen** informieren Sie sich. Sie suchen über den Index (Schlagwortverzeichnis) nach Informationen in den integrierten Manualen (Theorieteil, Methoden, TV-Funktionen).

Recherchieren

Nachdem Sie neue Informationen erhalten und sich gedanklich damit auseinandergesetzt haben (Ich-Phase), tauschen Sie sich kooperativ aus, planen verschiedene Umsetzungskonzepte und entscheiden sich für einen Lösungsweg (Du-Phase). In der Regel führen Sie Aktionen alleine aus (Ich-Phase) und kontrollieren mit einem Partner die Umsetzung Ihres Lösungsansatzes (Du-Phase).

Im Plenum kontrollieren Sie Ihr Handlungsprodukt und werten Ihren Lernprozess aus. Hier soll nun konstruktiv das erarbeitete Produkt oder der Vortrag beurteilt werden (Wir-Phase). Nach der Präsentation eines oder mehrerer Handlungsprodukte sollten Sie dann ggf. Ihr eigenes Handlungsprodukt optimieren bzw. die eigenen Schlüsse daraus ziehen (Ich-Phase).

In vielen Lernaufgaben werden bzw. können die Handlungsprodukte mit dem PC erstellt werden. Je nach Gegebenheit der Schule ist es durchaus möglich, zunächst in der Schule einen Entwurf zu gestalten und anschließend zu Hause das Ergebnis am PC zu übertragen bzw. fertigzustellen.

Reflexion

In den letzten Lernaufgaben der Lernsituationen reflektieren Sie schriftlich Ihren Lernzuwachs. Einerseits setzen Sie sich noch einmal intensiv mit fachlichen Inhalten auseinander und andererseits reflektieren Sie Ihren Lernprozess.

Manual

Zur Unterstützung des selbstorganisierten Lernens stehen Ihnen in den Manualen Informationen zur Bewältigung der Arbeitsaufträge zur Verfügung.

Vorwort

Mit dem neuen Rahmenlehrplan für den Ausbildungsberuf Kauffrau/-mann für Büromanagement vom 27.09.2013 wurden die drei Berufe Bürokauffrau/-mann, Kauffrau/-mann für Bürokommunikation und Fachangestellte/-r für Bürokommunikation zu einem zusammengefasst und das Lernfeldkonzept umgesetzt. Die Unterrichtsinhalte werden nicht mehr fachsystematisch geordnet, sondern ergeben sich aus der Analyse von Situationen, die für die Berufsausübung bedeutsam sind. Wesentliche Bezugsebene der Lernfelder sind berufliche Prozesse, d. h., die Lernfelder spiegeln einen Arbeitsablauf wieder.

In den Lernaufgaben dieses Buches erledigen Sie typische Büroprozesse, um sich für Ihren Ausbildungsberuf zu qualifizieren. Zum Beispiel bereiten Sie Sitzungen vor und protokollieren sie, halten in einem Job-Dossier Maßnahmen fest, um Mobbing, Burn-out, Stress und Konflikten vorzubeugen, bearbeiten Kundenanfragen, erstellen Angebote, prüfen Zahlungseingänge, ermitteln Bezugsquellen, prüfen Rechnungen, reagieren auf Schlechtleistung, schreiben Werbebriefe – auch in englischer Sprache etc. Sie erwerben so schrittweise eine berufsbezogene und berufsübergreifende Handlungskompetenz, also die Bereitschaft und Befähigung, sich in beruflichen, gesellschaftlichen und privaten Situationen sachgerecht durchdacht sowie individuell und sozial verantwortlich zu verhalten. Der Erwerb von Fremdsprachenkompetenz und schreibtechnischer Kompetenz ist integrierter Bestandteil einzelner Lernaufgaben.

In jeder Lernaufgabe werden Sie zu selbstständigem Planen, Durchführen und Beurteilen von Handlungsprodukten bzw. Büroprodukten befähigt. So beginnt jede Lernaufgabe mit einer Situation, die für die Berufsausübung bedeutsam ist. Sie lernen in vollständigen Handlungen – möglichst selbst ausgeführt oder zumindest gedanklich nachvollzogen.

In den berufsbezogenen Lernsituationen erwerben Sie durch die eigenverantwortliche Bearbeitung der Aufgaben nicht nur Fachkompetenz, sondern wenden mithilfe der erreichten Sozial-, Kommunikations-, Handlungs- oder Selbstkompetenz gezielt Lern- und Arbeitsstrategien an. Lern- und Arbeitsstrategien sind z. B. das Verarbeiten von Informationen, die Motivation und Konzentration über einen längeren Zeitraum, der Umgang mit der Zeit, das Arbeiten und Lernen in Gruppen, das Präsentieren, die Selbstkontrolle/-reflektion.

Sie führen in jeder Lernaufgabe zur Lösung der Lernsituationen eine vollständige Handlung durch und erstellen ein Handlungsprodukt. Eine vollständige Handlung bedeutet, dass Sie sich zur Lösung einer beruflichen Situation oder eines Problems erst einmal fachlich informieren, dann die weitere Vorgehensweise planen – allein, mit einem Partner oder in der Gruppe –, eine Entscheidung treffen, wie Sie die Situation lösen werden bzw. Ihr Handlungsprodukt/Büroprodukt aussehen sollte. Dann erstellen Sie Ihr Handlungsprodukt, präsentieren es und reflektieren es – selbst, in der Gruppe oder im Plenum. Sie haben dabei immer einen Handlungsspielraum, den Sie zur Entfaltung Ihrer Kreativität benötigen und um Ihre Persönlichkeit weiterzuentwickeln.

In der ersten Lernsituation fertigen Sie Leitfäden, Regelwerke usw. an, um individuelle Lernstrategien zu entwickeln. Diese nutzen Sie in den späteren Lernsituationen, um eigenständig Aufgaben zu lösen.

Aufbau der Lernsituationen

Jede Lernsituation ist nach dem gleichen Schema aufgebaut. Zu Beginn finden Sie einen Überblick über die zu erreichenden Kompetenzen, Inhalte, Handlungsprodukte für das Portfolio und einen ungefähren Zeitansatz. Die Lernsituation beginnt mit einem Warm-up. Mithilfe der grafischen Darstellungen, Fachbegriffe usw. wird im Plenumsgespräch bekanntes Fachwissen abgerufen. Die Lernaufgaben beginnen zunächst mit einem berufsorientierten Einstiegsszenario, aus welchem sich eine Leitfrage ergibt. In dem anschließenden Arbeitsauftrag werden kooperativ die Phasen Informieren – Planen – Entscheiden – Durchführen – Präsentieren und Reflektieren durchlaufen.

In der Informationsphase erarbeiten Sie sich mithilfe der entsprechenden Theorie neues Fachwissen, in der Planungs- und Entscheidungsphase überlegen Sie sich Wege, um die Aufgabenstellung zu lösen, in der Durchführungsphase fertigen Sie das Handlungsprodukt. In der Präsentationsphase stellen Sie das Handlungsprodukt mit Ihrem neu erworbenen Fachwissen vor. Ihre Mitschüler werden Ihre Präsentation mithilfe von Bewertungskriterien besprechen und beurteilen. Ihre Lehrkraft lenkt die Besprechung durch anregende Impulse; falls Fehler, Lücken oder Unstimmigkeiten auftreten, steht sie Ihnen hilfreich zur Seite.

Durch die Vielfalt der unterschiedlichen Handlungsprodukte innerhalb Ihrer Klasse erhalten Sie neue Ideen und Anregungen. Dadurch werden Sie inspiriert, Ihre eigenen Ergebnisse zu optimieren. Sammeln Sie Ihre Handlungsprodukte in einer sogenannten Portfolio-Mappe bzw. speichern Sie Ihre Handlungsprodukte systematisch nach Lernfeldern – Lernsituationen – Lernaufgaben in eine Ordnerstruktur ab.

Damit haben Sie die Umsetzung der fachlichen Themen auf eine kaufmännische Handlung festgehalten. Wichtig für den Lernprozess ist es aber auch, über den Lernprozess nachzudenken. Dazu werden Sie im letzten Arbeitsauftrag jeder Lernsituation aufgefordert. Sie reflektieren schriftlich Ihren Lernzuwachs. Hier fassen Sie noch einmal die Weiterentwicklung der Fachkompetenz zusammen und äußern sich umfangreich über den vergangenen Lernprozess, Lernbehinderungen und zukünftige Ziele. Durch diese intensive Auseinandersetzung mit dem Lernstoff erfolgt eine weitere Steigerung bzw. Verinnerlichung des Lernzuwachses.

Mithilfe Ihrer Portfolio-Mappe können Sie sehr gut ein Gespräch mit Ihrer Lehrkraft führen, ob Ihre Selbsteinschätzung mit der Fremdeinschätzung übereinstimmt. Ebenso können Sie bei späteren Vorbereitungen auf Prüfungen oder im Berufsalltag auf Ihre Mappe zurückgreifen.

Wir hoffen, dass Sie mit dem Arbeitsbuch Ihre berufsbezogenen Kompetenzen und Ihr eigenständiges Lernen entwickeln, viel Spaß bei der Arbeit haben und durch die regelmäßigen Partner- und Gruppenarbeiten Ihre Sozialkompetenz gestärkt wird.

Inhaltsverzeichnis

Arbeitsplan

Kompetenzen	• Lernen organisieren • Erfolgreich in einem Team arbeiten • Informationen erschließen • Informationen urheberrechtlich korrekt verarbeiten • Schwierige Situationen bewältigen • Informationen professionell präsentieren
Inhalte	• Verhaltensnormen im Team • Konzentration, Motivation und Zeitmanagement • Arbeitsumfeld und Stressbewältigung • Lesestrategien • Präsentationsregeln • Portfolio
Portfolio	• Regelwerk mit Ich-Botschaften • Ablaufplan zu den drei Phasen des Lesens • MindMaps zu Internetrecherche/Datenschutz/ Urheberrecht • Persönlicher Leitfaden „Lernen organisieren" • Matrix „Gefühle steuern" • Katalog mit Präsentationstipps • Reflexion
Zeit	ca. 16 Stunden

Warm up (Brainstorming – Kartenabfrage)

Erfolgreich lernen – aber wie?

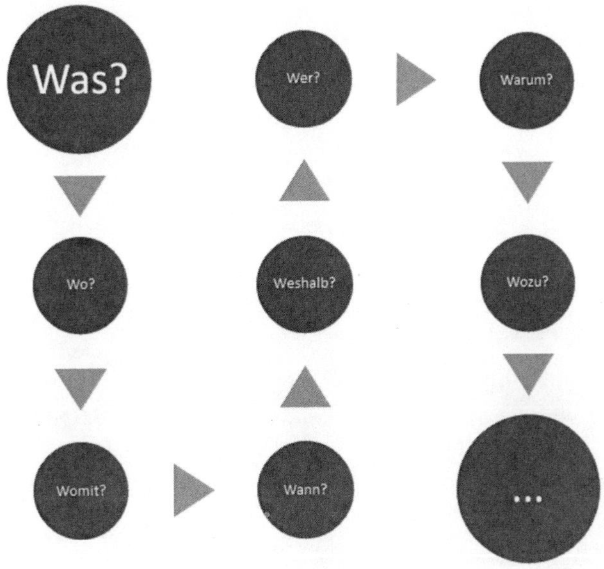

1.1 Lernaufgabe

Sicherlich haben Sie sich aus unterschiedlichen Gründen für die Ausbildung zur(m) Kauffrau(/-mann) für Büromanagement entschlossen. Doch gleich warum Sie diesen Beruf erlernen, Ihre Absicht dürfte sowohl eine fundierte berufliche Grundbildung im kaufmännischen Bereich als auch eine erfolgreiche Abschlussprüfung sein. Dieses Ziel ist umso einfacher zu erreichen, wenn Sie einige Grundfertigkeiten erlernen, wie beispielsweise teamorientiertes Arbeiten, effizientes und kundenorientiertes Schreiben von Texten nach DIN-Norm, eine professionelle Kommunikation und die Anwendung einiger Lernstrategien. Betrachten Sie diese Instrumente als Hilfestellung, die Sie über Ihre Ausbildung hinaus einsetzen können.

Freuen Sie sich, gleich wie stark Sie es sich wünschen, den Beruf der Kauffrau(/-mann) für Büromanagement zu erlernen, Sie haben einen Ausbildungsplatz. Für Sie und Ihren Arbeitgeber bedeutet dies, dass sie gegenseitig Erwartungen und Forderungen haben. Während Sie sich beispielsweise ein positives Arbeitsklima wünschen und erfahrene Mitarbeiter, die Sie um Hilfe bitten dürfen, erwartet Ihr Arbeitgeber von Ihnen, dass Sie sich ganz selbstverständlich in die bestehenden Unternehmensstrukturen eingliedern. Insbesondere geht es dabei um das Einfinden in bereits bestehende Abteilungen und Teams. Im Laufe Ihrer Ausbildung ist es möglich, dass Sie mehrere Abteilungen mit verschiedenen Mitarbeitern kennenlernen, umso wichtiger ist es für Sie und eine positive Beurteilung, dass Sie sich problemlos und „wie von selbst" in dieses Team einfinden. Dabei hilft Ihnen die Frage:

Wie verhalten Sie sich erfolgreich im Team?

Arbeitsauftrag

Tandem (Partnerarbeit)

1. **Suchen** Sie im Indexverzeichnis nach dem Schlagwort **Erfolgreiches Teamverhalten** schlagen Sie die entsprechende Seite auf, und teilen Sie sich die Bearbeitung der Informationen auf, und legen Sie fest, wer sich über Textteil Gesprächsregeln Teil 1 bzw. Teil 2 informiert.

Gesprächsregeln (1)	Gesprächsregeln (2)
2. **Lesen** Sie das Informationsblatt „Gesprächsregeln im Team (1)".	2. **Lesen** Sie das Informationsblatt „Gesprächsregeln im Team (2)".
3. **Schreiben** Sie wichtige Kernaussagen auf einen Spickzettel bzw. arbeiten Sie mit Randnotizen.	3. **Schreiben** Sie wichtige Kernaussagen auf einen Spickzettel bzw. arbeiten Sie mit Randnotizen.
4. **Setzen** Sie sich in den Außenkreis.	4. **Setzen** Sie sich in den Innenkreis.
5. **Erläutern** Sie mithilfe Ihres Spickzettels Ihrem Gegenüber die Gesprächsregeln (1). Ihr Partner erstellt währenddessen einen Spickzettel. Beim Signal der Lehrkraft rückt Ihr Partner eine Position weiter.	5. **Hören** Sie Ihrem Gegenüber zu und ergänzen Sie Ihren Spickzettel mit den Gesprächsregeln (1). Beim Signal der Lehrkraft rücken Sie eine Position nach rechts.

6. **Kontrollieren** Sie die Erläuterungen Ihres Gegenübers über die Gesprächsregeln (1). Beim Signal der Lehrkraft rückt Ihr Partner eine Position weiter.	6. **Erläutern** Sie mithilfe Ihres Spickzettels/Ihrer Randnotizen Ihrem Gegenüber die neuen Gesprächsregeln (1). Beim Signal der Lehrkraft rücken Sie eine Position nach rechts.
7. **Hören** Sie Ihrem Gegenüber zu und ergänzen Sie Ihren Spickzettel mit den Gesprächsregeln (2) bzw. machen Sie sich Randnotizen. Beim Signal der Lehrkraft rückt Ihr Partner eine Position weiter.	7. **Erläutern** Sie Ihrem Gegenüber die Gesprächsregeln (2). Beim Signal der Lehrkraft rücken Sie eine Position nach rechts.
8. **Erläutern** Sie mithilfe Ihres Spickzettels/Ihrer Randnotizen Ihrem Gegenüber die Gesprächsregeln (2).	8. **Kontrollieren** Sie die Erläuterungen Ihres Gegenübers zu den Gesprächsregeln (2).

Tandem

9. **Erstellen** Sie ein übersichtliches Regelwerk „Lernstrategie: Erfolgreiches Teamverhalten" mit begründeten Ich-Botschaften (z. B. Ich höre meinen Gesprächspartnern zu, um sie zu verstehen und meine Meinung zu überdenken.)
10. **Formulieren** Sie aus Arbeitgebersicht Fragen, die ihm zeigen, dass der Bewerber die Regeln des Teamverhaltens beherrscht (z. B. „Was tun Sie, wenn ein Teammitglied nur seine Meinung durchsetzen möchte?").

Plenum (Stuhlkreis)

11. **Stellen** Sie sich im Uhrzeigersinn Ihre Ich-Botschaften vor. Halten Sie Blickkontakt zu Ihren Zuhörern.
12. **Korrigieren** Sie ggf. Ihre begründeten Ich-Botschaften.
13. **Stellen** Sie anschließend Ihre passende Frage aus Arbeitgebersicht vor.
14. **Diskutieren** Sie gemeinsam über eine mögliche Antwort, die Sie geben könnten.

Einzelarbeit (Hausaufgabe)

15. **Ziehen** Sie für sich ein Fazit aus diesem Stuhlkreis und überlegen Sie sich, wo Ihre Stärken und Schwächen liegen.
16. **Formulieren** Sie einen Vorsatz, den Sie bei Ihrer nächsten Teamarbeit beachten werden.
17. **Bringen** Sie das Regelwerk „Lernstrategie: Erfolgreiches Teamverhalten" in eine optisch ansprechende Form. Schützen Sie es für eine langfristige Verwendung durch eine Folie und heften es mit Ihrem Vorsatz in Ihre **Portfolio-Mappe** ab.

1.2 Lernaufgabe

Im Laufe Ihrer Ausbildung werden Sie feststellen, dass sich die Anforderungen an Sie stets erhöhen. Dies ist kein Grund um das Selbstvertrauen zu verlieren oder anderen den Vortritt zu lassen. Seien Sie mutig und zugleich kompetent, denn Sie haben es gelernt anspruchsvolle Texte aus Fachbüchern, Zeitschriften, Zeitungen usw. zu erfassen. Dabei hilft Ihnen die Lesestrategie, die es verhindert, dass Sie auch bei komplizierten Texten den Überblick verlieren, da Sie alle Informationen nach den drei Phasen der Lesestrategie erschließen. Professionell wirkt es bei einer Präsentation, einem Referat, einer Ausarbeitung oder Ähnlichem, sei es im Betrieb oder der Schule, wenn Sie das Urheberrecht beachten. Dies ist nicht nur positiv für Ihren Ausbildungsbetrieb, sondern für Sie selbst, sodass Sie sich nach Beantwortung der nächsten Fragen sicherer fühlen können, denn diese lautet:

Wie erschließen und verarbeiten Sie Informationen effektiv und urheberrechtlich korrekt?

Arbeitsauftrag

Einzelarbeit

1. **Informieren** Sie sich im Methoden-Manual über **Lesestrategien einsetzen** und lesen Sie auch die Texte der hervorgehobenen Begriffe (Texte markieren und Inhalte strukturieren und visualisieren). Suchen Sie diese über den Index.
2. **Erstellen** Sie einen Ablaufplan zu den drei Phasen der Lesestrategie und erläutern Sie kurz an den entsprechenden Stellen die erforderlichen Arbeitstechniken.

3er-Gruppe

3. **Vergleichen** Sie Ihre Ablaufpläne – ergänzen Sie ggf. Bereiten Sie sich auf die Präsentation vor – jedes Teammitglied übernimmt eine Phase der Lesestrategie.

Plenum

4. **Präsentieren** Sie den Ablaufplan zu den drei Phasen der Lesestrategie.

Hausaufgabe

5. **Bringen** Sie den Ablaufplan „Lernstrategie: Effektives Lesen" in eine optisch ansprechende Form. Schützen Sie ihn für den ständigen Einsatz durch eine Folie und heften ihn in Ihre Portfolio-Mappe ab.

Einzelarbeit

6. **Erschließen** Sie den Informationstext **Informationen beschaffen und filtern** mithilfe Ihres Ablaufplanes zu den Lesestrategien. **Verwenden** Sie zur Strukturierung eine **MindMap**.

Tandem

7. **Tauschen** Sie mithilfe der MindMap die gewonnenen Informationen aus.
8. **Bereiten** Sie sich gemeinsam auf die folgende Präsentation vor, indem der eine die Vorgehensweise bei der Texterschließung und der andere die MindMap vorstellt.

Plenum

9. **Stellen** Sie Ihre MindMap vor und erläutern Sie mithilfe Ihres Ablaufplanes die Vorgehensweise Ihrer Texterschließung. Sprechen Sie klar und deutlich in ganzen Sätzen.
10. **Geben** Sie dem Tandem ein konstruktives Feedback – äußern Sie sich in Ich-Botschaften.
11. **Erschließen** Sie in gleicher Weise den Informationstext **Informationen festhalten und darstellen**.

Hausaufgabe

12. **Bringen** Sie die beiden MindMaps „Informationen beschaffen und filtern" sowie „Informationen festhalten und darstellen" in eine optisch ansprechende Form. Schützen Sie die beiden MindMaps für den ständigen Einsatz durch eine Folie und heften sie in Ihre Portfolio-Mappe ab.

1.3 Lernaufgabe

Im Rahmen Ihrer Ausbildung wird sowohl Ihr Ausbildungsbetrieb als auch die Schule als kooperativer Partner von Ihnen verlangen, dass Sie in der Lage sind, eigenständig zu arbeiten. Dazu ist es notwendig, dass Sie motiviert und organisiert an Ihre jeweilige Aufgabe herangehen. Meist erwartet Ihr Arbeitgeber oder Ihr momentaner Ansprechpartner in der Abteilung von Ihnen, die zugeteilte Aufgabe möglichst selbstständig zu erledigen. Selbst wenn Sie sich zu Beginn überfordert fühlen, mit einer geeigneten Strategie und etwas Übung meistern Sie diese Herausforderung. Die entsprechenden Fähigkeiten dazu sind erlernbar und die ressourcenbezogenen Lernstrategien helfen Ihnen dabei. Als Basis dient Ihnen dabei die Frage:

Wie organisieren und motivieren Sie sich, um eigenständig Aufgaben zu lösen?

Arbeitsauftrag

Stammgruppe (vier Teammitglieder)

1. **Verschaffen** Sie sich einen Überblick im Methodenmanual über **Motivation, Konzentration, Zeitmanagement und Arbeitsumfeld**.
2. **Entscheiden** Sie sich arbeitsteilig für jeweils ein Thema.
3. **Schicken** Sie Ihre Stammgruppen-Mitglieder in die jeweilige Expertengruppe (A = Motivation, B = Konzentration, C = Zeitmanagement, D = Arbeitsumfeld).

Expertengruppe

4. **Lesen** Sie nach den bereits erlernten Lesestrategien Ihren jeweiligen Informationstext.
5. **Erläutern** Sie den Inhalt des Informationstextes und klären Sie innerhalb Ihrer Gruppe auftretende Fragen.
6. **Erstellen** Sie einen Leitfaden zu Ihrer Lernstrategie.

Stammgruppenarbeit

7. **Geben** Sie Ihr Wissen mithilfe des Leitfadens über Ihre Lernstrategie verantwortungsvoll an Ihre Teammitglieder weiter. Jeder Experte hat etwa fünf Minuten Zeit. Die anderen Teammitglieder machen sich Notizen zu den einzelnen Lernstrategien.
8. **Entwickeln** Sie ein szenisches Spiel, in dem die Handlungen nicht den optimalen Lernstrategien entsprechen. Halten Sie den Ablauf des Spiels schriftlich fest.
9. **Bereiten** Sie sich im Team auf das szenische Spiel vor (Hilfsmittel: Ablaufplan).

Plenum

10. **Stellen** Sie Ihr szenisches Spiel vor.
11. **Schlagen** Sie mithilfe Ihrer Leitfäden Verbesserungsmöglichkeiten vor.

Einzelarbeit

12. **Entwickeln** Sie Ihren persönlichen Leitfaden zum „Lernen organisieren".

Hausaufgabe

13. **Bringen** Sie Ihren persönlichen Leitfaden zum „Lernen organisieren" in eine optisch ansprechende Form. Schützen Sie ihn für den ständigen Einsatz durch eine Folie und heften ihn in Ihre Portfolio-Mappe ab.

1.4 Lernaufgabe

Der Volksmund beharrt darauf, dass Lehrjahre keine Herrenjahre sind. Das mag sein, aber dennoch gibt es Strategien, die Sie dabei unterstützen, manche Unsicherheit zu überwinden, sich in der Abteilung oder bei einem kleinen Betrieb generell sicherer zu fühlen. So hilft Ihnen die nächste Lernaufgabe dabei, mit schwierigeren Situationen souveräner umzugehen, selbstbewusster aufzutreten und sich den Ansprüchen Ihres Vorgesetzten, Ausbilders, Abteilungsleiters usw. professioneller zu stellen:

Wie meistern Sie schwierige Situationen?

Arbeitsauftrag

Einzelarbeit

1. **Erschließen** Sie (Lesestrategie) den Informationstext **Mit Stress umgehen**. Verwenden Sie als Strukturierungstechnik **grafische Mittel**, wie z. B. Matrix oder Beziehungsnetz. Führen Sie leistungshemmende und leistungsfördernde Strategien in Bezug auf schwierige Situationen auf.

Tandem

2. **Vergleichen** Sie Ihr Ergebnis und sprechen Sie über bereits erlebte Situationen.

Plenum (Stuhlkreis)

3. **Diskutieren** Sie mithilfe der erstellten Grafik, wie Sie lernen können mit Ängsten umzugehen.

Einzelarbeit

4. **Listen** Sie drei Situationen auf, die Sie beschäftigen, und schreiben Sie Ihre Gedanken/Gefühle auf. Finden Sie zu jedem Fall Möglichkeiten, Ihre Ängste zu bewältigen bzw. zu steuern. Verwenden Sie zur Strukturierung eine Tabelle.

Hausaufgabe

5. **Bringen** Sie Ihre Tabelle „Gefühle steuern" in eine optisch ansprechende Form. Schützen Sie sie für den ständigen Einsatz durch eine Folie und heften sie in Ihre Portfolio-Mappe ab.

1.5 Lernaufgabe

In der letzten Lernaufgabe haben Sie sich mit schwierigen Situationen beschäftigt. Sicherlich gehört das Präsentieren vor einem Publikum für einige zu einer solchen Situation. Sie benötigen Präsentationsregeln, eine positive Einstellung und Ausdauer. Gutes Präsentieren ist eine Kompetenz, die aus vielen einzelnen Faktoren besteht. Hier hilft fleißiges Üben und ehrliche Selbsteinschätzung. Um sich also stets weiter zu verbessern, beobachten Sie Ihren Entwicklungsfortschritt und halten ihn schriftlich fest.

Wie steigern Sie systematisch Ihre Präsentations- und Reflexionskompetenz?

Arbeitsauftrag

Tandem (Partnerarbeit)

1. **Suchen** Sie im Indexverzeichnis nach dem Schlagwort **Präsentationsmöglichkeiten nutzen (A)** und **Plakat und Overheadfolie gestalten (B)**, und schlagen Sie die entsprechende Seite auf.
2. **Teilen** Sie sich die Bearbeitung der Informationen auf und legen Sie fest, wer sich über Text (A) und (B) informiert.

Präsentation (A)	Präsentation(B)
3. **Erschließen** Sie mithilfe der Lesestrategie Text (A).	3. **Erschließen** Sie mithilfe der Lesestrategie Text (B).
4. **Setzen** Sie sich in den Außenkreis.	4. **Setzen** Sie sich in den Innenkreis.
5. **Erläutern** Sie mithilfe Ihrer Notizen Ihrem Gegenüber die Inhalte zu Text (A). Ihr Partner macht sich währenddessen Notizen. Beim Signal der Lehrkraft rückt Ihr Partner eine Position weiter.	5. **Hören** Sie Ihrem Gegenüber zu und schreiben Sie die gehörten Informationen stichwortartig mit. Beim Signal der Lehrkraft rücken Sie eine Position nach rechts.
6. **Kontrollieren** Sie die Erläuterungen Ihres Gegenübers. Beim Signal der Lehrkraft rückt Ihr Partner eine Position weiter.	6. **Erläutern** Sie mithilfe Ihrer Notizen Ihrem Gegenüber die Informationen aus Text (A). Beim Signal der Lehrkraft rücken Sie eine Position nach rechts.
7. **Hören** Sie Ihrem Gegenüber zu und schreiben Sie die gehörten Informationen stichwortartig mit. Beim Signal der Lehrkraft rückt Ihr Partner eine Position weiter.	7. **Erläutern** Sie Ihrem Gegenüber die Informationen aus Text (B). Beim Signal der Lehrkraft rücken Sie eine Position nach rechts.
8. **Erläutern** Sie mithilfe Ihrer Notizen Ihrem Gegenüber die Informationen aus Text (B).	8. **Kontrollieren** Sie die Erläuterungen Ihres Gegenübers zu Text (B).

Einzelarbeit

9. **Erstellen** Sie einen Katalog mit zehn Tipps für eine lebendige und anschauliche Präsentation.

Plenum (Stuhlkreis)

10. **Vergleichen** Sie Ihre Kataloge und ergänzen Sie Ihren jeweils um fünf Tipps.

Hausaufgabe

11. **Bringen** Sie Ihren Katalog „Präsentationstipps" in eine optisch ansprechende Form und kennzeichnen Sie das Blatt in der rechten oberen Ecke durch ein großes „P". Schützen Sie ihn für den ständigen Einsatz durch eine Folie und heften ihn in Ihre Portfolio-Mappe ab.

Einzelarbeit

12. **Erschließen** Sie sich den Text **Lernzuwachs reflektieren**.
13. **Bereiten** Sie sich auf eine lebendige Präsentation zum Thema **Reflektieren** vor. Schreiben Sie sich einen Ablaufplan mit den entsprechenden Handzetteln zur Präsentation (Regieanweisung). Beachten Sie dabei die bisher erlernten Strategien und Ihre gefundenen Präsentationstipps.

4er-Gruppe

14. **Stellen** Sie sich gegenseitig Ihre Vorträge mithilfe der Handzettel und Regieanweisungen vor.
15. **Notieren** Sie Ihre persönliche Einschätzung zu Ihrem eigenen Vortrag.
16. **Lassen** Sie sich ein Feedback geben, zum einen zum Inhalt und zum anderen zur Präsentation. Korrigieren Sie ggf. Ihre Präsentationsvorbereitung.
17. **Wählen** Sie aus Ihrer Gruppe die Präsentation aus, die vom Inhalt sowie vom Vortrag her den Präsentationsanforderungen am besten entspricht.

Plenum

18. **Stellen** Sie Ihre Präsentationen vor und lassen Sie sich von der Klasse ein Feedback geben.

Hausaufgabe

19. **Bringen** Sie Ihre Handzettel „Systematisch reflektieren" in eine optisch ansprechende Form. Schützen Sie sie für den ständigen Einsatz durch eine Folie und heften sie in Ihre Portfolio-Mappe ab.

1.6 Lernaufgabe

Die Lernsituation ist abgeschlossen und nun möchten Sie in Ihrem persönlichen Portfolio (Handlungsprodukte und Reflexionen) Ihren derzeitigen Lernzuwachs reflektieren. Dazu setzen Sie sich erneut mit den Kerninhalten auseinander:

- ⇨ Erfolgreich in einem Team arbeiten
- ⇨ Informationen verwerten
- ⇨ Effektiv lesen
- ⇨ Lernen organisieren
- ⇨ Schwierige Situationen bewältigen
- ⇨ Informationen professionell präsentieren
- ⇨ Systematisch reflektieren

Wie planen und überwachen Sie Ihre Vorgehensweise beim Lernen, um optimale Ergebnisse zu erzielen?

Arbeitsauftrag

Einzelarbeit

1. **Äußern** Sie sich aus den in der vergangenen Lernsituation gemachten Erfahrungen zu den einzelnen Kerninhalten. Nehmen Sie Ihre erstellten Handlungsprodukte zu Hilfe (Ablaufplan, Tabelle, MindMap ...).
2. **Geben** Sie in der Einleitung wieder, womit Sie sich in dieser Lernsituation beschäftigt haben. **Stellen** Sie im Hauptteil Ihre Lernerfolge, -wege und -probleme dar. **Ziehen** Sie am Schluss ein Fazit und stecken Sie sich neue Ziele.
3. **Gestalten** Sie Ihr Portfolio leserfreundlich, indem Sie Name, Datum ... in die Kopfzeile eintragen, Ihre Gedanken in Abschnitte gliedern und mit Abschnittsüberschriften versehen.

Jour fixe (Beratungsgespräch mit Lehrkraft)

4. **Erläutern** Sie anhand des Portfolios (Handlungsprodukte und Reflexion) Ihre Entwicklung.

Inhaltskategorien für Ihr Kompetenz-Portfolio

Ihre fachliche Weiterentwicklung: *Ich habe die Verhaltensregeln im Team angewandt. Ich habe den Nutzen eines Zeitplans erkannt und eingesetzt ...*

Ihre persönlichen Erfahrungen, Erlebnisse und Einsichten: *Ich habe gemerkt, dass es mit Geduld besser geht. Es fällt mir leichter, wenn ich mir Notizen mache.*

Ihre (Lern-)Aktivitäten bzw. Lernstrategien/Arbeitsmethoden: *Ich habe meine Konzentration gestärkt, durch ... Ich erschließe neue Textinhalte, indem ich ... Ich strukturierte meine Gedanken zunächst ...*

Empfundene Behinderung beim Lernens: *In der Gruppe herrschte Verwirrung, weil ...*

Wertungen, emotionale Äußerungen: *Besonders gefallen hat mir: ... Heute war mir alles zu viel.*

Schildern Sie innere Zustände wie Irritationen, Erleichterung, Spannungserleben etc.: *Ich fühlte mich unter Druck gesetzt, weil ... Erleichtert fühlte ich mich nach der Präsentation, weil meine Lehrkraft ...*

Resultierende Hoffnungen, Erwartungen, Wünsche, Vorhaben: *Ich wünsche mir, dass ich mehr Sicherheit in ... erlange. Ich nehme mir vor, ... Jetzt bin ich gespannt, ...*

(Vgl. Winter, 2004, S. 259)

Firmenporträt		
Anschrift	**Büromöbel Hauser & Schulte GmbH** Hausanschrift Balduinstraße 15 54296 Trier	Postanschrift Postfach 1 23 54207 Trier
Kommunikation	Telefon: 0651 487-0 (Zentrale) Freecall: 0800 428737 Telefax: 0651 487-1345 E-Mail: info@hauser-schulte.de Internet: www.hauser-schulte.de	
Gesellschafter	Nadine Hauser Joachim Schulte	
Rechtsform	Gesellschaft mit beschränkter Haftung (GmbH)	
Gründungsjahr	1997	
Handelsregister	Amtsgericht Trier, HR B 40392	
Steuer-Nr.	10/201/0204/5 USt-ID DE 190453342	
Mitarbeiter(innen)	50 Mitarbeiter(innen)	
Jahresumsatz	12 Mio. €	
Bankverbindung	Sparkasse Trier IBAN DE67 2630 0000 0923 00 BIC: RLade21NOH	
Abteilungen	• Einkauf/Beschaffung • Produktion • Lager/Versand • Verkauf • Buchhaltung • Lager	
Büromöbel (Fertigung)	• Schreibtische in unterschiedlichen Ausführungen • Konferenztische • Aktenablage • Rollcontainer • Stellwände zur Gestaltung von Bürolandschaften • Besucherstühle • Drehstühle • Konferenzstühle	
Bürobedarf (Handelsware)	• Schreibtischlampen • Aktenvernichter • Papierkörbe • FlipChart, FlipChart-Schreiber und FlipChart-Blöcke • Moderationsmaterialien • Schreibtischzubehör • Schreibutensilien • Drucker, Kopierer, Scanner	

Kundenverzeichnis (Auszug)

Kd.-Nr.	Firma Anschrift	Ansprechpartner	Bankverbindung	Rabatt	Bemerkungen
14130	Rothenberg & Baumann Im Blegel 28 60328 Frankfurt	Paul Weber Tel. 069 66100-10 Fax 069 66100-99 E-Mail: weber@rothenberg-baumann.de	Commerzbank Frankfurt IBAN DE89 4664 0018 0371 0556 49	25 %	Vorjahresumsatz: ca. 80.000 € Zahlungsmoral: gut
14131	Fortbildungsinstitut Gruber Am Hauptbahnhof 5 54290 Trier	Marianne Mondschein Tel. 0651 25890-12 Fax 0651 25890-20 E-Mail: mondschein@wb-gruber.de	Sparkasse Trier IBAN DE60 5855 0130 0000 4467 88	15 %	Vorjahresumsatz: ca. 40.000 € Zahlungsmoral: gut
14201	Allday office supplies Sinfin Central Business Park Unit 4a Derby United Kingdom	Victor Brown Tel. +44 9352 90535-90 Fax +44 9352 90535-99 E-Mail: sales@allday.co.uk	Barclays Bank PLC London SWIFT: BARCGB22 Sort Code: 20-57-06 IBAN GB84 BARC 2057 0683 1363 11	10 %	Vorjahresumsatz: ca. 90.000 € Zahlungsmoral: befriedigend
14302	Steuerberatungsbüro Kirsten Kapellenstr. 14 54439 54439 Saarburg	Ute Kirsten Tel. 06581 589323 Fax 06581 589324 E-Mail: ukirsten@t-online.de	Deutsche Bank IBAN DE07 7585 7002 4004 0582 95	10 %	Vorjahresumsatz: ca. 25.000 € Zahlungsmoral: gut
14303	Bellissimo Anne-Frank-Str. 77 82538 Geretsried	Martin Gunnesch Tel. 08171 2353923 Fax 08171 9935352 E-Mail: bellissimo@gmx.eu	HypoVereinsbank Geretsried DE54 7002 0270 0010 1139 85	20 %	Vorjahresumsatz: ca. 80.000 € Zahlungsmoral: schleppend
14304	DRK-Sozialwerk Bernkastel-Wittlich gGmbH Wittlicher Str. 3 54470 Bernkastel-Kues	Günther Frings Tel. 06531 3535-20 Fax 06531 3535-99 E-Mail: drk@sozialwerk.de	Sparkasse Mittelmosel IBAN DE54 5875 1230 0000 1311 76	10%	Vorjahresumsatz: ca. 150.000 € Zahlungsmoral: gut
14312	Conipa Bürosysteme GmbH Potsdamer Weg 8 – 10 // 4. Stock 13127 Berlin	Rüdiger Kubis Tel. 030 486523532 Fax 030 500239523 E-Mail: kontakt@conipa-online.de	Berliner Sparkasse IBAN DE23 1005 0000 1823 5339 43	25%	Vorjahresumsatz: ca. 35.000 € Zahlungsmoral: gut
14315	Elektrosysteme Schwarz Rue de Cessange 312 1321 Luxembourg	Daniela Winter Tel. 00352 4291574 Fax 00352 5353532 E-Mail: win@elektroschwarz.lu	Banque et Caisse d'Espargne de l'Etat Luxembourg IBAN LU31 0019 0181 6243 5350 00 SWIFT-BIC BCEELULL	20 %	Vorjahresumsatz: ca. 250.000 € Zahlungsmoral: sehr gut
14322	Kinderarztpraxis Dr. Benjamin Sonne Friedrich-Ebert-Str. 4 76437 Rastatt	Dr. Benjamin Sonne Silke Weiler (Med. Fachang.) Tel. 07222 901088 Fax 07222 901089 E-Mail: sonne@t-online.de	Volksbank Baden-Baden/Rastatt IBAN DE12 6629 0000 3088 2300 44	15 %	Vorjahresumsatz: ca. 130.000 € Zahlungsmoral: gut
14328	Bildungs- und Medienzentrum Am Riff 25 a 04651 Bad Lausick	Anne Liebetrau Tel. 034345 7235-53 Fax 034345 7235-25 E-Mail: a.liebetrau@bmz.de	Sparkasse Muldental IBAN DE43 6464 0964 3940 0034 23	25 %	Vorjahresumsatz: ca. 60.000 € Zahlungsmoral: gut

Lieferantenverzeichnis (Auszug)

Liefe-rer-Nr.	Firma Anschrift	Ansprechpartner	Kd.-Nr.	Bankverbindung
60001	Schreinerei Leo Mock Am Riff 25 a 51147 Köln	Leo Mock Sabine Weinreich Tel. 02203 955353 Fax 02203 955343 E-Mail: weinreich@web.de	39273/09	Stadtsparkasse Köln IBAN DE45 3704 0198 1103 9923 34
50101	Broy Lichttechnik Gewerbegebiet Saarufer 54439 Saarburg	Manfred Elsen Tel. 06581 9494-34 Fax 06581 9494-39 E-Mail: manfred.elsen@broy.de	HS 353	Sparkasse Trier IBAN DE60 2535 0930 3053 5350 39
70102	Bürohandel Crummenauer Am Sägeweg 54338 Schweich	Ina Eckert Tel. 06502 345235 Fax 06502 363953 E-Mail: ieckert@arcor.de	H 903	Volksbank Trier IBAN DE67 2395 3050 3500 0000 33
70103	Bürotechnik Salm Simeonstraße 2 54290 Trier	Jean-Paul Gemp Tel. 0651 395902 Fax 0651 903532 E-Mail: gemp@salm.de	09325	Commerzbank AG Trier IBAN DE6858 5024 7535 2330 00
70201	Saartec Kommunikation Graf-Siegfried-Str. 3 66343 Saarbrücken	Olaf Brünicke Tel. 0681 999092 Fax 0681 9990233 E-Mail: bruenicke@yahoo.com	24993	Sparkasse Saarbrücken IBAN DE66 5309 2030 3053 3002 98
70212	Büroshop Schnell und direkt GmbH Birnbaumstraße 23 55252 Mainz	Olaf Brenner Hotline 0800 1118883 Fax 0800 1118889 E-Mail: kundenservice@bueroshopsud.de	09092	Postbank IBAN DE56 8353 2030 3000 3301 56
80301	Logo-Quick Bert Höll e. K. Postfach 3 59 38104 Braunschweig	Tanja Morscheit Tel. 0531 708-2305 Fax 0531 708-5959 E-Mail: info@logoquick.de	124-7	Deutsche Bank Hannover IBAN DE82 2505 0953 2003 3992 09
80302	Druckhaus Neu GmbH Hoch-häuser Str. 3 97941 Tauber-bischofsheim	Thomas Schmitt Tel. 09341 38530 Fax 09341 39593 E-Mail: thschmitt72@aol.com	660646	Sparkasse Tauberfranken IBAN DE32 6735 2565 2003 3005 30
50401	Elektro Kugel GmbH Wilhelmsfelder St. 1 a 16278 Angermünde	Nicola Reyther Tel. 03331 30102535 Fax 03331 905239 E-Mail: info@elektrokugel.de	46/12	Volksbank Uckermark IBAN DE09 1509 1704 2050 2003 58
60402	Möbeltischlerei UNIKAT Lin-denstr. 30 47012 Duisburg	Kristina Eiden Tel. 0203 347-16 Fax 0203 347-99 E-Mail: k.eiden@unikat.de	636-01	Sparkasse Duisburg IBAN DE78 3002 0900 4064 9000 92

Arbeitsplan

Kompetenzen	• Eigene Rechte und Pflichten im Ausbildungsbetrieb analysieren • Situationen erläutern, in denen der Betriebsrat bzw. Jugend- und Auszubildendenvertretung Hilfe bietet • Möglichkeiten der Fort- und Weiterbildung erkunden
Inhalte	• Rechte und Pflichten der Auszubildenden • Fort- und Weiterbildungsmöglichkeiten • Ausbildungsvertrag • Betriebsrat • Berufsbildungsgesetz, Jugendarbeitsschutzgesetz • Betriebsrat sowie Jugend- und Auszubildendenvertretung
Portfolio	• Szenisches Spiel über Rechte und Pflichten eines Azubis • Informationsblatt über die Rechte und Pflichten der Auszubildenden • Handzettel zum Beratungsgespräch der Jugend- und Ausbildungsvertretung • Flyer zum Thema Fort- und Weiterbildung
Zeit	Ca. 10 Stunden

Warm-up

Was verbinden Sie gedanklich mit folgenden Begriffen?

Ausbildung **Betrieb**

Schule

Pausen **Arbeitszeiten**

Jugendarbeitsschutzgesetz

Arbeitskollegen

Pünktlichkeit **Geschäftsleitung**

2.1 Lernaufgabe

Eine erfolgreiche Ausbildung basiert auf mehreren beteiligten Partnern. Dazu gehören auf der einen Seite Sie selbst als Auszubildender, auf der anderen Seite Ihr Ausbildungsbetrieb, der zuständig ist für die fachpraktische Ausbildung, und zugleich die berufsbildende Schule als Verantwortlicher für den fachtheoretischen Teil.

Jeder dieser Beteiligten hat unterschiedliche Rechte bzw. Pflichten. Unabhängig davon, wie die Übrigen Ihre Aufgaben erfüllen, sind Sie bemüht, allen Anforderungen nachzukommen, ohne Ihre Rechte zu vernachlässigen. Dabei hilft Ihnen die nachstehende Lernaufgabe zum Thema:

Wie verhalten Sie sich korrekt in Ihrem Ausbildungsbetrieb?

Arbeitsauftrag

Einzelarbeit

1. **Informieren** Sie sich zu dem Thema **Berufsausbildung im dualen System**.

Tandem

2. **Erstellen** Sie ein Informationsblatt über Rechte und Pflichten von Auszubildenden.

Zwei Tandems

3. **Entwickeln** Sie ein szenisches Spiel zu einer Situation, wie sie in Ihrem Ausbildungsbetrieb vorkommen könnte. Die Handlung soll nicht den optimalen Vorgaben der Rechte und Pflichten entsprechen.
4. **Erstellen** Sie Rollenkarten.
5. **Bereiten** Sie sich auf die Präsentation vor. Jeder übernimmt eine Rolle.

Plenum

6. **Stellen** Sie Ihr szenisches Spiel vor.
7. **Diskutieren** Sie im Plenum über das fehlerhafte Verhalten und schlagen Sie mithilfe Ihres Informationsblattes Lösungen vor.

Einzelarbeit (Situation im eigenen Ausbildungsbetrieb)

8. **Erstellen** Sie sich eine kreative visualisierte Landkarte zu Ihren Rechten und Pflichten gegenüber Ihrem Ausbilder bzw. Vorgesetzten, Ihrem Kollegen, dem Ausbildungsplan und den anderen Azubis in Ihrem Betrieb.

Plenum (Steh-Café)

9. **Erläutern** Sie Ihren Mitschülern mithilfe Ihrer Landkarte Ihre Situation in Ihrem Ausbildungsbetrieb.

2.2 Lernaufgabe

Aufgrund der positiven Auftragslage bittet Frau Kreuzer, Leiterin der Personalabteilung, die Mitarbeiter in den nächsten drei Wochen jeweils eine Stunde länger zu arbeiten. Als Ausgleich bietet Sie zwei zusätzlichen Urlaubstage oder die Ausbezahlung der Mehrarbeit an. Die meisten Mitarbeiter sind mit der Mehrarbeit einverstanden, nur wenige murren. Momentan sind Sie in der Abteilung „Einkauf/Beschaffung" eingesetzt und sprechen mit Frau Schick über die Mehrarbeit. Für diese ist das kein Problem, auch die Meckerei mancher kann sie nicht verstehen. Sie entgegnet Ihnen, dass diese Mitarbeiter sich an den Betriebsrat wenden können, um sich zu informieren, ob diese Vorgehensweise rechtens ist. Zunächst müssen Sie sich jetzt einmal darüber informieren, was ein Betriebsrat ist, und dann bleibt immer noch die Frage:

Wer vertritt Sie im Unternehmen, wenn Sie mit einer Regelung nicht einverstanden sind?

Arbeitsauftrag

Tandem

1. **Lesen** Sie das Manual zum **Betriebsrat** sowie der **Jugend- und Auszubildendenvertretung**.
2. **Einigen** Sie sich auf eine arbeitsteilige Vorgehensweise. Ein Partner bearbeitet die Informationen über den Betriebsrat, der andere über die Jugend- und Auszubildendenvertretung. Jeder erstellt zu seinem Thema eine Mind-Map.
3. **Tauschen** Sie sich über Ihre unterschiedlichen Lerninhalte aus und ergänzen Sie Ihre Unterlagen um die fehlenden Informationen.
4. **Simulieren** Sie Beratungsgespräche der Jugend- und Auszubildendenvertretung. Dazu übernimmt jeder einmal die Rolle des Beraters und des Auszubildenden. Verwenden Sie für die notwendigen Informationen den Auszug aus dem Jugendarbeitsschutzgesetz. Üben Sie Ihre Beratungsgespräche.

Zweier-Tandem

5. **Beraten** Sie jeweils zu dritt als Jugend- und Auszubildendenvertretung einen Auszubildenden. Achten Sie auf fachliche Richtigkeit und fertigen Sie sich zu jeder Situation Notizen an.

Plenum (Losverfahren)

6. **Stellen** Sie eines Ihrer Beratungsgespräche vor und nehmen Sie konstruktive Kritik entgegen.

Einzelarbeit (Hausaufgabe)

7. **Fertigen** Sie ein Plakat/Informationsblatt mit den wichtigsten Paragrafen zum Jugendarbeitsschutzgesetz an, welches Sie am Schwarzen Brett aushängen können.

Einzelarbeit

8. **Informieren** Sie sich über **Fort- und Weiterbildungsmöglichkeiten**.
9. **Fertigen** Sie Handzettel zur Durchführung eines Beratungsgespräches an.

Zweier-Tandem

10. **Weiten** Sie Ihr Beratungsgespräch um das Thema „Fort- und Weiterbildungsmöglichkeiten" aus. (Drei Mitglieder der Jugend- und Ausbildungsvertretung beraten einen Azubi.) Üben Sie Ihr Gespräch.

Plenum

11. **Führen** Sie Ihre Beratung vor und nehmen Sie konstruktives Feedback entgegen.
12. **Setzen** Sie sich kritisch mit den Beratungssituationen auseinander und halten Sie Wichtiges schriftlich fest.

Einzelarbeit (Situation im eigenen Ausbildungsbetrieb)

13. **Entwerfen** Sie einen Flyer zum Thema Fort- und Weiterbildung, die Sie nach Ihrer Meinung in Ihrem Betrieb bzw. privat anstreben können. Beachten Sie ebenso Ihre Rechte und Pflichten gegenüber Ihrem Ausbildungsbetrieb.

2.3 Lernaufgabe – Reflexion des Lernzuwachses

Die erste Handlungssituation aus dem Büroalltag ist abgeschlossen und Sie durchlaufen den Prozess noch einmal mit all seinen Facetten:

Wie verhalten Sie sich korrekt im Ausbildungsbetrieb?

Arbeitsauftrag

1. **Reflektieren** Sie Ihren Lernzuwachs der 2. Lernsituation – nutzen Sie als Grundlage den entsprechenden Arbeitsplan.

   (**Orientieren** Sie sich an dem Arbeitsauftag der Lernaufgabe 1.6)

Arbeitsplan

Kompetenzen	• Die menschlichen Bedürfnisse klassifizieren • Das Leistungsspektrums des Ausbildungsbetriebes, die eingesetzten betriebswirtschaftlichen Produktionsfaktoren, die Ziele ihres Betriebes sowie dessen Stellung in der arbeitsteiligen Wirtschaft und innerhalb des erweiterten Wirtschafskreislaufs erschließen • Die eigene Stellung innerhalb des Aufbaus des Betriebes und die wesentlichen Arbeits- und Geschäftsprozesse des Betriebes sowie den eigenen Handlungsrahmen erfassen • Den eigenen Betrieb mit geeigneten Medien vorstellen und bewerten
Inhalte	• Bedürfnisse eines Menschen • Betriebs- und volkswirtschaftliche Produktionsfaktoren (Input) • Güter und Dienstleistungen (Output) • Wirtschaftssektoren, Unternehmensziele, Wirtschaftsprinzipien • Erweiterter Wirtschaftskreislauf • Handlungsvollmacht und Prokura • Organigramm (allgemein sowie Büromöbel Hauser & Schulte GmbH)
Portfolio	Präsentation über den eigenen Ausbildungsbetrieb • Masterfolie mit dem Corporate Design • Klassifizierung der Bedürfnisse • In- und Output Ihres Betriebes • Einordnungen bezüglich Wirtschaftssektoren, Unternehmens-zielen und Wirtschaftsprinzipien • Regelung der Vertretungsvollmachten (Szenisches Spiel) • Organigramm der Aufbauorganisation • PowerPoint-Präsentation über den Ausbildungsbetrieb
Zeit	Ca. 26 Stunden

Warm up (Kleingruppengespräch)

Was wissen Sie über Ihr Ausbildungsunternehmen?

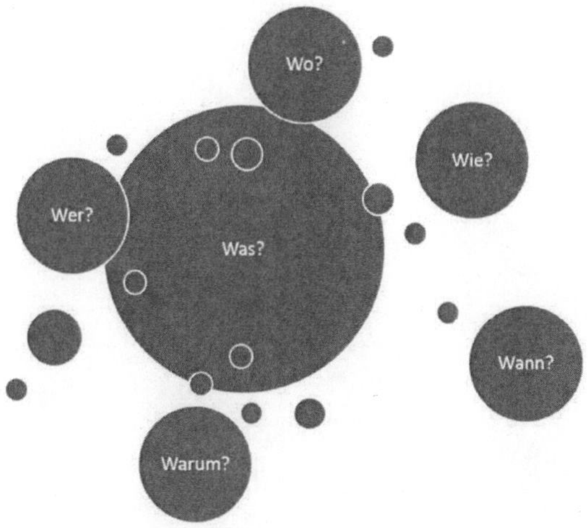

3.1 Lernaufgabe

In zwei Monaten wird bei Büromöbel Hauser & Schulte GmbH eine Hausmesse stattfinden. Herr Thommes beauftragt Sie, eine Firmenpräsentation unter Berücksichtigung des **Corporate Identity** zu erstellen. Für die Recherche der Unternehmensdaten sollen Sie Aktualität, Objektivität, Verfügbarkeit, Urheberrecht, sachliche Richtigkeit und die Regeln des Datenschutzes beachten.

Wie präsentieren Sie professionell das Unternehmen Büromöbel Hauser & Schulte GmbH?

Arbeitsauftrag

Tandem

1. **Informieren** Sie sich im Präsentationsmanual über **Präsentationen planen und Präsentationen gestalten**.
2. **Stimmen** Sie sich ab, wer welchen Textbereich erarbeitet, und erstellen Sie anschließend eine gemeinsame **MindMap** „Eine Präsentation planen und gestalten".
3. **Bereiten** Sie sich für ein Kurzstatement vor.

Plenum

4. **Halten** Sie Ihr Statement über „Eine Präsentation planen und gestalten".
5. **Vergleichen** Sie Ihre MindMaps – ergänzen Sie ggf.

Tandem

6. **Legen** Sie die Inhalte für die Firmenpräsentation fest. Orientieren Sie sich u. a. an den Angaben des **Firmenporträts**.
7. **Erstellen** Sie fünf Folien für eine PowerPoint-Präsentation mit einem einheitlichen Foliendesign (**Masterfolie** – Corporate Identity – **Firmenlogo**).
8. **Beachten** Sie **Gestaltungsregeln für digitale Präsentationen**.
9. **Gestalten** Sie Einstiegsfolie, Inhaltsübersicht und Schlussfolie gemeinsam.
10. **Suchen** Sie passende Bilder im Internet und geben Sie die Quelle hinten auf einer Extra-Folie an.
11. **Bereiten** Sie Ihr Ergebnis zur Präsentation vor (automatischer **Folienübergang**).

Gruppenarbeit

12. **Überprüfen** Sie gemeinsam, ob Sie die Gestaltungsregeln beachtet haben.
13. **Bereiten** Sie sich auf die Präsentation vor, indem Sie sich Notizen machen über Ihre planerische, technische sowie gestalterische Vorgehensweise.

Plenum

14. **Präsentieren** Sie Ihr Firmenporträt mit den vorbereiteten Hinweisen.
15. **Reflektieren** Sie mithilfe Ihrer MindMap und der Gestaltungstipps, ob die Präsentation einem repräsentativen Auftritt gerecht wird.

Einzelarbeit (Situation im eigenen Ausbildungsbetrieb)

16. **Korrigieren** Sie ggf. Ihre Präsentation und drucken Sie Ihre Folien auf **Handzetteln** aus.
17. **Erstellen** Sie von Ihrem Ausbildungsbetrieb einen professionellen Firmenauftritt.

Plenum (Museumsgang)

18. **Informieren** Sie Ihre Besucher über Ihre Intention zur Gestaltung Ihrer Firmenpräsentation.

3.2 Lernaufgabe

Sie sind nun seit Spätsommer Auszubildende(r). Seit dieser Zeit haben Sie einige neue Menschen kennengelernt, neue Aufgabenbereiche, eventuell hat sich Ihr gesamter Tagesrhythmus geändert. Unabhängig von diesen neuen Eindrücken ist es für Ihr kaufmännisches Verständnis wichtig, nachvollziehen zu können, warum es Ihren Ausbildungsbetrieb überhaupt gibt, warum Menschen bei ihm Güter kaufen, er sich gegenüber anderen Unternehmen behaupten kann und viele weitere Aspekte.

Dabei helfen Ihnen die nachstehenden Lernaufgaben. Grundlage für alle weiteren Überlegungen ist aber, dass Sie persönlich Teil dieser ganzen Aufzählungen sind. Warum? Dies beantwortet, zumindest zum Teil, die Frage:

Welche Bedürfnisse haben Sie persönlich?

Arbeitsauftrag

Einzelarbeit

1. **Notieren** Sie zunächst Ihre momentanen Wünsche. Denken Sie darüber nach, wie Sie diese stillen könnten, und ergänzen Sie Ihre Antworten.

Tandem

2. **Erläutern** Sie ihrem Partner ihre Wünsche. Gehen Sie dabei darauf ein, warum Sie diese Wünsche haben und welche Möglichkeiten es gibt, diese zu stillen.

Einzelarbeit

3. **Informieren** Sie sich mithilfe des Textes über die **Bedürfnisse eines Menschen**.

Tandem

4. **Tauschen** Sie sich über die neuen Lerninhalte aus. Beantworten Sie sich gegenseitig bestehende Fragen fachlich korrekt.
5. **Gehen** Sie nun arbeitsteilig vor. Ein Partner gliedert sowohl die Bedürfnisse nach ihrer Dringlichkeit als auch nach den Trägern der Befriedigung (z. B. MindMap, Schaubild, ...). Der andere bereitet die Bedürfnisse nach Maslow grafisch auf (z. B. Pyramide, Treppenform, ...).
6. **Stellen** Sie sich gegenseitig Ihre Arbeitsergebnisse vor. Eventuell offene Fragen Ihres Partners beantworten Sie fachlich korrekt.

Einzelarbeit

7. **Vervollständigen** Sie Ihre Unterlagen um die fehlenden Informationen. Korrigieren Sie mögliche Fehler.

Tandem

8. **Bereiten** Sie sich gemeinsam auf eine Präsentation vor. Dabei tauschen Sie die Rollen, indem Sie jeweils die Bedürfnisse vortragen, die Ihr Partner grafisch aufbereitet hat.
9. **Beleben** Sie Ihre Präsentation durch ein kurzes szenisches Spiel. Wählen Sie dazu zwei eigene Bedürfnisse aus, welche Sie im Plenum anschaulich präsentieren, um das Erinnerungsvermögen Ihrer Mitschüler zu fördern.

Plenum

10. **Stellen** Sie dem Plenum Ihre grafischen Darstellungen vor, vergessen Sie nicht Ihr szenisches Spiel zur Verdeutlichung.
11. **Nehmen** Sie konstruktives Feedback entgegen.

Einzelarbeit (Situation im eigenen Betrieb)

12. **Betrachten** Sie Ihre bisherigen Handlungsprodukte und markieren Sie die Bedürfnisse, die Ihr Ausbildungsbetrieb durch seine unternehmerische Tätigkeit stillt.

Plenum (Stehcafé)

13. **Überlegen** Sie, ob Ihr Ausbildungsbetrieb weitere Bedürfnisse stillen könnte und wie dies umsetzbar wäre.
14. **Diskutieren** Sie über die unterschiedlichen Bedürfnisse, die Ihre Ausbildungsbetriebe stillen. Formulieren Sie Gemeinsamkeiten und Unterschiede.

Einzelarbeit (Hausaufgabe)

15. **Ergänzen** Sie Ihre PowerPoint-Präsentation über Ihren Ausbildungsbetrieb. Fügen Sie dazu mindestens eine Folie hinzu, die zeigt, welche Wünsche bzw. Bedürfnisse Ihr Ausbildungsbetrieb mit seiner Produktpalette, durch das Mitarbeiterverhalten usw. stillt.

3.3 Lernaufgabe

Ihre Bedürfnisse sind unterschiedlich, sodass auch verschiedene Güter bzw. Dienstleistungen dazu notwendig sind Ihre Bedürfnisse zu stillen. Diese Güter produziert ein Unternehmen, z. B. Büromöbel Hauser & Schulte GmbH oder Ihr Ausbildungsunternehmen.

Die Herstellung von Gütern und Dienstleistungen ist abhängig von Produktionsfaktoren, dem Input. Sie persönlich tragen durch Ihre tägliche Arbeit dazu bei, dass Güter bzw. Dienstleistungen entstehen. Wie dies möglich ist, beantwortet Ihnen die nächste Lernaufgabe:

Wieso sind Sie selbst als Produktionsfaktor (Input) wichtig für die Herstellung von Gütern (Output)?

Arbeitsauftrag

Einzelarbeit

1. **Erschließen** Sie sich sowohl den Text über **Güter (Output)** als auch über **Produktionsfaktoren (Input)**.

Tandem

2. **Erklären** Sie sich die unterschiedlichen Güterarten und Produktionsfaktoren.

Einzelarbeit

3. **Halten** Sie Ihre bisherigen Arbeitsergebnisse schriftlich fest. Dazu erstellt ein Partner ein Organigramm über die verschiedenen Güter. Der andere stellt die einzelnen Produktionsfaktoren, z. B. in Form eines Schau- oder Tafelbildes, grafisch dar. Achten Sie beide darauf, die verwendeten Fachbegriffe zu definieren und durch korrekte Beispiele zu ergänzen.

Tandem

4. **Stellen** Sie Ihrem Partner Ihre bisherigen Arbeitsergebnisse vor und beantworten Sie eventuelle Fragen. **Korrigieren** Sie mögliche Fehler.

Zweier-Tandems

5. **Erläutern** Sie sich tandemweise die Fachbegriffe der Güterarten und Produktionsfaktoren. Verwenden Sie dazu Ihre grafischen Darstellungen.
6. **Diskutieren** Sie einerseits über die fachlichen Inhalte, andererseits über die von Ihnen gewählte Art der Aufbereitung.
7. **Optimieren** Sie ein gemeinsames Strukturbild zum Thema Güterarten und ein geeignetes Schaubild zum Thema Produktionsfaktoren.
8. **Bereiten** Sie sich auf einen Museumsrundgang vor. Jede Gruppe stellt zwei Teammitglieder ab, um dem Plenum die Arbeitsergebnisse zu erklären. Die beiden anderen informieren sich an den anderen Stationen.

Plenum (Museumsgang)

9. **Informieren** Sie sich während des Rundgangs anhand der Darstellungsalternativen der anderen Tandems. Formulieren Sie Fragen bei Unklarheiten.
10. **Reflektieren** Sie im Plenum die gesehenen Darstellungen.

Einzelarbeit

11. **Halten** Sie die vereinbarten Darstellungen oder die Darstellungen, die Ihnen für Ihr Lernen am geeignetsten erscheinen, schriftlich fest.

Plenum (Stuhlkreis)

12. **Analysieren** Sie anhand der gemeinsamen Darstellungsmöglichkeiten, welche Güter Büromöbel Hauser & Schulte GmbH bzw. Ihre Ausbildungsbetriebe produzieren und welche Produktionsfaktoren dazu notwendig sind.
13. **Tauschen** Sie sich darüber aus, welche Güterart am häufigsten gefertigt wird.

Einzelarbeit (Situation im eigenen Betrieb)

14. **Fügen** Sie Ihrer PowerPoint-Präsentation eine Folie über den In- und Output Ihres Betriebes bei. Bedenken Sie dabei Darstellungsalternativen, sodass in Ihrer Präsentation Abwechslung entsteht.

3.4 Lernaufgabe

Einmal im Monat findet in der Büromöbel Hauser & Schulte GmbH ein abteilungsübergreifendes Treffen statt. In diesem Meeting diskutieren die Abteilungsleiter oftmals ziemlich hitzig, so auch dieses Mal. Während Herr Thommes, der Abteilungsleiter des Einkaufs, der Meinung ist, dass die Materialien möglichst kostengünstig eingekauft werden sollten, ist Herr Reiter, Leiter der Produktion, der Ansicht, dass die Qualität im Vordergrund stehen sollte. Außerdem legt er großen Wert auf eine umweltfreundliche Produktion. Ihm ist es wichtig, dass die Büromöbel Hauser & Schulte GmbH sich um die Aufforstung kümmert und Umverpackungen aus dem Recyclingkreislauf verwendet.

Frau Kreuzer, Leiterin der Personalabteilung, findet diese Argumente nachvollziehbar, vertritt jedoch die Auffassung, dass nicht nur die Materialien, sondern auch die Mitarbeiter wichtig sind, und fordert, dass die Überstunden der Büromöbel Hauser & Schulte GmbH abgebaut werden. Sie fürchtet, dass sonst mehrere qualifizierte Mitarbeiter kündigen. Alle Beteiligten vertreten ihre eigene Ansicht, da jeder bemüht ist, unterschiedliche Unternehmensziele umzusetzen. Wie diese Ziele von den Wirtschaftssektoren und –prinzipien abhängen, erfahren Sie in der Lernaufgabe:

Welchen Zusammenhang erkennen Sie zwischen Wirtschaftssektoren, Unternehmenszielen und Wirtschaftsprinzipien?

Arbeitsauftrag

Einzelarbeit

1. **Erschließen** Sie sich sowohl den Text über **Wirtschaftssektoren** als auch über **Unternehmensziele und Wirtschaftsprinzipien**.
2. **Notieren** Sie sich alle neuen Fachinhalte aus beiden Texten. Beachten Sie, dass Sie alle notwendigen Informationen aus den Bereichen Wirtschaftssektoren, Unternehmensziele und Wirtschaftsprinzipien berücksichtigt haben. Arbeiten Sie gewissenhaft.

Dreier Gruppe

3. **Tauschen** Sie sich über die neuen Informationen aus, beantworten Sie sich gegenseitig bislang Ungeklärtes und korrigieren Sie unter Umständen Ihre Notizen.
4. **Suchen** Sie in der Gruppe nach einem Beispiel, welches den Herstellungsprozess eines fertigen Gutes von der Ur-Erzeugung bis zur Dienstleistung beschreibt. Vervollständigen Sie dieses Beispiel durch möglichst viele realistische Unternehmensziele, die auf das vom Unternehmen angewandte Wirtschaftsprinzip hinweisen. Halten Sie zwei geeignete Beispiele auf Handzetteln fest.
5. **Bereiten** Sie sich auf eine für das Plenum aussagekräftige Präsentation vor, indem jedes Gruppenmitglied eine konkrete Aufgabe übernimmt (Zuordnung der verschiedenen Wirtschaftssektoren vom Rohstoff bis zum verkaufsfähigen Gut, begründete Unternehmensziele, Wirtschaftsprinzip des Unternehmens).

Plenum

6. **Stellen** Sie dem Plenum Ihre Arbeitsergebnisse vor und stehen Sie für Rückfragen zur Verfügung.
7. **Diskutieren** Sie über das gewählte Beispiel bzw. Gut. Berücksichtigen Sie die gewählten Unternehmensziele und beurteilen Sie, ob das gewählte Wirtschaftsprinzip schlüssig ist.
8. **Geben** Sie der Gruppe ein konstruktives Feedback. Verwenden Sie dazu Ich-Formulierungen.
9. **Einigen** Sie sich auf mindestens zwei geeignete Beispiele, sodass beide Wirtschaftsprinzipien berücksichtigt sind.

Einzelarbeit

10. **Halten** Sie die Plenumsergebnisse schriftlich in Ihren Unterlagen fest. Notieren Sie sich eigene Gedankenstützen, die Ihnen dabei helfen, die Beispiele eigenständig anzuwenden.

(Situation im eigenen Betrieb)

11. **Ordnen** Sie Ihren Ausbildungsbetrieb konkret in die Bereiche „Wirtschaftssektoren", „Unternehmensziele" und „Wirtschaftsprinzipien" ein. Halten Sie Ihr Ergebnis schriftlich fest.

12. **Halten** Sie in der Präsentation über Ihren Ausbildungsbetrieb eine Folie mit den Ergebnissen aus dieser Lernaufgabe fest. Begründen Sie Ihre Einordnung zumindest in Ihrem Vortrag. Fertigen Sie deshalb bereits jetzt einen entsprechenden Handzettel an.

Plenum (Stehcafé)

13. **Führen** Sie einen Smalltalk über Ihre Einordnungen Ihres Ausbildungsbetriebes.

3.5 Lernaufgabe

Aktuell ist die Auftragslage der Büromöbel Hauser & Schulte GmbH sehr gut, d. h. es liegen Aufträge von den unterschiedlichsten Kunden vor. Beispielsweise hat die Innenausstattungs KG 30 exklusive Schreibtische aus kanadischen Weymouthkiefern geordert. Für diese muss das entsprechende Holz erst in Kanada eingekauft und auch mittels kanadischem Dollar gezahlt werden.

Um eine Vorstellung zu erhalten, welche Rolle die Hauser & Schulte GmbH in der gesamten wirtschaftlichen Struktur einnimmt bzw. wie die einzelnen Sektoren einer Wirtschaft miteinander verbunden sind, ist es sinnvoll, ein Modell zu Hilfe zu nehmen. Wie dieses konkret aussieht und funktioniert wissen Sie nach Beantwortung der folgenden Frage:

Wie hängen die verschiedenen Sektoren einer Wirtschaft voneinander ab?

Arbeitsauftrag

Einzelarbeit

1. **Informieren** Sie sich über den **Wirtschaftskreislauf**. Erinnern Sie sich an die bereits erlernte Lesestrategie und wenden Sie diese an.
2. **Markieren** Sie im Sinne der Lesestrategie sowohl den im Text erwähnten Güter- als auch den Geldstrom zwischen den einzelnen Sektoren. Verwenden Sie sinnvollerweise zwei unterschiedliche Farben.

Tandem

3. **Tauschen** Sie sich aus, bei Unklarheiten einigen Sie sich.
4. **Erstellen** Sie gemeinsam den Wirtschaftskreislauf als Strukturbild. Treffen Sie dazu zunächst die vorbereitenden Arbeiten, d. h., notieren Sie die fünf Sektoren eventuell auf kleine A8-Kärtchen. Für den Geld- bzw. Güterstrom helfen Ihnen beschriftete Pfeile bei der Darstellung.
5. **Legen** Sie Ihr Strukturbild nach und nach, z. B. legen Sie die beiden Kärtchen der Sektoren „Unternehmen" und „privaten Haushalte" auf den Tisch. Ergänzen Sie nun den Pfeil der den Güterstrom zwischen den Unternehmen und den privaten Haushalten verdeutlicht, sodass nachvollziehbar ist, dass die Haushalte von den Unternehmen Güter bzw. Dienstleistungen erhalten, um ihre Bedürfnisse zu stillen. Erklären Sie sich gegenseitig den vollständigen Wirtschaftskreislauf. Jeder ist einmal dran. Während ein Partner erklärt, hört der andere aufmerksam zu und fragt bei Missverständnissen nach. Üben Sie Ihre Erklärungen.

Zweier-Tandems

6. **Vergleichen** Sie Ihre beiden Strukturbilder. Achten Sie insbesondere auf Unterschiede und begründen Sie diese.
7. **Einigen** Sie sich auf ein gemeinsames Strukturbild und legen Sie es gemeinsam.
8. **Bereiten** Sie sich auf eine Präsentation im Plenum vor. Jeder ist beteiligt.

Plenum (Losverfahren)

9. **Stellen** Sie dem Plenum Ihren Wirtschaftskreislauf vor, indem Sie ihn, wie in Arbeitsschritt sechs, nach und nach legen bzw. an der Stellwand befestigen.
10. **Stehen** Sie für eventuelle Fragen und konstruktive Kritik zur Verfügung.
11. **Diskutieren** Sie die Gründe bei abweichenden Vorgehensweisen.

Einzelarbeit

12. **Übertragen** Sie den korrekten Wirtschaftskreislauf in Ihre Unterlagen, eventuell dürfen Sie zusätzlich den im Plenum entwickelten fotografieren.

3.6 Lernaufgabe

Wie bereits erwähnt, ist die Auftragslage der Büromöbel Hauser & Schulte GmbH äußerst positiv. Dies wirkt sich nicht nur auf wirtschaftliche Aspekte aus, sondern auch auf die Mitarbeiter. Alle haben mehr als genug zu tun. Frau Kreuzer, Leiterin der Personalabteilung, bespricht mit Ihnen die Auswirkungen, die sich für die Mitarbeiter im Unternehmen ergeben. Zwar sind die Arbeitsplätze dann relativ sicher, gleichzeitig steigt aber die Belastung, die jeder zu tragen hat. Sei es durch Mehrarbeit, das ständige Läuten des Telefons usw. Alle diese Faktoren können beispielsweise zu einem schlechten Arbeitsklima, vermehrten Krankmeldungen, ... führen. Aufgabe der Unternehmensleitung ist es somit, Aufgaben und Kompetenzen sinnvoll zu verteilen. Haben mehrere Mitarbeiter beispielsweise einen Ansprechpartner, der berechtigt ist Entscheidungen zu treffen, erleichtert und beschleunigt dies den Arbeitsprozess. Wie das in der Realität umgesetzt wird, erfahren Sie anhand der nächsten Lernaufgabe:

Welche Vertretungsalternativen gibt es in einem Unternehmen?

Arbeitsauftrag

Tandem

1. **Informieren** Sie sich arbeitsteilig über die **Vertretungsvollmachten**, d. h. über die Handlungsvollmacht und die Prokura.
2. **Notieren** Sie zu Ihrem Thema alle wichtigen Informationen zu der von Ihnen bearbeiteten Vertretungsvollmacht. Beachten Sie insbesondere, welche Arten der Vollmacht es gibt, wie weitreichend ihr Umfang ist, d. h. welche Aufgaben der Bevollmächtigte erledigen darf, welche Rechtsgeschäfte ihm verboten sind, wie die Vollmacht erteilt und entzogen wird und wie er zu unterschreiben hat.
3. **Erläutern** Sie Ihrem Partner alle wichtige Informationen. Helfen Sie ihm bei Rückfragen. Verwenden Sie dabei Ihre Notizen.

4. **Vergleichen** Sie die unterschiedlichen Vertretungsvollmachten und werden Sie sich deren Besonderheiten bewusst.
5. **Erstellen** Sie gemeinsam eine grafische Darstellung, welche sowohl die notwendigen Informationen über die Handlungsvollmacht als auch die Prokura berücksichtigt. Beachten Sie alle zu bearbeitenden Merkmale aus Arbeitsschritt 2.
6. **Entwickeln** Sie gemeinsam ein kleines szenisches Spiel, welches sich auf eine Vertretungsvollmacht und ein besonderes Merkmal bezieht: beispielsweise die Erteilung der Prokura, oder stellen Sie dar, welche Rechtsgeschäfte ein Mitarbeiter mit Einzelvollmacht erledigen darf und was danach geschieht.

Plenum

7. **Sprechen** Sie sich in der Klassengemeinschaft ab, sodass möglichst alle Merkmale der Vertretungsvollmachten in einem szenischen Spiel dargestellt werden können. Falls Sie sich unsicher sind, lassen Sie diese Phase der Absprache von Ihrem Klassensprecher koordinieren.

Tandem

8. **Bereiten** Sie sich auf Ihr szenisches Spiel vor. Fertigen Sie Handzettel mit den wichtigsten Informationen an.

Plenum

9. **Stellen** Sie Ihr szenisches Spiel vor.
10. **Lassen** Sie sich ein konstruktives Feedback geben und legen Sie danach fest, worauf das nächste Tandem besonders achten soll.

Tandem

11. **Bringen** Sie die Möglichkeiten der Vollmachterteilung in eine hierarchische Reihenfolge und stellen Sie dies grafisch dar.

Zweier-Tandems

12. **Stellen** Sie sich gegenseitig Ihre Arbeitsergebnisse vor, diskutieren Sie bei Unklarheiten und besprechen Sie offene Fragen.
13. **Einigen** Sie sich auf eine sinnvolle und korrekte Darstellungsweise und bringen Sie diese in eine optisch ansprechende Form.
14. **Bereiten** Sie sich auf eine Präsentation Ihrer Arbeitsergebnisse vor. Begründen Sie sowohl Ihre Darstellung als auch die von Ihnen gewählte Hierarchie.

Plenum

15. **Stellen** Sie das Arbeitsergebnis Ihres Zweier-Tandems vor und stehen Sie für Rückfragen zur Verfügung.
16. **Korrigieren** Sie ggf. Ihre Ergebnisse.

Einzelarbeit (Situation im eigenen Ausbildungsbetrieb)

17. **Recherchieren** Sie, welche Vollmachtarten es in Ihrem Unternehmen gibt.
18. **Finden** Sie konkrete Tätigkeiten, die Mitarbeiter aufgrund Ihrer Vollmacht aus-

üben dürfen. Fragen Sie die betreffenden Personen, wenn möglich, persönlich. Seien Sie mutig, Sie können nur lernen.

19. **Erweitern** Sie Ihre PowerPoint-Präsentation um die entsprechenden Informationen und fertigen Sie einen Handzettel an, sodass Sie sich zu gegebener Zeit an alle Details erinnern.

Plenum (Stehcafé)

20. **Informieren** Sie sich bei Ihren Gesprächspartnern, wie die Vertretungsvollmachten in anderen Ausbildungsunternehmen geregelt sind.

3.7 Lernaufgabe

Bislang haben Sie gelernt, welche Rolle ein Unternehmen wie z. B. die Büromöbel Hauser & Schulte GmbH in der Wirtschaft einnimmt, wovon Sie abhängig ist, welche unterschiedlichen Vollmachten dazu dienen Arbeitsabläufe zu erleichtern usw. Gerade als neuer Mitarbeiter bzw. Auszubildender ist es jedoch schwierig, sich in einem so komplexen Gefüge wie einem Unternehmen zurechtzufinden, seinen Ansprechpartner zu kennen und zu wissen, wer wem gegenüber weisungsbefugt ist. Für diese Überlegungen existiert ein Hilfsmittel, welches Sie durch die Beantwortung der folgenden Frage näher kennenlernen:

Woran erkennen Sie, wie ein Unternehmen strukturiert/aufgebaut ist?

Arbeitsauftrag

Einzelarbeit

1. **Lesen** Sie das Manual **Organigramm – allgemein** sorgfältig durch und erstellen Sie ein Glossar (zweispaltige Tabelle – links den Fachbegriff und rechts die entsprechende Erläuterung) über alle Ihnen bislang unbekannten Begriffe – tauschen Sie sich mit Ihrem Partner aus.
2. **Erschließen** Sie nun den Text **Organigramm – Büromöbel Hauser & Schulte GmbH** und fertigen das entsprechende Organigramm an. Verwenden Sie dazu ein DIN-A4 Blatt im Querformat bzw. ein DIN-A3 Blatt. Arbeiten Sie zunächst mit Bleistift, sodass Sie korrigieren können.

Tandem

3. **Kontrollieren** Sie Ihre Darstellungen. Bringen Sie das Organigramm in eine optisch ansprechende Form.
4. **Bereiten** Sie sich auf eine Präsentation zum Thema Organigramm – Allgemein und Organigramm – Hauser & Schulte GmbH vor. Jeder agiert und bereitet einen Handzettel vor.

Plenum

5. **Präsentieren** Sie Ihr Ergebnis. Verdeutlichen Sie Ihre Ausführungen mittels des von Ihnen erstellten Organigramms.

6. **Nehmen** Sie konstruktives Feedback entgegen und beantworten Sie Fragen.
7. **Diskutieren** Sie im Plenum darüber, welches Organigramm die Unternehmensstruktur der Hauser & Schulte GmbH am ehesten darstellt. Hängen Sie ggf. diese Version in der Klasse aus.

Einzelarbeit

8. **Übertragen** Sie Plenumsergebnis in Ihre Unterlagen Schützen Sie das Organigramm der Hauser & Schulte GmbH durch eine Folie, da es in den nächsten Jahren oft zum Einsatz kommt.
9. **Vervollständigen** Sie Ihre in Lernaufgabe 3.1 erstellte Präsentation über die Büromöbel Hauser & Schulte GmbH um das Organigramm des Unternehmens.

Einzelarbeit (Situation im eigenen Ausbildungsbetrieb)

10. **Vervollständigen** Sie die PowerPoint-Präsentation über Ihren Ausbildungsbetrieb um das hausinterne Organigramm.
11. **Vergegenwärtigen** Sie sich die Besonderheiten der Unternehmensstruktur. Falls Sie keine ausfindig machen oder Sie in einem vergleichsweise kleinen Unternehmen ausgebildet werden, ergänzen Sie Ihr Organigramm bzw. Ihre Präsentation um praxisnahe Aufgaben, die die jeweiligen Stellen ausführen.

Plenum

12. **Vergleichen** Sie die verschiedenen Organigramme. Finden Sie Gemeinsamkeiten und Unterschiede. Besprechen Sie, wovon eine abweichende Darstellungsform im Gegensatz zu Büromöbel Hauser & Schulte GmbH abhängen kann.

3.8 Lernaufgabe

Bislang haben Sie theoretisches Wissen anhand der Büromöbel Hauser & Schulte GmbH kennengelernt und jeweils auf Ihren Ausbildungsbetrieb angewandt. Abschließend besteht nun Ihre Aufgabe darin, Ihren Ausbildungsbetrieb vor der gesamten Klasse zu präsentieren. Bei Ihrer Präsentation achten Sie nicht nur darauf, dass Sie alle theoretischen Inhalte berücksichtigen, sondern auch, dass Sie souverän wirken und einen positiven Eindruck beim Publikum hinterlassen.

Sicherlich sind Sie vor diesem Moment etwas nervös, doch gelungenes Präsentieren ist eine Kompetenz, die aus vielen Faktoren besteht. Sie benötigen Präsentationsregeln, eine positive Einstellung und Ausdauer sowie Übung und eine ehrliche Selbsteinschätzung. Um sich also stets weiter zu verbessern, beobachten Sie Ihren Entwicklungsfortschritt und halten ihn schriftlich fest. Bei Ihrer persönlichen Entwicklung unterstützt Sie der nachstehende Arbeitsauftrag:

Wie stellen Sie überzeugend Ihren Ausbildungsbetrieb vor?

3

Arbeitsauftrag

Einzelarbeit

1. **Erschließen** Sie sich den Text über **Präsentationen vorbereiten**.

Partnerarbeit

2. **Sprechen** Sie mit Ihrem Partner über „Erfolgreich Präsentationen durchführen" und berichten Sie über Ihre bisherigen Erfahrungen.

Einzelarbeit

3. **Animieren** Sie Ihre Präsentation so, dass die Inhaltselelemente entsprechend des Vortrags aktiviert werden. Überschriften werden nicht animiert **(Vorbereiten und Durchführen einer PowerPoint-Präsentation)**.
4. **Präsentieren** Sie professionell, indem Sie direkt in PowerPoint **Vortragsnotizen** zu den beiden Folien erstellen.

Partnerarbeit

5. **Üben** Sie den Ablauf der Präsentation ein. Beachten Sie die Tipps von **Präsentationen vorbereiten** und **Präsentationen nachbereiten**.

Plenum

6. **Präsentieren** Sie überzeugend Ihre Unternehmenspräsentation.
7. **Reflektieren** Sie anhand des Beurteilungsbogens die Unternehmenspräsentation nach Inhalten, Gestaltung und Vortrag.
8. **Korrigieren** Sie ggf. Ihre Präsentation und **drucken** Sie Ihre Folien auf **Handzetteln** aus.

Bewertungsraster

	Den eigenen Betrieb präsentieren	++	+	0	-	---
Präsentation	Publikum fühlt sich angesprochen – Zielgruppenanalyse umgesetzt					
	Überzeugender Auftritt – Blickkontakt zum Publikum gehalten					
	Korrekter Auftritt vor dem Publikum (z. B. Hände in Bauchhöhe und nicht in die Tasche stecken)					
	Sicherer Auftritt vor dem Publikum – laut und deutlich gesprochen					
	Folieninhalt umfangreich frei, präzise und einprägsam vorgestellt					
	Publikum aktiv angesprochen					
	Zeitmanagement eingehalten					
Inhalte	Einleitung, Ablauf der Präsentation, Hauptteil, Abschluss					
	Eigener Betrieb umfangreich dargestellt					
	Eigene Rolle im Betrieb vorgestellt					
	Leistungsspektrum					
Gestaltung	Blickfang durch Bilder (Eyecatcher)					
	Das Corporate Design des Ausbildungsunternehmens berücksichtigt					
	Gute Strukturierung durch Tabelle, Diagramm, Organigramm und weitere grafische Darstellungen					
	Inhalte durch Schriftgröße, -farbe, -art und -layout unterstützt					
	Gute Aufteilung der Folie (freie Fläche – keine überfüllten Folien)					
	Aussagekräftige Folien- und Tabellenüberschriften					
	Sparsame Animation passend zum Vortrag					

3.9 Lernaufgabe – Reflexion des Lernzuwachses

Die dritte Handlungssituation aus dem Büroalltag ist abgeschlossen, und Sie durchlaufen den Prozess noch einmal mit all seinen Facetten:

Welche Aspekte zeichnet Ihr Ausbildungsunternehmen aus?

Arbeitsauftrag

1. **Reflektieren** Sie Ihren Lernzuwachs der 2. Lernsituation – nutzen Sie als Grundlage den entsprechenden Arbeitsplan.

   (**Orientieren** Sie sich an dem Arbeitsauftag der Lernaufgabe 1.6)

Arbeitsplan

Kompetenzen	• Anforderungen an die Gestaltung Ihrer jeweiligen Arbeitsprozesse sowie Ihres Arbeitsplatzes und -raumes analysieren • Arbeitsplatz nach ergonomischen, rechtlichen und ökologischen Erfordernissen gestalten • Individuelle Strategien zur Bewältigung von Belastungen am Arbeitsplatz entwickeln
Inhalte	• Umwelt- und Gesundheitsaspekte • Arbeitsstätten- und Bildschirmarbeitsverordnung • Raumformen, Büroeinrichtung, Ergonomie • Suchtprävention, Burn-out, Mobbing, Stressregulation • Ernährung und Bewegung • Ökologie
Portfolio	• Empfehlungsschreiben „Wohlfühl-Arbeitsplatz" • Entscheidungsmatrix „Raumformen" • Checkliste für Büro- und Bildschirmarbeitsplätze und Arbeitssicherheit • Informationsblatt „Gesundheitsprophylaxe am Arbeitsplatz" • Aushang für die Mitarbeiter „Ökologische Aspekte" • Job-Dossier (Mobbing, Stress, Burn-out, Konflikte) • Newsletter „Suchtpräventation"
Textverarbeitung	• Gliederung von Texten, Logo erstellen, Zeichen- und Absatzformatierung, Typografie • Tabellenfunktion, • Formularfelder, Fußnote • Formatvorlagen, Bilder einfügen, • SmartArts • Spalten, Kopf- und Fußzeile, Inhaltsverzeichnis und Deckblatt, Seitennummerierung, Text aus Datei einfügen
Zeit	Ca. 25 Stunden

Warm-up

Was verbinden Sie gedanklich mit diesem Kreislauf?

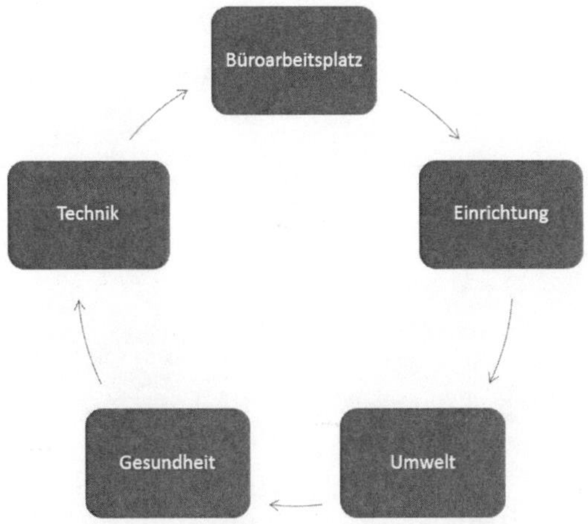

4.1 Lernaufgabe

Sie befinden sich in der Ausbildung in dem Unternehmen Büromöbel Hauser & Schulte GmbH in Trier. Herr Thommes von der Einkaufsabteilung betreut Sie. Er zeigt Ihnen die Räumlichkeiten und bemängelt während des Rundganges verschiedene Dinge, z. B. dass die Temperatur in einigen Räumen zu hoch ist: „Dort kann man sich doch nicht wohlfühlen." Er möchte dies ändern und allgemeine Empfehlungen für die Einkaufsabteilung aussprechen.

Er bittet Sie, eine mitarbeiterorientierte Empfehlung für einen Wohlfühl-Arbeitsplatz auszuarbeiten, die später im Intranet veröffentlicht wird.

Da Sie in Zukunft immer wieder repräsentative Schriftstücke erstellen, legen Sie zunächst einen Textgestaltungs-Guide an, um typografische bzw. normgerechte Gestaltungsregeln und spezielle Softwarefunktionen zu sammeln.

Wie muss ein Arbeitsplatz aussehen, damit Sie sich wohlfühlen?

Arbeitsauftrag

Tandem

1. **Teilen** Sie sich die Texterarbeitung der Themen **Informationsblätter erstellen und Gliederung von Texten**.
2. **Erschließen** Sie nun (jeder für sich) Ihren ausgewählten Fachtext. Beachten Sie die **Lesestrategie**. Formulieren Sie typografische bzw. normgerechte Gestaltungsregeln.
3. **Erläutern** Sie Ihrem Partner Ihr Thema. Suchen Sie gemeinsam aussagekräftige Überschriften und Teilüberschriften im einheitlichen Schreibstil für Ihre ersten Seiten des Textgestaltungs-Guides.

Einzelarbeit (evtl. Hausaufgabe)

4. **Erstellen** Sie die ersten Seiten für Ihren Textgestaltungs-Guide. Wenden Sie die erarbeiteten Gestaltungsregeln an.

Plenum

5. **Präsentieren** Sie Ihren Textgestaltungs-Guide und lassen Sie sich vom Plenum ein Feedback geben. Korrigieren Sie ggf.

Tandem

6. **Erschließen** Sie arbeitsteilig die Themen **Umweltfaktoren**.
7. **Erstellen** Sie eine gemeinsame MindMap über die Umweltfaktoren und die Gestaltung am Arbeitsplatz. Bedenken Sie, dass jeder später eine eigene MindMap abheften soll.
8. **Entwerfen** Sie ein Logo **(Logo erstellen)** für Büromöbel Hauser & Schulte GmbH, um Ihren zukünftigen Informationen zur inner- und außerbetrieblichen Weitergabe ein einheitliches Aussehen im Rahmen des Corporate Designs zu geben.
9. **Konzipieren** Sie mithilfe der MindMap ein Empfehlungsschreiben fürs Intranet,

indem Sie den Mitarbeitern Tipps für Ihren Wohlfühl-Arbeitsplatz geben, die die Kollegen selbst umsetzen können. Schreiben Sie mitarbeiterorientiert (Sie-Stil). Beachten Sie die Gestaltungsregeln Ihres Guides.

10. **Bereiten** Sie sich auf die Präsentation vor, indem Sie die mit lebendigen Beispielen die Anforderungen an die Umweltfaktoren erläutern. Jedes Gruppenmitglied übernimmt einen Schwerpunkt.

Plenum

11. **Präsentieren** Sie Ihr Empfehlungsschreiben zum Wohlfühl-Arbeitsplatz.
12. **Reflektieren** Sie in Ich-Botschaften mithilfe Ihrer MindMap den fachlichen Inhalt des Vortrages (Was). Geben Sie anschließend ein Feedback zur Präsentation und Gestaltung (Wie).
13. **Legen** Sie Schwerpunkte fest, worauf sich die nächste Gruppe bei ihrem Vortrag konzentrieren soll.

Einzelarbeit (Situation im eigenen Ausbildungsbetrieb)

14. **Überprüfen** Sie Ihre MindMap und Ihr Empfehlungsschreiben auf Vollständigkeit.
15. **Analysieren** Sie mithilfe des Empfehlungsschreibens welche Aspekte Sie noch an Ihrem Arbeitsplatz im Ausbildungsbetrieb optimieren können. Dokumentieren Sie Ihre Erkenntnisse in einem Ist-/Sollvergleich.

Plenum (Stehcafé)

16. **Führen** Sie einen Smalltalk über Ihren Arbeitsplatz in Ihrem Ausbildungsbetrieb.

4.2 Lernaufgabe

Aufgrund der positiven Auftragslage stellt Büromöbel Hauser & Schulte GmbH neue Mitarbeiter ein. Es handelt sich um eine Mitarbeiterin für die Personalabteilung (eine ihrer Aufgaben ist es, Mitarbeitergespräche zu führen), drei Mitarbeiter für die Einkaufsabteilung, einen Abteilungsleiter für den Verkauf und zwei Außendienstmitarbeiter, die überwiegend die Kunden in deren Betrieben aufsuchen und dort beraten, welche vor Ort die Kunden betreuen. Es ist noch nicht klar, welche Büroräume ihnen zugewiesen werden.

Ihr Ausbildungsbetreuerin, Frau Thorn, erteilt Ihnen zur schnelleren Entscheidungsfindung den Auftrag, eine entsprechende Übersicht zur nachfolgenden Frage zu erstellen:

Welche Büroräume eignen sich für die neuen Arbeitskollegen?

Arbeitsauftrag

Einzelarbeit

1. **Erschließen** Sie den Fachtext **Normgerechte Tabelle einfügen** und erweitern Sie Ihren Textgestaltungs-Guide mit den entsprechenden DIN-Regeln.

Tandem

2. **Teilen** Sie sich die Texterarbeitung, indem jeder sich über zwei **Raumformen** informiert. Anschließend informieren Sie sich gegenseitig.

Einzelarbeit

3. **Entscheiden** Sie sich für die jeweils passende Raumform der neuen Mitarbeiter und begründen die Zuordnung der entsprechenden Raumform. Stellen Sie Ihre Entscheidung tabellarisch dar. Beachten Sie die Gestaltungsregeln Ihres Guides.
4. **Bereiten** Sie sich auf die Präsentation vor, begründen Sie, warum Sie die jeweiligen Büros für die neuen Mitarbeiter ausgesucht haben. Gehen Sie auch auf die DIN-Regeln zur Tabellengestaltung ein. Jedes Gruppenmitglied übernimmt einen Schwerpunkt.

Plenum

5. **Präsentieren** Sie überzeugend mithilfe Ihrer Notizen Ihre Entscheidung bezüglich der Raumzuordnung.
6. **Reflektieren** Sie professionell den Inhalt des Vortrages (Was) und anschließend die Entscheidungsmatrix Raumformen (Wie). Achten Sie auf Ich-Botschaften.
7. **Legen** Sie Schwerpunkte fest, worauf sich die nächste Gruppe bei ihrem Vortrag konzentrieren soll.

Einzelarbeit (Situation im eigenen Ausbildungsbetrieb)

8. **Überprüfen** Sie Ihre Entscheidungsmatrix „Raumformen" auf Vollständigkeit.
9. **Analysieren** Sie die Zuordnung der Raumformen in Ihrem Ausbildungsbetrieb. Dokumentieren Sie den Ist-Zustand.

Plenum (Stehcafé)

10. **Führen** Sie einen Smalltalk über die Zuordnung der Raumformen in Ihrem Ausbildungsbetrieb. Stellen Sie fest, welches Unternehmen mit nonterritorialen Büros bzw. Desk-Sharing-Büros arbeitet.

4.3 Lernaufgabe

Die Büromöbel Hauser & Schulte GmbH ist darauf bedacht, ihre Mitarbeiter(innen) in ihr unternehmerisches Handeln mit einzubeziehen. Sie räumt den Mitarbeitern daher Vorschlagsrechte z. B. bei der Planung von Bauten, Arbeitsplätzen, Arbeitsverfahren und -abläufen nach § 90 BetrVG ein. Ihr Ausbilder ist Mitglied des Betriebsrates. Gemeinsam mit ihm werden Sie die Neueinrichtung Ihres gemeinsamen Arbeitsraumes und -platzes planen.

Er verweist auf die Auszüge folgender Paragrafen:

§ 90 BetrVG „[...] Arbeitgeber und Betriebsrat sollen dabei auch die gesicherten arbeitswissenschaftlichen Erkenntnisse über die menschengerechte Gestaltung der Arbeit berücksichtigen."

§ 87 (1) 7 BetrVG „Der Betriebsrat hat, soweit eine gesetzliche oder tarifliche Regelung nicht besteht, in folgenden Angelegenheiten mitzubestimmen: [...] Regelungen über die Verhütung von Arbeitsunfällen und Berufskrankheiten sowie über den Gesundheitsschutz im Rahmen der gesetzlichen Vorschriften oder der Unfallverhütungsvorschriften."

Wie richten Sie einen Bildschirm- und Büroarbeitsplatz nach ergonomischen und sicherheitstechnischen Aspekten ein?

Arbeitsauftrag

Gruppenarbeit

1. **Erschließen** Sie arbeitsteilig die arbeitswissenschaftlichen Erkenntnisse bei der **Gestaltung von Bildschirm- und Büroarbeitsplätzen** (Bildschirmrichtlinie, Bildschirmarbeitsverordnung, ...) und über **Arbeitssicherheit im Büro**.

Einzelarbeit

2. **Halten** Sie die gefundenen Richtlinien, Vorschriften, Verordnungen, Empfehlungen in Form einer Checkliste mit dem Titel „Ergonomische, arbeitsmedizinische und sicherheitstechnische Aspekte bei der Einrichtung eines Büroarbeitsplatzes" fest, um mithilfe dieser einen Arbeitsplatz planen bzw. überprüfen zu können. Arbeiten Sie mit dem Formularsteuerelement **Kontrollkästchen**.
3. **Definieren** Sie in der **Fußnote** Fachbegriffe (z. B. ergonomisch).

Gruppenarbeit

4. **Fassen** Sie die Checklisten zu einer gemeinsamen zusammen, strukturieren diese thematisch und orientieren sich dabei an Ihrem Textgestaltungs-Guide.
5. **Bereiten** Sie sich auf die Präsentation Ihres Ergebnisses vor. Präsentieren Sie Ihrem Ausbilder Ihre Checkliste, verwenden Sie dabei das Fachvokabular und erläutern, welche Regelungen Sie für den Gesundheitsschutz und die Sicherheit den Gesetzen, Verordnungen und Richtlinien entnommen haben und wie diese umzusetzen sind.

Plenum (Auszubildender – Ausbilder)

6. **Präsentieren** Sie dem Ausbilder, worauf bei der Einrichtung zu achten ist und wodurch ergonomische und sicherheitstechnische Aspekte erfüllt werden.
7. **Geben** Sie in der Rolle des Ausbilders den Präsentatoren ein Feedback.

Partnerarbeit

8. **Ergänzen** bzw. überarbeiten Sie ggf. Ihre Checkliste und Ihren Textgestaltungs-Guide hinsichtlich „Fußnote" und „Erstellen einer Checkliste mit Steuerungselementen".

Einzelarbeit (Situation im eigenen Betrieb)

9. **Analysieren** Sie Ihren Arbeitsplatz im Ausbildungsbetrieb und machen Sie mithilfe der Checkliste einen Soll-Ist-Vergeich.

4.4 Lernaufgabe

Es ist hinreichend bekannt, dass die Ressourcen der Erde sehr begrenzt sind und auch bei der Beschaffung von Büromöbeln oder anderer Materialien immer mehr auf Nachhaltigkeit geachtet werden muss. Der Einkaufsleiter (Herr Thommes) ist darauf bedacht, bei der Auswahl der Einrichtungsgegenstände oder des Büromaterials auf ökologische Gesichtspunkte zu achten.

Er beabsichtigt bei der nächsten Abteilungsbesprechung, den Mitarbeitern ein Informationsblatt zur Büroökologie zu übergeben, um explizit auf die Nachhaltigkeit bei der Beschaffung zu achten. Sie sollen ihm einen Vorschlag mit Rücksicht auf nachfolgende Frage machen:

Welche ökologischen Gesichtspunkte können Sie im Rahmen Ihrer Bürotätigkeit berücksichtigen?

Arbeitsauftrag

Einzelarbeit

1. **Erschließen** Sie den Text **Ökologische Erfordernisse/Büroökologie**.
2. **Erstellen** Sie für Ihre Abteilung ein Informationsblatt mit ökologischen Aspekten, die Sie im Rahmen Ihrer Bürotätigkeit umsetzen können.
3. **Verwenden** Sie an geeigneter Stelle SmartArts. Achten Sie auf die **typografischen Regeln** und **normgerechte Gestaltung**.

Partnerarbeit

4. **Vergleichen** Sie Ihre Ergebnisse – überprüfen Sie sowohl Inhalt als auch normgerechte und typografische Gestaltung des Aushangs. Üben Sie konstruktive Kritik, machen Sie evtl. Verbesserungsvorschläge.
5. **Verbessern** Sie Ihr Informationsblatt gegebenenfalls und wählen Sie eins aus.
6. **Bereiten** Sie sich auf die Präsentation vor, indem Sie sowohl die ausgesuchten Aspekte begründen und anschließend die TV-Funktionen erläutern.

Plenum

7. **Präsentieren** Sie Ihr Ergebnis.
8. **Beurteilen** Sie die Ergebnisse auf Inhalt und Gestaltung (DIN-/typografische Regeln).
9. **Diskutieren** Sie mit dem Publikum, inwieweit im eigenen Ausbildungsbetrieb nach ökologischen Gesichtspunkten gearbeitet wird.

4.5 Lernaufgabe

Sie haben sich für eine Ausbildung in einem Büroberuf entschieden. Das bedeutet, dass neben einer ergonomischen Büroeinrichtung sowohl Ernährung als auch richtige Sitzhaltung, Entspannungsübungen und ausreichend Bewegung eine große Rolle bei der Erhaltung der Gesundheit spielen. Eine gesunde Ernährung beugt Adipositas (Übergewicht) vor. Eine gesunde Sitzhaltung, Entspannungsübungen und ausreichend Bewegung vermeiden Verspannungen, Kopf- und Rückenschmerzen.

In einem ersten Schritt werden Sie von Ihrem Ausbildungsleiter beauftragt, die Ernährungs- und Bewegungsgewohnheiten Ihrer Kollegen zu untersuchen. Anschließend bereiten Sie ein Infoblatt mit Empfehlungen zur Gesundheitserhaltung am Büroarbeitsplatz vor. Dieses soll später im Großformat gedruckt und als Plakat in den Büros aufgehängt werden. Auf diesem Aushang wird nachfolgende Frage beantwortet:

Wodurch können Sie Ihre Gesundheit erhalten und fördern?

Arbeitsauftrag

Einzelarbeit

1. **Reflektieren** Sie Ihre eigenen Ernährungs- und Bewegungsgewohnheiten. Notieren Sie hierzu spontan, was Sie üblicherweise über den Tag verteilt zu sich nehmen und wie Sie die sitzende Tätigkeit ausgleichen.

Partnerarbeit

2. **Diskutieren** Sie über Ihre Ernährungs- und Bewegungsgewohnheiten. Finden Sie ein gemeinsames Fazit.
3. **Erschließen** Sie nun arbeitsteilig den Text **Gesundheitsprophylaxe am Bildschirmarbeitsplatz** (Sitzhaltung, Sehtraining, Entspannungsübungen, Ernährung/Trinkverhalten).
4. **Gestalten** Sie ein Informationsblatt mit mindestens zehn Empfehlungen zur Erhaltung und Förderung Ihrer Gesundheit.
5. **Schlagen** Sie neben den Empfehlungen drei Übungen vor, um Augen und Muskulatur zu entspannen. Recherchieren Sie dazu im Internet nach Entspannungsübungen am Büroarbeitsplatz. Halten Sie mögliche Quellen in der Fußnote fest. Testen Sie die Übungen und kontrollieren Sie gegenseitig die richtige Ausführung. Runden Sie Ihr Informationsblatt mit einem Fazit oder Vorsatz ab.
6. **Arbeiten** Sie mit **Formatvorlagen**, Grafiken und Aufzählung bzw. Nummerierung und orientieren Sie sich dabei an Ihrem Textgestaltungs-Guide.
7. **Bereiten** Sie sich auf die Präsentation vor, indem Sie Tipps zur Gesundheitsprophylaxe geben. Führen Sie die Entspannungsübungen vor und achten dabei auf die richtige Ausführung.

Plenum

8. **Präsentieren** Sie Ihre Tipps für eine gesunde Ernährung. Geben Sie Hilfen, wie man diese am Arbeitsplatz praktisch umsetzen kann.
9. **Führen** Sie die Entspannungsübungen vor. Fordern Sie das Plenum zum Mitmachen auf. Achten Sie aber auf die richtige Ausführung.

4.6 Lernaufgabe

Der Tagespresse war heute zu entnehmen, dass psychische Erkrankungen eine wachsende Ursache für Fehlzeiten und Arbeitsunfähigkeit von Arbeitnehmerinnen und Arbeitnehmern sind. Bundes- und landesweit sind sie dramatisch angestiegen. Diese Entwicklung macht auch vor Büromöbel Hauser & Schulte nicht halt.

Die Geschäftsführung will die individuelle Gesundheitskompetenz fördern, indem sie die Mitarbeiter(innen) für dieses Thema sensibilisiert. Frau Hauser beabsichtigt eine Infoveranstaltung im Rahmen der betrieblichen Präventionskultur für die Mitarbeiter. Anlässlich dieser Infoveranstaltung soll den Mitarbeitern ein JOB-Dossier mit Hilfen, Tipps u. Ä. rund um das Thema psychische Belastungen am Arbeitsplatz übergeben werden.

Hierzu wird ein Wettbewerb ausgeschrieben. In Vierer-Teams sollen Vorschläge erarbeitet und präsentiert werden. Das JOB-Dossier, welches der Geschäftsführung am besten gefällt, gewinnt eine einmalige Zuwendung in nicht unerheblicher Höhe. Sie beschließen mit drei Kollegen(innen) am Wettbewerb teilzunehmen.

Welche Maßnahmen schützen Sie vor psychischen Belastungen am Arbeitsplatz?

Arbeitsauftrag

Einzelarbeit innerhalb der Stammgruppe

1. **Teilen** Sie sich die nachstehenden Themen innerhalb der Gruppe auf.

   A = **Burn-out**, **Mit Stress umgehen** B = **Konfliktmanagement**, C = **Mobbing/ Cybermobbing**, D = **Suchtprävention**

2. **Erschließen** Sie Ihr Thema .
3. **Schicken** Sie Ihre Stammgruppenmitglieder in die jeweilige Expertengruppe.

Expertengruppenarbeit

4. **Erstellen** Sie mithilfe Ihrer Notizen ein übersichtliches Infoblatt zu Ihrem Thema, das alle wichtigen Informationen enthält (Definition, Ursachen, Auswirkungen, Prävention).
5. **Formulieren** Sie Hilfen bzw. Tipps zu Ihrer Thematik, wie Sie vorbeugen bzw. entgegenwirken können.

Stammgruppenarbeit

6. **Informieren** Sie Ihre Stammgruppe über Ihr Expertenthema.
7. **Erstellen** Sie Ihr JOB-Dossier. Teilen Sie sich die Arbeit, indem jeder eine Datei pro Thema erstellt und folgende Funktionen nutzt: **Spalten**, Aufzählung/Nummerierung, Illustrationen einfügen.
8. **Fügen** Sie anschließend alle Dokumente zu einem Dokument zusammen (Einfügen – Text aus Datei einfügen). Ihr Dossier soll **Deckblatt**, **Inhaltsverzeichnis**, Kopf- und Fußzeilenbeschriftung sowie **Seitennummerierung** enthalten. Sie sich bei der Gestaltung an den Informationen Ihres Textgestaltungs-Guides.

9. **Bereiten** Sie sich auf die Präsentation des JOB-Dossiers vor. Achten Sie einerseits auf Definition, Ursachen, Auswirkungen, Prävention. Geben Sie andererseits Tipps und Hilfen zum Thema. Erläutern Sie Ihre Vorgehensweise in Bezug auf die Textverarbeitungsfunktionen.

Plenum

10. **Präsentieren** Sie überzeugend Ihr JOB-Dossier. Beurteilen Sie die fachlichen Aspekte und mithilfe des Textgestaltungs-Guides das Layout des Dossiers.
11. **Lassen** Sie sich ein konstruktives Feedback geben.
12. **Fordern** Sie das Plenum auf, ergänzende Aspekte zu nennen.

Museumsgang

13. **Stellen** Sie Ihr JOB-Dossier aus. Wählen Sie das überzeugendste (Inhalt) und anschaulichste (Gestaltung) durch Punktabfrage aus.

Einzelarbeit (Situation im eigenen Ausbildungsbetrieb)

14. **Dokumentieren** Sie Präventionsmaßnahmen zur Förderung Ihrer eigenen Gesundheitskompetenz, um Ihre Leistungsfähigkeit zu stärken.

Plenum (Stehcafé)

15. **Diskutieren** Sie über Maßnahmen zur Erhaltung und Förderung Ihrer Gesundheit in Ihrem Ausbildungsbetrieb.

4.7 Lernaufgabe – Reflexion des Lernzuwachses

Die vierte Handlungssituation aus dem Büroalltag ist abgeschlossen und Sie durchlaufen den Prozess noch einmal mit all seinen Facetten:

Wie richten Sie ergonomische und gesundheitsschützende Büroarbeitsplätze ein?

Arbeitsauftrag

Reflektieren Sie Ihren Lernzuwachs der 4. Lernsituation – nutzen Sie als Grundlage den entsprechenden Arbeitsplan.

(**Orientieren** Sie sich an dem Arbeitsauftag der Lernaufgabe 1.6)

Arbeitsplan

Kompetenzen	• Arbeitsabläufe analysieren und Störungen, Zeitdiebe und Zeitfallen ausschalten • Methoden des Zeitmanagements nutzen • Terminplan digital erstellen • Termine koordinieren und überwachen
Inhalte	• Störungen, Zeitdiebe, Zeitfallen • Checkliste für Arbeitsabläufe • Techniken des Selbstmanagements – Selbstbeobachtung, Zielklärung, Selbstkontrolle • Methoden des Zeitmanagements – ABC-Analyse, Eisenhower-Prinzip • Terminplanung
Portfolio	• Individuelle Zeitinventur • To-do-Liste für einen Arbeitstag • Digitaler Terminplan • Übersicht über Hilfsmittel zur Terminplanung
Textverarbeitung	• Spalten • SmartArt • Tabellenfunktion
Zeit	Ca. 10 Stunden

Warm-up

Welche Rolle spielt die Zeit im Büroalltag?

5.1 Lernaufgabe

Als Auszubildender der Büromöbel Hauser & Schulte GmbH werden Ihnen schon umfangreiche Aufgaben übertragen. Dieses in Sie gesetzte Vertrauen macht Sie einerseits stolz, andererseits fällt es Ihnen schwer, Ihre Aufgaben innerhalb der Arbeitszeit zu bewältigen.

Sie sind verzweifelt. Wieder einmal hatten Sie sich für heute so viel vorgenommen, rotiert wie „ein Hamster im Rad" und wieder einmal haben Sie nur den Bruchteil dessen erledigt, was Sie sich vorgenommen haben. Das passiert Ihnen in der letzten Zeit öfter, sodass Sie mittlerweile in Stress geraten sind und nicht mehr wissen, wo Ihnen der Kopf steht.

Wie fällt Ihre Zeitinventur für die täglich anfallenden Arbeiten aus?

Arbeitsauftrag

Einzelarbeit

1. **Erschließen** Sie das **Pareto-Prinzip**.
2. **Reflektieren** Sie Ihre eigene Arbeit und notieren zwei bis drei eigene Situationen, in denen die 20/80-Regel greift.
3. **Stellen** Sie die Bedeutung des Pareto-Prinzips in einem Fazit heraus.

Partnerarbeit

4. **Diskutieren** Sie über das Pareto-Prinzip und Ihre Erkenntnisse aus dem eigenen Arbeitsalltag.
5. **Bereiten** Sie sich auf die Präsentation des Pareto-Prinzips vor und einigen Sie sich auf zwei Alltagsbeispiele.

Plenum

6. **Erläutern** Sie das Pareto-Prinzip anhand Ihrer Alltagsbeispiele.
7. **Binden** Sie das Publikum in einen Erfahrungsaustausch ein, indem Sie es auffordern, von den eigenen Alltagsbeispielen zu berichten.

Einzelarbeit

8. **Führen** Sie Ihre Zeitinventur am Beispiel eines Büroalltags durch, indem Sie die Tätigkeiten mit Zeitumfang in einer **normgerechten Tabelle** auflisten.
9. **Erschließen** Sie den Informationstext **Zeitdiebe und Störenfriede**.
10. **Machen** Sie eine Bestandsaufnahme Ihrer Zeitdiebe und Störenfriede. Halten Sie in einer Spalte die Zeitdiebe/Störungen fest und in einer weiteren Spalte den hierfür benötigten Zeitaufwand **(Spalten einrichten)**.
11. **Ermitteln** Sie die Netto-Arbeitszeit.

5.2 Lernaufgabe

Am Ende eines Arbeitstages sind Sie sich oftmals gar nicht sicher, was Sie geleistet haben. Um Ihre Arbeit effektiver zu planen, nutzen Sie daher To-do-Listen, die Sie Schritt für Schritt abarbeiten und so den Überblick behalten. Neben dem praktischen Nutzen gibt Ihnen die To-do-Liste abends ein Gefühl dafür, wie viel Sie geleistet haben und was am nächsten Tag evtl. noch ansteht.

Welche Methoden des Zeitmanagements steigern Ihre Arbeitseffizienz?

Arbeitsauftrag

Einzelarbeit

1. **Erschließen** Sie die Texte **Eisenhower-Prinzip** und **ABC-Analyse**.
2. **Sichten** Sie Ihre Zeitinventur und überlegen Sie, welche der beiden Zeitmanagementmethoden sinnvoll in Ihrem Arbeitsalltag einzusetzen ist.
3. **Kategorisieren** Sie Ihre Aufgaben entsprechend einer Zeitmanagementmethode. Illustrieren Sie Ihre Informationen mit einer passenden **SmartArt**.
4. **Erstellen** Sie auf dieser Grundlage Ihre To-do-Liste.

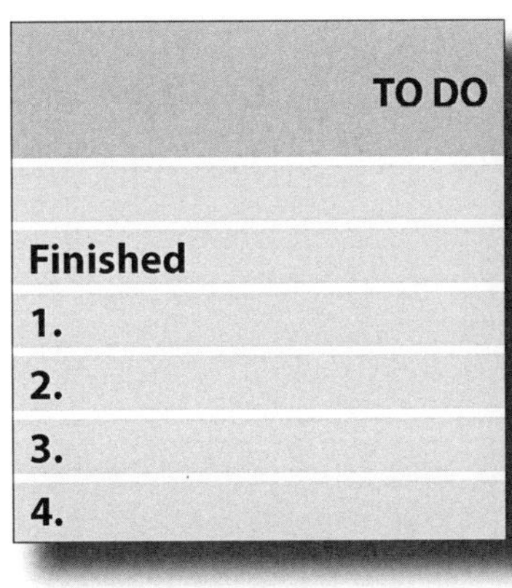

Gruppenarbeit

5. **Stellen** Sie sich gegenseitig Ihre To-do-Listen vor und begründen Sie Ihre Auswahl der Zeitmanagementmethode.
6. **Bereiten** Sie sich auf die Präsentation vor, indem Sie die Klassifizierung Ihrer Aufgaben und die verwendete Methode begründen. Bedenken Sie, dass Sie nun in der Lage sind, sich einen Tagesplan mit Zeiteinteilung zu erstellen.

Plenum

7. **Präsentieren** Sie Ihre To-do-Liste und begründen Sie Ihre Auswahl.

Einzelarbeit (Situation im eigenen Ausbildungsbetrieb)

8. **Erschließen** Sie sich den Text **ALPEN-Methode**.
9. **Modifizieren** Sie Ihre To-do-Liste mithilfe der ALPEN-Methode.
10. **Arbeiten** Sie an Ihrem Ausbildungsplatz mit einer To-do-Liste.
11. **Überprüfen** Sie, ob Ihre Arbeitsleistung und -fähigkeit sich ändert.

5

5.3 Lernaufgabe

Ein wichtiger Bestandteil Ihrer Ausbildung ist die Terminplanung. Die Sekretärin, Frau Klein, der Büromöbel Hauser & Schulte GmbH koordiniert die Terminplanung der Geschäftsleitung. Diese befindet sich ab nächster Woche in Urlaub. Sie sollen die Urlaubsvertretung übernehmen. Da Frau Hauser großen Wert auf eine gut durchdachte Terminplanung legt, informieren Sie sich im Vorfeld über die Terminverwaltung.

Frau Klein beauftragt Sie die noch offenen Termine digital zu erfassen (Microsoft Office „Outlook") und die Vorgehensweise zu erläutern.

Terminplan von Frau Hauser

Allgemeines:

- Arbeitszeit täglich von 08:00 Uhr bis 17:00 Uhr
- Mittagspause von 12:00 Uhr bis 13:00 Uhr

Termine übernehmen (30.04. – 10.05. d. J.)

Montag	14:00 Uhr bis 17:00 Uhr	Ausbildertreffen IHK Trier
Dienstag	08:00 Uhr bis 09:00 Uhr	Zahnarzttermin
Mittwoch 07.05.	08:00 Uhr	Einstündiger Termin beim Amtsgericht
Donnerstag 08.05.	11:00 Uhr	Angebotseröffnung Ausschreibung Büromaterial bei der Stadtverwaltung
Montag und Freitag findet immer von 08:00 Uhr bis 09:00 Uhr eine Abteilungsleitersitzung statt.		

Die folgenden Termine sind noch diese Woche einzuplanen.
Beachten Sie dafür die Terminvergabekriterien.

1. Vorstellungsgespräch mit Frau Winter aus Luxemburg, Dauer ca. 2 Stunden.
2. Herr Meier von der ABC AG aus Köln bittet um ein zweistündiges Gespräch, um ein neues Produkt vorzustellen.
3. Besuch der Messe „Einstieg" in Frankfurt am 7. Mai, Dauer ca. 3 Stunden. (Bitte im Internet die Öffnungszeiten der Messe berücksichtigen)

Wo lassen sich diese Termine am besten einplanen?

Wie garantieren Sie eine reibungslose Terminplanung?

Arbeitsauftrag

Einzelarbeit (10 Minuten) Gruppe 1 - Thema A	**Einzelarbeit (10 Minuten) Gruppe 1 - Thema B**
1. **Erschließen** Sie den Text **Terminplanung und Terminarten**.	1. **Erschließen** Sie den Text **Terminvergabekriterien**.
2. **Schreiben** Sie Randnotizen auf das Informationsblatt. (Stichwörter oder einfache Sätze). Strukturieren Sie die Notizen durch Nummerierungen und z. B. Ausrufezeichen, wenn etwas besonders wichtig ist. (Diese Randnotizen benötigen Sie im anschließenden Kugellager.)	2. **Schreiben** Sie Randnotizen auf das Informationsblatt. (Stichwörter oder einfache Sätze). Strukturieren Sie die Notizen durch Nummerierungen und z. B. Ausrufezeichen, wenn etwas besonders wichtig ist. (Diese Randnotizen benötigen Sie im anschließenden Kugellager.)
Kugellager – Gruppe 1	**Kugellager – Gruppe 2**
3. **Stellen** Sie sich in den Außenkreis	3. **Stellen** Sie sich in den Innenkreis
4. **Erläutern** Sie Ihrem Gegenüber mithilfe Ihrer Randnotizen die Fragen bei der Terminplanung und die Terminarten. (Beim Signal rückt Ihr Partner zwei Positionen nach rechts.)	4. **Hören** Sie Ihrem Gegenüber zu und machen Sie sich Notizen zum neuen Thema. Stellen Sie Rückfragen bei Unklarheiten. (Beim Signal rücken Sie zwei Positionen nach rechts.)
5. **Hören** Sie Ihrem Gegenüber zu, kontrollieren und verbessern Sie ggf.	5. **Erläutern** Sie Ihrem Gegenüber mithilfe der Notizen nun selbst die Fragen bei der Terminplanung und die Terminarten.
6. Hören Sie Ihrem Gegenüber zu und machen Sie sich Notizen zum neuen Thema. Stellen Sie bei Unklarheiten Rückfragen.	6. **Erläutern** Sie mithilfe der Randnotizen Ihrem Gegenüber die Terminvergabekriterien.
7. **Erläutern** Sie mithilfe Ihrer Notizen Ihrem Gegenüber nun selbst die Terminvergabekriterien.	7. **Hören** Sie Ihrem Gegenüber zu, kontrollieren und verbessern Sie ggf.

Gruppenarbeit

8. **Bearbeiten** Sie anschließend den Terminplan von Frau Hauser in der Terminmappe. Geben Sie die festen und variablen Termine von Frau Hauser digital ein. Entscheiden Sie unter Beachtung der Terminplanung und -vergabekriterien, wie sich die anderen Termine am besten einplanen lassen.
9. **Bereiten** Sie sich auf die Präsentation vor, indem Sie Argumente und Kriterien zur Terminplanung sammeln. Überlegen Sie, welche Vorteile die Nutzung elektronischer Terminplaner bringt, und erläutern Sie diese ausführlich. Überlegen Sie darüber hinaus, welche Fehler bei der Terminplanung entstehen können.

Zwei Gruppen

10. **Vergleichen** Sie Ihre Ergebnisse. Kontrollieren und verbessern Sie gegebenenfalls den Terminplan. Tauschen Sie sich außerdem über die Nutzung elektronischer Terminplaner sowie mögliche Fehler aus. Ergänzen Sie auch hier gegebenenfalls.
11. **Bereiten** Sie sich auf die Präsentation vor, indem Sie die Terminvergabekriterien sowie die Terminarten, den Nutzen elektronischer Terminplaner und mögliche Fehler erläutern.

Plenum

12. **Präsentieren** Sie Ihren Terminplan.
13. **Geben** Sie aus Sicht von Frau Hauser ein Feedback, ob diese Terminplanung deren Bedürfnissen und Befindlichkeiten entspricht.

Gruppenarbeit

14. **Überprüfen** und verbessern Sie gegebenenfalls Ihre Ergebnisse.

Einzelarbeit – optional

15. **Erstellen** Sie einen eigenen digitalen Terminplan. Berücksichtigen Sie dabei Ihre Termine (Freizeit, Schule, Lernphasen etc.). Planen Sie z. B. feste Lernzeiten ein, Meilensteine und Zeit, die Sie für die Freizeit nutzen, z. B. Training im Sportverein, Treffen mit Freunden etc.

5.4 Lernaufgabe

Frau Klein nutzt noch andere Hilfsmittel zur Terminplanung. Da Sie ihre Vertretung übernehmen werden, erstellen Sie sich eine Übersicht zu Hilfsmittel für die Terminüberwachung.

Welche weiteren Hilfsmittel können Sie zur Terminüberwachung nutzen?

Arbeitsauftrag

Einzelarbeit

1. **Erschließen** Sie den Text **Hilfsmittel für die Terminüberwachung**.
2. **Erstellen** Sie eine anschauliche Übersicht mit Erläuterungen und Einsatzbereichen.

Partnerarbeit

3. **Vergleichen** Sie Ihre Übersichten. Nehmen Sie ggf. Ergänzungen vor. Entscheiden Sie sich für eine Übersicht, die Sie präsentieren möchten.

4. **Bereiten** Sie sich auf die Präsentation Ihrer Übersicht vor, indem Sie zunächst allgemein über die Hilfsmittel und danach über die Gegebenheiten in Ihrem Betrieb berichten.
5. **Notieren** Sie einige Aktivitäten Ihre Präsentation lebendiger zu gestalten. Binden Sie das Publikum mit ein.

Plenum

6. **Präsentieren** Sie entsprechend Ihrer Vorbereitung.
7. **Geben** Sie den Vortragenden eine Rückmeldung hinsichtlich des Inhaltes sowie gewählten Aktivität, die Präsentation lebendiger zu gestalten.

5.5 Lernaufgabe – Reflexion des Lernzuwachses

Die fünfte Handlungssituation aus dem Büroalltag ist abgeschlossen und Sie durchlaufen den Prozess noch einmal mit all seinen Facetten:

Wie bewältigen Sie Ihre Arbeit systematisch, stressfrei und effizient?

Arbeitsauftrag

Reflektieren Sie Ihren Lernzuwachs der 5. Lernsituation – nutzen Sie als Grundlage den entsprechenden Arbeitsplan.

(**Orientieren** Sie sich an dem Arbeitsauftrag der Lernaufgabe 1.6)

Arbeitsplan

Kompetenzen	• Besprechungen/Sitzungen mithilfe von Checklisten organisieren • Besprechungen verlaufs- oder ergebnisorientiert mithilfe einer Word-Vorlage protokollieren • Englischsprachiges Telefonat vorbereiten, durchführen und in einer Telefonnotiz schriftlich festhalten • Notwendige Arbeitsschritte der Postbearbeitung erläutern • Papierformate und Falzarten optimal nutzen • Unterlagen im Postkorb kostengünstig, schnell und rechtssicher weiterleiten und Postgebühren ermitteln
Inhalte	• Sitzungen und Besprechungen • Innerbetriebliche Mitteilung • Postbearbeitung • Postgebühren • Versandarten
Portfolio	• Checkliste zur Sitzungsvorbereitung • Einladung als Internen Mitteilung und E-Mail-Anhang • Protokoll • Telefonnotiz • Arbeitsanweisung zum Postein- und -ausgang • Informationsblätter zum Postversand • Übersicht der Postgebühren in einer Exceltabelle
Zeit	• Ca. 25 Stunden

Warm-up

Was verbinden Sie gedanklich mit folgenden Begriffen?

Kommunikation

Sitzungen

Protokoll

Postbearbeitung

Jour fixe

Checklisten

E-Mail

wirtschaftlich

Briefe

Schnell

Sicher

Betriebliche Mitteilungen

Besprechungen

Frau Kraft / 24.03.17 dFR

6.1 Lernaufgabe

Mitarbeiterbesprechungen sind ein effektives Instrument zur Förderung der Kommunikation, und eine funktionierende Kommunikation innerhalb der Belegschaft ist die Voraussetzung einer erfolgreichen Zusammenarbeit (vgl. Stein, 2011). Deshalb möchte der Leiter der Einkaufsabteilung, Herr Markus Thommes, neben den abteilungsübergreifenden Sitzungen auch einen monatlichen Jour fixe für eine Team- bzw. Abteilungsbesprechung mit den Mitarbeitern Herr Dick, Herr Hartwig, Frau Laux, Herr Oste, Frau Schick, Herr Schiller, Herr Wurzel einführen.

Er möchte eine Meetingkultur etablieren, in der sich die Mitarbeiter regelmäßig über das „Wie" der Arbeit unterhalten und Möglichkeiten haben, Verbesserungsideen einzubringen. Der erste Jour fixe soll am ersten Donnerstag nächsten Monats stattfinden. Vorab hat Herr Thommes in Erfahrung gebracht, dass die Mitarbeiter zu folgenden Punkten Gesprächsbedarf haben: Umstellung der Terminplanung vom klassischen Terminkalender auf Outlook (ihm liegt eine Interne Mitteilung von Frau Schick vor) und Einsatz ausländischer Praktikanten. Er beauftragt Sie, zukünftig diese Teambesprechungen zu organisieren.

Wie organisieren Sie eine effiziente Besprechung?

Arbeitsauftrag

Tandem

1. **Erschließen** Sie das Thema **Besprechungen und Sitzungen** arbeitsteilig.
2. **Erstellen** Sie eine Checkliste **(Checklistentechnik anwenden)**, um zukünftig Besprechungen/Sitzungen vorzubereiten, durchzuführen und nachzubereiten.

Doppeltandem

3. **Vergleichen** Sie Ihre Checklisten und kontrollieren diese im Hinblick auf Vollständigkeit und den praktischen Umgang.

Tandem

4. **Überarbeiten** Sie ggf. Ihre Checkliste und bereiten Sie sich auf ein Gespräch mit dem Abteilungsleiter vor, in dem Sie alle Eckdaten mit ihm abklären wollen. Nutzen Sie dazu Ihre Checkliste und füllen diese soweit wie möglich aus.

Plenum

5. **Präsentieren** Sie Ihrem Abteilungsleiter, wie Sie zukünftig Besprechungen zuverlässig organisieren werden und im Speziellen die erste Teamsitzung.
6. **Legen** Sie mit ihm gemeinsam die erforderlichen Eckdaten fest, die Sie für den Versand der Einladungen benötigen und ergänzen Ihre Checkliste entsprechend.

Einzelarbeit (Situation im eigenen Betrieb)

7. **Korrigieren** Sie ggf. Ihr Handlungsprodukt und erkundigen Sie sich, ob in Ihrem Betrieb eine Checkliste für einen solchen Arbeitsvorgang vorliegt.
8. **Reflektieren** Sie in Zukunft Besprechungen, an denen Sie teilnehmen werden.

6.2 Lernaufgabe

Nachdem Sie die Checkliste erstellt und die Eckdaten und Agenda des ersten Meetings geklärt haben, ist nun die Einladung an die Mitarbeiter(innen) des Einkaufs zu verfassen.

Wie laden Sie professionell die Teilnehmer zu einer Team- oder Abteilungsbesprechung ein?

Arbeitsauftrag

Einzelarbeit (E-Mail erstellen)

1. **Schreiben** Sie im Namen von Herrn Thommes eine „Interne Mitteilung" an die Mitarbeiter(innen) der Einkaufsabteilung, die per E-Mail-Anhang verschickt werden soll. Orientieren Sie sich dabei an der **Internen Mitteilung** von Frau Schick.
2. **Mailen** Sie mit einem kurzen Begleitschreiben die Interne Mitteilung (Einladung) an einen Mitschüler, der sich bereit erklärt, die Einladung zu kontrollieren. Stellen Sie sich dabei folgende Fragen:

   Hat die Anlage einen aussagekräftigen Dateinamen?
Wurde die **E-Mail-Netiquette** beachtet?
Wurden die Hinweise aus dem Text **E-Mail** beachtet?

Einzelarbeit (Empfangene E-Mail eines Mitschülers kontrollieren)

3. **Kontrollieren** Sie die im Anhang erhaltene Einladung im Hinblick auf Aufbau, Inhalt, Rechtschreibung, Formulierung und Normung. Nutzen Sie dazu die Funktion **Überprüfen – Kommentare Anzeigen, Änderungen nachverfolgen**.
4. **Geben** Sie Ihrem Mitschüler per E-Mail eine Rückmeldung hinsichtlich
   - Dateiname des Anhangs
   - Aufbau und Formulierung der Internen Mitteilung
   - Beachtung der Netiquette und Verfassen der E-Mail
5. **Fügen** Sie die korrigierte Einladung als Anhang bei.

Einzelarbeit (korrigierte E-Mail überarbeiten)

6. **Greifen** Sie mögliche Korrekturvorschläge auf und überarbeiten Ihre Interne Mitteilung und die E-Mail.

Plenum

7. **Präsentieren** Sie Ihre Interne Mitteilung mit E-Mail hinsichtlich Inhalt, Aufbau, Dateiname des Anhangs, Netiquette und des Verfassens einer E-Mail.

Einzelarbeit

8. **Korrigieren** Sie ggf. Ihr Handlungsprodukt.

6.3 Lernaufgabe

Der Jour fixe am ersten Donnerstag dieses Monats läuft wie folgt ab:

Frau Schick spricht das Problem an, dass einige Mitarbeiter der Abteilung ihre Termine noch per Hand in einen Kalender eintragen und andere mit Outlook arbeiten. Sie hat dadurch keinen Überblick, wann sie Kunden oder Geschäftspartner um Rückruf bitten kann. Herr Schiller moniert in dem Zusammenhang, dass die Raumplanung über Outlook wesentlich komfortabler sei als mit dem Raumbelegungsplan, den er nur bei seiner Kollegin, Frau Gerlinde Schick, einsehen kann. Nachdem sich Herr Thommes die dargestellte bisherige Arbeitsweise angehört hat, schlägt er vor, dass zukünftig alle mit Outlook arbeiten und ihren Terminkalender freigeben, damit die Sekretärin der Abteilung einen Überblick hat. Zudem soll die Raumbuchung zukünftig über Outlook erfolgen. Alle Anwesenden stimmen dem Vorschlag zu.

Herr Thommes informiert seine Abteilung darüber, dass eine Auszubildende des Paper Company Geschäftskunden Zanders in Salisburry (England), Susan McLeod, ein zweiwöchiges Praktikum im Betrieb absolvieren möchte. Er fragt an, wer die Praktikantin betreuen kann. Jochen Osten erklärt sich bereit, die Praktikantin in den ersten zwei Arbeitswochen im März zu betreuen, da er dann auch zeitgleich Sie als Auszubildende/Auszubildenden im Warenwirtschaftssystem unterweisen wird. Herr Thommes bedankt sich für die Bereitschaft von Herrn Osten. Da Sie mit der Praktikantin zusammen unterwiesen werden, schlägt er vor, dass Sie diese kontaktieren. Sie sollen sie informieren, wer sie betreut und wann das Praktikum stattfindet.

Als zweiten Punkt bemerkt Herr Thommes, dass es bei den Postabläufen immer wieder zu Ablaufstörungen kommt. Sicherlich gibt es Möglichkeiten, um dies zu vermeiden. Er beauftragt Sie, in zwei Wochen eine Arbeitsanweisung zur Postbearbeitung vorzulegen, um häufige Fehler auszuschließen.

Der nächste Jour fixe findet am ersten Donnerstag nächsten Monats statt.

Die Besprechung im Raum C 204 dauert von 09:00 bis 09:45 Uhr. Herr Thommes, der die Mitarbeiterbesprechung geleitet hat, beauftragt Sie, ein Protokoll zu schreiben.

Wie protokollieren Sie Besprechungen sicher und sinnvoll?

Arbeitsauftrag

Einzelarbeit

1. **Erschließen** Sie das Thema **Protokoll**.
2. **Legen** Sie eine **Word-Vorlage** (Protokoll-Formular) an, um schnell und einfach Besprechungen zu protokollieren.

Dreiergruppe

3. **Stellen** Sie sich Ihr Protokoll-Formular vor. Diskutieren Sie über den Inhalt und die Gestaltung.

Einzelarbeit

4. **Überarbeiten** Sie entsprechend der Kritik der anderen Gruppenmitglieder Ihre Vorlage.
5. **Schreiben** Sie das Protokoll mithilfe Ihrer Vorlage.

Dreiergruppe

6. **Korrigieren** Sie die Protokolle untereinander hinsichtlich Rechtschreibung, Inhalt, Zeitform, Stil, Struktur.

Einzelarbeit

7. **Überarbeiten** Sie entsprechend den Korrekturhinweisen Ihrer Gruppenmitglieder Ihr Protokoll.

Plenum

8. **Präsentieren** Sie Ihr Protokoll und lassen Sie sich ein Feedback geben.

Einzelarbeit

9. **Überarbeiten** Sie entsprechend den Korrekturhinweisen Ihrer Gruppenmitglieder Ihr Protokoll.
10. **Trainieren** Sie das Protokollieren, indem Sie in einer der nächsten Unterrichtsstunden ein Stundenprotokoll anfertigen.

6.4 Lernaufgabe

Laut der To-do-Liste im Protokoll sollen Sie u. a. die englischsprachige Praktikantin Susan McLeod der Zanders Paper Company anrufen und ihr mitteilen, dass Herr Oste die Betreuung übernimmt, und das Praktikum vom 1. bis 15. März stattfinden wird. Da Sie kaum in englischer Sprache kommunizieren, bereiten Sie sich gewissenhaft auf das Telefonat vor.

Wie kommunizieren Sie zielorientiert in einer fremden Sprache?

Arbeitsauftrag

Einzelarbeit

1. **Erschließen** Sie den Text **Telefonieren auf Englisch**.
2. **Machen** Sie sich Notizen für Ihr Telefonat mit Susan McLeod.

Partnerarbeit

3. **Stellen** Sie sich Ihre Gesprächsnotizen gegenseitig vor.
4. **Nehmen** Sie abwechselnd die Rolle von Susan McLeod ein und üben das Telefonat. Proben Sie das Telefonat, indem Sie sich Rücken an Rücken zu Ihrem Gesprächspartner setzen, damit Sie mit ihm nicht nonverbal kommunizieren können.

Plenum (Rollenspiel)

5. **Führen** Sie das Telefonat mit Susan McLeod und lassen sich ein Feedback geben.

Einzelarbeit

6. **Erstellen** Sie eine Word-Vorlage für eine **Telefonnotiz**.
7. **Dokumentieren** Sie das Telefonat.

Partnerarbeit

8. **Stellen** Sie sich Ihre Vorlagen für Telefonnotizen vor und die Dokumentation des Telefonates.
9. **Lassen** Sie sich ein Feedback geben und überarbeiten ggf. die Telefonnotiz.

Plenum

10. **Präsentieren** Sie zuerst Ihre Word-Vorlage und anschließend den Inhalt der Telefonnotiz.

6.5 Lernaufgabe

In der Poststelle der Büromöbel Hauser & Schulte GmbH kommt es immer wieder zu Ablaufstörungen. Um dies zukünftig zu vermeiden, beauftragt Frau Klein Sie, sich einen Überblick über die Postbearbeitung zu verschaffen und anschließend eine Arbeitsanweisung zu erstellen, um Ablaufstörungen bei der Postbearbeitung auszuschließen. Die Arbeitsanweisung wird dann im Intranet allen Mitarbeitern zugänglich gemacht.

Wie erstellen Sie übersichtliche Arbeitsanweisungen, um Abläufe der Poststelle darzustellen?

Arbeitsauftrag

Einzelarbeit

1. **Suchen** Sie sich einen Partner, der sich mit Ihnen die Informationstexte **Postein-** und **Postausgang** teilt.
2. **Erschließen** Sie Ihr Thema und notieren Sie mögliche Fehlerquellen.

Partnerarbeit

3. **Machen** Sie sich gegenseitig schlau und nennen die entsprechenden Arbeitsschritte mit möglichen Fehlerquellen.
4. **Stellen** Sie die Arbeitsschritte beim Postein- und -ausgang in einem Ablaufplan dar. Nutzen Sie zur visuellen Darstellung Illustrationen (z. B. SmartArts).
5. **Teilen** Sie sich die Arbeit auf – verwenden Sie möglichst eine einheitliche Illustration, fügen bei allen firmeneigenen Produkten das Logo der Büromöbel Hauser & Schulte GmbH ein und achten durchgehend auf das Corporate Design.

6. **Weisen** Sie an den entsprechenden Stellen des Ablaufs auf mindestens zwei mögliche Fehlerquellen hin.
7. **Überprüfen** Sie Ihre Ergebnisse kritisch.

Partnertandem

8. **Stellen** Sie sich Ihre Ergebnisse vor und geben ein Feedback hinsichtlich Vollständigkeit, Übersichtlichkeit, Fehlerquellen, Gestaltung und Corporate Design.
9. **Entscheiden** Sie sich für eine Arbeitsanweisung zum Postein- und -ausgang. Korrigieren Sie ggf. die ausgesuchten Produkte.

Plenum

10. **Präsentieren** Sie Ihre beiden Arbeitsanweisungen Postein- und -ausgang und weisen anhand von Praxisbeispielen auf Fehlerquellen hin.
11. **Binden** Sie Ihr Publikum mit ein, indem Sie es über die ggf. schon selbst gemachten Erfahrungen in der Poststelle berichten lassen.

Einzelarbeit

12. **Korrigieren** Sie ggf. die erstellte Arbeitsanweisung für den Postein- und ausgang.

6.6 Lernaufgabe

Frau Klein genehmigte die Darstellung der Arbeitsanweisung für störungsfreiere Postabläufe. Als Nächstes möchte Sie die Briefkosten (Material, Porto, Personal) durch ein schlankes Postmanagement reduzieren. Sie legt neben der Kosteneinsparung Wert auf schnellen, kostengünstigen, vertraulichen, sicheren und rechtsverbindlichen Transport der ausgehenden Informationen.

Im Rahmen von Workshops sollen Sie als Auszubildende der Büromöbel Hauser & Schulte GmbH sich untereinander über den zweckmäßigen Versand ausgehender Informationen schlau machen.

Workshop „Optimaler Transport von ausgehenden Informationen"

Workshop-Themen

A **Briefprodukte national**
(Bezeichnung, Maße, Briefhüllenformate, **Falzarten**, Gewicht/Preise)

B **Rechtssicherer Transport** mit Einschreiben und Varianten
(Bezeichnung, Erläuterung, Preise, Beispiele)

C **Günstiger Transport** mit Infopost, Waren- und Büchersendung
(Bezeichnung, Erläuterung, Preise, Beispiele)

Wie verschicken Sie ausgehende Informationen schnell, kostengünstig, sicher, vertraulich und rechtsverbindlich?

Arbeitsauftrag

Dreiergruppe

1. **Teilen** Sie untereinander die Workshop-Themen auf. Informieren Sie sich zum Thema Ihres Workshops in diesem Fachbuch oder auf der Internetseite der Deutschen Post AG bzw. besorgen sich bei der Post die entsprechende Broschüre.
2. **Tauschen** Sie sich untereinander aus, da Sie u. U. Informationen der Teampartner benötigen.

Einzelarbeit

3. **Strukturieren** Sie die Informationen übersichtlich in einem Infoblatt für die Teilnehmer Ihres Workshops.

Dreiergruppe

4. **Stellen** Sie sich gegenseitig Ihre Infoblätter vor und geben sich ein konstruktives Feedback.
5. **Erstellen** Sie für die Teilnehmer verschiedene Übungsaufgaben.
6. **Legen** Sie den Ablauf Ihres Workshops schriftlich fest, also wer welchen Teil übernimmt, wie lange er dafür ungefähr braucht und welche Hilfsmittel er dabei einsetzen wird. Planen Sie zum Abschluss des Workshops eine Feedbackrunde ein.
7. **Machen** Sie sich entsprechende Notizen für Ihren Part. Achten Sie darauf, dass Sie Ihr Publikum immer wieder durch gezielte Maßnahmen in den Workshop mit einbinden.
8. **Üben** Sie Ihren Workshop ein, schätzen Sie die Gesamtdauer ab und fertigen Sie ausreichend Kopien Ihres Schulungsmaterials an.
9. **Fertigen** Sie einen Aushang an, auf dem Thema, Referenten, Dauer ersichtlich sind und eine Teilnehmerliste, in die sich die Mitschüler(innen) eintragen können.

Plenum (Arbeiten in den Workshops)

10. **Führen** Sie den Workshop durch.
11. **Lassen** Sie sich von den Teilnehmern ein Feedback geben.

Bewertungsraster

Workshop „Optimaler Transport von ausgehenden Informationen“

	(Leistung je Schwerpunkt individuell gewichten)	Punkte gesamt
Moderation	Die Teilnehmer fühlten sich angesprochen	30/
	Die Thematik wurde sicher beherrscht	
	Die Medien unterstützten sinnvoll die Schulung	
	Die Moderatoren überzeugten durch Sprache, Gestik und Haltung	
	...	
Inhalte	Durchdachte Vorbeitungsarbeiten für den Workshop	30/
	Ein logischer Aufbau der Schulung wurde vorgestellt	
	Inhalte wurden vollständig, präzise und einprägsam vorgestellt	
	Schwerpunkte der Workshops (Briefprodukte, Sicherheit und Schnelligkeit) wurden erarbeitet	
	Unterlagen wurden grafisch übersichtlich aufbereitet	
Gestaltung der Schulung	Die Teilnehmer wurden durch gezielte Maßnahmen eingebunden	20/
	Die Teilnehmer erhielten aktive sinnvolle Übungsbeispiele	
	Fließende Übergänge wurden für die einzelnen Phasen erreicht	
	Moderatoren erreichten eine angenehme Schulungsatmosphäre	
	Sinnvolle Feedback-Methode	
Teamarbeit	Harmonische Zusammenarbeit der Moderatoren	20/
	Schulungsunterlagen nach einem einheitlichen CI gestaltet	
	Gleichmäßige Verteilung der Aufgaben	Gesamt:
		100/

6.7 Lernaufgabe

Nachdem Sie sich im Rahmen der Workshops zum Versand ausgehender Nachrichten informiert haben, sollen Sie am heutigen Tag den Postausgang der Büromöbel GmbH bearbeiten.

Folgende Unterlagen sind zu verschicken: Im Rahmen des geforderten schlanken Postmanagements sollen Sie sich zukünftig für den optimalen Weg (E-Mail, De-Mail, Brief, Fax, Telefon) der ausgehenden Informationen entscheiden.

Am heutigen Tag sind folgende Informationen an Ihrem Arbeitsplatz weiterzuleiten.

- 250 einseitige Einladungen zum Tag der offenen Tür innerhalb von Trier
- Monatliche Informationen an Kunden über Angebote des Büromöbelherstellers
- Auftragsbestätigung an einen Kunden in Luxemburg
- 136 zweiseitige Rechnungen an Kunden in ganz Deutschland
- 15 Broschüren im Format A5, 2,3 cm dick und ca. 150 g schwer
- handschriftlich ausgefülltes Anmeldeformular zur Teilnahme an der Infoveranstaltung der IHK
- Raumplanungskonzept für den Malerbetrieb Schneider & Söhne
- Angebot über Kopiergeräte auf eine terminierte Ausschreibung der Stadtverwaltung, bei der das Angebot bis zum heutigen Tag eingereicht werden kann
- Einseitiger Brief mit einer Vertragskündigung
- Aktenordner an einen Geschäftspartner nach Berlin (Format 33 x 34 x 5 cm, 1 230 g)
- Information über eine Terminverschiebung an einen Kollegen
- CDs ohne Brief mit einer Kurzmitteilung an einen Kunden nach Köln (Format 15 x 16 cm, 300 g)
- Einspruch gegen einen Bußgeldbescheid
- 4 320 Werbebriefe gleichen Inhalts bundesweit (DIN lang, 25 g)
- Kündigung eines Mitarbeiters

Wie leiten Sie ausgehende Informationen schnell, sicher, rechtsverbindlich sowie vertraulich weiter und sparen dabei Material-, Porto- und Personalkosten?

Arbeitsauftrag

Partnerarbeit

1. **Erschließen** Sie arbeitsteilig die Informationen zu **De-Mail** und **Telefax** erstellen Sie aussagekräftige Informationsblätter.
2. **Geben** Sie sich die Informationen zu Ihrem Themengebiet untereinander weiter.
3. **Vergleichen** Sie die Kommunikationsmöglichkeiten mittels Telefax, **E-Mail**, De-Mail, **Briefpost**, hinsichtlich Kosten, Schnelligkeit, Sicherheit, Rechtsverbindlichkeit, Vertraulichkeit. Halten Sie Ihre Erkenntnisse in einer Tabelle fest.

Partner-Tandem

4. **Stellen** Sie sich gegenseitig Ihre Übersichten vor und diskutieren Sie über Ihre Erkenntnisse.

5. **Entscheiden** Sie sich, wie Sie die fünfzehn Informationen an die Empfänger weiterleiten würden. Ergänzen Sie dazu Ihre Übersicht durch das Leitwort „Beispiele" und tragen die entsprechenden Informationen ein.

Plenum

6. **Präsentieren** Sie, wie Sie die an Ihrem Arbeitsplatz befindlichen Informationen schnell, sicher, rechtsverbindlich sowie vertraulich weiterleiten würden und wie sie dabei Material-, Porto- und Personalkosten einsparen könnten.
7. **Lassen** Sie sich vom Publikum eine Rückmeldung geben, ob es Alternativen zu Ihren Entscheidungen gibt.

Partnerarbeit

8. **Überarbeiten** Sie ggf. Ihre Übersicht.
9. **Ermitteln** Sie die Postgebühren für die Informationen, die Sie per Briefpost weiterleiten würden. Erstellen Sie in Excel eine tabellarische Übersicht (Sendungen, Briefhüllenformat, Stückzahl, Einzelpreis, Gesamtpreis).
10. **Bereiten** Sie sich auf die Präsentation vor. Erläutern Sie Ihre Berechnungen und Ihre Vorgehensweise (Formeln – Grundrechenarten usw.) in Excel. Überlegen Sie etwaige Fehlerquellen.

Plenum

11. **Präsentieren** Sie Ihre Exceltabelle mit den Gebühren für die ausgehenden Sendungen.
12. **Geben** Sie dem Tandem ein Feedback zu den ermittelten Postgebühren und machen Sie ggf. Vorschläge, wie die Sendungen kostengünstiger bzw. sicherer versandt werden könnten.

Einzelarbeit

13. **Korrigieren** Sie ggf. Ihre Tabelle

6.8 Lernaufgabe – Reflexion des Lernzuwachses

Die sechste Handlungssituation aus dem Büroalltag ist abgeschlossen und Sie durchlaufen den Prozess noch einmal mit all seinen Facetten:

Wie gehen Sie mit betrieblichen Informationen professionell um?

Arbeitsauftrag

Reflektieren Sie Ihren Lernzuwachs der 6. Lernsituation – nutzen Sie als Grundlage den entsprechenden Arbeitsplan.

(**Orientieren** Sie sich an dem Arbeitsauftag der Lernaufgabe 1.6)

Arbeitsplan

Kompetenzen	• Kundendaten alphabetisch sortieren • andere Ordnungssysteme analysieren • Aufbewahrungsfristen berechnen • Schriftgut den Wertstufen zuordnen • Ablagetechniken und Standorte der Schriftgutaufbewahrung zuordnen • Dokument-Management-Systeme erläutern
Inhalte	• DIN 5007 – alphabetische Ordnung • Ordnungssysteme (numerisch, ...) • Wertstufen und Aufbewahrungsfristen • Ablagetechniken und Standorte der Registratur • Wertstufen der jeweiligen Ablagetechnik dem jeweiligen Standort zuordnen • Dokument-Management-Systeme • Datensicherheit,-schutz und -pflege
Portfolio	• Alphabetisch sortierte Kundenliste • Ordnungssysteme erläutern und Empfehlungen für ein Ordnungssystem aussprechen • Tabellarisches Infoblatt über Gründe für die Aufbewahrung und Wertstufen mit Beispielen, ergänzt mit Wertstufen und Aufbewahrungsfristen • MindMap/2-spaltiges Handout Ablagetechniken und Standorte der Registratur • Flyer Dokument-Management-Systeme • Arbeitsanweisung zur Datensicherheit
Zeit	Ca. 15 Stunden

Warm-up

Nehmen Sie Stellung zu der folgenden Aussage.

Zu Beginn Ihrer Ausbildung erläutert Ihr Ausbildungsbetreuer, dass es das Ziel eines jeden Unternehmens ist, die Personalkosten zu reduzieren. Weiterhin ist es für ein Unternehmen wichtig, dass es nach außen hin, also seinen Kunden und Geschäftspartnern gegenüber, einen guten Eindruck hinterlässt. Er verrät Ihnen seinen Leitsatz:

Die Basis einer gesunden Ordnung ist ein großer Papierkorb.

(Kurt Tucholsky)

7.1 Lernaufgabe

Ziel eines jeden Unternehmens ist es, die Personalkosten zu reduzieren. Weiterhin ist es für ein Unternehmen wichtig, dass es nach außen hin, also seinen Kunden und Geschäftspartnern gegenüber, einen guten Eindruck hinterlässt. Dies ist bei Büromöbel Hauser & Schulte nicht anders.

Heute haben Sie folgende Situation beobachtet: Ein Kunde kam in den Betrieb und beschwerte sich über eine fehlerhafte Rechnung. Er monierte, dass im Angebot der Preis niedriger sei als in der Rechnung. Ihr Kollege suchte vergeblich nach dem Angebot, konnte es aber nicht finden. Er sicherte dem Kunden zu, das Angebot herauszusuchen und die Sache zu klären. Der Kunde ging unzufrieden weg. So etwas soll Ihnen während Ihrer Ausbildung nicht passieren. Daher machen Sie sich über nachfolgende Frage schlau:

Wie sortieren Sie Kundennamen in alphabetischer Reihenfolge?

Arbeitsauftrag

Einzelarbeit

1. **Erschließen** Sie den Text über die **Regeln der alphabetischen Ordnung nach DIN 5007**.
2. **Listen** Sie die Kundennamen in alphabetischer Reihenfolge gemäß DIN 5007 auf. Beachten Sie bei der Gestaltung der Kundenliste die typografischen Regeln.

Partnerarbeit (Tandem)

3. **Vergleichen** Sie Ihr Ergebnis mit dem Ergebnis Ihres Mitschülers. Schauen Sie sich bei Differenzen nochmals die DIN-Regeln an und entscheiden Sie sich für eine Lösung.
4. **Erstellen** Sie eine Tabelle. Führen Sie in der ersten Spalte die Kundennamen in alphabetisch sortierter Reihenfolge auf. Notieren Sie in der zweiten Spalte die entsprechende Regel nach DIN 5007.
5. **Bereiten** Sie sich auf die Präsentation vor, indem Sie die Regeln zur DIN 5007 mithilfe Ihrer Kundenliste erläutern.

Plenum

6. **Präsentieren** Sie Ihre Kundenliste und erläutern Sie die alphabetische Ordnung gemäß DIN 5007.

Name	Name	Name
Schneider, T.	Hoffmann, Alexandra, Trier	Schneider-Jubelius, Annika
Hoffmann GmbH & Co. KG	Sandmann & Becker KG	Staas, Kathrine
Schneider, Jürgen	Scholl-Sophie-Stiftung	Sandmann Beatrice
Hacher, Sabine	Staas, Katharina-Marie	Schneider, Ottfried
Staaß, Niklas	Schneider, Tim	Hack, Gisela
Scholl, Sophie	Hoffmann, Alexandra, Trierweiler	Hack, Jutta
Schneider, Theo	Hofmann, Gero	DB AG
Schneider, Otto, Dr.	Schneider,	Hofmann, Gebrüde
DM-Markt	Schneider, Julius	Schneider, Tjorben
Staas, Katharina		

7.2 Lernaufgabe

Nachdem Sie sich nun Kenntnis bezüglich der alphabetischen Ordnung angeeignet haben, informiert Sie Ihr Ausbildungsleiterin Frau Thorn darüber, dass es darüber hinaus noch viele weitere Ordnungssysteme gibt. Entscheidend für eine systematische Ordnung ist das richtige System, damit Schriftstücke schnell auffindbar sind.

Nach welchem Ordnungsmerkmal legen Sie Schriftstücke ab, um sie bei Bedarf rasch wieder zu finden?

Arbeitsauftrag

Einzelarbeit

1. **Erschließen** Sie den Informationstexte **Weitere Ordnungssysteme** (alphanumerische Ordnung, numerische Ordnung, mnemotechnische Ordnung, chronologische Ordnung, Ordnung nach Stichworten, digitale Aufbewahrung, Aktenplan).

Partnerarbeit

2. **Stellen** Sie in einer Tabelle die unterschiedlichen Systeme einander gegenüber. Erläutern Sie das jeweilige Ordnungssystem stichwortartig mit eigenen Worten. Diskutieren Sie über Vorteile und Nachteile und halten Sie diese in jeweils einer Spalte fest. Notieren Sie in einer weiteren Spalte jeweils ein eigenes Beispiel.
3. **Geben** Sie den nachstehenden Mitarbeitern Empfehlungen, welches Ordnungssystem für ihren Bedarf geeignet ist. Halten Sie diese Empfehlung unterhalb Ihrer Tabelle in einer übersichtlichen Art und Weise fest. Begründen Sie Ihre Entscheidung.

Fall 1	Herr Wurzel ist beim Büromöbelhersteller Hauser & Schulte GmbH verantwortlich für die Holzbeschaffung. Hierzu hat er zahlreiche Datenblätter über die Beschaffenheit der einzelnen Holzarten, auf die er immer wieder zugreifen muss, wenn es darum geht Holz nachzubestellen. Diese Datenblätter beinhalten Informationen zur Holzart, den botanischen Pflanzennamen, die Kurzbezeichnung nach DIN EN 13556, die Holzfarbe, die Eigenschaften, die Härte, die Dauerhaftigkeit, die Verwendung und Bilder zur Veranschaulichung. Dabei handelt es sich um Hölzer, wie z. B. Nadelhölzer (Kiefer, Fichte, Douglasie, Tanne, Lärche, Eibe) oder Laubhölzer (Mahagoni, Ahorn, Erle, Pappel, Linde, Esche, Platane, Kirsch, Espe, Eiche, Walnuss, Nussbaum, Weißbuche, Ulme, Robinie, Teak).
Fall 2	Frau Wunn ist Sekretärin bei der Personalverwaltung. Ihre Aufgabe ist die Aufbewahrung und Pflege der Personalakten.
Fall 3	Herr Zimmer ist verantwortlich zur Dokumentation der statistischen Daten (Tages-/Wochen-/Monats- und Jahresauswertung) zur Unternehmensentwicklung und Ähnlichem.
Fall 4	Herr Reiß ist verantwortlich für die Auftragsbearbeitung. Er hat eingehende Bestellungen zur Büroeinrichtung und Bürogestaltung zu verwalten.
Fall 5	Herr Reiter ist Leiter der Produktion und hat im Rahmen seiner Tätigkeit zahlreiche Auflagen nach DIN einzuhalten. Auf diese DIN-Datenblätter muss er bei Bedarf schnell zugreifen können.

Fall 6	In der Abteilung Einkauf sind die Ausgangs- bzw. Einkaufsrechnungen sinnvoll zu archivieren.
Fall 7	Herr Reiter von der Produktion hat Akten zur Kalkulation, Auftragsabwicklung, Verkaufsplanung und Reklamationen zu verwalten.
Fall 8	Herr Fleißig ist Außendienstmitarbeiter und betreut die Kunden in Süd-West-Deutschland. Hier hat er regelmäßig das Gebiet zwischen Köln und Augsburg abzufahren.
Fall 9	Herr Muster ist verantwortlich für die Warenannahme und hat täglich zahlreiche Lieferscheine zu verwalten. Auch diese müssen bei Bedarf schnell auffindbar sein.
Fall 10	Die Rechnungsprüfung ist verantwortlich für die Richtigkeit der eingehenden Rechnungen und veranlasst die Überweisung. Die Rechnungen werden gescannt und in digitaler Form aufbewahrt.
Fall 11	Frau Sommer archiviert die Fachzeitschriften, nachdem diese aus dem Rundlauf im Unternehmen zurückgekommen sind.

Gruppenarbeit (vier Tandems)

4. **Inspizieren** Sie die Arbeiten der anderen Tandems. Kontrollieren Sie sowohl Inhalt als auch Gestaltung. Entscheiden Sie sich für eine Arbeit, die präsentiert werden soll.
5. **Bereiten** Sie sich auf die Präsentation vor, indem Sie die Ordnungssysteme mit Vor- und Nachteilen erläutern. Anschließend begründen Sie Ihre Empfehlungen für die Mitarbeiter des Unternehmens.

Plenum

6. **Präsentieren** Sie Ihre Übersichten und erläutern Sie die unterschiedlichen Ordnungssysteme. Begründen Sie darüber hinaus Ihre Entscheidung für je ein Ordnungssystem der vorstehenden Fälle.

7.3 Lernaufgabe

Frau Hoffmann (Aus- und Weiterbildung) informiert Sie heute darüber, dass ein überfüllter Schreibtisch auf Kunden keinen guten Eindruck macht und natürlich die Suchzeit für ein Schriftstück enorm verlängert. Sie stellt Ihnen die Frage, ob Sie alle Schriftstücke aufbewahren müssen, gerade auch im Hinblick darauf, dass es heute zwischen 60 und 90 Cent* kostet, ein einziges Blatt Papier abzulegen (* bezogen auf einen Stundenlohn von 20 €, Fraunhofer Institut). Je mehr Sie aufbewahren, desto mehr Schriftgutbehälter, Mobiliar und Raum zur Unterbringung müssen vorgesehen werden.

Weshalb müssen Sie Schriftstücke aufbewahren, und wie können Kosten bei der Schriftgutverwaltung reduziert werden?

Arbeitsauftrag

Einzelarbeit (10 Minuten) Gruppe 1 – Thema A	Einzelarbeit (10 Minuten) Gruppe 2 – Thema B
1. **Erschließen** Sie den Text **Gründe für die Aufbewahrung von Schriftgut**.	1. **Erschließen** Sie den Text **Wertstufen**.
2. **Schreiben** Sie Randnotizen auf das Informationsblatt. (Stichwörter oder einfache Sätze). Strukturieren Sie die Notizen durch Nummerierungen und z. B. Ausrufezeichen, wenn etwas besonders wichtig ist. (Diese Randnotizen benötigen Sie im anschließenden Kugellager.)	2. **Schreiben** Sie Randnotizen auf das Informationsblatt. (Stichwörter oder einfache Sätze). Strukturieren Sie die Notizen durch Nummerierungen und z. B. Ausrufezeichen, wenn etwas besonders wichtig ist. (Diese Randnotizen benötigen Sie im anschließenden Kugellager.)
Kugellager (15 Minuten) – Gruppe 1	**Kugellager (15 Minuten) – Gruppe 2**
3. **Stellen** Sie sich in den Außenkreis	3. **Stellen** Sie sich in den Innenkreis.
4. **Erläutern** Sie Ihrem Gegenüber mithilfe Ihrer Randnotizen die Gründe für die Aufbewahrung von Schriftgut. (Beim Signal der Lehrkraft rückt Ihr Partner zwei Positionen nach rechts.)	4. **Hören** Sie Ihrem Gegenüber zu und machen Sie sich Notizen zum neuen Thema. Stellen Sie Rückfragen bei Unklarheiten. (Beim Signal der Lehrkraft rücken Sie zwei Positionen nach rechts.)
5. **Hören** Sie Ihrem Gegenüber zu, kontrollieren und verbessern Sie ggf. (Beim Signal der Lehrkraft rückt Ihr Partner zwei Positionen nach rechts.)	5. **Erläutern** Sie Ihrem Gegenüber mithilfe der Notizen nun selbst die Gründe für die Aufbewahrung von Schriftgut. (Beim Signal der Lehrkraft rücken Sie zwei Positionen nach rechts
6. **Hören** Sie Ihrem Gegenüber zu und machen Sie sich Notizen zum neuen Thema. Stellen Sie bei Unklarheiten Rückfragen. (Beim Signal der Lehrkraft rücken Sie zwei Positionen nach rechts.	6. **Erläutern** Sie mithilfe der Randnotizen Ihrem Gegenüber die Wertstufen. (Beim Signal der Lehrkraft rückt Ihr Partner zwei Positionen nach rechts.)
7. **Erläutern** Sie mithilfe Ihrer Notizen Ihrem Gegenüber nun selbst die Wertstufen.	7. **Hören** Sie Ihrem Gegenüber zu, kontrollieren und verbessern Sie ggf.

Partnerarbeit

7. **Stellen** Sie die Wertstufen und die Gründe für die Aufbewahrung von Schriftgut mit passenden Beispielen in einem tabellarischen Informationsblatt übersichtlich dar. Achten Sie bei der Gestaltung des Informationsblattes auf die DIN-Regeln zur Tabelle und die typografischen Regeln.

Einzelarbeit

8. In Ihrem Ablagekorb liegen folgende Schriftstücke:

   Werbebrief einer Softwarefirma, Rechnung der Fa. Bucher, Angebot der Firma Seitz (über dessen Annahme noch nicht entschieden wurde), Vertrag über Firmengründung, Einladung zu einer Tagung, an der Sie nicht teilnehmen möchten, Interne Mitteilung über den geplanten Betriebsausflug, Patentunterlagen, Prospekt über Büromaterial (ein Kauf kommt aufgrund einer Rahmenvertragsvereinbarung mit einem anderen Unternehmen nicht infrage), Tageszeitung, Unterlagen über die Konzernentwicklung, Einladung zu einer Fortbildung, an der Sie teilnehmen werden, Bewerbungen, Kontoauszüge, Preisliste der Post AG über Gebühren und Leistungen.

9. **Erstellen** Sie eine Tabelle mit folgenden Leitwörtern: Dokument – Wertstufe – Aufbewahrungsfrist. Ordnen Sie die Schriftstücke der richtigen Wertstufe zu und notieren Sie die entsprechenden Aufbewahrungsfristen.

10. **Berechnen** Sie die Aufbewahrungsdauer für eine am heutigen Tag verschickte Rechnung.

Sie haben am heutigen Tag eine Rechnung über Büromöbel verschickt. Wie lange muss das Duplikat der Rechnung aufbewahrt werden?	
Beginn der Aufbewahrungsfrist:	
Aufbewahrungsdauer:	
Frühester Entsorgungstermin:	

Partnerarbeit

11. **Kontrollieren** Sie Ihre Zuordnung des Schriftgutes zu den Wertstufen, die Aufbewahrungsfristen und die Berechnung.

12. **Überprüfen** Sie Ihre Mitschüler, indem Sie ihnen eine Berechnungsaufgabe über eine Aufbewahrungsfrist für einen Handelsbrief (Schriftstück genau benennen) oder ein in § 257 Abs. 1 Nr. 1 HGB genanntes Schriftstück stellen. Halten Sie die Aufgabe mit Lösung unterhalb Ihrer Tabelle fest.

13. **Bereiten** Sie sich auf die Präsentation vor, indem Sie die Wertstufen und Aufbewahrungsfristen erläutern, die Zuordnung der Schriftstücke zu den Wertstufen und die Berechnung der Aufbewahrungsdauer begründen.

Plenum

14. **Präsentieren** Sie Ihr Informationsblatt anschaulich. Erläutern Sie Wertstufen und Gründe für die Aufbewahrung. Begründen Sie die Zuordnung des Schriftgutes zu den Wertstufen, die Aufbewahrungsfristen und die Berechnung.

15. **Binden** Sie Ihr Publikum mit ein, indem Sie es die eben erstellte Aufgabe lösen lassen.

7.4 Lernaufgabe

Sie wissen jetzt, welche Schriftstücke wie lange und nach welchem Ordnungsmerkmal aufzubewahren sind. Ziel und Zweck ist es aber auch, das Schriftgut schnell und sicher zu finden, zu verwalten und zu archivieren. Es gibt Unterlagen, die Sie in Ihrem Schreibtisch aufbewahren können, aber auch solche, auf die zahlreiche andere Mitarbeiter Zugriff haben müssen.

Frau Hoffmann möchte alle Auszubildenden des Unternehmens nächste Woche allgemein über die Schriftgutverwaltung bei Büromöbel Hauser & Schulte unterrichten. Sie schreibt einen Wettbewerb aus, damit alle vorbereitet zur Schulung kommen. Einen besonderen Schwerpunkt legt Sie auf die Bedeutung von Ablagetechniken und Standorten der Registratur.

Sie erteilt allen Auszubildenden den Auftrag, sich eingehend mit der Ablage von Schriftstücken zu beschäftigen und ein aussagekräftiges Handout für die Unterweisung der Auszubildenden zu erstellen und es ihr in zwei Wochen vorzustellen. Die Gruppe gewinnt, die am einprägsamsten das Thema: „Schriftgut strategisch und ökologisch verwalten" schriftlich ausarbeitet und ausdrucksvoll präsentiert.

Wo und wie bewahren Sie Schriftgut der verschiedenen Wertstufen auf?

Arbeitsauftrag

Stammgruppe (Dreiergruppe)

1. **Informieren** Sie sich über die **Ablagetechniken** und die **Standorte der Registratur**.
2. **Schicken** Sie Ihre Stammgruppenmitglieder in die jeweilige Expertengruppe (A = **Geheftete Ablage/Ungeheftete Ablage**, B = **Arbeitsplatz- und Abteilungsregistratur**, C = **Zentralregistratur, Altablage und Archiv**)

Expertengruppe (Dreiergruppe)

3. **Erschließen** Sie in Einzelarbeit Ihr Expertenthema.
4. **Erstellen** Sie gemeinsam eine MindMap (sorgen Sie aber dafür, dass jedem Experten eine MindMap zur Information der Stammgruppenmitglieder zur Verfügung steht).
5. **Diskutieren** Sie über Ihr Expertenthema. Wie wird die Ablage in Ihrem Ausbildungsbetrieb organisiert?

Stammgruppe (Dreiergruppe)

6. **Informieren** Sie die Stammgruppenmitglieder über Ihr Expertenthema.
7. **Erstellen** Sie ein (2-spaltiges) visualisiertes Handout für die Schulungsteilnehmer. Gestalten Sie das Handout unter Beachtung der typografischen Regeln.
8. **Informieren** Sie sich im Internet über zweckmäßiges Mobiliar bzw. Behälter oder Ablagetechniken.

9. **Nutzen** Sie außerdem die Handlungsprodukte der vorhergehenden Lernaufgabe (Nr. 7.1 bis 7.3).
10. **Bereiten** Sie sich auf eine argumentationsstarke Präsentation vor. Jeder übernimmt einen Part. Überzeugen Sie Frau Hoffmann mithilfe Ihres Handout umfangreich zur Leitfrage. Veranschaulichen Sie Ihren Vortrag mit Beispielen aus Ihrem Praxisalltag.

Plenum

11. **Überzeugen** Sie Frau Hoffmann von Ihrem Gruppenergebnis und lassen Sie sich vom Publikum konstruktives Feedback geben.

Museumsgang

12. **Prämieren** Sie das beste Ergebnis, indem Sie Ihrem Favoriten einen Punkt geben.

Einzelarbeit (Situation im eigenen Ausbildungsbetrieb)

13. **Erläutern** und bewerten Sie die betriebliche Schriftgutverwaltung Ihres Ausbildungsbetriebes. Halten Sie das Ergebnis für Ihr Berichtsheft fest.

7.5 Lernaufgabe

Die herkömmliche papierbezogene Schriftgutablage haben Sie auf Ihrem Handout unter Ablagetechniken und Standorte der Ablage umfangreich zusammengetragen. Als zweiten Bereich sollen Sie sich nun mit der elektronischen Schriftgutablage beschäftigen. Das Angebot einer passenden Software wird immer umfangreicher und für die Unternehmen in vieler Hinsicht interessanter.

Welche Vorteile bietet Ihnen ein Dokument-Management-System?

Arbeitsauftrag

Einzelarbeit

1. **Recherchieren** Sie im Internet über ein Dokument-Management-System.

Partnerarbeit

2. **Dokumentieren** Sie die technischen Voraussetzungen, den Ablauf der digitalen Schriftgutdokumentation, die Datenpflege sowie die Vor- und Nachteile.
3. **Erweitern** Sie Ihr Handout für die Schulungsteilnehmer über dieses System.
4. **Bereiten** Sie sich auf die Präsentation vor, indem Sie Ihr erweitertes Handout vorstellen. Übertragen Sie Ihr Wissen auf den eigenen Ausbildungsbetrieb. Runden Sie Ihre Präsentation mit einem aussagekräftigen Fazit/Schlusswort ab.

Plenum

5. **Präsentieren** Sie überzeugend. Berichten Sie auch, wie Dokument-Management-Systeme evtl. in Ihrem Ausbildungsbetrieb eingesetzt werden.
6. **Fordern** Sie das Publikum auf, seinerseits von der Situation im eigenen Ausbildungsbetrieb zu berichten.

7.6 Lernaufgabe

Mittlerweile sind Sie in der Verwaltung bei Herrn Wort eingesetzt. Herr Wort ist u. a. zuständig für den Datenschutz im Unternehmen. Auch die Büromöbel Hauser & Schulte GmbH ist verpflichtet, einen Datenschutzbeauftragten zu bestellen. Der betriebliche Datenschutzbeauftragte ist nicht weisungsbefugt. Er kontrolliert, ob die Vorgaben des betrieblichen Datenschutzes eingehalten werden und meldet Missstände an den Geschäftsführer. Er schult außerdem die Mitarbeiter in allen Belangen des Datenschutzes und versucht alle Betroffenen bei der Wahrnehmung ihrer Datenschutzrechte zu unterstützen.

Herr Wort plant eine Datenschutzunterweisung für die neuen Mitarbeiter. Er beauftragt Sie eine Arbeitsanweisung mit Hinweisen zum Datenschutz (Rechte und Pflichten des Unternehmens und der Mitarbeiter, Verarbeitung persönlicher Daten) zu entwerfen.

Welche Regelungen sind bei der betrieblichen Datensicherheit zu beachten?

Einzelarbeit

1. **Recherchieren** Sie mithilfe des Infotextes **Datensicherheit** zum Thema.
2. **Überlegen** Sie sich mithilfe des Infotextes eine Gliederung für Ihre Arbeitsanweisung.
3. **Erstellen** Sie für die neuen Mitarbeiter von Büromöbel Hauser & Schulte eine Arbeitsanweisung „Betriebliche Datensicherheit" evtl. als 2-spaltiges Faltblatt mit Vor- und Rückseite (Außen Deckblatt und Rückseite, innen: relevante Informationen). Strukturieren Sie die Informationen unter Beachtung der typografischen Regeln. Nutzen Sie die Funktion Aufzählung und Nummerierung.

Partnerarbeit

4. **Vergleichen** Sie Ihre Gliederungen bzw. Arbeitsanweisungen. Verbessern oder ergänzen Sie ggf.
5. **Entscheiden** Sie sich für das gelungenere Ergebnis und bereiten Sie sich auf die Präsentation Ihrer Arbeitsanweisung vor.

Plenum

6. **Präsentieren** Sie Ihre Arbeitsanweisung lebendig und anschaulich.
7. **Binden** Sie das Publikum in Ihre Präsentation ein, indem Sie fragen, wie der betriebliche Datenschutz in den jeweiligen Ausbildungsbetrieben wahrgenommen wird. Gibt es einen Datenschutzbeauftragten? Welche Aufgaben muss er wahrnehmen? Warum sind persönliche Daten schutzbedürftig?

7.7 Lernaufgabe – Reflexion des Lernzuwachses

Die siebte Handlungssituation aus dem Büroalltag ist abgeschlossen und Sie durchlaufen den Prozess noch einmal mit all seinen Facetten:

Welche Rolle spielt die Schriftgutablage in Ihrem Unternehmen?

Arbeitsauftrag

Reflektieren Sie Ihren Lernzuwachs der 7. Lernsituation – nutzen Sie als Grundlage den entsprechenden Arbeitsplan.

(**Orientieren** Sie sich an dem Arbeitsauftrag der Lernaufgabe 1.6)

Arbeitsplan

Kompetenzen	• Struktur büroüblicher Applikationen erschließen • Angebote adressatengerecht erstellen • Geschäftsbriefe normgerecht schreiben • Kaufmännische Rechenarten anwenden • Checklisten und Onlineformulare erstellen
Inhalte	• Struktur der betrieblichen EDV-Anlage • Einzel- und Netzwerkarbeitsplatz • Branchen- und Standardsoftware • Intranet und Internet • Warenwirtschaftssystem • Anfrage bearbeiten • Lieferschein, Rechnung
Portfolio	• Glossar (Wiki für das Intranet) • Geschäftsbrief (Angebot) • Onlineformular für Lagerbestellung • Netiquette • Rechnung
Zeit	Ca. 20 Stunden

Warm-up

Welche Erfahrungen haben Sie bereits mit der Auftragsbearbeitung eines Verkaufsprozesses gemacht? Bringen Sie die nachfolgenden Begrifflichkeiten in eine sinnvolle Struktur und begründen Ihr Schema.

Anfrage bearbeiten
Kunden
Zahlungseingang kontrollieren
Ware versenden
Kaufvertrag abschließen
Angebot abgeben
Corporate Design
effektiv
Auftragsbestätigung abgeben
Korrespondenz
Rechtliche Aspekte berücksichtigen
rationell
Rechnung erstellen
Hard- und Software
Kundenverzeichnis
Kundenauftrag prüfen

8.1 Lernaufgabe

Sie arbeiten als Auszubildende(r) bei der Büromöbel Hauser & Schulte GmbH und sind zurzeit in der Abteilung Verkauf. Frau Thome, die Abteilungsleiterin, betreut Sie während dieser Phase. Direkt am ersten Tag in dieser Abteilung zeigt Sie Ihnen die Räumlichkeiten und stellt Ihnen die Mitarbeiter in der Abteilung vor.

Nach dem Rundgang erklärt Ihnen Frau Thome, dass im Intranet ein sogenanntes Wissensportal eingerichtet werden soll. Von den internen Wiki (Glossars) sollen alle Mitarbeiter profitieren, da es eine neue Methode des Wissensmanagements sei. Wie bei einem Onlinelexikon verfassen die Mitarbeiter, die sich gut mit einem Thema auskennen, selbst die Beiträge. Wikis sind wartungsarm, nicht kostenintensiv und entwickeln sich ständig weiter.

Frau Thome möchte, dass Sie von Anfang an rationell an Ihrem Computerarbeitsplatz arbeiten und die entsprechenden Tools nutzen. Sie überträgt Ihnen deshalb die Aufgabe, sich mit den büroüblichen Applikationen (EDV-Struktur, Software, ...) auseinanderzusetzen und ihr einen Entwurf für das Intranet vorzulegen, damit alle Kollegen – vor allem neue – sich dort informieren können.

Welche Voraussetzungen sollte Ihr Computerarbeitsplatz haben, um Kundenaufträge rationell zu bearbeiten?

Arbeitsauftrag

Partnerarbeit

1. **Erschließen** Sie sich arbeitsteilig den Text **Büroübliche Applikationen**.
2. **Erstellen** Sie arbeitsteilig ein Glossar oder ihr eigenes Wiki (Onlinelexikon). Belegen Sie Ihre Einträge mit konkreten Beispielen.
3. **Erläutern** Sie sich gegenseitig Ihre Einträge – ergänzen Sie ggf.
4. **Bereiten** Sie sich mithilfe Ihrer Beispiele auf das Gespräch mit Frau Thome vor – indem Sie Ihr besonders rationelle Möglichkeiten zur Bearbeitung eines Verkaufsvorgangs schildern.

Plenum

5. **Präsentieren** Sie überzeugend Frau Thome Ihre Einträge für das Wiki.
6. **Lassen** Sie sich vom Plenum ein konstruktives Feedback geben, d. h., die Kommentare sollten immer Verbesserungsvorschläge bzw. bei guten Beispielen anerkennende Worte beinhalten.

Einzelarbeit (Situation im eigenen Ausbildungsbetrieb)

7. **Erkunden** Sie die büroüblichen Applikationen und ggf. beim Netzwerkadministrator Ihre Zugriffsrechte in Ihrem Betrieb.

Plenum (Stehcafé)

8. **Erläutern** Sie Ihren Mitschülern Ihre Situation in Ihrem Ausbildungsbetrieb.

8.2 Lernaufgabe

Mittlerweile kennen Sie sich schon gut in der Verkaufsabteilung aus, und Frau Thome erläutert Ihnen, dass Sie in Zukunft bei der Abwicklung der Auftragsbearbeitung mit eingesetzt werden. Als Erstes beauftragt sie Sie den Geschäftsvordruck nach dem **Corporate Design** des Unternehmens neu zu gestalten. Die optische Gestaltung eines Geschäftsvordruckes ist enorm wichtig, da sie vom Empfänger registriert wird, bevor er mit dem eigentlichen Lesen beginnt.

Wie gestalten Sie einen ansprechenden und normgerechten Geschäftsvordruck?

Arbeitsauftrag

Einzelarbeit

1. **Erschließen** Sie das Thema **Aufbau des Geschäftsbriefes**.

Partnerarbeit

2. **Informieren** Sie sich über das **Firmenporträt** der Büromöbel Hauser & Schulte GmbH.
3. **Gestalten** Sie zwei Briefmasken für Büromöbel Hauser & Schulte, und zwar einen Vordruck mit **Standardinformationsblock** und integrierter Rücksendeangabe und einen mit **gestaltetem Informationsblock** und Rücksendeangabe über dem Anschriftfeld. Entscheiden Sie sich für die **Form A** (hochgestelltes Anschriftfeld) oder **Form B** (tiefgestelltes Anschriftfeld). Fügen Sie ein Firmenlogo ein.
4. **Speichern** Sie Ihren Vordruck „Büromöbel Hauser & Schulte GmbH" unter einem aussagekräftigen Dateinnamen (integrierte Rücksendeangabe usw.) ab.

Plenum

5. **Präsentieren** und analysieren Sie das Ergebnis hinsichtlich

   a) der Bestandteile eines Geschäftsvordruckes (Form, Rücksendeangabe, Infoblock)
   b) der Arbeitsschritte bei der Vordruckgestaltung
   c) der Optik (wahlweise)

Partnerarbeit

6. **Überarbeiten** Sie ggf. Ihre Geschäftsvordrucke und speichern Sie die Vordrucke als **Word-Vorlage** ab, um die in den nächsten Lernaufgaben folgenden Geschäftsvorgänge der Büromöbel Hauser & Schulte GmbH bearbeiten zu können.

8.3 Lernaufgabe

Frau Thome gefiel der entworfene Briefvordruck sehr gut und sie beauftragt Sie nun, die eben eingegangene Anfrage zu beantworten. Um dies korrekt zu erledigen, informieren Sie sich zunächst über das Thema „Anfragen" und später werden Sie sich mit den Schreib- und Gestaltungsregeln des Geschäftsbriefes nach DIN 5008 auseinandersetzen.

Für erfolgreiche Unternehmen gehört es zum Selbstverständnis fehlerfreie und normgerechte sowie inhaltlich korrekte schriftliche Korrespondenz zu erstellen.

Wie erstellen Sie einen korrekten und normgerechten Geschäftsbrief?

Arbeitsauftrag

Einzelarbeit

1. **Erschließen** Sie den Informationstext **Anfrage**. Erstellen Sie für das Wiki eine aussagekräftige Information zu den Arten der Anfrage.

Stammgruppenarbeit

2. **Informieren** Sie sich mithilfe der Informationsblätter über die normgerechte Gestaltung eines Geschäftsbriefes.
3. **Schicken** Sie Ihre Stammgruppen-Mitglieder in die jeweilige Expertengruppe (A = **Anschriftfeld**, B = **Informationsblock**, C = **Briefabschluss**).

Expertengruppe

4. **Überlegen** Sie gemeinsam, wie Sie Ihren Teammitgliedern die Regeln zu Ihrem Thema vermitteln können.
5. **Erstellen** Sie einen Notizzettel, damit Sie die Regeln Ihren Teammitgliedern erläutern können.
6. **Erstellen** Sie mindestens eine Übungsaufgabe, mit der Sie die Kenntnisse Ihrer Teammitglieder überprüfen können.
7. **Probieren** Sie die Übungsaufgabe in Ihrer Expertenrunde. Sie möchten schließlich, dass Ihr Team gewinnt.

Stammgruppenarbeit

8. **Geben** Sie Ihr Wissen über das Gestalten eines Anschriftfeldes, eines Informationsblocks bzw. eines Briefabschlusses geschickt und effektiv an Ihre Teammitglieder weiter. Jeder Experte hat etwa fünf Minuten Zeit.
9. **Kontrollieren** Sie mithilfe Ihrer Übungsaufgabe, ob Ihre Teammitglieder das Thema verstanden haben und ob sie für den abschließenden Test fit sind.

Einzelarbeit

10. **Bearbeiten** Sie die nachfolgende Anfrage von Rothenberg & Baumann GmbH.

Rothenberg & Baumann GmbH

Rothenberg & Baumann · Im Blegel 28 · 60328 Frankfurt
¶
¶
¶
Büromöbel
Hauser·&·Schulte GmbH¶
Balduinstr.·15¶
54290·Trier

Ihr·Zeichen:
Ihre·Nachricht·vom:

Unser·Zeichen:·pe-ku
Unsere·Nachricht·vom:
¶
Name:·Herr Paul Weber
Telefon:·069·66100-10
Telefax:·069·66100-99
E-Mail:·weber@rothenberg-baumann.de
Internet: www.rothenberg-baumann.de
¶
Datum:·04.05.20..¶

¶
¶
Anfrage·über·Bürostühle¶
¶
¶
Sehr·geehrte·Damen·und Herren,¶
¶
im·Herbst·d.·J.·statten·wir·einige·unserer·Büros·mit·neuen·Bürostühlen·aus,·Ihre·Büro-einrichtung·haben·wir·aus·vergangenen·Geschäftsbeziehungen·in·angenehmer·Erinnerung,·da·Sie·uns·schnell·und·zuverlässig·bedient·haben.¶
¶
Wir·sind·an·Ihrem·aktuellen·Sortiment·sehr·interessiert.·Haben·Sie·einen·neuen·Katalog· über·Bürostühle,·den·Sie·uns·so·bald·wie·möglich·zuschicken·können? Unsere Kundennummer lautet 14130.
¶
Freundliche·Grüße¶
¶
Rothenberg·&·Baumann¶
¶
i. A.¶
¶
Paul Weber

11. **Öffnen** Sie Ihre **Briefmaske** „Büromöbel Hauser & Schulte GmbH".

12. **Beantworten** Sie mit Datum 05.05.20.. die Anfrage von Rothenberg & Baumann normgerecht. Als Briefschreiber verwenden Sie als Kurzzeichen die Anfangsbuchstaben Ihres Vor- und Nachnamens. Frau Thome (th) hat die Telefondurchwahl 0651 487-1343, die Telefaxdurchwahl 0651 487-1345 und die E-Mail-Adresse: thome@hauser-schulte.de. Das Unternehmen ist im Internet unter www.hauser-schulte.de präsent. Sie schicken den Brief vorab per Fax.

13. **Gestalten** Sie den Betreff und die Anrede selbstständig – legen Sie Frau Thome den Brief zur Unterschrift vor. Weil es Ihr erster Geschäftsbrief ist, hat Frau Thome Ihnen den Brieftext diktiert:

„Wir freuen uns, dass Sie unseren aktuellen Katalog über Bürostühle angefordert haben. Viele unserer Kunden haben schon auf ihn gewartet. Nun liegt er vor und Sie können ihn in aller Ruhe durchblättern. Auf 76 Seiten finden Sie das umfangreiche Angebot unserer neuesten Bürostühle, die wir auf Wunsch innerhalb 3 Wochen ausliefern können. Wir gewähren Ihnen – wie schon in den vergangenen Jahren – einen Preisnachlass von 25 % auf alle Stühle. Bei Zahlung innerhalb von 14 Tagen gewähren wir Ihnen zusätzlich 3 % Skonto, Zahlungsziel 30 Tage. Die Lieferkosten werden wie immer von uns übernommen (frei Haus) Unsere Preise verstehen sich zuzüglich der gesetzlichen Mehrwertsteuer. Wenn Sie nähere Informationen wünschen, rufen Sie uns gerne an."

14. **Überprüfen** Sie Ihr Anschriftfeld, den Informationsblock und den Briefschluss im Hinblick auf das vorhin Erlernte.

15. **Kontrollieren** Sie den Geschäftsbrief auf eventuelle Fehler (Rechtschreibung, DIN-Fehler), damit Ihr Team viele Punkte erhält, und speichern Sie den Brief unter Ihrem Namen und Ihrer Team-Nummer ab.

Plenum (Auswertung)

16. **Hängen** Sie alle Ergebnisse – sortiert nach Stammgruppen – auf und kontrollieren Sie sich gegenseitig, d. h., jede Stammgruppe streicht die Fehler (Tipp- und Norm-Fehler) in den Geschäftsbriefen einer anderen Stammgruppe an.

Einzelarbeit

17. **Korrigieren** Sie Ihren Brief.

18. **Bereiten** Sie sich auf eine Präsentation vor, indem Sie einerseits mithilfe ihrer Informationen die inhaltlichen Aspekte (Art der Anfrage von Rothenburg & Baumann GmbH) und andererseits die formalen Aspekte (DIN 5008) kommentieren.

Plenum

19. **Präsentieren** Sie informativ und lassen Sie sich vom Plenum ein konstruktives Feedback geben.

8.4 Lernaufgabe

Aufgrund Ihres Angebotes in Form der Zusendung des Kataloges geht zwei Tage später folgende Bestellung per E-Mail ein:

Von	07.05.20.. 10:12 **Rothenberg & Baumann <info@rothenberg-baumann.de>**
Betreff	Bestellung über 16 Bürostühle, Kundennummer 26874

Sehr geehrte Frau Thome,

herzlichen Dank für die Zusendung Ihres Kataloges. Wir bestellen zu den gewohnten Konditionen.

Menge	Artikelnummer	Artikel	Einzelpreis in EUR
16 Stück	65894	Bürostühle „Smart"	248,50

Wir bitten um eine Lieferung in den nächsten 3 Wochen.

Mit freundlichen Grüßen

i. A. Paul Weber

Rothenberg & Baumann
Im Blegel 28
60328 Frankfurt

Telefon:·069·66100-10
Telefax:·069·66100-99
E-Mail: weber@rothenberg-baumann.de

Frau Thome überträgt Ihnen, die Bestellung zu prüfen und eine Auftragsbestätigung (ebenfalls per E-Mail) vorzubereiten und ihr persönlich vorab zu mailen. Im ersten Moment fühlen Sie sich etwas überfordert, aber nach einem Durchatmen gehen Sie diese anspruchsvolle Aufgabe offensiv an. Zunächst vergewissern Sie sich, ob die Ware tatsächlich lieferbar ist. Dazu stöbern Sie im Intranet nach einem entsprechenden Formular. Aber leider gibt es kein solches Formular. Also gehen Sie ins Lager und erhalten nach mehreren Anläufen die positive Antwort. Der Auftrag kann also realisiert werden.

Mithilfe des vorherigen Schriftverkehrs mit Rothenberg & Baumann und den Informationen aus den Kundenstammdaten formulieren Sie eine Auftragsbestätigung, in der Sie auch den Verkaufspreis mit den gegebenen Konditionen ausrechnen.

Welche Informationen benötigen Sie, um eine Auftragsbestätigung per E-Mail zu schreiben?

Arbeitsauftrag

Einzelarbeit

1. **Erschließen** Sie den Text zur **Bestellungsannahme (Auftragsbestätigung)**.
2. **Erstellen** Sie für das Wiki eine aussagekräftige Information zur Bestellungsannahme.

Partnerarbeit

3. **Stellen** Sie sich gegenseitig Ihre Informationen vor.
4. **Frischen** Sie die (kaufmännischen) Rechenarten aus Ihrer Schulzeit auf und erläutern Sie sich gegenseitig den Informationstext **Kaufmännische Rechenarten**.

Einzelarbeit

5. **Erstellen** Sie ein Formular für eine **Auftragsbestätigung**.(konservatives Muster mit den Mindestbestandteilen). Bringen Sie dabei Ihr Design für die Büromöbel Hauser & Schulte GmbH ein. Gestalten Sie modern und ansprechend. Speichern Sie das Formular als **Word-Vorlage** ab.
6. **Schreiben** Sie eine Auftragsbestätigung an Rothenberg & Baumann. Verwenden Sie zur Berechnung der einzelnen Positionen (MwSt., Rabatt, Skonto usw.) die entsprechenden Rechenarten.

Partnerarbeit

7. **Erläutern** Sie sich Ihre Ergebnisse und korrigieren Sie ggf. Speichern Sie das Dokument unter der Kundennummer und dem Firmennamen als PDF ab, da Sie es als E-Mail-Anlage versenden.
8. **Erschließen** bzw. wiederholen Sie arbeitsteilig die Themen **E-Mail** und **E-Mail-Netiquette**.

Einzelarbeit

9. **Formulieren** Sie eine professionelle E-Mail an Rothenberg & Baumann. Als Anlage fügen Sie die PDF-Datei bei. Senden Sie die E-Mail zur Vorlage an Frau Thome (Ihre Lehrkraft).

Sie sind ein kleines bisschen stolz auf sich, dass Sie diese komplexe Aufgabe gemeistert haben. Angespornt durch das Lob von Frau Thome, möchten Sie für den nächsten Auftrag rationeller reagieren können. Es wäre für die Auftragsabwicklung im Unternehmen optimal, wenn es für das Lager eine digitale Bestandsanfrage im Intranet gäbe.

Partnerarbeit

10. **Informieren** Sie sich über **Formulare konzipieren** und **Formulare gestalten** (Word).
11. **Entwerfen** Sie auf einem Blatt Papier ein Formular für eine digitale Bestandsanfrage im Lager – überlegen Sie, welche Kriterien für Sie bzw. für das Lager wichtig sind.
12. **Erstellen** Sie ein Online-Formular. Verwenden Sie dabei Textfelder, Kontrollkästchen und Dropdownfelder.
13. **Bereiten** Sie sich gemeinsam auf die Präsentation vor, indem Sie die wesentlichen Informationen vorstellen, die für die Bestellungsannahme und den Versand notwendig sind. Nutzen Sie ein praktisches Beispiel für Ihre Präsentation. Außerdem begründen Sie die Vorteile einer digitalen Bestandsanfrage für das Lager sowie die Vorgehensweise bei der Erstellung eines solchen Online-Formulares.

Plenum

14. **Präsentieren** Sie überzeugend und informativ Ihre Ergebnisse zur Bestellungsannahme (Auftragsbestätigung).

8.5 Lernaufgabe

Nachdem die Auftragsbestätigung versendet wurde, wird nun der Auftrag termingerecht zu Ende abgewickelt.

Welche Schritte müssen Sie erledigen, bis der Auftrag abgewickelt ist?

Arbeitsauftrag

Einzelarbeit

1. **Erschließen** Sie den Text **Ablauf des gerichtlichen Mahnverfahrens**. Erweitern Sie das Wiki mit einer aussagekräftige Information.
2. **Erstellen** Sie die Rechnung und notieren Sie wichtige Daten zur Zahlungsüberwachung dieses Auftrages.

Gruppenarbeit – Kreisbrief (Bitte nicht sprechen oder rückfragen)

3. **Geben** Sie Ihre Schriftstücke und ein leeres Blatt mit Ihrem Namen dem/der von Ihnen rechtssitzenden Schüler/-in.
4. **Lesen** Sie die Schriftstücke gewissenhaft durch.
5. **Notieren** Sie auf dem leeren Blatt Ihren Kommentar. Gliedern Sie Ihre Anmerkungen z. B. so:

   Das gefällt mir: ....
   Das gefällt mir nicht: ....
   Mein Tipp: ....

6. **Unterschreiben** Sie Ihren Kommentar und reichen ihn mit den Schriftstücken im Uhrzeigersinn weiter.

Einzelarbeit

7. **Reagieren** Sie auf die Kommentare Ihrer Mitschüler/-innen, fragen Sie ggf. nach und überarbeiten Sie Ihre Schriftstücke.

8. **Bereiten** Sie sich mithilfe Ihrer Informationen zur Auftragsabwicklung auf die Präsentation vor, indem Sie die Schritte ab Auftragsbestätigung erläutern. Ebenso zeigen Sie an Ihren Beispielen die Gestaltungsaspekte des kaufmännischen Schriftverkehrs und das Corporate Design.

Plenum

9. **Präsentieren** Sie mithilfe Ihrer erstellten Schriftstücke die Auftragsabwicklung von Rothenberg & Baumann.
10. **Lassen** Sie sich ein konstruktives Feedback geben.
11. **Diskutieren** Sie über Ihre betrieblichen Tätigkeiten in Bezug auf Auftragsabwicklung hinsichtlich Effizienz, Qualität und Kundenzufriedenheit.

8.6 Lernaufgabe – Reflexion des Lernzuwachses

Die achte Handlungssituation aus dem Büroalltag ist abgeschlossen und Sie durchlaufen den Prozess noch einmal mit all seinen Facetten:

Welche Möglichkeiten haben Sie, einen Kundenauftrag rationell zu bearbeiten?

Arbeitsauftrag

Reflektieren Sie Ihren Lernzuwachs der 8. Lernsituation – nutzen Sie als Grundlage den entsprechenden Arbeitsplan.

(**Orientieren** Sie sich an dem Arbeitsauftag der Lernaufgabe 1.6)

Arbeitsplan

Kompetenzen	• Aufträge in deutscher Sprache bearbeiten • Kundenorientierte Telefonate führen • Geschäftsbriefe kundenorientiert formulieren • Textbausteine anwenden • Schriftstücke wirtschaftlich vervielfältigen
Inhalte	• Verhalten am Telefon • Diskrepanzerfahrung • Bestandteile eines Angebotes • Liefer- und Zahlungsbedingungen • Gerichtsstand • Interne Mitteilung
Portfolio	• Szenisches Spiel: Verhalten am Telefon • Telefonratgeber • Empfehlungsschreiben „Stilsichere und zeitgemäße Korrespondenz • Verlangtes Angebot (Angebot, Lieferschein, Rechnung) • Reflexion
Zeit	Ca. 20 Stunden

Warm-up

Welche Maßnahmen kennen Sie, um eine Kundenorientierung zu erreichen?

9.1 Lernaufgabe

Heute Morgen haben Sie einen kurzen Notizzettel von Frau Thome auf Ihrem Schreibtisch gefunden mit der Nachricht, dass Sie am nächsten Tag das Fortbildungsinstitut Gruber, Frau Mondschein, zurückrufen sollen, da sie an Moderationsmaterialien interessiert ist und die gewünschten Artikel für ein Angebot absprechen möchte. Telefonieren gehört zurzeit noch nicht zu Ihren Stärken, daher nehmen Sie sich die Zeit, sich intensiv auf dieses Telefonat vorzubereiten.

Was wird von Ihnen erwartet, wenn ein Kunde telefonisch eine Bestellung aufgibt?

Arbeitsauftrag

Einzelarbeit

1. **Erschließen** Sie den Text **Verhalten am Telefon** und stellen Sie die Informationen übersichtlich dar.
2. **Erstellen** Sie mit diesen Informationen eine Checkliste zum Telefonverhalten und ein entsprechendes Formular für die Telefonnotizen.

Sortimentsübersicht Büromöbel Hauser & Schulte GmbH – Moderationsmaterial			
Artikel-Nr.	**Artikelbeschreibung**	**Einheit**	**Netto VK-Preis**
35023	Moderationskartensortiment (Anpinnen)	**100 Stück**	**25,80**
35024	Moderationskarten (selbstklebend)	**100 Stück**	**30,95**
35110	Pinnwandpapier	**50 Blatt**	**36,90**
35111	FlipChart-Block (à 20 Blatt)	**5 Stück**	**22,90**
35112	Endlospapier von der Rolle	**25 Meter**	**21,80**
35200	Klebepunkte	**1000 Stück**	**4,99**
35201	Nadeln	**100 Stück**	**8,85**
35324	Moderationsmarker	**10 Stück**	**13,95**
35465	Moderationskoffer	**1 Stück**	**275,00**

Partnerarbeit

3. **Bereiten** Sie sich schriftlich (Telefonnotiz) auf das anstehende Telefonat mit Frau Mondschein vor. Rolle 1: Sie bewerben intensiv Ihr Moderationssortiment; Rolle 2: Frau Mondschein fragt interessiert nach und bittet letztendlich um das Zusenden eines Angebotes über 20 Einheiten selbstklebende Moderationskarten, 3 Moderationskoffer und 6 Einheiten FlipChart-Blocks. Da sie wegen Krankheit nicht die Möglichkeit hat, die Ware selbst abzuholen, möchte sie die Ware ins Institut geliefert bekommen.
4. **Üben** Sie abwechselnd beide Rollen des Telefonats.
5. **Halten** Sie die Besprechungspunkte schriftlich fest.

Plenum

6. **Führen** Sie Ihr Telefonat mit Frau Mondschein durch und präsentieren Sie Ihre Telefonnotiz.
7. **Lassen** Sie sich ein Feedback geben.
8. **Diskutieren** Sie über Ihre Rolle als Dienstleister sowie über mögliche Fehler im tatsächlichen und erwarteten Verhalten im Umgang mit Kunden, die in einem Telefonat auftreten können. Berichten Sie über eigene Erfahrungen.
9. **Sammeln** Sie wesentliche Punkte für ein kundenorientiertes Verhalten am Telefon.

Einzelarbeit

10. **Überarbeiten** Sie Ihre Checkliste sowie Ihre Telefonnotiz für Ihr Wissensportal im Intranet.

9.2 Lernaufgabe

Nach dem Telefonat berichten Sie Frau Thome, dass das Fortbildungsinstitut Gruber, Am Hauptbahnhof 5, 54290 Trier, ein Angebot über 20 Einheiten selbstklebende Moderationskarten, 3 Moderationskoffer und 6 Einheiten FlipChart-Blocks angefordert hat. Die Materialien sollen sofort ins Institut ohne Aufpreis geliefert werden.

Da Frau Thome mit Ihren Leistungen schon sehr zufrieden ist, beauftragt sie Sie, das verlangte Angebot auf einem Briefvordruck von Büromöbel Hauser & Schulte vorzubereiten. Weil dieses Thema sehr komplex ist, gibt Frau Thome Ihnen den Text eines alten Angebotes, das alle Mindesbestandteile enthält, als Muster. Die Zahlungsmodalitäten sollen Sie laut Muster übernehmen. Außerdem sagt Frau Thome Ihnen, dass Sie eine komplette Kalukulation vorlegen sollen.

Angebot über Laserdrucker XXL-3/S

Sehr geehrter Herr Weber,

wir bedanken uns für Ihre E-Mail und Ihr Interesse an unserem Druckern. Wir freuen uns Ihnen unverbindlich nachstehendes Angebot zu unterbreiten:

Unsere **Laserdrucker XXL-3/S** (Artikelnummer LDR-2398) liefern wir Ihnen zu dem Vorteilspreis von 176,00 EUR/Stück bei einer Abnahme von 200 Stück innerhalb von 3 Wochen. Ab einem Bestellwert von 25.000,00 EUR berechnen wir weder Verpackung noch Versand. Zudem gewähren wir Ihnen einen Mengenrabatt von 25 Prozent bei einer Abnahme ab 100 Stück. Die Lieferung erfolgt innerhalb von 8 Tagen nach Bestellungseingang. Aufgrund unserer langjährigen Geschäftsbeziehung räumen wir Ihnen ein Zahlungsziel von 30 Tagen ein, bei Zahlung innerhalb von 14 Tagen gewähren wir 2 % Skonto. Ihre Rechnung begleichen Sie bitte per Überweisung. Die Ware bleibt bis zur vollständigen Bezahlung unser Eigentum.

Gerne bearbeiten wir Ihre Bestellung und verbleiben bis dahin

Sie freuen sich auf diese Aufgabe und greifen gleich auf Ihr bereits gelerntes Wissen zurück. Mithilfe Ihres Onlineformulares „Bestandanfrage für das Lager" erfahren Sie, dass die gewünschte Ware vorrätig ist und setzen sich nun mit dem verlangten Angebot auseinander.

Wie erstellen Sie ein rechtlich einwandfreies verlangtes Angebot für das Fortbildungsinstitut Gruber?

Arbeitsauftrag

Partnerarbeit

1. **Erschließen** Sie den umfangreichen Informationstext über **Das Angebot und seine Mindestbestandteile**. Behalten Sie während des Lesens das Musterangebot im Auge und notieren Sie an entsprechender Stelle im Angebot den entsprechenden Mindestbestandteil.
2. **Erstellen** Sie ein Formular, in dem Sie direkt alle Mindestbestandteile (auch die, die das Musterangebot nicht enthält) für ein Angebot erfassen können – notieren Sie dabei auch Besonderheiten.

Einzelarbeit

3. **Schreiben** Sie ein kundenorientiertes Angebot an das Fortbildungsinstitut. Achten Sie darauf, dass alle wesentlichen Mindestbestandteile darin enthalten sind.

Partnerarbeit

4. **Vergleichen** Sie Ihre Angebote und bereiten Sie sich gemeinsam auf eine aussagekräftige Präsentation vor.

Plenum

5. **Präsentieren** Sie Ihr Formular für die Daten zur Angebotserstellung und Ihren Entwurf für das Angebot. Lassen Sie sich ein konstruktives Feedback geben.
6. **Diskutieren** Sie über die Interessen des Betriebes und die Wünsche/Bedürfnisse der Kunden.

9.3 Lernaufgabe

Frau Thome fand das Angebot schon ganz ordentlich, allerdings ist sie mit der Formulierung und Formatierung noch nicht zufrieden. Daher dürfen Sie und drei weitere Auszubildende an der betriebsinternen Fortbildung „Stilsichere und zeitgemäße Korrespondenz" teilnehmen.

Wie schreiben Sie moderne Geschäftsbriefe?

Arbeitsauftrag

Stammgruppe (vier Teammitglieder)

1. **Erstellen** Sie für das Intranet einen Leitfaden für „Stilsichere und zeitgemäße Korrespondenz". Arbeiten Sie zeitsparend und teilen Sie sich die unter Punkt zwei genannten Themen auf.

Expertengruppe

2. **Erschließen** Sie die Texte **Natürliche Lesekurve eines Briefes, 10 Tipps zur Briefformulierung, Briefe inhaltlich gliedern/strukturieren** und **Briefe kurz und prägnant formulieren**.
3. **Erstellen** Sie zu Ihrem Thema kurze prägnante Empfehlungen.

Stammgruppe

4. **Stellen** Sie Ihr Thema mithilfe Ihrer Empfehlungen gegenseitig vor.
5. **Erstellen** Sie aus Ihren vier Ergebnissen eine **Interne Mitteilung** für alle Mitarbeiter, die ins Intranet gestellt wird.
6. **Bereiten** sich auf eine gemeinsame lebendige (mit vielen praktischen Beispielen) Präsentation vor, indem Sie Ihren Schwerpunkt auf die Formulierung und normgerechte Gestaltung von Texten im internen und externen Schriftverkehr legen.

Plenum

7. **Präsentieren** Sie lebendig Ihr Ergebnis.
8. **Diskutieren** Sie über den Nutzen dieser internen Mitteilung zum Thema Geschäftskorrespondenz in Bezug auf die Außen- und Innenwirkung eines Unternehmens.

Nach der erfolgreichen Teilnahme an der Fortbildung legt Ihnen Frau Thome den Entwurf des Angebotes für das Fortbildungsinstitut Gruber noch einmal zur Überarbeitung vor.

9. **Korrigieren** Sie Ihr Angebot. Denken Sie an die Lesekurve. Fügen Sie ca. eine starke und höchstens drei mittlere **Hervorhebungen** ein – beachten Sie **Texte normgerecht gestalten**.

Plenum (Museumsgang)

10. **Schauen** Sie sich weitere Ergebnisse an – korrigieren Sie sie ggf.

9.4 Lernaufgabe

Frau Mondschein bestellt telefonisch die Waren entsprechend des Angebotes. Da die Ware an das Institut direkt ausgeliefert wird, soll mit dem Lieferschein auch die Rechnung dazugelegt werden. Auch hier dürfen Sie wieder den entsprechenden Entwurf anfertigen – schließlich haben Sie bereits Erfahrung auf diesem Gebiet.

Wie erstellen Sie rationell Lieferschein und Rechnung mithilfe von Excel?

Arbeitsauftrag

Einzelarbeit

1. **Erfassen** Sie in Excel folgendes Schema und geben Sie die entsprechenden bestellten Artikel ein.

2. **Achten** Sie bei der Eingabe auf das Kapitel **Formatierungsmöglichkeiten**.

Position	Artikel-nummer	Artikelbezeichnung	Einheit	Menge	Preis je Einheit	Mengen-rabatt in %	Kunden-rabatt in %	Gesamtpreis in EUR
1	35024	Moderationskarten (selbstklebend)	100 Stck	20 Stck	30,95 €	%	%	€
							Warenwert netto	
Versandkosten in EUR		Summe netto	MWSt. in %		MWSt. in EUR	Summe brutto in EUR		
			19 %					

3. **Errechnen** Sie die fehlenden Daten. (ggf. Informieren Sie sich dazu unter **Grundrechenarten** in Excel bzw. vermehrter/verminderter Prozentwert im Kapitel **Prozentrechnen**.
4. **Verwenden** Sie je nachdem die relativen bzw. absoluten Zellbezüge, informieren Sie sich dazu im Kapitel **Rationelles Arbeiten mit Excel**.
5. **Formatieren** Sie Ihr Tabellenblatt ansprechend.

Plenum

6. **Stellen** Sie Ihre Übersicht vor und erläutern Sie die Besonderheiten.

Einzelarbeit

7. **Schreiben** Sie den **Lieferschein** und die **Rechnung**. Arbeiten Sie rationell, fügen Sie Ihr Kalkulationsschema nach Bedarf ein. Informieren Sie sich dazu im Kapitel **Verknüpfungen mit Excel und anderen Objekten**.

Partnerarbeit

8. **Vergleichen** Sie Ihre Schriftstücke, korrigieren Sie ggf.

Plenum

9. **Stellen** Sie Ihre Schriftstücke vor und erläutern Sie evtl. Schwierigkeiten.
10. **Diskutieren** Sie über die Dokumente, die bei einer fachgerechten und kundenorientierten Abwicklung von Aufträgen erforderlich sind. Vergleichen Sie dabei die Auftragsabwicklung der 1. und 2. Lernsituation. Dokumentieren Sie ggf. die einzelnen Schritte der Auftragsbearbeitung.

9.5 Lernaufgabe – Reflexion des Lernzuwachses

Die 9. Handlungssituation aus dem Büroalltag ist abgeschlossen und Sie durchlaufen den Prozess noch einmal mit all seinen Facetten:

Was beachten Sie beim Arbeitsprozess des verlangten Angebotes?

Arbeitsauftrag

Reflektieren Sie Ihren Lernzuwachs der 9. Lernsituation – nutzen Sie als Grundlage den entsprechenden Arbeitsplan.

Arbeitsplan

Kompetenzen	• Geschäftsbriefe kundenorientiert formulieren • Textbausteine für ein Mahnschreiben anwenden • Schriftstücke wirtschaftlich vervielfältigen • Geschäftsprozess der Auftragsbearbeitung grafisch darstellen
Inhalte	• Unverlangtes Angebot • Lieferfähigkeit und Lieferwilligkeit • Bonitätsprüfung • Interne Mitteilung • Diagramme • Kopierer, Scanner, Drucker • Ablauf eines gerichtlichen Mahnverfahrens
Portfolio	• Faxbestellung • Ergebnis der Bestellung (Diagramm) • Unverlangtes Angebot • Mahnung • Reflexion
Zeit	Ca. 20 Stunden

Warm-up

Warum versendet ein Unternehmen unverlangte Angebote?

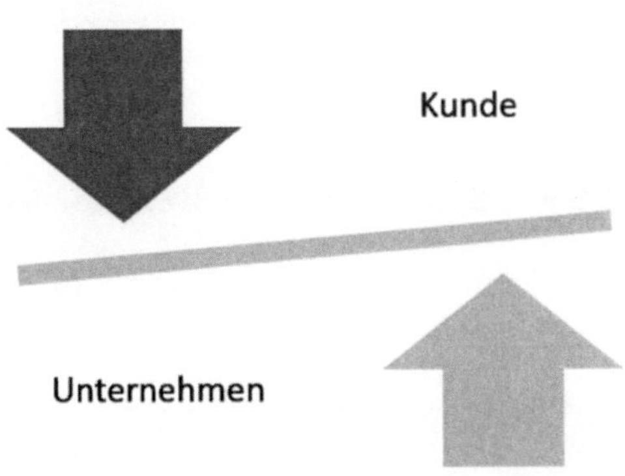

10.1 Lernaufgabe

Frau Thome erhält heute eine Einladung zu einem Meeting in Frankfurt. Das Treffen soll Dienstag in vier Wochen von 14:00 bis 15:30 Uhr stattfinden. An dem Meeting nehmen neben Frau Thome vier Geschäftspartner aus München (Frau Mittermaier), Köln (Herr Mans), Berlin (Herr Ulrich) und Hamburg (Frau Engel) teil. Inhalt der Zusammenkunft ist es, die aktuelle Lage auf dem Büromöbelmarkt sowie strategische Maßnahmen für die Zukunft zu besprechen. Frau Thome ist nicht glücklich über diesen Termin, denn er liegt genau zwischen zwei weiteren Terminen an diesem Tag, die nicht zu verschieben sind. Frau Thome überlegt, ihren Stellvertreter zu diesem Termin zu bitten. Doch Sie haben eine andere Idee ...

Wie können Sie zeitsparend ein Meeting mit mehreren Geschäftspartnern, die nicht an einem Ort sind, durchführen?

Einzelarbeit

1. **Erschließen** Sie den Text **Telefonanlage**.
2. **Erstellen** Sie eine Übersicht, was moderne Telefonanlagen leisten können. Notieren Sie dazu passende Beispiele.

Plenum

3. **Stellen** Sie Ihre Übersicht mithilfe Ihrer Beispiele lebendig vor.

Frau Thome ist angetan von Ihren Kenntnissen über moderne Telefonanlagen und beauftragt Sie, ein Fax für die vier Geschäftspartner vorzubereiten. Hierin sollen Sie vorschlagen, statt eines persönlichen Treffens das anstehende Meeting als Videokonferenz zu veranstalten. Frau Thome bittet Sie, in das Fax ausführliche Erläuterungen zu schreiben, denn sie möchte ihre Geschäftspartner von dieser Idee überzeugen.

Einzelarbeit

4. **Erstellen** Sie an die vier Geschäftspartner das von Frau Thome gewünschte Faxschreiben. Arbeiten Sie normgerecht. Gehen Sie hierin ausführlich auf die Vorteile einer Videokonferenz ein. Achten Sie auf eine kompetente Formulierung.

Plenum

5. **Stellen** Sie Ihr Faxschreiben vor. Erläutern Sie Ihre gefundenen Argumente.

10.2 Lernaufgabe

Die Videokonferenz zur Lage auf dem Büromöbelmarkt hat Früchte getragen und neue Ideen mit sich gebracht. Daher finden in den nächsten Monaten mehrere Werbekampagnen statt. Momentan werden die Rollcontainer intensiv beworben.

Frau Thome beauftragt Sie, für eine Postwurfsendung im Stadtbereich ein unverlangtes Angebot zu erstellen. Folgende Stichwörter gibt Ihnen Frau Thome zur Formulierung des Angebotes: Als besonderer Blickfang sollen Sie ein Postskriptum einfügen und als Anlage soll ebenfalls ein Fax-Bestell-Formular hinzugefügt werden.

Rollcontainer „Boby" B 22	
Farbe	weiß, grau und rot
Preis	273,00 EUR
Höhe	53 cm
Tiefe	70 cm
Schubladen	Kombinationsmöglichkeiten
Rollcontainer „Hyper" H 25	
Farbe	lichtgrau und dunkelgrau
Preis	241,00 EUR
Höhe	60 cm
Tiefe	80 cm
Schubladen	4
Rollcontainer „Ketho" K30	
Farbe	dunkelbraun, grün
Preis	348,50 EUR
Höhe	65 cm
Tiefe	58 cm
Holztür	Anschlag links oder rechts

- Rollcontainer sind kippsicher
- Hochwertig verarbeitet
- Fronten in Lackoptik
- Lieferzeit: 8 Tage
- Versandkosten: 0,00 EUR
- Rabatt: Abnahme von 10 Stück = 10 %; 20 Stück = 20 %
- Zahlungsbedingungen innerhalb von 14 Tagen per Überweisung
- Gültigkeit des Angebotes (Freizeichnungsklausel): freibleibend

Wie schreiben Sie ein erfolgreiches unverlangtes Angebot?

Arbeitsauftrag

Einzelarbeit

1. **Schreiben** Sie ein unverlangtes Angebot. Nutzen Sie dabei den Leitfaden „Stilsichere und zeitgemäße Korrespondenz“. Arbeiten Sie werbewirksam mit einem Postskriptum.
2. **Entwerfen** Sie ein entsprechendes Fax-Bestell-Formular. Arbeiten Sie mit **Formular-Steuerelementen**.

Plenum

3. **Lesen** Sie die Schriftstücke von Ihrem Mitschüler und schreiben Sie einen konstruktiven Kommentar mit der Funktion (Einfügen – Kommentar).
4. **Korrigieren** Sie ggf. Ihre Schriftstücke.

10.3 Lernaufgabe

Frau Thome ist mit Ihrem Angebot einverstanden. Als Anlage soll eine 4-seitige, farbig bebilderte Beilage zugefügt werden. Frau Thome legt Wert darauf, dass diese Werbeaktion möglichst kostengünstig und umweltbewusst erstellt wird, aber trotzdem dem Anspruch der Professionalität genügt. Nun ist sie unsicher, auf welche Weise die Beilage über die Rollcontainer vervielfältigt werden soll. Sie beauftragt Sie, eine Matrix/Vergleich zu den Möglichkeiten Drucken, Scannen bzw. Kopieren zu erstellen, dabei sollen Sie aber auch die Techniken des doppelseitigen Druckens, des Verkleinerns oder die Vergabe eines Druckauftrages berücksichtigen.

Welche Vervielfältigungsmöglichkeiten nutzen Sie, bei Beachtung der Minimierung der Umweltbelastungen und der Kosten?

Arbeitsauftrag

Einzelarbeit

1. **Informieren** Sie sich über das Thema: **Schriftstücke vervielfältigen** oder im Internet.
2. **Erstellen** Sie eine **Matrix** und machen Sie Frau Thome einen Vorschlag zur Vervielfältigung für die Beilage.

Plenum

3. **Stellen** Sie Frau Thome die verschiedenen Möglichkeiten vor und erläutern Sie Ihre Entscheidung zur Vervielfältigung der Beilage.
4. **Diskutieren** Sie über die sinnvollste Lösung.

10.4 Lernaufgabe

Das unverlangte Angebot ist mit der Beilage bereits vor zwei Wochen versendet worden, und es sind 388 Faxbestellungen eingegangen.

Da es sich um viele Neukunden handelt, wurde bereits eine Bonitätsprüfung durchgeführt. Dies ist überall positiv verlaufen, sodass das Unternehmen lieferwillig ist, die Lieferfähigkeit ist ebenso schon abgeklärt. Frau Thome gibt Ihnen den Auftrag, in Excel die Rechnungen so vorzubereiten, dass für die einzelnen Kunden nur noch Anschrift und die Stückzahlen der Rollcontainer einzufügen sind.

Wie erstellen Sie eine Rechnungsvorlage zur Arbeitserleichterung?

Arbeitsauftrag

Einzelarbeit

1. **Erstellen** Sie in Excel die Vorlagen der Rechnungen.

Partnerarbeit

2. **Vergleichen** Sie Ihre Rechnungen.
3. **Bereiten** Sie sich auf eine anschauliche Präsentation vor, indem Sie sich fit machen, um dem Plenum den kompletten Arbeitsprozess zu erläutern.

Plenum

4. **Präsentieren** Sie den Arbeitsprozess der Rechnungserstellung. Klären Sie im Plenum noch offene Fragen.

10.5 Lernaufgabe

Die Rollcontainer sind seit letztem Monat versandt. Leider kommt es immer wieder vor, dass einige Kunden nicht zahlen. Frau Thome beauftragt Sie, an zwei Kunden eine Zahlungserinnerung zu verschicken – davon geht eine Zahlungserinnerung an einen englischsprachigen Kunden. Sie gibt Ihnen die beiden Rechnungen und das entsprechende Texthandbuch mit Textbausteinen in zwei Sprachen, damit Sie rationell und vor allen Dingen rechtskonform die Schreiben erledigen. Bevor Sie aber damit beginnen, sollen Sie sich über den **Ablauf des gerichtlichen Mahnverfahrens** informieren.

Wie erstellen Sie häufig wiederkehrende Schriftstücke rationell, auch solche, die auf eine unbezahlte Rechnung folgen?

Arbeitsauftrag

Einzelarbeit

1. **Sichten** Sie das Texthandbuch.
2. **Erfassen** Sie alle **Textbausteine** zum Thema „Mahnung" und „Reminder".

Ihr Zeichen:
Ihre Nachricht vom:
Unser Zeichen: th-ba
Unsere Nachricht vom:

Büromöbel Hauser & Schulte GmbH, Postfach 12 34, 54290 Trier
V.O.I. Assekuranz
Versicherungsbüro
Europaallee 20
54343 Föhren

Name: Frau Thome
Telefon: 0651 487-1343
Fax: 0651 487-1345
E-Mail: thome@hauser-schulte.de
Internet: www.hauser-schulte.de

Datum: 23.05.20xx

Rechnung Nr. 1592

Kd-Nr.	Re.-Nr.	Re.-Datum
14493	1592	23.05.20xx
Ihre Best.-Nr.	**Bestelldatum** 16.05.20xx	**Versandart** Frei Haus
Lieferanschrift V.O.I. Assekuranz Versicherungsbüro, Europaallee 20, 54343 Föhren		

Pos.	Art.-Nr.	Artikel-bezeichnung	Menge und Einheit	Preis je Einheit	Mengen-rabatt in %	Mengen-rabatt in €	Gesamtpreis in €
1	H25	Rollcontainer Hyper, Farbe lichtgrau	12	202,52 €	10 %	243,00 €	2.187,24 €
2	K30	Rollcontainer Ketho, mit Holztür Anschl. links	12	292,85 €	10 %	351,42 €	3.162,78 €
						Warenwert netto	5.350,02 €

Versandkosten	Summe netto	MWSt. in %	MWSt. in €	Summe brutto
0 €	5.350,02 €	19 %	1.016,50 €	**6.366,52 €**

Die Lieferung erfolgt auf der Grundlage unserer Allgemeinen Geschäftsbedingungen. Zahlbar innerhalb von 14 Tagen abzüglich 3 % Skonto oder innerhalb 30 Tagen netto Kasse.

Ihr Zeichen:
Ihre Nachricht vom:
Unser Zeichen: th-ba
Unsere Nachricht vom:

Büromöbel Hauser & Schulte GmbH, Postfach 12 34, 54290 Trier

Laboratory
Dr Susan Winter
rue de l'eglise 2
6720 GREVENMACHER
LUXEMBURG

Name: Ms Thome
Telefon: 0651 487-1343
Fax: 0651 487-1345
E-Mail: thome@hauser-schulte.de
Internet: www.hauser-schulte.de

Datum: 23.05.20xx

Invoice No 1574

Customer number	Invoice number	Date of invoice
14423	1574	23.05.20xx
Your order number	**Date of order** 18.05.20xx	**Delivery method** Delivered free
Delivery address Laboratory Dr Susan Winter, rue de l'eglise 2, 6720 GREVENMACHER, LUXEMBURG		

Item	article number	description of goods	quantity/unit	price/unit			Total price
1	B22	Rollcontainer Boby, colour red	3	229.41 €			688,23 €
						cost of goods net	688,23 €

delivery charges	sum net	tax in %	tax in €	sum total
0 €	688,23 €	19 %	130,77 €	**819,00 €**

The delivery based on our general conditions of sale. Our terms of payment are a discount of 3 % payment 14 days or 30 days net cash.

3. **Notieren** Sie in einem Schreibauftrag die Textbausteine, die bei der Bearbeitung des oben genannten Vorgangs verwendet werden sollten. Füllen Sie den Schreibauftrag komplett aus.

Partnerarbeit

4. **Vergleichen** Sie Ihre Schreibaufträge untereinander.

Einzelarbeit

5. **Schreiben** Sie normgerecht die Briefe - achten Sie auf die Zeit.

Plenum

6. **Präsentieren** Sie Ihr Ergebnis und beurteilen Sie das Arbeiten mit Textbausteinen.
7. **Diskutieren** Sie: Für welche beruflichen Situationen können Sie sich vorstellen, Ihre Arbeit mit einem Texthandbuch zu erleichtern?

Texthandbuch – Auszug

Texthandbücher sind Sammlungen von Textbausteinen, gegliedert in Themenbereiche. Die Textbausteine sind einzelne Dokumente, die in den Schreibaufträgen zur Erstellung von beliebigen Dokumenten zusammengestellt werden. Ein Baustein besteht aus einer Nummer, dem eigentlichen Text mit ggf. variablen Einfügungen { } (Strg F9) und einer Beschreibung. Die variablen Textstellen { } werden nach dem Aufrufen der Bausteine mit F11 angesteuert.

Thema: **Mahnung**

Nr.	Text	Beschreibung
ma01	1. Zahlungserinnerung	Betreff
ma02	2. Zahlungserinnerung	
ma03	Sehr geehrte Damen und Herren,	Anrede
ma04	Sehr geehrte Frau { },	
ma05	Sehr geehrter Herr { },	
ma06	Sie haben wohl übersehen, unsere Rechnung vom { } über { } wie vereinbart innerhalb von { } Tagen zu begleichen.	Erinnerung
ma07	obgleich das Ihnen eingeräumte Zahlungsziel von { } Tagen abgelaufen war, haben Sie unsere Rechnung vom { } über { } noch nicht bezahlt.	
ma08	am { } erinnerten wir Sie daran, dass unsere Rechnung vom { } noch offen ist. Wir setzen Ihnen nunmehr letztmalig für den Betrag von { } eine Zahlungsfrist bis zum { }.	
ma09	Wir hoffen, dass Sie unserer Bitte um Zahlung bis zum { } nachkommen, damit unser gutes Einvernehmen erhalten bleibt.	Aufforderung
ma10	Seit Längerem unterhalten wir gute Geschäftsbeziehungen mit Ihnen, und Sie haben unsere Rechnungen immer pünktlich beglichen. Wahrscheinlich haben Sie die Fälligkeit unserer Rechnung übersehen. Bitte bringen Sie die Angelegenheit bis { } in Ordnung.	
ma11	Sollten Sie Ihren Verpflichtungen nicht innerhalb der gesetzten Frist nachkommen, werden wir das gerichtliche Mahnverfahren gegen Sie einleiten.	

Texthandbuch - Auszug

Thema: **Reminder**

Nr.	Text	Beschreibung
ma01e	First payment reminder	Betreff
ma02e	Second payment reminder	
ma03e	Dear Sirs,	Anrede
ma04e	Dear Mrs { },	
ma05e	Dear Mr { },	
ma06e	possibly you have overlooked our due invoice dated { } stating a ballance amount of { }. The agreed payment deadline was within { } days.	Erinnerung
ma07e	even though the agreed credit term of { } days has expired, we have not received your payment of our invoice dated { } stating amount due { }.	
ma08e	we have sent out a payment reminder dated { }. This final payment reminder states that payment is due no later than { }.	
ma09e	We trust that the outstanding amount will be paid by { } and hope to continue our previous business relationship.	Aufforderung
ma10e	Since our previous business relationship was always good and you always paid your invoices on time, we are assum-ing you overlooked the due date of this invoice. We trust payment will be taken care of by { }.	
ma11e	Failing to pay within the stated term we will conduct the legal dunning procedure.	

Schreibauftrag

Das Formular eines Schreibauftrages erleichtert die Arbeit, sämtliche Informationen für die individuelle Erstellung eines Briefes nach Textbausteinen zusammenzustellen. So wird die inhaltliche und formale Qualität der Schriftstücke optimiert.

Sicher muss das Formular eines Schreibauftrages individuell nach den Bedürfnissen der einzelnen Firma aufgebaut werden.

Büromöbel
Hauser & Schulte GmbH

Schreibauftrag

Anschrift	Ihr Zeichen: Ihre Nachricht vom: Unser Zeichen: Unsere Nachricht vom: Name: Telefon: 0651 487- Telefax: 0651 487- E-Mail:
Textbaustein-Nr.	**Einfügung**
Anlage/n:	**Datum:**
Verteiler:	**Unterzeichner:**

10.6 Lernaufgabe – Reflexion des Lernzuwachses

Ein weitere Handlungssituation aus dem Büroalltag ist abgeschlossen und Sie durchlaufen den Prozess noch einmal mit all seinen Facetten:

Wie sieht der komplette Geschäftsprozess der Auftragsbearbeitung aus?

Arbeitsauftrag

1. **Reflektieren** Sie Ihren Lernzuwachs der 10. Lernsituation – nutzen Sie als Grundlage den entsprechenden Arbeitsplan.
2. **Stellen** Sie den kompletten Geschäftsprozess der Auftragsbearbeitung grafisch dar – achten Sie auf die unterschiedlichen Anfragen bzw. Angebote.

Arbeitsplan

Kompetenzen	• Geschäftsbriefe eines Kundenauftrages in Englisch formulieren
Inhalte	• Anfrage in Englisch • Angebot in Englisch • Auftragsbestätigung • Lieferschein • Rechnung
Portfolio	• Anfrage – E-Mail in englischer Sprache • Unverlangtes Angebot in englischer Sprache • Auftragsbestätigung in englischer Sprache • Lieferschein in englischer Sprache • Rechnung in englischer Sprache • Reflexion
Zeit	Ca. 16 Stunden

Warm-up

Welche Schwierigkeiten sehen Sie mit ausländischen Kundenaufträgen?

Schreiben Sie die gefundenen Probleme in die Kästchen.

11.1 Lernaufgabe

Frau Thome war kürzlich auf einer internationalen Messe für Büromöbel in Mailand. Dort kam sie in Kontakt mit dem Verkaufsleiter einer Londoner Büromöbelfabrik, Herr Harrington. Herr Harrington hinterließ Frau Thome seine Visitenkarte.

Jack Harrington
Sales Manager
Chairs & Tables Ltd
54 St. John Street
LONDON SW1E 6LB
Tel. *44 (0) 1234 5 67 89
Fax 44 (0) 1234 5 67 90
E-mail: info@chairsandtables.uk
http://www.chairsandtables.uk

Frau Thome beauftragt Sie, einen Werbebrief in englischer Sprache an Herrn Harrington zu formulieren. Daraus soll sich eventuell eine neue Geschäftsverbindung aufbauen, um die Auswahl an Büromöbeln zu erweitern.

Wie schreiben Sie einen korrekten englischen Geschäftsbrief?

Arbeitsauftrag

Einzelarbeit

1. **Informieren** Sie sich im Manual über **Der englische Geschäftsbrief**.
2. **Schreiben** Sie einen korrekten Werbebrief in englischer Sprache – denken Sie an den Aufbau englischer Briefe. Frau Thome gibt Ihnen dazu folgende Stichpunkte:
   - Adresse erhalten auf der Messe in Mailand
   - Vorstellung des eigenen Unternehmens (Gründungsjahr, Mitarbeiterzahl, guter Ruf in und um Trier)
   - Sind daran interessiert, unsere Auswahl mit modernen Möbeln für junge Leute zu erweitern
   - Freuen uns auf ein Angebot von „Chairs & Tables" einschließlich der Geschäftsbedingungen
   - Bitten um rasche Antwort

Partnerarbeit

3. **Vergleichen** Sie Ihre Ergebnisse und korrigieren/ergänzen Sie ggf.
4. **Bereiten** Sie sich auf eine Präsentation vor – stellen Sie die Unterschiede zu einem deutschen Brief heraus.

Plenum

5. **Stellen** Sie Ihren Brief vor. Lassen Sie sich ein konstruktives Feedback geben.
6. **Korrigieren** Sie ggf. Ihren Brief.

11.2 Lernaufgabe

Ihr Werbebrief an die Firma „Chairs & Tables" ist beantwortet worden. Es geht unten abgebildete Anfrage bei Ihnen ein.

JH/SB
24th September 20xx

Büromöbel
Hauser & Schulte GmbH
Ms Thome
Balduinstr. 15
54296 TRIER
GERMANY

Dear Ms Thome

<u>**ENQUIRY**</u>

Thank you for your letter of 25 August. We are very pleased that you want to establish a business relationship with us. We are very much interested in cooperating with you.

Our office shop Chairs and tables was founded in 1993. Our company enjoys an excellent reputation in and around London.

We would like to expand our range by introducing modern furniture for young people at favourable prices.

We would be very pleased to receive your detailed offer, together with your terms as soon as possible.

We look forward to hearing from you at your earliest convenience.

Yours faithfully

J. Harrington

Jack Harrington
Sales Manager
Chairs & tables Ltd

Encls.

Frau Thome ist sehr angetan von der Londoner Firma „Chairs & Tables" und möchte ein Angebot abgeben. Sie sollen den Brief wiederum formulieren.

Wie formulieren Sie ein sprachlich korrektes Angebot in Englisch?

Arbeitsauftrag

Einzelarbeit

1. **Informieren** Sie sich im Manual über **English sentences or phrases**.
2. **Schreiben** Sie ein Angebot an „Chairs and Tables". Frau Thome gibt Ihnen dazu folgende Stichpunkte:

   - Bedanken für das Interesse an unserem Sortiment
   - Als Anlage senden wir Katalog (inkl. Preisliste), aus dem man ersehen kann, dass wir Produkte in typisch schwedischem Design verkaufen
   - Bitte um Beachtung unserer Regale und Schreibtische, die aus Naturholz und in einem rustikalen Design gefertigt sind. Wir haben auch elegante Stühle in unserem Sortiment. Die Sitzbezüge sind wahlweise mit verschiedenen Stoffen oder Leder bezogen.

- Hinweis auf bevorstehendes Osterfest. Hierzu können wir einen speziellen Katalog mit Sonderpreisen auf Wunsch zusenden.
- Lieferungsbedingungen: CIP London
- Zahlungsbedingungen: zahlbar netto 6 Wochen nach Erhalt der Rechnung oder innerhalb von 8 Tagen abzüglich 3 % Skonto.
- Wir hoffen, dass unser Angebot gefällt, und freuen uns auf den Auftrag

Partnerarbeit

3. **Vergleichen** Sie Ihre Ergebnisse und korrigieren/ergänzen Sie ggf.

Plenum

4. **Stellen** Sie Ihren Brief vor. Binden Sie das Plenum mit ein, indem Sie gezielt nach passenden Redewendungen fragen.
5. **Lassen** Sie sich ein Feedback geben.

11.3 Lernaufgabe

Heute geht von der Firma „Chairs & Tables" eine Bestellung ein. Frau Thome beauftragt Sie eine Auftragsbestätigung zu formulieren.

Chairs & tables Ltd
54 St. John Street
LONDON SW1E 6LB
*Tel. *44 (0) 1234 5 67 89*
Fax 44 (0) 1234 5 67 90
E-mail: info@chairsandtables.uk
http://www.chairsandtables.uk

JH/SB
30th November 20xx

Büromöbel
Hauser & Schulte GmbH
Balduinstr. 15
54296 TRIER
GERMANY

Dear Ms Thome

<u>ORDER NO 372</u>

We thank you for your letter of 3 November. We are most impressed by the variety of your range of products. We are interested in the special catalogue and would be grateful to receive a copy.

We would like to order the following:

Quantity	Description	Unit price in €	Total amount in €
10	Writing desks	98	980
10	Shelves	18	180

Terms of delivery: CIP London
Terms of payment Six weeks net on receipt of invoice or 3 % for payment within one week

Please send the goods at the earliest possible date. If we find the above goods to our satisfaction we will be placing a larger order.

Please send the goods at the earliest possible date. If we find the above goods to our satisfaction we will be placing a larger order.

Yours faithfully

J. Harrington

Jack Harrington
Sales Manager
Chairs & tables Ltd

Registered in England No. 678923

Wie verfassen Sie eine Auftragsbestätigung nach England?

Arbeitsauftrag

Einzelarbeit

1. **Informieren** Sie sich im Manual über **English sentences or phrases**.
2. **Schreiben** Sie eine Auftragsbestätigung an „Chairs and Tables". Frau Thome gibt Ihnen dazu folgende Stichpunkte:
   - Alle Punkte aus der Bestellung wiederholen und damit bestätigen
   - Mitteilen, dass der Sonderkatalog leider momentan nicht lieferbar ist. Zusage, dass er so schnell wie möglich nachgeliefert wird.

Partnerarbeit

3. **Vergleichen** Sie Ihre Ergebnisse und korrigieren/ergänzen Sie ggf.

Plenum

4. **Stellen** Sie Ihren Brief vor. Lassen Sie sich ein Feedback geben.

11.4 Lernaufgabe

Heute wird die bestellte Ware an die Firma „Chairs and Tables" versandt. Dazu erstellen Sie einen Lieferschein.

Wie schreiben Sie einen englischen Lieferschein?

Arbeitsauftrag

Einzelarbeit

1. **Informieren** Sie sich im Manual über **English sentences or phrases**.
2. **Schreiben** Sie einen Lieferschein an „Chairs and Tables". Frau Thome beauftragt Sie, dafür alle relevanten Inhalte (Datum und Nr. der Bestellung, Menge, Bezeichnung) sowie die Lieferungsbedingungen in Tabellenform darin zu notieren. Zusätzlich erstellen Sie eine Spalte, in die der Empfänger mögliche Vermerke notieren kann. Außerdem soll der Empfänger unterschreiben können, dass die Ware ordnungsgemäß eingegangen ist.

Partnerarbeit

3. **Vergleichen** Sie Ihre Ergebnisse und korrigieren/ergänzen Sie ggf.

Plenum

4. **Stellen** Sie Ihren Brief vor. Lassen Sie sich ein Feedback geben

11.5 Lernaufgabe

Nachdem Sie den Lieferschein mit der Ware versendet haben, erstellen Sie heute die Rechnung an „Chairs and Tables". Nach dem Sie die gesamte Auftragsabwicklung erfolgreich abgewickelt haben, bittet Sie Frau Thome um einen abschließenden Bericht über die von Ihnen gemachten Erfahrungen.

Wie schreiben Sie eine englische Rechnung?

Arbeitsauftrag

Einzelarbeit

1. **Informieren** Sie sich im Manual über **English sentences or phrases**.
2. **Schreiben** Sie eine Rechnung an „Chairs and Tables". Frau Thome beauftragt Sie, dafür alle relevanten Inhalte, die Sie schon im Lieferschein gelistet haben, ansprechend aufzubereiten.

Partnerarbeit

3. **Vergleichen** Sie Ihre Ergebnisse und korrigieren/ergänzen Sie ggf. Bereiten Sie sich auf die Präsentation vor. Gehen Sie in Ihrer Präsentation sowohl auf die Rechnung als auch auf die während Ihrer Auftragsabwicklung gemachten Erfahrungen ein.

Plenum (mit Erfahrungsbericht)

4. **Stellen** Sie Ihre Ergebnisse vor. Binden Sie das Plenum in einen Austausch ein.
5. **Lassen** Sie sich ein Feedback geben.

11.6 Lernaufgabe – Reflexion des Lernzuwachses

Ein weitere Handlungssituation aus dem Büroalltag ist abgeschlossen und Sie durchlaufen den Prozess noch einmal mit all seinen Facetten:

Was beachten Sie bei Geschäftsbriefen in englischer Sprache?

Arbeitsauftrag

Reflektieren Sie Ihren Lernzuwachs der 11. Lernsituation – nutzen Sie als Grundlage den entsprechenden Arbeitsplan.

Arbeitsplan

Kompetenzen	• Zeit- und mengenabhängige Bedarfsplanung nach dem ökonomischen Prinzip durchführen • Zusammenhang zwischen Bestell- und Lagerhaltungskosten erfassen • Interne und externe Bezugsquellenermittlung durchführen • Arten der Anfrage und ihre rechtliche Wirkung unterscheiden und formulieren • Mindestinhalte von Angeboten und weitere Angaben des Verkäufers auswerten, um einen geeigneten Lieferanten zu finden • Auftragsabwicklung mithilfe von Textverarbeitungs- und Kalkulationsprogramm bearbeiten
Inhalte	• Ökonomisches Prinzip • Ökologisches Prinzip • Bestellrhythmus- und Bestellpunktverfahren • Bestell- und Lagerhaltungskosten • Optimale Bestellmenge • Interne und externe Bezugsquellenermittlung • Anfrage, -arten und rechtliche Wirkung • Angebot und seine Mindestbestandteile • Nutzwertanalyse • Allgemeine Geschäftsbedingungen (AGB)
Portfolio	• Glossar, Strukturbild „Beschaffungsobjekte" • Grafik „Ökonomie vs. Ökologie" • Grafik „Bestellpunkt- und Bestellrhythmusverfahren • Zusammenhang zw. Bestell- und Lagerhaltungskosten • Anfrage • Optimale Bestellmengen berechnen – mit Excel • Angebotsvergleich incl. Nutzwertanalyse
Zeit	Ca. 32 Präsenz-Stunden

Warm-up

Wieso entsteht ein Spannungsverhältnis zwischen Ökonomie und Ökologie?

12.1 Lernaufgabe

Wie im Rahmen der Ausbildung üblich durchlaufen Sie verschiedene Abteilungen. Momentan sind Sie in der Abteilung Beschaffung bzw. Einkauf eingesetzt, sodass Herr Thommes ihr Hauptabteilungsteiler ist. Frau Laux ist innerhalb der Einkaufsabteilung die zuständige Teamleiterin im Bereich Handelsware und Ihnen gegenüber somit weisungsbefugt. Darüber hinaus ist sie neben den Kollegen Frau Schick und Herrn Schiller ihre Ansprechpartnerin.

Die Abteilung Beschaffung kümmert sich nicht nur um die Güter, die zur Weiterverarbeitung benötigt werden, sondern organisiert den gesamten Einkauf des hauseigenen Bedarfs an Büromitteln. Momentan hat Frau Laux die Meldung erhalten, dass der Bestand an hausintern benötigten Notizblöcken zur Neige geht. Frau Laux ist es wichtig, dass bei der Büromöbel Hauser & Schulte GmbH sowohl ökonomische als auch ökologische Aspekte beachtet werden. Momentan können Sie mit diesen neuen Begriffen noch nicht viel anfangen, doch Sie informieren sich:

Welche Prinzipien berücksichtigen Sie beim Einkauf der verschiedenen Beschaffungsobjekte?

Arbeitsauftrag

Einzelarbeit

1. **Informieren** Sie sich sowohl über die **Beschaffungsobjekte** als auch das **ökonomische und ökologische Prinzip**.
2. **Erstellen** Sie ein Glossar (zweispaltige Tabelle – links den Fachbegriff und rechts die entsprechende Erläuterung) über die verwendeten Fachbegriffe.

Tandem

3. **Vergleichen** Sie Ihr Glossar und ergänzen Sie gegebenenfalls.
4. **Gehen** Sie im weiteren Verlauf arbeitsteilig vor. Ein Partner erstellt ein Strukturbild über die Beschaffungsobjekte. Der andere Partner erarbeitet eine grafische Darstellung, die das ökonomische und ökologische Prinzip erläutert und das entstehende Spannungsverhältnis deutlich macht.
5. **Stellen** Sie sich gegenseitig Ihre Arbeitsergebnisse vor und beantworten Sie offene Fragen Ihres Partners fachlich korrekt.

Zweier-Tandems

6. **Erläutern** Sie sich gegenseitig Ihre grafischen Darstellungen.
7. **Optimieren** Sie Ihre Arbeitsergebnisse, indem Sie sich auf eine fachlich korrekte und aussagekräftige Darstellungsform einigen.
8. **Bereiten** Sie sich auf einen Museumsrundgang vor. Jede Gruppe stellt zwei Teammitglieder ab, die dem Plenum ihre Darstellungen erklären. Die Übrigen informieren sich an den anderen Stationen und wechseln sich nach ihrem eigenen Rundgang mit den anderen ab.

Plenum (Museumsgang)

9. **Erläutern** Sie anhand Ihrer Darstellungen das Hintergrundwissen zu den Beschaffungsobjekten sowie das ökonomische und ökologische Prinzip.
10. **Reflektieren** Sie im Plenum die gesehenen Darstellungsalternativen.
11. **Entscheiden** Sie sich gemeinsam für jeweils eine Form der Darstellung.

Einzelarbeit

12. **Halten** Sie die Plenumsergebnisse in Ihren Unterlagen fest.

12.2 Lernaufgabe

Nachdem Sie nun wissen, welche Prinzipien grundsätzlich bei der Beschaffung zu beachten sind, bemerken Sie, dass Sie die Anzahl der zu ordernden Notizblöcke nicht kennen. Frau Laux ist sich momentan auch unsicher, welche Menge zu beziehen ist. Sie weiß nur, dass sie entweder in regelmäßigen Abständen oder eine gleiche Menge bestellt. Momentan ist in der Einkaufsabteilung so viel zu tun, dass Sie Ihnen den Auftrag erteilt, sich genauer mit diesem Thema auseinanderzusetzen, wobei Ihnen die nachstehende Leitfrage hilft:

Wie ermitteln Sie den Bedarf an betriebsnotwendigen Gütern?

Arbeitsauftrag

Partnerarbeit

1. **Informieren** Sie sich über die **Zeitplanung** (Bestellpunkt- und Bestellrhythmusverfahren).
2. **Erklären** Sie sich gegenseitig die neuen Lerninhalte und ergänzen Ihr individuelles Glossar um die neuen Begriffe einschließlich der Erklärungen.
3. **Unterstützen** Sie sich bei eventuellen Schwierigkeiten.
4. **Erarbeiten** Sie miteinander zwei grafische Darstellungen, die einerseits das Bestellpunkt- andererseits das Bestellrhythmusverfahren aussagekräftig darstellen. Ergänzen Sie, die Erklärungen, sodass Sie die Grafiken auch noch in einigen Wochen verstehen.
5. **Erschließen** Sie den Text **Bestell- und Lagerhaltungskosten**.
6. **Ergänzen** Sie jeweils Ihr Glossar um die neuen Begriffe und beantworten Sie sich offene Fragen.
7. **Einigen** Sie sich auf ein Tafelbild, welches den Zusammenhang zwischen Bestell- und Lagerhaltungskosten verdeutlicht. Fertigen Sie dieses an.

Zweier-Tandems

8. **Stellen** Sie Ihrem Partnertandem Ihre bisherigen Arbeitsergebnisse vor. Teilen Sie sich diese Arbeit, indem ein Partner die Arbeitsergebnisse der Zeitplanung, der andere Partner die Darstellung der Bestell- und Lagerhaltungskosten übernimmt.

9. **Wählen** Sie die geeignetsten Darstellungsalternativen aus und bereiten Sie sich auf eine lebendige Präsentation vor. Jeder übernimmt eine Teilaufgabe.

Plenum

10. **Präsentieren** Sie Ihre Arbeitsergebnisse und stehen Sie für Rückfragen zur Verfügung.

11. **Einigen** Sie sich auf jeweils maximal zwei geeignete Darstellungen, die Sie in Ihre Unterlagen übertragen.

Tandem

12. **Informieren** Sie sich über die **Mengenplanung** und sichten Sie die angegebene Tabelle zur Berechnung der optimalen Bestellmenge.

13. **Übertragen** Sie die Tabelle nach der dargestellten Vorlage in Ihre Unterlagen. Jeder schreibt mit.

14. **Ergänzen** Sie die Tabelle entsprechend den gemachten Angaben und ermitteln Sie so die optimale Bestellmenge.

Bei der Beschaffung der Notizblöcke gelten folgende Bedingungen:

- Jahresbedarf: 2000 Stück
- Lagerhaltungskostensatz: 4 %
- Bestellkosten pro Bestellung: 10,00 €/Bestellung
- Preis pro Stück: 3,00 €/Stück

Bestellmenge [Stück]	Bestell-häufigkeit	Durchschnittlicher Lagerbestand [Stück]	Lagerhaltungskosten	Bestellkosten [Euro]	Gesamtkosten [Euro]
	$\frac{\text{Jahresbedarf}}{\text{Bestellmenge}}$	$\frac{\text{Bestellmenge}}{2}$	Durchschnittlicher Lagerbestand * Preis pro Stück * Lagerhaltungskostensatz/100	Bestellkosten pro Bestellung* Bestellhäufigkeit	Lagerhaltungskosten + Bestellkosten
2000					
1800					
1600					
1400					
usw.					

15. **Nennen** Sie die von Ihnen errechnete optimale Bestellmenge und begründen Sie Ihre Entscheidung.

16. **Bereiten** Sie sich auf eine Präsentation vor, indem ein Partner die allgemeine Berechnung erläutert und der andere Partner Ihr Arbeitsergebnis vorstellt und begründet.

Plenum

17. **Präsentieren** Sie Frau Laux bzw. dem Plenum überzeugend die optimale Bestellmenge für Notizblöcke.

18. **Diskutieren** Sie die Entscheidung des Tandems.

Einzelarbeit

19. **Halten** Sie das korrekte Ergebnis in Ihren Unterlagen fest.

20. **Erstellen** Sie die Tabelle zur optimalen Bestellmengenberechnung in Excel mit den vorgegebenen Angaben zum Jahresbedarf, dem Lagerhaltungskostensatz, den Bestellkosten pro Bestellung und Preis pro Stück.
21. **Errechnen** Sie die fehlenden Daten. Arbeiten Sie an entsprechender Stelle mit **absoluten** bzw. **relativen Zellbezügen**.
22. **Erstellen** Sie ein Liniendiagramm, mit dessen Hilfe die optimale Bestellmenge aus den Linien der Lagerhaltungskosten, der Bestell- und Gesamtkosten ersichtlich wird. Markieren Sie die Diagrammquelldaten, also den Bereich der im **Diagramm** dargestellt werden soll.
23. **Beschriften** Sie die Achsen Ihres Diagramms.
24. **Kommentieren** Sie anhand des Diagramms die optimale Bestellmenge.

12.3 Lernaufgabe

Herr Thommes, der hauptverantwortliche Abteilungsleiter im Bereich Beschaffung möchte die Produktpalette im Bereich der Handelswaren erweitern. Er hat von einer neuen Art der Aktenvernichter gehört, die zum einen geräuscharm sind, zum anderen zugleich als Papierkorb genutzt werden können. Selbstverständlich soll das Modell nicht zu auffällig und kostengünstig sein. Zunächst möchte Herr Thommes 50 Stück anschaffen. Ihre Aufgabe ist es, ein geeignetes Modell zu finden und Herrn Thommes Ihr Ergebnis zu präsentieren. Aus diesem Grund stellt sich die Frage:

Wie finden Sie einen geeigneten Lieferanten?

Arbeitsauftrag

Einzelarbeit

1. **Erschließen** Sie sowohl den Text **Anfrage** als auch den Text **Bezugsquellenermittlung**. Erweitern Sie Ihr individuelles Glossar um die neuen Fachbegriffe, indem Sie diese entsprechend ihrer Erläuterung ergänzen.

Tandem

2. **Vergleichen** Sie Ihr Glossar und korrigieren Sie gegebenenfalls.
3. **Entscheiden** Sie gemeinsam, ob Sie aufgrund Ihres Arbeitsauftrages eine allgemeine oder bestimmte Anfrage formulieren würden. Begründen Sie Ihr Ergebnis schlüssig und halten es schriftlich fest.
4. **Legen** Sie gemeinsam fest, ob Sie auf interne oder externe Bezugsquellen zurückgreifen, um sich entsprechende Informationen zu beschaffen. Begründen Sie erneut nachvollziehbar und notieren sich ihr Ergebnis.

Plenum (Losverfahren)

5. **Stellen** Sie dem Plenum Ihre Arbeitsergebnisse vor.
6. **Diskutieren** Sie abweichende Antworten bzw. Begründungen. Überdenken Sie eventuell Ihre Arbeitsergebnisse und stehen für ein konstruktives Feedback zur Verfügung.

Einzelarbeit

7. **Formulieren** Sie handschriftlich eine Anfrage über Aktenvernichter mit Papierkorbfunktion an den Lieferanten-Nr. 70212 (**Lieferantenverzeichnis**).

Vierer-Gruppe

8. **Vergleichen** Sie Ihre Anfragen, indem Sie Gemeinsamkeiten und Unterschiede herausarbeiten.

Einzelarbeit

9. **Nutzen** Sie nun Ihre Anfrage für alle Lieferanten und erstellen Sie in Ihrem Textverarbeitungsprogramm einen **Seriendruck** mit individueller Anrede.
10. **Greifen** Sie dabei für notwendige Datenquellen auf das **Lieferantenverzeichnis** zurück. Verwenden Sie für alle Bestandteile (z. B. Adressfeld: Anrede, Vorname, Nachname, Straße, PLZ, Ort) einen eigenen Feldnamen.
11. **Nutzen** Sie für die individuelle Anrede das **Seriendruck-Bedingungsfeld**.

Partnerarbeit

12. **Prüfen** Sie bei Ihrem Partner die Schreib- und Gestaltungsregeln 5008 und die Funktionstüchtigkeit des Serienbriefes.
13. **Bereiten** Sie sich auf die Präsentation vor – gehen Sie dabei schriftlich auf die Aspekte: Bezugsquellenermittlung, Anfrage und Serienbrief ein.

Plenum

14. **Präsentieren** Sie umfangreich die Vorgehensweise, um einen geeigneten Lieferanten zu finden.
15. **Führen** Sie mit dem Plenum ein Gespräch. Gehen Sie dabei auf alle Arbeitsschritte von der Bezugsquellenermittlung bis zum Serienbrief ein. Lassen Sie sich Optimierungsvorschläge geben.

Einzelarbeit

16. **Verbessern** Sie Ihre Aufzeichnungen.

12.4 Lernaufgabe

Mittlerweile liegen Ihnen drei attraktive Angebote unterschiedlicher Lieferanten vor. Gerne würden Sie diese Herrn Thommes übergeben, doch Frau Laux informiert Sie darüber, dass die Arbeit mit dem Anfordern der Angebote noch lange nicht erledigt ist. Jetzt gilt es, eine konkrete Auswahl zu treffen und sich letztlich zu entscheiden. Ihre Entscheidung sollen Sie Frau Laux bzw. Herrn Thommes am Ende dieses Arbeitsprozesses vorstellen und Ihre Empfehlung begründen, sodass sich die Frage ergibt:

Bei welchem Lieferanten bestellen Sie?

Arbeitsauftrag

Tandem

1. **Informieren** Sie sich über das **Angebot und seine Mindestbestandteile** sowie das **Angebot und seine Gültigkeit (Bindung)** ebenso über das **Erlöschen und Widerruf eines Angebotes** teilen Sie sich diese Texterschließung. Erweitern Sie Ihr Glossar, verwenden Sie zu jedem Fachbegriff ein Beispiel.
2. **Erläutern** Sie Ihrem Partner die Fachbegriffe aus Ihrem Textabschnitt und suchen Sie gemeinsam weitere Beispiele. Jeder ergänzt die ihm fehlenden Fachbegriffe zu Anfrage und Angebot in seinem persönlichen Glossar.
3. **Legen** Sie ein Strukturbild zum Angebot. Verwenden Sie die Fachbegriffe aus Ihrem Glossar. (Schreiben Sie die Begriffe auf kleine A8-Kärtchen. Ordnen Sie die Begriffe nach Anfrage und Angebot, sortieren Sie sinnvoll, sodass Sie anhand Ihres Strukturbildes den Zusammenhang der Begriffe erläutern können.)

Gruppenarbeit (zwei Tandems)

4. **Erläutern** Sie mithilfe Ihres Strukturbildes das Hintergrundwissen vom Angebot.
5. **Optimieren** Sie ein gemeinsames Strukturbild. Bereiten Sie es für einen Museumsgang vor – jede Gruppe stellt ein Teammitglied ab, das den anderen das Strukturbild erläutert – die Übrigen informieren sich an den anderen Stationen.

Plenum (Museumsgang)

6. **Lassen** Sie sich von den anderen Gruppen Ihr Strukturbild erklären.
7. **Reflektieren** Sie im Plenum die gesehenen Strukturbilder.

Einzelarbeit

8. **Sichten** Sie die drei **Angebote über Aktenvernichter**, wählen Sie ein beliebiges davon aus und markieren die Mindestbestandteile für ein Angebot.
9. **Erstellen** Sie eine Tabelle. In die erste Spalte kommen Mindestbestandteile – übernehmen Sie in der zweiten bis vierten Spalte die konkreten Angaben der vorliegenden Angebote.

Zunächst möchte Herr Thommes lediglich wissen, welcher Anbieter der günstigste ist und innerhalb einer Woche liefern kann. Zudem möchte er nicht mehr als 30.000 EUR investieren (Einfaktorenvergleich). Aus der Tabelle soll automatisiert abgelesen werden können, ob die Bedingungen erfüllt werden oder nicht. Dazu fordert er Sie auf, den Angebotsvergleich in Excel zu übertragen.

Angebotsvergleich			
Mindestbestandteile	Angebot 1	Angebot 2	Angebot 3

10. **Legen** Sie sich das Schema des Angebotsvergleichs in Excel an.
11. **Übertragen** Sie mithilfe Ihres handschriftlichen Vergleiches die bekannten Daten.
12. **Berechnen** Sie die Daten – arbeiten Sie rationell mit **relativer** bzw. **absoluter Adressierung**.

13. **Nutzen** Sie die WENN-DANN-Funktion zur Einbindung der geforderten Wünsche von Herrn Thommes. Ob das Angebot die Anforderungen erfüllt, soll in der Ergebniszeile als Text erscheinen.

Tandem

14. **Entscheiden** Sie sich für eines der Angebote, begründen Sie Ihre Entscheidung.
15. **Bereiten** Sie sich auf die Präsentation vor, indem einer die Mindestbestandteile erläutert und der andere Ihre Entscheidung schlüssig begründet.

Plenum

16. **Präsentieren** Sie Herrn Thommes überzeugend Ihren Angebotsvergleich und Ihre Entscheidung.

Herr Thommes weist Sie darauf hin, dass weitere Kriterien bei einem Angebotsvergleich, die sogenannten qualitativen Faktoren, zu beachten sind (Mehrfaktorenvergleich). Diese sollen Sie inklusiv der quantitativen Daten mithilfe einer Nutzwertanalyse in Excel vergleichen. Herr Thommes gibt Ihnen von den Lieferanten noch die entsprechenden Kriterien mit der Gewichtung, da schon mehrfach bei diesen Lieferanten bestellt wurde

Bewertung				
	Kriterien	**Lief. 1**	**Lief. 2**	**Lief. 3**
		Omega	**Büroshop**	**Bürostube**
1	Anzahl der Lieferungen	75	120	250
2	Verspätete Lieferungen	2	3	6
3	Lieferzeit in Tagen	3	5	4
4	Mängelrüge	3	5	2
5	Serviceleistung Kundendienst in Noten	2	1	2

Gewichtung						
Kriterien	**Gewichtung**					
Qualitätszuverlässigkeit	30					
Bezugspreis	25					
Terminzuverlässigkeit	15					
Lieferbereitschaft	10					
Serviceleistung/Kundendienst	10					
	Noten					
Rang	1	2	3	4	5	6
Punkte	**15**	**12**	**9**	**6**	**3**	**1**

Tandem

17. **Erstellen** Sie eine Tabelle zur **Nutzwertanalyse**. Halten Sie sich an die beschriebene Vorgehensweise bzw. nutzen Sie die vorliegenden Daten.
    - **Beschriften** Sie drei Tabellenblätter mit den Namen: Informationen, Bezugspreise und Bewertung.
    - **Erfassen** Sie in der Tabelle „Informationen" die Daten „Gewichtung". Geben Sie den **Matrizen** Bereichsnamen.
    - **Erfassen** Sie in der Tabelle „Bezugspreise" die Daten „Quantitative Daten – Einfaktorenvergleich".
    - **Erfassen** Sie in der Tabelle „Bewertung" die Daten „Quantitative Daten".
    - **Werten** Sie die Angebote mithilfe des **SVerweises und Wverweises** aus. Ermitteln Sie die **Rangpunktzahl**. Entscheiden Sie sich für ein Angebot.

Plenum

18. **Begründen** Sie Herrn Thommes die von Ihnen gewählte Gewichtung und Ihre resultierende Entscheidung. Weicht sie von dem handschriftlich erstellten Angebotsvergleich ab?

Omega-Bürobedarf GmbH & Co. KG

Alles für Ihr Büro

Ω

Omega-Bürobedarf GmbH & Co. KG · Chiemseestraße 148 – 150 · 54290 Trier

¶
¶
¶
Büromöbel
Hauser & Schulte GmbH
Herrn Thommes
Balduinstraße 15
54290 Trier

Ihr Zeichen:
Ihre Nachricht vom: 3. Oktober 20..
Unser Zeichen: hm
Unsere Nachricht vom:

Name: Susanne Rosen
Telefon: +49(0)651 480 050–0
Telefax: +49(0)651 480 050–50
E-Mail: büro@omega-bedarf.de

Datum:

Angebot über Aktenvernichter „Criss Cross"

Sehr geehrter Herr Thommes,

wir bedanken uns für das angenehme Telefonat und Ihr Interesse an unserem Artikel. Wie vereinbart unterbreiten wir Ihnen gerne folgendes Angebot ohne jegliche Gewähr:

- 50 Aktenvernichter "Criss Cross"; Modellnummer: CC 1000
- Abschaltautomatik bei Papierstau, ebenso bei vollem Auffangbehälter
- Großer Auffangbehälter (ca. 160 l) mit Extra-Fach für nichtgeschredderten Abfall
- Benutzerfreundliche Bedienerführung mit Leuchtsymbolen
- Verwendbares Schnittgut:
  40 Blatt Papier, CDs, Büroklammern, Kreditkarten
- Stückpreis: 675,00 EUR
- Mengenrabatt: 10 % (bei einer Mindestmenge von 50 Stück)
- Verpackungskosten: 14,95 EUR
- Versand: 0,00 EUR (ab einem Bestellwert von 99,00 EUR)
- Lieferzeitpunkt: 14 Tage nach Bestellungseingang
- Zahlungsbedingung: sofort nach Erhalt der Ware per Überweisung
- Erfüllungsort: Trier
- Gerichtsstand: Trier

Die Ware bleibt bis zur vollständigen Zahlung unser Eigentum.
Lassen Sie sich von unserer Leistung überzeugen und erteilen uns Ihren Auftrag.

Mit freundlichen Grüßen

Omega-Bürobedarf GmbH & Co. KG
- Alles für Ihr Büro -

i. A. Susanne Rosen

Susanne Rosen

Omega-Bürobedarf GmbH & Co. KG
Alles für Ihr Büro
Chiemseestraße 148 – 150

Telefon:+49(0)651 480 050 – 0
Telefax: +49(0)651 480 050 – 50

IBAN: DE83 5008 0000 0097 6271 00
BIC: COBADEFFXXX

Handelsregister: Amtsgericht Wittlich, HRA 4845
USt-IDNr: DE 813765114
Steuer-Nr.: 24/102/0528/5

Steuer-Nr. DE158713682587
USt-IDNr. 15/5874/3654

Büroshop – schnell und direkt GmbH

Büroshop - schnell und direkt GmbH - Birnbaumstraße 23 - 55252 Mainz

Büromöbel
Hauser & Schulte GmbH
Balduinstraße 15
54290 Trier

Ihr Zeichen:
Ihre Nachricht vom: 03.10.20..
Unser Zeichen: pk-kl
Unsere Nachricht vom:

Name: Peter Klaus
Hotline: 0800/111 888 3 (Mo. - Fr. 09:00 – 18:00 Uhr)
Telefax: 0800/111 888 9
E-Mail: kundenservice@bueroshopsud.de

Datum:

Angebot: Aktenvernichter SCHREDDERCAT

Sehr geehrte Damen und Herren,

bezugnehmend auf Ihre Anfrage informieren wir Sie heute freibleibend über unser exklusives Angebot:

- Artikel: SCHREDDERCAT - SC 911
- Anzahl: 50 Stück
- Stückpreis: 525,00 EUR
- Rabatt: keinen
- Beschaffungskosten: 0,00 EUR
- Lieferzeit: 2 Tage
- Lieferbedingungen: frei ab Werk
- Zahlungsbedingungen: innerhalb von 14 Tagen 3 % Skonto oder 30 Tagen per Überweisung

Zusätzliche Produktinformationen
- Papierstapel mit bis zu 150 Blatt Papier (DIN A4, 80 g/qm)
- Separates CD/DVD-Schneidwerk
- Übersichtliches Bedienfeld
- Füllstandsanzeige
- Integrierter Papierkorbbehälter, getrennte Leerung möglich
- Leiser Motor mit Energiesparmodus und Abschaltautomatik

Bei Rückfragen stehe ich Ihnen gerne zur Verfügung. Ihren Auftrag werden wir sorgfältig ausführen und verbleiben bis dahin

mit freundlichen Grüßen

Büroshop - schnell und direkt GmbH

Olaf Brenner

Olaf Brenner

Büroshop – schnell und direkt GmbH
Birnbaumstraße 23
55252 Mainz
Gerichtsstand, Erfüllungsort und Handelsregisterort: Wiesbaden HRB: 27663

Hotline: 0800 1118883
(Mo. - Fr. 09:00 – 18:00 Uhr)
Fax: 0800 1118889
E-Mail: kundenservice@bueroshopsud.de

IBAN: DE89 8674 0020 0097 6871 68
BIC: GRBAZJFF8456
Ust-ID: DE 589806418

Bürostube AG

Bürostube AG - Hamburger Straße 50 - 53 - 07747 Jena

Büromöbel
Hauser & Schulte GmbH
Herrn Thommes
Balduinstraße 15
54290 Trier

Ihr Zeichen:
Ihre Nachricht vom:
Unser Zeichen: mf
Unsere Nachricht vom:

Name: Margret Rosenbaum
Telefon: 01805 333667
(20 Cent pro Anruf aus dem deutschen Festnetz, max. 60 Cent pro Anruf aus dem deutschen Mobilfunknetz)
Telefax: 01805 333 555
E-Mail: service@bürostube-ag.de

Datum: 20..-10-04

Angebot Nr. 27/20 über Aktenvernichter „Auto Hexel 5100"

Sehr geehrter Herr Thommes,

vielen Dank für Ihre Anfrage. Wir freuen uns, Ihnen unverbindlich nachstehendes Angebot zu unterbreiten:

- 50 Aktenvernichter „Auto Hexel 5100", Artikelnummer AH 5100
- Stückpreis: 748,99 Euro

Zu unserem Produkt

- Auffangvolumen: 80 Liter
- Automatische Papierzuführung
- Gesonderte Papierkorbfunktion
- LED-Füllstandsanzeige
- Für Dauerbetrieb geeignet, da Überhitzungsschutz
- PIN-Funktion für Auffangbehälter zum Schutz vor nicht berechtigtem Zugriff
- Lieferzeit: ca. 2 Wochen

Alle weiteren Angaben entnehmen Sie bitte unseren beigefügten Allgemeinen Geschäftsbedingungen (AGB).

Gerne bearbeiten wir Ihre Bestellung und verbleiben bis dahin
mit freundlichen Grüßen aus Jena

Bürostube AG

i. A. M. Rosenbaum

Margret Rosenbaum

Bürostube AG
Hamburger Straße 50 – 53
07747 Jena

Rufnummer: 01805 333667
(20 Cent pro Anruf aus dem deutschen Festnetz, max. 60 Cent pro Anruf aus dem deutschen Mobilfunknetz)
Faxnummer: 01805 333 555
E-Mail: service@bürostube-ag.de

IBAN: DE42 7474 9620 5947 6871 08
BIC: GRBAZJFF8456
Amtsgericht Jena, HRB 128254
Ust-Ident-Nummer: DE 884363912
Steuernummer: 30 200 261 621

*****Allgemeine Geschäftsbedingungen (AGB) *****

Die Bürostube AG

1. Geltungsbereich
Alle Lieferungen und Leistungen der Bürostube AG erfolgen ausschließlich auf Grundlage der nachfolgenden Allgemeinen Geschäftsbedingungen (AGB). Abweichende oder zusätzliche Allgemeine Geschäftsbedingungen unserer Kunden erkennen wir nicht an. Wir liefern zu diesen AGB ausschließlich innerhalb Deutschlands.

2. Angebot und Vertragsabschluss
Alle unsere Angebote sind freibleibend und unverbindlich. Es steht uns zu, die Abgabe unserer Artikel auf eine handelsübliche Menge zu beschränken. Die Angebote gelten solange der Vorrat reicht. Nachdem uns Ihre Bestellung erreicht hat, erhalten Sie per E-Mail eine automatisch erstellte Eingangsbestätigung. Diese stellt keine verbindliche Annahme Ihrer Bestellung dar. Wir können Ihre Bestellung durch Versand einer separaten Auftragsbestätigung oder durch Auslieferung der Ware innerhalb von zwei Tagen (Montag-Freitag) annehmen.

3. Lieferung und Lieferzeit
Sobald Ihre Ware unser Logistikzentrum verlassen hat, erhalten Sie per E-Mail eine Versandbenachrichtigung mit Angabe der Sendungsreferenznummer. Die Lieferzeit beträgt ca. 1 - 2 Tage und es wird "frei Bordsteinkante" geliefert. Eine Auslieferung an Samstagen erfolgt nicht. Bei Bestellungen von Montag - Freitag bis 17:00 Uhr geht Ihre Bestellung noch am selben Tag zum Versand, soweit die Artikel vorrätig sind (Lagerware). Die genauen Lieferzeitangaben finden Sie hierzu auf den jeweiligen Produktseiten bzw. in Ihrem Angebot.

4. Versandkosten
Die Lieferung erfolgt grundsätzlich „frei Haus". Wir berechnen eine Verpackungspauschale in Höhe von 2,99 Euro pro Stück sowie einen Mindermengenzuschlag bei einem Bestellwert unter 30,00 Euro von 4,00 Euro.

5. Zahlungsmöglichkeiten und Fälligkeit
Für all unsere Kunden bieten wir folgende Zahlungsmöglichkeiten an: Überweisung, Lastschrift, Vorkasse, Nachnahme, Kreditkarte. Alle Rechnungen sind innerhalb von 14 Tagen nach Rechnungsdatum ohne jeden Abzug fällig. Die Rechnung wird erstellt, wenn die komplette Ware unser Haus verlässt. Der Einzug der Lastschrift erfolgt innerhalb von 7 Tagen nach Rechnungsdatum. Der Käufer sichert zu, für die Deckung des Kontos zu sorgen. Er haftet für alle Kosten, die aufgrund von Nichteinlösung oder Rückbuchung der Lastschrift entstehen. Die Belastung des Kreditkartenkontos erfolgt mit Abschluss der Bestellung. Wir behalten uns vor, in Einzelfällen nur gegen Vorkasse oder per Nachnahme zu liefern. Hierüber werden wir Sie rechtzeitig informieren.

6. Eigentumsvorbehalt
Grundsätzlich bleibt die Ware bis zur vollständigen Zahlung unser Eigentum. Bei Verträgen mit Unternehmern behalten wir uns das Eigentum an der Kaufsache bis zum Eingang aller Zahlungen aus der Geschäftsverbindung mit dem Kunden vor. Der Unternehmer ist berechtigt, die Kaufsache im ordentlichen Geschäftsgang weiter zu verkaufen, er tritt uns aber bereits jetzt alle Forderungen einschl. Umsatzsteuer sowie eventuelle Verzugszinsen unserer Forderung ab, die ihm aus der Weiterveräußerung entstehen.

7. Rückgaberecht
Wir gewähren Ihnen ein 14-tägiges, kostenloses Rückgaberecht. Fehlmengen und Beschädigungen müssen innerhalb von 3 Werktagen (Mo-Fr) angezeigt werden. Sollten Sie von Ihrem Rückgaberecht Gebrauch machen, melden Sie die Rückgabe bitte telefonisch, per E-Mail oder per Fax bei uns an. Sie erhalten dann von uns einen Rücklieferschein per E-Mail zugesandt. Bitte halten Sie die Ware verpackt bereit. Wir holen die Ware innerhalb von 3 Werktagen (Mo-Fr) kostenlos bei Ihnen ab. Die Artikel müssen unbenutzt, original und bruchsicher verpackt sein und dürfen ein Gesamtgewicht von 32kg pro Paket nicht überschreiten. Vom Rückgaberecht ausgeschlossen sind: Geöffnete Software, Sonderbestellartikel, installierte Bürotechnik sowie Artikel mit individuellem Werbeeindruck.

8. Gerichtsstand und Erfüllungsort
Gerichtsstand für alle Streitigkeiten ist Jena. Erfüllungsort für alle Leistungen ist Jena.

12.5 Lernaufgabe – Reflexion des Lernzuwachses

Ein weitere Handlungssituation aus dem Büroalltag ist abgeschlossen und Sie durchlaufen den Prozess noch einmal mit all seinen Facetten:

Wie finden Sie nach quantitativen und qualitativen Aspekten den geeignetsten Lieferanten?

Arbeitsauftrag

Reflektieren Sie Ihren Lernzuwachs der 12. Lernsituation – nutzen Sie als Grundlage den entsprechenden Arbeitsplan.

Arbeitsplan

Kompetenzen	• Bestellung als Antrag bzw. Annahme korrekt und adäquat formulieren • Rechtsgültige Verträge unter Beachtung von Rechts- und Geschäftsfähigkeit abschließen sowie notwendige Pflichten erfüllen und Rechte wahrnehmen
Inhalte	• Aufbau und Inhalte einer Bestellung • Rechts- und Geschäftsfähigkeit • Rechte und Pflichten aus Kauf-, Miet-, Werk-, Dienstleistungsverträgen
Portfolio	• Glossar • Szenisches Spiel über Bestellungsannahme • Grafik: „Zustandekommen von Verträgen" • Tabelle: „Vertragspartner und ihre rechtliche Stellung" • Bestellung • Organigramm zu Rechtssubjekten und -fähigkeit • Zeitstrahl zu den Stufen der Geschäftsfähigkeit
Zeit	Ca. 32 Präsenz-Stunden

Warm-up

Welche Aspekte berücksichtigen Sie bei der Suche eines geeigneten Lieferanten?

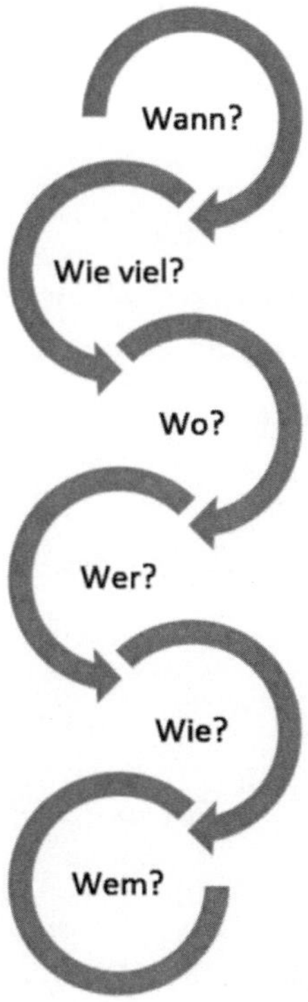

13.1 Lernaufgabe

Herr Thommes hat Ihren Angebotsvergleich und Ihre Argumentation mit Interesse aufgenommen und stimmt Ihrem Vorschlag zu. Nun gilt es, die weiteren Arbeitsschritte einzuleiten. Zunächst ist der Anbieter darüber zu informieren, dass Sie die fünfzig Aktenvernichter gerne von ihm beziehen möchten.

Wie formulieren Sie eine Bestellung?

Arbeitsauftrag

Einzelarbeit

1. **Informieren** Sie sich über **Inhalt und Aufbau einer Bestellung** und erweitern Ihr Glossar entsprechend.
2. **Erstellen** Sie über die Bestellung mindestens drei „Lernkarten", z. B. kleine A8-Kärtchen. Notieren Sie dazu auf der Vorderseite themenbezogene Fragen und die korrekte Antwort auf der Rückseite.

Tandem

3. **Testen** Sie Ihren Partner, indem Sie ihm Ihre Fragen stellen und er fachlich korrekt antwortet.
4. **Helfen** Sie sich gegenseitig bei Unklarheiten und korrigieren Sie gegebenenfalls.
5. **Entwickeln** Sie ein kleines szenisches Spiel darüber, wie mithilfe einer Bestellung ein rechtsgültiger Vertrag zustande kommen kann. Verwenden Sie dabei möglichst viele themenbezogene Fachbegriffe. Halten Sie den Ablauf Ihres Spiels mit den entsprechenden Fachbegriffen auf einem Handzettel fest.
6. **Üben** Sie das szenische Spiel.

Plenum

7. **Stellen** Sie Ihr szenisches Spiel vor.
8. **Lassen** Sie sich ein konstruktives Feedback aus dem Plenum geben und stehen Sie für Rückfragen zur Verfügung.
9. **Achten** Sie eigenständig darauf, dass sich die szenischen Spiele nicht wiederholen.

Einzelarbeit

10. **Halten** Sie evtl. Korrekturen aus dem Plenumsgespräch in Ihren Ablaufkarten fest.

Hausaufgabe

11. **Verfassen** Sie eine konkrete Bestellung auf das Ihnen übermittelte Angebot.
12. **Bereiten** Sie sich darauf vor Ihre Bestellung im Plenum vorzustellen.

Plenum

13. **Besprechen** Sie die Bestellungen.

13.2 Lernaufgabe

Frau Laux, als zuständige Abteilungsleiterin des Einkaufs für Handelsware, kontrolliert die von Ihnen verfasste Bestellung und ist zufrieden. Sie weist Sie darauf hin, dass jetzt nur noch Ihre Unterschrift fehlt, damit die Bestellung gültig wird und so ein Vertrag zustande kommt. Doch sind Sie überhaupt berechtigt, einen Vertrag zu schließen?

Wer ist berechtigt, einen rechtsgültigen Vertrag abzuschließen?

Arbeitsauftrag

Einzelarbeit

1. **Erschließen** Sie den Text **Vertragspartner – Möglichkeiten Verträge zu schließen** und erstellen Sie ein Glossar (zweispaltige Tabelle - links den Fachbegriff und rechts die Erläuterung) über die verwendeten Rechtsbegriffe.

Tandem

2. **Erklären** Sie sich gegenseitig die verschiedenen Rechtssubjekte.
3. **Erstellen** Sie ein Organigramm über die Rechtssubjekte und ihre Rechtsfähigkeit. Schließen Sie Ihr Organigramm mit konkreten Beispielen ab.

Einzelarbeit

4. **Erschließen** Sie den Text **Stufen der Geschäftsfähigkeit** und ergänzen Sie Ihr Glossar.

Zweier-Tandems

5. **Tauschen** Sie sich über die neuen Fachbegriffe aus.
6. **Entwickeln** Sie zum Thema Geschäftsfähigkeit ein kleines szenisches Spiel, binden Sie möglichst viele Fachbegriffe aus Ihrem Glossar mit ein. Wählen Sie zwei konkrete Beispiele zu unterschiedlichen Stufen der Geschäftsfähigkeit aus (Ihre Mitschüler sollen die Stufen der Geschäftsfähigkeit bestimmen). Halten Sie den Ablauf Ihres Spiels mit den entsprechenden Fachbegriffen auf einem Handzettel fest.
7. **Üben** Sie das szenische Spiel – jeder spielt mit.

Plenum

8. **Stellen** Sie Ihr szenisches Spiel vor.
9. **Lassen** Sie die Stufen der Geschäftsfähigkeit vom Plenum bestimmen und sich ein Feedback geben, ob Ihr Beispiel korrekt ausgewählt war und Sie treffende Fachbegriffe verwendet haben.
10. **Legen** Sie sich fest, ob Sie die Aktenvernichter eigenständig ordern dürfen.

Einzelarbeit

11. **Gestalten** Sie zum besseren Verständnis einen Zeitstrahl zu den Stufen der Geschäftsfähigkeit.

13.3 Lernaufgabe

Nachdem Sie sich nun darüber informiert haben, wer berechtigt ist, einen rechtsgültigen Vertrag abzuschließen, müssen Sie nur noch in Erfahrung bringen, wie ein Vertrag korrekt zustande kommt. Es wird auch Zeit, denn Herr Thommes möchte wissen, ob die von ihm geplante Sortimentserweiterung realisierbar ist.

Wie kommt ein rechtsgültiger Vertrag zustande?

Arbeitsauftrag

Einzelarbeit

1. **Informieren** Sie sich darüber wie Verträge rechtsgültig abgeschlossen werden. Konkret über das Thema **Rechtsgeschäft und Willenserklärung**.
2. **Ergänzen** Sie Ihr Glossar um die neuen Fachbegriffe und Erklärungen.

Tandem

3. **Gehen** Sie ab jetzt arbeitsteilig vor. Ein Partner (Partner A) informiert sich sowohl über das **Zustandekommen von Verträgen** als auch die **Rechte und Pflichten aus einem Vertrag**. Der andere (Partner B) erarbeitet die **Vertragsarten und ihre Bestandteile** sowie die daran beteiligten .

Einzelarbeit

4. **Erweitern** Sie Ihr Glossar um die neuen Fachbegriffe einschließlich der Erklärungen.

Tandem

5. **Informieren** Sie sich gegenseitig über die neu erlernten Fachbegriffe. Erklären Sie Ihrem Tandempartner die Begriffe und beantworten Sie Fragen fachlich korrekt.
6. **Ergänzen** Sie Ihre jeweiligen Glossare um die Fachbegriffe des Partners.

Einzelarbeit

7. **Strukturieren** Sie Ihr Wissen, indem Partner A grafisch darstellt, wie Verträge rechtsgültig zustande kommen, und er ein Strukturbild darüber entwickelt, welche Rechte und Pflichten sich aus ein- bzw. mehrseitigen Rechtsgeschäften (Manual: Rechte und Pflichten aus einem Vertrag) ergeben.
8. **Erstellen** Sie als Partner B jeweils eine tabellarische Übersicht zum Themenbereich der Vertragsarten und der rechtlichen Stellung der Vertragspartner.

Tandem

9. **Stellen** Sie sich gegenseitig Ihre unterschiedlichen Arbeitsergebnisse vor. Beantworten Sie die Fragen Ihres Partners fachlich korrekt.

Einzelarbeit

10. **Ergänzen** Sie jeweils Ihre Unterlagen um die fehlenden Informationen.

Sechser-Gruppe

11. **Stellen** Sie sich gegenseitig Ihre Ergebnisse vor und optimieren Sie.
12. **Bereiten** Sie sich gewissenhaft auf eine lebendige Präsentation vor – jeder übernimmt einen Part, z. B. Zustandekommen von Verträgen (Antrag - Annahme), wesentliche Bestandteile, Arten von Verträgen bzw. Vertragspartnern. Verwenden Sie viele Beispiele. Stellen Sie dem Publikum zielführende Fragen.

Plenum

13. **Präsentieren** Sie anschaulich und informativ. Enden Sie in einer Diskussion mit dem Plenum.

13.4 Lernaufgabe – Reflexion des Lernzuwachses

Eine weitere Handlungssituation aus dem Büroalltag ist abgeschlossen und Sie durchlaufen den Prozess noch einmal mit all seinen Facetten:

Welche Bedingungen beachten Sie zum Abschluss eines rechtsgültigen Vertrages?

Arbeitsauftrag

Reflektieren Sie Ihren Lernzuwachs der 13. Lernsituation – nutzen Sie als Grundlage den entsprechenden Arbeitsplan.

Arbeitsplan

Kompetenzen	• Ursachen für die Anfechtbarkeit und Nichtigkeit von Verträgen identifizieren • Bei Schlechtleistungen und Nicht-Rechtzeitig-Lieferungen des Verkäufers die eigenen Rechte durch angemessene und rechtlich richtige Reaktionen wahrnehmen
Inhalte	• Anfechtbarkeit und Nichtigkeit • Schlechtleistung • Nicht-Rechtzeitig-Lieferung (Lieferungsverzug)
Portfolio	• Erweiterung des Glossars • Szenisches Spiel zur „Anfechtbarkeit und Nichtigkeit" • Mängelrüge • Organigramm zur Schlechtleistung • Strukturbild zur Nicht-Rechtzeitig-Lieferung
Zeit	Ca. 22 Präsenz-Stunden

Warm-up

Welche Vertragsstörungen könnten bei Warenlieferung auftreten?

Falsche Farbe

überhaupt nicht

zu spät

gültig

Anleitung fehlerhaft

zu früh

zu viel

ungültig

zu wenig

defekt

14.1 Lernaufgabe

Die Kaufabwicklung der benötigten Aktenvernichter ist vollkommen Ihre Aufgabe, sodass Sie die Bestellbestätigung des Lieferanten auf Ihrem Schreibtisch finden, um alle darin enthaltenen Angaben zu prüfen und dann bis zur endgültigen Erledigung in ihrer Mappe aufzubewahren. Als Sie die Angaben kontrollieren, stellen Sie fest, dass in der Bestellbestätigung ihres Lieferanten ein Fehler aufgetreten ist. Nach seinen Angaben bestätigt er einen zu hohen Preis. Nachdem Sie inzwischen wissen, dass spätestens durch die Bestellbestätigung ein Kaufvertrag zustande gekommen ist, fragen Sie sich, wie dieser nun ungültig werden kann.

Wie erkennen Sie, ob ein Vertrag nichtig oder anfechtbar ist?

Arbeitsauftrag

Tandem

1. **Erschließen** Sie die Texte **Anfechtbarkeit und Nichtigkeit**. Gehen Sie dabei arbeitsteilig vor.

Einzelarbeit

2. **Fertigen** Sie zu Ihrem Textabschnitt entweder ein Strukturbild oder eine MindMap an. Achten Sie auf Übersichtlichkeit und Vollständigkeit.

Tandem

3. **Stellen** Sie sich gegenseitig mithilfe Ihrer MindMap bzw. Ihres Strukturbildes Ihre Lerninhalte vor.
4. **Beantworten** Sie sich gegenseitig offene Fragen.
5. **Ergänzen** Sie die Informationen Ihres Partners in Ihren eigenen Unterlagen.
6. **Finden** Sie gemeinsam zu den einzelnen Gründen der Anfechtbarkeit und Nichtigkeit Beispiele.
7. **Entwickeln** Sie für jeweils ein Beispiel der Anfechtbarkeit und Nichtigkeit ein aussagekräftiges szenisches Spiel. Notieren Sie Ihre Ideen und den Ablauf auf Rollenkarten.
8. **Üben** Sie Ihre szenische Darstellung.

Plenum

9. **Stellen** Sie Ihr szenisches Spiel vor.
10. **Lassen** Sie vom Plenum bestimmen, ob es sich um ein anfechtbares oder nichtiges Rechtsgeschäft handelt. Achten Sie darauf, dass die Antwort mit dem korrekten Argument begründet wird.
11. **Lassen** Sie sich ein Feedback geben, ob Ihr Beispiel geeignet war, und achten Sie darauf, dass das nächste Tandem einen anderen Grund für ihr szenisches Spiel ausgewählt hat.

14.2 Lernaufgabe

Die Ware ist heute Morgen in der Büromöbel Hauser & Schulte GmbH eingetroffen. Sie freuen sich – Ihr erster eigenständig abgewickelter Auftrag in der Abteilung Beschaffung! Frau Laux informiert sie darüber, dass es zu Ihren Pflichten gehört, die Ware unmittelbar zu prüfen, d. h. Menge, Qualität, eventuelle Schäden (Mängel) usw. Bei der Warenprüfung bemerken Sie tatsächlich, dass die Aufhängung für den Auffangbehälter bei allen Aktenvernichtern abgebrochen ist. So können Sie die Ware nicht nutzen. Herr Thommes wird nicht begeistert sein, und Sie sind für eine zeitnahe Abwicklung verantwortlich.

Wie reagieren Sie auf eine mangelhafte Lieferung?

Arbeitsauftrag

Einzelarbeit:

1. **Erschließen** Sie den Text **Die Schlechtleistung als Kaufvertragsstörung**.
2. **Erweitern** Sie Ihr Glossar um die neuen Fachbegriffe, indem Sie diese mit eigenen Worten erklären.
3. **Erstellen** Sie ein Organigramm zu den Reaktionsmöglichkeiten auf die Schlechtleistung.

Tandem

4. **Vergleichen** Sie Ihre Organigramme, klären Sie Gemeinsamkeiten bzw. Unterschiede.
5. **Entscheiden** Sie gemeinsam, welche Forderung Herr Thommes an Ihren Lieferanten stellen kann. Nehmen Sie eventuell Ihr Organigramm über die Schlechtleistungen zu Hilfe.
6. **Verfassen** Sie gemeinsam eine schriftliche Mängelrüge, die Sie Herrn Thommes übergeben, falls die telefonische Mitteilung über die fehlerhaften Aktenvernichter nicht ausreicht. Achten Sie sowohl auf Ausdruck als auch auf Rechtschreibung und Zeichensetzung.
7. **Bereiten** Sie sich auf Ihre Präsentation im Plenum vor. Ein Partner stellt Ihr Anschreiben vor, der andere Partner begründet nachvollziehbar, welche Forderung Herr Thommes an Ihren Lieferanten stellen kann.

Plenum

8. **Stellen** Sie Ihre Arbeitsergebnisse vor. Stehen Sie für Rückfragen zur Verfügung.
9. **Geben** Sie dem Tandem ein konstruktives Feedback.
10. **Einigen** Sie sich bei abweichenden Vorschlägen.

Einzelarbeit

11. **Halten** Sie das Plenumsergebnis in Ihren Unterlagen schriftlich fest.

Hausaufgabe

12. **Verfassen** Sie eine normgerechte Mängelrüge für Ihre Geschäftsvorlage.

14.3 Lernaufgabe

Als Sie Frau Laux erzählen, dass die Aktenvernichter defekt sind, informiert sie Sie darüber, dass viele Warenlieferungen einige Mängel aufweisen. Häufig käme es aber auch vor, dass Lieferanten zu spät oder gar nicht liefern würden. Warten ist nicht ihre stärkste Eigenschaft, sodass Sie überlegen, wie Sie in einer solchen Situation vorgehen würden.

Wie reagieren Sie auf nicht eintreffende Warenlieferungen?

Arbeitsauftrag

Einzelarbeit:

1. **Erschließen** Sie den Text **Die Nicht-Rechtzeitig-Lieferung als Kaufvertragsstörung**.
2. **Erweitern** Sie Ihr Glossar um die neuen Fachbegriffe, indem Sie diese mit eigenen Worten erklären.

Tandem

3. **Vergleichen** Sie Ihr Glossar und korrigieren Sie ggf.
4. **Gehen** Sie nun arbeitsteilig vor: Ein Partner erstellt ein Organigramm zu den Reaktionsmöglichkeiten auf die Schlechtleistung, der andere Partner erstellt eine MindMap zu den weiteren Kaufvertragsstörungen.
5. **Stellen** sie sich gegenseitig Ihre Arbeitsergebnisse vor. Beantworten Sie offene Fragen Ihres Partners fachlich korrekt.

Einzelarbeit

6. **Ergänzen** bzw. korrigieren Sie ggf. Ihr Glossar.

Tandem

7. **Entscheiden** Sie gemeinsam, welche Forderung Herr Thommes an Ihren Lieferanten stellen könnte. Nehmen Sie eventuell Ihr Organigramm über die Schlechtleistungen zu Hilfe.
8. **Verfassen** Sie gemeinsam eine schriftliche Mängelrüge, die Sie Herrn Thommes übergeben, falls die telefonische Mitteilung über die fehlerhaften Aktenvernichter nicht ausreicht. Achten Sie sowohl auf Ausdruck als auch auf Rechtschreibung und Zeichensetzung.
9. **Bereiten** Sie sich auf Ihre Präsentation im Plenum vor. Ein Partner stellt Ihr Anschreiben vor, der andere Partner begründet nachvollziehbar welche Forderung Herr Thommes an Ihren Lieferanten stellen kann.

Plenum

10. **Stellen** Sie Ihre Arbeitsergebnisse vor. Stehen Sie für Rückfragen zur Verfügung.
11. **Geben** Sie dem Tandem ein konstruktives Feedback.
12. **Einigen** Sie sich bei abweichenden Vorschlägen.

Einzelarbeit

13. **Halten** Sie das Plenumsergebnis in Ihren Unterlagen schriftlich fest.

14.4 Lernaufgabe – Reflexion des Lernzuwachses

Eine weitere Handlungssituation aus dem Büroalltag ist abgeschlossen und Sie durchlaufen den Prozess noch einmal mit all seinen Facetten:

Wie verhalten Sie sich bei identifizierten Vertragsstörungen?

Arbeitsauftrag

Reflektieren Sie Ihren Lernzuwachs der 14. Lernsituation – nutzen Sie als Grundlage den entsprechenden Arbeitsplan.

Arbeitsplan

Kompetenzen	• Tätigkeiten der Warenannahme bei mangelfreier und mangelhafter Lieferung korrekt durchführen • Ware sachgerecht lagern • Ökologische Mitverantwortung im Unternehmen exemplarisch am Umgang mit Verpackungen umsetzen
Inhalte	• Tätigkeiten und Pflichten der Warenannahme • Artgerechte Warenlagerung
Portfolio	• Erweiterung des Glossars • Checkliste Warenannahme • Anleitung zur korrekten Warenaufbewahrung • Referat zur ökologischen Mitverantwortung zur Entsorgung von Verpackungsmaterial (Eigen- und Fremdbewertung)
Zeit	Ca. 22 Präsenz-Stunden

Warm-up

Welche Aufgaben erledigen Sie im Lager?

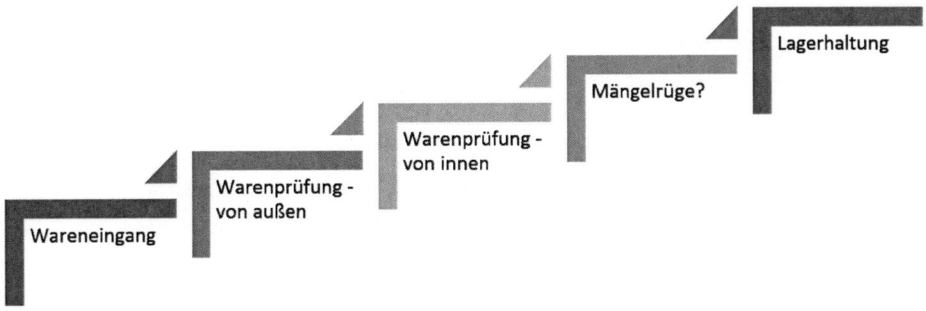

15.1 Lernaufgabe

Der Lieferant hat auf Ihre Mängelrüge sofort reagiert und liefert übermorgen die neue Ware. Dieses Mal werden Sie perfekt vorbereitet sein, denn bereits im Voraus beschäftigen Sie sich mit der Frage:

Welche Tätigkeiten haben Sie, bei der Warenannahme zu erledigen?

Arbeitsauftrag

Einzelarbeit

1. **Informieren** Sie sich über die **Tätigkeiten bei der Warenannahme**.
2. **Ergänzen** Sie Ihr Glossar um die Fachbegriffe und entsprechenden Erklärungen aus dem Informationstext.

Tandem

3. **Erstellen** Sie aufgrund der neuen Lerninhalte eine „Checkliste zur Warenannahme", die alle Ihnen bekannten Informationen über die Warenannahme zusammenfasst. Ergänzen Sie die Checkliste durch eventuelle Visualisierungen.

Zweier-Tandems

4. **Stellen** Sie sich gegenseitig Ihre Checklisten vor, klären Sie Unklarheiten und korrigieren Sie gegebenenfalls.
5. **Erstellen** Sie kooperativ eine verständliche und optisch ansprechende Checkliste.
6. **Bereiten** Sie sich auf eine lebendige Präsentation im Plenum vor. Jeder präsentiert.

Plenum (Losverfahren)

7. **Präsentieren** Sie Ihr Ergebnis. Begründen Sie dabei die von Ihnen berücksichtigten Aspekte der Warenannahme.
8. **Nehmen** Sie konstruktives Feedback entgegen und stehen Sie für Rückfragen zur Verfügung.

Einzelarbeit (Hausaufgabe – falls im Ausbildungsunternehmen realisierbar)

9. **Halten** Sie die „Endversion" der Checkliste in Ihren Unterlagen fest.
10. **Testen** Sie Ihre Checkliste in der Realität. Halten Sie dazu mit dem geeigneten Ansprechpartner in Ihrem Ausbildungsbetrieb Rücksprache, ob Sie einmal bei der Warenannahme dabei sein dürfen. Wenden Sie Ihre Checkliste, falls möglich, in der Realität an.
11. **Vergleichen** Sie Ihre eigene Checkliste mit eventuell in Ihrem Ausbildungsbetrieb bereits vorhandenen Listen zur Warenannahme. Bringen Sie, falls erlaubt, eine solche mit in den Unterricht.
12. **Stellen** Sie Ihr Ergebnis in der nächsten Unterrichtsstunde vor. Seien Sie auf eine fachlich richtige und überzeugende Präsentation vorbereitet.
13. **Diskutieren** Sie Ihre Erlebnisse und reflektieren Ihre Checkliste.
14. **Bringen** Sie Ihre Checkliste abschließend in eine optisch ansprechende Form.

15.2 Lernaufgabe

Nachdem Sie alle Arbeitsschritte der Warenprüfung sorgfältig durchgeführt haben und keinerlei Mängel feststellen konnten, ist die Ware artgerecht aufzubewahren. Bei der korrekten Warenaufbewahrung haben Sie einige Aspekte zu beachten. Doch die nachstehende Leitfrage hilft Ihnen bei der Umsetzung:

Wo und wie wird Ware artgerecht gelagert?

Arbeitsauftrag

Einzelarbeit/Tandem

1. **Erschließen** Sie arbeitsteilig den Text **Lagerhaltung**. Einer übernimmt sowohl die **Aufgaben der Lagerhaltung** als auch die **Lagerzonen**. Der andere die **Grundsätze der Lagerhaltung**.
2. **Erstellen** Sie zur Strukturierung der Informationen jeweils eine MindMap.

Tandem

3. **Informieren** Sie sich gegenseitig mithilfe Ihrer MindMaps über die gewonnenen Informationen zum Thema Lager. Beantworten Sie Ihrem Partner offene Fragen.
4. **Erstellen** Sie mithilfe Ihrer Einzel-MindMaps eine Anleitung zur korrekten Warenaufbewahrung, die alle Ihnen bekannten Informationen über die Lagerhaltung zusammenfasst. Ergänzen Sie Ihre Anleitung durch geeignete Beispiele, die Sie ggf. visualisieren.

Zweier-Tandems

5. **Stellen** Sie sich gegenseitig die Anleitungen vor, klären Sie Unklarheiten und korrigieren Sie ggf.
6. **Wählen** Sie die verständlichste Anleitung aus und bereiten Sie sich auf eine lebendige Präsentation vor.

Plenum (Losverfahren)

7. **Präsentieren** Sie Ihr Ergebnis.
8. **Nehmen** Sie konstruktives Feedback aus dem Plenum entgegen und stehen Sie für Rückfragen zur Verfügung.
9. **Stellen** Sie Ihr Ergebnis in der nächsten Unterrichtsstunde vor. Seien Sie auf eine

15.3 Lernaufgabe

Bei der Warenprüfung haben Sie bemerkt, dass jeder Aktenvernichter einzeln in einem Pappkarton mit Styropor verpackt ist. Zum zusätzlichen Schutz ist jedes einzelne Gerät in einen Plastiksack eingeschweißt. Auf Ihre Rückfrage bei Herrn Decker, dem Abteilungsleiter des Lagers, erfahren Sie, dass der Lieferant entweder alle Bestandteile der Umverpackung, wie den Pappkarton beispielsweise zurücknimmt oder die Büromöbel Hauser & Schulte GmbH für die Entsorgung verantwortlich ist. Sie wussten bislang nicht, dass solche Mengen an Abfall entstehen und fragen sich:

Was macht ein Unternehmen mit den vielen Verpackungen?

Arbeitsauftrag

Gruppenarbeit	Allgemeines
Teilen Sie sich in der Gruppe die Themen auf: 1. Verpackungsarten 2. Entsorgung/ Recycling 3. Rücktransport	**Zeit** Fünf Minuten Vortrag mit ca. fünf Minuten Besprechungsphase je Referent(in). **Absprache** Spätestens zwei Wochen vor dem Termin die gemeinsame Gliederung der Lehrkraft kurz vorstellen. **Vortrag** Bitte das Referat nicht vollständig ablesen; das Vorlesen von Zitaten ist natürlich erlaubt. **Besprechungsphase** Bereiten Sie für Ihre Mitschüler(innen) ein Aufgabenblatt zu Ihrem Thema vor, um Ihren Vortrag zu reflektieren. **Bewertung** Grundlage sind Bewertungskriterien der nachfolgenden Seite.

Einzelarbeit

1. **Informieren** Sie sich zum Thema **Referat halten**.
2. **Besorgen** Sie sich zusätzliches Informationsmaterial zu Ihrem Thema (Fachbuch, Internet).
3. **Erstellen** Sie ein Referat über Ihr ausgesuchtes Thema. Arbeiten Sie mit Formatvorlagen. **Zitieren** Sie Ihre Quellen im Text (Denken Sie auch an das Literaturverzeichnis) – veranschaulichen Sie Ihre Ausführungen durch Medien.

Gruppenarbeit

4. **Stellen** Sie die Referate zu einem gemeinsamen Dokument zusammen.
5. **Finden** Sie eine gemeinsame Einleitung und überlegen Sie sich eine Werbekampagne für einen Artikel Ihres Unternehmens, die Sie in Ihrem Schlusswort begründet vorstellen.
6. **Erstellen** Sie zur Unterstützung Ihres Vortrages einen Programmablauf (Pinnwand/Flipchart/Plakat).
7. **Bereiten** Sie sich auf die Präsentation vor. Wählen Sie Sprecher für die Einleitung und das Schlusswort – ansonsten stellt jeder seine eigene Ausarbeitung vor.

Plenum

8. **Präsentieren** Sie Ihr gemeinsames Referat „Entsorgung von Verpackungsabfällen".
9. **Reflektieren** Sie den Vortrag mithilfe des Bewertungsrasters.
10. **Korrigieren** Sie ggf. Ihr Referat.

Bewertungsraster zur Präsentation des Referates

Wohin mit der Verpackung?

	(Leistung je Schwerpunkt individuell gewichten)	Punkte gesamt
Präsentation	Das Publikum fühlte sich angesprochen – Zielgruppenanalyse umgesetzt	25/
	Der Auftritt wirkte überzeugend – z. B. aufrechte Körperhaltung	
	Der Vortrag wurde verständlich dargeboten	
	Referat wurde nicht wörtlich wiedergegeben, sondern Stichworte benutzt	
	Die zusätzlich genutzten Medien wurden harmonisch eingebunden	
	...	
Inhalt	Die Inhalte wurden präzise und einprägsam vorgestellt	25/
	Der Referatsabschnitt wurde in Einleitung, Hauptteil, Schluss gegliedert	
	Es wurde ein verständlicher Ausdruck gebraucht	
	Fachbegriffe wurden verwendet und erläutert	
	Das Aufgabenblatt machte den Vortrag transparent	
	Das Aufgabenblatt erhöhte die Erinnerungsfähigkeit der Zuhörer	
	...	
Gestaltung	Referat wurde durch anschauliche Medien unterstützt	25/
	Programmablauf wurde übersichtlich dargestellt	
	Publikum wurde aktiviert – z. B. Murmelpause	
	Aufgabenblatt wurde übersichtlich formatiert	
	...	
Das gemeinsame Referat	Die Einleitung führte zum Thema hin	25/
	Die Einzelteile des Referates fügten sich harmonisch zusammen	
	Der Referatsabschluss wies eine sinnvolle Zusammenfassung auf	Gesamt: 100/
	...	

15.4 Lernaufgabe – Reflexion des Lernzuwachses

Eine weitere Handlungssituation aus dem Büroalltag ist abgeschlossen und Sie durchlaufen den Prozess noch einmal mit all seinen Facetten:

Wie verhalten Sie sich bei Lagerprozessen angemessen und realisieren zudem Verbesserungsmöglichkeiten?

Arbeitsauftrag

Reflektieren Sie Ihren Lernzuwachs der 15. Lernsituation – nutzen Sie als Grundlage den entsprechenden Arbeitsplan.

Arbeitsplan

Kompetenzen	• Zahlungsarten situationsgerecht auswählen • Eine kaufmännische Bezugskalkulation durchführen und mithilfe von Excel einen Angebotsvergleich auswerten
Inhalte	• Zahlungsalternativen • Skonto nutzen • Electronic-Banking • Bezugspreiskalkulation (Warenhandelskalkulation)
Portfolio	• Erweiterung des Glossars • Schaubild „Zahlungsalternative" • Rechnung begleichen • Warenhandelskalkulation mithilfe von Excel • Angebotsvergleich auswerten
Zeit	Ca. 12 Präsenz-Stunden

Warm-up

Welche Zahlungsmöglichkeiten sind Ihnen bekannt?

16.1 Lernaufgabe

Nachdem die letzte Lieferung der Aktenvernichter mangelfrei war, haben Sie Ihre letzte Pflicht aus dem Kaufvertrag zu erfüllen und die gekaufte Ware zu bezahlen. Auch diese Aufgabe haben Sie zu erledigen, sodass Sie sich mit dem Thema der Zahlungsalternativen auseinandersetzen müssen. Dabei hilft Ihnen die Leitfrage:

Welche Möglichkeiten haben Sie, eine Rechnung zu begleichen?

Arbeitsauftrag

Einzelarbeit

1. **Erschließen** Sie den Text **Zahlungsalternativen**. Erweitern Sie Ihr Glossar um die neuen Fachbegriffe, indem Sie diese mit eigenen Worten erklären.

Partnerarbeit

2. **Vergleichen** Sie Ihr Glossar und korrigieren Sie ggf.
3. **Strukturieren** Sie gemeinsam die möglichen Zahlungsalternativen in einem Strukturbild/Schaubild.
4. **Entscheiden** Sie gemeinsam, welche Zahlungsalternative für die Begleichung der Rechnung für die Aktenvernichter geeignet ist. Begründen Sie schlüssig.
5. **Bereiten** Sie sich gemeinsam auf eine Präsentation vor. Einer stellt Ihr erstelltes Schaubild vor der andere teilt dem Plenum Ihre Entscheidung über eine Zahlungsalternative mit und begründet diese korrekt.

Plenum

6. **Stellen** Sie dem Plenum sowohl Ihr Schaubild als auch Ihre Entscheidung vor. Geben Sie dem Tandem ein konstruktives Feedback.
7. **Diskutieren** Sie bei abweichenden Zahlungsalternativen über die Gründe für Ihre Ergebnisse. Überdenken Sie eventuell Ihre Entscheidung.
8. **Halten** Sie das Plenumsergebnis in Ihren Unterlagen schriftlich fest.

16.2 Lernaufgabe

Nachdem die letzte Lieferung der Aktenvernichter mangelfrei war, haben Sie Ihre letzte Pflicht aus dem Kaufvertrag zu erfüllen und die gekaufte Ware zu bezahlen. Auch diese Aufgabe haben Sie zu erledigen, sodass Sie mit dem Thema der Zahlungsalternativen auseinandersetzen müssen. Dabei hilft Ihnen die Leitfrage:

Zu welchem Preis wird der Aktenvernichter verkauft?

Arbeitsauftrag

Einzelarbeit

1. **Erschließen** Sie den Text **Ermittlung des Nettoverkaufspreises** (Warenhandelskalkulation). Erweitern Sie Ihr Glossar um die neuen Fachbegriffe, indem Sie diese mit eigenen Worten erklären.

Tandem

2. **Vergleichen** Sie Ihr Glossar und korrigieren Sie ggf.
3. **Entwickeln** Sie zu zweit ein allgemeingültiges Schema zur Ermittlung des Nettoverkaufspreises. Gehen Sie dabei vom Listeneinkaufspreis aus, wie im Manual bereits dargestellt.

Zweier-Tandem

4. **Stellen** Sie sich gegenseitig ihr allgemeines Berechnungsschema (Rechenweg vom Listeneinkaufs- zum Nettoverkaufspreis) vor. Klären Sie offene Fragen.
5. **Diskutieren** Sie die Gründe bei abweichenden Vorgehensweisen.

Einzelarbeit

6. **Übertragen** Sie das Schema der **Warenhandelskalkulation** in Excel und ermitteln Sie den Nettoverkaufspreis für Aktenvernichter der Büromöbel Hauser & Schulte GmbH" wenn nachstehende Angaben gelten:

Listeneinkaufspreis	525 €/Stück
Mengenrabatt	15 %
Skonto	2 %
Handlungskostenzuschlag	25 %
Gewinnzuschlag	15 %

Tandem

7. **Vergleichen** Sie sowohl Ihren Rechenweg als auch Ihr Ergebnis des Nettoverkaufspreises. Beantworten Sie sich gegenseitig offene Fragen und korrigieren ggf. Ihren Lösungsweg.

Plenum

8. **Stellen** Sie dem Plenum sowohl ihr allgemeines Berechnungsschema als auch ihre konkrete Ermittlung des Nettoverkaufspreises für die Aktenvernichter vor.
9. **Geben** Sie dem Tandem ein konstruktives Feedback.
10. **Diskutieren** Sie bei Abweichungen im Schema bzw. in der Berechnung über die Gründe. Korrigieren Sie eventuell.

Einzelarbeit

11. **Halten** Sie das Plenumsergebnis in Ihren Unterlagen schriftlich fest.
12. **Bringen** Sie Ihr Glossar zum Abschluss in eine optisch ansprechende Form.

16.3 Lernaufgabe – Reflexion des Lernzuwachses

Eine weitere Handlungssituation aus dem Büroalltag ist abgeschlossen und Sie durchlaufen den Prozess noch einmal mit all seinen Facetten:

Welche Faktoren muss ein Unternehmer zwischen dem zu zahlenden Preis und seinem Verkaufspreis berücksichtigen?

Arbeitsauftrag

Reflektieren Sie Ihren Lernzuwachs der 16. Lernsituation – nutzen Sie als Grundlage den entsprechenden Arbeitsplan.

Berufsausbildung im dualen System

In Deutschland ist die Ausbildung für einen bestimmten Beruf gesetzlich klar geregelt. Während die konkreten Inhalte der Berufsausbildung von den zuständigen Industrie-, Handels- und Handwerkskammern festgelegt werden, sind die maßgeblichen Rahmenbestimmungen für das Ausbildungsverhältnis im Berufsbildungsgesetz (BBiG) geregelt. Die ausbildenden Betriebe haben selbst nur einen begrenzten Einfluss auf die inhaltliche Ausgestaltung der Berufsausbildung.

Die Berufsausbildung im dualen System ist die parallele Ausbildung in Betrieb und Berufsschule. Diese Art Ausbildung gibt es in Deutschland, Österreich, der Schweiz, Portugal und Dänemark. Voraussetzung für eine Berufslehre im dualen System ist in Deutschland ein Berufsausbildungsvertrag, in Österreich und der Schweiz ein Lehrvertrag. Die Ausbildungsunternehmen und die Berufsschule sind sowohl eigenständige Lernorte als auch gleichberechtigte Partner, die sich die Hauptaufgaben der Wissensvermittlung teilen.

Die duale Berufsausbildung ist für das Handwerk in der Handwerksordnung (HwO) und im Berufsbildungsgesetz (BBiG) geregelt. Für alle übrigen Berufe ausschließlich im BBiG.

Grundlage für eine geordnete und vor allem bundeseinheitliche Berufsausbildung sind die staatlich anerkannten Ausbildungsberufe. Maßgebend für die einzelnen Ausbildungsberufe sind die Ausbildungsordnungen. Sie werden vom zuständigen Bundesministerium erlassen. Die Ausbildungsordnungen werden entsprechend den wirtschaftlichen, technologischen und gesellschaftlichen Veränderungen überarbeitet und angepasst. So sind im Metall- und Elektrobereich viele alte spezialisierte Berufe zu wenigen neuen Berufen zusammengefasst worden. Auch in den kaufmännischen Berufen vollzieht sich diese Wandlung, so sind die bisherigen Ausbildungsberufe „Bürokaufmann/-frau" und „Kaufmann/-frau für Bürokommunikation" zum Ausbildungsberuf „Kaufmann/-frau für Büromanagement" zusammengefasst worden. Demgemäß werden veraltete Berufe aufgehoben und neue entwickelt. Dadurch ändert sich die Zahl der Ausbildungsberufe fast jedes Jahr.

Ob eine korrekte Ausbildung erfolgt, überwacht die zuständige Kammer des Ausbildungsbetriebes. Dies können die Handwerkskammer für Handwerksbetriebe, die Industrie- und Handelskammer für Industrie-, Dienstleistungs- und Handelsbetriebe, die Landwirtschaftskammer für landwirtschaftliche Betriebe oder auch die Ärztekammer, die Apothekerkammer und die Rechtsanwaltskammer für Auszubildende in diesen Berufen sein.

Basierend auf dem geschlossenen Ausbildungsvertrag entstehen sowohl dem Auszubildenden als auch dem Ausbildenden Rechte und Pflichten.

Rechte

Angemessene Vergütung. Auszubildende haben das Recht auf eine monatliche Vergütung. Die Vergütung gilt auch für die Zeit, in der sie am Berufsschulunterricht oder an überbetrieblichen Ausbildungsmaßnahmen teilnehmen.

Kostenlose Ausbildungsmittel. Auszubildenden sind die Ausbildungsmittel, also vor allem Werkzeuge und Werkstoffe kostenlos zur Verfügung zu stellen, gegebenenfalls auch eine Sicherheitsausrüstung. Dies gilt auch für Zwischen- und Abschlussprüfungen.

Freistellung für Ausbildungsmaßnahmen. Der ausbildende Betrieb hat nach dem BBiG die Auszubildenden für den Berufsschulunterricht bzw. für alle vorgeschriebenen Ausbildungsmaßnahmen außerhalb der Ausbildungsstätte freizustellen. Dies gilt auch für schulische Aktivitäten außerhalb der Unterrichtszeit, beispielsweise für Betriebsbesichtigungen.

Arbeiten nur für das Ausbildungsziel. Ausbildungsfremde Aufgaben müssen Auszubildende nicht ausführen. Sie haben das Recht, Aufgaben wie zum Beispiel Ersatzarbeit für im Betrieb fehlende Arbeitskräfte abzulehnen.

Besondere Kündigungsmöglichkeit. Wenn ein Auszubildender die Berufsausbildung aufgeben oder sich für eine andere Tätigkeit ausbilden lassen möchte, gestattet ihm das BBiG, jederzeit das Ausbildungsverhältnis mit einer Frist von vier Wochen zu kündigen.

Auslandeinsatz. Auch wenn der Auszubildende keinen Rechtsanspruch darauf hat: Seit 2005 ist es möglich, dass er einen Teil der Ausbildung im Ausland, beispielsweise in einem ausländischen Tochterunternehmen, absolviert. Darüber sollten sich beide Seiten gegebenenfalls verständigen und dies im Ausbildungsvertrag schriftlich fixieren, eventuell auch als Änderungsvertrag.

Anspruch auf ein Zeugnis. Nach dem BBiG ist dem Auszubildenden am Ende der Ausbildung zumindest ein einfaches Zeugnis (beinhaltet Personalien, Dauer des Arbeitsverhältnisses, Auflistung der Tätigkeiten) auszustellen, auf sein Verlangen hin auch ein qualifiziertes Zeugnis. Dies bedeutet, dass auch das betriebliche Verhalten und die Leistung zu beurteilen sind.

Bildung einer Jugend- und Auszubildendenvertretung. Beschäftigt ein Betrieb mindestens fünf Arbeitnehmer, die das 18. Lebensjahr noch nicht vollendet haben oder ihre Berufsausbildung absolvieren und das 25. Lebensjahr noch nicht vollendet haben, sind nach dem Betriebsverfassungsgesetz Jugend- und Auszubildendenvertretungen zu wählen. Grundsätzlich nehmen sie die Interessen der beiden Gruppen wahr. Der Betriebsrat hat die Jugend- und Auszubildendenvertretung zu Besprechungen zwischen Arbeitgeber und Betriebsrat hinzuzuziehen, wenn Angelegenheiten der betreffenden Gruppen vom Betriebsrat behandelt werden.

Pflichten

Lernpflicht. Die Ausbildenden müssen dafür Sorge tragen, dass die Auszubildenden das vorgesehene Ausbildungsziel erreichen können. Die Auszubildenden müssen sich bemühen, die notwendigen Fertigkeiten, Kenntnisse und Fähigkeiten (und damit die berufliche Handlungsfähigkeit) zu erwerben.

Sorgfaltspflicht. Nach dem BBiG haben die Auszubildenden die ihnen aufgetragenen Aufgaben sorgfältig auszuführen. Dazu gehört auch das ordnungsgemäße Führen schriftlicher Ausbildungsnachweise, die fast alle Ausbildungsordnungen vorschreiben und die eine Zulassungsvoraussetzung für die Prüfung darstellen.

Teilnahmepflicht. Für die Auszubildenden besteht nach BBiG die Pflicht, an den Ausbildungsmaßnahmen, für die sie freigestellt werden, teilzunehmen. Die Pflicht zum Besuch der Berufsschule beispielsweise sehen auch die Schulgesetze der Bundesländer vor.

Übrigens: Die Auszubildenden sind verpflichtet, nicht nur ihren Erziehungsberechtigten, sondern auch ihren Ausbildern im Betrieb ihr Berufsschulzeugnis vorzulegen.

Weisungen Folge leisten. Die Auszubildenden haben den Weisungen zu folgen, die ihnen im Rahmen der Berufsausbildung vom Ausbildenden und von Ausbildern oder anderen weisungsberechtigten Personen erteilt werden. Die weisungsberechtigten Personen sollten ihnen mit Beginn der Ausbildung vorgestellt werden.

Einhalten der Betriebsordnung. Die Auszubildenden haben die für die Ausbildungsstätte geltende Ordnung zu beachten. Diese kann zum Beispiel ein Rauchverbot wie auch allgemeine Vorschriften zum Betreten bestimmter Räume beinhalten, ebenso wie etwa das Verbot langer Haare oder das Gebot, Schutzkleidung zu tragen. Das gilt etwa für Sicherheitsbestimmungen oder die Einhaltung von vorgeschriebenen Schritten im Arbeitsprozess.

Bewahrungspflichten. Werkzeuge, Maschinen und sonstige Einrichtungen haben die Auszubildenden nach dem BBiG pfleglich und schonend zu behandeln. Das gilt auch für Werkzeuge und Werkstoffe, welche die Auszubildenden zum Ablegen von Zwischen- und Abschlussprüfungen kostenlos gestellt bekommen.

Krankheitsmeldung. Ein Fernbleiben von der Ausbildung haben Auszubildende unverzüglich zu melden und bei Krankheit eine ärztliche Bescheinigung vorzulegen.

Pflicht zur Verschwiegenheit. Die Auszubildenden sind nach dem BBiG verpflichtet, über Betriebs- und Geschäftsgeheimnisse Stillschweigen zu bewahren. Dies gilt insbesondere gegenüber Mitbewerbern. (Bundesagentur für Arbeit, 2011).

Betriebsrat sowie Jugend- und Ausbildungsvertretung

Die Interessen aller Arbeitnehmer vertritt innerhalb eines Betriebes der Betriebsrat. Nach dem Betriebsverfassungsgesetz (BetrVG) hat er verschiedene Rechte, die ihm bei der Verwirklichung seiner Pflichten helfen. Im sozialen Bereich des Unternehmens verfügt ein Betriebsrat beispielsweise über ein Mitbestimmungsrecht (§§ 87 Abs. 1, 91, 94, 85 Abs. 1, 97 Abs. 2, 98 BetrVG), d. h., ohne seine Zustimmung können die angestrebten Maßnahmen nicht beschlossen werden. Im Bereich der Mitbestimmung herrscht das Konsensprinzip, d. h., keine Seite kann ohne die andere eine Entscheidung herbeiführen. Werden sich die beiden Parteien nicht einig, ersetzt die Verfügung der Einigungsstelle die Entscheidung. Nach § 76 Abs. 2 BetrVG besteht die Einigungsstelle „aus einer gleichen Anzahl von Beisitzern, die vom Arbeitgeber und Betriebsrat bestellt werden, und einem unparteiischen Vorsitzenden, auf dessen Person sich beide Seiten einigen müssen." Im Rahmen der Mitbestimmung geht es insbesondere um Vereinbarungen über die Arbeitszeit bzw. Mehrarbeit, die Betriebsordnung oder auch die einzuhaltende Unfallverhütung.

Das Mitbestimmungsrecht ist das höchste Recht, das ein Betriebsrat wahrnehmen kann. Ein Widerspruchsrecht (§ 102 Abs. 3 bis 5 BetrVG) hat er im personellen Bereich, d. h., bei schwerwiegenden Gründen kann der Betriebsrat seine Zustimmung verweigern. Dieses Recht kann er beispielsweise bei Kündigungen, Versetzungen oder Einstellungen wahrnehmen. Das Anhörungsrecht (§ 102 BetrVG) ist das schwächste Recht des Betriebsrates. Es räumt ihm die Möglichkeit ein, seine Überlegungen zu geplanten Maßnahmen des Arbeitgebers, vorzubringen. Vertritt er nicht die Auffassung des Arbeitgebers bleibt dies ohne Wirkung. Dies ist bei Entscheidungen hinsichtlich der Produktion, zu treffenden Investitionen oder Absatzbelangen der Fall. Bei Kündigungen besteht die Verpflichtung, den Betriebsrat anzuhören, da diese sonst unwirksam ist (§ 102 Ab. 1 S. 1 u. 2 BetrVG). Der Arbeitgeber ist insbesondere dazu verpflichtet, dem Betriebsrat die Gründe der Kündigung mitzuteilen.

Grundsätzlich gehört es auch zu den Aufgaben eines Betriebsrates auf die Umsetzung von Tarifvereinbarungen zu achten und besonders schutzbedürftigen Personen, wie beispielsweise Behinderten oder ausländischen Arbeitnehmern bei der Eingliederung zu helfen, die Beschäftigung älterer Arbeitnehmer zu fördern, Anregungen aus der Belegschaft entgegenzunehmen und gegebenenfalls mit dem Arbeitgeber über eine Umsetzung zu verhandeln. Nicht zuletzt ist er für die Wahl der Jugend- und Auszubildendenvertretung (JAV) zuständig und dient den Verantwortlichen als Ansprechpartner.

Die JAV dient in einem Unternehmen dazu, dass die speziellen Interessen der Jugendlichen und Auszubildenden berücksichtigt werden. Alle Belange der JAV sind in den §§ 60 – 73b BetrVG geregelt. Besonders wichtig für die Arbeit der JAV ist jedoch das Jugendarbeitsschutzgesetz (JArbSchG). Es besteht die Möglichkeit, dass eine JAV regelmäßig Sprechstunden abhält, sodass die Auszubildenden leichter die Chance haben, ihre Belange vorzutragen. Ein gesetzlicher Anspruch besteht allerdings nicht. Vorschläge der JAV können lediglich über den Betriebsrat beim Arbeitgeber vorgebracht werden. An den Betriebsratssitzungen kann ein Vertreter der JAV teilnehmen.

Ein Stimmrecht hat er nur bei Themen, die überwiegend die Jugendlichen bzw. Auszubildenden im Unternehmen betreffen. Um die Mitglieder der JAV zu schützen, genießen Sie einen Übernahmeanspruch (§ 78a BetrVG) in ein unbefristetes Arbeitsverhältnis. Die Vertreter der JAV setzen sich im Laufe ihrer Amtszeit, die zwei Jahre beträgt, mit dem Arbeitgeber insbesondere über Belange, die das JArbSchG betreffen auseinander. Es besteht somit die Möglichkeit, dass es zu Auseinandersetzungen kommt, die sich nicht negativ auf die Übernahmechancen auswirken dürfen. Sonst wäre die Wahrscheinlichkeit zu groß, dass es eine JAV überhaupt nicht gäbe und die Interessen der Auszubildenden und Jugendlichen nicht bewahrt würden.

Während § 1 BetrVG die Einrichtung eines Betriebsrates regelt, gibt § 60 BetrVG vor, wann eine JAV gewählt werden kann. Grundsätzlich ist die Gründung beider Interessengemeinschaften abhängig von der Mitarbeiterzahl in einem Unternehmen. Sind mindestens fünf Arbeitnehmer wahlberechtigt und davon mindestens drei wählbar, kann ein Betriebsrat eingerichtet werden. Dabei sind alle Arbeitnehmer wahlberechtigt, die mindestens 18 Jahre alt sind, also auch volljährige Auszubildende (§ 5 Abs. 1 und § 7 Abs. 1 BetrVG). Dies wird als aktives Wahlrecht bezeichnet. Das passive Wahlrecht liegt vor, wenn ein Arbeitnehmer als Betriebsratsmitglied wählbar ist. Dazu muss der Arbeitnehmer mindestens seit sechs Monaten im Unternehmen beschäftigt sein (§ 8 Abs. 1 S. 1 u. 2 BetrVG). Zur Einrichtung der JAV müssen mindestens fünf Beschäftigte dem Unternehmen angehören, die noch keine 18 Jahre alt sind, oder fünf Auszubildende, die noch keine 25 Jahre alt sind.

Wie viele Mitglieder der Betriebsrat bzw. die JAV haben, ist abhängig von der Anzahl der wahlberechtigten Beschäftigten des Unternehmens und ist im Einzelnen wie folgt gegliedert:

5 – 20 Arbeitnehmer	1 Mitglied
21 – 50 Arbeitnehmer	3 Mitglieder
51 – 100 Arbeitnehmer	5 Mitglieder
101 – 200 Arbeitnehmer	7 Mitglieder
201 – 400 Arbeitnehmer	9 Mitglieder
usw.	

Diese Gliederung ist relevant, da Betriebsratsmitglieder während ihrer Arbeitszeit, bei voller Bezahlung, Sprechstunden einrichten dürfen, d. h., die Kosten für die Betriebsratsarbeit trägt alleine der Arbeitgeber. Hat ein Unternehmen mehr als 200 Arbeitnehmer sind die Mitglieder des Betriebsrates vollkommen für die Tätigkeiten im Betriebsrat freizustellen. Selbstverständlich beziehen Sie weiterhin ihr Einkommen, denn sie dürfen nicht schlechter gestellt werden als die Arbeitnehmer, die sie vertreten. Darüber hinaus genießen Sie während ihrer Amtszeit und ein Jahr darüber hinaus Kündigungsschutz (§ 15 Abs. 1 KSchG).

Die Anzahl der Mitglieder der JAV staffeln sich in vergleichbarer Form. So besteht die JAV bei einem Unternehmen mit 5 bis 20 Wahlberechtigten aus einer Person. Bei 21 bis 50 Wahlberechtigten können drei Vertreter gewählt werden usw.

Auszug aus dem Jugendarbeitsschutzgesetz (JArbSchG)

§ 8 Dauer der Arbeitszeit

(1) Jugendliche dürfen nicht mehr als acht Stunden täglich und nicht mehr als 40 Stunden wöchentlich beschäftigt werden.

(2) Wenn in Verbindung mit Feiertagen an Werktagen nicht gearbeitet wird, damit die Beschäftigten eine längere zusammenhängende Freizeit haben, so darf die ausfallende Arbeitszeit auf die Werktage von fünf zusammenhängenden, die Ausfalltage einschließenden Wochen nur dergestalt verteilt werden, dass die Wochenarbeitszeit im Durchschnitt dieser fünf Wochen 40 Stunden nicht überschreitet. Die tägliche Arbeitszeit darf hierbei achteinhalb Stunden nicht überschreiten.

(2a) Wenn an einzelnen Werktagen die Arbeitszeit auf weniger als acht Stunden verkürzt ist, können Jugendliche an den übrigen Werktagen derselben Woche achteinhalb Stunden beschäftigt werden.

(3) In der Landwirtschaft dürfen Jugendliche über 16 Jahre während der Erntezeit nicht mehr als neun Stunden täglich und nicht mehr als 85 Stunden in der Doppelwoche beschäftigt werden.

§ 11 Ruhepausen, Aufenthaltsräume

(1) Jugendlichen müssen im Voraus feststehende Ruhepausen von angemessener Dauer gewährt werden. Die Ruhepausen müssen mindestens betragen

1. 30 Minuten bei einer Arbeitszeit von mehr als viereinhalb bis zu sechs Stunden,
2. 60 Minuten bei einer Arbeitszeit von mehr als sechs Stunden.

Als Ruhepause gilt nur eine Arbeitsunterbrechung von mindestens 15 Minuten.

(2) Die Ruhepausen müssen in angemessener zeitlicher Lage gewährt werden, frühestens eine Stunde nach Beginn und spätestens eine Stunde vor Ende der Arbeitszeit. Länger als viereinhalb Stunden hintereinander dürfen Jugendliche nicht ohne Ruhepause beschäftigt werden.

(3) Der Aufenthalt während der Ruhepausen in Arbeitsräumen darf den Jugendlichen nur gestattet werden, wenn die Arbeit in diesen Räumen während dieser Zeit eingestellt ist und auch sonst die notwendige Erholung nicht beeinträchtigt wird.

(4) Absatz 3 gilt nicht für den Bergbau unter Tage.

§ 13 Tägliche Freizeit

Nach Beendigung der täglichen Arbeitszeit dürfen Jugendliche nicht vor Ablauf einer ununterbrochenen Freizeit von mindestens 12 Stunden beschäftigt werden.

§ 14 Nachtruhe

(1) Jugendliche dürfen nur in der Zeit von 6 bis 20 Uhr beschäftigt werden.

(2) Jugendliche über 16 Jahre dürfen

1. im Gaststätten- und Schaustellergewerbe bis 22 Uhr,
2. in mehrschichtigen Betrieben bis 23 Uhr,
3. in der Landwirtschaft ab 5 Uhr oder bis 21 Uhr,
4. in Bäckereien und Konditoreien ab 5 Uhr

beschäftigt werden.

(3) Jugendliche über 17 Jahre dürfen in Bäckereien ab 4 Uhr beschäftigt werden.

(4) An dem einem Berufsschultag unmittelbar vorangehenden Tag dürfen Jugendliche auch nach Absatz 2 Nr. 1 bis 3 nicht nach 20 Uhr beschäftigt werden, wenn der Berufsschulunterricht am Berufsschultag vor 9 Uhr beginnt.

(5) Nach vorheriger Anzeige an die Aufsichtsbehörde dürfen in Betrieben, in denen die übliche Arbeitszeit aus verkehrstechnischen Gründen nach 20 Uhr endet, Jugendliche bis 21 Uhr beschäftigt werden, soweit sie hierdurch unnötige Wartezeiten vermeiden können. Nach vorheriger Anzeige an die Aufsichtsbehörde dürfen ferner in mehrschichtigen Betrieben Jugendliche über 16 Jahre ab 5.30 Uhr oder bis 23.30 Uhr beschäftigt werden, soweit sie hierdurch unnötige Wartezeiten vermeiden können.

(6) Jugendliche dürfen in Betrieben, in denen die Beschäftigten in außergewöhnlichem Grade der Einwirkung von Hitze ausgesetzt sind, in der warmen Jahreszeit ab 5 Uhr beschäftigt werden. Die Jugendlichen sind berechtigt, sich vor Beginn der Beschäftigung und danach in regelmäßigen Zeitabständen arbeitsmedizinisch untersuchen zu lassen. Die Kosten der Untersuchungen hat der Arbeitgeber zu tragen, sofern er diese nicht kostenlos durch einen Betriebsarzt oder einen überbetrieblichen Dienst von Betriebsärzten anbietet.

(7) Jugendliche dürfen bei Musikaufführungen, Theatervorstellungen und anderen Aufführungen, bei Aufnahmen im Rundfunk (Hörfunk und Fernsehen), auf Ton- und Bildträger sowie bei Film- und Fotoaufnahmen bis 23 Uhr gestaltend mitwirken. Eine Mitwirkung ist nicht zulässig bei Veranstaltungen, Schaustellungen oder Darbietungen, bei denen die Anwesenheit Jugendlicher nach den Vorschriften des Jugendschutzgesetzes verboten ist. Nach Beendigung der Tätigkeit dürfen Jugendliche nicht vor Ablauf einer ununterbrochenen Freizeit von mindestens 14 Stunden beschäftigt werden.

§ 16 Samstagsruhe

(1) An Samstagen dürfen Jugendliche nicht beschäftigt werden.

(2) Zulässig ist die Beschäftigung Jugendlicher an Samstagen nur

1. in Krankenanstalten sowie in Alten-, Pflege- und Kinderheimen,
2. in offenen Verkaufsstellen, in Betrieben mit offenen Verkaufsstellen, in Bäckereien und Konditoreien, im Friseurhandwerk und im Marktverkehr,
3. im Verkehrswesen,
4. in der Landwirtschaft und Tierhaltung,
5. im Familienhaushalt,
6. im Gaststätten- und Schaustellergewerbe,
7. bei Musikaufführungen, Theatervorstellungen und anderen Aufführungen, bei Aufnahmen im Rundfunk (Hörfunk und Fernsehen), auf Ton- und Bildträger sowie bei Film- und Fotoaufnahmen,
8. bei außerbetrieblichen Ausbildungsmaßnahmen,
9. beim Sport,
10. im ärztlichen Notdienst,
11. in Reparaturwerkstätten für Kraftfahrzeuge.

Mindestens zwei Samstage im Monat sollen beschäftigungsfrei bleiben.

(3) Werden Jugendliche am Samstag beschäftigt, ist ihnen die Fünf-Tage-Woche (§ 15) durch Freistellung an einem anderen berufsschulfreien Arbeitstag derselben Woche sicherzustellen. In Betrieben mit einem Betriebsruhetag in der Woche kann die Freistellung auch an diesem Tag erfolgen, wenn die Jugendlichen an diesem Tag keinen Berufsschulunterricht haben.

(4) Können Jugendliche in den Fällen des Absatzes 2 Nr. 2 am Samstag nicht acht Stunden beschäftigt werden, kann der Unterschied zwischen der tatsächlichen und der nach § 8 Abs. 1 höchstzulässigen Arbeitszeit an dem Tag bis 13 Uhr ausgeglichen werden, an dem die Jugendlichen nach Absatz 3 Satz 1 freizustellen sind.

§ 22 Gefährliche Arbeiten

(1) Jugendliche dürfen nicht beschäftigt werden

1. mit Arbeiten, die ihre physische oder psychische Leistungsfähigkeit übersteigen,
2. mit Arbeiten, bei denen sie sittlichen Gefahren ausgesetzt sind,
3. mit Arbeiten, die mit Unfallgefahren verbunden sind, von denen anzunehmen ist, dass Jugendliche sie wegen mangelnden Sicherheitsbewusstseins oder mangelnder Erfahrung nicht erkennen oder nicht abwenden können,
4. mit Arbeiten, bei denen ihre Gesundheit durch außergewöhnliche Hitze oder Kälte oder starke Nässe gefährdet wird,
5. mit Arbeiten, bei denen sie schädlichen Einwirkungen von Lärm, Erschütterungen oder Strahlen ausgesetzt sind,
6. mit Arbeiten, bei denen sie schädlichen Einwirkungen von Gefahrstoffen im Sinne des Chemikaliengesetzes ausgesetzt sind,
7. mit Arbeiten, bei denen sie schädlichen Einwirkungen von biologischen Arbeitsstoffen im Sinne der Richtlinie 90/679/EWG des Rates vom 26. November 1990 zum Schutze der Arbeitnehmer gegen Gefährdung durch biologische Arbeitsstoffe bei der Arbeit ausgesetzt sind.

(2) Absatz 1 Nr. 3 bis 7 gilt nicht für die Beschäftigung Jugendlicher, soweit

1. dies zur Erreichung ihres Ausbildungszieles erforderlich ist,
2. ihr Schutz durch die Aufsicht eines Fachkundigen gewährleistet ist und
3. der Luftgrenzwert bei gefährlichen Stoffen (Absatz 1 Nr. 6) unterschritten wird.

Satz 1 findet keine Anwendung auf den absichtlichen Umgang mit biologischen Arbeitsstoffen der Gruppen 3 und 4 im Sinne der Richtlinie 90/679/EWG des Rates vom 26. November 1990 zum Schutze der Arbeitnehmer gegen Gefährdung durch biologische Arbeitsstoffe bei der Arbeit.

(3) Werden Jugendliche in einem Betrieb beschäftigt, für den ein Betriebsarzt oder eine Fachkraft für Arbeitssicherheit verpflichtet ist, muss ihre betriebsärztliche oder sicherheitstechnische Betreuung sichergestellt sein

§ 23 Akkordarbeit, tempoabhängige Arbeiten

(1) Jugendliche dürfen nicht beschäftigt werden

1. mit Akkordarbeit und sonstigen Arbeiten, bei denen durch ein gesteigertes Arbeitstempo ein höheres Entgelt erzielt werden kann,
2. in einer Arbeitsgruppe mit erwachsenen Arbeitnehmern, die mit Arbeiten nach Nummer 1 beschäftigt werden,
3. mit Arbeiten, bei denen ihr Arbeitstempo nicht nur gelegentlich vorgeschrieben, vorgegeben oder auf andere Weise erzwungen wird.

(2) Absatz 1 Nr. 2 gilt nicht für die Beschäftigung Jugendlicher,

1. soweit dies zur Erreichung ihres Ausbildungsziels erforderlich ist oder
2. wenn sie eine Berufsausbildung für diese Beschäftigung abgeschlossen haben und ihr Schutz durch die Aufsicht eines Fachkundigen gewährleistet ist

Auszug aus dem Berufsbildungsgesetz (BBiG)

Pflichten der Auszubildenden: § 13 Verhalten während der Berufsausbildung

Auszubildende haben sich zu bemühen, die berufliche Handlungsfähigkeit zu erwerben, die zum Erreichen des Ausbildungsziels erforderlich ist. Sie sind insbesondere verpflichtet,

1. die ihnen im Rahmen ihrer Berufsausbildung aufgetragenen Aufgaben sorgfältig auszuführen,
2. an Ausbildungsmaßnahmen teilzunehmen, für die sie nach § 15 freigestellt werden,
3. den Weisungen zu folgen, die ihnen im Rahmen der Berufsausbildung von Ausbildenden, von Ausbildern oder

Ausbilderinnen oder von anderen weisungsberechtigten Personen erteilt werden,

4. die für die Ausbildungsstätte geltende Ordnung zu beachten,
5. Werkzeug, Maschinen und sonstige Einrichtungen pfleglich zu behandeln,
6. über Betriebs- und Geschäftsgeheimnisse Stillschweigen zu wahren.

Pflichten der Ausbildenden: § 14 Berufsausbildung

(1) Ausbildende haben

1. dafür zu sorgen, dass den Auszubildenden die berufliche Handlungsfähigkeit vermittelt wird, die zum Erreichen des Ausbildungsziels erforderlich ist, und die Berufsausbildung in einer durch ihren Zweck gebotenen Form planmäßig, zeitlich und sachlich gegliedert so durchzuführen, dass das Ausbildungsziel in der vorgesehenen Ausbildungszeit erreicht werden kann,
2. selbst auszubilden oder einen Ausbilder oder eine Ausbilderin ausdrücklich damit zu beauftragen,
3. Auszubildenden kostenlos die Ausbildungsmittel, insbesondere Werkzeuge und Werkstoffe zur Verfügung zu stellen, die zur Berufsausbildung und zum Ablegen von Zwischen- und Abschlussprüfungen, auch soweit solche nach Beendigung des Berufsausbildungsverhältnisses stattfinden, erforderlich sind,
4. Auszubildende zum Besuch der Berufsschule sowie zum Führen von schriftlichen Ausbildungsnachweisen anzuhalten, soweit solche im Rahmen der Berufsausbildung verlangt werden, und diese durchzusehen,
5. dafür zu sorgen, dass Auszubildende charakterlich gefördert sowie sittlich und körperlich nicht gefährdet werden.

(2) Auszubildenden dürfen nur Aufgaben übertragen werden, die dem Ausbildungszweck dienen und ihren körperlichen Kräften angemessen sind.

§ 15 Freistellung

Ausbildende haben Auszubildende für die Teilnahme am Berufsschulunterricht und an Prüfungen freizustellen. Das Gleiche gilt, wenn Ausbildungsmaßnahmen außerhalb der Ausbildungsstätte durchzuführen sind.

§ 16 Zeugnis

(1) Ausbildende haben den Auszubildenden bei Beendigung des Berufsausbildungsverhältnisses ein schriftliches Zeugnis auszustellen. Die elektronische Form ist ausgeschlossen. Haben Ausbildende die Berufsausbildung nicht selbst durchgeführt, so soll auch der Ausbilder oder die Ausbilderin das Zeugnis unterschreiben.

(2) Das Zeugnis muss Angaben enthalten über Art, Dauer und Ziel der Berufsausbildung sowie über die erworbenen beruflichen Fertigkeiten, Kenntnisse und Fähigkeiten der Auszubildenden. Auf Verlangen Auszubildender sind auch Angaben über Verhalten und Leistung aufzunehmen.

Unterabschnitt 4 – Vergütung – § 17 Vergütungsanspruch

(1) Ausbildende haben Auszubildenden eine angemessene Vergütung zu gewähren. Sie ist nach dem Lebensalter der Auszubildenden so zu bemessen, dass sie mit fortschreitender Berufsausbildung, mindestens jährlich, ansteigt.

(2) Sachleistungen können in Höhe der nach § 17 Abs. 1 Satz 1 Nr. 4 des Vierten Buches Sozialgesetzbuch festgesetzten Sachbezugswerte angerechnet werden, jedoch nicht über 75 Prozent der Bruttovergütung hinaus.

(3) Eine über die vereinbarte regelmäßige tägliche Ausbildungszeit hinausgehende Beschäftigung ist besonders zu vergüten oder durch entsprechende Freizeit auszugleichen.

Fort- und Weiterbildungsmöglichkeiten

Beginnt man eine erste Ausbildung vor dem 30. Lebensjahr bzw. bei Masterstudiengängen vor dem 35. Lebensjahr (§ 10 BAföG), so ist es möglich eine finanzielle Unterstützung zu erhalten. Voraussetzung ist beispielsweise, dass man sich an einer allgemein- oder berufsbildenden Schule, an einem Kolleg, einer Akademie oder Hochschule in Ausbildung befindet. Betriebliche Ausbildungen werden nicht gefördert (§ 2 BAföG). Die Förderung wird für die Ausbildung selbst und den Lebensunterhalt gewährt, wobei pauschale Bedarfssätze gelten, die sich z. B. nach der Art der Ausbildung richten oder, ob der Schüler bei seinen Eltern im Haushalt lebt oder nicht (§ 11 BAföG). Grundsätzlich wird die finanzielle Unterstützung für die Dauer der Ausbildung gewährt und ist unter bestimmten Bedingungen verlängerbar (§ 15 BAföG). Während die finanzielle Unterstützung für Schüler als Vollzuschuss gewährt wird und somit nicht zurückgezahlt werden muss, ist für Studenten lediglich die Hälfte des Geldes ein Zuschuss. Die verbleibenden 50 Prozent müssen zinslos zurückgezahlt werden (§ 17 BAföG).

Bereits vor, aber insbesondere nach Abschluss einer Ausbildung ist es sinnvoll auf aktuelle Entwicklungen des Berufes zu achten. Am einfachsten ist dies über berufsspezifische Weiter- oder Fortbildungen zu erreichen. Wenngleich im Sprachgebrauch Weiter- und Fortbildung gleichgesetzt werden, so müssen diese Begriffe doch eindeutig voneinander abgegrenzt werden:

Eine Weiterbildung dient dazu, bereits erworbenes Wissen zu erweitern, zu vertiefen bzw. zu aktualisieren. Meistens erhält man am Ende einer Weiterbildung ein Zertifikat, d. h. einen Nachweis über die Teilnahme. Diese bewahrt man sinnvollerweise auf, um sie gegebenenfalls bei einem Stellenwechsel vorweisen zu können. Als Weiterbildung werden häufig PC-Kurse, Softwarekurse oder auch Sprachkurse angeboten. Während die Berufsausbildung dazu dient, die notwendigen beruflichen Fertigkeiten, Kenntnisse und Fähigkeiten und somit die berufliche Handlungsfähigkeit zu vermitteln, soll eine berufliche Fortbildung dazu dienen, die bereits erworbene berufliche Handlungsfähigkeit zu erhalten oder anzupassen (Anpassungsfortbildung). Des Weiteren kann eine bzw. mehrere Fortbildungen einen beruflichen Aufstieg begünstigen (§ 1 Absatz 3 und 4 BBiG). Solche Aufstiegsfortbildungen, die darauf abzielen mehr Verantwortung zu tragen, die Verdienstmöglichkeiten zu erhöhen usw., schließen meist mit einer Prüfung ab. Solche Abschlüsse bei beruflichen Fortbildungen kann das „Bundesministerium für Bildung und Forschung im Einvernehmen mit dem Bundesministerium für Wirtschaft und Technologie oder dem sonst zuständigen Fachministerium nach Anhörung des Hauptausschusses des Bundesinstituts für Berufsbildung durch Rechtsverordnung" (§ 53 Absatz 1 BBiG) anerkennen und eine entsprechende Prüfungsordnung verabschieden. Bereits anerkannte Abschlüsse sind z. B. der Meister im Handwerk, die Abschlussprüfung zum Fachwirt oder Techniker.

Derzeit ist keine Harmonisierung zwischen Vereinheitlichung der nationalen Berufsbildungsgänge und –systeme angestrebt. Vielmehr zeichnet sich die inländische Ausbildung bislang durch die Besonderheit der dualen Ausbildung aus. Dennoch verfolgt die Bundesregierung seit Einführung des europäischen Binnenmarktes (01.01.1993) die Verbesserung des Informations- und Erfahrungsaustausches wie auch des Transfers von Wissen und Qualifikation in der Berufsbildungspraxis und -forschung" (May & May, 2009, S. 492). Ebenso haben sich die EU-Mitglieder seit 2005 dazu verpflichtet nationale Qualifikationen im Bildungsbereich auf europäische Standards zu vereinheitlichen (2005/36/EG). In diesem Sinne engagierte sich die Europäische Union zunächst mit Einzelprogrammen, z. B. „Sokrates". Im Zeitraum von 2007 – 2013 wurden diese Bemühungen im Programm des „Lebenslangen Lernens" ausgeweitet. Von 2014 – 2020 wird das europäische Programm „Erasmus+ für allgemeine und berufliche Bildung, Jugend und

Sport" der EU-Kommission in Deutschland umgesetzt. Zuständig ist dafür die „Nationale Agentur Bildung für Europa", die beim Bundesinstitut für Berufsbildung (NA beim BIBB) angesiedelt ist. Nähere Informationen erhalten Sie auf der Homepage des Instituts.

Informationen über den Betrieb

Bedürfnisse eines Menschen

Nahezu jeder Mensch hat eine Vielzahl von Wünschen. Diese sind abhängig von verschiedenen Faktoren wie beispielsweise Einkommen, Alter, Geschlecht usw. Ganz nach persönlichem Empfinden hat jeder Mensch wenige oder viele Wünsche, die er entweder möglichst sofort oder im Laufe seines Lebens realisieren möchte. In der Wirtschaftswissenschaft werden Wünsche als Bedürfnisse bezeichnet. Ein Bedürfnis ist dabei ein subjektiv empfundener Mangel (o. A.: BWL der Unternehmung, 2009, S. 9). Je nach Dringlichkeit lassen sich die Bedürfnisse in unterschiedliche Kategorien einteilen. Grundlegende Bedürfnisse, die die Existenz eines Menschen sichern, werden als Existenzbedürfnisse bezeichnet und beziehen sich auf lebensnotwendige Dinge, wie Wasser, Nahrung, einen Schlafplatz bzw. eine Wohnung, die Wärme einer Heizung, Kleidung usw. In Abhängigkeit seiner Erziehung und seines gesellschaftlichen Umfeldes entwickelt eine Person Kulturbedürfnisse, die er beispielsweise durch einen Kino-, Theater-, Konzertbesuch stillen kann, durch das Lesen einer Zeitung bzw. eines Buches uvm. Luxusbedürfnisse gehen über die lebensnotwendigen Existenzbedürfnisse hinaus. Sie übersteigen den in einer Gesellschaft üblichen Maßstab. Nur wenige Menschen können sich diese Wünsche erfüllen, z. B. indem sie eine Yacht, ein Privatflugzeug, einen Ferrari, eine Rolex oder weitere exklusive Güter kaufen.

Nach dem Träger der Befriedigung können Bedürfnisse auch wie folgt unterschieden werden: Bedürfnisse, die derjenige, der sie empfindet (Individuum), befriedigen kann, werden als Individualbedürfnisse bezeichnet. Zum Beispiel der Wunsch nach einer eigenen Wohnung, einer bestimmten Urlaubsreise, einer DVD u. s. w. Dagegen können Kollektivbedürfnisse nur durch eine Gruppe oder Gemeinschaft, d. h. oftmals den Staat, befriedigt werden, wie beispielsweise das Bedürfnis nach Schulbildung, Versorgung in einem Krankenhaus, die Schaffung von Verkehrsverbindungen usw.

In Anlehnung an den amerikanischen Psychologen Abraham Harold Maslow ergibt sich eine weitere Klassifizierungsalternative der menschlichen Bedürfnisse: Demnach gelten die Existenzbedürfnisse, d. h. Wünsche nach Wasser, Nahrung, Kleidung, Bewegung, Schlaf usw., als physiologische Bedürfnisse, die die größte Gruppe darstellen. Diese Bedürfnisse gelten als elementar, da sie angeboren sind. Alle weiteren Bedürfnisse erlernt ein Mensch im Laufe seines Lebens, sodass diese als erlernte Bedürfnisse bezeichnet werden und sich wie folgt gliedern:

An die Elementarbedürfnisse schließen sich die Sicherheitsbedürfnisse an. Diese beziehen sich sowohl auf die Sicherung des Einkommens, des Arbeitsplatzes, auf Schutz bei Krankheit usw., d. h. auf wirtschaftliche Sicherheit als auch auf politische Sicherung, z. B. auf Schutz durch die Polizei.

Als nächste Stufe gelten die Bedürfnisse nach Liebe und Zugehörigkeit, die von dem Wunsch nach einer Beziehung, Freundschaft, Kindern uvm. geprägt sind. An diese sozialen Bedürfnisse schließen sich die Bedürfnisse nach Wertschätzung an. Diese beziehen sich zum einen auf gesellschaftliche Wertschätzung in Form von Ruhm, Ehre, Anerkennung, einem guten Ruf usw. Zum anderen auf das Gefühl der Selbstachtung, Freiheit, Unabhängigkeit, … So wünscht sich ein Mensch persönlichen Erfolg, um aufgrund seiner Fähigkeiten eine Basis für die empfundene Selbstachtung zu haben.

Als Gipfel der menschlichen Bedürfnisse gilt der Wunsch nach Selbstverwirklichung, d. h. nach dem, was ein Mensch seiner eigenen Einschätzung nach sein könnte bzw. wonach er stets weiter strebt.

Grundsätzlich zielt das menschliche Handeln darauf ab, die dringendsten Bedürfnisse zuerst zu befriedigen, erst wenn dies geschehen ist, richten sich die Bedürfnisse auf eine höhere Ebene. Welcher Mangel jedoch vom Einzelnen als am stärksten empfunden wird, hängt von der persönlichen Einschätzung ab. (Boeree, C. Georg, 2006, S. 5)

Der Teil der Bedürfnisse, den ein Mensch mit den ihm zur Verfügung stehenden finanziellen Mitteln befriedigen möchte und könnte, wird als Bedarf bezeichnet. Für konkret befriedigte Bedürfnisse entsteht eine Nachfrage. Jedoch kann nicht jedes Bedürfnis durch Kaufkraft gestillt werden, wie z. B. das Bedürfnis nach Zuneigung, Freundschaft usw. (o. A.: BWL der Unternehmung, 2009, S. 10)

Güter (Output)

Die Mittel, die dazu dienen können die menschlichen Bedürfnisse zu befriedigen, heißen Güter und lassen sich in die folgenden Kriterien einteilen:

Güter, die die Natur, zumindest bislang, in ausreichender Menge und kostenlos zur Verfügung stellt, sodass jeder sie in Anspruch nehmen kann sind „freie Güter". Beispiele dafür sind Sand am Meer, Meerwasser, Luft zum Atmen, ... Dagegen zeichnen sich knappe (wirtschaftliche) Güter dadurch aus, dass sie sowohl einen Preis haben als auch nur in begrenzter Menge zur Verfügung stehen. Während die freien Güter keine weitere Unterteilung haben, sind die knappen Güter wie folgt zu unterscheiden:

Sachgüter liegen materiell vor. Somit sind sie greifbar und lagerfähig, wie Lebensmittel, ein Auto, Kleidung usw. Bei materiellen Gütern können die Produktion und der Kauf zeitlich auseinanderfallen. Dienstleistungen dagegen sind immateriell und können weder angefasst noch gelagert werden. Beispiele sind die Beratung im Reisebüro, beim Arzt oder Rechtsanwalt, die Bedienung durch einen Kellner oder die Fahrt in einem Taxi usw. Die Produktion und der Kauf erfolgen stets zeitgleich. Auch Rechte sind immateriell wie beispielsweise Markenzeichen, Patente, Lizenzen... Freie als auch knappe Güter können als Konsum- oder Produktionsgüter nachgefragt werden. Diese Unterteilung erfolgt nach ihrer Verwendung, denn während private Haushalte Güter in Form von Konsumgütern nachfragen, benötigen Unternehmen Güter als Produktionsgüter. Diese dienen der Herstellung anderer Güter und gehen dadurch in die Produktion ein. Sowohl Produktions- als auch Konsumgüter können ein Verbrauchsgut sein, d. h., es steht nur einmalig zur Bedürfnisbefriedigung zur Verfügung, oder ein Gebrauchsgut, d. h. es kann mehrmals gebraucht werden.

In einem privaten Haushalt sind Verbrauchsgüter wie Lebensmittel, Wasser, ... ebenso notwendig wie in einem Unternehmen der Diesel für den LKW, Schrauben, Leim usw. Ebenso ist dies bei Gebrauchsgütern der Fall. Beispielsweise benötigt ein privater Haushalt einen Staubsauger, ein Unternehmen dagegen Maschinen. Anhand dieser Beispiele wird deutlich, dass ein Gut zugleich Konsum- und Produktionsgut sein kann, je nach Verwendung. Ein Kühlschrank in einem privaten Haushalt beispielsweise ist ein Konsumgut, in einer Restaurantküche dagegen ein Produktionsgut. Ein Familienauto ist ein Konsumgut, ein Taxi ein Produktionsgut usw.

Produktionsfaktoren (Input)

Betriebe tragen durch die Fertigung von Gütern und Dienstleistungen zur Bedürfnisbefriedigung bei. Dabei ist ein Betrieb die Stätte, in der die verschiedenen zur Produktion benötigten Faktoren (Produktionsfaktoren) nach der Idee, Zielsetzung und Entscheidung des Unternehmens zur Leistungserstellung kombiniert werden, d. h., hier findet die eigentliche „Produktion" statt. (o. A.: BWL der Unternehmung, 2009, S. 13)

Bei der Produktion werden die volkswirtschaftlichen Produktionsfaktoren Arbeit, Boden und Kapital (auch in Form von Humankapital) gemeinsam mit den in die Güter eingehenden bzw. verwendeten betriebswirtschaftlichen Produktionsfaktoren so kombiniert, dass Güter als Output entstehen. Somit sind Produktionsfaktoren alle Kräfte, Mittel und Güter, mit denen andere Güter hergestellt werden. (o. A.: BWL der Unternehmung, 2009, S. 15)

Die betriebswirtschaftlichen Produktionsfaktoren sind zunächst in zwei Gruppen zu unterteilen: zum einen materielle zum anderen menschliche Produktionsfaktoren. Materielle Produktionsfaktoren sind sowohl Werkstoffe als auch Betriebsmittel. Zu den menschlichen Produktionsfaktoren gehören ausführende und leitende (dispositive) Arbeit.

Die in einem Betrieb benötigten Werkstoffe, d. h. alle Stoffe die während der Güterproduktion verbraucht werden, sind Rohstoffe, Hilfsstoffe, Betriebsstoffe und Fertigteile. Die Rohstoffe gehen als Hauptbestandteil in die zu fertigenden Güter ein. Bei der Produktion eines Schreibtisches z. B. das Holz. Die Hilfsstoffe sind sogenannte Nebenbestandteile, die die zu produzierenden Güter lediglich ergänzen. Beispielsweise der Lack zum Lackieren des Schreibtisches. Betriebsstoffe werden zwar bei der Produktion verbraucht, gehen aber nicht in das Produkt ein, wie beispielsweise Strom für die Maschinen. Fertigteile sind Teile, die unverändert Bestandteil des Endproduktes werden, wie beispielsweise das Schloss zum Absperren der Schreibtischschublade.

Alle zur Güterproduktion benötigten Anlagen und Maschinen werden unter dem Begriff Betriebsmittel zusammengefasst. Hierzu zählen beispielsweise Grundstücke und Gebäude, d. h. Lager- und Produktionshalle, Büro- und Verwaltungsgebäude, Kantine usw. Ebenso gehören Maschinen, Transportbänder, Werkzeuge usw. zu den Betriebsmitteln.

Zum menschlichen Produktionsfaktor „Arbeit" gehört insbesondere die ausführende, d. h. körperliche Arbeit. Sie ist beispielsweise den Arbeiten eines Buchhalters, Arbeiters, Verkäufers, ... zuzuordnen. Dagegen zählt die geistige, organisatorisch-anordnende und repräsentative Arbeit zum Bereich der leitenden (dispositiven) Arbeit. Die Hauptaufgabe, z. B. eines Abteilungsleiters, des Meisters oder einer anderen Führungskraft besteht darin, die Produktionsfaktoren (Elementarfaktoren) so zu kombinieren, dass eine bestmögliche Güterproduktion umgesetzt werden kann. Eine exakte Trennung zwischen ausführender und leitender Tätigkeit ist unmöglich, dennoch wird den einzelnen Unternehmens- bzw. Aufgabenbereichen eine unterschiedliche Gewichtung zugeordnet.

Produktionsfaktoren, die eine unmittelbare Beziehung zum gefertigten Gut haben, gelten als Elementarfaktorfaktoren. Somit sind sowohl Werkstoffe als auch Betriebsmittel und die ausführende Arbeit Elementarfaktoren.

Bei der modernen Güterherstellung werden meist mehrere Produktionsfaktoren miteinander kombiniert. Dabei ist es, gerade im immer größer werdenden Konkurrenzkampf, notwendig, den zu erbringenden Aufwand möglichst gering zu halten, um einen möglichst hohen Ertrag zu erzielen.

Deutlich wird dies insbesondere, wenn teure Produktionsfaktoren, wie die ausführende Arbeit, durch billigere Produktionsfaktoren, wie Maschinen, substituiert, d. h. ersetzt werden. Im Produktionsprozess ist es somit nicht nur wichtig, auf die korrekte Kombination der Produktionsfaktoren zu achten, sondern unter Umständen auch einen Austausch vorzunehmen. Dies wird als Substitution der Produktionsfaktoren bezeichnet.

Wirtschaftssektoren

Betriebe unterscheiden sich sowohl in der Produktionsweise als auch in den erstellten Gütern (Output). Gemeinsam ist den Betrieben, dass sie ein finanzielles Fundament und eine rechtliche Verfassung benötigen, die dem Betrieb Namen und Gestalt gibt (Firma, Rechtsform). In diesem rechtlich-finanziellen „Mantel" tritt der Betrieb als Unternehmen am Markt auf, wobei der Betrieb Teil des Unternehmens ist. Somit ist ein Unternehmen eine selbstständige, wirtschaftliche und rechtliche Einheit. Da die Leistungserstellung innerhalb eines Betriebes stattfindet und der Betrieb als Produktionsstätte Teil des Unternehmens ist, werden die Begriffe Betrieb, Unternehmung und Unternehmen oft gleichgesetzt. (o. A.: BWL der Unternehmung, 2009, S. 14)

Je nach Art des produzierten Gutes gilt es, unterschiedliche Wirtschaftssektoren zu unterscheiden:

Die Rohstoffe, die zur Güterherstellung benötigt werden, liefert die Urproduktion. Zur Urproduktion, dem sogenannten primären Sektor, gehören die Land- und Forstwirtschaft, die Fischerei und der Bergbau, d. h. das gesamte produzierende Gewerbe. Im sekundären Sektor erfolgt die Verarbeitung der Rohstoffe. Zum produzierenden Gewerbe gehören beispielsweise die Lebensmittel- und Automobilindustrie, aber auch das Handwerk, die Energie- und Wasserversorgung. Verteilt ein Unternehmen die vom primären und sekundären Sektor erzeugten Produkte oder erbringt es Dienstleistungen, so handelt es sich um ein Dienstleistungsunternehmen, welches dem tertiären Sektor angehört. Beispiele hierfür sind der Einzel- und Großhandel, Ex- und Importeure, aber auch Versicherungen, Banken, Reisebüros, Ärzte, Rechtsanwälte usw. Die deutsche Wirtschaft ist in der beschriebenen Art und Weise aufgeteilt, sodass von einer sektoralen Wirtschaftsstruktur gesprochen wird. Allerdings weitet sich in der Bundesrepublik Deutschland der tertiäre Sektor aus, während sowohl der primäre als auch der sekundäre Sektor an Bedeutung verlieren. Der tertiäre Sektor wird somit zum dominanten Träger des wirtschaftlichen Wachstums. Dies ist zum einen auf den technischen Fortschritt, zum anderen auf die Globalisierung zurückzuführen. Dieser Wandel führt nicht nur zu Veränderungen der Erwerbstätigenzahlen in den einzelnen Sektoren, sondern auch zu Erneuerungen in der Qualifikationsstruktur der Bevölkerung. Beispielsweise gewinnen Sprach- und Computerkenntnisse zunehmend an Bedeutung. (Schmidt, Nora, 2010, S. 537 ff)

Unternehmensziele und Wirtschaftsprinzipien

Jedes Unternehmen versucht, eine eigene Identität gegenüber potenziellen Kunden, Geschäftspartnern, Konkurrenten und den Mitarbeitern zu entwickeln. Dazu formulieren sie ein Unternehmensleitbild. Darin sind Unternehmenskultur und -identität festgehalten. Die Unternehmenskultur (Corporate Culture) ist ein Gefüge von Normen, Werten, Verhaltens- und Arbeitsweisen eines Unternehmens. Aus der Unternehmenskultur wird die Unternehmensidentität (Corporate Identity) abgeleitet. Sie zeigt sich unmittelbar in der Selbstdarstellung gegenüber der Öffentlichkeit, wie z. B. bei der Kundenbetreuung und dem Umgang mit Lieferanten. Aus dem Unternehmensleitbild heraus werden verbindliche Unternehmensziele formuliert. Dabei gilt es im Wesentlichen, folgende zu unterscheiden:

Handelt ein Unternehmen nach dem erwerbswirtschaftlichen Prinzip, so strebt es danach, durch die unternehmerische Tätigkeit, d. h. die Erstellung von Gütern bzw. Dienstleistungen, maximale Gewinne zu erzielen (Gewinnmaximierungsprinzip). (Wöhe, Günter und Döring, Ulbrich, 2010, S. 6) In einem erwerbswirtschaftlich orientierten Unternehmen gilt es, die Interessen aller Beteiligten zu berücksichtigen. Dies sind einerseits die Interessen der Eigenkapitalgeber und somit ökonomische Ziele. Für die Arbeiternehmer stehen andererseits soziale Ziele im Vordergrund, während die Öffentlichkeit Wert auf die Beachtung ökologischer Ziele legt.

Des Weiteren gibt es eine klare Unterscheidung zwischen den Sach- und Formalzielen eines Unternehmens. Während die Sachziele festlegen, was in welcher Menge und Qualität, wo produziert werden soll, definieren die Formalziele, nach welchen Regeln dies geschieht, d. h., sie definieren die Rahmenbedingungen für die Gewinnmaximierung auf der einen Seite und der Kostenminimierung auf der anderen. Konkret werden hierbei Rentabilitätsziele, Umsatz-, Kosten- und Gewinnziele festgelegt. Dadurch dienen die Sachziele der Realisierung der Formalziele. (Wöhe, Günter, Döring, Ulbrich, 2010, S. 99)

Stellt man sich die Formal- und Sachziele als Rahmen vor, so werden diese durch die ökonomischen, ökologischen und sozialen Ziele des Unternehmens belebt. Die ökonomischen Ziele stellen den Fortbestand des Unternehmens bzw. sein Wachstum in den Vordergrund. Dies ist verständlich, da die Eigenkapitalgeber das Risiko tragen, ihr eingesetztes Kapital zu verlieren. Weitere ökonomische Ziele können darin bestehen, den Marktanteil zu erhöhen und damit von der Konkurrenz Kunden abzuwerben, um sie an das eigene Unternehmen zu binden. Das Vertriebsnetz auszudehnen, die anfallenden Kosten zu senken, darauf zu achten Rabatte auszunutzen, Rücklagen zu bilden usw.

Die für Arbeitnehmer wichtigen sozialen Ziele zeichnen sich durch die Erhaltung von Arbeitsplätzen, einer leistungsgerechten Entlohnung, Fortbildungsmöglichkeiten, Aufstiegschancen usw. aus.

Ökologische Ziele sind durch Energieeinsparungen, die Verwendung von Ressourcen und Umverpackungen aus dem Recyclingverfahren, Sammlung und umweltfreundliche Beseitigung von Abfällen, Einbau von Katalysatoren usw. gekennzeichnet.

Bei der Verwirklichung der angestrebten Ziele ist es möglich, dass sich Ziele gegenseitig ergänzen. Beispielsweise führt das ökonomische Ziel der Umsatzsteigerung dazu, dass die Produktionsmenge erhöht werden muss, woraufhin mehr Mitarbeiter beschäftigt werden können. Dadurch ist die Verwirklichung des ökonomischen Ziels mit einem sozialen Ziel verbunden. Bei einer Ergänzung von Zielen liegen komplementäre Ziele vor. Im Gegensatz zu dieser Zielharmonie liegt ein Zielkonflikt vor, wenn Ziele miteinander konkurrieren bzw. sich ausschließen. Dies ist z. B. der Fall, wenn durch die Umsetzung des ökologischen Zieles, wie dem Einbau einer teuren Filteranlage, der Gewinn sinkt und das ökonomische Ziel nicht aufrechterhalten werden kann. (o. A.: BWL der Unternehmung, 2009, S. 164 f.)

Bei Unternehmen, die nach dem gemeinwirtschaftlichen Prinzip agieren, steht nicht die Gewinnmaximierung, sondern die bestmögliche Versorgung der Bevölkerung mit Waren und Dienstleistungen im Vordergrund. Diese meist öffentlichen Betriebe, wie Gemeinden, Bund, Länder, ... oder sozialen Einrichtungen und gemeinnützigen Vereine arbeiten in der Regel nach dem Bedarfsdeckungsprinzip. Darunter ist entweder das Angemessenheitsprinzip (es soll ein angemessener Gewinn erzielt werden) oder das Kostendeckungsprinzip (es sollen zumindest die Kosten gedeckt werden) zu verstehen.

Im Wirtschaftsleben entstehen bei diesen Unternehmen oftmals Verluste, sodass der Trend dahin geht, diese Unternehmen zu privatisieren, wie bei der Deutschen Post oder der Deutschen Bahn.

Wirtschaftskreislauf

Um die Realität vereinfacht darzustellen, ist es hilfreich, ein Modell anzuwenden, wie beispielsweise einen Globus, eine Straßenkarte, ... In der Wirtschaft ist diese Vorgehensweise beliebt, da komplexe Zusammenhänge leichter darstellbar werden. Im Modell des Wirtschaftskreislaufes werden die Zusammenhänge einer Volkswirtschaft wie z. B. Deutschlands in vereinfachter Form wiedergegeben. Damit das Modell nachvollziehbar ist, werden verschiedene Grundannahmen, sogenannte Prämissen, getroffen. Alle am Wirtschaftsleben Beteiligten werden zu Sektoren (Gruppen), die auch als Wirtschaftssubjekte bezeichnet werden, zusammengefasst, sodass die privaten Haushalte, die Unternehmen, die Kreditinstitute, der Staat und das Ausland zu unterscheiden sind.

Im Modell des Wirtschaftskreislaufs existieren grundsätzlich zwei Wertströme. Zum einen der Güterstrom, der aus Gütern, Dienstleistungen und Arbeit besteht, zum anderen der Geldstrom. Der Geldstrom verläuft meist dem Güterstrom entgegen. Nachvollziehbar wird dies bei der Vorstellung, dass Güter, Dienstleistungen usw. stets mit Geld bezahlt werden und somit der Geldstrom die Gegenleistung für den Güterstrom darstellt.

Die privaten Haushalte haben als Teilnehmer im Wirtschaftskreislauf einerseits immer neue Bedürfnisse, die sie durch den Konsum von Gütern stillen möchten. Andererseits produzieren sie selbst nichts, sondern stellen den Unternehmen die Produktionsfaktoren Arbeit, Boden und Kapital zur Verfügung. Die Unternehmen produzieren mithilfe der privaten Haushalte Güter und Dienstleistungen, die sie verkaufen. Für den Güterstrom hat das zur Folge, dass die privaten Haushalte die Produktionsfaktoren, insbesondere ihre Arbeitskraft, zur Verfügung stellen, womit die Unternehmen Güter und Dienstleistungen produzieren. Als gegenüberstehender Geldstrom zahlen die Unternehmen den privaten Haushalten Löhne, Gehälter, Zinsen, Pacht und Gewinne, wodurch diese in der Lage sind, die produzierten Güter und Dienstleistungen einzukaufen. Den Unternehmen fließt der Kaufpreis als Erlös zu (Verkaufserlös) und ermöglicht es, die benötigten Produktionsfaktoren (Arbeit, Boden, Kapital) zu bezahlen.

Einen Teil ihres Einkommens sparen die privaten Haushalte und geben dieses Geld an Kreditinstitute weiter, z. B. in Form einer Spareinlage. Kreditinstitute agieren als Finanzmittler bzw. Finanzintermediär, indem sie die angenommenen Gelder in Form von Krediten an private Haushalte, Unternehmen, den Staat oder das Ausland weitergeben (Transformationsfunktion der Kreditinstitute). Während Kreditinstitute für Geldeinlagen Zinsen zahlen müssen, erhalten sie für die vergebenen Kredite selbst Zinsen. Durch die Weitergabe der Ersparnisse als Kredite ist es Unternehmen z. B. möglich, Investitionen zu tätigen, was dazu führt, dass alte Maschinen ersetzt werden können und Innovationen im Sinne des technischen Fortschritts möglich sind.

Eine wesentliche Ergänzung im Kreislaufmodell stellt der Staat dar. Er erzielt Einkommen aus Steuereinnahmen. Beispielsweise die Einkommenssteuer als direkte und die Umsatzsteuer als indirekte Steuer. Des Weiteren empfängt er Gebühren und Beiträge, wie z. B. die Gebühr für die Ausstellung eines Personalausweises. Der Staat verwendet dieses Geld insbesondere für die Vergütung seiner Beamten und Angestellten, zum Einkauf von Gütern, für Zinszahlung aufgenommener Kredite, für Subventionen an Unternehmen und Transferzahlungen an die privaten Haushalte (Zahlungen ohne Gegenleistung), wie Kindergeld, Wohngeld, Bafög.

Von den Haushalten empfängt der Staat Arbeitsleistungen, von den Unternehmen Güter und Dienstleistungen. Diesen beiden Sektoren stellt er dafür Staatsleistungen zur Verfügung, wie die Verwaltung oder Rechtsprechung, die allerdings nur schwer in Preisen messbar sind.

Als Geldstrom zahlt der Staat an die Unternehmen Subventionen und die Preise für Güterkäufe. Zurück erhält er direkte und indirekte Steuereinnahmen sowie Gebühren und Beiträge. Der Güterstrom besteht aus den vom Staat bei den Unternehmen gekauften Gütern und Dienstleistungen. Die privaten Haushalte stellen dem Staat ihre Arbeitskraft zur Verfügung, welche im Güterstrom erfasst wird. Zudem zahlen Sie Steuern, Gebühren und Beiträge. Sie erhalten dafür vom Staat ihr Einkommen und eventuell Transferzahlungen. Beides wird im Geldstrom erfasst.

Letztlich gilt es, das Ausland zu berücksichtigen. Deutschland bezieht Güter und Dienstleistungen aus dem Ausland (Importe) und verkauft Güter und Dienstleistungen ins Ausland (Exporte), was beides dem Güterstrom zuzuordnen ist. Da die Güter und Dienstleistungen jeweils zu zahlen sind, fließt Geld sowohl vom In- ins Ausland als auch umgekehrt. Diese Zahlen stellen den Geldstrom dar. (Heiring, Werner, Lippens, Walter, 2002, S. 31 ff.)

Organisation des Betriebes

Vertretungsvollmachten

Sicherlich ist es in einem kleinen Unternehmen denkbar, dass der Inhaber jede Post selbst öffnet, alle Verkaufsgespräche führt, den Schriftverkehr unterzeichnet u. v. m. Je größer das Unternehmen ist, desto schwieriger wird dies umzusetzen sein. Die Lösung liegt darin, dass der Geschäftsinhaber verschiedene Aufgaben an seine Mitarbeiter delegiert und ihnen eine Vollmacht erteilt. In Abhängigkeit ihrer Kompetenz geschieht dies in unterschiedlichem Umfang. Wie weitreichend eine Vollmacht ist, ergibt sich aus der Vollmachterteilung durch den Geschäftsinhaber, d. h. den Kaufmann (§ 1 Absatz 1 HGB). Das Handelsgesetzbuch regelt in diesem Sinne die Besonderheiten der handelsrechtlichen Stellvertretung in Form der Handlungsvollmacht und der Prokura (§§ 48 – 58 HGB).

Handlungsvollmacht

Eine Möglichkeit des Kaufmanns besteht in der Erteilung der allgemeinen Handlungsvollmacht. Die allgemeine Handlungsvollmacht berechtigt zur Vornahme aller Rechtsgeschäfte, die in der jeweiligen Branche gewöhnlich vorkommen (§ 54 Absatz 1 HGB). Über allgemeine Handlungsvollmacht verfügen z. B. Geschäftsführer, Filial- oder Abteilungsleiter. Die Artvollmacht berechtigt dazu, bestimmte wiederkehrende Arten von Rechtsgeschäften vorzunehmen, die im jeweiligen Arbeitsbereich üblicherweise anfallen. Artvollmacht haben z. B. Verkäufer, Buchhalter, ... Eine Einzelvollmacht liegt dann vor, wenn der Bevollmächtigte lediglich dazu berechtigt ist, ein einziges Rechtsgeschäft einmalig auszuüben, z. B. das Einlösen eines Schecks bei einem Kreditinstitut. Ist dieses Rechtsgeschäft abgeschlossen, erlischt die Vollmacht.

Ein Mitarbeiter, dem Handlungsvollmacht erteilt wurde, wird als Handlungsbevollmächtigter bezeichnet. Welche Art der Handlungsvollmacht vorliegt, macht der Bevollmächtigte durch einen Zusatz zur Unterschrift kenntlich. Liegt eine allgemeine Handlungsvollmacht vor, wird der Name um „i. V.", d. h. „in Vollmacht" ergänzt. Sowohl bei einer Art- als auch bei einer Einzelvollmacht wird die Abkürzung „i. A.", für „im Auftrag", ergänzt.

Ernennt ein Kaufmann die Bevollmächtigten in seinem Unternehmen, kann er jeden für sich alleine als vertretungsberechtigt anerkennen oder mehreren Personen gemeinsam das Vertretungsrecht einräumen. In diesem Fall liegt eine Gesamtvollmacht vor, die die Bevollmächtigten nur gemeinsam zum Abschluss eines Rechtsgeschäftes berechtigt. (o. A.: BWL der Unternehmung, 2009, S. 203)

Die Handlungsvollmacht kann formlos, d. h. schriftlich, mündlich oder stillschweigend durch Duldung erteilt werden. Somit reicht es aus, wenn der Kaufmann seinem Mitarbeiter mitteilt, dass er ab nächstem Monat Handlungsbevollmächtigter ist. Dies ist auch dann der Fall, wenn ein Mitarbeiter, eigenständig regelmäßig Rohstoffe für die Produktion bestellt und sein Vorgesetzter dies stillschweigend akzeptiert. Jeder Bevollmächtigte kann innerhalb seiner Vollmacht Untervollmachten erteilen. Somit ist es möglich, dass ein Mitarbeiter der allgemeine Handlungsvollmacht besitzt, Art- bzw. Einzelvollmacht oder ein Mitarbeiter mit Artvollmacht seinerseits Einzelvollmacht erteilt. Allerdings darf ein Bevollmächtigter seine eigene Handlungsvollmacht nicht weitergeben (§ 58 HGB). Handlungsvollmachten werden nicht in das Handelsregister eingetragen. Das Handelsregister ist ein bei den Amtsgerichten elektronisch geführtes öffentliches Register (§ 8 HGB), welches Kaufleute und Handelsgesellschaften unter ihrem Namen, d. h. ihrer Firma verzeichnet. Dies erfolgt, um der Öffentlichkeit verschiedene Rechtsvorgänge mitzuteilen.

Prokura

Ein Rechtsvorgang, der der Öffentlichkeit, wie Geschäftspartnern, der Konkurrenz usw. zugänglich sein muss, ist beispielsweise die Erteilung einer Prokura. Die Prokura ist die umfassendste Vollmacht, die lediglich der Kaufmann persönlich erteilen darf. Die Prokura ermächtigt nach § 49 HGB zu allen gewöhnlichen und außergewöhnlichen Rechtsgeschäften, die irgendein Handelsgewerbe mit sich bringt. Außergewöhnliche Rechtsgeschäfte können sowohl gerichtliche Rechtsgeschäfte sein, wie z. B. Prozesse für den Betrieb führen oder Strafanzeige in geschäftlichen Dingen stellen, als auch außergerichtliche Rechtsgeschäfte, wie z. B. Darlehen aufnehmen, Grundstücke kaufen oder den Geschäftszweig ändern, d. h., ein Möbelgeschäft verkauft künftig Sportkleidung. Dies bedeutet, dass in einem Unternehmen nur der Kaufmann selbst noch mehr Rechte hat als ein Prokurist. Aus diesem Grund wird diese Art der Vertretungsmacht i. d. R. nur besonders vertrauenswürdigen und gewissenhaften Mitarbeitern erteilt.

Innerhalb der Prokura können drei Arten unterschieden werden. Durch eine Einzelprokura wird ein einzelner Prokurist ermächtigt, alleine die gesamte Vertretungsmacht auszuüben. Anders gestaltet sich dies bei der Gesamtprokura. Zwei oder mehrere Personen dürfen hier die Vertretungsmacht nur gemeinsam ausüben (§ 48 Absatz 2 HGB). Sollte einer der Prokuristen im Rahmen der Gesamtprokura seine Zustimmung verweigern, kann das Rechtsgeschäft nicht abgeschlossen werden. Bei der Filialprokura beschränkt sich die Vertretungsmacht auf eine einzige von mehreren Filialen (Niederlassungen) des Kaufmanns. Dabei müssen die Zweigniederlassungen wenigstens durch einen Zusatz zu unterscheiden sein (§ 50 Absatz 3 HGB), z. B. Möbelhaus Müller, Filiale Wohnstadt.

Prokuristen haben ihre Unterschrift auf Geschäftsbriefen mit dem Zusatz „ppa." oder „pp." (per procura) zu versehen, damit die Geschäftspartner die Prokura erkennen können (§ 51 HGB). Bei der Einzelprokura hat nur der einzelne Prokurist zu unterschreiben. Bei der Gesamtprokura ist die Unterschrift aller Prokuristen mit dem Zusatz erforderlich.

Es gibt einige Rechtsgeschäfte, für die der allgemeine Handlungsbevollmächtigte eine besondere Erlaubnis benötigt. Diese sind die Veräußerung von Grundstücken, Aufnahme von Darlehen und Prozessführung bei Gericht. (§ 54 Absatz 2 HGB). Im Gegensatz zum allgemeinen Handlungsbevollmächtigten benötigt der Prokurist lediglich eine besondere Erlaubnis bei der Veräußerung und Belastung von Grundstücken (§ 49 Absatz 2 HGB).

Sowohl dem Prokuristen und somit erst recht dem Handlungsbevollmächtigten ist es gesetzlich verboten, Bilanzen und Steuererklärungen zu unterschreiben, Handelsregistereintragungen anzumelden, selbst Prokura zu erteilen, Gesellschafter aufzunehmen, das Unternehmen zu verkaufen oder im Falle eines Prozesses einen Eid an Stelle des Kaufmanns zu leisten.

Sowohl die Handlungsvollmacht als auch die Prokura erlöschen durch formlosen Widerruf durch den Kaufmann. Das Löschen einer Prokura muss jedoch zusätzlich zur Eintragung ins Handelsregister angemeldet werden (§53 Absatz 2 HGB). Beide Vertretungsmachten erlöschen außerdem bei Ausscheiden des Bevollmächtigten aus dem Unternehmen, Tod des Bevollmächtigten oder Auflösung der Unternehmung.

Auszug aus dem Handelsgesetzbuch (HGB)

§ 48 HGB

(1)

[...]

(2)

Die Erteilung kann an mehrere Personen gemeinschaftlich erfolgen (Gesamtprokura).

§ 49 HGB

(1)

Die Prokura ermächtigt zu allen Arten von gerichtlichen und außergerichtlichen Geschäften und Rechtshandlungen, die der Betrieb eines Handelsgewerbes mit sich bringt.

(2)

Zur Veräußerung [...] von Grundstücken ist der Prokurist nur ermächtigt, wenn ihm diese Befugnis besonders erteilt ist.

§ 50 HGB

(1) Eine Beschränkung des Umfangs der Prokura ist Dritten gegenüber unwirksam.

(2) Dies gilt insbesondere von der Beschränkung, dass die Prokura nur für gewisse Geschäfte oder gewisse Arten von Geschäften oder nur unter gewissen Umständen oder für eine gewisse Zeit oder an einzelnen Orten ausgeübt werden soll.

(3) Eine Beschränkung der Prokura auf den Betrieb einer von mehreren Niederlassungen des Geschäftsinhabers ist Dritten gegenüber nur wirksam, wenn die Niederlassungen unter verschiedenen Firmen betrieben werden. Eine Verschiedenheit der Firmen im Sinne dieser Vorschrift wird auch dadurch begründet, dass für eine Zweigniederlassung der Firma ein Zusatz beigefügt wird, der sie als Firma der Zweigniederlassung bezeichnet.

§ 51 HGB

Der Prokurist hat in der Weise zu zeichnen, dass er der Firma seinen Namen mit einem die Prokura andeutenden Zusatz beifügt.

§ 54 HGB

(1)

Ist jemand [...] zur Vornahme einer bestimmten zu einem Handelsgewerbe gehörigen Art von Geschäften oder zur Vornahme einzelner zu einem Handelsgewerbe gehöriger Geschäfte ermächtigt, so erstreckt sich die Vollmacht (Handlungsvollmacht) auf alle Geschäfte und Rechtshandlungen, die [...] die Vornahme derartiger Geschäfte gewöhnlich mit sich bringt, d. h. auf alle gewöhnlichen Rechtsgeschäfte.

(2)

Zur Veräußerung [...] von Grundstücken, [...], zur Aufnahme von Darlehen und zur Prozessführung ist der Handlungsbevollmächtigte nur ermächtigt, wenn ihm eine solche Befugnis besonders erteilt ist.

(3)

§ 57 HGB

Der Handlungsbevollmächtigte hat [...] mit einem das Vollmachtverhältnis ausdrückenden Zusatz zu zeichnen.

Organigramm – allgemein

Um das Unternehmensziel zu erreichen, hat ein Geschäftsinhaber viele Entscheidungen zu treffen, beispielsweise welche Güter den Kundengeschmack am ehesten treffen, welche Betriebsmittel dazu benötigt werden, wie die Ware zum Kunden gelangt, wer im Unternehmen für die einzelnen Aufgaben zuständig ist usw. In der Regel wird der Unternehmer versuchen, möglichst viele Chancen, Risiken, Einflussfaktoren, Schwierigkeiten, ... zu ermitteln, um eine entsprechende Strategie festzulegen, die ihm beim Erreichen des Unternehmensziels hilft. Wenngleich solche Pläne wie der Absatzplan, Produktionsplan, Investitionsplan usw. den Unternehmer darin unterstützen, möglichst viele Unsicherheiten im Voraus abzuwägen, werden immer unvorhergesehene Entscheidungen von ihm verlangt. Solche außerplanmäßigen Entscheidungen, die eine sofortige Reaktion erfordern, werden als Improvisation bezeichnet. Zu improvisieren birgt stets ein hohes Risiko in sich, sodass ein Unternehmer versuchen wird, ein hohes Maß an dauerhaften Regeln festzulegen. Solche geplanten dauerhaften Regelungen werden als Organisation bezeichnet. Voraussetzung für solche Dauerregelungen ist, dass die zu organisierenden Vorgänge gleichartig sind und sich ständig wiederholen. (vgl. May & May, 2009, S. 194)

Je größer die Gleichartigkeit, Regelmäßigkeit und Wiederholbarkeit betrieblicher Prozesse ist, umso einfacher ist es, allgemeine Regelungen zu treffen. Diese minimieren das Risiko zur Improvisation. Die Organisation gewährleistet somit eine gewisse Ordnung. Bezieht sich diese auf die auszuführenden Tätigkeiten bzw. Arbeitsabläufe innerhalb eines Unternehmens, handelt es sich um die Ablauforganisation. Werden dagegen organisatorische Elemente wie Instanzen, Abteilungen, Stellen, ... miteinander verknüpft und die Beziehungsstruktur zwischen diesen Elementen aufgezeigt, d. h. deutlich gemacht, ob eine Gleich- oder Unter- bzw. Überordnung vorliegt, so handelt es sich um die Aufbauorganisation eines Unternehmens. Die Organisationsstruktur (Aufbauorganisation) ist in der Realität untrennbar mit den betriebsinternen Abläufen (Ablauforganisation) verbunden, sodass die Organisation von Aufbau und Ablauf synchron erfolgen. (vgl. Wöhe, Günter, Döring, Ulbrich, 2010, S. 145)

Die Tätigkeiten, die innerhalb eines Unternehmens erfolgen, müssen in eine bestimmte festgelegte Ordnung gebracht und aufeinander abgestimmt werden. Dazu legt die Aufbauorganisation fest, wer für welche Aufgaben zuständig ist und wie die Zusammenarbeit zwischen den einzelnen Arbeitsabläufen geregelt ist. Diese Einordnung des jeweiligen Arbeitsplatzes in den gesamten Unternehmensaufbau wird anhand des Organisations-Schaubildes, des sogenannten Organigramms, deutlich.

Das Organigramm als Organisationsinstrument der Aufbauorganisation zeigt die Position jedes einzelnen Mitarbeiters im Unternehmen. Ein Organigramm ist hierarchisch aufgebaut, sodass die Linien eines Organigramms die Zuordnung jedes Mitarbeiters zu seinen Abteilungen und Vorgesetzten zeigen. So wird deutlich, wer welchen Mitarbeitern gegenüber weisungsberechtigt ist.

Zudem sind im Organigramm alle Verantwortungsbereiche ersichtlich, sodass sowohl die zuständigen Ansprechpartner als auch deren Kompetenzen abgelesen werden können. Beispielsweise ist es bei Rückfragen von Kunden möglich, unmittelbar einen kompetenten Ansprechpartner zu finden. Um die Hierarchien innerhalb des Unternehmens zu verdeutlichen, ist es notwendig, dass ein Organigramm aus verschiedenen Elementen besteht:

Die Stelle ist das Grundelement der Aufbaustruktur, denn in ihr werden zusammengehörende Einzelaufgaben zu Tätigkeitsbereichen zusammengefasst. Wie viele Teilaufgaben zusammengefasst werden, hängt von der Art der Stelle ab. Die Person, die die Teilaufgaben einer Stelle erfüllt ist der Stelleninhaber. Eine Stelle gilt als die kleinste organisatorische Einheit eines Unternehmens.

Grundsätzlich lassen sich die in einem Unternehmen anfallenden Aufgaben in Ausführungs- und Leitungsaufgaben zerlegen. Die Ausführungsaufgaben werden den Stellen zugeordnet. Die Leitungsaufgaben werden ranghöheren Stellen, den sogenannten Instanzen, zugewiesen. Somit handelt es sich bei einer Instanz um eine Stelle mit Weisungsbefugnis. Die Instanz nimmt die Leitungsaufgaben in der Regel für mehrere Stellen wahr. Werden die Instanz und die ihr untergeordneten Stellen zusammengefasst, so entsteht eine Abteilung. (vgl. Wöhe, Günter; Döring, Ulbrich, 2010, S. 149) Von der obersten Instanz (Geschäftsführung) laufen über die jeweils zuständigen Instanzen (z. B. Abteilungsleitung, Gruppenleitung, ...) bis zu den Stellen der ausführenden Ebene, wie Sachbearbeiter, Lagerhalter usw., alle Anweisungen zur entsprechenden Zielerreichung des Unternehmens. Dabei können den Instanzen sogenannte Stabstellen (Stäbe) zugeordnet werden. Diese unterstützen die Instanzen in ihrer Aufgabenerfüllung, z. B. indem sie beraten oder Entscheidungen vorbereiten. Stabstellen unterstehen lediglich der Instanz, der sie zugeordnet sind, und haben keinerlei Weisungsbefugnis.

In der Darstellungsform eines Organigramms sind alle Stellen und Instanzen in der Regel in Form eines Rechtecks dargestellt, die je nach Hierarchie mittels Linien verbunden sind. Lediglich die Stabstellen werden oftmals in Form eines Kreises oder einer Raute dargestellt und über eine Linie mit der Instanz verbunden, die sie beraten. Stabstellen sind immer der zugeordneten Instanz hierarchisch gleichgestellt, sodass sie auf einer Ebene mit dieser dargestellt werden.

Organigramm – Hauser & Schulte GmbH

Auch die Hauser & Schulte GmbH ist in dem Sinne organisiert, dass sowohl die Verantwortung der Mitarbeiter und der Führungskräfte als auch deren Beziehung zueinander geregelt ist (Aufbauorganisation). Dabei ergeben sich nachstehende Tätigkeitsbereiche und Weisungsbefugnisse, was auch in Form eines Organigramms darstellbar ist: Die höchste Instanz der Hauser & Schulte GmbH besteht aus den beiden Geschäftsführern Nadine Hauser und Joachim Schulte. Ihnen ist eine Stabstelle zugeordnet, Herr Weismüller, der für das Qualitätsmanagement der Hauser & Schulte GmbH zuständig ist. Als Hauptabteilungen verfügt die Hauser & Schulte GmbH über den Einkauf, auch als Beschaffung bezeichnet. Über die Produktion und das Lager, zu dem auch der Versand gehört, der Verkauf, auch als Absatz bezeichnet, einschließlich Marketing, der Verwaltung und dem Bereich Personal. Jeder Hauptabteilung steht ein Hauptabteilungsleiter als Instanz vor.

Diese sind:

Einkauf (Beschaffung):	Herr Thommes	Design:	Frau Uhu
Produktion:	Herr Reiter	Holz:	Herr Weise
Lager/Versand:	Herr Decker	Metall:	Herr Urig
Verkauf (Absatz)/Marketing:	Frau Thome	Polsterei:	Frau Ewig
Verwaltung:	Frau Alles	Montage:	Herr Nell
Personal:	Frau Kreuzer	Verpackung:	Frau Schmitz

Die Abteilung Einkauf gliedert sich wiederum in zwei Abteilungen, deren Teilaufgaben sich zum einen in den Bereich Werkstoffe zum anderen in die Handelswaren unterteilen. Die Abteilung Werkstoffe besteht aus drei Stellen. Herr Wurzel ist Stelleninhaber für den Bereich Holzbeschaffung. Herr Hartwig kümmert sich um den Bereich Metall. Herr Dick kauft Stoffe und Polster ein. Den drei Stellen steht Herr Oste als Abteilungsleiter vor. Die Abteilung Handelsware leitet Frau Laux, wobei sie zwei Mitarbeiter hat, Frau Schick und Herrn Schiller. Die Abteilung Produktion wird von Herrn Reiter geleitet und besteht aus folgenden ausführenden Stellen:

Abteilungsleiter des Lagers bzw. des Versands ist Herr Decker. Er ist den Abteilungen Warenannahme (Abteilungsleiter Herr Muster), dem Versand (Abteilungsleiter Herr Theo) und der Lagerverwaltung (Abteilungsleiter Herr Sauer) gegenüber weisungsbefugt. Die Abteilung Warenannahme besteht aus Herrn Schneider und Herrn Alt. Stelleninhaber der Abteilung Versand sind Frau Jung und Frau Sommer. Während die Lagerverwaltung aus Herrn Sauer selbst und einem Mitarbeiter, Herrn Lenz, besteht.

Der Abteilung Verkauf (Absatz)/Marketing steht Frau Thome vor. Die Hauptaufgaben werden in die Teilaufgaben der Abteilungen Außendienst, Auftragsbearbeitung und Marketing unterteilt. Der Abteilung Außendienst steht Frau Fremd vor, die den Mitarbeitern Herrn Fleißig und Herrn Rüstig gegenüber weisungsberechtigt ist. Die Abteilung Auftragsbearbeitung besteht aus Herrn Reiß, dem Abteilungsleiter sowie Frau Süß, die für die Büroeinrichtungen zuständig ist, und Frau Perfekt für die Bürogestaltung. Dem Bereich Marketing, unter der Leitung von Frau Bethe, untersteht Herr Reichel.

Die Verwaltung (Abteilungsleitung Frau Alles) ist in die Abteilungen Sekretariat (Abteilungsleitung Frau Klein), Rechnungswesen (Abteilungsleitung Herr Hopf) und die Organisation (Abteilungsleitung Herr Reitenbach) unterteilt. Dem Sekretariat gehören Herr Wort und Frau Emsig als Sachbearbeiter, d. h. Stelleninhaber an. Im Bereich Rechnungswesen ist Frau Faust für die Finanzbuchhaltung und Frau Zimmer für die Statistik zuständig. Die Organisation hat nur einen Mitarbeiter, Herrn Mertens.

Der Abteilung Personal, unter der Leitung von Frau Kreuzer, unterstehen die Personalverwaltung, deren Leitung Herr Eich inne hat, und die Abteilung Aus- und Weiterbildung unter der Leitung von Frau Torn. Während Herrn Eich als Mitarbeiterin Frau Wunn zugewiesen ist, arbeitet in der Abteilung Aus- und Weiterbildung noch Herr Hoffmann.

Umweltfaktoren

Für den Arbeitserfolg und die Arbeitszufriedenheit der Mitarbeiter ist die Gestaltung des Arbeitsplatzes ein ganz wesentlicher Faktor.

Lärm

Zu viel Lärm ist eine große Belastung für die Gesundheit des Menschen, denn Lärm kann zu Hörschäden führen. Der Schalldruckpegel gibt an, wie laut ein Geräusch ist bzw. wie das Geräusch vom menschlichen Ohr empfunden wird. Er wird gemessen in Dezibel (dB) A – benannt nach Graham Bell, dem Erfinder des Telefons. Lärm entsteht durch EDV-Geräte (Computer, Drucker etc.) oder durch das Schreiben auf der Tastatur. Auch laute Musik oder Gespräche können Lärm verursachen. Um Gesundheitsschäden zu vermeiden, kann Lärm z. B. durch Teppichböden, schallschluckende Decken, Doppelverglasung bzw. Pflanzen reduziert werden. Beim Lärm müssen Höchstgrenzen eingehalten werden: Da im Büro überwiegend geistig gearbeitet wird, sollte der Geräuschpegel nicht höher als 55 dB sein. Ein Laserdrucker oder ein Gespräch in normaler Lautstärke verursachen z. B. Lärm von ca. 55 dB. Bei einfachen Tätigkeiten kann der Lärmpegel bis zu 70 dB(A) hoch sein. Sonstige Tätigkeiten sollten 85 dB(A) nicht überschreiten. Beispiel: Ein vorbeifahrender LKW verursacht eine Lautstärke von ca. 90 dB.

Auswirkungen von Lärm auf unsere Gesundheit

Lärm kann sehr belastend sein; Aufmerksamkeit und Reaktionszeit sinken, der Mensch kann sich nicht mehr gut konzentrieren. Ferner laufen Denkvorgänge langsamer ab. Lärm kann nervös machen. Bei sehr großer Lautstärke kann das Gehör geschädigt werden. Lärm beeinflusst das vegetative Nervensystem, erhöht den Blutdruck und kann das Herz-Kreislauf-System schädigen. In extremen Fällen kann Lärm Depressionen verursachen.

Merke: Je mehr Lärm, desto schlechter kann man sich konzentrieren. Lärm kann krank machen – deshalb sollte darauf geachtet werden, dass der Mensch (ob in der Schule, bei der Arbeit oder in der Freizeit) nicht zu großem Lärm ausgesetzt ist.

Licht

Das natürliche Sonnenlicht ist für die Gesundheit und das Wohlbefinden des Menschen am besten. Ein strahlender Frühlingstag macht uns aktiver, wir sind besser gelaunt. Ein grauer Herbsttag dagegen legt sich schwer auf das Gemüt. Wir werden müde und die Arbeit will nicht gelingen. Deshalb muss das künstliche Licht dem Tageslicht möglichst ähnlich und der Arbeitsplatz optimal ausgeleuchtet sein. Der Arbeitsplatz sollte so gestaltet sein, dass möglichst viel Tageslicht einfallen kann, z. B. Schreibtisch am Fenster.

Die Beleuchtungsstärke sollte mindestens 500 Lux (Maßeinheit zur Messung der Beleuchtungsstärke) betragen. Der Raum und die Arbeitsfläche eines Schreibtisches müssen gleichmäßig und hell ausgeleuchtet sein, damit beim Lesen keine Schatten entstehen. Spiegelungen auf dem Bildschirm müssen vermieden werden. Die Glühbirnen oder andere Leuchtmittel dürfen nicht blenden oder flimmern.

Darüber hinaus sollte das Licht aus der „richtigen Richtung" kommen: bei Rechtshändern in der Regel von links, bei Linkshändern von rechts, damit beim Schreiben kein störender Schattenwurf entsteht.

Auswirkungen schlechter Beleuchtung auf unsere Gesundheit

Nur ein kleiner Teil des natürlichen Lichts dient zum Sehen. Der größere Teil gelangt in unseren Organismus und kurbelt den Stoffwechsel an, regelt den Hormonhaushalt, das Immunsystem, den Zellstoffwechsel usw. Schlechte Lichtverhältnisse am Arbeitsplatz verursachen Kopfschmerzen und Augenprobleme, schwächen die Immunabwehr, beeinflussen die Konzentrationsfähigkeit und führen zu rascher Ermüdung. Ein optimal ausgeleuchteter Arbeitsplatz fördert Konzentration, Kreativität und Leistungsfähigkeit.

Klima

Ein angenehmes Raumklima ist vor allem von der Raumtemperatur, der Luftbewegung und der Luftfeuchtigkeit abhängig. Der Temperaturbereich, bei dem sich der Mensch bei der Büroarbeit wohl fühlt, liegt in der Regel bei ca. 21 °C. An heißen Sommertagen kann er höher liegen, sollte aber 26 °C nicht überschreiten. Neben der Temperatur sollte auch die Luftfeuchtigkeit im Büro gemessen werden. Diese darf 40 % nicht unter- und 65 % nicht überschreiten. Ein einfaches Mittel, um eine angenehme Luftfeuchtigkeit und gesunde Luftbewegung zu erzielen, ist die Lüftung durch weit geöffnete Fenster (Stoßlüftung). Danach sollten die Fenster wieder geschlossen werden. Eine dauerhafte Kippstellung verbraucht unnötig Energie und verursacht Zugluft. Diese ist unbedingt zu vermeiden. Sie kann Erkältungen oder Rückenschmerzen verursachen. Manche Unternehmen haben Belüftungssysteme, die verbrauchte Luft absaugen und frische Luft in den Raum zurückgeben. Grünpflanzen sorgen ebenfalls für ein gutes Raumklima, da sie Sauerstoff und Feuchtigkeit spenden. Einige binden sogar Schadstoffe.

Auswirkungen eines schlechten Raumklimas auf unsere Gesundheit

Ein schlechtes Raumklima kann die Gesundheit beeinträchtigen: Ein überheiztes Büro macht müde. Außerdem wird mehr Staub durch die Luft gewirbelt, was Allergikern Probleme bereiten kann. Zu feuchte oder zu trockene Luft kann Allergien verursachen. Bei zu trockener Luft können die Schleimhäute der Augen und Atemwege austrocknen, was die Widerstandsfähigkeit gegen Infektionen herabsetzt, Schleimhautentzündungen sind die Folge. Außerdem kann es bei zu trockener Luft zu unangenehmen, elektrostatischen Aufladungen kommen (die Haare „fliegen" oder „kleben" am Gesicht). (vgl. ArbStättV, 2010)

Farbgestaltung

Die farbliche Gestaltung von Wänden und Mobiliar beeinflusst das Wohlbefinden am Arbeitsplatz. Viele Unternehmen beauftragen bei der Gestaltung der Arbeitsplätze oft speziell ausgebildete Farbdesigner, damit sich die Mitarbeiter wohl fühlen. Allerdings sollten Farben generell sparsam verwendet werden, denn zu viele Farben erschweren die Informationsaufnahme. Grüne Farben wirken beruhigend, fördern Aufgeschlossenheit und Kontaktfreudigkeit. Gelbe Farbtöne regen zu geistiger Tätigkeit und Aktivität an. Rote Farben erregen Aufmerksamkeit, wirken alarmierend. Sie werden häufig im Straßenverkehr verwendet (z. B. Stoppschilder oder Begrenzungsbänder bei Baustellen).

Für Räume mit wenig Sonnenlicht bieten sich warme Farbtöne an, z. B. gelb oder orange. In Arbeitsräumen, in denen monotone Tätigkeiten ausgeführt werden, bringen größere Farbkontraste (z. B. weiß und blau) eine belebende Wirkung. Eine richtige Farbwahl für Möbel oder Wände führt zu besserer Wahrnehmung, höherer Leistungsfähigkeit, guter Stimmung, mehr Sicherheit und Ordnung, besserer Orientierung. Darüber hinaus kann sich der Mensch schneller erholen.

Auswirkungen ungünstiger Farbzusammenstellungen auf die Gesundheit

Eine ungünstige Farbwahl hat Auswirkungen auf die Gesundheit: Eine kontrastarme Farbwahl bei der Bildschirmarbeit führt zur Ermüdung der Augen. Beispiel: Gelbe Schrift auf weißem Grund ist sehr anstrengend zu lesen. Es kann zu Brennen oder verstärktem Tränenfluss kommen. Um dies zu verhindern, wählt man besser eine dunkle Schrift (z. B. schwarz) auf hellem Grund (z. B. weiß).

Raumformen

Die Bürofläche stellt heutzutage einen hohen Kostenfaktor dar. Das bedeutet, dass die Fläche optimal genutzt werden soll. Die Arbeitsgewohnheiten haben sich geändert, dadurch entwickelt sich auch die Nutzungsart der Büroräume weiter.

Einpersonen-Büro

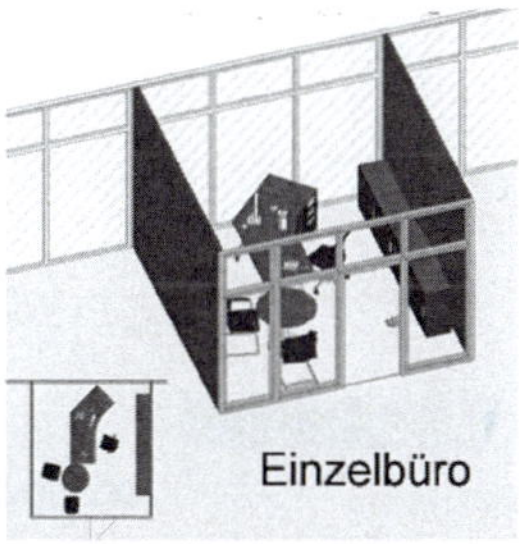

Das Einpersonen-Büro wird dann bevorzugt, wenn die Aufgaben hohe Konzentration oder auch Vertraulichkeit erfordern. Durch den hohen Grad der Abschirmung in Verbindung mit Privat- und Gewohnheit ist diese Büroform bei Mitarbeitern sehr beliebt. Der vorgeschriebene Flächenbedarf für Benutzerfläche, Verkehrswegefläche und Möbelfunktionsflächen beträgt: für einen Büroarbeitsplatz 8 bis 10 qm, für einen Bildschirmarbeitsplatz 10 qm, für einen Mischarbeitsplatz 12 qm.

Mehrpersonen-Büro

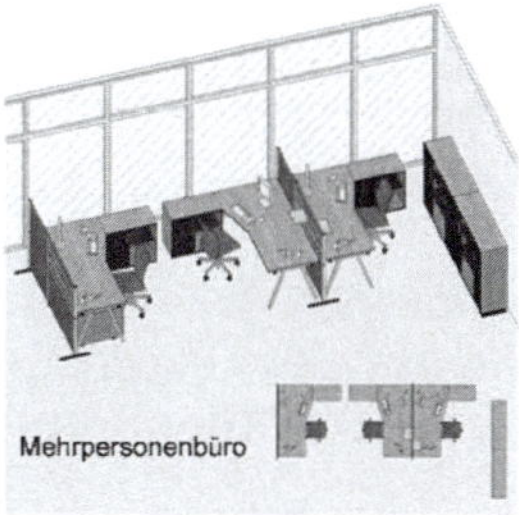

Zusammengehörige Organisations-Einheiten, Teams und Gruppen lassen sich gut im Mehrpersonenbüro (auch Team- oder Gruppenbüro) unterbringen. Diese Büroform unterstützt die gemeinsame Aufgabenerledigung. Gerade die schnelle Kommunikation und Abstimmung zwischen den Mitarbeitern sowie die effiziente Nutzung der Bürofläche ist eine Stärke dieser Büroform.

Das Gruppenbüro lässt sich sowohl in Zellenbüroform als auch in älteren Gebäuden mit größeren Zimmern realisieren. In Abhängigkeit von der Gruppengröße sind Raumgrößen und Raumzuschnitte unterschiedlich. Jeweils mehrere Gruppenbüros erhalten ein Service-Center (Postverteilen, Kopieren, Faxen) und Besprechungs- und Regenerations-Bereiche (Relax-Zonen).

Großraum-Büro

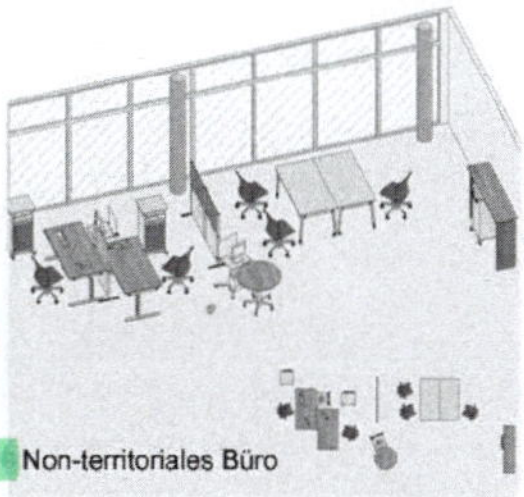

buerohaus-leuchs.de

Die Anfang der Sechzigerjahre in Deutschland geplanten Großraum-Büros wurden mit dem Anspruch möglichst großer Variabilität, Funktionalität und Wirtschaftlichkeit der Flächennutzung gebaut: Die Kommunikation mit Kollegen ist schneller, praktischer und intensiver auf derselben Etage als über Stockwerke. Die beliebige Anordnung von Bildschirmarbeitsplätzen führt jedoch oft zu Direktblendung (Blickrichtung zum Fenster) oder Reflexblendung (Spiegelung von Fenstern auf dem Bildschirm).

Um die gesetzlich geforderten Bedingungen am Bildschirmarbeitsplatz zu gewährleisten, werden deshalb Stellwände nötig, die – laut Arbeitsstättenverordnung – den Blick des Mitarbeiters durch das Fenster ins Freie nicht behindern dürfen.

Kombi-Büro (Open Space)

Konzentrierte Einzelarbeit, Platz für Teamarbeit und informelle Kommunikation – das Kombi-Büro sucht die optimale Verbindung zwischen Konzentration und Kommunikation zu schaffen. Es stellt eine Kombination zwischen individuellen Einzel-Arbeitsräumen und dem für Teambesprechungen und informelle Kontakte vorgesehenen „Allraum" dar.

Dem Kombibüro liegt die Idee zugrunde, die herkömmlichen Raumkonzepte so miteinander zu verknüpfen, dass für die unterschiedlichen Arbeitsanforderungen optimale räumliche Gegebenheiten entstehen. Kombi-Büros eignen sich vorzugsweise für Unternehmen, bei denen häufig zwischen konzentrierter Einzelarbeit und Projektgruppenarbeit gewechselt wird.

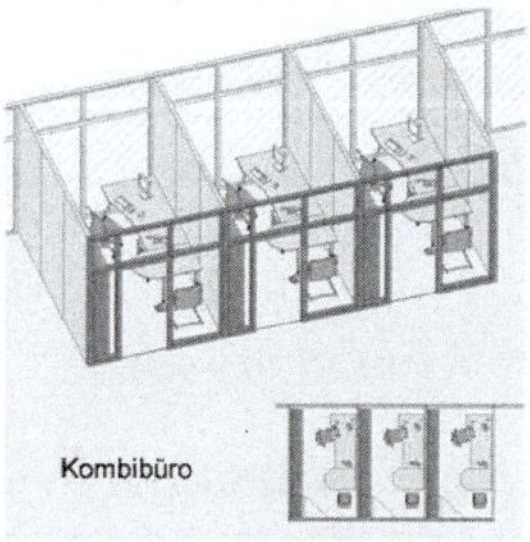

buerohaus-leuchs.de

Die Arbeitskojen sind in der Regel als Einpersonen-Räume konzipiert. Im Kombi-Büro kann der einzelne Mitarbeiter weitgehend ungestört seine Arbeitsaufgabe erfüllen, denn der geschlossene Raum bietet dazu die erforderliche Konzentrationsmöglichkeit. Im „Allraum" stehen häufig die Arbeitsmittel, die von allen genutzt werden – Drucker, Kopierer, Telefax. Ebenfalls werden hier Pausenräume und kleinere Besprechungszonen positioniert.

Reversibles Büro (New Work)

Wie zuvor beschrieben, verlangen technische und organisatorische Veränderungen neue Anforderungen an das Büro. Es entstehen neue Bürogebäude, die flexible Büroräume zur Verfügung stellen. Diese Räume können unterschiedlich ausgestattet und je nach Anforderung angepasst werden. Das reversible Büro wird also als Gruppen-, Kombi- oder Einzelbüro genutzt. Dazu werden Trennwand- oder Raumgliederungssysteme verwendet, sodass Arbeitseinheiten, Besprechungs- und Pausenzonen entstehen. Diese eignen sich hervorragend für Projektarbeiten mit wechselnden Beschäftigten.

Desk-Sharing

Non-territoriales Office

Bedingt durch die neuen Informations- und Kommunikationstechniken mit schnellen Netzwerken und Internet arbeiten die Mitarbeiter eines Unternehmens an wechselnden Arbeitsorten. Im non-territorial Office wird die feste Zuordnung von Arbeitnehmern und Arbeitsplatz aufgelöst. Alle Arbeitsplätze werden zeitlich wechselnd von mehreren Mitarbeitern genutzt werden. Die Anzahl der Arbeitsplätze ist geringer als die der Mitarbeiter. Damit ist das Non-territorial Office eine spezielle Form des Desk-Sharing. Wie bei allen anderen Formen des Desk-Sharing werden Arbeitsunterlagen zentral aufbewahrt (physisch oder digital). Für persönliche Gegenstände werden in der Regel mobile Caddies zur Verfügung gestellt. Die persönliche Zuordnung eines Arbeitsplatzes zu einem bestimmten Beschäftigten entfällt. Die Arbeitsplätze sollen somit besser ausgelastet, d. h. die Bürofläche soll minimiert werden und das vorhandene Mobiliar und die Technik sollen nur noch begrenzt zur Verfügung stehen, um Kostenvorteile zu erreichen. (vgl. Sauerwald, 2010)

Business Club

Büromitarbeiter, die nicht tagtäglich im Büro arbeiten, sondern häufig unterwegs sind (Arbeit am Projekt, Außendienst, Beratung, IT-Administration oder Schulungen), nutzen Business Lounges in Flughäfen und Bahnhöfen oder Business Clubs. Dort stehen ihnen Schreibtische, informelle Sitzgruppen und Cafétische zum Arbeiten und Konferieren zur Verfügung. Business Clubs bieten oft die räumliche Umgebung für Desk-Sharing. Mit einem Desk-Sharing-Arbeitsplatz sind Mitarbeiter nicht mehr an einen Arbeitsplatz gebunden, sondern können ihre elektronisch gespeicherten Informationen und Daten täglich an einem anderen Arbeitsplatz abrufen.

Telearbeit (Office at Home)

Unter Telearbeit wird eine auf Informations- und Kommunikationstechnik gestützte Tätigkeit verstanden, die an einem Arbeitsplatz außerhalb des Unternehmens stattfindet. Je nach Lebenssituation möchten viele Mitarbeiter diese Arbeitsform nicht mehr missen. In der Arbeitswelt wird die alternierende (wechselnde) Telearbeit bevorzugt, d. h. eine Arbeitsstätte zu Hause und eine im Betrieb. (vgl. Martin & Rundnagel, 2004)

Gestaltung von Bildschirm- und Büroarbeitsplätzen

Bei der Gestaltung von Arbeitsplätzen müssen rechtliche Vorschriften und ergonomische Erkenntnisse berücksichtigt werden. So werden die Vorschriften für den Bildschirmarbeitsplatz geregelt in der Verordnung über Sicherheit und Gesundheitsschutz bei der Arbeit an Bildschirmgeräten (Bildschirmarbeitsverordnung – BildscharbV)*) vom 4. Dezember 1996 (BGBl. I S. 1841), zuletzt geändert durch Artikel 7 der Verordnung vom 18. Dezember 2008 (BGBl. I S. 2768).

Bildschirmarbeitsplatz

Bei der Gestaltung von Bildschirmarbeitsplätzen konzentriert sich die eher „klassisch" ausgerichtete Ergonomie hauptsächlich auf die Arbeitsmittel, die Arbeitsumgebung und die korrekte Anordnung der Arbeitsmittel. Immer stärker setzt sich jedoch ein Ansatz durch, wonach Bildschirmarbeit nicht nur belastend ist, wenn Sie schlecht sitzen und der Monitor flimmert, sondern auch dann, wenn die Organisation der Arbeit zu wünschen übrig lässt. Damit kommt die menschengerechte Arbeitsgestaltung ebenfalls ins Blickfeld. Der Bildschirmarbeitsplatz ist aus der täglichen Arbeit in den meisten Betrieben nicht mehr wegzudenken. Neben Verbesserungen und Erleichterungen bringt diese Technologie aber auch neue Probleme für die einzelnen Betriebe und die am Bildschirm beschäftigten Personen mit sich. Heute sind die Bildschirmgeräte, die Tische, Bürodrehstühle und das übrige Zubehör wie Tastatur, Beleghalter und Fußstütze technisch hoch entwickelt. Dennoch wird auch bei Einsatz dieser hochwertigen Technik der Arbeitsplatz stets nur so gut sein, wie der einzelne Beschäftigte diese in Kenntnis der Bedienungsmöglichkeit nutzt. Deshalb ist eine umfassende Information und Unterweisung notwendig.

Folgende Forderungen sind für Bildschirme geregelt: Der Monitor muss auf einem flexiblen Sockel stehen, der ein Anpassen an Größe und Sitzpositionen des Benutzers ermöglicht. Der Bildschirm sollte so geneigt sein, dass eine Blickrichtung leicht nach unten erreicht wird und der Abstand zwischen Auge und Monitor zwischen 45 bis 65 cm (altersabhängig) beträgt. Arbeitsmittel wie Monitor, Tastatur und Konzept sollten im gleichen Abstand zum Benutzerauge angebracht sein, um einer vorzeitigen Ermüdung der Augen durch ständige Nah-/Fernanpassung vorzubeugen.

Standort des Bildschirms

Die Aufstellung sollte so erfolgen, dass die Blickrichtung parallel zum Fenster verläuft, um Blendungen und Spiegelungen zu vermeiden. Ein eventuelles Flimmern tritt umso eher auf, je heller das Bildschirmgerät eingestellt wird. Beschwerden resultieren häufig aus einer falschen Aufstellung. Zum Beispiel können sich Fenster, Beleuchtungskörper oder auch Einrichtungsgegenstände im Bildschirm spiegeln. Diese Spiegelungen führen zu Belastungen der Augen. Um den Spiegelungen auszuweichen, werden bewusst oder unbewusst belastende Körperhaltungen (Körperzwangshaltungen) eingenommen.

Ungünstig ist die Aufstellung mit vom Fenster abgewandter Blickrichtung, da dann Spiegelungen der hellen Fenster im Bildschirm unvermeidbar sind. Ebenso ungünstig ist eine Aufstellung mit Blickrichtung zum Fenster, da der Kontrast zwischen dunklem Bildschirm und hellem Tageslicht zu Anpassungsschwierigkeiten der Augen und dadurch zu Beschwerden führen kann.

Tastatur

Die Tastatur ist nach der DIN 2137 genormt und sollte mit dem 10-Finger-Tastschreiben also rationell bedient werden. Außerdem sind folgende Forderungen zu stellen: Sie sollten unabhängig vom Bildschirm aufstellbar sein, einen Neigungswinkel haben und mit einer rutschhemmenden Unterseite versehen sein.

Handballenauflagen schonen die Gelenke. Dafür sollte ein Platz von zirka 10 cm zwischen Tastatur und Tischkante für die Handballen verbleiben. Ergonomische Tastaturen sorgen für eine bessere Körperhaltung. Die Tastatur können Sie entsprechend Ihrer Arbeitsaufgabe aufstellen. Denken Sie dabei aber daran, dass sie etwa im selben Augenabstand aufgestellt sein soll wie Ihre anderen Arbeitsmittel. Körperzwangshaltungen müssen vermieden werden. Nicht mit gestreckten Armen arbeiten, das führt zur Ermüdung.

Vorlagenhalter

Auch der Beleghalter hilft, eine Körperzwangshaltung zu vermeiden. Sie sollten ihn jedenfalls dann benutzen, wenn Sie ohne Beleghalter eine ermüdende oder eine gesundheitsschädliche Haltung einnehmen müssten. Denken Sie auch hier an verkrampfte Arm- oder Handhaltungen, an überflüssige Kopfdrehungen und Augenbeschwerden. Berücksichtigen Sie auch beim Beleghalter den Augenabstand, der gleich groß zu den sonstigen Arbeitsmitteln sein soll.

Fußstütze

Besonders bei kleinen Personen können Fußstützen zu einer ergonomischeren Sitzposition an nicht höhenverstellbaren Tischen beitragen. Allerdings müssen sie bestimmte Anforderungen wie zum Beispiel in Höhe und Neigung verstellbar und ausreichend große und aufgerauhte Trittfläche erfüllen. Besser sind höhenverstellbare Arbeitstische. Einige Experten warnen vor Fußstützen, während andere ihre Vorzüge betonen. Auf ihre korrekte Einstellung ist zu achten.

Bürodrehstuhl

Nichts ist für den Büromenschen so wichtig wie der Stuhl, auf dem er sitzt. Viele Menschen sitzen sich krank, obwohl sie einen guten Stuhl haben. Gesundes Sitzen ist demnach auch Einstellungssache! Auch ein guter Bürodrehstuhl erfüllt nur seinen Zweck, wenn sein Benutzer ihn auf seine Bedürfnisse einstellt.

Kein Wunder also, dass die Forderungen, die an den Stuhl gestellt werden, recht umfangreich sind. Einschlägige Festlegungen sind u. a. enthalten in DIN 4551, DIN 4552 und in der DIN EN 1335. Sitzen erfordert aktive Muskelkraft. Kontinuierlich angespannte Muskeln ermüden schnell. Beim Kauf sollten Sie darauf achten, dass der Stuhl eine in der Höhe und Neigung verstellbare Rückenlehne mit integrierten Stützen für den Lendenwirbelbereich hat. Die Rückenlehne reicht mindestens bis zur Mitte der Schulterblätter. Ein unbeabsichtigtes Lösen der Rückenlehne vom Stuhloberteil darf nicht möglich sein. Die Sitzfläche sollte breit geformt sein (40 bis 48 cm) und eine Tiefe von 38 bis 44 cm erreichen. Zur Anpassung an die verschiedenen Körpergrößen ist es erforderlich, dass die Sitzhöhe zwischen 40 und 51 cm verstellbar ist. Die Sitzhöhe muss sicher und im Sitzen verstellt werden können. Hierzu gehört auch, dass der Sitz bei und nach der Höhenverstellung nicht unbeabsichtigt durchsacken kann. Der vordere Teil der Sitzfläche muss gerundet oder gut abgepolstert sein. Die Polsterung soll nicht zu dick, insbesondere aber dampf- und wasserdurchlässig sein. Der Bürodrehstuhl muss standsicher sein. Dies ermöglichen fünf gebremste Rollen. Sie sind so konstruiert, dass der Stuhl beim Aufstehen abbremst und nicht wegrollt. Das Untergestell darf sich vom Stuhloberteil auch bei Betätigung der Höhenverstellung nicht unbeabsichtigt lösen. Sofern Armlehnen vorhanden sind, müssen diese auch höhenverstellbar sein.

Büroarbeitstisch

Stand der Technik im Bürobereich ist heute ein höhenverstellbarer Arbeitstisch, da er sich verschiedenen Körpergrößen am besten anpassen lässt. In den zuständigen DIN-Normen sind die DIN 4543 und DIN EN 527 die Anforderungen festgelegt. Die Höhe des Arbeitstisches sollte von 68 bis 76 cm einstellbar sein. Nicht höhenverstellbare Tische müssen 72 cm hoch sein, damit zusammen mit einer ca. 3 cm hohen Tastatur eine Höhe von 75 cm erreicht wird. Diese Arbeitshöhe ist nach arbeitsmedizinischen Untersuchungen für Personen zwischen 1,48 und 1,89 m Körpergröße günstig.

Die Breite der Tischfläche muss so bemessen sein, dass nach Aufstellen von Computer, Tastatur und evtl. weiteren Geräten wie z. B. Drucker noch genug freie Arbeitsfläche zur Verfügung steht; bei Mischarbeitsplätzen, die die Mehrzahl der Bildschirmarbeitsplätze ausmachen, sind das mindestens 160 cm. Günstig kann hier eine Winkelkombination von Computer- und Büroarbeitsplatz sein.

Um eine flexible Aufstellung der Arbeitsmittel (Bildschirm, Tastatur, Vorlagenhalter) zu gewährleisten, ist bei den heute üblichen Monitorgrößen von mindestens 17" eine Tischtiefe von 100 cm erforderlich, um eine ausreichende Sehentfernung zum Bildschirm einhalten zu können.

Nach neuesten medizinischen Erkenntnissen ist es wünschenswert, bei einer Monitorgröße ab 17" den Teil des Schreibtisches, auf dem der Monitor steht, absenken zu können. Für die Nackenmuskeln ist es wesentlich entspannender, wenn Sie leicht nach unten sehen. Sie müssen dann beim Blickwechsel von Tastatur zu Bildschirm nicht jedes Mal den Kopf heben und dabei die Nackenmuskeln anspannen.

Wichtig ist auch eine ausreichende Beinfreiheit. Seitlich soll mindestens 58 cm freier Beinraum zur Verfügung stehen. Die Beinraumhöhe muss, 20 cm von der Vorderkante entfernt gemessen, mindestens 62 cm, besser 66 cm betragen. Selbstverständlich muss der Arbeitstisch jederzeit standsicher sein und darf nicht durch Benutzung ins „Zittern" geraten. Ecken, Kanten und Griffe müssen so geformt sein, dass keine Verletzungsgefahr besteht.

Um störende Reflexionen zu vermeiden, darf die Tischplatte keine glänzende Oberfläche haben. Ebenfalls empfehlenswert aus medizinischer Sicht ist ein Wechsel von sitzender und stehender Tätigkeit, was Sie z. B. durch Verwendung eines Stehpultes erreichen können. Telefonieren, Lesen und viele andere Arbeiten lassen sich ebenso gut im Stehen erledigen und entlasten damit die Wirbelsäule von ihrer einseitigen Belastung beim Sitzen. (vgl. BildscharbV, 1996)

Arbeitssicherheit im Büro

Der Arbeitsschutz ist in Deutschland über einhundert Jahre alt. Schon auf der Grundlage der Gewerbeordnung von 1872 und der Reichsversicherungsordnung von 1911 wird die Verhütung von Arbeitsunfällen und Berufskrankheiten durchgeführt. Diese Aufgabe wird von den staatlichen Gewerbeaufsichtsbehörden und den Berufsgenossenschaften wahrgenommen. Die Berufsgenossenschaften als Träger der gesetzlichen Unfallversicherung sind Zwangsvereinigungen von Unternehmern (Berufsgenossen) gleicher oder verwandter Gewerbezweige. Im Grundgesetz (Artikel 74) ist der Arbeitsschutz verankert.

Berufsgenossenschaft

Als Träger der gesetzlichen Unfallversicherung haben die Berufsgenossenschaften nicht nur für die Verhütung von Arbeitsunfällen zu sorgen. Sie müssen nach Eintritt eines Arbeitsunfalles den Verletzten, die Angehörigen und Hinterbliebenen entschädigen. Diese Entschädigung erfolgt durch Heilbehandlung des Verletzten, durch Berufshilfe (z. B. Umschulung) und/oder Geldleistungen (z. B. Unfallrenten). Geldleistungen helfen, wirtschaftliche Einbußen zu vermeiden.

Als Arbeitsunfälle gelten alle Unfälle im Betrieb. Auch Unfälle auf dem Weg nach und vom Arbeitsort gelten als Arbeitsunfälle. Vor allem, wenn Alkohol die allein wesentliche Ursache für den Unfall ist, geht der gesetzliche Versicherungsschutz verloren. Im Bürobereich ist die Verwaltungs-Berufsgenossenschaft – Körperschaft des öffentlichen Rechts, Hamburg – zuständig. Sie ist die Berufsgenossenschaft für Banken, Versicherungen, Verwaltung, freie Berufe und besondere Unternehmen.

Technische Aufsichtsbeamte der Berufsgenossenschaft überwachen und beraten ihre Mitglieder. Die Unternehmer haben diesen Beamten die Besichtigung ihrer Betriebe zu ermöglichen. Wird festgestellt, dass Unternehmer oder Versicherte grobfahrlässig oder vorsätzlich gegen Unfallverhütungsvorschriften verstoßen, so können sie mit einem Bußgeld belegt werden.

Sicherheitsbeauftragter

In allen Betrieben mit mehr als 20 Beschäftigten hat der Unternehmer unter Mitwirkung des Betriebsrates (Personalrates) Sicherheitsbeauftragte zu bestellen. Die Sicherheitsbeauftragten unterstützen den Unternehmer bei der Durchführung der Unfallverhütung.

Rechtliche Grundlagen der Arbeitssicherung sind Gesetze, Verordnungen und sonstige Regelungen. Der Bundesminister für Arbeit und Sozialordnung bereitet Gesetze, Verordnungen und sonstige Vorschriften vor. Dabei wird er von der Bundesanstalt für Arbeitsschutz und Unfallforschung beraten und unterstützt. So beschließt z. B. die Vertreterversammlung der Berufsgenossenschaft Unfallverhütungsvorschriften, die zuvor in Fachausschüssen erarbeitet worden sind. Diese Bestimmungen erhalten nach der ministeriellen Genehmigung Gesetzeskraft.

Wie im privaten Bereich, so gelten auch im Betrieb einige grundsätzliche Verhaltensregeln zur Vermeidung von Arbeitsunfällen wie: Treppen sind keine Abstellflächen; lose verlegte Telefonkabel oder Verlängerungsschnüre sind Stolperstellen; Leitern sind gemäß Nutzungsvorschrift zu verwenden; im Umgang mit Elektrizität ist grundsätzlich Vorsicht geboten; Fluchtwege und Notausgänge sind grundsätzlich frei zu halten; jeder Mitarbeiter im Büro sollte den Umgang mit einem Feuerlöscher beherrschen; Reinigungsmaterialien dürfen nur in Originalflaschen aufbewahrt werden, um Verwechslungen zu vermeiden; die Leistung der Ersten Hilfe im Unglücksfalle kann lebensrettend sein – jeder Mitarbeiter sollte dazu in der Lage sein.

Ökologische Erfordernisse/Büroökologie

Beim Kauf eines PCs oder sonstigem Büromaterial sollte nicht nur auf die Leistungsfähigkeit, den Preis etc. geachtet werden, sondern auch auf mögliche Auswirkungen auf die Gesundheit und Umwelt. Denn Elektrosmog kann krank machen und Energiekonsum, Papierverbrauch und Materialbeschaffung belasten die Umwelt.

Ökologie beginnt mit der Vermeidung. Die Frage, ob auf ein Produkt oder eine Dienstleistung verzichtet werden kann oder ob Sie den Verbrauch zumindest einschränken könnten, ist bereits der erste Schritt. Wenn Sie überzeugt sind, dass ein Produkt wirklich gebraucht wird, gelten bei der Anwendung folgende Regeln: gemeinsam nutzen, sparsam einsetzen, reparieren, korrekt entsorgen.

PC, Bildschirm, Kopierer. Sparen Sie Energie, indem Sie Geräte mit möglichst geringem Energieverbrauch und automatischer Abschaltung bei Nichtgebrauch kaufen.

Schalten Sie die Geräte über Mittag sowie am Ende des Arbeitstages aus und nehmen Sie die Geräte mit Stromleistung ganz vom Netz. Schalten Sie bei Pausen von mehr als 15 Minuten den Bildschirm aus. Geräte wie z. B. die Kaffeemaschine nur anstellen und laufen lassen wenn sie auch wirklich benötigt werden.

Papier. Nutzen Sie Funktionen wie doppelseitiges Kopieren/Drucken oder Verkleinern. Verteilen Sie Infoblätter nicht, sondern lassen Sie sie zirkulieren, hängen sie aus oder verteilen sie elektronisch. Nutzen Sie Fehldrucke als Notiz- bzw. Konzeptpapier. Kalkulieren Sie Druckauflagen nicht zu großzügig und überlegen Sie sich, welches Material Sie online zur Verfügung stellen können.

Tinte, Toner. Druckerpatronen und Tonermodule bei Druckern und Kopierern sollten wiederauffüllbar (Refill) sein; damit kann die leere Plastikkartusche erneut verwendet werden.

Umweltlabels. Um auf den ersten Blick zu erkennen, ob ein Produkt gewissen Umweltstandards entspricht, wurden verschiedene Umweltzeichen eingeführt.

- ⇨ EPA-Energiesparzeichen (USA)
- ⇨ EU-Energie-Etikett
- ⇨ TCO 03-Strahlungsnorm bei Bildschirmen
- ⇨ Blauer Engel bei Papierprodukten
- ⇨ FSC (Forest Stewadship Councils) bei Holz- und Papierprodukten

Ob Sie sich am Arbeitsplatz wohl fühlen, hängt auch von den verwendeten Baumaterialien ab. Ideal ist, wenn beim Ausbau und der Einrichtung der Büroräume auf möglichst schadstofffreie Herstellung und Verarbeitung, kurze Transportwege, Rohstoffe und Produkte aus garantiert umwelt- und sozialverträglicher Produktion, geringem Energieaufwand für Herstellung und Transport, gute Wärmedämmung und -speicherung, gute Schalldämmung und -dämpfung, lange Lebensdauer, Reparierbarkeit und Wiederverwertbarkeit geachtet wird. (vgl. FUPS, 2005)

Gesundheitsprophylaxe am Bildschirmarbeitsplatz

In jungen Jahren machen Sie sich noch keine Sorgen um gesundheitliche Probleme. Doch mit zunehmenden Arbeitsjahren steigt die Gefahr, dass Erkrankungen auftreten. Häufig sind einseitige Arbeitsbelastungen verantwortlich für eine Vielzahl von Rücken- und Gelenkbeschwerden, die nicht selten die Lebens- und Arbeitsqualität einschränken. Der ausgeprägte Bewegungsmangel ist darüber hinaus eine der Hauptursachen für Übergewicht, Bluthochdruck und andere Herz-Kreislauf-Erkrankungen.

Darüber hinaus nimmt die psychisch-mentale Belastung stetig zu und beeinflusst ebenfalls die individuelle Leistungsfähigkeit, Gesundheit und Zufriedenheit. Sie sollten daher Strategien kennen, wie Sie belastungsbedingten Beschwerden entgegenwirken können bzw. geeignete Maßnahmen ergreifen, um deren Auftreten zu vermeiden.

Sitzhaltung

Der beste Bürodrehstuhl nutzt nichts, wenn Sie ihn nicht korrekt gebrauchen. Setzen Sie sich auf die ganze Stuhlfläche, damit Ihr Becken abgestützt wird. Achten Sie dabei auf eine aufrechte, gerade Haltung, damit die Stuhllehne ihren Rücken abstützt. Um Durchblutungsstörungen zu vermeiden, sollten die Beine nicht übereinandergeschlagen werden. Stellen Sie Ihren Bürodrehstuhl so ein, dass Ihre Ober- und Unterarme einen rechten Winkel bilden, wenn sie auf der Tischplatte oder der Tastatur aufliegen.

Die Stuhlhöhe ist entsprechend der Tätigkeit ggf. zu variieren. Beim Schreiben an der Tastatur kann der Stuhl höher eingestellt werden, als beim einfachen Arbeiten am Schreibtisch. Sehnenscheidenentzündungen oder Probleme mit den Handgelenken können vermieden werden, wenn Ihr Unterarm und Handrücken eine gerade Linie bildet. Vermeiden Sie Nackenbeschwerden, indem Sie den Monitor so aufstellen, dass Sie beim Blick darauf Ihren Kopf etwas nach unten neigen.

Dynamisches Sitzen bedeutet, dass Sie Ihre Sitzhaltung häufig verändern. Zwischen der vorgeneigten, aufrechten und zurückgelehnten Sitzhaltung sollte so oft wie möglich gewechselt werden. Wichtig ist auch das Aufstehen zwischendurch, Herumgehen oder das Arbeiten an einem Stehpult (z. B. telefonieren). Die Sitzfläche muss vollständig ausgenutzt werden. Die Rückenlehne ist so einzustellen, dass die Lendenwirbelsäule abgestützt wird. Das richtige Sitzen am Büroarbeitsplatz – und natürlich Bewegung in der Freizeit – vermindert die Gefahr von Bandscheibenschäden und schmerzhaften Muskelverspannungen im Schulter- und Nackenbereich. Es können Durchblutungs- und Verdauungsstörungen verhindert werden. Wer richtig sitzt, leidet nicht so schnell an Ermüdung, die Konzentration ist höher und damit auch die Leistungsfähigkeit. Sitzen Sie dynamisch, indem Sie Ihre Sitzposition (nach vorne bebeugt, gerade sitzen, nach hinten gelehnt) wechseln.

Sehtraining

Sie haben sicherlich schon einmal bei längerem Arbeiten vor dem Monitor die Erfahrung gemacht, dass Ihre Augen brennen, sich trockene Augen oder Kopfschmerzen einstellen. Um dem entgegenzuwirken, sind Pausen und Augentraining sehr wichtig.

Probieren Sie die folgenden Augenübungen einmal aus: 1. Schließen Sie Ihre Augen, und halten Sie sie einige Atemzüge lang geschlossen. Diese Übung vertreibt brennende Augen.

1. Öffnen Sie Ihre Augen weit und lassen Sie dabei den Blick in die Ferne schweifen.
2. Den Blick stark nach rechts nehmen, und einige Atemzüge lang halten, dann auf die andere Seite. Diese Übung sollten Sie auch immer mal zwischendurch in den Arbeitsrhythmus einbauen.
3. Fixieren Sie einen Gegenstand eine Weile lang, lassen Sie den Blick in die Ferne schweifen und wiederholen sie die Übung ein bis zwei Mal.
4. Gähnen Sie immer wieder. Das geht auch ohne Müdigkeit. Dadurch wird die gesamte Muskulatur rund um die Augen kräftig angespannt und dann wieder entspannt. Dabei tritt zusätzlich Tränenflüssigkeit auf. Verteilen Sie diese Augenflüssigkeit durch einige Lidschläge auf der Augenoberfläche.

Den Augen tut es sehr gut, wenn sie die Sehdistanz öfter variieren und nicht ständig in gleicher Entfernung auf den Bildschirm schauen. Stellen Sie sich ein schönes Foto oder Erinnerungsstück an ihren Arbeitsplatz und blicken Sie zwischendurch darauf. Das tut den Augen und Ihrer Seele gut.

Entspannungsübungen am Arbeitsplatz

Aber nicht nur die Augen werden täglich stark beansprucht. Stress wirkt sich negativ auf unser körperliches Befinden aus. Es gilt, eine Balance zwischen An- und Entspannung zufinden. Das kann mit Entspannungsübungen gelingen. Im Internet finden Sie zahlreiche Übungen, um vorzeitigem Ermüden, Verspannungen und Leistungsabfall vorzubeugen.

Um Bewegungsmangel zu vermeiden, sollten Sie nach dem Mittagessen möglichst „eine Runde um den Block" gehen, Treppen steigen, statt Aufzug zu fahren, Telefonate im Stehen führen, die Ablage im Stehen erledigen. Ideal ist ein Wechsel zwischen Sitzen, Stehen und Bewegung.

Ernährung/Trinkverhalten

Generell sollte am Bildschirmarbeitsplatz nichts gegessen werden, sondern Pausenräume dazu aufgesucht werden. Zum einen, sieht es nicht gut aus, wenn Sie kauend an Ihrer Arbeit sitzen, während Besucher an Ihrem Arbeitsplatz auftauchen. Zum anderen ist es unhygienisch, während dem Essen evtl. noch die Tastatur oder das Telefon zu bedienen, die häufig mit Bakterien oder Keimen übersät sind. Im Pausenraum zu essen ist sicher angenehmer und Sie treffen unter Umständen auf Kollegen und haben dabei die Gelegenheit, kurzfristig von der Arbeit abzuschalten und sich über andere Themen auszutauschen.

Eine auf den Arbeitsalltag abgestimmte Ernährung hat positive Effekte: Kurzfristig steigert ausreichend zur Verfügung stehende Energie in Form von Kohlenhydraten Aufmerksamkeit, Erinnerungs- und Reaktionsvermögen sowie Konzentrationsfähigkeit.

Starten Sie morgens mit einem vollwertigen Frühstück (Müsli, Vollkornbrot) den Tag. Wenn Sie frühmorgens nichts oder nicht so viel zu sich nehmen können, sollten Sie dies nach zwei bis drei Stunden nachholen.

Um Leistungstiefs zu vermeiden, sollten Sie über den ganzen Tag verteilt Zwischenmahlzeiten einlegen. Dazu eignen sich Obst und Gemüsesticks, Vollkorn- oder fettarme Milchprodukte, dünn belegte Brote.

Essen Sie nicht nebenbei: In einer kleinen Pause können Sie ihr Essen besser genießen. Sie fühlen sich nicht nur satt, sondern auch wohl.

Mittags sollten Sie sich Zeit für ein Essen nehmen. Wenn Sie nicht die Möglichkeit haben, eine Kantine aufzusuchen, sollten Sie sich Zwischenmahlzeiten von zu Hause mitbringen. Übergehen Sie nicht den Hunger oder essen aus Zeitmangel eine Kleinigkeit am Kiosk oder Imbiss um die Ecke. Das verleitet oft dazu, zu schnell und zu viel zu essen oder sich einseitig zu ernähren. (Deutsche Gesellschaft für Ernährung, 2004)

Sie sollten regelmäßig über den Arbeitstag verteilt mindestens 1,5 l Flüssigkeit trinken, um Müdigkeit, Konzentrationsschwierigkeiten, Kopfschmerzen und einer allgemein verringerten körperlichen Leistungsfähigkeit entgegenzuwirken. Stellen Sie sich eine 1-l-Flasche Mineralwasser und ein Glas an Ihren Arbeitsplatz. Füllen Sie das Glas regelmäßig, damit Sie sich daran erinnern, das Glas leer zu trinken. Trinken Sie zu jeder Mahlzeit. Variieren Sie je nach Geschmack hin und wieder mit Saftschorlen. Achten Sie hierbei auf ein Verhältnis von ca. einem Drittel Saft zu zwei Dritteln Wasser. Auch ungesüßte Früchte- und Kräutertees sind eine Alternative.

Burn-out

Psychische Erkrankungen bei Arbeitnehmern(innen) sind eine wachsende Ursache für Fehlzeiten, Arbeitsunfähigkeiten und sogar für Frühverrentungen. Längst fallen mehr Arbeitstage wegen eines Burn-out und Depressionen aus, als aufgrund von Erkältungen und Bronchitis.

Nicht selten stoßen auch sehr gut organisierte Menschen im schnelllebigen Alltag an die Grenzen ihrer Belastbarkeit. Chronische körperliche und geistige Belastung lassen ein Gefühl der Erschöpfung hochkommen. Der Körper ist ausgebrannt, die Akkus sind leer.

Ursachen

Unter Stress produziert das Gehirn Stresshormone. Kommt es anschließend wieder zur Erholung bzw. zum Abbau der Stresshormone, so hat der Stress für die meisten Menschen keine Auswirkung. Sobald aber die Phasen der Erholung immer kürzer werden oder ausbleiben, können sich diese Auswirkungen einer nicht ausgeglichenen Psyche in Form von Krankheit an jedem Körperteil zeigen. Von einem Augenblick zum anderen brechen Betroffene zusammen, können nur noch heulen und sind nicht mehr in der Lage zu arbeiten.

Die Ursachen von Burn-out liegen im Wesentlichen in einem ungünstigen Umfeld (hauptsächlich) der Arbeit. Faktoren können mangelnder Respekt, Überlastung, Vertrauensverlust, zu wenig Lohn oder Anerkennung sein. Den größten Einfluss auf die Entstehung des Burn-out-Syndroms haben z. B. Mangel an positivem Feedback, Helfersyndrom, Perfektionismus, übertriebene Involviertheit, Hierarchieprobleme, schlechte Teamarbeit, Druck von Vorgesetzten, schlechte Arbeitsorganisation usw. Diese Liste könnte beliebig fortgesetzt werden. Der Umgang mit Menschen unterschiedlichster Charaktere ist emotional beanspruchend und erschöpfend. Er kann zu einer großen Belastung bis hin zu völliger emotionaler Erschöpfung im Alltag werden. (vgl. Crames, 2014)

Symptome

Es werden psychische, physische und verhaltensbedingte Symptome unterschieden: Psychisch bedingte Symptome können sich auf emotionaler, kognitiver und motorischer Ebene äußern. So entstehen auf emotionaler Ebene ein großer Widerstand zur Arbeit zu gehen, Gefühle des Versagens, Schuldgefühle, Misstrauen, Frustration oder Stimmungsschwankungen. Auf kognitiver Ebene sind dies z. B. Konzentrationsstörungen oder Widerstand gegen Veränderungen und auf motorischer Ebene können nervöse Ticks (z. B. Nägelkauen, Aufkratzen) oder Verspannungen auftreten.

Physische Burn-out-Symptome äußern sich in Form von psychosomatischen Beschwerden, wie z. B. Müdigkeit, Erschöpfung, Schlafstörungen oder sexuellen Problemen.

An Erkrankungen können häufig und wiederholt Erkältungen/Grippe, Kopfschmerzen, Schwindelgefühl, Rückenschmerzen, Magen-Darm-Beschwerden auftreten. Nicht zuletzt äußern sich Anzeichen für Burn-out-Erkrankungen auch in Form von physiologischen Reaktionen wie erhöhtem Herzschlag, erhöhter Pulzfrequenz oder einem erhöhten Cholesterinspiegel.

Darüber hinaus können sich Burn-out-Symptome auch auf der Verhaltensebene in exzessivem Drogengebrauch, Tabakgenuss, Alkohol- und/oder Kaffeekonsum, einer erhöhten Aggressivität oder einer unregelmäßigen Nahrungsaufnahme zeigen. Weitere Verhaltenssymptome, die sich bei der Arbeit äußern, sind häufiges Fehlen, längere Pausen, verminderte Effizienz, häufiges Zuspätkommen. (vgl. Diab, 2014 und Angele, 2014)

Prävention

Alarmsignale, wie im Vorhergehenden beschrieben, sollten sehr ernst genommen werden. Dazu müssen Sie aber in der Lage sein, diese zu erkennen. Sie müssen lernen, mit Ihren Kräften zu haushalten und mit Ihrem Körper sehr sensibel umzugehen. Können Sie sich vom Druck des Alltags noch erholen? Sind Sie ausgeglichen? Reagieren Sie angemessen auf Stress? Knirschen Sie mit den Zähnen? Erwischen Sie sich dabei, dass Sie häufig Ober- und Unterkiefer fest zusammenpressen? Haben Sie Nackenverspannungen?

Betroffene klagen in den Anfängen häufig darüber, dass sie es nicht schaffen, ihr Pensum so einzuteilen, dass dieses innerhalb der regulären Arbeitszeit bewältigt werden kann. Sie nehmen Arbeit mit in das Wochenende oder gar in den Urlaub, was wiederum Konflikte im Privatleben heraufbeschwört. All dies kann ein erstes Anzeichen für Burn-out-Gefährdung sein. Auch eine besonders negative Einstellung der eigenen Arbeit und sich selbst gegenüber sowie Motivationslosigkeit können als erste Hinweise gewertet werden. (vgl. Mahlmann, 2000).

In dieser frühen Phase ist es enorm wichtig, auf sich selbst achtzugeben und sich die notwendigen Erholungsphasen zu gönnen. Hier ist es noch möglich, sich selbst zu helfen und sich alleine aus dieser Stressspirale herauszumanövrieren.

Rituale

Achten Sie auf einen strukturierten Tagesablauf. Bauen Sie Rituale ein, die es Ihnen ermöglichen, innezuhalten und in kurzen Phasen Abstand von der Arbeit zu gewinnen. Derartige Rituale können sein, indem Sie ganz bewusst Ihren Schreibtisch aufräumen und sich einen Überblick verschaffen, was noch zu tun ist, was besonders dringend ist und was zunächst einmal liegen bleiben kann. Ein weiteres Ritual kann sein, sich kurz Zeit für eine Tasse Tee fernab vom Schreibtisch zu nehmen. Planen Sie Ihren Tagesablauf nicht zu straff, bauen Sie sich Pufferzeiten ein, die Ungeplantes kompensieren. Identifizieren Sie Stressquellen am Arbeitsplatz. Indem Sie festhalten, was Sie stresst; können sie Verhaltensmuster erkennen, die sich nachteilig auf Ihre Arbeit auswirken und diese beseitigen.

Ein strukturierter Tagesablauf und eine ausgewogene Ernährung sind äußerst wichtig und hilfreich. Jedoch sollte es genügend Freizeit geben, um sich von der Arbeit zu erholen. Diese Ruhephasen sollten sich ganz klar von der Arbeit unterscheiden. Nutzen Sie die Mittagspause, um an die frische Luft zu gehen. Verlassen Sie ganz bewusst Ihr Büro. Wenden Sie Ihre Gedanken anderen Dingen zu.

Treiben Sie regelmäßig Sport. Sport wandelt negativen Stress in positive Energie um und beugt zudem Übergewicht vor. Hören Sie Musik oder singen sie aktiv in einer Band oder einem Chor. Singen mit anderen Menschen hat äußerst positive Auswirkungen auf die Physis und die Psyche. Es kann den Herzschlag positiv beeinflussen, Glückshormone aktivieren und helfen zur Ruhe zu kommen.

Meist sind es die kleinen Dinge, die dazu beitragen, dass es Ihnen besser geht und Sie von einem Burn-out verschont bleiben. Wenn all dies nichts mehr nützt, scheuen Sie sich nicht professionelle Hilfe eines Burn-out-Experten in Anspruch zu nehmen. Burn-out kostet viel – Ihre Gesundheit, Ihre Lebensenergie, Ihre Zeit und auch Ihr Geld. Lassen Sie es nicht so weit kommen! (vgl. Crames, 2014)

Konfliktmanagement

Definition: Vom sprachlichen Sinne her bedeutet Konflikt (lat. conflictus) „Zusammenprallen". Ein Konflikt kann entstehen, wenn verschiedene Tendenzen aufeinanderstoßen. Diese Tendenzen können beispielsweise Gedanken, Ziele und Absichten, Handlungen oder Verhaltensweisen sein (vgl. Mahlmann, 2000, S. 17 ff.). Doch so ein Zusammenstoß definiert noch lange keinen Konflikt. Unterschieden wird zunächst zwischen Kabbelei, Meinungsverschiedenheit, argumentativer Auseinandersetzung. Diese Handlungen können allerdings einen Konflikt begründen. Im Gegensatz zu allen anderen zwischenmenschlichen Spannungen ist der Konflikt durch eine hohe emotionale Belastung, vn mindestens einem der Konfliktpartner, gekennzeichnet. Beide Partner sind so stark in den Konflikt verstrickt, dass eine mögliche Lösung nahezu ausgeschlossen ist. (vgl. Jinarek, 2007)

Entstehung

Konflikte sind nicht einfach da, sie bahnen sich über einen längeren Zeitraum an. Der Anfang ist in der Regel eine Meinungsverschiedenheit. In dieser Phase versuchen beide Partner auf der sachlichen Ebene, den jeweils anderen für das eigene Interesse zu gewinnen. Man spricht von der ersten Ebene: „Dissonanzen in der Sache".

Wird keine Einigung gefunden, treten langsam Spannungen auf. Die Debatte wird als mühsam und anstrengend empfunden. Die Konfliktpartner verlieren das Interesse an den Wünschen des anderen. Die Sachlichkeit tritt in den Hintergrund; Spannungen auf der Beziehungsebene nehmen zu. Haben die Kontrahenten auf Ebene 1 noch „der andere versteht mich nicht" gedacht, hat sich dies jetzt in die Unterstellung „der andere will mich gar nicht verstehen" gewandelt. Informationsverweigerung beider Seiten ist die Folge. Dies bezeichnet man als zweite Ebene: „Dissonanzen in der Beziehung". Beide Konfliktpartner haben bemerkt, dass etwas nicht stimmt. Meist wissen auch schon enge Freunde oder der Vorgesetzte Bescheid.

Ab der dritten Ebene entstehen Feindbilder und Unverstehen dem anderen gegenüber. Die Kontrahenten verlieren die Kontrolle über die Situation. Eine sachliche Beurteilung ist nicht mehr möglich. Beide Parteien nehmen ihre persönlichen Einschätzungen und Unterstellungen dem anderen gegenüber als Realität wahr. Die Folge ist, dass beide Kontrahenten die Lösungsvorschläge des jeweils anderen vehement ablehnen und als nicht durchführbar bezeichnen. Der Betriebsrat oder übernächste Vorgesetzte ist evtl. bereits informiert. Auch im privaten Umfeld wissen bereits mehr Leute als nur die engsten Freunde etwas von dem Konflikt.

Auf der vierten und letzten Ebene sind beide Kontrahenten sind nicht mehr in der Lage, selbstständig eine Einigung zu erzielen. Der Konflikt eskaliert. Die Konfliktpartner fügen sich gezielt Schaden zu, der nachhaltig anhalten soll. Hier ist häufig schon die ganze Firma im Bilde und der Vorstand wurde eingeschaltet. Um einen Konflikt erfolgreich zu lösen, ist zwingend ein Konflikt-Moderator erforderlich.

Konfliktmoderatoren

In den ersten Eskalationsstufen kann der Vorgesetzte noch als Initiator, Berater oder Begleiter agieren, um den Konflikt beizulegen. Die eigentliche Bearbeitung des Konfliktes obliegt immer noch den Kontrahenten. Nimmt die Eskalation allerdings zu und läuft der Vorgesetzte Gefahr, Partei ergreifen zu müssen, ist es erforderlich, einen neutralen Konfliktmanager zu bestellen, der eine Lösung herbeiführen muss.

Stufen der Konfliktlösung

Ist ein Konflikt entstanden, gilt es, eine Einigung zu finden, die eine dauerhafte Konfliktlösung mit sich bringt. Der erste Schritt auf dem Weg zur Lösung eines Konfliktes besteht darin, allen Beteiligten die Gelegenheit zu geben, ihren Standpunkt frei zu äußern. Achten Sie darauf, dass Sie sachlich bleiben. In Schritt 2 soll durch Erläuterungen zum jeweiligen Anliegen klar werden, warum jemand einen bestimmten Standpunkt einnimmt. Durch weiteres Ordnen und Gewichten wird der Kern des Anliegens herausgearbeitet. Nur so kann die Ursache des Konfliktes gefunden werden. Es wird nach einer dauerhaften Lösung gesucht. Da oft mehrere Lösungen zustande kommen, gilt es jetzt, die besten Lösungen herauszustellen und anzuwenden.

Möglicherweise erreicht der Konflikt eine Phase, in der eine Lösungsfindung durch Konfliktmanagement ausgeschlossen ist und die Konfliktparteien nicht mehr gewillt sind, eine Lösung zu finden. In dieser Situation kann nur der Vorgesetzte durch das Einsetzen seiner Macht den Konflikt beenden. Eine Lösung, die alle Beteiligten zufriedenstellt, wird es auf dieser Stufe der Eskalation nicht mehr geben.

Für einen Konflikt gibt es keine allgemeingültige Gebrauchsanweisung. Auf jeden einzelnen Konflikt sollte gezielt eingegangen werden, denn jeder Konflikt ist anders. Vor allem aber benötigen Sie gesunden Menschenverstand und viel Fingerspitzengefühl im Umgang mit ihren Mitmenschen.

Gezieltes Vorbeugen. Leider wird bei Meinungsverschiedenheiten, Kabbeleien oder Streit, der sich gerade zum Konflikt entwickelt, viel zu oft zugesehen, anstatt zu handeln. Die Hemmschwelle sind gesellschaftliche Normen, denen wir folgen. Wir wollen in der Öffentlichkeit, demzufolge auch im Arbeitsleben, keine Gefühle zeigen. Stimmungen empfinden wir als etwas Intimes, das unterdrückt werden muss. An erster Stelle stehen Resultate und Fakten; persönliche Gefühle spielen eine untergeordnete Rolle. Soziale Normen und Konfliktprävention scheinen sich daher abzustoßen.

Um einen Konflikt zu vermeiden, sollten wir nach Grauzonen suchen und diese Norm nicht ganz so streng befolgen. Als Vorgesetzter hat man im Praktischen die Möglichkeit, durch Mitarbeitergespräche oder Konferenzen Dinge rechtzeitig anzusprechen. Hier sollte klar unterschieden werden, dass es nicht darum geht, private Angelegenheiten in der Firma zu besprechen. Das A und O ist eine offene Kommunikationskultur. Stimmungen und Beobachtungen rechtzeitig anzusprechen, hilft Konflikte zu vermeiden.

Konfliktfähigkeit

Konfliktfähigkeit wird mittlerweile als Schlüsselkompetenz bezeichnet. Die Entstehung von Konflikten im Arbeitsleben kann verschiedene Gründe haben. Zum einen den Generationenmix: Hier treffen junge Leute auf Menschen, die teilweise schon Jahrzehnte im Unternehmen sind, und beide Parteien haben verschiedene Erwartungen dem anderen gegenüber. Des Weiteren gibt es ständige Veränderungen innerhalb einer Firma. Mitarbeiter sowie Kunden kommen und gehen, Technik und Kommunikationsebenen verändern sich, und Zeitdruck verhindert Vorgehensweisen im Arbeitsablauf, was zu innerem Stress und Unzufriedenheit führt. Konflikte sind aus den genannten Gründen schnell entstanden. Sind die Mitarbeiter nicht konfliktfähig, würde dies zu ständigen Eskalationen bis hin zur Unlösbarkeit der Konflikte führen.

Konfliktfähigkeit der Mitarbeiter bedeutet für die Unternehmen Zeit- und Geldersparnis. Abschließend ist es wichtig festzuhalten, dass Konflikte keinesfalls nur negativ zu beurteilen sind. Durch Zuhören und Einsicht können sich neue Sichtweisen und Ideen entwickeln. Der Konfliktpartner bietet uns Einblick in seine Denkweise und die Möglichkeit, Situationen aus anderen Perspektiven zu sehen. Betrachten Sie den Konflikt und ihre Beteiligten mit Sachlichkeit, so ist es möglich, mehr über die Verhaltensweisen und das Denken der anderen herauszufinden. Zudem lernen Sie sich selbst besser kennen. Möglicherweise finden Sie heraus, wie bestimmte Äußerungen oder die eigene Körpersprache auf andere wirken. Gesammelte Erfahrungen helfen uns zukünftig, besser mit Konflikten umzugehen.

Mobbing

Die Zahl der Menschen, die aufgrund psychischer und physischer Erkrankungen aus dem Berufsleben ausscheiden, weist stark steigende Tendenz auf. Steigender Leistungsdruck infolge Personalmangel und zunehmender Termindruck können hierfür die Gründe sein. Häufig sind es aber auch Ursachen wie zum Beispiel Anfeindungen seitens der Arbeitskollegen oder Vorgesetzten. Trotz zahlreicher Gesetze, die den Menschen vor Gefahren am Arbeitsplatz schützen sollen (Arbeitssicherheitsgesetze), scheint es nicht möglich zu sein, die Mitarbeiter vor psychischen und physischen Repressalien zu schützen. Lange ist der Leidensweg, bevor sich die Betroffenen trauen, Hilfe anzufordern.

Mobbing (aus dem Englischen „to mob") bedeutet frei übersetzt: ständig schikanieren, quälen, bewusst verletzen mit dem Ziel, den Betroffenen zur Aufgabe seines Arbeitsplatzes zu bewegen.

Schweres Mobbing ist eine strafbare Handlung, gegen die sich Opfer juristisch wehren können. Es kann sich hierbei um Körperverletzung (§ 223 StGB) oder um Beleidigung (§ 185 StGB), Verleumdung ((§ 187 StGB) und Nötigung (§ 240 StGB) handeln.

Mobbing am Arbeitsplatz ist das systematische, fortgesetzte, aufbauende, über einen längeren Zeitraum andauernde Anfeinden, Schikanieren und Diskriminieren von Mitarbeitern untereinander oder durch Vorgesetzte bzw. Arbeitgeber, meist mit dem Ziel, diese Person loszuwerden. Hierbei treten Verhaltensweisen zutage, die in ihrer Gesamtheit die Persönlichkeit und die Würde des Betroffenen verletzen.

Cybermobbing

Sie laden einen Schnappschuss oder eine lustige Fotomontage hoch, hinterlassen einen frechen Kommentar oder einen Witz ohne böse Absicht. Aber: Ihr Beitrag erreicht ein breites Publikum, z. B. Ihre Freunde bei Facebook oder WhatsApp. Der Beitrag wird „geliked", kommentiert und weiter verbreitet. Dies geschieht in Windeseile und verursacht einen „Shitstorm" gegen die abgebildete bzw. kommentierte Person, aber auch gegen Sie selbst. Innerhalb kürzester Zeit können Sie zum Auslöser oder zur Zielperson von Cybermobbing werden.

Auch hier handelt es sich um fortgesetzte schikanöse Äußerungen gegenüber Betroffenen mit dem Ziel, diese bewusst zu verletzen. Gerade bei Cybermobbing unter Kindern und Jugendlichen kennen sich Täter und Zielperson oft auch in der „realen" Welt. Die Betroffenen haben fast immer einen Verdacht, wer hinter den Attacken stecken könnte. Cybermobbing ist insofern äußerst gefährlich, da sich diesbezügliche Äußerungen in Sekundenschnelle weltweit verbreiten lassen und der Betroffene nicht mehr in der Lage ist sich zu wehren. Die einzige Möglichkeit sich des Cybermobbings zu entziehen ist häufig nur noch der Rückzug aus allen sozialen Netzwerken und das Abschalten der entsprechenden Geräte bzw. die Deinstallation der Software. Aber wer tut das? (vgl. youngdata, 2014)

Mobbinghandlungen. Typische Mobbinghandlungen sind ständige unberechtigte Kritik an der Arbeit, Art und Inhalt der Zuweisung von Arbeiten (schlechteste oder sinnlose Arbeiten werden zugewiesen bzw. nur Problemfälle oder Zuweisung gesundheitsschädigender Arbeiten), Einschränkung der Möglichkeiten, sich zu äußern, Kontaktverweigerung (soziale und/oder räumliche Isolation), jemanden „wie Luft" behandeln, hinter dem Rücken schlecht reden, ständige Beleidigungen, Verleumdungen, üble Nachrede (Verbreitung von Gerüchten), Lächerlichmachen (Abqualifizierung vor anderen), sexuelle Belästigungen, Androhung oder gar Ausführung körperlicher Gewalt. Um Mitarbeiter „loszuwerden" gab es auch schon Fälle, in denen man den Betroffenen ein Büro abseits des Geschehens zuwies, ihm keine Aufgaben mehr übertrug und in völliger Isolation ausharren ließ.

Folgen

Mobbing macht die Opfer krank. Häufig ziehen sich die Betroffenen zurück und äußern sich nicht zu der Problematik, weil sie glauben, selbst Schuld an der Mobbinghandlung zu haben. Sie versuchen, darüber hinwegzusehen, und hoffen, dass sich die Situation von alleine wieder bessert. Viele glauben auch, sie bekommen keinen anderen Job mehr. Das Selbstbewusstsein schwindet und das Selbstwertgefühl sinkt. Mobbing hat viele Gesichter. Diese können physischer Natur sein, wie z. B. Schlafstörungen, Kopf-schmerzen, Appetitlosigkeit, Rückenschmerzen, Schweißausbrüche. Häufig zeigen sich aber auch Symptome im psychischen Bereich: Sie leben in ständiger Angst davor, zur Arbeit gehen zu müssen, haben Panikattacken bis hin zur Depression. (vgl. Oberberg, 2014)

Je nach psychischer Belastbarkeit hat ein Betroffener die Möglichkeit, sich selbst zu wehren. Viele Mobbingopfer gehen auch zunächst diesen Weg und versuchen lange Zeit und sehr entschlossen, sich zu wehren. Doch häufig hilft dies nicht weiter. Sich krank schreiben zu lassen ist eine Möglichkeit. Aber auch hier handelt es sich nur um Flucht und nicht um Ursachenbekämpfung. Denn irgendwann müssen Sie wieder den Gang zur Arbeit antreten und dann fängt alles wieder an. Andere Opfer reagieren mit Aggressionen, die zunächst Erleichterung bringen, aber auch das Problem nicht aus der Welt schaffen.

Prävention

Mobbing macht krank. In extremen Fällen führt Mobbing zum Suizid. Lassen Sie es nicht so weit kommen. Wehren Sie sich rechtzeitig. Beanspruchen Sie Hilfe. Es gibt zahlreiche Möglichkeiten. Machen Sie eine Bestandsaufnahme. Ein Mobbingprotokoll kann hilfreich sein, um den Tatbestand exakt nachvollziehen zu können. Wie sieht die Mobbinghandlung gegen Sie aus? Wer ist daran beteiligt? Wann und wie oft findet sie statt. An wen können Sie sich wenden? Ufert die Mobbinghandlung bereits so aus, dass eine Strafanzeige erforderlich ist?

Wichtig ist, dass sich der betroffene Arbeitnehmer so schnell wie möglich Hilfe holt, um evtl. Folgeschäden möglichst gering zu halten, und zwar nicht nur im medizinischen sondern auch im rechtlichen Sinne.

Nehmen Sie erste Attacken von Anfang an ernst. Am einfachsten wäre es, dem Mobber frühzeitig zu signalisieren: STOPP und damit Grenzen zu setzen. Reagieren Sie sofort, denn das Abwarten bis die Attacken aufhören ist in der Regel vergebens. Betroffene, die den Täter nicht selbst zur Rede stellen können, können sich Hilfe innerhalb des Unternehmens suchen. Erster Ansprechpartner ist immer der Vorgesetzte oder – falls dieser am Mobbing beteiligt ist – dessen Vorgesetzter. Kollegen oder Freunde kommen ebenfalls infrage. Gespräche mit dem Täter sollten grundsätzlich zu Dritt geführt werde. Als Partner für Mobbingopfer bietet sich der Betriebsrat an, besonders wenn Führungskräfte involviert sind. Es kann aber auch passieren, dass sich der Betriebsrat mit den Angreifern solidarisiert. In diesem Fall sollten sich Mobbingopfer an externe Beratungsstellen wenden.

Derartige Beratungsstellen können Selbsthilfegruppen, Arbeitskreise oder Netzwerke sein. Darüber hinaus gibt es Ärzte, Psychologen oder auch Anwälte. Diese Berufsgruppen unterliegen der Schweigepflicht und werden Ihr Anliegen auf jeden Fall vertraulich behandeln. Kosten für Anwälte tragen evtl. die Rechtschutzversicherungen.

Suchtprävention

Obwohl der Suchtmittelkonsum in der Altersgruppe der 18- bis 21-Jährigen am höchsten ist, ist er in der Ausbildung ein bisher kaum beachtetes Problem. Gerade in der Ausbildung stürmen auf die Betroffenen zahlreiche Probleme ein, einerseits Probleme, die vorhersehbar sind, aber auch teilweise Probleme, die vollkommen überraschend auftreten. Viele Arbeitnehmer sind aufgrund sehr hoher Anforderungen und Belastungen nicht in der Lage, den daraus resultierenden Stress abzubauen. Nicht wenige flüchten in die Sucht. Dies belegt eine steigende Anzahl an Suchterkrankungen in den letzten Jahren einerseits und andererseits die Tatsache, dass man sowohl auf bundespolitischer als auch europäischer Ebene mit Konzepten zur Suchtvermeidung beschäftigt ist.

Der Begriff „Sucht" steht für die umgangssprachliche Bezeichnung der Abhängigkeit von einer Substanz oder einem Verhalten. Dabei ist der Betroffene nicht mehr in der Lage, sich selbst zu kontrollieren. Er steht unter dem Zwang, mithilfe bestimmter Substanzen oder Verhaltensweisen, belastende Gefühle zu vermeiden, und glaubt hierin Entspannung zu finden. Die Weltgesundheitsorganisation (WHO) definiert Sucht als einen „Zustand periodischer oder chronischer Vergiftung, hervorgerufen durch den wiederholten Gebrauch einer natürlichen oder synthetischen Droge". Abhängigkeit bedeutet also, dass der Betroffene nicht mehr ohne das Suchtmittel leben kann. Die eingenommenen Stoffe verändern das Bewusstsein, die Seele und damit die ganze Persönlichkeit. Unterschieden wird in sogenannte substanzbezogene (wie z. B. die Abhängigkeit von Alkohol, Drogen oder Medikamenten) und verhaltensbezogene Abhängigkeiten (z. B. Glücksspielsucht, Internetsurfen, Kaufen, Arbeiten oder in persönlichen Beziehungen).

Abhängigkeit bzw. Sucht ist als Krankheit anerkannt. Infolgedessen müssen die Renten- und Sozialversicherungsträger und gegebenenfalls Träger der Sozialhilfe die Behandlungskosten übernehmen. Die negativen Folgen werden oftmals unterschätzt, sowohl seitens der Betroffenen als auch seitens des Umfeldes.

Suchtprogramme

In den Betrieben hat die Suchtprävention als Bestandteil des betrieblichen Gesundheitsmanagements oder der betrieblichen Gesundheitsförderung Einzug gehalten. In kleinen Betrieben mit weniger als 50 Beschäftigten und Kleinstbetrieben mit weniger als zehn Beschäftigten sind gesundheitsfördernde Maßnahmen und Suchtprävention allerdings noch sehr selten.

Suchtprogramme können zur Erhöhung der Arbeitssicherheit und zur Verbesserung des Betriebsklimas beitragen. Dieses wird vielfach in einer Betriebs- oder Dienstvereinbarung festgelegt. Sie beinhalten die Verpflichtung jedes Arbeitnehmers, sich über Sucht und Abhängigkeit zu informieren. Der Betrieb verpflichtet sich im Rahmen seiner Vorsorgepflicht, bei Auffälligkeiten eines Mitarbeiters frühzeitig zu intervenieren und Hilfe anzubieten. Dies kann in Form von Suchtbeauftragten mit spezieller Ausbildung im Betrieb geschehen oder auch indem man sich mit Beratungsstellen in Verbindung setzt. Zur Unterstützung der Vorgesetzten gibt es Anleitungen, wie mit suchtauffälligen oder suchtgefährdeten Mitarbeitern umzugehen ist.

Maßnahmen

Das Bundesministerium für Gesundheit hat in den letzten Jahren verschiedene Maßnahmen ergriffen und Projekte gefördert, um die Gesundheitsförderung und speziell die Suchtprävention in den Betrieben weiter zu stärken. So entstand beispielsweise das Projekt „Hemmende und fördernde Faktoren zur Umsetzung suchtpräventiver Ansätze in Klein- und Kleinstbetrieben".

Für die Altersgruppe der 18- bis 21-Jährigen förderte das Bundesministerium für Gesundheit die bundesweite Verbreitung des Projekts „Prev@WORK", das von der Fachstelle für Suchtprävention im Land Berlin entwickelt wurde. Ziel des Programms ist die Etablierung der Suchtprävention in der Berufsorientierung, -vorbereitung und -ausbildung. (vgl. Caritas, 2014).

Manual

18

Postbearbeitung

Nachdem Sie sich mit der Gestaltung des Arbeitsplatzes vertraut gemacht haben, kommen nun die Arbeitsabläufe im Büoralltag hinzu. Oft beginnt der Tag mit der Erledigung der Post und der E-Mail-Eingänge.

Posteingang

Die Arbeiten im Posteingang sind je nach Betriebsgröße unterschiedlich geregelt. Große Unternehmen haben eine eigene Abteilung – die Poststelle. Bei mittleren und kleinen Betrieben kann die Postbearbeitung dezentral durchgeführt werden. Grundsätzlich handelt es sich jedoch um die gleichen Arbeitsabläufe. Zunächst muss der Empfänger die eingehende Post übernehmen. Die Schriftstücke werden entweder durch den Postboten zugestellt oder aus einem Postfach abgeholt. Mithilfe der Postvollmacht kann der Empfänger allerdings jemanden beauftragen, der für ihn die Post übernehmen darf. Bei der Bearbeitung der eingehenden Post sind folgende Arbeiten durchzuführen:

Sortieren der Schriftstücke. Nach Eingang der Post werden die Sendungen sortiert und zwar nach: Geschäftspost, Privatpost, Irrläufer. Lediglich die Geschäftspost darf geöffnet werden. Alle anderen Sendungen sind dem Empfänger ungeöffnet zuzuleiten bzw. die Irrläufer kommen direkt wieder in die Ausgangspost.

Privatpost	Geschäftspost
Frau Maria Westermann Maschinenbaufabrik Otto Steinhauer Postfach 23 56 54470 Bernkastel-Kues	Maschinenbaufabrik Otto Steinhauer Frau Maria Westermann Postfach 23 56 54470 Bernkastel-Kues
Dieser Brief wird in der Poststelle nicht geöffnet, da der Name des Empfängers an erster Stelle genannt wird.	Dieser Brief wird in der Poststelle geöffnet, da das Unternehmen an erster Stelle genannt wird.

Öffnen der Geschäftspost. Die als persönlich oder vertraulich gekennzeichnete Post wird nicht geöffnet. Firmenpost ist vorsichtig zu öffnen (kein Zerschneiden von Unterlagen). Mithilfe eines Brieföffners können Briefe von Hand geöffnet werden. Größere Betriebe mit hohem Postaufkommen verfügen über eine Brieföffnermaschine. Diese Maschine schneidet einen schmalen Streifen vom oberen Rand der Briefhülle ab, ohne dass der Inhalt beschädigt wird. Alle nicht mehr benötigten Umschläge kommen zum Altpapier; Folien, gepolsterte Umschläge in die dafür vorgesehenen Sondermüllbehälter oder sie werden nochmals verwendet (Büroökologie).

Kontrollieren. Nach dem Öffnen wird das Schriftgut dem Umschlag entnommen. Dabei ist darauf zu achten, dass der Briefumschlag vollständig entleert wird (Leerkontrolle) und alle im Brief erwähnten Anlagen vorhanden sind. Fehlt eine Anlage, so wird dies handschriftlich auf dem Brief bei den Anlagen vermerkt. Wenn Brief- und Empfangsdatum mehrere Tage voneinander abweichen, wird der Briefumschlag als Nachweis für die verspätete Absendung an den Brief geheftet und durch einen Vermerk auf die Abweichung hingewiesen. Diese Kontrolle ist vor allem bei Terminsachen wichtig.

Durch Zusammenheften wird garantiert, dass Brief und Anlagen zusammenbleiben. Bei umfangreichem Schriftgut verwendet man für die Leerkontrolle eine Leerkontrollanlage.

Anbringen des Eingangsstempels. Der Eingangsstempel wird üblicherweise rechts neben der Empfängeradresse auf dem Schriftstück angebracht. Bei Briefen, die nicht geöffnet werden dürfen, bringt man den Stempel auf das Kuvert links unten neben der Adresse des Empfängers an. Mit dem Eingangsstempel und dem Einsetzen des Eingangsdatums wird der tatsächliche Eingang des Briefes dokumentiert, was z. B. für die Nutzung des Skontos wichtig ist. Urkunden, z. B. Zeugnisse oder Verträge dürfen mit keinem Eingangsstempel versehen werden.

Sortieren. Die Sendungen müssen nun an die verschiedenen Abteilungen im Betrieb verteilt werden. Bei diesem Arbeitsgang werden die Postsendungen mittels verschiedener Hilfsmittel (z. B. Verteilmappen, Postkörbe, Sortierregale) geordnet.

Verteilen. Die in der Posteingangstelle vorbereitete Post muss an die verschiedenen Abteilungen verteilt werden. Die Mitarbeiter der einzelnen Abteilungen holen die Post selbst ab oder es gibt einen Botendienst. In größeren Betrieben wird die Eingangspost mit Förderanlagen in die Abteilungen transportiert.

Eingehende elektronische Post

E-Mail. Die Organisation von eingehenden E-Mails ist wenig hierarchisch, unkompliziert und verstärkt projektorientiert gegliedert. Die eingehenden E-Mails sind in der Regel direkt an den jeweiligen Mitarbeiter gerichtet. Dieser bearbeitet sie auch entsprechend eigenverantwortlich. Mithilfe einer speziellen Filterfunktion kann die eingehende Post nach individuell festlegbaren Stichwörtern vorsortiert und in Ordnern abgelegt werden. Ist der Empfänger der E-Mail nicht erreichbar (z. B. im Urlaub), kann automatisch mit einem Standardtext geantwortet werden (Abwesenheitsassistent).

Selten werden E-Mails direkt im Zentralserver abgelegt. Die Ablage erfolgt dort in der Regel nur dann, wenn die Unternehmung ein eigenes, firmeninternes Intranet oder Projektdatenbanken besitzt. Jeder der über Zugriffsrechte verfügt, kann die dort abgelegten Daten einsehen. Solche Daten sind wichtige oder bearbeitete Mails. Nach der Bearbeitung der eingegangenen E-Mails entscheidet der Sachbearbeiter meist nach eigenem Ermessen oder nach Rücksprache mit dem Projektleiter, welche Mails gelöscht und welche gespeichert werden.

E-Mail-Signatur. Eingehende E-Mails, die mit einer „sicheren elektronischen Signatur" versehen sind, entsprechen unterschriebenen Dokumenten! Damit können z. B. Kaufverträge über E-Mail abgeschickt werden. Sichere elektronische Signaturen werden von Zertifizierungsstellen ausgegeben, die selbst besondere Sicherheitsanforderungen einhalten müssen. Diese Dokumente werden auf jeden Fall auf Magnetbändern gespeichert, bearbeitet und aufbewahrt. Vielfach werden sie zusätzlich auf Papier ausgedruckt und nach herkömmlichen Methoden archiviert.

Postausgang

Ebenso wie im Posteingang können die Arbeiten im Postausgang je nach Betriebsgröße zentral oder dezentral durchgeführt werden. Man unterscheidet zwischen Tages- und Massenpost. Bei der Tagespost werden die fertiggestellten und auf Form, Inhalt und Tippfehler geprüften Schriftstücke zunächst in die Unterschriftsmappe gelegt und vom Zeichnungsberechtigten unterschrieben. Anschließend werden die Schriftstücke postfertig gemacht. Zur Massenpost gehören Sendungen mit gleichem Inhalt.

Folgende Arbeiten sind durchzuführen:

Adressieren. In der Regel ist beim Schreiben eines Briefes das Adressieren erforderlich. Das Verwenden von Fensterbriefhüllen spart das zweimalige Schreiben der Anschrift. Beim PC ist es einfach möglich, auf Datenträger gespeicherte Anschriften in ein Schriftstück zu übernehmen bzw. einen Serienbrief zu erstellen.

Zusammentragen. Bei der Tagespost werden die verschiedenen Anlagen den Schreiben beigefügt. Das Zusammentragen der Massenpostsendungen kann sehr zeitaufwendig sein. Zusammentragmaschinen tragen die einzelnen Anlagen in der richtigen Reihenfolge zusammen. Dadurch wird die Arbeitszeit erheblich verkürzt.

Kontrolle auf Vollständigkeit. Beim Postausgang der Tagespost ist zu prüfen, ob die richtigen bzw. die angeführten Anlagen beigefügt sind und der Brief mit einer Unterschrift versehen ist.

Falzen. Je nach Größe der Schriftstücke und der unterschiedlichen Umhüllung gibt es verschiedene Falzarten. Brieffalzmaschinen falzen in einer hohen Geschwindigkeit.

Kuvertieren. Das Einlegen der Schriftstücke in die Umhüllung heißt Kuvertieren. Bei Fensterbriefhüllen ist darauf zu achten, dass die Anschrift auch tatsächlich im Fenster zu lesen ist. Kuvertiermaschinen führen diese Arbeit automatisch aus.

Sortieren und Wiegen. Die Tagespost wird nach Sendungsart und den Zusatzleistungen sortiert. Es folgt das Wiegen mit der Briefwaage. Diese Tätigkeiten entfallen bei der Massenpost, weil alle Sendungen den gleichen Inhalt haben. Es muss lediglich eine Sendung gewogen werden.

Schließen. Selbstklebende Briefhüllen beschleunigen diesen Arbeitsvorgang. Briefschließmaschinen schließen automatisch die Briefhüllen mit hoher Arbeitsgeschwindigkeit.

Frankieren. Die Versendungsart, die Zusatzleistungen, das Gewicht und das Briefhüllenformat bestimmen die Postgebühr einer Sendung. Das Freimachen kann durch die Post oder durch den Absender mittels Briefmarken, Freistempelungsmaschinen bzw. online erfolgen. Die Freistempelung durch den Absender mit Freistempelmaschine setzt eine vertragliche Vereinbarung mit der Deutschen Post AG voraus – Online-Formular: „Vereinbarung über die Absenderfreistempelung von Sendungen". Bei der Anschaffung einer Freistempelmaschine ist allerdings zu beachten, dass diese von der Post zugelassen sein muss.

Externer Frankierservice. Eine Rationalisierung des Frankiervorgangs kann dadurch erreicht werden, dass ein Betrieb den Frankierservice der Deutschen Post AG in Anspruch nimmt oder als Absender einen Antrag auf Freistellung stellt. Der Frankierservice der Deutschen Post AG übernimmt die maschinelle Frankierung aller Produkte (z. B. Briefe, Postkarten, Infopostsendungen, Streifbandzeitungen) und Zusatzleistungen national und international sowie Bücher- und Warensendungen national. Neben dem Entgelt für die Sendungen wird eine mengenabhängige Bearbeitungspauschale berechnet. Die Sendungen werden entweder in entsprechende Behälter bei der Deutschen Post abgegeben, von der Deutschen Post abgeholt oder in einen Umschlag gesteckt und in einen Briefkasten (mit dem Hinweis Frankierservice) eingeworfen.

Die entsprechende Serviceinformation der Deutschen Post AG gibt über die genauen Konditionen und Gebühren für diesen Service Auskunft.

Ausgehende elektronische Post

Ausgehende E-Mails verschicken Sie üblicherweise von Ihrem PC direkt an den Empfänger. Häufig verwendete Adressen werden in elektronischen Adressbüchern gespeichert. Sie sparen dann das zeitaufwendige und fehleranfällige Eingeben der jeweiligen Adressen.

Professionell und im Sinne des Datenschutzes sollten Sie bei geschäftlichen Rundmails die E-Mail-Adressen der Empfänger in das Bcc-Feld setzen, weil nicht jeder Empfänger erfreut ist, wenn seine Adresse allen anderen Empfängern bekannt gemacht wird. Betriebsintern oder wenn alle Adressaten persönlich bekannt sind, ist das Angeben aller E-Mail-Adressen im Cc-Feld oft sinnvoll.

Beim Schreibstil unterscheiden Sie bitte zwischen Informationen an Geschäftspartner (Briefstil) einerseits und an Freunde und Mitarbeiter andererseits. Die vollständigen Absenderangaben sind bei Geschäftspartnern notwendig. Gesendete E-Mails werden in einem eigenen Ordner aufbewahrt, ausgedruckt und archiviert. Das Sendedatum soll auf dem Ausdruck erscheinen.

Wenn Dokumente nach § 126 BGB der Schriftform bedürfen, reicht eine E-Mail oder ein Fax nicht aus. Schriftform ist erforderlich, weil es das Gesetz vorschreibt, z. B. bei einer Kündigung des Arbeitsverhältnisses, Quittungen, Schuldanerkenntnissen, Verbraucherdarlehensverträgen oder weil es vertraglich vereinbart wurde. Die Schriftform ist gewahrt, wenn der Text vom Aussteller eigenhändig unterzeichnet ist.

Als Vereinfachung gegenüber der Schriftform hat der Gesetzgeber in § 126 b BGB die Textform eingeführt, die gegenüber der Schriftform auf eine eigenhändige Unterschrift verzichtet. Dokumente, die lediglich der Textform bedürfen, können rechtsgültig per E-Mail, Telefax oder per SMS verschickt werden.

E-Brief (elektronischer/digitaler Brief)

Outsourcing der Postbearbeitung. Für Unternehmen, Privatpersonen, Behörden, die ein- und ausgehende Post nicht selbst bearbeiten wollen, gibt es die Möglichkeit, diesen Arbeitsschritt von anderen Anbietern, wie z. B. Deutsche Post AG „E-Post" oder anderen Providern „E-Brief" erledigen zu lassen (Outsourcing). Druck, Kuvertierung, Frankierung und Zustellung der Sendungen werden ausgelagert und von einem externen Anbieter übernommen.

Postausgang. Der registrierte Absender versendet über einen Anbieter dieses Dienstes online seine Korrespondenz. Der Anbieter leitet die Korrespondenz an den Empfänger weiter. Wenn der Empfänger als Nutzer dieses digitalen Dienstes registriert ist, erhält er die Nachricht online zugestellt, andernfalls klassisch per Postboten. Da nur registrierte Teilnehmer diesen Dienst nutzen können, ist die Identität von Absender und Empfänger gesichert.

Bei diesem elektronischen Briefversand kostet online kommunizieren genauso viel wie ein normaler Brief – die Kosten für Druck, Papier und Umschläge werden aber eingespart. Auch können die Vorteile von Zusatzleistungen wie Einschreiben genutzt werden, womit der E-Brief dem althergebrachten Brief in nichts nachsteht. Der Administrationsaufwand ist gering, weil das Drucken, Falzen, Kuvertieren, Beschriften und Frankieren der Sendungen entfällt.

Posteingang. Eingehende Briefpost wird vom Anbieter eingescannt und digital an den Empfänger weitergeleitet. So entfällt für den Empfänger das Öffnen der Briefumschläge und das Lochen und Abheften der Dokumente. Die Briefe landen nicht im Briefkasten bzw. Postfach, sondern digital im Computer und ortsunabhängig lesbar. Die Originalschriftstücke werden vom Anbieter zusätzlich verschickt.

Papierformate

Papierformate sind in den Reihen A, B, C und D in der DIN 476 (Deutsches Institut für Normung) verankert. Normen standardisieren, rationalisieren und vereinfachen das Arbeitsleben. So passt ein A4-Blatt in jeden Drucker, Kopierer, Ordner, Schnellhefter, Briefumschlag etc.

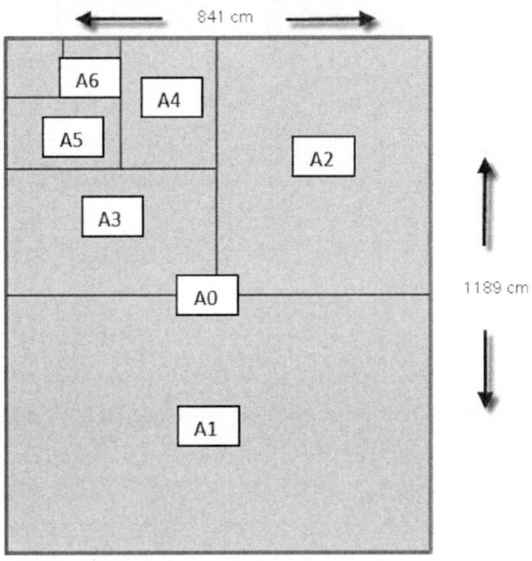

Ausgangsformat für alle Papierformate war ein Rechteck von 1 m^2 mit den Seitenlängen 1189 und 841 mm (A0-Format). Alle anderen Formate entstanden durch Halbieren oder Verdoppeln.

Die Angabe des Papiergewichtes auf der Packung für Druckerpapier von z. B. 80 g bezieht sich immer auf das Ausgangsformat A0. Nicht das A4-Blatt wiegt 80 g, sondern ein A0-Papier. Da ein A4-Blatt 16 x in das A0-Format passt, muss das Gewicht von 80 g durch 16 dividiert werden, sodass das A4-Blatt folglich nur 5 g wiegt.

Die nachstehende Tabelle gibt einen Überblick über die DIN-Formate:

Format DIN A0	841 mm	x	1 189 mm	☐ Plakat, Poster
Format DIN A1	594 mm	x	841 mm	☐ Flipchart, Landkarte
Format DIN A2	420 mm	x	594 mm	☐ Plakat, Poster
Format DIN A3	297 mm	x	420 mm	☐ Zeichenblock
Format DIN A4	210 mm	x	297 mm	☐ Geschäftsbrief, Schulheft
Format DIN A5	148 mm	x	210 mm	☐ kleines Schulheft, Block
Format DIN A6	105 mm	x	148 mm	☐ Postkarte, Karteikarte
Format DIN A7	74 mm	x	105 mm	☐ Visitenkarte, Spielkarte
Format DIN A8	52 mm	x	74 mm	
Format DIN A9	37 mm	x	52 mm	
Format DIN A10	26 mm	x	37 mm	

Die B-Reihe gehört ebenfalls zur deutschen Norm der Papierformate und taucht häufig bei Briefhüllen, Heftern oder Ordnern auf. Versand- und Briefhüllen sowie Briefumschläge werden auch in der C-Reihe angeboten. Kurioserweise vergrößern sich die Formate nicht dem Alphabet entsprechend. Also die A-Reihe passt in die C-Reihe; und die C-Reihe passt in die B-Reihe.

Falzarten

Briefe sollten entlang der Falzmarken gefaltet werden, so dass sie in kleinere Briefumschläge passen, um die Kosten beim Porto möglichst gering zu halten. Je nach Volumen der Ausgangspost geschieht dies per Hand oder Falzmaschine. Rein sprachlich wird zwischen "falten" und "falzen" unterschieden. Mit "falzen" ist die maschinelle Ausführung gemeint, während "falten" von Hand ausgeführt wird. Je nach Größe der Schriftstücke und der unterschiedlichen Briefhüllen bieten sich verschiedene Falzarten an.

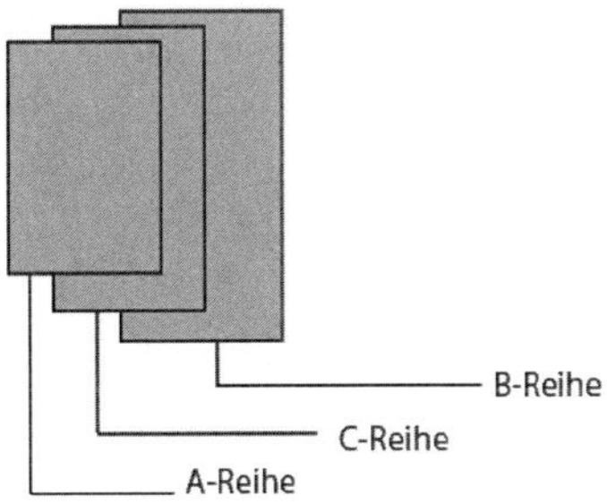

Bruch- oder Einfachfalz. Der Brief wird in der Mitte gefalzt (an der längeren Seite), so dass beispielsweise ein DIN-A4-Blatt in einen C5-Umschlag passt bzw. ein DIN-A5-Blatt in einen C6-Umschlag.

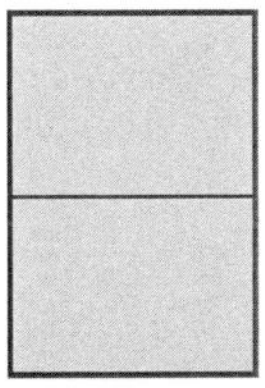

Kreuzfalz. Der Brief wir zweifach im rechten Winkel, jeweils in der Mitte der längeren Seite, gefalzt. So passt ein DIN-A4-Blatt in einen C6-Umschlag.

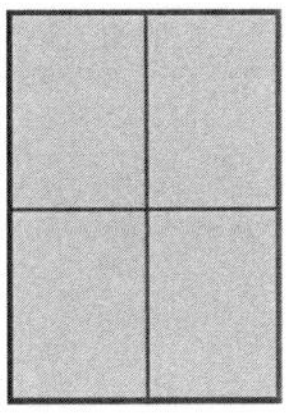

Zick-Zack- oder Leporello-Falz. Der Brief wird auf ca. 1/3 seiner ursprünglichen Größe gefalzt, so dass ein DIN-A4-Blatt in einen DIN-lang-Umschlag passt. Dabei wird der Briefbogen in wechselnden Richtungen gefalzt, wodurch sich eine zickzackartige Falzung ergibt. Im Gegensatz dazu die Wickelfalz, wo das Falzen in einer Richtungen erfolgt.

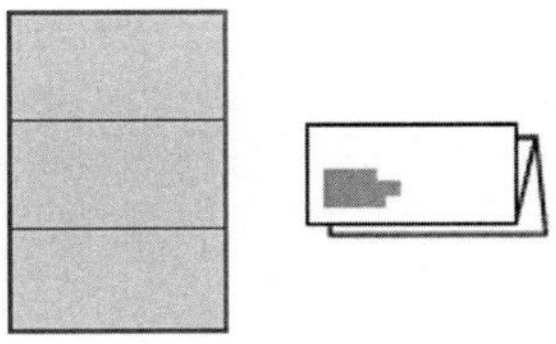

Zickzackfalz mit Kreuzfalz. Der Briefbogen wird zunächst mittels Zick-Zack gefaltet und anschließend noch einmal mittels Kreuzfalz. So würde ein DIN-A4-Blatt in einen C6-Umschlag passen.

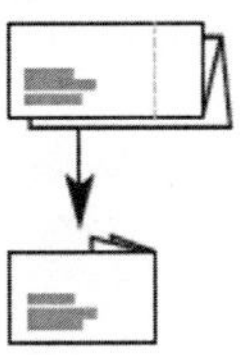

Briefprodukte national

Der Preis eines Briefproduktes ist abhängig von der Größe, dem Gewicht, der Sendungsart und der evtl. zusätzlich gewählten Versendungsform (z. B. Einschreiben). Folgende Briefprodukte bietet die Deutsche Post zurzeit an:

Sendungsart	Maße	Gewicht
Postkarte	L: 14 – 23,5 cm B: 9 – 12,5 cm	
Standardbrief	L: 14 – 23,5 cm B: 9 – 12,5 cm H: bis 0,5 cm	bis 20 g
Kompaktbrief	L: 10 – 23,5 cm B: 7 – 12,5 cm H: bis 1 cm	bis 50 g
Großbrief	L: 10 – 35,3 cm B: 7 – 25 cm H: bis 2 cm	bis 500 g
Maxibrief	L: 10 – 35,3 cm B: 7 – 25 cm H: bis 5 cm	bis 1 000 g
Päckchen	L: bis 60 cm B: bis 30 cm H: bis 15 cm	bis 2 kg
Pluspäckchen	L: bis 37,5 cm B: bis 30 cm H: bis 13,5 cm	bis 10 kg

Rechtssicherer Transport

Wenn Sie einen Nachweis über den Versand der Sendung oder den genauen Zeitpunkt der Zustellung brauchen, bietet die Deutsche Post folgende Produkte an:

Einschreiben – wenn der Empfänger eine Dokumentation benötigt, wann und wo die Sendung eingeliefert und wann und wie bzw. an wen die Sendung zugestellt wurde. Mit dem Online-Service der Deutschen Post kann der Absender sich über den aktuellen Sendestatus informieren. Darin wird erkennbar, ob der Empfänger die Sendung angenommen oder die Annahme verweigert hat. Bei persönlich übergebenen Sendungen wird der Auslieferungsbeleg mit Unterschrift angezeigt.

Der Absender erhält einen Einlieferungsbeleg mit Datum. Im Falle von Verlust oder Beschädigung haftet die Deutsche Post. Der Zusteller übergibt die Sendung persönlich nur gegen Unterschrift an den Empfänger, seinen Bevollmächtigten oder einen Empfangsberechtigten (z. B. Ehegatte). Die Unterschrift kann im Internet unter Sendungsverfolgung angezeigt werden. Zum Preis der Sendung wird der Preis für das Einschreiben addiert. Das Einschreiben lässt sich mit folgenden Zusatzoptionen kombinieren, die dann auch noch zusätzlich kosten:

Einschreiben mit Rückschein – wenn der Versand wichtiger Dokumente und die Einhaltung von Fristen rechtssicher nachgewiesen werden sollen. Man klebt dazu auf der Rückseite des Briefumschlags einen ausgefüllten Rückschein auf. Bei Zustellung des Briefes bestätigt der Empfänger den Erhalt durch Unterschrift auf diesem Rückschein, der dann wieder an den Absender zurückgeschickt wird.

Einschreiben „Eigenhändig" – wenn Sie sicher gehen wollen, dass die Sendung ausschließlich dem Empfänger persönlich oder einem zum Empfang schriftlich Bevollmächtigten übergeben werden soll. Die Unterschrift kann im Internet unter Sendungsverfolgung angezeigt werden.

Einschreiben „Einwurf" – wenn die Bestätigung der Zustellung genügt. Das Einschreiben wird in den Briefkasten, das Postfach oder eine andere Empfangsvorrichtung des Empfängers eingelegt, und der Zusteller bestätigt das durch seine Unterschrift.

Nachnahme – um sicher den Zahlungsbetrag zu erhalten. Der Zusteller händigt die Sendung nur aus, wenn der Empfänger den geforderten Betrag auch direkt an den Zusteller zahlt. Die Deutsche Post überweist dem Absender den Betrag auf sein Konto.

Günstiger Transport

Infopost. Große Mengen an inhaltsgleichen schriftlichen Mitteilungen oder Datenträgern wie zum Beispiel CDs/DVDs können kostengünstig als Infopost verschickt werden. Zahlungsaufforderungen und Verkaufswaren (mit Ausnahme von Büchern, Zeitungen) dürfen nicht als Infopost verschickt werden.

Inhaltsgleichheit

Die Inhalte müssen gleich sein bezüglich

- der Anzahl und Beschaffenheit und
- der Gestaltung der Umhüllung und im Format und
- der Anzahl und der Werte der verwendeten Postwertzeichen (nur in Verbindung mit Absenderstempelung und Frankierservice).

Mindestmengen und Sortierung

- 4 000 Sendungen bundesweit
- 250 Sendungen innerhalb einer Leitregion (z. B. 54...)
  Übereinstimmung der ersten beiden Stellen
- 50 Sendungen innerhalb eines Leitbereichs (Leitbereich Trier: 54181- 54349)

Die Sendungen müssen in auf-/absteigender Reihenfolge sortiert eingeliefert werden. Wenn die Mindestmenge nicht erreicht wird, können die fehlenden Sendungen entsprechend aufgezahlt werden.

Postwurfsendung. Hierbei braucht der Absender keine Adresse. Er kann unadressierte inhaltsgleiche Werbesendungen flächendeckend an Haushalte verteilen lassen. Dazu schließt er einen Rahmenvertrag mit der Deutschen Post ab.

Warensendung. Warenlieferungen aller Art können verbilligt versandt werden. Allerdings darf die Sendung neben der Ware keine persönlichen Mitteilungen enthalten. Erlaubt sind als Anlage aber Rechnungen, Überweisungsvordrucke oder Bedienungsanleitungen. Die Warensendung muss grundsätzlich offen eingeliefert werden und die Aufschrift „Warensendung" oberhalb der Anschrift tragen.

Büchersendung. Versand von Büchern, Broschüren, Notenblättern und Landkarten (nicht zu Werbezwecken). Büchersendungen müssen grundsätzlich in einer offenen Umhüllung eingeliefert werden und die Aufschrift "Büchersendung" oberhalb der Anschrift tragen. Allerdings darf die Sendung neben dem Produkt keine persönliche Mitteilung enthalten.

De-Mail

Vertrauliche Dokumente (z. B. an eine Behörde oder ein Unternehmen) können schnell, günstig und papierlos über ein staatlich geprüftes System per De-Mail versendet werden. Eine De-Mail ist im Gegensatz zu einer normalen E-Mail sicher, vertraulich, fälschungssicher und nachweisbar und damit rechtssicher auf einen Absender zurückzuführen.

Der einheitliche gesetzliche De-Mail-Standard ermöglicht die sichere Kommunikation zwischen De-Mail-Nutzern der Telekom und anderen zertifizierten De-Mail-Providern. Die zertifizierten Anbieter sind mit einem Siegel des Bundesamtes für Sicherheit in der Informationstechnik (BSI) ausgezeichnet. Das De-Mail-Gesetz stellt äußerst strenge Anforderungen an die organisatorische und technische Sicherheit. Für die Anmeldung braucht man deshalb unter anderem Pass oder Personalausweis. Verschicken lässt sich De-Mail nur von einem De-Mail-Konto zum anderen. De-Mail ist sicher durch die einwandfreie Identität von Sender und Empfänger, die persönliche De-Mail-Adresse und die verschlüsselte Übertragung.

Die De-Mail kann kostengünstig als Ersatz für ein Einschreiben genutzt werden. Der Absender erhält zusätzlich qualifiziert signierte Bestätigungen, wann er die Nachricht verschickt hat und wann sie an das Postfach des Empfängers ausgeliefert wurde.

Da sich bei der De-Mail jeder mit seiner wahren Identität anmelden muss, ist der Empfänger eindeutig nachweisbar. Diese Zustellvariante ersetzt zwar nur die Textform und nicht die Schriftform, trotzdem bietet sie Vorteile gegenüber der E-Mail.

Der E-Postbrief der Deutschen Post verfügt nicht über die notwendige Akkreditierung und ist daher mit De-Mail nicht kompatibel – achten Sie immer auf das De-Mail-Prüfsiegel des BSI!

Registratur

Im Büro sammelt sich sehr viel Schriftgut an. Es gehört ein umfangreiches Fachwissen dazu, um dort ökonomisch zu arbeiten.

Alphabetische Ordnung nach der DIN 5007

Allgemeines (Buchstabenfolge)

1. Umlaute: ä, ö, ü gelten als ae, oe, ue
2. Akzente aus fremden Sprachen bleiben unberücksichtigt: á, ê, ç = a, e, c.
3. Lautverbindungen wie ch, ck, sch und st gelten als zwei bzw. drei Buchstaben (ß = ss).
4. Ausnahme: Sch und St am Wortanfang werden in der Registratur als selbstständige Buchstaben in der Reihenfolge S, Sch, St behandelt.
5. Vorsatzwörter (van, von, de, der, das, die, von, zur, zum), akademische Grade und Berufsbezeichnungen (Dipl.-Ing., Steuerberater), Titel (Dr.) und Adelsbezeichnungen (Freiherr) werden nicht berücksichtigt: Der Oberbürgermeister = Bürgermeister, Dr. Otto Freiherr von Bauer = Bauer, Otto
6. Wörter wie „und (&)", „für" usw. bleiben unberücksichtigt: Bauer & Mann = Bauer Mann.

7. Feststehende und gebräuchliche Abkürzungen können wie ein Wort behandelt werden: AEG = Aeg.

Ordnungsfolge nach Namen

8. Ordnungswert hat das erste Wort des Familien-, Firmen- oder Sachnamens.
9. Ordnungswert besitzen alle Vornamen, Zweitnamen und Zusätze.
10. Familiennamen ohne Vornamen stehen vor solchen mit Vornamen oder Zusätze.
11. Abgekürzte Vornamen stehen vor den gleichartigen, ausgeschriebenen Vornamen.
12. Die Bezeichnungen „Gebrüder", „Geschwister" vor dem Familiennamen werden wie Vornamen behandelt.
13. Zweite und weitere Vornamen oder Zusätze bestimmen die Ordnungsfolge, wenn die ersten gleich sind.
14. Ordnungswert erhält der Ort, wenn alle Vornamen und Zusätze gleich sind.
15. Zusätze, z. B. & Co., GmbH, & Mann, -Markt, & Söhne, werden den Vornamen gleichgestellt.
16. Zusammengesetzte Familiennamen werden als einzelne Wörter wie Vornamen eingeordnet, z. B. Bauer-Mann nach Bauer, Manfred.
17. Untrennbare Eigennamen werden ohne Rücksicht auf die Vornamen in der bestehenden Wortfolge geordnet: z. B. wird Bauer-Mann-Stiftung hinter dem Familiennamen Bauer-Mann eingeordnet.

Weitere Ordnungssysteme

Alpha-numerische Ordnung. Ablage in einer Mischform von Buchstaben und Zahlen. Als erstes Ordnungskriterium erfolgt die Ablage alphabetisch. Ist mehr als ein Dokument innerhalb einer Kategorie (z. B. mehrere Handelsbriefe eines Geschäftspartners) vorhanden, wird als zweites Ordnungskriterium numerisch sortiert. Verfügt das Unternehmen beispielsweise über einen firmeneigenen Fuhrpark, so bietet sich bei der Ablage der Fahrzeugpapiere die alphanumerische Ordnung nach KFZ-Kennzeichen an. Dieses Ordnungssystem ist für jeden Nutzer nachvollziehbar, sodass die Erstellung eines Indexes nicht erforderlich ist. Der Zugriff erfolgt nach Alphabet bzw. den entsprechenden Nummern. Schwierigkeiten können entstehen bei der Zuordnung von Umlauten und Abkürzungen; dies erfordert Arbeiten mit höchster Konzentration.

Numerisches Ordnungssystem. Zahlen oder Nummern sind hier das erste Ordnungskriterium. Es eignet sich für die Ablage von Schriftstücken, die schon über Nummern verfügen (z. B. Rechnungsnummer, Kundennummer, Ordnungsnummer). Das System erfordert die Erstellung eines Indexes, der über Suchbegriffe informiert. Die Registraturen wachsen von vorne nach hinten und können mit der Zeit unübersichtlich werden. Da Zahlen eindeutig sind, ist dieses System aber auch für Unbeteiligte leicht durchschaubar, es entstehen keine Zuordnungsprobleme, die Unterlagen können schnell geordnet werden, und jede Nummer wird nur einmal vergeben.

Das chronologische Ordnungssystem. Hierbei erfolgt die Ablage nach Datum. Man unterscheidet zwischen der kaufmännischen Heftung (das aktuellste Dokument bzw. der jüngste Vorgang liegt oben) und der Behördenheftung (das aktuellste Dokument bzw. der jüngste Vorgang liegt unter allen anderen). Auch hierbei handelt es sich um ein logisches System, wodurch die Unterlagen schnell aufzufinden sind.

Das Ablegen erfordert Zeit, da das Datum häufig nicht auf Anhieb auf dem Dokument zu finden ist. Darüber hinaus wird es schwierig, wenn der Zeitraum des Vorganges nicht mehr präsent ist.

Das mnemotechnische Ordnungssystem. „Hierbei macht man sich den Umstand zunutze, dass man sich bestimmte Abkürzungen leichter ins Gedächtnis rufen kann als andere. Diesen Memory-Effekt nutzt man aus mit Buchstabenfolgen" (vgl. Grauert, 2010). Sie gehen so vor, dass zu ordnenden Zahlen sprechende Abkürzungen hinzugefügt werden, sodass besonders Schriftstücke mit ähnlichen oder gleichen Nummerierungen leichter zu finden sind. So können Sie Auftragsbestätigungen zusätzlich zur Vorgangsnummer mit AB (z. B. AB 4467) kennzeichnen, Lieferscheine mit „LS" (LS 4467) oder Eingangsrechnungen mit „ER" und Ausgangsrechnungen mit „AR". Durch diese logische Anordnung der Symbole ist ein schnelles Wiederfinden der Akten gewährleistet. Allerdings muss das System bekannt gemacht werden und das Anbringen der Abkürzungen oder Symbole erfordert Zeit. Evtl. ist es für Unbeteiligte nicht sofort durchschaubar. Es erfordert die Erstellung eines Indexes und einheitliche Schlagwörter.

Das symbolische Ordnungssystem. „Ein Bild sagt mehr als tausend Worte". Hierbei werden für die Geschäftsvorgänge verschiedene Piktogramme verwendet, was das Auffinden vereinfacht.

Ordnung nach Stichwörtern. Hierbei werden Dokumente besonderen Stichworten (wie z. B. Debitoren, Kreditoren, Inkasso, Kalkulation, Planung, Reklamationen, Auftragsabwicklung, Materialien) zugeordnet.

Sowohl das symbolische Ordnungssystem als auch die Ordnung nach Stichwörtern erfordern bei größeren Ablagemengen eine „Unterordnung" (z. B. alphabetisch, numerisch), damit die Ablage auch für Unbeteiligte durchschaubar bleibt. Bei fehlender Fachkenntnis kann das Wiederfinden von Unterlagen u. U. schwierig werden. Die Systeme bestechen aber durch den Vorteil, dass Ihnen mit einem Griff alle erforderlichen Informationen zu einem bestimmten Thema zur Verfügung stehen.

Digitale Aufbewahrung. Die Dokumente werden gescannt und mithilfe von Dokumentmanagementsystemen digital verwaltet (z. B. alphabetisch, numerisch, chronologisch). Es muss gewährleistet sein, dass jederzeit eine Rückführung in Papierform möglich ist. Dieses System garantiert leichtes Wiederfinden der Unterlangen mithilfe einer Suchfunktion. Allerdings müssen Zugriffsrechte vergeben werden. Bei falscher Speicherung oder Verschieben eines Ordners aus Versehen, ist das Wiederfinden fast unmöglich. Darüber hinaus ist konsequente Datensicherung vonnöten.

Aktenplan. Mittels Aktenplan wird das gesamte Schriftgut eines Unternehmens systematisch und logisch geordnet. Er hält fest, wo welche Dokumente abgelegt werden. Ein Aktenplan ist üblicherweise dekadisch (nach dem Dezimalklassensystem) aufgebaut. Die Teilung erfolgt in Hauptgruppen – Gruppen – Untergruppen und Sachgruppen. Dabei werden den einzelnen Hierarchien die Zahlen 0 bis 9 zugeordnet. Die Hauptaufgabengebiete sind in Hauptgruppen (z. B. Finanzen, Personal, Vertrieb) eingeteilt und erhalten die Zahlen 0 bis 9. Anschließend wird jede Hauptgruppe in Untergruppen gegliedert. Diese erhalten ebenfalls die Nummern 0 bis 9. Beispielsweise finden Sie Informationen über das Gehalt eines Mitarbeiters dann unter Hauptpunkt 3 = Personalwesen, Unterpunkt 5 = Lohn, Gehalt. Die Ordnung nach Aktenplan verfügt über einen logischen Aufbau, wodurch die Unterlagen leicht zu finden sind. Darüber hinaus über eine hohe Flexibilität, denn neue Ordnungsbegriffe lassen sich jederzeit eingliedern und können leicht in die EDV-Struktur übertragen werden. Dieses System erfordert allerdings eine zeitaufwändige Erarbeitung und ständige Pflege.

Gründe zur Aufbewahrung von Schriftgut

Die Registratur dient der geordneten Aufbewahrung von Schriftgut. Zum Schriftgut gehören Trägermaterialien, die Geschriebenes, Gedrucktes oder andere Markierungen aufnehmen und aufbewahren können (z. B. Papier, Datenträger, Bildträger).

Gesetzliche Gründe

Das **Handelsgesetzbuch** (§§ 238, 257 HGB) und die **Abgabenordnung** (§ 147 AO) schreiben vor, dass verschiedene Schriftgutarten aufbewahrt werden müssen.

§ 257. Aufbewahrung von Unterlagen. Aufbewahrungsfristen.

(1) Jeder Kaufmann ist verpflichtet, die folgenden Unterlagen geordnet aufzubewahren.:

1. Handelsbücher, Inventare, Eröffnungsbilanzen, Jahresabschlüsse, Lageberichte, Konzernabschlüsse, Konzernlageberichte sowie die zu ihrem Verständnis erforderlichen Arbeitsanweisungen und sonstigen Organisationsunterlagen,
2. die empfangenen Handelsbriefe,
3. Wiedergaben der abgesandten Handelsbriefe,
4. Belege für Buchungen in den von ihm nach § 238 Abs. 1 zu führenden Büchern (Buchungsbelege).

(2) Handelsbriefe sind nur Schriftstücke, die ein Handelsgeschäft betreffen.

(3) Mit Ausnahme der Eröffnungsbilanzen, Jahresabschlüsse und der Konzernabschlüsse können die in Absatz 1 aufgeführten Unterlagen auch als Wiedergabe auf einem Bildträger oder auf anderen Datenträgern aufbewahrt werden.

(4) Die in Absatz (1) unter 1. und 4. aufgeführten Unterlagen sind zehn Jahre und die sonstigen in Absatz 1 aufgeführten Unterlagen sechs Jahre aufzubewahren.

(5) Die Aufbewahrungsfrist beginnt mit dem Schluss des Kalenderjahres, in dem die letzte Eintragung in das Handelsbuch gemacht, der Handelsbrief empfangen oder abgesandt worden ist ...

Als Geschäftsbrief (Handelsbrief) gilt jegliche Korrespondenz, die der Vorbereitung (z. B. Anfrage), der Durchführung (z. B. Bestellung per E-Mail) oder der Rückgängigmachung eines Geschäftes (z. B. Nichtunterzeichnung des Kaufvertrages) dient. Schriftstücke, die nicht zum Abschluss eines Geschäftes geführt haben (z. B. nicht erfolgreiche Angebote, Prospekte), sind keine Handelsbriefe.

Betriebliche Gründe

Schriftstücke werden nicht nur aus gesetzlichen Gründen aufbewahrt, sondern auch, weil sie als Beweismittel gegenüber Geschäftspartnern, dem Finanzamt oder dem Gericht dienen. Zur Dokumentation werden z. B. notarielle Urkunden, Patente oder Meisterbriefe aufbewahrt. Bestimmte Schriftstücke werden als Arbeitsmittel aufbewahrt, weil sie als Nachschlagewerk, Gedächtnisstütze, zur Erledigung laufender Geschäftsvorfälle und zur schnellen Auskunftserteilung benötigt werden.

Schon ein flüchtiger Blick auf die Eingangspost zeigt, dass es Schriftgut höchst unterschiedlicher Bedeutung gibt. Das sollte sich auch auf die Bearbeitung und spätere Aufbewahrung (Ablage) auswirken. Schriftgut lässt sich in vier verschiedene Wertstufen gliedern:

Tageswert. Schriftgut, das nur eine einmalige Information vermittelt und danach wertlos ist, z. B. Wurfsendungen, Informationskopien, unverlangte Angebote, Notizen, Prospekte.

Prüfwert. Schriftgut, das nur über einen gewissen Zeitraum Bedeutung hat, wie Fahrpläne, Veranstaltungskalender, oder bei dem sich erst nach einiger Zeit entscheidet, ob es weiter aufbewahrt werden muss. Dieses Schriftgut gehört in eine arbeitsplatznahe Zwischenablage, wo es ständig überwacht werden kann.

Hierbei handelt es sich um dynamische Vorgänge, die sich in Bearbeitung befinden und Unterlagen mit zeitlich befristetem Wert (z. B. Angebote, Mahnungen, Kataloge oder Preislisten).

Gesetzeswert. Schriftgut, das nach den §§ 238, 257 HGB und § 147 AO aufbewahrt werden muss. Dieses Schriftgut mit Gesetzeswert sollte raumsparend abgelegt werden, z. B. durch Aufbewahrung auf Datenträgern.

Dauerwert. In jeder Verwaltung fällt Schriftgut von so großer Bedeutung an, dass es, auch unabhängig von eventuellen gesetzlichen Vorschriften, langfristig oder gar dauernd aufbewahrt wird (Unterlagen über Inhaber- und Rechtsverhältnisse eines Unternehmens). Dieses Schriftgut mit Dauerwert wird nicht in der Registratur aufbewahrt, sondern z. B. in der Sekretariatsablage oder im Archiv. Allerdings ist auch hier gelegentliches Durchforsten notwendig.

Ablagetechniken

Die Möglichkeiten, Unterlagen aufzubewahren, sind zahlreich. Man unterscheidet drei Hauptgruppen: liegende, stehende und hängende Ablage/Registratur.

Gelochte bzw. geheftete Ablage. Bei der gehefteten Ablage werden die Schriftstücke zuerst gelocht und in die Schriftgutbehälter einsortiert. Fürs Abheften braucht man wesentlich mehr Zeit als beim Loseblatt-Verfahren. Vorteilhaft ist jedoch:

- sichere Aufbewahrung
- schnelles Wiederfinden durch chronologisch richtige Reihenfolge
- sichere Aktentransport

Wenn keiner der genannten Gründe für die geheftete Ablage spricht, sollten Sie wegen der Zeitersparnis die Loseblatt-Ablage vorziehen. Schriftgutbehälter für die gelochte Ablage: Ordner, Schnellhefter, Hängehefter, Pendelhefter.

Ungelochte Ablage bzw. Loseblatt. Bei der ungehefteten Ablage werden die Schriftstücke nicht gelocht und lose in den Schriftgutbehälter gelegt. Hauptvorteil der Loseblatt-Ablage ist der Zeitgewinn beim Ablegen; dadurch entstehen weniger Personalkosten. Besonders geeignet ist dieses Verfahren, wenn:

- der Wiederzugriff nicht zu häufig ist
- die Akten nicht zu umfangreich (max. 100 Blatt je Behälter) werden
- ganze Akten nur selten transportiert werden

Normalerweise werden nur 2 bis 5 % der Schriftstücke wieder benötigt. Den zeitlichen Mehraufwand fürs Suchen bei nicht chronologischer Reihenfolge kann man also oft vernachlässigen. Schriftgutbehälter für die ungelochte Ablage: Prospekt-/Sichthülle, Klemmmappe, Aktendeckel, Juris-Sammelmappe, Pultmappe, Hängemappe bzw. -tasche, Pendelmappe bzw. -tasche.

Welcher Behälter bzw. Ablagetechnik für die jeweilige Wertstufe?

Ablage	Behälter	T	P	G	D
gelocht bzw geheftet	Ordner				
	Schnellhefter				
	Hängehefter				
	Pendelhefter				
Ungelocht bzw. ungeheftet	Prospekt-/Sichthülle				
	Aktendeckel				
	Juris-Sammelmappe				
	Hängemappe				
	Pendelmappe				

Laut Ermittlungen des Fraunhofer-Institutes verdient eine qualifizierte Bürokraft 24 € pro Stunde (Stand 2012). In einer Stunde kann die Bürokraft 70 Blätter in eine Hängemappe, 50 Blätter in einen Ordner und 45 Blätter in einen Hängehefter einsortieren. Bei einem Ablagevolumen von 32 Blättern/Tag in einem Monat und auf das Jahr gerechnet fallen enorme Kosten an. Die Kosten für die Schriftgutablage können gesenkt werden durch Ablage nach den Wertstufen, zeitsparende Ablageart, Unterbringung am richtigen Ort und im richtigen Mobiliar.

Standorte der Registratur

Je nach Aktualität kann Schriftgut in drei Stufen eingeteilt werden: 1. Vorgänge in Bearbeitung, 2. erledigte oder in Überwachung befindliche bzw. 3. abgeschlossene Vorgänge.

Arbeitsplatz-Registratur. Am Arbeitsplatz werden die Unterlagen abgelegt, auf die ständig zurückgegriffen wird. Die Schriftstücke befinden sich z. B. in einer Hängeregistratur in direkter Griffhöhe im oder beim Schreibtisch. Das ist die günstigste Lösung, weil alles im Sitzen erreichbar ist. Alle Arbeitsunterlagen der Stufe 1, wie Akten, Formulare, Schriftgut, das zurzeit bearbeitet wird, gehört in die Arbeitsplatzablage. Ablagekörbe und Terminmappen können auf dem Schreibtisch oder in Griffnähe positioniert werden. Für Unterlagen, auf die nicht ständig aber doch häufig zurückgegriffen wird, eignet sich eine Ordner-Registratur in kleinen handlichen Beistellmöbeln, Regalen oder Schränken in Arbeitsplatznähe. Bei Bedarf haben Sie darauf einen schnellen Zugriff

Abteilungs-Registratur. Wenn Schriftgut von mehreren Mitarbeitern einer Abteilung gleichermaßen benötigt wird bzw. für erledigte oder in Überwachung befindliche Vorgänge bietet sich die Abteilungs-Registratur an. Die Unterlagen werden z. B. in Hängemappen oder -heftern in Hängeregistraturschränken untergebracht. Zur Aufbewahrung eignen sich zudem Ordner in Schränken bzw. Regalen oder Theken. Vorteilhaft sind auch Beistell-Wagen für die Hängeregistratur.

Alle Sachbearbeiter haben Zugriff und zum Durcharbeiten kann man die Wagen bequem an jeden Arbeitsplatz fahren (z. B. bei Urlaub, Gleitzeit und Krankheit). Regale sind preisgünstiger als Schränke und haben auch eine kleinere Stellfläche. In Groß- und Funktionsräumen dienen sie zugleich als raumgliederndes Element. Der Vorteil von Schränken gegenüber Regalen liegt darin, dass sie verschließbar sind.

Für Registraturzwecke gibt es Schränke mit Flügeltüren und Rollläden. Platzsparend sind Rollladen-Schränke, denn es stehen keine Türen im Raum. Hauptsächlich für größere Ordner-Registraturen werden Rotiersäulen empfohlen. Sie wurden entwickelt, weil ein Ordner ohne Schlitz von oben betrachtet einen Keil bildet. Eine Vielzahl solcher Ordner nebeneinander gestellt, bildet also einen Kreis. Vor allem, wenn größere Aktenmengen in einer Abteilung aufbewahrt und bearbeitet werden müssen, bieten sich Paternoster (Umlaufregale) an. Die Schriftgutbehälter stehen oder hängen an umlaufenden Trageelementen und kommen auf Knopfdruck auf kürzestem Weg zur Bearbeitungs-Öffnung. Paternoster bieten eine Reihe von Vorteilen: schnelle Bedienung, das Schriftgut kommt zum Bearbeiter, gute Raumausnutzung. Nachteilig ist, dass jeweils nur ein Mitarbeiter am Gerät arbeiten kann.

Zentral-Registratur. Wenn die Registratur entsprechend groß ist und mehrere Abteilungen darauf zurückgreifen müssen, empfiehlt sich eine Zentral-Registratur. Hier werden abgeschlossene Vorgänge aufbewahrt. Sie sollte möglichst zentral liegen, um Laufwege und damit Zugriffszeiten so kurz wie möglich zu halten. Wenn Zentral-Registraturen eingerichtet werden, muss man auch klären, wie das Schriftgut transportiert wird und von wem, sonst entstehen zu große Verlustzeiten, weil ständig Mitarbeiter unterwegs sind. Außerdem muss klar sein, wer für die Registratur zuständig ist und wer einsichts- und/oder entnahmeberechtigt ist. Besonders interessant für größere Registraturen sind die Rollregal-Anlagen, und zwar hauptsächlich durch ihr großes Fassungsvermögen. Dieses Fassungsvermögen ergibt sich daraus, dass die meisten der sonst in der Registratur erforderlichen Gänge eingespart werden können. Die einzelnen Regaleinheiten stehen auf Rollwagen und können seitlich verschoben werden. Zur Bearbeitung muss mindestens ein Gang vorgesehen werden. Er kann an jeder erforderlichen Stelle aufgeschoben werden. Neben der besseren Raumausnutzung bieten die Rollregal-Anlagen noch die Vorteile, dass sie sich abschließen lassen und staubdicht sind.

Altablage. In der Altablage wird das Schriftgut aufbewahrt, dessen Bearbeitung abgeschlossen ist und das nur noch selten benötigt wird, aber wegen gesetzlicher Vorschriften noch nicht vernichtet werden darf. Die Verwaltung erfolgt durch den Sachbearbeiter bzw. Registrator. In der Altablage sollte besonders auf sachgerechte Lagerung in verschließbaren, sauberen, abgedunkelten, trockenen Räumen mit konstantem Klima geachtet werden, sodass die Unterlagen bis zum Ablauf der längsten Aufbewahrungsfrist ungefährdet und jederzeit lesbar vorgehalten werden.

Archiv. Im Archiv wird Schriftgut mit Dauerwert diebstahl- und feuersicher aufbewahrt. Zur sicheren Aufbewahrung eignet sich ein Tresor. Die Entscheidung, welche Unterlagen auf Dauer in das Archiv übernommen werden, trifft nur der Archivar nach fachlichen Gesichtspunkten.

Zeitmanagement

Ein effektives Zeitmanagement ist zum bedeutenden Instrument im Büroalltag geworden. Eigentlich managen Sie damit nicht Ihre Zeit, denn diese ist nicht zu „managen", Sie organisieren Ihre persönliche Produktivität und setzen Ihren mentalen Fokus auf bestimmte Dinge und Aufgaben (vgl. Dr. Martin Krengel, studienstrategie.de, 2014). Die zu erledigenden Aufgaben können nur mithilfe einer durchdachten Zeitplanung zur Zufriedenheit aller erledigt werden. Zunächst einmal ist es wichtig den eigenen Arbeitsalltag zu analysieren. Wo stehlen Ihnen Zeitdiebe die Zeit? Welche Störungen behindern Sie in Ihrem Arbeitsablauf?

Pareto-Prinzip

Die These, dass mit 20 % unserer Zeit insgesamt 80 % der Aufgaben erledigt werden, geht auf den Italiener Vilfredo Pareto (ital. Ingenieur, Ökonom und Soziologe, 1848 - 1923) zurück.

Wenn wir auf Gründlichkeit und Detailgenauigkeit achten, um zu einem perfekten Ergebnis zu gelangen, verschwenden wir 80 % unserer Zeit. In den meisten Fällen reicht ein gutes Ergebnis mit 20 % Aufwand aus. Feilen Sie beispielsweise nicht zu lange an einer PowerPoint-Präsentation, wenn diese bereits gut ist. Die Zeit, die sie aufwenden, bis die Präsentation perfekt ist, steht in keinem Verhältnis zum Nutzen der Präsentation.

Diese 20/80-Regel zeigt sich in vielen Bereichen: Mit 20 % der Produkte werden 80 % des Gewinns erwirtschaftet, auf 20 % der Straßen spielt sich 80 % des Straßenverkehrs ab. 20 % der Funktionen eines Textverarbeitungssystems werden von 80 % der Anwender genutzt. Sie haben sicherlich schon die Erfahrung gemacht, dass Sie sehr viele Details für eine Klassenarbeit auswendig gelernt und viel Zeit fürs Lernen aufgebracht haben. Das Ergebnis war wider Erwarten eine schlechte Note. Im Gegensatz dazu erreichte ein Mitschüler, der wesentlich weniger gelernt hat als Sie, eine viel bessere Note.

Es ist also wichtig, ein Gefühl dafür zu entwickeln, wofür Sie Ihre Zeit aufwenden, nämlich für die 20 % der Dinge, auf die es ankommt. „Der schlechteste Umgang mit der Zeit ist es, Dinge perfekt zu machen, die gar nicht getan werden müssen!" (vgl. Krengel, 2014). Konzentrieren Sie sich auf das Wesentliche und kommen Sie z. B. in Gesprächen, Mails direkt zum Kern der Sache, fassen Sie sich kurz. Finden Sie heraus, auf was es wirklich ankommt, indem sie sich regelmäßig Feedback einholen bzw. genau ergründen, was von Ihnen erwartet wird. (vgl. Krengel, 2014)

Zeitdiebe und Störenfriede

Der größte Zeitdieb ist der tägliche Kampf mit der Mailbox. Um die Mailbox mit wichtigen oder auch vielen unwichtigen Nachrichten zu bearbeiten, benötigen nicht wenige zwei Stunden und mehr der täglichen Arbeitszeit. Platz zwei belegt das Surfen im Internet. Sie verlieren sich während der Internetrecherche in einer Flut von Informationen. Da ist es nicht leicht, sich auf das Wesentliche zu konzentrieren. Ein darüber hinaus nicht unerheblicher Zeitdieb ist die Prokrastination (Vertagen bzw. Aufschieben). Der Stapel der zu erledigenden Arbeiten wird immer größer, die Unordnung auf dem Schreibtisch wächst. Anstatt aufzuräumen und sich an die Arbeit zu machen, holen Sie lieber erst Kaffee. Meetings stehen auf der Liste der Zeitdiebe ebenfalls ganz oben. Darüber hinaus führen Privatgespräche, Pendeln, soziale Netzwerke, das Handy und nicht zuletzt die Bürokratie zum unnützen Verstreichen der Zeit.

Zeitdiebe können aber auch in der eigenen Organisation zu finden sein: Hierzu gehört eine unklare oder fehlende Zielsetzung, der Versuch, mehrere Dinge gleichzeitig erledigen zu wollen (z. B. telefonieren und Aufträge erfassen), ein fehlender Überblick über die zu erledigenden Aufgaben oder die spontane Änderung der Prioritäten. Vielen Arbeitnehmern wird auch ihre eigene Unfähigkeit „Nein" sagen zu können zum Verhängnis oder die fehlende Selbstdisziplin und Unentschlossenheit.

Neben den Zeitdieben verlangen Störenfriede einen hohen Anteil der wertvollen, aber sehr beschränkten täglichen Arbeitszeit. Das Telefon klingelt und scheint immer Vorrang zu haben. Unangemeldete Besucher verlangen Ihre Aufmerksamkeit. Darüber hinaus hindert Sie der Straßen- oder Baustellenlärm daran, effektiv zu arbeiten oder eine nette Kollegin, ein netter Kollege erscheint zu einem Tratsch, der länger dauert als geplant. Diese Liste ließe sich bis ins Unendliche fortsetzen.

Beachten Sie auch den sogenannten „Pausen-" oder „Sägeblatt-Effekt". Sie vertiefen sich in eine Arbeit und sprudeln nur so vor Ideen und Anregungen. Ihre Denkleistung erreicht nahezu 100 %. Dann werden Sie gestört, ein Kollege hat eine Frage oder die Mittagspause steht an. Ihre Denkleistung sinkt gegen null. Anschließend müssen Sie sich wieder neu in Ihre Arbeit hineindenken. Dazu benötigen Sie Energie und Zeit. Achten Sie also darauf, dass Sie wichtige und komplizierte Aufgaben ungestört und ohne Ablenkung erledigen können. (vgl. Egle, 2010 und Wels, 2014).

Methoden des Zeitmanagements. Beliebte Methoden des Zeitmanagements sind

- das Eisenhower-Prinzip
- die ABC-Analyse
- die Salami-Taktik
- die ALPEN-Methode

Eisenhower-Prinzip

Haben Sie entschieden was wichtig ist und erledigt werden muss, bringen Sie Struktur in Ihre Arbeit. Ein hilfreiches Instrument ist hier das Eisenhower-Prinzip, das auf den amerikanischen Präsidenten Dwight D. Eisenhower zurückgeht. Auch er erkannte irgendwann, dass der Tag nur 24 Stunden hat und es ratsam ist, diesen sinnvoll einzuteilen. (vgl. Krengel, 2014).

Wichtig	Wichtig Tätigkeiten, die meist zu kurz kommen, aber langfristig Erfolg und Zufriedenheit bringen (z. B. Ausschreibung über Lieferung EDV-Verbrauchsmaterial)	Tätigkeiten, die sich vordrängeln, weil wir sie schon aufgeschoben haben (z. B. Bestellung von fast aufgebrauchtem Büromaterial)
Nicht/ weniger wichtig	Tätigkeiten, die uns ablenken bzw. Arbeitsschritte, die keinen Einfluss auf das Ergebnis haben (z. B. Internetrecherche um eine PowerPoint-Präsentation mit noch mehr Inhalt zu füllen)	Routineaufgaben, z. B. Vorträge, Meetings, Störungen, Anrufe, E-Mails, Aufräumen (z. B. Herausfiltern eingegangener E-Mails, die nicht relevant sind)
	Nicht dringend	**Dringend/aktuell**

Wichtig und nicht dringend sind Tätigkeiten, auf die es wirklich ankommt. Sie können nicht delegiert, sondern müssen von Ihnen selbst erledigt werden. Hierfür sollten Sie sich ganz klare Zeiten blocken, währenddessen sind Sie nicht erreichbar (auch nicht per Handy oder in sozialen Netzwerken). Lassen Sie sich nicht ablenken. Schließen Sie, wenn möglich, die Bürotür. Wenn Sie im Augenblick hierfür keine Zeit haben, dann setzen Sie sich einen Termin und erledigen es dann.

Wichtig und dringend. Kurzfristig haben diese Tätigkeiten Vorrang. Diese müssen Sie selbst erledigen und können sie nicht delegieren. Nehmen Sie sich aber vor, in Zukunft besser zu planen, damit derartige Dinge nicht ihren Zeitrahmen sprengen. Hinterfragen Sie auch, ob diese Aufgaben wirklich so wichtig sind wie sie auf den ersten Blick scheinen.

Weniger wichtig, aber aktuell. Diese Tätigkeiten können Routineaufgaben sein. Entweder arbeiten Sie diese schnell und effizient unter Zuhilfenahme des Pareto-Prinzips (80/20-Regel) ab oder Sie delegieren diese an einen kompetenten Kollegen. Dies könnten zum Beispiel Telefonate sein, die unbedingt geführt werden müssen. Bereiten Sie das Gespräch vor, kommen Sie schnell zum Kern der Sache und beenden Sie das Gespräch, sobald Sie Ihre Information haben. Driften Sie nicht zu einem „Plausch" ab.

Weniger wichtig und nicht dringend. Das ist der Bereich für Dinge, die Sie vielleicht gar nicht bearbeiten müssen. Entsorgen Sie, was entsorgt werden kann. Diese Tätigkeiten können aber auch Entspannung bringen. Hier können Sie im Internet recherchieren, Telefonate führen, einem Kollegen helfen, der ein Software-Problem hat. Aber auch hier gilt: Zeit genau festlegen, denn die anderen, unerledigten Aufgaben warten.

ABC-Analyse

Wenn Ihnen das Eisenhower-Prinzip nicht praktikabel erscheint, hilft Ihnen vielleicht die ABC-Analyse Prioritäten zu setzen. Die ABC-Analyse kennt man auch in anderen Bereichen, wie z. B. der Logistik, Materialwirtschaft oder im Controlling. Hier werden Tätigkeiten in drei Kategorien eingeteilt:

A-Aufgaben	Wichtige, unaufschiebbare Tätigkeiten, die nicht delegiert werden können
B-Aufgaben	Durchschnittlich wichtige Tätigkeiten, die aber noch Zeit haben oder delegiert werden können
C-Aufgaben	Weniger wichtige Tätigkeiten (Routinearbeiten), die Sie möglichst schnell und effizient erledigen

Arbeiten Sie die ABC-Analyse in Ihre To-do-Liste mit ein, setzen Sie ganz gezielt Prioritäten. Klären Sie Ihre Zuordnung ggf. mit Ihrem Vorgesetzten ab, wenn Ihnen eine Entscheidung schwerfällt.

Wenn Sie diese Kategorisierung in A, B und C vorgenommen haben, ist das weitere Vorgehen ganz einfach: Die A-Aufgaben werden zuerst erledigt und vor allem zu Zeiten, in denen Sie selbst noch leistungsfähig sind (z. B. morgens sind Sie frisch und ausgeruht). Dies können aber auch Zeiten sein, in denen es ruhiger wird im Büro und der erste Ansturm vorbei ist. Anschließend sind die B-Aufgaben dran, wenn Sie sie nicht delegieren können. Die C-Aufgaben können auch zwischendurch erledigt werden. Achten Sie aber darauf, dass Sie diese schnell und effizient bearbeiten und sich hierfür exakte Zeiten einplanen.

Salami-Taktik. Diesen Begriff kennt man aus der Kommunikation: Menschen geben Informationen meist scheibchenweise aus, so viel wie nötig, so wenig wie möglich. Sie können sich diese Taktik aber auch in der Organisation Ihres Büroalltages zunutze machen. Wenn es Ihnen schwerfällt, umfangreiche, hochkomplexe Aufgaben in Ihren Zeitplan einzuarbeiten, dann zerlegen Sie diese in kleine Teile, die besser überschaubar sind und Ihre Motivation nicht hemmen. Am Ende fügen Sie diese kleinen Teile zu einem Ganzen zusammen. So können Sie schwierige, komplexe Aufgaben Schritt-für-Schritt erledigen, ohne überfordert zu sein.

ALPEN Methode

A = Aufgaben und geplante Aktivitäten notieren. Nehmen Sie sich am Vortag die Zeit, die Aufgabenliste für den nächsten Tag zu erstellen. Dann können Sie morgens sofort loslegen.

L = Länge einschätzen, also die Zeit planen. Hierfür bedarf es einiger Erfahrung. Am Anfang ist es wichtig, Ihre Zeitplanung immer wieder zu überprüfen.

P = Pufferzeiten einplanen. Planen Sie sog. Pufferzeiten für unvorhergesehene Dinge ein. Eine Faustregel besagt, dass Sie nur zwei Drittel Ihrer Zeit verplanen sollten. Damit haben Sie ein Fallnetz, das Sie auffängt, wenn Sie sich in Ihrer Zeitplanung verschätzt haben. Erstellen Sie Ihren Zeitplan sinnvoll, berücksichtigen Sie Ihren Biorhythmus.

E = Entscheidungen treffen. Feilschen Sie nicht um die Zeit, wenn Sie feststellen, dass Ihre Planung nicht aufgeht. Treffen Sie eine Entscheidung dahingehend, was Sie heute noch bearbeiten können, und vertagen Sie den Rest. Evtl. können Sie manches unter den Tisch fallen lassen. Erledigen Sie also wichtige Aufgaben zeitnah, verschieben und delegieren Sie unwichtige Aufgaben oder sortieren Sie diese ganz aus.

N = Nachkontrolle. Überprüfen Sie Ihre Zeitplanung am Ende des Tages. Nehmen Sie Verbesserungen vor, wenn Ihre Planung nicht perfekt war. Haken Sie ab oder streichen Sie durch, was erledigt ist. Das schafft Freiheit im Kopf und Platz für neue Ideen.

Hilfreich für die Einordnung der Aufgaben kann auch sein, dass Sie hinterfragen: Für was werde ich bezahlt? Was steht in meiner Stellenbeschreibung? Diese Instrumente sind nicht starr, sondern flexibel zu handhaben. Überprüfen Sie Ihre Kategorisierung immer wieder und richten Sie diese bei Bedarf neu aus. Vielleicht ist es sogar erforderlich, die Liste neu anzulegen.

Auch diese Zeitmanagement-Methoden haben eine Kehrseite, wie so vieles. Leider ist eine To-do-Liste praktisch nicht immer so durchführbar, wie Sie sich das vorgenommen haben. Da kommt der Vorgesetzte, eine Kollegin oder ein Kunde mit einer dringenden Bitte und sprengt Ihren Zeitrahmen. Oft fehlt Ihnen ganz einfach der Überblick über den ganzen Tag. Vor allem zu Beginn einer Tätigkeit dauert es erfahrungsgemäß bis sich alles eingespielt hat. Dann kann es mit Ihrer Aufgabenliste schnell vorbei sein. Dennoch sind diese Methoden ein hilfreiches Mittel, um den Überblick über den Tag zu behalten.

Haben Sie es geschafft, Ihre Aufgaben zu kategorisieren und Ihre Zeit effektiver einzuteilen, dann sollten Sie noch einige Dinge beachten: Planen Sie wichtige Aufgaben in den Zeiten ein, in denen Ihre Leistungskurve noch sehr hoch oben ist, z. B. am Morgen, wenn Sie noch frisch und ausgeruht sind. Bedenken Sie, dass Ihr Biorhythmus am späten Vormittag bereits sinkt und nach der Mittagspause ganz unten angelangt ist. Am frühen Nachmittag geht es wieder etwas aufwärts und am späten Abend sind Sie Tal angekommen. Wenn Ihr Biorhythmus sinkt, planen Sie besser kleinere Aufgaben ein, die weniger Denkvermögen oder Kreativität erfordern.

Terminmanagement

Terminplanung

Eine wichtige und verantwortungsvolle Aufgabe in jedem Unternehmen ist die Planung der Arbeitszeit. Gemeint ist damit die Wahrnehmung und Überwachung von Terminen im täglichen Arbeitsablauf. Durch ein vorausschauendes Zeitmanagement lässt sich der Zeit- und Termindruck reduzieren, wodurch sich nachweislich die Arbeitsqualität verbessert. Ein Termin ist ein Zeitpunkt (Tag oder Uhrzeit), an dem etwas Wichtiges stattfindet (Kundentermin, Vertreterbesuch, Mitarbeiterbesprechung, Zahlungstermine, Angebotseröffnung etc.).

Termine richtig zu planen, zu überwachen und einzuhalten ist sowohl im Geschäfts- als auch im Privatleben wichtig. Werden Termine vergessen oder ungeschickt aufeinander abgestimmt, kann dies unangenehme Folgen haben, wie beispielsweise verärgerte Kunden. Es können dadurch sogar Kosten für das Unternehmen entstehen, wie z. B. Mahnkosten. Aber auch schwerwiegende Konsequenzen sind möglich: z. B. Produktionsstillstand, wenn die Materialbestellung vergessen wurde. Eine richtige Terminplanung ist deshalb eine wichtige Voraussetzung für die Organisation eines Unternehmens. Um die Terminplanung zu strukturieren sind folgende Fragen hilfreich:

Weshalb findet der Termin statt?	Besprechung/Schulung?
Wer kommt zu diesem Termin?	Kunden/Lieferanten?
Wann findet der Termin statt?	Ist die Uhrzeit passend und sinnvoll? Gibt es Überschneidungen? Ist eine Zeitverschiebung zu beachten?
Wo findet der Termin statt?	Besprechungszimmer/Tagungshotel
Wie lange dauert der Termin?	einige Stunden/mehrere Tage

Terminarten

Es wird zwischen festen (fixen) und beweglichen (variablen) Terminen unterschieden, die man im privaten und geschäftlichen Bereich findet.

Feste Termine. Sie wiederholen sich regelmäßig, stehen in der Regel zu Beginn des Jahres fest und lassen sich nicht verschieben, wie z. B. Geburtstage und Jubiläen, Messen und Ausstellungen, Hauptversammlungen, Ferientermine und Urlaubszeiten etc. Um den Überblick zu behalten, ist es vorteilhaft, die festen Termine zu Beginn des Jahres einzutragen.

Bewegliche Termine. Sie richten sich nach den festen Terminen. Sie können gegebenenfalls verschoben werden, beispielsweise Geschäftsreisen, Besprechungen, Sitzungen, Tagungen, Essen mit Geschäftspartnern, Theaterbesuche etc.

Tipp: Feste Termine sollten so früh wie möglich vermerkt werden, um spätere Terminüberschneidungen zu vermeiden! Um die festen Termine von den beweglichen zu unterscheiden, empfiehlt es sich, diese in einer anderen Farbe einzutragen. Eine weitere Unterscheidung liegt in der Einteilung in kurzfristige (Tage, Wochen), längerfristige (Monate, Quartal) und langfristige (Jahr oder mehrere Jahre) Termine. Darüber hinaus wird zwischen gesetzlichen (z. B. Steuerzahlungstermine), Kontrollterminen (müssen regelmäßig überwacht werden) bzw. Terminen im Rahmen von Projekten (Meilensteine, Fertigstellungstermine) unterschieden.

Terminvergabekriterien

Bei der Terminüberwachung müssen die Termine des nächsten Tages am Vortag durchgesehen werden. Erledigte Termine werden am Ende des Arbeitstages abgehakt, unerledigte Termine neu eingeplant. Um Fehler bei der Planung und Überwachung von Terminen auszuschließen, sollten folgende Punkte beachtet werden:

- Neue Termine sofort vermerken
- Termine gleichmäßig verteilen
- Zeitlich aufeinander folgende Termine nicht zu knapp einplanen
- Zeitplan nicht zu 100 % ausschöpfen (60 % geplante Aktivitäten, 20 % unerwartete Aktivitäten, 20 % spontane Aktivitäten)
- Terminanfrage erstellen, wenn mehrere Personen daran teilnehmen
- Ausweichtermine als Alternative festlegen
- Priorität A (muss), B (soll) oder C (kann) berücksichtigen
- Bereits bei der Terminplanung Schwerpunkte berücksichtigen (externe Termine haben Vorrang vor internen Terminen, Termine mit Vorgesetzten sollten nicht verschoben werden)
- Pufferzeiten zwischen einzelnen Terminen einplanen (für unvorhergesehene Termine, zeitliche Verzögerungen)
- Brückentage und Urlaubszeiten beachten
- Personen, die sich nicht begegnen sollen, nicht nacheinander einladen (z. B. Konkurrenten)
- Private Termine der Vorgesetzten berücksichtigen
- Terminabsprache zwischen Chef und Sekretariat
- Fahrtzeiten berücksichtigen

Die Kriterien für das Vergeben von Terminen sind sehr individuell und können von Fall zu Fall unterschiedlich sein. Achten Sie bei der Terminplanung auch auf die verschiedenen Zeitzonen, wenn Sie international tätig sind. (vgl. Zeller, 2007)

Hilfsmittel für die Terminüberwachung

Praktische Hilfsmittel für die Terminplanung und die Terminüberwachung sind Terminkalender in Buchform oder digitaler Form, Terminplaner, Plantafeln und Terminmappen.

Terminkalender. Dies sind z. B. Tages-, Wochen-, Monats- oder Jahreskalender. Es gibt sie in unterschiedlichen Formaten (z. B. DIN A5/A4) und Formen, z. B. als Wandkalender, Wochenkalender, Querkalender, 3-Monats-Tischkalender. In einen Wand-Jahreskalender können die fixen Termine notiert werden und sind dort für alle ersichtlich.

Digitale Terminplaner

Die digitale Terminplanung hat mittlerweile in vielen Unternehmen und auch bei Privatpersonen Einzug gehalten. In verschiedenen Office-Paketen sind entsprechende Programme enthalten. Die digitale Terminplanung besteht meist aus verschiedenen Modulen, beispielsweise E-Mail, Kalender und Kontakte.

Im Modul E-Mail empfangen, senden, verwalten und archivieren Sie Ihre eingehenden und gesendeten Nachrichten. Im Modul „Kontakte" erstellen Sie eine Übersicht über Ihre Adressen. Neben den üblichen Informationen wie Anschrift und Telefonnummer etc. können Sie viele zusätzliche Informationen zu einer Person übersichtlich anlegen, z. B. Webseite, Chat-Adresse, zusätzliche Notizen.

Im Modul „Kalender" verwalten Sie Ihre Termine. Sie haben damit einen guten Überblick über Ihre aktuellen Termine. Um sicherzustellen, dass Sie wichtige Termine nicht vergessen, können Sie sich eine Erinnerung einrichten. Soll ein Arbeitskollege oder ein Geschäftspartner zu einer Besprechung hinzukommen, schicken Sie ihm eine Besprechungsanfrage bzw. eine elektronische Einladung. Sie können auch Dateien (z. B. Protokolle, Produktinformationen, Anfahrtsskizzen, Preisübersichten etc.) anhängen.

Die Vorteile der digitalen Terminplanung liegen darin, dass man Termine professionell planen und überwachen kann und somit in der Lage ist, seinen eigenen Arbeitstag gut zu strukturieren. Digitale Terminplaner haben darüber hinaus den Vorteil, bei Besprechungen oder auf Reisen schnell greifbar zum Nachschlagen zu sein, und sie sind i. d. R. von mehreren Beteiligten einsehbar.

Weitere Planungsinstrumente

Wandplaner. Das sind Übersichten in Papierform, die jederzeit einsehbar an der Wand aufgehängt werden. Dadurch können die Termine für alle Beteiligten ersichtlich dargestellt werden. Sie sind eingeteilt in Monate, Wochen und Tage. Um sich schneller zurechtzufinden, sind die Kalenderwochen nummeriert und die Wochenenden bzw. Feiertage farblich unterschiedlich dargestellt.

Plantafeln. Hier werden die einzelnen Termine auf magnethaftenden Rastertafeln mit auswechselbaren Kopfleisten mithilfe von farbigen Karten oder Steck- und Magnettafeln dargestellt. Auch hier haben alle Beteiligten die Möglichkeit, die Termine auf einen Blick zu erfassen (Produktionsabläufe, Urlaubsplanung, Vertretungsplanung). Trotz Software verlassen sich viele Firmen nach wie vor auf Plantafeln; die gesamten Aktivitäten werden so visualisiert, kontrolliert und koordiniert.

Terminmappen oder Wiedervorlagemappen. Das sind Pultordner, die eingeteilt sind für die Tage 1 bis 31 oder für die Monate 1 bis 12. Hierin können Unterlagen für noch nicht abgeschlossene Tätigkeiten hinterlegt werden. Reicht der Platz in einem Pultordner nicht aus, eignen sich auch Hängeregistraturen als Terminmappen. Sie eignen sich hervorragend als Erinnerungsstütze und Sie haben alle erforderlichen Unterlagen mit einem Griff zur Hand.

Besprechungen und Sitzungen

Wenn Mitarbeiter meist unter Teilnahme des Vorgesetzten innerhalb der eigenen Abteilung und über Abteilungsgrenzen hinweg sowie mit Kunden und Lieferanten zusammenkommen, um sich über arbeitsbezogene Themen zu informieren, Probleme auszutauschen und eine zukünftige gemeinsame Entscheidung/Lösung oder Strategie zu finden, spricht man von einer Besprechung bzw. Sitzung. Die Besprechung/Sitzung wird für einen kleinen Teilnehmerkreis von ca. zwei bis zwanzig Personen ausgerichtet und kann von einer Stunde bis zu mehreren Stunden dauern. Sie wird meist kurzfristig einberufen und der zeitliche Vorlauf ist aufgrund der geringen Teilnehmerzahl im Vergleich zu anderen Veranstaltungstypen (Konferenz, Seminar, Tagung, Event) äußerst gering.

Wenn in regelmäßigen Abständen und an festgelegten Tagen Besprechungen stattfinde spricht man von Jour fixes. Auch im Rahmen von Projekten werden Jours fixes häufig genutzt, um über den Sachstand zu berichten.

Vorbereiten der Besprechung/Sitzung

Mitarbeiter verbringen viel Zeit in Besprechungen. Klären Sie zuerst immer ab, ob eine Besprechung wirklich notwendig ist oder ob sie durch ein Rundschreiben, eine E-Mail oder ein Telefonat ersetzt werden kann.

Eckdaten. Zu Beginn wird festgelegt, wer an der Besprechung teilnehmen soll. Der Ablauf der Besprechung mit Tagesordnungspunkten (TOP), z. B. Ziele, Themen, angestrebte Entscheidungen, wird geplant, um so einen Zeitrahmen für die Veranstaltung festzulegen. Als Nächstes ist ein Termin zu finden, der allen die Teilnahme ermöglichen soll. Dabei sind Feiertage, sogenannte Brückentage, Ferienzeiten und feste Termine der Teilnehmer zu beachten. Wenn der Zeitrahmen der Besprechung bekannt ist, kann eine Kollision mit anderen Terminen bzw. der Mittagspause vermieden werden. Vermeiden Sie Besprechungen nach dem Mittagessen und am späten Nachmittag. Zu diesen Zeiten ist der Leistungspegel am niedrigsten. Setzen Sie keine mehrstündigen Besprechungen an.

Nutzen Sie eventuell vorhandene Software (Microsoft Outlook, Lotus Notes etc.), um einen passenden Termin für alle Teilnehmer (Kollegen und Geschäftspartner) zu ermitteln. Über den Kalender kann die Besprechung mit Uhrzeit und Teilnehmern eingegeben werden, um nach freien Zeiten zu suchen. Die Terminplaneranzeige gibt eine Übersicht über die verfügbaren Termine.

Ausstattung. Entsprechend der Teilnehmerzahl ist dann ein geeigneter Raum zu reservieren (evtl. auch mit entsprechender Software). Ist der Raum nicht mit dem erforderlichen technischen Equipment ausgestattet, muss dafür gesorgt werden, dass Medien wie PC/Laptop, Beamer, Presenter, Projektionswand, FlipChart mit Stiften, Whiteboard, Metaplanwände, Moderationsmaterial, Verlängerungskabel, Drucker, Internetzugang etc. am Besprechungstermin zur Verfügung stehen.

Klären Sie im Vorfeld mit dem Leiter der Besprechung/Sitzung, ob den Teilnehmern vor, während oder nach der Besprechung Unterlagen ausgehändigt werden sollen. Diese sind dann frühzeitig zu erstellen bzw. zusammenzustellen.

Laden Sie die Teilnehmer ein und geben dabei die Eckdaten und Agenda (Ablauf einer Besprechung) bekannt, damit sich die Eingeladenen auf die Besprechung ggf. vorbereiten können. Organisieren Sie je nach Gepflogenheiten Ihres Betriebes Getränke und Snacks. Klären Sie mit dem Besprechungsleiter ab, welche Tischanordnung und Bestuhlung er vorsieht, z. B. U-Form, Blocktafel (Bestuhlung um einen rechteckigen Konferenztisch), Stuhlkreis etc. Verwenden Sie Sitzordnungen, die keine Rangordnung erkennen lassen, und achten Sie darauf, dass sich die Teilnehmer möglichst ohne Barrieren sehen können. Stimmen Sie mit dem Sitzungsleiter ab, wer das Protokoll führen soll und ob ein Verlaufs- oder Ergebnisprotokoll gewünscht ist.

Einrichten des Raumes

Die Konferenztische sollten genauso wie Fußboden und Fenster sauber sein. Abfalleimer müssen regelmäßig geleert werden, der Raum muss gelüftet werden und frische Gläser/Tassen für alle bereitstehen.

Werden Büromaterialien, wie Stifte, Papier und Klammern auf den Konferenztischen zur Verfügung gestellt, können Mitarbeiter und Gäste sich bedienen. Damit alle Projekte im Konferenzraum zu einem Erfolg führen, sollten genügend Steckdosen für Laptops, Handys und andere technische Geräte vorhanden sein. Kontrollieren Sie die vorhandene Tagungstechnik sowie die Abdunklungsmöglichkeit und legen Sie Arbeitsmittel, Tagesordnung, Unterlagen etc. aus. Stellen Sie Getränke und Snacks parat bzw. organisieren Sie eine Servicekraft, die zu gegebener Zeit Kaffee etc. anbietet.

Ordnen Sie die Tische an und stellen entsprechend der Teilnehmerzahl Stühle zur Verfügung. Wenn Sie externe Teilnehmer für die Besprechung/Sitzung eingeladen haben, sollten Sie im Foyer einen Aushang anbringen, der auf die Veranstaltung hinweist und ggf. Wegweiser zur Veranstaltung aufstellen.

Ein Schild „Besprechung – Bitte nicht stören" unterbindet Unterbrechungen während der Veranstaltung. Dem Konferenzleiter sollte auch ein Ansprechpartner für technische Probleme bekannt sein; legen Sie ihm Namen und Telefonnummer an seinen Sitzplatz.

Nachbereiten der Besprechungen

Nach der Besprechung ist der Raum wieder in seinen Urzustand zu bringen. Das Protokoll muss zeitnah geschrieben und an die Teilnehmer weitergeleitet werden. Falls in der Sitzung Termine vereinbart wurden, sind diese zu notieren. Der Sitzungsleiter sollte zudem evaluieren, ob sein Sitzungsziel erreicht wurde, ob die Atmosphäre angenehm war, ob es Verbesserungspotenzial gibt etc.

Innerbetrieblicher Schriftverkehr

Protokoll

Das Ergebnisprotokoll stellt neben dem Verlaufsprotokoll die wohl gebräuchlichste Form des Protokolls dar.

Das Verlaufsprotokoll soll den Verlauf einer Sitzung so genau wie möglich festhalten. Verlaufsprotokolle werden primär dann angefertigt, wenn der tatsächliche Verlauf einer Diskussion und die klare Herausarbeitung auseinandergehender Meinungen der Sprecherpersonen von großem Interesse ist. Dies ist beispielsweise der Fall, wenn es sich um Sitzungen von Gremien handelt, die Entscheidungsfunktionen haben. Dabei werden die Beiträge mit Nennung der Namen wörtlich oder sinngemäß wiedergegeben.

Das Ergebnisprotokoll legt, wie schon aus seiner Bezeichnung hervorgeht, bei der Niederschrift besonderes Gewicht auf die Dokumentation der Ergebnisse (Entscheidungen, Abstimmungen, Vereinbarungen ...), die bei einem Gespräch (Besprechung, Diskussion, Sitzung, Veranstaltung ...) herausgekommen sind. Es ist daher natürlich auch kürzer als ein Verlaufsprotokoll und eignet sich besonders bei längeren Gesprächen. Im Wesentlichen enthält es vier Punkte:

1. Der derzeitige Stand der Dinge
2. Die weitere Vorgehensweise
3. Die Zuteilung der Aufgaben
4. Die Termine (vgl. Zeller, 2007)

Der innere Aufbau und die äußere Form eines Ergebnisprotokolls folgen im Allgemeinen dem, was bei der Schreibform „Protokoll" auch sonst erwartet wird. Im Kopfteil steht die Basisinformation mit ihren verschiedenen Angaben (Ort, Datum und Zeit, Teilnehmer/-innen, entschuldigt oder unentschuldigt Abwesende, Leiter bzw. Leiterin, Anlass, Tagesordnung). Bei wiederkehrenden Besprechungen werden oftmals laufende Protokollnummern vergeben. Zu Beginn einer Sitzung ist das Protokoll der vorangegangenen Sitzung vom Teilnehmerkreis zu bestätigen.

Im Protokoll werden die wichtigsten Ergebnisse in der Reihenfolge der behandelten Tagesordnungspunkte dokumentiert. Dabei kann in Ausnahmefällen, wenn ein sachlicher Grund vorliegt, auch einmal von der bloßen Ergebnisdokumentation abgewichen werden. In einem solchen Fall wird ein bestimmter Tagesordnungspunkt, der sich im Gespräch erst als besonders kontrovers herausstellt, in Form einer ausführlichen Niederschrift, wie beim Verlaufsprotokoll üblich, dokumentiert.

Anträge werden im Wortlaut festgehalten und gekennzeichnet, Abstimmungsergebnisse mit Ja und Nein-Stimmen sowie Enthaltungen dokumentiert. Das weitere Vorgehen kann z. B. in einer To-do-Liste notiert werden und ggf. wird der Termin für die nächste Sitzung festgehalten. Im Schlussteil stehen das Datum und der Name des Protokollanten und des Leiters bzw. der Leiterin der Besprechung. Darunter werden eventuelle Anlagen aufgeführt und im Verteilvermerk die Personen, an die das Protokoll weitergeleitet wird.

Die Niederschrift erfolgt im Allgemeinen beim Ergebnis- als auch beim Verlaufsprotokoll im Präsens (Die Mitarbeiter leisten Überstunden ...) und die indirekte Rede im Indikativ (Herr Schulte teilt mit ...) oder Konjunktiv (... es seien drei Vorschläge eingegangen). Anträge und Beschlüsse werden wörtlich und in direkter Rede wiedergegeben. Der geforderten Kürze wegen, verlangt ein Ergebnisprotokoll jedoch eine ausgeprägte sprachliche und begriffliche Präzision, die keine unnötige Umschweife zulässt.

Als Protokollführer sollten Sie am Ende der Besprechung prüfen, ob Sie alle Namen der Teilnehmer notiert haben. Wenn ein Teilnehmer ein Thema mittels PowerPoint-Präsentation oder OH-Folie vorgestellt hat, sollten Sie ihn bitten, Ihnen die Datei bzw. Folie auszuhändigen.

Aktennotiz

Eine Aktennotiz ist eine kurze Niederschrift, die ausschließlich für den Gebrauch innerhalb einer Firma (Dienststelle u. Ä.) oder aber für den Verfasser selbst bestimmt ist. Der Inhalt der Aktennotiz wird aus dem Gedächtnis oder nach Stichworten festgehalten. Bei aller Kürze muss die Aktennotiz das Wesentliche enthalten. Für Aktennotizen (wie auch für Telefonnotizen und Aktenvermerke) gibt es keine allgemein verbindlichen Vorschriften. Doch empfiehlt es sich, diese Notizen einheitlich und übersichtlich zu gliedern (viele Unternehmen haben dafür besondere Vordrucke). Am besten gliedern Sie Ihre Aktennotizen durch Leitwörter: Betreff – Ort und Zeit – Teilnehmer. Die eigentliche Aktennotiz besteht in der Regel aus dem Gesprächsergebnis und den Folgerungen. Selbstverständlich sind alle Notizen dieser Art zu unterschreiben.

Telefonnotiz

Jedes wichtige Telefongespräch sollten Sie gut vorbereiten: Was wollen Sie erreichen oder vom Anzurufenden erfahren? Notieren Sie zuvor die Hauptgesprächspunkte und legen Sie alle Unterlagen zurecht, die Sie brauchen. Der „Telefonnotizrahmen" (Leitwörter) entspricht sinngemäß dem Rahmen (den Leitwörtern) für Aktennotizen: Betreff – Zeit – Anrufer (oder Name des Angerufenen). Die eigentliche Telefonnotiz besteht in der Regel aus dem Inhalt und den weiteren Maßnahmen.

Aktenvermerk

Die Kürze der Aktennotiz gibt keine Möglichkeit, neben dem knapp formulierten Gesprächsergebnis auch Hintergründe aufzuführen. Oft aber ist es vorteilhaft, nicht nur die Fakten zu nennen, sondern auch zu erläutern, wie es zu dem Gespräch gekommen ist („Vorgeschichte"), und die eigene Meinung zum Ausdruck zu bringen. In solchen Fällen schreiben Sie einen ausführlicheren „Aktenvermerk".

Das Muster zeigt Ihnen, wie Sie Ihre Aktenvermerke gliedern können.

Büromöbel Hauser & Schulte
54296 Trier – Balduinstraße 15

Einkaufsabteilung

Postfach 14 01 68 • 54290 Trier • ☎ 0651 487-1347

AKTENVERMERK

Gegenstand:	Preisvereinbarung mit Möbel fürs Büro KG Baumstraße 10 – 14, 30171 Hannover
Ort und Zeit:	Hannover, (gestern), 14:15 – 15:30 Uhr
Telefonkonferenz mit den Gesprächspartnern	Herr Leistner, Verkaufsabteilung Möbel fürs Büro KG Frau Reichert, Werbeabteilung Möbel fürs Büro KG Herr Thommes, Trier (Einkaufsabteilung)

Inhalt:

Nach der pünktlichen und sorgfältigen Ausführung unserer beiden Probeaufträge hat mich Frau Hauser beauftragt, in Hannover mit Möbel fürs Büro KG wegen besserer Konditionen zu verhandeln.

Die Verhandlungen verliefen positiv. Herr Leistner schlug gleich zu Anfang vor, uns auf alle Preise 35 % Nachlass zu gewähren.

Damit wir für die Produkte der Möbel fürs Büro KG intensiver werben können, wird Frau Reichert sofort Sonderprospekte gestalten und uns zur Begutachtung vorlegen. Für jede Möbelserie soll ein spezieller Prospekt angefertigt werden.

Wir sind übereingekommen, zum nächstmöglichen Termin eine gemeinsame Werbeaktion zu starten. Es ist vorgesehen, mit Inseraten zu beginnen, die in Tageszeitungen und einigen Fachzeitschriften erscheinen.

Ich empfehle, die Geschäftsverbindung mit Möbel fürs Büro KG auszubauen. Denn sowohl die Konditionen als auch die Qualität der Produkte liegen mit Sicherheit weit über dem Durchschnitt der Branche.

Trier, [aktuelles Tagesdatum]

Verteiler
Herr Reiter (Produktion)
Frau Thome (Verkauf)

Markus Thommes

Interne Mitteilung

Ein wichtiges Mittel der innerbetrieblichen Kommunikation ist die geschäftsinterne Mitteilung. Durch sie werden wichtige Hinweise an andere Abteilungen gegeben, Entscheidungshilfen angefordert oder aktuelle Informationen ausgetauscht.

Die geschäftsinterne Mitteilung wird nicht als Brief angesehen, es entfallen daher die üblichen vom Geschäftsbrief bekannten Gliederungen, jedoch soll durch Form und Aufbau schnell erkennbar sein, wer an wen mit welcher Absicht schreibt. Die Mitteilung endet mit Datum und Unterschrift. Manchmal enthält Sie auch eine abtrennbare Empfangsbestätigung, die an den Absender zurückgeht (z. B. „Ich habe Ihre Mitteilung Nr. ... über ... am ... erhalten). In vielen Fällen ist die geschäftsinterne Mitteilung auch als Beweismittel von Bedeutung. Durch sie kann belegt werden, ob eine Information weitergegeben wurde bzw. ob jemand von ihr hätte wissen müssen.

Büromöbel Hauser & Schulte GmbH
54296 Trier – Balduinstraße 15

Interne Mitteilung

Von: Frau Schick, Einkauf
An: Markus Thommes, Einkauf

Organisation der Terminverwaltung

Sehr geehrter Herr Thommes,

im Rahmen der Koordination der Kundentermine fiel mir auf, dass einige Kollegen der Abteilung ihre Termine immer noch per Hand in einem Kalender notieren. Dies erschwert meine Arbeit insofern, dass ich bei der Vergabe von Kundenterminen keinen Einblick in deren Kalender habe. So ist es schwierig, gemeinsame Termine mit Kunden festzulegen. Bei den Kollegen, die mit Outlook arbeiten, besteht dieses Problem nicht.

Um dieses Problem aus der Welt zu schaffen, schlage ich vor, eine einheitliche Terminverwaltung in Outlook einzuführen. Zur Information ist die Erläuterung zur Freigabe des Kalenders für alle Benutzer beigefügt.

Wir sollten dies in der nächsten Abteilungsbesprechung auf die Agenda setzen.

Trier, 30. April 20..

i. A. Schick

Anlage
Erläuterungen zu Outlook

Speichermedien

Auf Speichermedien können Daten gespeichert werden, also Texte, Zahlen, Bilder, Videos, Sounds usw. Obwohl es sich um komplexe Daten handeln kann, werden diese stets in eine Kombination aus Nullen und Einsen zerlegt. Diese binären Kombinationen werden anschließend auf dem Speichermedium abgelegt.

Folgende Maßeinheiten gelten für die Kapazität von Speichermedien:

Maßeinheit	**Umrechnung**	**Mögliche Zustände**
1 Bit		0 oder 1
1 Byte	8 Bit	256
1 Kilobyte (KB)	1024 Byte	ca. 1000
1 Megabyte (MB)	1024 KB	ca. 1 Million
1 Gigabyte (GB)	1024 MB	ca. 1 Milliarde
1 Terabyte (TB)	1024 GB	ca. 1 Billion

Magnetische Speicherung:

Die Daten werden mittels mechanischer Laufwerke mit Lese-/Schreibköpfen magnetisch auf ein Trägermedium geschrieben. Schreiben und lesen geht relativ schnell, allerdings sind die gespeicherten Daten nicht absolut stabil; sie altern. Es besteht immer die Gefahr eines Head-Crash. Dabei berührt der Schreib-/Lesekopf (z. B. durch Erschütterung) die Magnetplatte und kann diese zerstören.

Festplatte am eigenen PC

Die Festplatte ist ein magnetischer, wahlfreier Speicher zum permanenten Speichern von Daten und Programmen. Der große Vorteil von Festplatten ist die günstige Kombination von Schnelligkeit, hoher Speicherkapazität von mehreren Hundert GByte und praktisch unbegrenzter und komfortabler Wiederbeschreibbarkeit. Der Nachteil ist ein möglicher Head-Crash und somit die Möglichkeit des totalen Datenverlustes. Um sich davor zu schützen, sollten Sicherungskopien (Back-ups) erstellt werden. **Back-ups** können auf einer zweiten Festplatte, einer transportablen Festplatte oder einem Server ausgelagert werden. Wenn auf Daten des Rechners bei Tätigkeiten außerhalb des Betriebes zugegriffen werden muss (z. B. bei einem Telearbeitsplatz oder bei Außendienstmitarbeitern), ist die Anschaffung einer transportablen Festplatte sinnvoll. Darauf können dann die Daten gespeichert werden, die zum Arbeiten außerhalb des Betriebes benötigt werden. Im Vergleich zum USB-Stick, der zu diesem Zweck auch eingesetzt werden kann, hat die transportable Festplatte eine höhere Speicherkapazität, der USB-Stick ist dagegen klein und handlich.

Festplatte im Internet

Der Oberbegriff „Online Speichern" beinhaltet ganz allgemein eine Aufbewahrung von Daten im Internet bzw. in einer sogenannten **Cloud**. Bei Online-Festplatten werden Daten zusätzlich gesichert (Online-Backup). Persönliche Daten, Fotos, Videos und Musik können günstig online gespeichert werden (mehrere GByte) und es kann von allen Orten darauf zugegriffen werden. Es wird Datenschutz und Schutz vor Fremdzugriff durch ein mit einem Passwort gesicherten Archiv garantiert. Trotzdem empfiehlt es sich, vertrauliches Material wie Steuerunterlagen oder ähnliches besser lokal zu speichern.

Beim **Cloud-Computing** (Rechnerwolke) wird die IT-Landschaft, wie z. B. Datenspeicher, Netzwerkkapazität, Rechenkapazität oder auch Software, vom Nutzer nicht mehr selbst betrieben, sondern bei einem oder mehreren Anbietern als Dienst gemietet.

Die Anwendungen und Daten der Unternehmen befinden sich nicht mehr auf dem eigenen Rechner oder im eigenen Rechenzentrum, sondern in einer sogenannten Rechnerwolke.

Optische Speicherung

Die Daten werden gespeichert, indem die Inhalte mithilfe eines Lasers auf einen Datenträger geschrieben werden. Optische Speichermedien überzeugen durch ihre hohe Speicherdichte und Speicherkapazität (teilweise mehr als 100 GB), sie sind langlebig, haben eine geringe Fehler- und Störanfälligkeit sowie geringe Herstellungskosten. Man sollte den Datenträger aber keiner direkten Sonnenbestrahlung aussetzen.

Übersicht optischer und magneto optischer Datenspeicher

Abkürzung	Bedeutung	ursprünglich für	Kapazität	nicht beschreibbar	einmal beschreibbar	vielfach beschreibbar
CD	Compact Disc	Musik	0,7 GB	CD-DA (Audio) CD-ROM[1] (Daten)	CD-R[2]	CD-RW[3]
DVD	Digital Versatile Disc	Video	4,7 GB	DVD-Video DVD-Audio DVD-ROM	DVD+R [2] DVD-R	DVD+RW [3] DVD-RW
BD	Blu-ray Disc	HD-Video	25 GB	BD-ROM	BD-R	BD-RE

[1] ROM = Read Only Memory
[2] R = Recordable
[3] RW = Read/Write

Elektronische Speicherung:

Flash-Speicher. Zur Speicherung von Daten verschiedener Geräte (z. B. Digitalkamera) dient eine Vielzahl von unterschiedlichen Flash-Speicherkarten, z. B.: CompactFlash-Card (CF), Memory Stick (MS), Multimedia Card (MMC), Secure Digital Memory Card (SD), Smart Media Card (SMS), xD-Picture Card (xD).

Die Daten werden mittels Flash-Speicher-Technik gespeichert. Diese Technik findet überall Anwendung, wo Daten auf kleinstem Raum – ohne permanente Versorgungsspannung – gespeichert werden müssen. Dazu zählen Flash-Speicher für Digitalkameras, Handys und USB-Sticks.

Bei einem USB-Stick werden die Daten elektronisch auf einem Flash-Speicher gespeichert. Viele Anwender nutzen einen USB-Stick zur Datenspeicherung, weil er günstig zu erwerben ist und handlich ist und größere Datenmengen (mehrere GByte) speichert. Sie sind völlig lautlos, immer noch viel schneller als DVD-RAM, haben keine mechanischen Teile, die kaputtgehen könnten, und sind deshalb völlig erschütterungsunempfindlich.

Die Solid State Drive (SDD) ist eine Flashspeicher-Festplatte. Anders als eine herkömmliche Festplatte besitzt die SDD keine rotierende Magnetscheibe oder einen beweglichen Schreib-/Lesekopf. Vorteile dieses Speichermediums sind die mechanische Robustheit, sehr kurze Zugriffszeiten, niedriger Energieverbrauch und keine Geräuschentwicklung. Allerdings sind SSDs teurer im Vergleich zu konventionellen Festplatten.

Datensicherheit

Datenschutz

Der Datenschutz gewinnt im alltäglichen wie auch beruflichen Leben, immer mehr an Bedeutung. Zum einen wecken die „großen" oder globalen Skandale, wie zuletzt die Spähaffäre der National Security Agency (NSA) das Bewusstsein für Datenschutz. Auf der anderen Seite sind es jedoch auch die „kleineren" Vorfälle, wie die Videoüberwachung der Mitarbeiter bekannter Unternehmen oder undurchsichtige Allgemeine Geschäftsbedingungen (AGB) in sozialen Netzwerken, die immer wieder die Wichtigkeit des Datenschutzes unterstreichen.

Trotz dieser Vorfälle werden gleichzeitig unzählige private Bilder, Videos oder Kommentare zu Lebensereignissen in sozialen Netzwerken allgemein zugänglich gemacht und ungeschulte Angestellte erheben, verwalten und bearbeiten personenbezogene Daten von Kunden, Mitarbeitern und Bewerbern. Teilweise ignorieren Firmen den Datenschutz einfach oder verstoßen aus Unwissenheit dagegen.

Rechtliche Grundlagen. Der betriebliche Datenschutz ist durch eine Vielzahl von Gesetzen reglementiert und gesteuert. Unter anderem können hier das Telekommunikationsgesetz (TKG), das Telemediengesetz (TMG) oder das Verbraucherinformationsgesetz (VIG) genannt werden. Von zentraler Wichtigkeit für das Thema „Betrieblicher Datenschutz" ist jedoch das Bundesdatenschutzgesetz (BDSG), da es die Zulässigkeit der Verarbeitung von Bürgerdaten, einerseits durch Behörden des Bundes und andererseits durch private Unternehmen in der gesamten Bundesrepublik Deutschland regelt (vgl. Ehmann & Kramer, 2005).

Das BDSG soll den Einzelnen davor zu schützen, dass er durch den Umgang mit seinen personenbezogenen Daten in seinem Persönlichkeitsrecht beeinträchtigt wird. Man versucht also die Persönlichkeitsrechte zu schützen und den „gläsernen Menschen" zu verhindern. Unabhängig von Unternehmensgröße, Mitarbeiterzahl, den Produkten oder Dienstleistungen ist es verpflichtend für alle Unternehmen und öffentlichen Einrichtungen.

Personenbezogene Daten. Das Bundesdatenschutzgesetz lässt sich nur auf personenbezogene Daten anwenden. Als personenbezogene Daten werden gemäß § 3 Abs. 1 BDSG „Einzelangaben über persönliche und sachliche Verhältnisse einer bestimmten oder bestimmbaren Person" bezeichnet. Dies können Angaben, wie z. B. Name, Vorname, Geburtsdatum, Wohnort, sein. In Deutschland können nur natürliche Personen über personenbezogene Daten verfügen.

Beispiel 1: 03.05.1982 – Es liegen keine personenbezogenen Daten vor → die Person ist nicht bestimmt oder bestimmbar.

Beispiel 2: Der Geburtstag von Hannelore Schmitz ist am 03.05.1982 – Hier liegen personenbezogene Daten vor → die Person zu den persönlichen Daten ist klar bestimmt.

Beispiel 3: Jeder Mitarbeiter der Büromöbel Hauser & Schulte GmbH verdient mehr als 100.000 € → es liegen personenbezogene Daten vor. Die Person ist zwar nicht bestimmt, aber bestimmbar.

Beispiel 4: Ein Mitarbeiter der Büromöbel Hauser & Schulte GmbH verdient mehr als 100.000 € → keine personenbezogenen Daten. Die Person ist nicht bestimmbar, da es jeder Mitarbeiter der Firma sein könnte.

Daten mit Verarbeitungsbeschränkung. Unter § 3 Abs. 9 BDSG werden personenbezogene Daten mit Verarbeitungsbeschränkung aufgeführt. Dies können sein: Angaben über ethnische Herkunft, politische Meinung, religiöse oder philosophische Überzeugungen, Gewerkschaftszugehörigkeit, Gesundheit, Sexualleben. Eine Verarbeitung dieser Daten darf nur unter ganz bestimmten Umständen (siehe § 28 Abs. 6 bis 9 BDSG) durch die verantwortlichen Stellen erfolgen und die Einwilligung des Betroffenen ist erforderlich. Gemäß § 3 Abs. 7 BDSG ist jede Person oder Stelle, verantwortliche Stelle, die personenbezogene Daten erhebt, verarbeitet oder nutzt. Die Personalabteilung, die Daten über die Mitarbeiter erfasst (z. B. Name, Vorname, Geburtsdatum, Steuerklasse) ist genauso verantwortliche Stelle wie die Buchhaltung, die Daten ihrer Kunden erfasst.

Pflichten der Unternehmen. Grundsätzlich sind alle Unternehmen dazu verpflichtet, einen Datenschutzbeauftragten zu bestellen, die personenbezogene Daten automatisiert verarbeiten. Entscheidend für das Vorliegen einer automatisierten Datenverarbeitung ist, ob eine erleichterte Zugänglichkeit und Auswertbarkeit der Daten eines Datenbestandes vorliegt (Weiteres hierzu siehe § 4f Beauftragter für den Datenschutz, BDSG).

Zweckbindung. Die Erhebung, Speicherung, Verarbeitung und Nutzung personenbezogener Daten muss an einen konkreten Zweck gebunden sein. Dieser Zweck kann basieren auf: einer gesetzlichen Pflicht, einer Einwilligung des Betroffenen, einem Vertrag oder vertragsähnlichem Vertrauensverhältnis, einem berechtigten Interesse. Jede Form der Datenverarbeitung ohne konkreten Zweck ist unzulässig.

Zulässigkeit. Die Prüfung, ob ein die Datenerhebung zulässig ist, kann anhand der nachstehenden Fragen erfolgen. Dieses Schema ist für eine grobe Prüfung ausreichend.

1. Werden personenbezogene Daten erhoben, gespeichert oder verarbeitet?
2. Ist der Zweck definiert?
3. Ist die Verarbeitung zulässig?

Muss eine der genannten Fragen mit „Nein" beantwortet werden, ist die Datenverarbeitung nicht zulässig und darf nicht erfolgen.

Datenvermeidung. Es dürfen nur Daten erhoben oder verarbeitet werden, die für den Zweck unbedingt erforderlich sind. Unnötige Angaben im Personalerfassungsbogen bei der Einstellung sind zu vermeiden (z. B. Gewicht).

Datensicherheit

Das Bundesdatenschutzgesetz fordert ein Mindestmaß an Sicherheitsvorkehrungen für die Verarbeitung personenbezogener Daten. In § 9 und Anhang zu § 9 sind „konkrete" Schutzziele gefordert. Die Daten sind insbesondere vor Verlust, Verfälschung oder unerlaubter Kenntnisnahme zu schützen. Dies ist anhand der nachstehenden Kontrollmechanismen entsprechend zu überprüfen.

- Zutrittskontrolle. Der räumliche Zutritt zum Gebäude und/oder den Datenverarbeitungsanlagen für Unbefugte muss verhindert werden. Art und Umfang der notwendigen Sicherungsmaßnahmen richten sich nach der Sensibilität und der Menge der gespeicherten Daten. Beispiel: Ein besetzter Empfang am Eingang des Unternehmens und eine Überwachung der Eingänge per Kamera.
- Zugangskontrolle. Der Zugang zu internen Datennetzwerken muss Unbefugten verwehrt werden. Beispiel: Die Verwendung von sicheren Passwörtern für PC und Programme ist Pflicht.

- Zugriffskontrolle. Es kann nur auf Daten zugegriffen werden, die im Rahmen von Zugriffsberechtigungen gewährt sind. Beispiel: Verwendung eines IT-Berechtigungskonzepts.
- Weitergabekontrolle. Kontrolle der Möglichkeit zur Weitergabe personenbezogener Daten mittels Datenträger oder E Mail. Beispiel: Beschränkung der maximalen E Mail-Größe; Verbot von USB-Sticks.
- Eingabekontrolle. Es muss identifizierbar sein, wer wann welche personenbezogene Daten in die IT-Systeme eingegeben hat oder diese verändert hat. Beispiel: Protokollfunktion in SAP mit Accountname, Datum und Uhrzeit der Erfassung oder Änderung.
- Auftragskontrolle. Kontrolle der weisungsgebundenen Verarbeitung oder Nutzung personenbezogener Daten durch einen Auftragnehmer. Beispiel: Kontrolle der Vorgehensweise beim Umgang mit personenbezogenen Kundendaten durch ein beauftragtes Callcenter.
- Verfügbarkeitskontrolle. Wie schütze ich die Daten gegen Verlust. Hierzu zählen auch unvorhergesehene Ereignisse wie Blitzschlag. Beispiel: Regelmäßige Speicherung auf externe Datenträger durch autorisiertes Personal.
- Trennungskontrolle. Personenbezogene Daten, die zu unterschiedlichen Zwecken erhoben wurden, müssen getrennt verarbeitbar sein. Beispiel: Ist ein Mitarbeiter selbst Kunde bei Büromöbel Hauser & Schulte, so muss die Rechnungsprüfung die erforderlichen Daten getrennt von den Personaldaten erheben.

Unterweisung der Mitarbeiter

In den §§ 4g und 5 des BDSG ist klar geregelt, dass eine geeignete Unterweisung aller Mitarbeiter, die mit personenbezogenen Daten arbeiten, erfolgen muss. Laut Gesetzestext kann die Unterweisung persönlich durch den Datenschutzbeauftragten erfolgen.

Er muss in diesem Zusammenhang die Mitarbeiter mit den Vorschriften dieses Gesetzes und sowie anderen Vorschriften über den Datenschutz vertraut machen. § 5 BDSG beinhaltet außerdem eine schriftliche Unterweisung (die Mitarbeiter werden auf das Datengeheimnis verpflichtet). Aus dem Schriftstück muss hervorgehen, dass es der beschäftigten Person untersagt ist, personenbezogene Daten unbefugt zu erheben, zu verarbeiten und zu nutzen.

Das Datengeheimnis besteht auch nach Beendigung der Tätigkeit weiter. Der Mitarbeiter muss das Schriftstück unterschreiben und damit bestätigen, dass er über die gesetzlichen Bestimmungen des BDSG unterrichtet wurde.

Büroübliche Applikationen

Jedes Unternehmen hat seine eigene Struktur bezüglich der EDV-Anlage. Aus betrieblicher Sicht besteht eine EDV-Zielsetzung darin, dass die Arbeitsplatz-PCs die notwendigen arbeitsspezifischen Funktionen erfüllen, die Arbeit erleichtern und darüber hinaus zuverlässig funktionieren. Die Bedienung soll nutzerfreundlich sein.

In der Regel bekommt der Anwender (Mitarbeiter) ein Benutzerprofil bereitgestellt, indem alle erforderlichen Komponenten (Netzwerk, Betriebssystem, Programme) verfügbar sind.

PC-Einzel-Arbeitsplatz

Unter einem PC-Einzel-Arbeitsplatz wird ein einzelner Bildschirmarbeitsplatz mit eigener Zentraleinheit verstanden. Diese verarbeitet nur die Daten dieses Arbeitsplatzes.

Netzwerkarbeitsplatz – Client-Server-Netzwerk

In Unternehmen werden viele Computerarbeitsplätze benötigt. Die Nutzer möchten die Daten untereinander austauschen, gemeinsam auf Daten zugreifen oder gemeinsam Peripheriegeräte (Drucker, Scanner, Fax) nutzen. Eine Möglichkeit ist daher, ein Client-Server-Netzwerk einzurichten. Die Computerarbeitsplätze werden miteinander mit einem oder je nach Umfang mit mehreren Servern vernetzt. Die vernetzten Arbeitsplatzcomputer oder Notebooks werden auch Clients genannt. Der Client kann die Leistungen des Servers als File Server (stellt Daten zur Verfügung), als Webserver (ermöglicht den Internetzugang) oder als Terminal Server (Nutzerschnittstelle) nutzen.

Dadurch werden hohe Kosten gespart und große Information gewährleistet. Allerdings sind auch Risiken, wie zum Beispiel der Datenmissbrauch, damit verbunden. Aus diesem Grund müssen Netzwerke von einem Netzwerkadministrator verwaltet werden, der Zugriffsrechte vergibt und die Netzsicherheit (z. B. mit Back-up-Server) kontrolliert.

Betriebssysteme

Es wird grundsätzlich zwischen Betriebssystemen und Anwenderprogrammen unterschieden. Das Betriebssystem schafft die Arbeitsoberfläche Ihres Computers, es umfasst also alle für die Steuerung des betreffenden Computers zur Verfügung gestellten Programme. Darauf installieren Sie die Anwendungssoftware, etwa um Texte zu erfassen (Word), um ins Internet (Internet Explorer) zu gelangen oder um E-Mails (Outlook Express) zu schreiben.

Ein Betriebssystem ist die Software, die die Verwendung (den Betrieb) eines Computers ermöglicht. Es verwaltet Betriebsmittel wie Speicher, Ein- und Ausgabegeräte und steuert die Ausführung von Programmen.

Windows ist eine von Microsoft entwickelte grafische Benutzeroberfläche mit Fenstertechnik. Windows unterstützt Multitasking (mehrere Programme können gleichzeitig genutzt werden) und moderne Formen des Datenaustauschs sowie das Erstellen von Verknüpfungen zwischen Anwendungen, die unter Windows laufen.

Linux ist ein Betriebssystem für den PC, das von dem Finnen Linus Torvalds in weltweiter Zusammenarbeit mit anderen Programmierern entwickelt wurde. Der Quellcode des Betriebssystems Linux ist frei erhältlich (Open-Source-Programm) und darf nach Belieben weiterentwickelt werden. Hauptsächlichen Einsatz findet dieses Betriebssystem bei Servern und im Rechenzentrum. Viele Smartphones und Tablets laufen über das Betriebssystem Android, das ist eine Abart von Linux.

Mac OS X ist ein von Apple entwickeltes Betriebssystem. Die Abkürzung OS bedeutet Operating System (engl. Betriebssystem), der Buchstabe X steht zum einen für die römische Zahl 10 und verweist auf die Nachfolge früherer Macintosh-Betriebssysteme wie Mac OS 8 und Mac OS 9. Dieses Programm gilt als besonders bedienungsfreundlich, allerdings gibt es relativ wenige Anwendungsprogramme. Mac OS X verfügt über Fähigkeiten wie Speicherschutz, Multitasking, Mehrbenutzerfähigkeit und erweitertes Speichermanagement. Dieses Betriebssystem kommt in abgewandelter Form als iOS beim Smartphone, iPhone und dem iPad von Apple zum Einsatz.

Anwendersoftware

Ein Anwendungsprogramm ist ein Computerprogramm, das eine für den Anwender nützliche Funktion ausführt, z. B. Buchhaltung, Informationssysteme, Computer Aided Design, Textverarbeitung, Tabellenkalkulation oder auch Spiele. Anwendungsprogramme werden in erheblichem Umfang zur Unterstützung der Verwaltung in Behörden und Unternehmen eingesetzt. Die Anwendungssoftware unterteilt sich in Standardsoftware, Branchensoftware, Individualsoftware.

Standardsoftware ist eine Software, die für eine große Anzahl von Anwendern entwickelt worden ist. Bekannte Beispiele sind Microsoft Office Programme wie Microsoft Word, Excel, PowerPoint, Outlook, Publisher, Access etc.; oder Grafikprogramme wie Photoshop (Adobe) oder Paint.NET (Freeware).

Die Branchensoftware wird an die Anforderungen des jeweiligen Betriebes angepasst. Etliche Branchenlösungen sind für Hunderte oder Tausende von Kunden geschriebene Programme, andere hingegen werden nur bei deutlich weniger oder gar nur in vereinzelten Unternehmen eingesetzt. Diese Software gibt es bereits für fast alle Branchen (von der Automobilindustrie über das Handwerk bis zum Gesundheitswesen).

Vielfach werden auch Individuallösungen angeboten – eine für einen Kunden individuell angefertigte Anwendungssoftware als Alternative zum Einsatz von Standard- und Branchensoftware. Zu den wichtigsten Anwendern von Individuallösungen zählen große Behörden und vergleichbare Einrichtungen, da aufgrund der Vielfalt und Änderungshäufigkeit von gesetzlichen Vorschriften, Verantwortlichkeiten und politischen Interessen nur selten exakt passende marktgängige Softwareprodukte verfügbar sind. Individualsoftware ist teuer, da sie natürlich nicht in so hoher Auflagenzahl verkauft wird.

Freie Software (Open Source Software) ist Software, deren Lizenz es ausdrücklich erlaubt, sie für jeden Zweck zu nutzen, sie beliebig zu kopieren, zu studieren, zu verändern und weiter zu verteilen. Der Quelltext ist frei zugänglich und muss auch frei zugänglich bleiben.

Der Begriff „Frei" bezieht sich dabei nicht auf den Kostenaspekt, sondern auf die genannten Freiheiten, die Nutzer und Programmierer an der Software haben. Wenn dem Käufer einer kostenpflichtigen Software die genannten Rechte, einschließlich des Kopierens sowie kostenlosen oder -pflichtigen Weiterverteilens, eingeräumt werden, handelt es sich um Freie Software. Freie Software ist daher deutlich zu unterscheiden von der sogenannten „Freeware", die kostenlos ist, deren Quelltext aber meist nicht eingesehen oder gar verändert werden darf. (vgl. Brämer & Blesius, 2012)

ERP-Systeme (Enterprise Resource Planning)

Im Gegensatz zur Branchensoftware (spezielle Anforderungen eines Unternehmens) kann ein ERP-System branchenübergreifend eingesetzt werden. Es unterstützt sämtliche in einem Unternehmen ablaufenden Geschäftsprozesse. Diese komplexe Anwendungssoftware verwaltet und steuert alle Ressourcen. Es bietet Module zu Beschaffung, Lager, Personal, Vertrieb, Fertigung oder Anlagenwirtschaft eines Unternehmens. Untereinander sind die Module datentechnisch verbunden und verhindern so, dass Daten nicht verknüpft sind. Dadurch lassen sich die Unternehmensprozesse optimieren und die Betriebskosten können gesenkt werden. (vgl. Springer, 2014)

Die hauptsächlichen Unterschiede der verschiedenen ERP-Systeme liegen vor allem in der Zielbranche, der Größe des Unternehmens, der Unternehmensstandorte und dem Funktionsumfang der benötigten Technologien (Datenbanken, Programmiersprachen, Schichtenarchitekturen, Schnittstellen, unterstützten Betriebssystemen etc.).

Moderne ERP-Systeme sind webbasierte Produkte und werden über den Browser bedient. Es wird kein Clientsystem mehr benötigt. Dadurch können die Mitarbeiter unternehmensweit besser zusammenarbeiten.

Zudem können Lieferanten und Kunden in den Produktionsprozess mit einbezogen werden. So können Kunden etwa direkt im System Bestellungen aufgeben, Lieferanten können direkt online terminieren.

Intranet

Das Intranet als betriebsinternes Kommunikationsmedium ist mittlerweile Standard und wird in vielen Unternehmen für verschiedene Zwecke eingesetzt. Der Zugang beschränkt sich auf eine interne geschlossene Gruppe, die in einem genau definierten Bereich Zugriff hat. Jeder Nutzer erhält ein Log-in (Passwort).

Beim Intranet handelt es sich um eine Art elektronisches „Schwarzes Brett", von dem jeder Mitarbeiter Informationen wie Kantinenpläne, Urlaubsmeldungen, Betriebsvereinbarungen, Unternehmensmeldungen usw. abrufen kann. Zusätzlich können aber auch Formulare wie Materialanforderungen oder Reisekostenabrechnungen angefordert oder – noch besser – gleich elektronisch ausgefüllt und abgesendet werden, die dann automatisch weiterverarbeitet werden können.

Natürlich kann ein Intranet auch für die Entwicklung der Unternehmenskultur verwendet werden, um den Mitarbeiter des Monats zu küren, Vorschläge zu unterbreiten und Diskussionen über den nächsten Betriebsausflug zu führen. In großen Unternehmen sind „Hobby-Gruppen", wie Sportvereine oder Skatrunden üblich, die sich ebenfalls über das Intranet organisieren und neue Mitglieder werben können.

Durch die Schaffung eines Intranets wird Unternehmenswissen allen Mitarbeitern transparent und zugänglich gemacht. Der verbesserte Informations- und Kommunikationsfluss steigert die Effizienz der Arbeitsprozesse. Die Bereitstellung von interessanten, aktuellen und aufgabenspezifischen Informationen erleichtert nicht nur die Arbeit, sondern erhöht zudem die Mitarbeiterzufriedenheit und Identifikation mit dem Unternehmen. (vgl. einstein, 2008)

Extranet

Das Intranet kann zum Extranet erweitert werden, indem auch externe Nutzer einen Log-in erhalten und somit für Kunden oder Partner Informationen zugänglich gemacht werden, nicht aber der Öffentlichkeit.

Internet

Das Internet ist ein weltweites Netz von Computern, das sich aus vielen einzelnen Netzen zusammensetzt. Es stellt Informationsplattform, Datentransfer, E-Mail-Kommunikation und Internetforen zur Verfügung. Der Zugriff erfolgt über einen Internet Service Provider (ISP), der die Kommunikationssoftware zur Verfügung stellt.

Mittlerweile haben die meisten Unternehmen einen Internetauftritt. Sie nutzen das Internet u. a. zur Präsentation des Unternehmens, zum Verkauf von Ware über den Onlineshop, für Onlinebanking bzw. Zahlungsabwicklung und nutzen ERP-Systeme oder Cloud Computing (Online-Daten speichern).

Schriftstücke vervielfältigen

Drucken

Bei der Auswahl eines geeigneten Druckers haben Sie die Auswahl zwischen vielen unterschiedlichen Geräten. Neben den Anschaffungskosten sollten die Qualität des Ausdruckes, die Druckgeschwindigkeit (Seiten pro Minute) und das Druckformat (neben A4 eventuell auch größere Formate in A3 oder auch kleinere Formate beispielsweise für Fotos oder Visitenkarten) beachtet werden. Die Auflösung, also die einzelnen Punkte pro Bild, ist ebenso ein wichtiger Indikator für einen guten Drucker. Sie wird in dpi (dots per inch) angegeben. Je höher die Zahl ist, desto höher ist die Auflösung, also größere Druckqualität. Die Mindestzahl soll 500 bis 600 dpi betragen, die meisten Drucker erreichen die Zahl 1000. Die Anschlüsse an einem Drucker unterscheiden sich in lokal angeschlossene (z. B. USB, Seriell, Parallel, Firewire) oder in einem Netzwerk angeschlossene (z. B. Bluetooth, WLAN, Ehernet). Die Apple-Geräte iPad, iPhone und iPod touch unterstützen auch die sogenannte AirPrint-Funktion (Senden des Druckauftrages über WLAN an kompatible Drucker).

Druckerarten

Es gilt grundsätzlich zu unterscheiden:

- Tintenstrahldrucker
- Laserdrucker Schwarz-Weiß oder Farbe
- Multifunktionsgeräte Tinte oder Laser

Zu erwähnen sind ebenso auch Nadeldrucker und Thermodrucker. Diese funktionieren so, dass 9 bis 48 Nadeln auf einem Druckkopf angeordnet sind und auf einem Farbband einzelne Punkte erzeugen, aus denen sich dann die Buchstaben bzw. Zeichen entwickeln. Die Zeichen werden also aus einer Matrix (Punktraster) gebildet. Da die Nadeldrucker sehr geräuschintensiv sind, finden Sie sie nur noch selten. Nadeldrucker haben jedoch den Vorteil, wenn Durchschläge erstellt werden sollen. Thermodrucker finden Sie heute fast nur noch im Einzelhandel (Kassensysteme). Das Drucken funktioniert so, dass die einzelnen Punkte durch Nadeln in wärmeempfindliches Spezialpapier gebrannt werden.

Tintenstrahldrucker

Die typischen Vorurteile bei der Diskussion „Laserdrucker gegen Tintenstrahldrucker» stimmen heutzutage immer weniger. Früher waren die langsamen Tintenstrahldrucker fast ausschließlich für Privatanwender gedacht; heutzutage gibt es jedoch Tintenstrahldrucker, die ebenfalls sehr schnell drucken können und den Anforderungen in Unternehmen standhalten. Aber auch bei den Laserdruckern hat sich einiges geändert: Während die Laserdrucker früher in erster Linie dafür gebaut wurden, um in großen Unternehmen zu drucken, gibt es mittlerweile kleine Geräte, die auch in kleine Home-Offices und zu Privatanwendern passen. Wichtig ist zu analysieren, was hauptsächlich ausgedruckt wird. Sind es eher Texte, Grafiken oder Fotos – oder von allem etwas? Wie viele Seiten werden am Tag ausgedruckt?

Funktionsweise des Tintenstrahldruckers. Die eigentliche Funktionsweise eines Tintenstrahldruckers hat sich seit den Anfängen nicht verändert. Eine Flüssigkeit wird durch mikroskopisch kleine Düsen gepresst und auf das Papier gelenkt. Die pigmentbasierte schwarze Tinte ist in der Lage, Texte sehr scharf auszudrucken. Spezielle Foto-Tinte, die die Farben gleichmäßig mischt, kann ebenso sehr gute Fotoqualität ausdrucken. Um optimale Ergebnisse zu erzielen, ist hier spezielles Fotopapier zu verwenden. Hilfreich für ein gutes Druckergebnis ist auch das Einstellen einer höheren Druckqualität bei den Druckereinstellungen. Tintenstrahldrucker werden in Unternehmen, die Werbematerial mit vielen Fotos erstellen, häufig verwendet. Die meisten Tintenstrahldrucker arbeiten jedoch langsam oder nur durchschnittlich schnell. Die meisten Tintenstrahldrucker sind für Privatanwender oder kleine Unternehmen entwickelt worden, deswegen sind die Papiereinzüge auf 50 bis 150 Blatt beschränkt. Es gibt auch schon Modelle, deren Papierfach 150 bis 250 Blatt umfasst, oder die sogar ein zweites Papierfach besitzen. In der Regel gibt es jedoch keine Ablage für die Ausdrucke. Bei häufigen zweiseitigen Ausdrucken ist eine integrierte Duplexeinheit vorteilhaft.

Laserdrucker, LED-Drucker und LCD-Drucker

Laser und LED-Drucker nutzen ihre integrierte Lichtquelle, um ein Bild auf die rotierende Bildtrommel zu projizieren. Dieses Bild zieht den Toner an und der Toner wird von der Bildtrommel auf das Papier mittels eines schnellen Brennprozesses übertragen. Laserdrucker arbeiten mit Spiegeln, die sich während der Lebensdauer des Geräts nicht verstellen dürfen. Mit dieser scannt der Laser von einem Ende einer Zeile zum anderen und wiederholt den Vorgang dann in der nächsten Zeile. Er entwirft so beim Durchlauf der Vorlage ein Bild auf der Drucktrommel. Die LED-Technologie nutzt eine Leuchtdioden-Zeile als Lichtquelle im Druckkopf. Der LED-Drucker belichtet zeilenweise, der Laserdrucker punktweise, daher haben LED-Drucker eine höhere Druckgeschwindigkeit. Weil ein LED-Druckkopf im Vergleich zu einem Laser-Druckkopf weniger oder keine beweglichen Teile hat, sind LED-Drucker zusätzlich zuverlässiger im Betrieb und günstiger in der Anschaffung als Laserdrucker. Der LCD-Drucker überträgt das Bild auf die Bildtrommel und anschließend auf das Papier mithilfe von LCD-Elementen (liquid crystal display = Flüssigkristalldisplay). LC-Displays kennen Sie aus vielen Einsatzbereichen, also dort wo etwas auf einem kleinen Display angezeigt werden soll. Auch LCD-Fernsehgeräte sind heutzutage weit verbreitet. Nun haben sie auch ihren Einzug in Drucker gefunden. Hier ersetzen sie die Laser und die dazugehörenden rotierenden Spiegel.

Laser- und LED-Drucker drucken sehr scharfe, tiefschwarze Texte aus und der farbige Text ist in der Regel fast genauso gut. Wenn Sie fast nur Texte drucken, wobei gelegentlich einfache Grafiken auftauchen, sind Sie mit einem Laser- oder LED-Drucker richtig beraten. Laser- und LED-Drucker funktionieren sehr gut mit jedem laserdrucker-kompatiblen Papier. Die Blätter müssen eine glatte Oberfläche haben und die hohe Temperatur des Fixierungsmechanismus aushalten können. Eigentlich kann jedes standardmäßige Büropapier diese Anforderungen erfüllen. Laser- und LED-Drucker können etwas dickere und größere Medien bedrucken, jedoch kein hitzeempfindliches Material. Laser- und LED-Drucker wurden dafür entwickelt, viel zu drucken. Die meisten dieser Drucker haben ein Papiereinzugsvermögen von 150 bis 250 Blatt im Haupteinzug.

Viele bieten neben dem Haupteinzug noch einen zweiten Papiervorrat. Wie auch bei den Tintenstrahldruckern ist es sinnvoll, ein Modell mit Duplexeinzug zu wählen, wenn Sie doppelseitig drucken wollen. Laser- und LED-Drucker können auch einfache Grafiken ausdrucken. Ein Nachteil dieses Druckertyps ist, dass die Standard-Büromodelle relativ schwer und sperrig sind. Schwarz-Weiß-Laser-Drucker sind einfach zu verwalten. Farb-Jaser-Drucker sind hingegen wesentlich komplizierter, da vier Tonerkartuschen und vier Bildrollen integriert sind. Die Druckkosten pro Farbseite sind recht hoch. Es ist deshalb praktikabel, wenn mögliche Farbausdrucke softwareseitig gesteuert werden können. Somit können Sie nur bestimmten Personen gestatten, Farbausdrucke zu tätigen, oder eine zeitliche Beschränkung bestimmen. Bei manchen Druckern und deren Programm ist es auch möglich, dass nur Dateien von einem bestimmten Programm farbig ausgedruckt werden können. Schwarz-Weiß-Laserdrucker eignen sich zum schnellen und preiswerten Drucken in den meisten Büros und Home-Offices. Da Laserdrucker auf Toner mit einer Kapazität von mehr als 10 000 Druckseiten setzen, ist ein Tausch der Tonerkartusche nur selten notwendig. Die Ausstattung der meisten Laserdrucker beinhaltet den obligatorischen USB-Port zum Betrieb am Rechner oder zum Anschluss an einen Router mit Print-Server zusätzlich oft auch LAN- und WLAN-Adapter, um den Drucker schnell ins Netzwerk einzugliedern. Der Vorteil ist hierbei, dass alle Netzwerk-Teilnehmer direkt auf den Laserdrucker zugreifen können. Laserdrucker arbeiten sehr schnell und haben eine gute Qualität. Ein weiterer Vorteil ist, dass im Gegensatz zu den Patronen der Tintenstrahldrucker der Toner bei Laserdruckern nicht eintrocknen kann.

Kosten für Tinte oder Toner. Viele glauben, dass Laserdrucker generell günstiger im Unterhalt sind als Tintenstrahldrucker. Dies ist jedoch nicht unbedingt so. Ein einfacher, preiswerter Laserdrucker kann Toner benötigen, der genauso teuer ist wie die Tinte eines Tintenstrahldruckers. Mittlerweile gibt es viele Tintenstrahldrucker, die kostengünstige Tinte verwenden können. Beachten Sie aber nicht nur den Preis, sondern auch die Ergiebigkeit der Kartusche. Damit wissen Sie, wie viel Sie mit der Zeit für Ausdrucke bezahlen. Heutzutage sind 2 bis 4 Cent pro Farbausdruck der durchschnittliche Preis. Alles, was darüber liegt, ist teuer, alles, was darunter liegt, ist ein guter Preis. Die einfachen Tintenstrahldrucker verwenden dreifarbige Kartuschen, die Cyan, Magenta und Gelb in einzelnen Fächern aufbewahren. Das ist häufig keine gute Lösung, da Sie alle drei Farben auswechseln müssen, sobald eine Farbe leer wird. Deswegen sind Druckermodelle, die für jede Farbe eine eigene Kartusche haben, effizienter. Drucker-Modelle, die den Tintentank und den Druckkopf getrennt haben, können Ihnen auch viel Geld sparen. Bei Laserdruckern ist das nicht so einfach. Es gibt Modelle, bei denen der Toner von der Bildrolle getrennt ist, aber es bedeutet noch lange nicht, dass diese kostengünstiger sind. Dies ist von Modell zu Modell und von Hersteller zu Hersteller unterschiedlich. Es passiert immer häufiger, dass Laserdrucker zu sehr günstigen Preisen angeboten werden, der Toner für den Drucker dann aber sehr teuer ist. Zum Teil kostet der Toner wesentlich mehr als der Drucker selbst.

Multifunktionsdrucker – Drucken – Scannen – Kopieren

Multifunktionsdrucker sind Drucker, Scanner, Kopierer und Fax in einem Gerät und damit normalen Druckern weit überlegen. Sie sind vielseitig, in der Anschaffung deutlich günstiger als Einzelgeräte und verbrauchen weniger Strom. Multifunktionsdrucker sind längst viel mehr als bloße Bürogegenstände: Mit App-Unterstützung, Touchscreens und jeder Menge Ausstattung sind sie aus dem heutigen Home-Office nicht mehr weg zu denken.

Es ist möglich, mit iPhone oder iPad Dokumente einfach an das Gerät zu schicken. Viele moderne Multifunktionsgeräte arbeiten zudem mit eigenen Apps, die Sie direkt auf dem Gerät installieren können und so den Funktionsumfang erweitern. Moderne Geräte verfügen an Schnittstellen über einen USB-, einen LAN- und einen WLAN-Anschluss. Somit ist es möglich, ihn von zu Hause oder im Büro ins Netzwerk einzubinden und Druckaufträge kabellos zu schicken.

Gute Geräte sind auch in der Lage, in Farbe zu faxen. Dank Duplex-Einheit bedrucken die Geräte automatisch Vorder- und Rückseite der Dokumente. Auch ein Touchscreen-Display und Steckplätze für Speicherkarten und USB-Sticks sind oftmals vorhanden. Sind die Geräte mit AirPrint unterstützt, können Sie direkt und ohne extra Treiber von einem iPad oder iPhone Dokumente zum Drucker schicken.

Umweltverträglichkeit, Gesundheitsschutz

Da die meisten von uns Tag für Tag mit Druckern oder Multifunktionsgeräten in Berührung kommen, sollten Sie zum Schutz Ihrer Gesundheit möglichst Geräte, die mit dem „Blauen Umweltengel" ausgestattet sind, auswählen. Diese verbrauchen weniger Strom und ihre Patronen enthalten auch weniger Schadstoffe. Aus Gründen der Nachhaltigkeit und des Umweltschutzes können Sie leere Patronen kostenfrei an den Hersteller zurückschicken oder an den Händler zurückgeben. Damit sich in den Büros keine unerwünschten Stoffe anreichern, sollten die Drucker in gut durchlüfteten und wenig frequentierten Räumen (Nebenräume) stehen. Gründliches Händewaschen nach einem Patronenwechsel sowie regelmäßiges Warten der Geräte sind ebenso sehr empfehlenswert. (vgl. Gollwitzer & Schneider, 2014)

Kopierer

Es gibt mehrere Möglichkeiten des Vervielfältigens, z. B. Vorlage einscannen und dann ausdrucken, Kopie mit dem Multifunktionsdrucker anfertigen, in einen Copy-Shop gehen. Oder aber Sie besitzen einen klassischen Kopierer. Wenn Sie regelmäßig Dokumente vervielfältigen müssen, lohnt sich der Kauf eines solchen Kopiergerätes. Tischkopierer für kleine Büros oder für das Home-Office gibt es schon für einen niedrigen Anschaffungspreis. Wer größere Ansprüche hat, greift zu digitalen Kopiergeräten. Diese arbeiten auch als Scanner, Laserdrucker und Faxgerät und können mit einem Netzwerkanschluss sogar mit dem Internet verbunden werden.

Analoge Funktionsweise. Bei der Wahl eines geeigneten Kopierers müssen Sie sich grundsätzlich zwischen der klassischen Analogtechnik und der moderneren Digitaltechnik entscheiden. Sie finden die Analogtechnik häufig bei kleinen Tischkopierern. Analoge Kopiergeräte sind relativ günstig im Anschaffungspreis. Auch wenn die Analogtechnik zur aussterbenden Art gehört und die Hersteller sich zunehmend auf digitale Geräte konzentrieren, haben diese Kopierer Vorteile. Die Geräte verwenden eine optische Dokumentenerkennung, die aus Trommel, Spiegeln und Linsen besteht. Durch diese Technik erreichen sie eine gute und klare Bildqualität. Zudem sind sie leicht zu bedienen, da es neben dem Kopiervorgang keine oder kaum Sonderfunktionen gibt. Einfach Papier einlegen, Knopf drücken, fertig! Nachteilig ist, dass die optische Leseeinheit eine Mindestgröße für den Gehäuseumfang voraussetzt, um korrekt arbeiten zu können. Eine gewisse Mindestgröße lässt sich somit nicht unterschreiten. Außerdem besitzen analoge Kopierer keinen Zwischenspeicher, sodass für jede Kopie, eine Vorlage wieder und wieder abgelichtet werden muss, was sehr langwierig sein kann.

Digitale Funktionsweise. Digitale Kopierer arbeiten ohne Spiegel und Linsen. Sie bestehen im Prinzip aus zwei Einzelgeräten: einem Scanner und einem Drucker, beide in einem Gehäuse vereint. Auf dem Weg vom Scanner zum Druckwerk gelangen die Daten in einen Zwischenspeicher. Hier verwenden die Hersteller meist RAM-Bausteine (engl. Random Access Memory), wie er auch als Arbeitsspeicher beim PC eingesetzt wird, oder eine Festplatte, die anders als flüchtige RAM-Daten auch beim Ausschalten des Kopierers speichert. Gelegentlich kommen auch Speicherkarten zum Einsatz, die sich besonders leicht austauschen lassen. Der Vorteil des Zwischenspeicherns ist, dass die eingelesenen Daten abgelegt und für jede weitere Kopie aus dem Speicher ausgelesen werden. Anders als bei Analogkopierern muss somit nicht immer wieder das Original abgelesen werden. Zudem lassen sich die eingelesenen Daten vor dem Druck verarbeiten. So ist es beispielsweise möglich, einen Schärfefilter anzuwenden, was die Lesbarkeit von Texten deutlich verbessern kann. Besitzt der Kopierer zudem einen Netzwerkanschluss, lassen sich die gespeicherten Daten zu jedem angeschlossenen Computer oder einem bestimmten Ort im Netzwerk übertragen. Dies ist je nach Voreinstellung sogar automatisch möglich. Kopien lassen sich etwa automatisch per E-Mail verschicken, in einen persönlichen Netzwerkordner kopieren oder auf einen FTP-Server (File Transfer Protocol) im Internet übertragen. Andersherum können Netzwerkanwender auch Daten zum Kopierer schicken, die Kopierfunktion steuern und, falls vorhanden, eine Faxfunktion des Kopierers vom PC aus nutzen. Besitzen Kopierer ein WLAN-Modul können sie ohne Verkabelung in ein Netzwerk integriert werden.

Schwarz-Weiß oder Farbe. Es gibt Schwarz-Weiß-Kopierer oder Farbkopierer. Analoge Kopierer kopieren in der Regel nur schwarz-weiß. Für Kopien, die möglichst nah ans das Original herankommen sollen, benötigen Sie einen Farbkopierer. Auch wenn das Gerät den Drucker ersetzen soll, ist es vorteilhaft einen Farbkopierer anzuschaffen. Sogenannte Hybrid-Kopierer können schwarz-weiß kopieren aber farbig drucken, da sie zwischen Schwarz-Weiß und Farbe wechseln können. Hybrid- und Farbkopierer arbeiten in der Regel digital und drucken mit Lasertechnik. Ein interessantes Ausstattungsdetail, das einige Farbkopierer bieten, ist die Fähigkeit, Schwarz-Weiß-Vorlagen automatisch in farbige Kopien umwandeln zu können. Bei einfachen Vorlagen klappt das oft ohne größere Probleme. Komplexere Dokumente benötigen jedoch unter Umständen etwas Einarbeitung bei der Bedienung sowie einige Tests, bis man ein zufriedenstellendes Ergebnis bekommt. Für gelegentliches Einfärben einfacher Vorlagen ist dieses Feature sehr nützlich. Wer häufiger Dokumente umwandeln möchte, kann dies aber vermutlich schneller am PC bewerkstelligen. Zu bedenken gibt es vor dem Kauf eines Farbkopierers, dass dieser etwas höhere Verbrauchskosten verursacht als ein Schwarz-Weiß-Gerät, denn für optimale Druckergebnisse benötigen Sie schwereres und somit teureres Papier. Hinzu kommt der Tonerersatz. Bis zu vier kleine Kartuschen müssten Sie im Gegensatz zu einer größeren und ökonomischeren Schwarz-Kartusche wechseln.

Tischgerät oder Standkopierer

Bei einem monatlichen Bedarf von etwa 700 Kopien lohnt sich der Kauf eines kleinen Tischkopierers. Bei einem höheren Verbrauch an Kopien sind leistungsfähige Office-Kopierer (Standkopierer) interessanter. Die Geräte arbeiten schneller und verfügen meist über mehr Funktionen. Sie reduzieren Wartezeiten und sparen somit Geld. Viele Geräte sind zusätzlich mit Serviceverträgen ausgestattet, sodass Sie bei Problemen schnell den Wartungsdienst rufen könnten.

Kopiergeschwindigkeit. Die Geschwindigkeit bei Druckern wird in Seiten pro Minute gerechnet. Dabei wird stets die höchste Geschwindigkeit gemessen mit der Standardpapiergröße DIN A4. Für andere Papiergrößen (Vergrößerungen, Verkleinerungen) und beidseitige Kopien gelten andere Werte. Die Zeit für die erste Kopie dauert deutlich länger als für Folgekopien, denn die Vorlage muss zunächst eingelesen und die Daten anschließend verarbeitet werden, bevor sie gedruckt werden können. Ist das geschehen, ist die Ausgabe der Folgeseiten relativ schneller. Das gilt allerdings nur für Digitalkopierer, da diese die Daten zwischenspeichern. Bei analogen Geräten wird die Vorlage stets neu abgelesen.

Kosten (Anschaffungs- und Unterhaltskosten/Stromverbrauch). Bei der Anschaffung eines neuen Kopiergerätes ist es oftmals günstiger, ein aufrüstbares Gerät zu kaufen. Das bedeutet, dass sich das Gerät mit sogenannten Einsteckkarten für weitere Funktionen erweitern lassen kann. Bei den Anschaffungskosten sollten Sie nicht nur den Anschaffungspreis, sondern auch die Ergiebigkeit und den Preis des Toners berücksichtigen. Es kann sich durchaus lohnen, ein etwas teureres Gerät zu kaufen, wenn die Tonerkartuschen auf Dauer günstiger sind. Ein Kopierer sollte sich automatisch nach einer frei wählbaren Zeit in den Stromsparmodus oder in den Ruhezustand versetzen, denn dies spart auf die Dauer Stromkosten.

USB-Anschluss. Mit einem USB-Anschluss ist es möglich, den Kopierer an den PC anzuschließen und dann als Drucker zu verwenden. An diese USB-Schnittstelle lässt sich auch eine externe Festplatte (ggf. sogar mit Netzwerkanschluss) anschließen. Mit der sogenannten „Scan-to-USB"-Funktion (Scan2USB) speichern Sie die Kopien in digitaler Form direkt auf die Festplatte. Mit einem USB-Stick können Sie die Daten auch direkt auf ihn speichern.

Automatische Dokumentenzuführung. Automatische Dokumentenzuführung (ADF: Automatic Document Feeder) ist sinnvoll für das Vervielfältigen von mehreren Seiten umfassende Vorlagen. Dank dieser Funktion müssen Sie nicht während des gesamten Vorgangs am Gerät stehen und jede Vorlage einzeln auflegen. Mit der Dokumentenzuführung RADF (Recirculating Automatic Document Feeder) funktioniert dieses automatische Vervielfältigen auch für beidseitige Kopien.

Sortierfunktion und Finisher. Kopierer können mithilfe der Sortierfunktion das Sortieren der angefertigten Duplikate vollautomatisch übernehmen. Praktisch ist es, wenn sich das Ablagefach mit steigendem Gewicht – also steigender Anzahl Kopien – selbständig nach unten bewegt und somit die Aufnahmefähigkeit dem Bedarf anpasst. Der Finisher heftet die Papierstapel zu fertigen Broschüren zusammen. Hat der Kopierer zusätzlich eine Lochfunktion, werden die Kopien automatisch gelocht. (je nach Einstellung zwei oder vier Löcher).

Papierfächer. Mehrere Papierfächer erlauben es, genügend Blätter als Vorrat in dem Kopierer zu hinterlegen. Es ist auch möglich, andere Papierformate, Spezialpapier, Briefhüllen oder Folien in diesen Papierfächern zu deponieren. Wenn Sie das Kopiergerät mit dem PC direkt ansteuern, können Sie das gewünschte Papierfach auf diesem Weg bequem auswählen.

Bildbearbeitung. Sehr leistungsstarke Kopiergeräte können während des Kopiervorgangs die eingelesene Vorlage verändern. Es ist zum Beispiel möglich, Seitenzahlen, Wasserzeichen oder Bemerkungen wie „Entwurf" hinzuzufügen. Auch kann die Vorlage schärfer eingestellt oder schiefe Vorlagen in die korrekte Lage gedreht werden. Gute Geräte können die Vorlagengröße automatisch an das eingelegte Papier anpassen und erkennen bei entsprechender Einstellung selbst, ob sie die Vorlage vergrößern oder verkleinern müssen.

Duplexdruck. Wenn in Ihrem Unternehmen häufig beidseitig bedruckte Kopien nötig sind, sollte das Kopiergerät über die Funktion „Duplexdruck" verfügen.

Sicherheit. Es ist möglich, Kopiergeräte mit einem Sicherheitssystem auszustatten. Zum Beispiel können Sie nur berechtigten Mitarbeitern den Zugang zum Kopierer mit einem Passwort ermöglichen. Hat der Kopierer einen Netzwerkanschluss, können Sie auch diesen Zugriff mit einem Kennwort versehen. Dieses Kennwort dient auch dazu, dass bei Reparaturen oder Wartungsarbeiten keine vertraulichen Daten nach außen gelangen.

Alternative Multifunktionsdrucker

Wie schon in dem Kapitel über Drucker gesagt, ist für Privatpersonen und kleinere Home-Offices ein Multifunktionsgerät eine günstige Alternative zu einem Kopierer. Allerdings bei intensivem professionellem Kopieraufkommen ist ein separater Kopierer mit vielen Funktionen unerlässlich.

Umweltbelastung, Geräuschbelastung

Wie bei Druckern sollten Sie Kopiergeräte in einen gut belüfteten Nebenraum oder in den Flur stellen. Nicht zu unterschätzen ist auch der Geräuschpegel, den ein Kopierer verursacht. (vgl. Computeruniverse, 1999 – 2014)

Scanner

Ein Scanner ist in der Regel ein kleines Gerät mit einer Glasplatte und einem Deckel obenauf. Unter der Glasplatte befindet sich ein „Schlitten", der von einem Motor hin und her bewegt werden kann und auf dem sich die Bilderkennungselektronik befindet. Diese Elektronik besteht aus einer großen Anzahl von lichtempfindlichen Fotozellen und einer Leuchtstoffröhre. Auf dem Scan-Schlitten befinden sich die Fotozellen. Die Vorlage auf der Glasscheibe wird von der Leuchtstoffröhre angestrahlt, das Licht wird über verschiedene Spiegel und Prismen zu den Fotozellen gelenkt und dort „registriert». Die Fotozellen wandeln das Licht in elektrische Signale (= Elektronen) um, diese werden aufbereitet und dann zum Computer geschickt. Ein Scanner liest also analoge Bildinformationen (beispielsweise Texte, Grafiken, Bilder) in den Computer ein und verarbeitet sie digital als Datei weiter. Mit einer entsprechenden Software werden die digitalen Informationen im PC weiterverarbeitet.

Anschlüsse (Schnittstellen). Bei günstigeren Geräten ist der Anschluss des Scanners an den PC über die Druckerschnittstelle üblich, hochwertige Scanner werden meist über den SCSI (Small Computer System Interface)-Bus angesteuert. Viele Scanner verfügen aber auch über eine USB-Schnitstelle.

Scannertypen

Einzugsscanner. Beim Einzugsscanner wird die Vorlage nicht von der Leseeinheit abgetastet, sondern wie in einem Faxgerät eingezogen und über die Scannertrommel geführt. Mit den Einzugsscannern lassen sich bis zu A4 große Vorlagen in einem Abtastvorgang einlesen. Der Nachteil bei dieser Scannerart liegt darin, dass nur Einzeldokumente verarbeitet werden können, nicht aber Seiten aus Büchern oder Katalogen.

Flachbettscanner. Unter der lichtundurchlässigen Klappe tastet die Scanvorrichtung die zu scannende Vorlage exakt und automatisch ab. Je nach gewünschter Qualität können Sie die Geschwindigkeit des Abtastens einstellen. Der exakte Führungsmechanismus ist auch deshalb nötig, um beim Farbscannen die Grundfarben separat in einzelnen Gängen einlesen und dann genau übereinander legen zu können. Im Gegensatz zum Flachbettscanner können auch Bücher oder Zeitschriften gescannt werden, da die Abdeckhaube beim Scannen nicht unbedingt geschlossen werden muss.

Handscanner. Früher waren auch Handscanner recht verbreitet. Da diese aber sehr schmal sind und deshalb keine A4-Blätter einscannen können, finden Sie diese heute in Unternehmen nur noch selten. Im privaten Bereich hat sich der Handscanner jedoch bewährt. Auf der Unterseite befinden sich Führungsrollen und eine gut 100 mm breite Scannöffnung. Den Scanner ziehen Sie per Hand über die Vorlage. Der Vorteil der Handscanner liegt vor allem in den günstigen Anschaffungskosten.

Diascanner. Dieser Scannertyp ist im professionellen Bereich einzuordnen, sein Einsatzgebiet auf das Einlesen von Diapositiven und -negativen beschränkt ist. Er besitzt spezielle Vorrichtungen zum Einschub der Dias. Die auf Dias transportierten Bilder werden meistens in Vergrößerungen weiterverarbeitet und müssen deshalb mit hoher Detailtiefe erfasst werden.

Trommelscanner. Trommelscanner erfassen Vorlagen sehr schnell und in höchster Qualität. Ihr Einsatzgebiet liegt überwiegend im Bereich der professionellen Druckwerkherstellung. Beim Trommelscanner wird die Vorlage um eine Trommel herumgewickelt und bewegt sich schraubenförmig unter dem Beleuchtungs- und Abtastsystem. Da Lichtquelle und Detektor immer in der gleichen Lage zum abtastenden Bildpunkt sind, kann so mit einfachen Mitteln hervorragende Qualität erreicht werden. Als lichtempfindliches Element arbeitet im Inneren des Trommelscanners ein „Multiplier», an dem die Vorlage während des Scanvorgangs sowohl horizontal als auch vertikal vorbeiwandert. Fotozellen fangen die Reflexionen auf und verarbeiten sie zu computerverträglichen Daten.

3D-Scanner. Dreidimensionale Vorlagen lassen sich mit dem 3D-Scanner einlesen. Diese Geräte verwendet man meist zum Katalogisieren oder Archivieren von Objekten (z. B. in der Immobilien- oder Autobranche). Es gibt bereits Modelle, die nur das normale Tageslicht bzw. die Zimmerbeleuchtung als Lichtquelle benötigen. Die Abtasteinrichtung ist fest installiert, dadurch kann es unter Umständen vorkommen, dass der Scannerkopf bei nicht optimaler Beleuchtung einen störenden Schatten auf die Vorlage werfen kann, wenn die Beleuchtung nicht optimal ist.

Weiterverarbeitung der Daten

Je nach Wunsch können die gescannten Daten mit einem Bildbearbeitungsprogramm bearbeitet (z. B. zugeschnitten, verändert, verbessert usw.) oder mit einem Archivierungsprogramm langfristig gespeichert werden. Spezielle Programme für optische Zeichenerkennung (sogenannte OCR-Software) wandeln die eingescannten Daten in Texte (= Buchstaben, Zahlen, Zeichen) um und ermöglichen damit eine Weiterverarbeitung des Textes. (vgl. Omcon, 2014)

Kommunikationssysteme

Telefonanlage

Um die Kommunikation mittels Telefon zu erleichtern, bieten moderne Telefonanlagen zahlreiche Leistungsmerkmale; dazu gehören: Anklopfen, Halten, Makeln, Anrufweiterschaltung, Konferenzschaltung, Rückruf bei Besetztzeichen, Rufnummernübermittlung, Anrufbeantworter, Wahlwiederholung, SMS usw.

Telefonieren zwei Teilnehmer miteinander, so signalisiert die Funktion „Anklopfen", dass ein weiterer Teilnehmer diesen Anschluss erreichen möchte. Dabei macht ein akustisches Signal (häufig zwei kurze, direkt aufeinanderfolgende Klopftöne) darauf aufmerksam, dass ein weiterer Teilnehmer anzurufen versucht, ohne dass das bestehende Gespräch unterbrochen wird.

Ist während eines Telefonates eine Frage zu klären, so bietet die Funktion „Halten" die Möglichkeit, die bestehende Verbindung in eine Warteschleife zu versetzen und eine neue Verbindung aufzubauen. Anschließend kann die ursprüngliche Verbindung wieder aktiviert werden. Das Leistungsmerkmal „Halten" ermöglicht ebenso das „Makeln" zwischen zwei Telefongesprächen. Dazu schaltet ein Teilnehmer immer wieder wie beim Rückfragen einen Teilnehmer kurz weg, um mit einem weiteren Teilnehmer zu sprechen. Der dritte Teilnehmer bleibt aber ebenfalls in der Leitung und kann seinerseits in die Warteschleife versetzt werden. Dieses Hin- und Herschalten zwischen zwei Telefonaten wird „Makeln" genannt.

Die Konferenzschaltung (auch Dreierkonferenz) ermöglicht das Telefonieren mit zwei oder mehr Teilnehmern, ohne dass einer der anderen Teilnehmer, wie beim Makeln, in eine Warteschleife versetzt wird. Jeder Teilnehmer kann die anderen hören und auch selbst aktiv in das Gespräch eingreifen. Es ist auch möglich, kleine Dreierkonferenzen selbstständig zu schalten, dazu benötigen Sie entweder einen ISDN-Anschluss oder einen Analoganschluss mit passenden Komfortmerkmalen. Auch ein Handy kann in der Regel solch eine Schaltung leisten. Wenn jedoch mehrere Teilnehmer zusammen kommunizieren möchten, sind professionelle Dienstleister komfortabler. Zwei Arten von Telefonkonferenzen werden unterschieden: Zum einen gibt es die Dial-In-Konferenz, bei der mehrere Teilnehmer eine Nummer anrufen und so zusammengeschaltet werden, zum anderen die Dial-Out-Konferenz, bei der alle Konferenzteilnehmer angerufen werden.

Den Informationsaustausch zwischen zwei oder mehr Personen an verschiedenen Orten mit Ton und zusätzlicher Bildübertragung nennt man Videokonferenz. Als technische Hilfsmittel sind dazu bei der Eingabe mindestens eine Kamera und ein Mikrofon sowie bei der Ausgabe ein Bildschirm und ein Lautsprecher nötig. Viele Anbieter stellen kostenlose Demo-Versionen zur Verfügung, um Videokonferenzen/Webkonferenzen zunächst einmal testen zu können.

Darüber hinaus ist es möglich, einen Teilnehmer an einen weiteren Anschluss weiterzuverbinden, etwa wenn dieses Telefonat in einen anderen Zuständigkeitsbereich fällt.

Verlässt ein Mitarbeiter vorübergehend seinen Arbeitsplatz, so kann er weiterhin telefonisch erreichbar sein, indem er die „Anrufweiterschaltung" aktiviert. Diese ermöglicht, dass Telefonate z. B. auf ein Mobilteil oder einen anderen Anschluss weitergeleitet werden. Diese Funktion verhindert, dass Anrufe unbeantwortet bleiben oder auf dem Anrufbeantworter landen.

Dennoch ist es für die arbeitsfreie Zeit oder für Zeiten mit sehr hohem Arbeitsaufkommen von großem Vorteil, einen Anrufbeantworter zu installieren, um erreichbar zu sein. Dieser zeichnet Gespräche auf, die aus vorerwähnten Gründen nicht persönlich entgegengenommen werden können. Im Falle eines Anrufes ertönt die Aufnahme des Anrufbeantworters und fordert den Anrufer auf, seinen Namen, seine Anschrift und Telefonnummer sowie seine Nachricht zu hinterlassen. Diese wird dann aufgezeichnet. So kann der Mitarbeiter zu einem späteren Zeitpunkt den Anrufbeantworter abhören und die aufgelaufenen Nachrichten bearbeiten. Eine zweite Option ist der Anrufbeantworter ohne Aufnahme einer Nachricht, der dann nur über die Abwesenheit informiert und darum bittet, zu einem späteren Zeitpunkt wieder anzurufen.

Das Leistungsmerkmal „Rückruf bei Besetztzeichen" ermöglicht, dass eine Verbindung automatisch aufgebaut wird, sobald der besetzte Apparat wieder frei ist. Dies hat den Vorteil, nicht selbst wieder aktiv werden zu müssen, sondern abzuwarten, bis die Verbindung automatisch wiederhergestellt wird.

Die Rufnummernübermittlung ermöglicht, dass Rufnummern vorübergehend in einer Anrufliste im Telefon gespeichert werden, was evtl. Rückrufe erleichtert. So kann man bei Bedarf die Telefonnummer in der Liste aktivieren und muss nicht wieder neu wählen. Gleiches gilt bei Wahlwiederholung. Diese Funktion ermöglicht auf Tastendruck, dass das zuletzt geführte Gespräch wieder aufgebaut wird. Auch hier wird das erneute Heraussuchen der Telefonnummer oder die Neuwahl überflüssig.

Moderne Leistungsmerkmale beim Telefonieren ermöglichen somit den zeitsparenden Informationsaustausch bei minimalem Organisationsaufwand.

Verhalten am Telefon

Um ein Telefonat erfolgreich zum Abschluss zu bringen, sind gewisse Verhaltensregeln erforderlich, die trainiert werden müssen.

So bereiten Sie sich zunächst auf das Telefonat vor, indem Sie sich das erforderliche Schreibmaterial, wie Stifte und Papier, die Informationen, wie z. B. Rufnummer, Name des Gesprächspartners, bereitlegen und vorgesehene Gesprächspunkte notieren. Darüber hinaus ist es von großem Vorteil, sich den Ablauf des Gespräches kurz zu notieren, indem Sie sich wichtige Fragen und Fakten aufschreiben. Zum besseren Verständnis ist es hilfreich, die amtliche Buchstabiertafel zu kennen. So können Sie Missverständnisse bei der Schreibung von Namen durch professionelles Buchstabieren vermeiden. Achten Sie darauf, dass keine Nebengeräusche das Gespräch stören. Grüßen Sie freundlich, denn die ersten vier Sekunden entscheiden. Sprechen Sie Ihren Partner mit Namen an. Im Nachgang zu einem Telefonat halten Sie die wichtigsten Fakten und Beschlüsse in einer kurzen Telefonnotiz fest.

Darüber hinaus führen Sie ein Telefonat zu den ortsüblichen Bürozeiten. Ist ein Gespräch mit einem Unternehmen in einer anderen Zeitzone erforderlich (z. B. in Amerika), so ist die Zeitverschiebung entsprechend zu beachten. Ein höflicher Umgangston ist obligatorisch, ungeachtet der eigenen Befindlichkeit. Haben Sie Ärger mit Kollegen oder Vorgesetzten, so darf sich dieser nicht im Telefonat wiederfinden. Ein Telefonat sollte somit nicht unter emotionaler Belastung geführt werden; notfalls warten, bis Sie sich abgeregt haben.

Der Vorteil des Telefons ist jederzeit präsent: Die Mitarbeiter sind fast immer zu erreichen, Informationen können auf schnellem Wege ausgetauscht und Fragen geklärt werden, ohne dass man dazu in ein Auto oder anderes Verkehrsmittel steigen und an einen anderen Standort wechseln muss. Darüber hinaus halten sich die Kosten aufgrund fester Pauschalen durch entsprechende Flatrates in Grenzen.

Nachteilig könnte sich allerdings auswirken, dass viele Mitarbeiter durch ständige Telefonate immer wieder in ihrer Arbeit gestört werden und einen Prozess selten ungestört von Beginn bis zum Ende durchführen können. Auch werden persönliche Gespräche immer wieder durch das Telefon unterbrochen. Dies kann Stress verursachen und im Extremfall zu Depressionen und Burn-out führen. Um dies zu verhindern, empfiehlt es sich, „telefonfreie" Zeiten einzuführen, in denen man Arbeiten, die höchste Konzentration erfordern, ausführen kann.

So hat das Telefon in unserem Alltag Einzug gehalten und ist als Kommunikationsmittel nicht mehr wegzudenken. Im Zuge der Einführung der Mobiltelefone ist jeder Mensch jederzeit erreichbar – wenn er dies möchte. Es obliegt jedem Einzelnen zu entscheiden, ob diese ständige Erreichbarkeit sinnvoll und zweckmäßig ist oder ob man nicht einfach mal das Telefon ausschaltet.

Telefax

Hat das Telefax im Zeitalter von E-Mail, SMS und MMS ausgedient? Das Telefax entwickelt sich aus der Erfordernis heraus, Dokumente originalgetreu an einen Empfänger ohne großen Zeitaufwand zu übermitteln. Der Begriff „Telefax" kommt aus dem Griechischen. Er setzt sich zusammen aus den Wortteilen „tele" = fern und „fax" = faksimile = „mach ein Gleiches").

Beim Telefax wird ein bedrucktes oder beschriebenes Blatt in das Telefaxgerät gelegt und die Empfängernummer eingegeben. Auf Tastendruck liest das Gerät das Schreiben ein und wandelt das geschriebene Wort in elektrische Signale um. Diese werden über die Datenleitung an den Empfänger übermittelt. Das Empfangsgerät wandelt die elektrischen Signale wieder in geschriebene Wörter oder Zeichen um und druckt eine originalgetreue Kopie aus. Mithilfe eines akustischen Signals wird das Eintreffen eines Telefaxes am Empfangsgerät angezeigt.

Das Faxen erfolgt heute mit entsprechenden Faxgeräten oder Multifunktionsgeräten, die gleichermaßen drucken, scannen, kopieren und mailen können. Darüber hinaus ist das Faxen mit entsprechender Ausrüstung auch direkt vom PC aus oder über das Internet möglich.

Der große Vorteil des Telefaxes ist, dass nicht nur gedruckte Briefe versandt werden können, sondern auch handgeschriebene Texte, Zeichnungen, Grafiken, Stempel, Pläne o. Ä. Es ist kostengünstig, da es über die Telefonleitung abgewickelt wird, und wesentlich schneller als der normale Postweg. Man benötigt weniger Material, wie zum Beispiel Briefumschläge, da das Fax direkt beim Empfänger ausgedruckt wird. Durch Verbindungen innerhalb eines Unternehmens können sich die Mitarbeiter Botengänge ersparen. Darüber hinaus können Telefaxe weltweit eingesetzt werden, was einen schnellen, kostengünstigen Informationsaustausch ermöglicht. Telefaxe sind rechtsverbindlich, insofern können geschäftliche Vorgänge wie Bestellungen, Auftragsbestätigungen etc. per Telefax erledigt werden. Nach dem Versand wird ein Sendebericht ausgedruckt, der daraufhin zu kontrollieren ist, ob das Fax fehlerfrei mit allen Seiten übertragen wurde.

Das Telefaxgerät muss immer in Betrieb sein, um Faxe empfangen zu können, und verursacht damit Kosten durch Stromverbrauch. Hier bietet es sich an, stromsparende Geräte zu verwenden.

Oftmals werden Schriftstücke vorab per Fax übermittelt, damit sie schnellstens dem Empfänger vorliegen, und anschließend per Post versandt, um die Rechtsgültigkeit zu wahren.

Telefaxe sollten nicht zu allen Gelegenheiten versendet werden. Das Versenden eines Kondolenzschreibens, in dem man sein Mitgefühl anlässlich des Todes eines Mitarbeiters oder Angehörigen ausdrückt, sollte immer noch in klassischer Form per Post auf qualitativ hochwertigem Papier erfolgen.

Wie beim Telefon bieten auch moderne Telefaxgeräte unterschiedliche Leistungsmerkmale: Die Ziel- und Kurzwahl ermöglicht das Speichern häufig verwendeter Faxnummern, was das Eingeben der Empfängernummer erspart. Faxgeräte verfügen über automatische Betriebsweise, sind also rund um die Uhr im Einsatz und jederzeit erreichbar. Allerdings sollte darauf geachtet werden, dass immer genügend Papier im dafür vorgesehenen Papierspeicher liegt. Ein Empfänger kann bei Bedarf bestimmte Informationen auf eigene Kosten selbstständig per Fax beim Absender abrufen.

Der Expressmodus ermöglicht, größere nicht ausgefüllte Bereiche im Fax (sog. Weißanteile) mit großer Geschwindigkeit zu überspringen, wodurch sich die Übertragungsgeschwindigkeit verringert und Toner bzw. Tinte eingespart werden kann.

Im Zeitalter von E-Mail und sonstigen Diensten hat auch das Telefax nach wie vor seine Daseinsberechtigung. Es ermöglicht das originalgetreue Versenden handschriftlich unterschriebener Dokumente. Darüber hinaus ist es sehr hilfreich zum Senden und Empfangen verschiedenster Dokumente innerhalb kürzester Zeit.

E-Mail

Im heutigen Geschäftsleben spielt die E-Mail eine große Rolle und ist genau wie die Kommunikation mittels Geschäftsbrief in der DIN 5008 geregelt. Die elektronische Kommunikation erleichtert viele Kommunikationsvorgänge.

Bei der Übermittlung von E-Mails müssen Sie auf die technischen Gegebenheiten des Empfängers Rücksicht nehmen, insbesondere beim Nachrichtenformat, bei der Codierung, bei der Verschlüsselung, bei den verwendeten Schriften und den Dateiformaten der Anlagen.

Mit dem von Ihnen ausgewählten Nachrichtenformat (Nur Text, HTML oder RichText) wird festgelegt, ob Sie formatierten Text, wie Fettdruck, Farbschrift oder Aufzählungen hinzufügen und ob Sie dem Text Bilder hinzufügen können. Bei der Anlage müssen Sie darauf achten, dass Ihr Geschäftspartner die entsprechende Software besitzt, um die Anlage zu öffnen. Auf der sicheren Seite sind Sie in der Regel mit einer PDF-Datei.

E-Mail-Kopf (Header)

Anschrift. Zum Versenden müssen Sie eine eindeutige E-Mail-Adresse verwenden. In der Regel ist der Aufbau: *Empfängerbezeichnung@Anbieter.de* bzw. *Vorname.Nachname@Anbieter.de.*

info@computer-mueller.de; torsten.schulze@computer-mueller.de;

Verteiler. Die E-Mail können Sie an weitere Empfänger versenden. Dazu tragen Sie die E-Mail-Adressen in einer der elektronischen Verteilerfelder ein. Je nachdem, ob diese Adressen für die einzelnen Empfänger sichtbar sein sollen, sind diese in dem entsprechenden Verteilerfeld Cc (Carbon copy – sichtbar) oder Bcc (Blind carbon copy – unsichtbar) einzutragen. Sie können auch Verteilergruppen nutzen.

Betreff. Der Betreff wird als stichwortartige Inhaltsangabe im vorgesehenen Feld des E-Mail-Kopfes eingetragen. Da der Betreff für die Bearbeitung und die Verwaltung von E-Mails eine zentrale Bedeutung hat, ist diese Angabe zwingend erforderlich. Bei Sendungen ins Ausland sollten Sie auf sprachliche Besonderheiten, wie Umlaute und den Buchstaben „ß" verzichten.

E-Mail-Inhalt (Body)

Anrede. Bei einer E-Mail als Geschäftsbrief ist die Anrede ein fester Bestandteil. Die Anrede beginnt an der Fluchtlinie und wird mit einer Leerzeile vom Brieftext getrennt.

Text. Den Text schreiben Sie als Fließtext ohne Worttrennung, weil der Umbruch durch die Software des Empfängers gesteuert und der jeweiligen Fenstergröße angepasst wird. Absätze trennen Sie jeweils vom folgenden Text durch eine Leerzeile. Grundsätzlich gelten auch hier die DIN-Normen zur Gliederung von Texten.

E-Mail-Abschluss

Genau wie ein Geschäftsbrief endet auch eine E-Mail mit einem Abschiedsgruß und mit der Angabe des Firmennamens und des Unterzeichners. Mit einer Leerzeile Abstand sind die Kommunikations- und Geschäftsangaben (Haus- und Postanschrift, ggf. Geschäftsführung, Handelsregisternummer, Umsatzsteuernummer) sowie ggf. Firmenlogo bzw. Slogan aufzulisten. Sie kommunizieren so kundenorientiert, da der Empfänger der E-Mail die Möglichkeit hat, mit Ihnen auch über ein anderes Kommunikationsmedium in Kontakt zu treten.

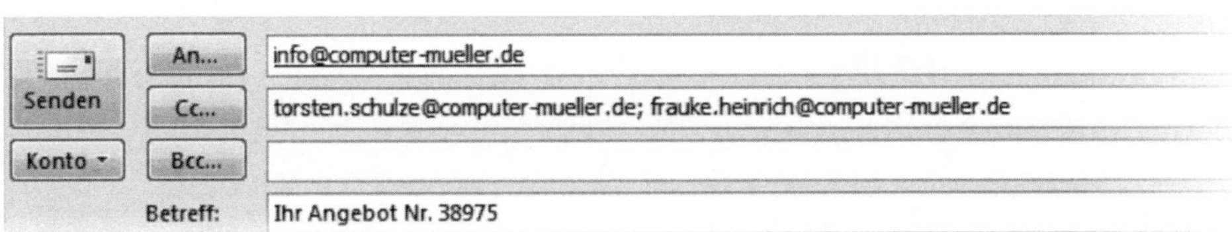

Für den Abschluss legen Sie am besten eine Signatur an, die automatisch jeder E-Mail beigefügt wird. E-Mail-Software ermöglicht es Ihnen, auch mehrere Signaturen anzulegen, die Sie nach Bedarf auswählen.

Elektronische Signatur

Die elektronischen Signaturen sind gegen Entgelt bei Zertifizierungs-Dienste-Anbietern erhältlich. Sie dienen zur Prüfung der Identität des Absenders und der Integrität (keine Manipulation, Verfälschung) der Nachricht.

Um der erhöhten Gefahr eines Umsatzsteuerbetruges durch leichtere Fälschbarkeit elektronischer Rechnungen entgegenzuwirken, berechtigen nur elektronisch ausgestellte Rechnungen einen Unternehmer zum Vorsteuerabzug, wenn sie mit einer qualifizierten elektronischen Signatur (vgl. SigG, SigV, BGB, ZPO) versehen sind.

E-Mail-Netiquette

In der heutigen Zeit wird gemailt, gechattet oder gesimst. Die Mitarbeiter im Unternehmen schreiben und erhalten täglich dutzende E-Mails. Sogar hochrangige Manager schreiben ihre E-Mails selbst. Die Richtlinien für das Schreiben von E-Mails haben sich bislang jedoch kaum durchgesetzt.

Das kann negative Folgen haben, denn wer gewisse Kommunikationsregeln per E-Mail nicht einhält, verursacht mehr Aufwand und höhere Kosten. Die E-Mails landen beispielsweise beim falschen Empfänger, haben den falschen Betreff oder sind undeutlich beziehungsweise missverständlich verfasst. Es gilt also folgende Regeln zu beachten:

1. Formulieren Sie einen aussagekräftigen Betreff. Er ist die Überschrift einer E-Mail – wenn sie fehlt, weiß der Empfänger nicht, worum es geht, ob es wichtig ist oder ob er den Vorgang bis morgen liegen lassen kann. Unschön ist auch die Angewohnheit, bereits erhaltene, alte Mails für eine neue E-Mail an den Absender zu nutzen und dabei den Betreff nicht zu ändern.
2. Die CC-Funktion mit Bedacht wählen. Schreiben Sie E-Mails nur an die Personen, die den Inhalt benötigen, sonst muss jeder einzelne sich die ganzen E-Mails durchlesen. Das kostet Zeit und sorgt für Unmut.
3. Im Sinne des Datenschutzes sollten Sie bei geschäftlichen Rundmails die E-Mail-Adressen der Empfänge in das Bcc-Feld setzen, weil nicht jeder Empfänger erfreut ist, wenn seine Adresse allen anderen Empfängern bekannt gemacht wird. Betriebsintern oder wenn alle Adressaten bekannt sind, ist das Angeben aller E-Mail-Adressen im Cc-Feld oft sinnvoll.
4. Schreiben Sie nicht mehrere E-Mails kurz hintereinander. Wenn Sender und Empfänger sich mehrere E-Mails hin und her schreiben, um diffizile Sachverhalte zu klären, erzeugen Sie damit beim anderen ggf. Stress. Ein Telefonat könnte da helfen, denn da führen Rede und Gegenrede doch oft sehr schnell zu einer Klärung des Sachverhaltes.
5. Meiden Sie zu große Verteiler. Wer immer mit möglichst großem Verteiler die E-Mail verschickt, erreicht damit nur, dass sich am Ende keiner mit dem Thema identifiziert und er mit seinem Problem allein bleibt.
6. Schreiben Sie eine freundliche Anrede, einen Einleitungssatz und eine wertschätzende Schlussformel (z. B. Herzliche Grüße aus Trier).
7. Gliedern Sie Ihren E-Mail-Text in Absätze, der Empfänger wird es Ihnen danken.
8. Eine Signatur gehört heute zum Standard – vor allem im Geschäftsbereich.
9. Vermeiden Sie Abkürzungen. Diese sorgen oft für Missverständnisse beim Empfänger. Verzichten Sie auf exotische Schriftarten und Designs, da nicht alle Programme in der Lage sind, diese darzustellen.
10. Smileys und Akronyme (Kurzwörter, wie mfg für „Mit freundlichen Grüßen") können Zeit sparen und Sympathien ausdrücken. Überlegen Sie sich vorher, ob Ihr Kommunikationspartner diese Art und Weise versteht.
11. Tipp- und Rechtschreibfehler sind auch in einer E-Mail tabu. Eine E-Mail ist wie eine Visitenkarte, die Sie und/oder das Unternehmen repräsentiert.
12. Intime, vertrauliche oder persönliche Zeilen sollten Sie nicht unbedingt – oder nur nach Absprache mit Ihrem Kommunikationspartner verschicken.
13. Achten Sie darauf, dass die Anhänge (Attachements) der E-Mail nicht zu viel Speicherplatz brauchen. Langes Herunterladen von Dateien kann den Empfänger zeitlich und nervlich belasten. Große Dateien mit Packprogrammen (Zipper) vorher komprimieren. Ebenso benötigt der Empfänger zum „Entpacken" entsprechende Software.

Normgerechtes Schreiben und Gestalten

Satzzeichen und Schreibweisen von Wörtern

Zwischenräume

Zwischenräume entstehen durch ein Leerzeichen. Zusammengehörige Teile, die durch Zwischenräume getrennt werden, dürfen auch an den Zwischenräumen nicht getrennt werden und sind ggf. durch geschützte Zeichen gegen einen unbeabsichtigten Zeilenumbruch zu sichern.

Geschütztes Leerzeichen: ° = Strg + Shift + Leerzeichen. Dieses Zeichen wird nicht mit ausgedruckt.

```
Die Ware wurde ordnungsgemäß geliefert. Der Rechnungsbetrag von
1.599°€ ist zu überweisen.
```

Satzzeichen

Die Satzzeichen Punkt, Komma, Semikolon, Doppelpunkt, Fragezeichen und Ausrufezeichen folgen dem Wort oder Schriftzeichen ohne Leerzeichen. Der Abkürzungspunkt am Satzende schließt den Satzschlusspunkt mit ein.

```
Standardsoftware sind Softwaresysteme, die als vorgefertigte Pro-
dukte erworben werden können. Ihr Vater ist Regierungsrat a.°D.
```

Akzentzeichen

Für Accent aigu, Accent grave und Accent circonflexe benötigen Sie die Akzenttasten. Zuerst geben Sie den gewünschten Akzent ein und anschließend den Buchstaben.

```
René und Eugène fahren über die Rhône.
```

Wortzusammensetzungen (Aneinanderreihungen)

Wortzusammensetzungen sowie Zusammensetzungen mit einzelnen Buchstaben, Ziffern oder Abkürzungen werden mit dem Mittestrich geschrieben. Inhaltlich eng zusammengehörige Teile, die durch Bindestriche gegliedert werden, dürfen am Bindestrich nicht getrennt werden und sind ggf. durch ein geschütztes Zeichen (Strg + Shift + Mittestrich) gegen einen unbeabsichtigten Zeilenumbruch zu sichern. Der Bindestrich wird ohne Leerzeichen geschrieben.

```
Unsere Praxisräume befinden sich nun in der Karl-Marx-Straße°127.
Die CD-ROM gehört zu den optischen Speichermedien. Der Konsum von
Tabakwaren darf unter 18-Jährigen nicht gestattet werden.
```

Ergänzungsstrich

Beim Ergänzungsstrich steht das Leerzeichen vor oder hinter dem Mittestrich.

```
Das Ein- und Aussteigen fällt der alten Dame schwer. Am Postamt
gingen wir zur Paketannahme und -ausgabe.
```

Gedankenstrich

Beim Gedankenstrich steht davor und danach ein Leerzeichen.

```
Wir bieten Kurse an, um Englisch°- eine Weltsprache°- zu erlernen.
```

Zeichen für „gegen"

Beim Zeichen für „gegen" steht davor und danach ein Leerzeichen.

`Im Finale spielte Italien°- Frankreich.`

Klammern

Klammern werden ohne Leerzeichen vor und nach den Textteilen, die von ihnen eingeschlossen sind, geschrieben.

`Frankfurt (Main) gehört zu den größten Städten Deutschlands.`

Abkürzungen

Abkürzungen, die im vollen Wortlaut des ungekürzten Wortes gesprochen werden, erhalten in der Regel einen Punkt.

`Zu der Standardsoftware zählen u.°a. Textverarbeitungsprogramme.`

Abkürzungen, die wie selbstständige Wörter oder buchstäblich gesprochen werden, sind ohne Punkt und in sich ohne Leerzeichen zu schreiben.

`Viele Studenten verbringen in den USA ein Auslandsjahr.`

Anführungszeichen

Anführungszeichen werden ohne Leerzeichen vor und nach den Textteilen, die von ihnen eingeschlossen sind, geschrieben.

`Das Hotel „Well" liegt am romantischen Marktplatz in Wittlich.`

Auslassungspunkte

Für ausgelassene Textteile werden drei Punkte – mit je einem Leerzeichen davor und danach – geschrieben. Sie schließen am Satzende den Satzschlusspunkt mit ein.

`Viele Märchen beginnen mit: Es war einmal ...`

Gleichheitszeichen

Das Gleichheitszeichen wird davor und danach mit einem Leerzeichen geschrieben.

`A°=°Österreich, E°=°Spanien`

Schrägstrich

Vor und nach dem Schrägstrich wird kein Leerzeichen geschrieben. Er wird als Bruchstrich, Zeichen für gegen bei Rechtsstreitigkeiten, zur Bildung des Promillezeichens und zur Nennung mehrerer Begriffe (z. B. Verfassernamen) verwendet.

```
Luise kaufte 1/2°kg Kirschen. Die Akte Mayer°./.°Kramer liegt auf
der Komode. Ein Autofahrer war mit 15°o/oo unterwegs. Die Autoren
Schrey/Marx/Anton leben alle in München.
```

Zeichen für „Et"

Das Et-Zeichen „&" darf nur bei Firmennamen verwendet werden. Es wird mit einem Leerzeichen davor und danach geschrieben. (Ausnahme: Zitation Apa-Style: mehrere Autoren u. Hrsg.)

```
Im Industriegebiet befindet sich die Großhandlung Blum°&°Co. GmbH.
Brämer, U. & Blesius, K. (2010). Fit für das Projektmanagement
München: SOL-Verlag GmbH.
```

Schreibweisen in Verbindung mit Zahlen

Hochgestellte Zeichen	3´ 5" Winkel von 15°	Alleinstehende, hochgestellte Zeichen folgen dem Zahlenwert ohne Leerzeichen.
Bankleitzahl	BLZ°700°700°30 Kto. °587416098	Bankleitzahlen werden beginnend von links nach rechts in zwei Dreiergruppen und eine Zweiergruppe geschrieben. Die Kontonummer wird nicht gegliedert.
SEPA **Single European Payments Area**	IBAN DE32 2564 3587 5698 4561 00 BIC TRISDE55XXX	Die IBAN (International Banking Account Number) wird von links nach rechts beginnend in fünfmal Vierergruppe und einmal Zweigruppe gegliedert. Sie setzt sich aus dem Länderkennzeichen, einer 2-stelligen Prüfziffer, der Bankleitzahl und der Kontonummer zusammen. Die BIC (Bank Identifier Code) besteht aus acht oder elf alphanumerischen Zeichen und ist wie folgt gegliedert: 4-stelliger Bankcode, 2-stelliger Ländercode, 2-stellige Codierung des Ortes und die 3-stellige Kennzeichnung der Filiale.
Dezimalzahl	2.560,50°€	Dezimale Teilungen werden durch ein Komma getrennt.
Einfache Zahlen	1°500°000 Einwohner 1.587.305 €	Zahlen mit mehr als drei Stellen sollten durch je ein geschütztes Leerzeichen in dreistellige Gruppen gegliedert werden. Aus Sicherheitsgründen sollten Geldbeträge mit mehr als drei Stellen durch je einen Punkt gegliedert werden.
Exponenten	3^2 $H^2 0$, $(a + b)^2$	Exponenten und Indizes werden ohne Leerzeichen an die Basis angefügt.
Gradzeichen	Winkel beträgt 45° 32°°C ...	Das Gradzeichen steht direkt an der Ziffer. Ausnahme: bei Temperaturangaben
Kalenderdaten	2011-05-15 oder 15.05.2011 15.°Mai°2011 5.°September°2011	Das numerisch angegebene Datum ist in der Reihenfolge Jahr, Monat, Tag mit Mittestrich zu gliedern. Die Jahreszahl wird vierstellig, Monat und Tag werden zweistellig angegeben. Die Schreibweise Tag –Monat – Jahr, gegliedert mit einem Punkt, darf ebenfalls verwendet werden. Für die alphanumerische Schreibweise des Datums gilt die Reihenfolge Tag, Monat, Jahr. Die Jahreszahl wird vierstellig angegeben. Einstellige Tag-Angaben enthalten keine führende Null.
Nummernzeichen	#°456 ...	Zeichen für Nummer(n) werden nur in Verbindung mit darauf folgenden Zahlen bzw. Ziffern geschrieben.
Ordnungszahlen	1.°Platz ...	Bei Ordnungszahlen steht hinter der Ziffer direkt ein Punkt – es folgt ein Leerzeichen.
Paragrafenzeichen	§°258°BGB ... §§°36 bis 39 BGB ... §°8 Abs.°3°Satz°2 §°4°ff. aber: 24°Paragrafen	In Verbindung mit einer nachgestellten Zahl wird das Wort Paragraf als §-Zeichen wiedergeben. Zwischen den Zeichen und den Ziffern steht ein geschütztes Leerzeichen. Werden zwei oder mehr Paragrafen genannt, setzt man das Zeichen zweimal. Das Paragrafenzeichen darf nur in Verbindung mit darauffolgenen Ziffern verwendet werden.
Postfachnummer	Postfach 3°45°67 Postfach 45°58	Die Postfachnummer wird zweistellig von rechts nach links mit einem Leerzeichen gegliedert.
Postleitzahl	30161 Hannover	Postleitzahlen werden fünfstellig geschrieben.

Promillezeichen	35°o/oo ...	Vor dem Promillezeichen steht ein geschütztes Leerzeichen.
Prozentzeichen	15°% Rabatt 5-%-Klausel 70%igen Alkohol Auf die Ware gibt es Prozente.	Vor dem Prozentzeichen steht ein geschütztes Leerzeichen. Das Prozentzeichen darf auch in Zusammensetzungen verwendet werden. Ausnahme: Nachsilben werden ohne Mittestrich an die Zahlen angefügt. Das Prozentzeichen darf nur in Verbindung mit Zahlen verwendet werden.
Rechenzeichen	1 + 2 = 3 4 - 2 = 2 2 x 2 = 4 4 : 2 = 2	Vor und nach den Rechenzeichen steht ein Leerzeichen.
Telefonnummern **Telefaxnummern**	Einzelanschluss 0651°4507 Zentrale Abfragestelle 0651°58741-0 Durchwahlanschluss 0651°58741-125 International 049°221°45875 +49°5874°578	Telefon- und Telefaxnummern werden funktionsbezogen durch je ein Leerzeichen gegliedert (Anbieter, Landesvorwahl, Ortsnetzkennzahl, Einzelanschluss bzw. Durchwahlnummer). Vor der Durchwahlnummer steht ein Mittestrich. Zur besseren Lesbarkeit dürfen funktionsbezogene Teile von Telefon- und Telefaxnummern durch Fettschrift oder Farbe hervorgehoben werden.
Uhrzeiten	7°Uhr 07:00°Uhr 16:30°Uhr, 05:30:14°Uhr	Bei Angaben der Uhrzeit in Stunden und Minuten und Sekunden ist jede Einheit mit zwei Ziffern anzugeben und mit Doppelpunkt zu gliedern.
Verhältniszeichen	1°:°100°000	Das Verhältniszeichen wird als Trennzeichen für „zu" mit dem Doppelpunkt – mit je einem Leerzeichen davor und danach – geschrieben.
Währungszeichen	23.500°€ EUR°500 30,50°EUR	Währungsbezeichnungen stehen vor oder hinter dem Betrag. Im fortlaufenden Text sollten sie hinter dem Betrag stehen. Aus Sicherheitsgründen sollten Geldbeträge von rechts an alle drei Stellen durch je einen Punkt gegliedert werden.
Zeichen für „bis"	08:30°–°10:30 Uhr aber von 08:30 bis 09:30°Uhr	Als Zeichen für „**bis**" wird der Gedankenstrich mit einem Leerzeichen davor und dahinter verwendet.
Zeichen für „geboren"	H. Müller, *°23.°Juli °1915	Das Zeichen für „geboren" wird mit je einem Leerzeichen davor und danach geschrieben.
Zeichen für „gestorben"	+°30.°August°1998	Das Zeichen für „gestorben" wird mit je einem Leerzeichen davor und danach geschrieben.

Texte normgerecht gestalten

Gliederung von Texten

Die Schreib- und Gestaltungsregeln für die Textverarbeitung werden vom Deutschen Institut für Normung e. V. Berlin (DIN) in „Schreib- und Gestaltungsregeln für die Textverarbeitung – DIN 5008" veröffentlicht. Diese Norm legt fest, wie durch ein einheitliches Anwenden von Schriftzeichen bei Textverarbeitungssystemen mit alphanumerischen Tastaturen eine leichte und eindeutige Lesbarkeit der Schrift gesichert wird und wie durch entsprechende Gestaltungsvorschriften die Schriftstücke zweckmäßig und übersichtlich gestaltet werden.

Absätze

Gliedern Sie Texte, wenn es nach ihrem Umfang und Inhalt zweckmäßig ist, in Absätze. Sie sind vom folgenden Text jeweils durch eine Leerzeile zu trennen.

Text Text Text Text Text
Text Text Text Text ...

2,5 cm ➤ Text Text Text

Text Text Text Text Text
Text Text Text Text ......

Einrücken und Zentrieren

Um bedeutende Textstellen dem Leser direkt ins Auge springen zu lassen, bietet sich das Einrücken oder das Zentrieren an. Dazu müssen Sie die Textteile vom vorausgehenden und dem folgenden Text durch eine Leerzeile absetzen. Die Einrückung beginnt vom linken Rand bei 2,5 cm.

Text Text Text Text Text ...

1. Text Text Text
2. Text Text Text

Text Text Text Text Text ...

Nummerierung

Zur Nummerierung haben Sie mehrere Möglichkeiten. Dabei ist zu beachten, dass arabische Ordnungszahlen mit einem Punkt und Kleinbuchstaben mit einer Nachklammer abschließen. Dekadische Gliederungspunkte (z. B. 1.2) enden ohne Punkt. Die einzelnen Aufzählungsglieder können Sie auch durch Leerzeilen trennen, insbesondere, wenn sie mehrzeilig sind. Nummerierungen sollten an der Fluchtlinie wie der übrige Text stehen.

Text Text Text Text Text ...

- Text Text Text
  Text Text Text

- Text Text Text
  Text Text Text

Text Text Text Text Text ...

Aufzählung

Aufzählungen, welche lediglich typografisch hervorgehoben werden sollen, dürfen mit Bindestrich, Sternen, kleinen gefüllten Quadraten, Kreisen oder kleinen passenden Grafiken gekennzeichnet werden.

Beginn und Ende der Aufzählungen trennen Sie vom übrigen Text durch eine Leerzeile. Die einzelnen Aufzählungsglieder dürfen Sie auch durch Leerzeilen trennen, insbesondere wenn sie mehrzeilig sind. Aufzählungen sollten an der Fluchtlinie wie der übrige Text stehen.

Mehrstufige Aufzählungen sollten Sie je Aufzählungsebene in eine Fluchtlinie stellen.

1. Text Text Text Text ...

   a) Text Text Text
   b) Text Text Text

2. Text Text Text Text ...

   a) Text Text Text
   b) Text Text Text

Typografie

Die Officeprogramme bieten einen breiten Gestaltungsspielraum für das Layout. Allerdings sollten Sie die typografischen Regeln beachten, um einen ansprechenden Gesamteindruck zu erzielen (siehe auch **Typografische Regeln**).

Corporate Design für betriebliche Schriftstücke

Corporate Design (CD) ist ein Teilbereich der Corporate Identity (CI) und beinhaltet das gesamte visuelle Erscheinungsbild eines Unternehmens oder einer Organisation. Dazu gehören sowohl die Gestaltung der Kommunikationsmittel (Firmenzeichen, Geschäftspapiere, Werbemittel, Verpackungen als auch das Produktdesign).

Alle betrieblichen Schriftstücke werden mit einem einheitlichen visuellen Erscheinungsbild des Unternehmens (Corporate Design) versehen. Die grafische Gestaltung setzt sich aus dem Firmenlogo, der Typografie (Schriftart und -form), den Farben und den verbindlichen Gestaltungsrichtlinien (einheitliches Auftreten des Unternehmens) zusammen. Die Gestaltung aller Elemente des Corporate Designs geschieht unter einheitlichen Gesichtspunkten, um bei jedem Kontakt einen Wiedererkennungseffekt zu erreichen.

Abbildungen und Diagramme einsetzen

Oft können Sie komplizierte Zusammenhänge oder Zahlenkolonnen mit Abbildungen und Diagrammen verständlicher darstellen. Der Informationsgehalt von Abbildungen und Diagrammen muss immer im Text ausformuliert werden. An jeder Stelle, wo mit inhaltlichen Aussagen der Abbildung oder des Diagramms argumentiert wird, sollten Sie einen entsprechenden Hinweis schreiben (z. B. vgl. Abb. 2). Aus der DIN 5008 geht hervor, dass frei zu positionierende Abbildungen mit einem Mindestabstand von 2 mm zu den angrenzenden Elementen abzusetzen sind. Die Abbildung müssen Sie immer proportionsgerecht verkleinern und vergrößern (diagonal skalieren) und dürfen den Zeilenabstand nicht verändern (vgl. Brämer & Blesius, 2011, S. 56).

Bei der Auswahl der Abbildungen müssen Sie das Urheberrecht berücksichtigen und auf eine angemessene Qualität und Größe achten. Eine Abbildung hat in der Regel eine Bildunterschrift, die Sie zum besseren Erkennen für den Leser hervorheben, z. B. kleinere Schriftart, kursiv, zentriert unterhalb der Abbildung. Auf eine Bildunterschrift können Sie bei einem Schmuckbild verzichten. Die Bildunterschrift muss beschreiben, was auf der Abbildung zu sehen ist. Erkennbare Personen sollten Sie von links nach rechts benennen (vgl. DIN, 2011, S. 22).

Diagramme ordnen Sie mit mindestens einer Leerzeile vom vorangehenden und zum nachfolgenden Element an und versehen sie immer mit einer eigenständigen Überschrift. Das Diagramm sollte einschließlich eines möglichen Rahmens zentriert zwischen den Seitenrändern stehen. Wird das Diagramm in einen Textfluss integriert, so dürfen Sie den Zeilenabstand nicht vergrößern. Frei zu positionierende Diagramme setzen Sie ebenfalls mit einem Mindestabstand von 2 mm zu den angrenzenden Elementen ab.

Der Diagrammtyp richtet sich nach den abzubildenden Werten. Wählen Sie sinnvolle aber mäßige farbliche Kontraste. Gitternetzlinien dürfen Sie zur Präzisierung der optischen Darstellung benutzen, allerdings sollten die Linien die Werte nicht berühren oder schneiden. Eine Achsenbeschriftung sollten Sie vornehmen, wenn die Angaben nicht selbsterklärend sind – inhaltliche Wiederholungen sind aber zu vermeiden. Für das Verständnis des Betrachters sollten Sie evtl. eine Legende (Beschreibung der im Diagramm verwendeten Symbole und Farben) erstellen.

Formatvorlagen verwenden

Gerade bei umfangreichen schriftlichen Arbeiten bietet der professionelle Umgang mit Formatvorlagen eine schnelle und einheitliche Formatierung. Legen Sie für Überschriften, Texte, Aufzählungen, Erläuterungstexte, Fußnoten etc. Ihre entsprechende Formatvorlage an. Die Formatvorlagen werden mit dem jeweiligen Dokument bzw. mit der aktuellen Dokumentvorlage verbunden. Wird eine definierte Formatvorlage später einem markierten Text oder einem Absatz zugewiesen, so wendet Word alle in der Formatvorlage zusammengefassten Formatierungsanweisungen mit einem einzigen Befehl auf den Text an. Word unterscheidet verschiedene Formatvorlagentypen.

Der Formatvorlagentyp **Absatz** beinhaltet Formatierungsanweisungen, die ganzen Absätzen zugewiesen werden; er kann beliebige Formatierungsanweisungen enthalten. Der Formatvorlagentyp **Zeichen** wird markierten Texten zugewiesen und kann ausschließlich Formate aus dem Bereich Zeichen und Sprache (Wörterbücher) aufnehmen. Die Definition erfolgt auf die gleiche Weise wie die Formatierung über das Befehlsmenü. Wird ein formatierter Text markiert, so werden die Formate, bei entsprechender Bestätigung, in die Formatvorlage übernommen.

Normgerechte Tabellen einfügen

Eine Tabelle dient der übersichtlichen Darstellung von Informationen in mehreren Spalten und Zeilen. Eine Tabelle besteht in der Regel aus einer Überschrift, einem Tabellenkopf, einer Vorspalte und Feldern (Zellen). In den Feldern befindet sich der Tabelleninhalt wie Text, Berechnungen usw. Die Regeln zur Tabellengestaltung stehen in der DIN 5008. Richten Sie die Tabelle innerhalb der Seitenränder zentriert aus. Schalten Sie mindestens eine Leerzeile vor und nach der Tabelle. Jede Tabelle beginnt mit einem Tabellenkopf. Dabei handelt es sich um die erste Zeile der Tabelle. Wenn erforderlich, kann der Tabellenkopf auch auf zwei oder mehr Zeilen ausgedehnt werden.

Tabellenköpfe sind durch waagerechte und senkrechte Trennungslinien übersichtlich zu gliedern. Wenn eine Tabelle nicht auf eine Seite passt, so müssen Sie den Tabellenkopf auf der Folgeseite wiederholen. Darüber hinaus muss jede Tabelle eine Überschrift haben, die eine kurze Information über den Inhalt gibt. Diese Überschrift darf im Tabellenkopf integriert sein. Auf die Überschrift dürfen Sie verzichten, wenn der Inhalt der Tabelle aus dem vorangehenden Text hervorgeht.

Verwenden Sie serifenlose Schriften, z. B. Arial. Serifenschriften sollten auf jeden Fall in statistischen Tabellen vermieden werden, weil sie hier nicht so gut lesbar sind. Die erste Spalte der Tabelle wird als Vorspalte bezeichnet. Die Vorspalte einer Tabelle enthält die Vorspaltenbezeichnung (Überschrift) und alle Zeilenbezeichnungen. Sowohl Vorspalten- als auch Zeilenbezeichnung werden linksbündig ausgerichtet.

Jede Spalte hat eine Überschrift (Spaltenbezeichnung). Diese befindet sich im Tabellenkopf. Die Spaltenbezeichnungen sollten Sie zentrieren. Bei statistischen Tabellen sollten die Einheiten Teil der Spaltenbezeichnung sein. Zwischen Text und Zellenbegrenzung sollte oben und unten ein gleichmäßiger Zeilenabstand sein – die Zellenausrichtung wird dazu zentriert. Texte sind in Tabellen linksbündig anzuordnen, während Zahlen rechtsbündig ausgerichtet werden.

Durch senkrechte Linien lassen sich Tabellen übersichtlich gliedern. Anstelle waagerechter Linien verwenden Sie besser Hintergrundschattierungen. Sie erhöhen die Lesbarkeit einer Tabelle. Waagerechte Linien sollten nur zur Gruppierung und über den Summenzeilen verwendet werden. Tabellen sollten einschließlich ihres Rahmens innerhalb der Seitenränder stehen (evtl. Querformat wählen).

Überschrift

Kopfbezeichnung / Vorspalten-bezeichnung	Spaltenbezeichnung	Gemeinsame Spaltenbezeichnung	
		Spaltenbezeichnung	Spaltenbezeichnung
Zeilenbezeichnung		Feld bzw. Zelle	
Zeilenbezeichnung			
Zeilenbezeichnung			
Insgesamt	Summenzeile (nicht immer vorhanden)		

⇦ Tabellenkopf

⇦ Zeile

⇧ Vorspalte

⇧ Spalte

Tabstopp setzen

Heute ersetzt die Tabellenfunktion in den meisten Fällen den Tabulator. Die Tabulatoreinrichtung dient – genau wie die Tabelle – dazu, Texte oder Zahlen in Spalten aufgeteilt gleichmäßig untereinander anzuordnen.

Es gibt immer wieder Situationen, in denen Sie sinnvoll den Tabulator einsetzen können. Sie geben die gewünschte Tabstopp-Position, die Ausrichtung und ggf. Füllzeichen an.

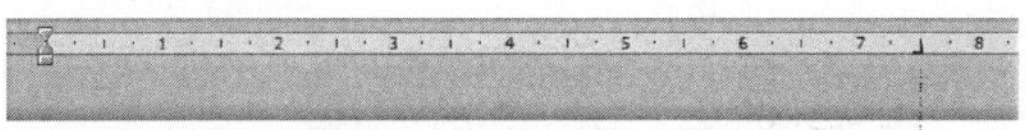

Mitgliedsbeiträge jährlich

Jugendliche bis 18 Jahre	48,00 €
Erwachsene	60,00 €
Familienmitgliedschaften	120,00 €

☒ rechtsbündiger Tabulatorstopp bei 7,5 cm

Formulare (Vordrucke) konzipieren

Formulare werden für zahlreiche Interaktionen genutzt. Sei es Bestellung von Waren mittels Bestell- oder Onlineformular, Anmeldung in Social Networks oder Abschluss eines Handyvertrages. Durch die Verwendung von Formularen soll sichergestellt werden, dass gleichartige und häufig wiederkehrende Vorgänge vereinfacht und beschleunigt werden.

Ausgehend von gut gestalteten Formularen werden Arbeitsabläufe gelenkt und strukturiert, damit sie zweckmäßig und zeitsparend erledigt werden können. Da sie Informationen und Bearbeitungshinweise in eine übersichtliche Ordnung bringen, sorgen sie dafür, dass beim Ausfüllen und Bearbeiten nichts vergessen wird. Sie nehmen Denkarbeit ab, entlasten von Schreibarbeit und ersetzen oft besondere Arbeitsanweisungen.

Zielgruppenorientiert und übersichtlich gestalten

- Erstellen Sie eine Dokumentenvorlage für Ihr Formular und setzen Sie in Kopf- oder Fußzeile folgende wichtigen Informationen: Name des Erstellers, Themenbereich, Thema, Datum der Erstellung oder Versionsnummer.
- Beachten Sie, dass Ihr Formular dem Corporate Design des Unternehmens entspricht.
- Benutzen Sie immer die Tabellenfunktion mit mehreren Zeilen und Spalten.
- Strukturieren Sie Ihren Vordruck passend zum Arbeitsablauf mit Teilüberschriften.
- Fügen Sie vor den einzutragenden Texten passende, eindeutige Leitwörter ein. Jedes Leitwort erhält eine eigene Zelle. Es gilt der Grundsatz: „Leittext über Schreibtext" (OLE-Prinzip: Leittext gehört in die **O**bere **L**inke **E**cke).
- Sehen Sie ausreichend große Textfelder für den Schreibtext vor, d. h., richten Sie sich in der Regel nach der längsten Eintragung.
- Formatieren Sie Leitwörter und Schreibtext unterschiedlich, z. B.: Leitwörter kleinere Schriftart bzw. Fettschrift.
- Stellen Sie bei Auswahlantworten Kästchen voran. Die zutreffende Antwort wird durch Ankreuzen gekennzeichnet.
- Benutzen Sie bei Online-Formularen an sinnvollen Stellen **Dropdownfelder**.
- Versehen Sie ggf. die Pflichtfelder mit einem Stern.
- Gestalten Sie Formulare, die ausgefüllt zurückgeschickt werden sollen, mit einem entsprechenden Anschriftfeld, das beim Kuvertieren im Brieffenster sichtbar ist.

Verständlich formulieren

- Drücken Sie sich klar und präzise aus.
- Erläutern Sie mit Fußnoten schwierige Fragen und Fachausdrücke.
- Verwenden Sie nur geläufige Abkürzungen.
- Überprüfen Sie, ob Ihr Formular vollständig ist – denken Sie an Ort, Datum Unterschrift.

Geschäftsvordruck (Form B – Standardinformationsblock)

Briefkopf

˄ 4,5 cm ˅	Firmenname Geschäftszweig	Firmenlogo

Anschriftfeld / Informationsblock

<2,5 cm>

<8 cm> Rücksendeangabe (8 pt mind. 6 pt)	<2 cm>	<7,5 cm>
Zeilenabstand genau 12 pt		Ihr Zeichen: Ihre Nachricht vom: Unser Zeichen: Unsere Nachricht vom: Name: Telefon: Telefax: E-Mail: Internet: Datum:

<1 cm>

Textfeld

<2 cm>

Hausanschrift	Kommunikationsangaben	Bankverbindungen
Geschäftsangaben	...	Steuer-Nr./USt-IDNr.

Geschäftsbrief nach DIN 5008:2011

Aufbau des Geschäftsbriefes

Der Aufbau und die Gestaltung von Briefvordrucken ist in den Schreib- und Gestaltungsregeln für die Textverarbeitung DIN 5008 vorgegeben. Es gibt verschiedene Optionen, Geschäftsbriefe zu gestalten. Es gibt neben dem Informationsblock auch die Bezugszeichen- und Kommunikationszeile. Hier wird die gängige Variante des Geschäftsvordrucks mit Informationsblock vorgestellt. Der Geschäftsvordruck (Form B mit dem Standardinformationsblock) wird häufig eingesetzt und ist für das Kuvertieren in Fensterbriefhüllen geeignet. Beim Einrichten der Seite des Dokumentes ist die Abmessung vom oberen Rand mit 4,5 cm anzugeben. Die Abmessungen für den linken Rand schreibt die DIN mit 2,5 cm und für den rechten Rand mit 1 cm vor. Bei Form A (hochgestelltes Anschriftfeld) hat der Briefkopf eine Höhe von 2,7 cm (gemessen von der oberen Blattkante).

Briefkopf

Im Briefkopf enthalten sind in der Regel der Firmenname, das Firmenlogo und der Geschäftszweig (das Fachgebiet). Diese Daten bringen Sie in der Kopfzeile des Dokumentes unter, damit sie auf allen Seiten des Dokumentes erscheinen. Die Rücksendeangaben, der Raum für die Anschrift des Empfängers und der Informationsblock sollten der Einfachheit halber in einer Tabelle mit drei Spalten und zwei Zeilen untergebracht werden.

Formatieren Sie die Spalten mit einer Breite von: 1. Spalte 8 cm, 2. Spalte 2 cm, 3. Spalte 7,5 cm. Die Tabelle sollte ohne Rahmenlinien auf dem Briefvordruck erscheinen. In die erste Tabellenzeile werden in einer etwas kleineren Schriftgröße (8 pt – in Ausnahmefällen mind. 6 pt) die Rücksendeangaben, in denen vorzugsweise das Postfach des Absenders aufgeführt wird, angegeben. Die zweite Tabellenzeile bietet Raum für das 9-zeilige hohe Anschriftfeld mit einer maximalen Breite von 8 cm (Größe der Briefsichtfenster). Wählen Sie in der zweiten Zeile einen Zeilenabstand von „Genau 12 pt". In der dritten Spalte neben dem Anschriftfeld beginnt der Informationsblock.

Informationsblock

Mithilfe des Informationsblocks ist sehr schnell zu erkennen, wer den Geschäftsbrief diktiert und wer ihn schreibt. Es wird Bezug genommen auf vorangegangenen Schriftverkehr. Wichtige Durchwahlnummern oder die E-Mail-Adresse sind mithilfe des Informationsblocks schnell zu finden. Die Leitwörter des Informationsblocks stehen untereinander und sind durch jeweils eine Leerzeile in drei Blöcke gruppiert. Grundsätzlich dürfen die Leitwörter im gestalteten Informationsblock ergänzt, weggelassen oder verändert werden, sollten aber gruppiert werden. Als maximales Zeilenende von der rechten Blattkante für den Informationsblock legt die Norm 1 cm fest. Die Angaben zu den Leitwörtern des Standardinformationsblocks werden mit einem Leerzeichen abgesetzt. Die Angaben werden in der Regel in der gleichen Schriftart und -größe wie der Brieftext geschrieben. Angaben wie E-Mail-Adresse und Internetadresse dürfen bei Bedarf auch in einer kleineren Schrift geschrieben werden (mind. 8 pt).

Textfeld

Der rechte Rand sollte für den Textbereich auf 2 cm vergrößert werden. Für die zweckmäßige Verwendung des Briefvordruckes sollte eine Lochmarke und zwei Faltmarken vorgesehen werden (siehe Funktionsteil).

Fußzeile

In der **Fußzeile** sind die Geschäftsangaben, wie z. B. Hausanschrift, die Nummern der Hauptanschlüsse aller Kommunikationsmittel und die Bankverbindungen aufgeführt. Zusätzlich müssen Steuer-Nr. bzw. USt-IdNr. aufgeführt werden, wenn der Briefvordruck zur Rechnungsstellung genutzt wird. In Briefvorlagen für Kapitalgesellschaften (AG, GmbH) muss noch der Sitz der Gesellschaft, das Registergericht, die Handelsregisternummer, Name der/des Geschäftsführer(s) bzw. Name des Vorsitzenden des Aufsichtsrates bzw. Name des Vorsitzenden und der Vorstandsmitglieder eingetragen werden.

Rücksendeangaben

Die Rücksendeangaben werden in das vorgesehene Feld eingefügt. Als Abtrennung für die einzelnen Bestandteile kann ein Mittestrich, eine Raute oder andere kleine Symbole verwenden werden. Das Anschriftfeld wird in die **Zusatz- und Vermerkzone** und die Anschriftzone eingeteilt. In der Zusatz- und Vermerkzone sind die Produktbezeichnungen (z. B. Einschreiben, Büchersendung), Vorausverfügungen (Nicht nachsenden!, Bei Umzug mit neuer Anschrift zurück), sonstige Angaben (Vorab per Fax) oder elektronische Frankiervermerke anzugeben.

1. Möglichkeit			2. Möglichkeit	
	Rücksendeangaben (8 pt)		5 4 3 2 1	Zusatz- und Vermerkzone mit Rücksendeangaben (8 pt)
3 2 1	Zusatz- und Vermerkzone			
1 2 3 4 5 6	Anschriftzone		1 2 3 4 5 6	Anschriftzone

Anschriftfeld

Empfängerangaben

Die Empfängerangaben stehen in der sechszeiligen Anschriftzone.

Privatanschrift 1		
Schmitt & Söhne GmbH - Postfach 1 35 55 - 54290 Trier		Rücksendeangaben
	3	
	2	
Nicht nachsenden!	1	Vorausverfügung
Herrn Malermeister	1	Anrede, Berufsbezeichnung
Josef Müller-Lüdenscheid	2	Vor- und Nachname
Burgstraße 23 a	3	Straße, Hausnummer
54470 Bernkastel-Kues	4	PLZ, Ort
	5	
	6	

Privatanschrift 2

Schmitt & Söhne GmbH - Postfach 1 35 55 - 54290 Trier		Rücksendeangabe
Einschreiben Einwurf	3 2 1	Produktbezeichnung
Frau Dr. Julia Mertes Auf der Breit 120°//°VI 54470 Bernkastel-Kues	1 2 3 4 5 6	Anrede, Akademischer Grad, Vor- und Nachname Straße, Hausnummer, Stockwerk PLZ, Ort

DIN-Regel: Akademische Grade wie Diplom und Doktor-Grade (z. B. Dipl. Ing. Dr.) stehen unmittelbar vor dem Namen, Bachelor- und Mastergrade (wie B. A., B. Sc., M. A., M. Sc. usw.) werden in der Regel hinter dem Namen geführt. Da es bei „Professor" nicht erkennbar ist, ob es sich um eine Amtsbezeichnung oder einen akademischen Grad handelt, sollte **„Prof."** unmittelbar vor dem Namen stehen.

Bei der Bezeichnung des Straßennamens dürfen zusätzlich der Gebäudeteil, das Stockwerk oder die Wohnungsnummer abgetrennt durch zwei Schrägstriche angegeben werden.

Privatpost an Geschäftsanschrift

Schmitt & Söhne GmbH - Postfach 1 35 55 - 54290 Trier	5 4 3 2 1	Rücksendeangaben
Frau Petra Grün Meier & Partner GbR Postfach 25 68 79 54470 Bernkastel-Kues	1 2 3 4 5 6	Anrede Vor- und Nachname Firmenname Postfach PLZ, Ort

Anmerkung: Wenn Privatbriefe an die Anschrift des Arbeitgebers adressiert werden, dann muss der Name der Privatperson zuerst genannt werden. So ist gewährleistet, dass der Brief ungeöffnet an die Privatperson weitergeleitet wird.

Geschäftsanschrift an Sachbearbeiter im Ausland

Schmitt & Söhne GmbH - Postfach 1 35 55 - 54290 Trier Vorab per Fax	5 4 3 2 1	Rücksendeangaben Sonstige Informationen
Sektkellerei Kunsmann & Söhne GmbH Herrn Peter Schrader B. A. Heiligenstädter Straße 23 1190 WIEN ÖSTERREICH	1 2 3 4 5 6	Firmenbranche Firmenname Anrede, Sachbearbeiter, Akademischer Grad Postfach PLZ, Ort Bestimmungsland

Anmerkung: Wenn in der Anschriftzone eine Person benannt wird, sollte immer Bezug auf sie genommen werden (z. B. Sehr geehrter Herr Schrader, ...).

DIN-Regel: Bei Auslandsanschriften müssen Bestimmungsort und Land mit Großbuchstaben geschrieben werden. Der Bestimmungsort ist nach Möglichkeit in der Sprache des Bestimmungslandes anzugeben; die Angabe des Bestimmungslandes steht in deutscher Sprache. Die Anordnung der Bestandteile der Anschrift und deren Schreibung sind – wenn möglich – der Absenderangabe des Kommunikationspartners zu entnehmen.

Informationsblock

Mithilfe des Informationsblocks erkennt der Empfänger schnell, wer für den Inhalt des Geschäftsbriefes verantwortlich ist und wie der Betreffende per Telefon, Fax oder E-Mail zu erreichen ist. Außerdem wird Bezug auf vorangegangenen Schriftverkehr genommen. Grundsätzlich stehen bei „Unsere Zeichen" die Initialen des Verfassers/Diktierenden des Briefes in Kleinbuchstaben und ggf. an zweiter Stelle, mit einem Bindestrich angeschlossen, die Initialen des Schreibenden. Das aktuelle Datum wird vorzugsweise numerisch geschrieben.

Erster Geschäftskontakt – Standardinformationsblock	
Ihr Zeichen:	
Ihre Nachricht vom:	
Unser Zeichen: sch-mu	Herr Schmitt diktiert - Frau Mut schreibt
Unsere Nachricht vom:	
Name: Josef Schmitt	Vor- und Nachname des Sachbearbeiters
Telefon: 0651 589741-15	Telefonnummer mit Durchwahl des Sachbearbeiters
Telefax: 0651 589741-50	
E-Mail: info@schmitt-soehne.de	
Internet: www.schmitt-soehne.de	
Datum: 14.08.20..	Aktuelles Datum – numerische Schreibung

Nachdem der Korrespondenzpartner auf Ihren ersten Geschäftskontakt reagiert hat, liegen Ihnen die Angaben zu „Ihr Zeichen" und „Ihre Nachricht vom " vor

Zweiter Geschäftskontakt – Standardinformationsblock	
Ihr Zeichen: hm-tr	Initialen des Geschäftspartners
Ihre Nachricht vom: 18.08.20..	Datum des Briefes, der beantwortet wird
Unser Zeichen: sch-mu	Herr Schmitt diktiert - Frau Mut schreibt
Unsere Nachricht vom: 14.08.20..	Datum des **ersten** Geschäftskontaktes
Name: Josef Schmitt	Vor- und Nachname des Sachbearbeiters
Telefon: 0651 589741-15	Telefonnummer mit Durchwahl des Sachbearbeiters
Telefax: 0651 589741-50	
E-Mail: j.schmitt@schmitt-soehne.de	
Internet: www.schmitt-soehne.de	
Datum: 24.08.20..	Aktuelles Datum

Je nach Firmenbranche werden die Leitwörter dem Geschäftsprozess angepasst (z. B. Vorgangsnummer, Aktenzeichen). Beim gestalteten Informationsblock sollten die Angaben ausgehend vom längsten Leitwort mit angemessenem Abstand an einer neuen Fluchtlinie beginnend geschrieben werden. E-Mail- und Internetadresse dürfen bei Bedarf in einer kleineren Schriftgröße geschrieben werden.

Gestalteter Informationsblock		
Vorgangsnummer:	258741698DE	Nummer des Geschäftsprozesses
Ihr Gesprächspartner: Abteilung:	Markus Meyer Einkaufsabteilung	Vor- und Nachname des Sachbearbeiters
Freecall: Telefon: Telefax: E-Mail: Internet:	0800 6987410 0651 582987-12 0651 582987-20 m.meyer@ced-bauer.de www.beratung-ced-bauer.de	Kostenfreie Telefonnummer Aktuelles Datum
Datum: .	12.12.20..	

Betreff

Nach dem Informationsblock folgt der Betreff im Abstand von zwei Leerzeilen. Der Betreff ist eine stichwortartige Inhaltsangabe, die sich auf den ganzen Brief bezieht. Formulieren Sie ihn aussagekräftig, damit der Leser schnell eine Orientierung zum Briefinhalt bekommt.

Formatieren Sie den Betreff in Fettschrift, um den Blick darauf zu lenken, denn laut Forschungsergebnis von Prof. Siegfried Vögele wird der Brief erst vom Leser überflogen, bevor er sich entscheidet, ihn zu lesen. Dazu bedient er sich des natürlichen Blickverlaufs (Lesekurve). Er nimmt die Bestandteile eines Briefes laut Forschungsergebnis von Prof. Siegfried Vögele in folgender Reihenfolge wahr:

- Firmenlogo
- Eigener Name in der Anschrift
- Betreff
- Persönliche Anrede
- Mögliche Reizwörter
- Unterschrift des Absenders
- Postskriptum (PS)

Schaffen Sie daher für den Leser durch einen gut formulierten Betreff einen Anreiz, Ihren Brief zu lesen.

Angebot	Zu allgemein für ein verlangtes Angebot (Anfrage ist bereits erfolgt)
Angebot über eine Kantinenausstattung	Inhalt und Zuständigkeit sind sofort erkennbar
Angebot	Zu allgemein für ein unverlangtes Angebot
Entdecken Sie die Schuhvielfalt zu unschlagbaren Preisen – Lieferung portofrei	Werbewirksamer Betreff auf ein unverlangtes Angebot

Anrede

Mit zwei Leerzeilen vom Betreff getrennt schreiben Sie die Anrede. Nach Möglichkeit sprechen Sie Ihren Briefpartner persönlich mit seinem Nachnamen und ggf. Titel an. Dazu sollte auch der Name parallel in der Anschrift genannt werden.

Sehr geehrter Herr Frohgemut,	Klassische Anrede
Guten Tag, sehr geehrter Herr Frohgemut,	Moderne Anrede
Liebe Frau Maurer, Hallo Herr Frank,	Lockere Anrede

Passen Sie die Anrede Ihrem Empfänger an. Bei förmlichen Anlässen – wie zum Beispiel bei einer Kündigung – ist die klassische Anrede ein Muss.

Brieftext – Form

Nach einer Zeile Abstand von der Anrede beginnen Sie Ihren Brieftext. Achten Sie darauf, dass nach dem Komma hinter der Anrede klein weiter geschrieben wird, sofern Sie nicht mit einem Nomen beginnen. Bilden Sie sinngemäße Absätze und aktivieren Sie die automatische Silbentrennung, um einen unruhigen rechten Rand zu vermeiden. Einerseits wird der Empfänger schon mit dem Betreff auf den Inhalt aufmerksam gemacht, andererseits sollten Sie innerhalb des Brieftextes einige wichtige Inhalte hervorheben. Dazu haben Sie folgende Möglichkeiten:

- Schlüssel- bzw. Reizwörter durch Fettschrift oder Farbe hervorheben
- Textteile zentrieren oder einrücken
- Informationen durch Aufzählungspunkte gliedern
- Lange Brieftexte durch Teilbetreffe gliedern

Teilbetreff

Umfangreiche Brieftexte mit unterschiedlichen Inhalten können Sie mit Teilbetreffen übersichtlicher strukturieren.

Wartungshinweise. Die regelmäßige Druckerwartung verlängert die Lebensdauer Ihres Druckers und sorgt [...] **Service.** Unser Druckerservice bietet Ihnen einen bundesweiten Vor-Ort-Service [...]	Der stichwortartige Inhalt des entsprechenden Abschnitts wird in Fettschrift und/oder Farbe mit einem abschließenden Punkt geschrieben. Der Text wird unmittelbar angefügt.

Brieftext – Inhalt

Aufbau des Brieftextes

Der Leser muss Ihren Gedankengängen folgen können. Bringen Sie die Informationen oder Argumente in eine logische Reihenfolge. Setzen Sie alle zusammengehörenden Informationen in einen Absatz, jede neue Überlegung gehört in einen neuen Absatz. Bei einem einseitigen Brief reichen in der Regel drei bis vier Absätze. Bauen Sie Überleitungen zu den einzelnen Absätzen ein, damit der Brieftext sich flüssig lesen lässt. Briefe gliedern sich in der Regel wie folgt:

Einleitung	Aus der Einleitung soll hervorgehen, worum es in Ihrem Brief geht.
Vielen Dank für Ihren Auftrag. Sie haben sich für ein hochwertiges [...]	Positiver Beginn mit Dank
Hauptteil	Der Hauptteil ist der Ort für detaillierte Informationen.
Achten Sie darauf, dass Sie die Druckerpatronen nur nach Anweisung der Hersteller [...]. Die Emissionen und damit die Gefahren verringern Sie, indem Sie Folgenes beachten: • Räume ausreichend lüften • Papierstaus vorsichtig [...]	Erläutern Sie Ihr Anliegen bzw. begründen Sie mit stichhaltigen Argumenten oder bringen Sie Fakten auf den Punkt.
Schluss	
Interessieren Sie sich für weitere Produkte aus unserem Hause? Nehmen Sie unter service@morbach.de Kontakt mit unserem Außendienstmitarbeiter Herrn Schrott auf.	Im Schlussteil kann eine kurze Zusammenfassung stehen, ein Dank oder ein Ausblick auf das weitere Verfahren.

Schreibstil des Brieftextes

Ein weiteres Kriterium für eine empfängerorientierte Korrespondenz stellt der Schreibstil dar. Stellen Sie sich immer auf den Empfänger ein; überlegen Sie, welche Informationen der Leser erwartet. Automatisch werden Sie dann seltener Ihre Sätze mit „wir" beginnen, sondern eher mit „Sie". Schreiben Sie wie Sie sprechen.

Ihr Brief wird verständlicher, indem Sie in kurzen sich aufeinanderbeziehenden Sätzen das schreiben, was wirklich wichtig ist. Stimulieren Sie den Leser im gesamten Verlauf des Briefes:

- Sprechen Sie ihn persönlich an.
- Gehen Sie auf seine Bedürfnisse ein.
- Stellen Sie ihm konkrete Frage.
- Machen Sie ihm Vorteile schmackhaft.

Wir danken für Ihre Bestellung. (-) Vielen Dank für Ihre Bestellung. (+)	Die Sichtweise wird auf den Absender gelenkt. Der Empfänger wird direkt angesprochen.
Wir bitten um die Genehmigung ... (-) Bitte genehmigen Sie uns den ... (+)	Nominalstil wirkt steif und umständlich. Verben lassen leichter den Inhalt erfassen.
Leider können wir Ihnen keinen Preisnachlass gewähren, weil ... (-) Unsere bereits knapp kalkulierten Preise lassen keinen weiteren Preisnachlass zu. (+)	Negative Formulierung wirkt ablehnend. Positive Formulierung wirkt entgegenkommend.

Briefabschluss

Nach dem Brieftext folgt im Abstand mit einer Leerzeile der Gruß. Wie bei einem Gespräch beenden Sie den Brief mit einem Abschiedsgruß. Passen Sie die Form des Grußes der vorangegangenen Korrespondenz an.

Mit freundlichen Grüßen	Weniger modern – dennoch sehr verbreitet
Herzliche Grüße aus München	Damit setzen Sie einen Akzent oder grüßen besonders freundlich.
Freundliche Grüße nach ...	
Kollegiale Grüße	Innerhalb eines Berufsstandes
Hochachtungsvoll	Zum Inhalt passend (z. B. Kündigung, zweites Mahnschreiben)

Nach dem Gruß im Abstand einer Leerzeile folgt die Bezeichnung des Unternehmens. Bevor der Empfänger Ihres Briefes sich zum Lesen entscheidet (Lesekurve), schaut er nach, wer ihm eine Information übermittelt. Deshalb hat die Angabe der Handlungsvollmacht und des Namens im Briefabschluss eine besondere Bedeutung.

Herzliche Grüße aus München ¶	Gruß
SOL-Verlag GmbH ¶	Die Bezeichnung des Unternehmens kann bei Bedarf auf mehrere Zeilen verteilt werden.
¶ *E. Hölzer* (handschriftliche Unterschrift) ¶ i. A. Emma Hölzer	Der Name des Unterzeichners steht in einem angemessenen Abstand zur Firmenbezeichnung.
	Zusätze (i. A. = im Auftrag, i. V. = in Vertretung, ppa. = per procura) stehen vor der Namenswiedergabe oder zwischen der Bezeichnung des Unternehmens und der Namenswiedergabe.

Anlagen- und Verteilvermerke

i. A. Emma Hölzer ¶ **Anlage** 1 Katalog ¶ **Verteiler** Einkaufsabteilung i. V. Peter Schuh ¶ **Anlagen** 3 Preislisten 1 Katalog	Die Wörter „Anlage(n)" und „Verteiler" stehen in der Regel mit einer Leerzeile abgesetzt unter der Namenswiederholung und dürfen durch Fettschrift hervorgehoben werden. Bei Platzmangel steht der Anlagenvermerk in Höhe des Briefgrußes bei 10 cm vom linken Rand.

Briefe mit Folgeseiten

Auf den Folgeseiten erscheinen die Firmenangaben ebenfalls im Briefkopf, damit jederzeit die einzelnen Seiten dem Absender zugeordnet werden können. Wenn der Text eines Briefes einschließlich des Briefschlusses nicht auf eine Seite passt, sind mindestens zwei Zeilen des Textes auf die neue Seite zu übernehmen.

Manueller Seitenwechsel

Der Seitenumbruch wird von Word beim Schreiben automatisch vorgenommen. In der Normalansicht wird er durch eine punktierte Linie angezeigt (siehe Abbildung unten). Soll der Seitenumbruch im Brief an einer ganz bestimmten Stelle vorgenommen werden, kann man ihn folgendermaßen manuell herbeiführen: Sie setzen den Cursor an die Stelle, an der der Seitenwechsel vorgenommen werden soll und geben dann die Tastenkombination [Strg] + [↵] ein. Um einen manuellen Seitenumbruch wieder zu löschen, markieren Sie die gepunktete Linie oder setzen den Cursor in die Zeile und drücken die Taste [Entf].

Wir sind gerne bereit, Ihre Geräte zu warten. ¶ Fußzeile -- Seite 1 von 3	Vorzugsweise in der Fußzeile kann rechtsbündig „Seite X von Y" eingefügt werden, und zwar beginnend mit der ersten Seite, sodass die folgenden Seiten ebenfalls nummeriert werden.

Weitere werbewirksame Anhänge (werbliche Elemente)

Möchten Sie den Empfänger auf besondere Aktionen aufmerksam machen, so bietet sich das Postskriptum „PS:" oder „Übrigens" an.

Manfred Schultheis ¶ **Anlage** Antwortkarte ¶ PS: Senden Sie uns die Antwortkarte zurück, ..	Das Postskriptum wird mit mindestens einer Leerzeile getrennt unter den Briefabschluss gesetzt und kann hervorgehoben werden.

Briefe kundenorientiert formulieren

Natürliche Lesekurve eines Briefes

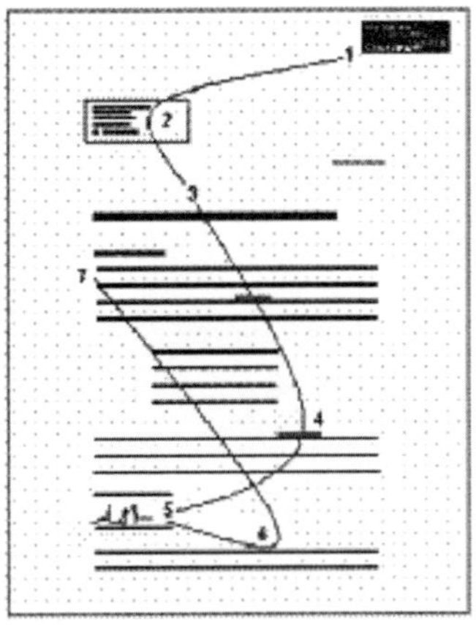

Wie Briefe gelesen werden, ist von Prof. Siegfried Vögele umfassend erforscht worden. Mithilfe einer Spezialkamera konnte er nachweisen, dass ein Empfänger einen Brief nicht sofort von oben nach unten durchliest, sondern ihn zunächst überfliegt, und zwar innerhalb weniger Sekunden (siehe Abbildung).

Wenn Sie also keine Ahnung haben, wie man die Lesekurve steuert, bekommt Ihr Leser beim ersten Überfliegen keine einzige wichtige Botschaft mit und Ihre schöne Werbung landet im Papierkorb. Machen Sie es jedoch richtig, bewirkt allein das Überfliegen in den ersten zehn Sekunden, dass das Unterbewusstsein Ihres Lesers signalisiert: „Da könnte was Nützliches drinstecken. Unbedingt lesen!"

Der Briefkopf (mit Logo), die optisch hervorgehobene Betreffzeile und die Unterschrift wirken wie Bildelemente. Automatisch fixieren wir erst Abbildungen, bevor wir uns mit schriftlichen Botschaften auseinandersetzen. Wir reagieren instinktiv auf Bilder. Diese Erkenntnis macht sich die Werbung regelmäßig zunutze – wir übertragen sie auf die Geschäftskorrespondenz. Der Direktmarketing-Forscher Vögele benennt die Linie des natürlichen Blickverlaufs die „natürliche Lesekurve". Nun gilt es, entlang dieser Lesekurve möglichst viele Vorteile anzudeuten, damit der Leser sicherer zum Briefanfang zurückkehrt.

Profis bauen Werbebriefe nach dem vorhersehbaren Blickverlauf der Leser auf. Natürlich bietet es sich an, auch bei „normalen" Briefen auf den Blickverlauf der Empfänger zu achten und die zuerst registrierten Elemente erfolgversprechend zu gestalten.

Bestimmten Reizen können wir uns nicht entziehen. Dabei sind alle Sinneswahrnehmungen geschärft. Diese angeborenen Verhaltensweisen beruhen auf unseren menschlichen Grundbedürfnissen. Sprachliche Reizwörter wecken die Aufmerksamkeit. Dazu gehören alle Bezeichnungen, die Vorteile für die eigene Person sowie das direkte Umfeld wie Familie und Betrieb versprechen oder einfach Neugier wecken: gesünder, erfolgreicher, Erfolg, Glück, Liebe, Gewinn, Wohlstand, preiswerter, neu, gratis, garantiert, Urlaub, zuverlässig, Sicherheit …

Der Name zählt ebenfalls zu den sogenannten Schlüsselreizen. Sobald der Name in gesprochener oder geschriebener Form auftritt, erhöht dies die Aufmerksamkeit. Bei einem Geschäftsbrief an ein Unternehmen sollte daher zusätzlich der Name des Sachbearbeiters in der Anschrift genannt werden. Der Sachbearbeiter wird im Brief natürlich auch persönlich angesprochen. Die persönliche Ansprache des Empfängers wirkt sich nur dann positiv aus, wenn der Name richtig geschrieben ist und keine falsche Schreibweise für Ablenkung oder gar Ärger sorgt.

Es kommt darauf an, dass die Schlüsselreize vom Leser registriert werden. Achten Sie darauf, beim Betreff die Form einer aussagefähigen Information oder Schlagzeile zu wählen, einen Schlüsselreiz ins Postskriptum (PS) aufzunehmen und im Text einzelne Wörter und kurze Sätze deutlich mit Fettdruck hervorzuheben. Auf diese Weise schaffen Sie Blickfänge, die schon während der kurzen Zeit des ersten Überfliegens ins Auge fallen; zugleich motivieren Sie den Empfänger weiterzulesen.

10 Tipps zur Briefformulierung

		👎 👍	So nicht! Besser so!
1. Tipp	Briefe sollten klar, einfach und verständlich geschrieben werden. Orientieren Sie sich beim Schreiben daran, wie Sie sprechen. Statt der „Papierausdrücke" ist es besser, Alltagswörter zu verwenden.	👎 👍	zur Überprüfung bringen überprüfen
2. Tipp	Knappe Begriffe sind in der Regel leichter verständlich als längere.	👎 👍	aufgrund von wegen
3. Tipp	Nutzen Sie deutsche Wörter und keine Fremdwörter. Die deutsche Sprache wird aber in zunehmendem Maße von der englischen Sprache beeinflusst. Teilweise fehlt das entsprechende Wort aus der eigenen Sprache. Teilweise werden Fremdwörter auch gar nicht mehr als solche erkannt.	👎 👍	diffizil schwierig
4. Tipp	In modernen Briefen wird so wenig wie möglich abgekürzt. Abkürzungen hemmen den Lesefluss, wirken meist unfreundlich und sind teilweise unsinnig und missverständlich. Gegen allgemein übliche Abkürzungen ist nichts einzuwenden.	👎 👍 👎 👍 👍	d. M. dieses Monats Fr. Frau z. B., etc., BLZ
5. Tipp	Benutzen Sie moderne Wörter und Formulierungen. Lassen Sie altmodische Wendungen weg. Ersetzen Sie altmodische Begriffe durch zeitgemäße Varianten, die meistens kürzer und wirkungsvoller sind.	👎 👍	auf schriftlichem Weg schriftlich
6. Tipp	Konkrete Formulierungen sind verständlicher und wecken die Aufmerksamkeit. Der Leser kann allgemeinen Formulierungen weder widersprechen noch kann er sie aus Überzeugung bejahen.	👎 👍	kurze Reparaturzeiten Reparatur innerhalb von 24 Stunden
7. Tipp	Bilden Sie kurze und einfach konstruierte Sätze. Schreib-Profis bevorzugen kurze Sätze, da die Aufnahmefähigkeit unseres Gehirns begrenzt ist.	👍	max. 20 Wörter pro Satz
8. Tipp	Wesentliche Informationen gehören in einen Hauptsatz. Verstecken Sie Hauptaussagen nicht in einem Nebensatz.	👎 👍	Wir möchten Sie darauf hinweisen, dass Sie die Lieferung ... Nächste Woche erhalten Sie die Lieferung.
9. Tipp	Der Aktivstil ist kundenorientiert. Er berücksichtigt die Handelnden und ist kürzer als Passivkonstruktionen.	👎 👍	Die Gebühr ist von den Teilnehmenden vor Seminarbeginn zu überweisen. Bitte überweisen Sie die Gebühr vor Seminarbeginn.
10. Tipp	Schreiben Sie positiv. Die Aussagen werden lieber gelesen und länger behalten als die negativen.	👎 👍	Heute können wir Ihnen noch keine Prospekte zuschicken. Sie erhalten nächste Woche die druckfrischen Prospekte.

Briefe inhaltlich gliedern/strukturieren

Jeder Abschnitt sollte eine zusammengehörige Gruppe von Gedanken enthalten – jede neue Überlegung gehört in einen neuen Absatz.

Typische Struktur bei Geschäftsbriefen

1. Positiver Beginn mit Dank (keine Einleitungsfloskeln)
2. Die wichtigsten Fragen beantworten
3. Weitere Fragen klären
4. Vorschlag, Hinweis, Aufforderung
5. Positiver Schluss: Dank, gute Wünsche (keine Schlussfloskeln)

Gliederung bei einer Antwort auf eine begründete/unbegründete Forderung

1. Positiver Beginn mit Dank
2. Die wichtigsten Fakten
   a) Recht geben (Entschuldigung)
   b) Situation des Kunden ansprechen, Entscheidung (mit Begründung) oder
   c) Forderung sachlich ablehnen (mit Begründung)
3. Vorschlag, Lösung, Kompromiss
4. Positiver Schluss

Diese Gliederungsmodelle können Sie in Ihren Texten nicht immer in Reinform umsetzen; passen Sie daher die Struktur der Schreibsituation an.

Schlüsselwörter fördern das Verständnis

Bewusst platzierte Schlüsselwörter am Anfang des Absatzes erleichtern das Vorverständnis für die folgenden Informationen. Verwenden Sie z. B. folgende strukturierende Überleitungen, mit denen Sie zudem Hauptsätze einleiten: im Gegensatz dazu, jedoch, außerdem, deshalb, zusätzlich, weiterhin.

Noch deutlicher strukturieren Sie mit Doppelpunkt endende Überleitungen, wie z. B. Die Ursachen:, Begründung:, Unser Vorschlag:, Unser Terminvorschlag:, Ihre Vorteile:.

Gibt es eine weitere Möglichkeit zu geeigneten Überleitungen? Und ob! Ein überaus pfiffiges Mittel sind Fragen. Als Lese- und Verständnishilfen leiten sie gekonnt über auf eine neue Gedankenfolge. Sie lockern den Text und wirken stimulierend. Versuchen Sie es mit Fragen wie: Was können Sie tun? Welche Vorteile haben Sie? Wie könnte ein Kompromiss aussehen? Was sind die Ursachen dafür?

Zudem sind Aufzählungen ein einfaches Mittel zur inhaltlichen Strukturierung.

Briefe kurz und prägnant formulieren

Wichtige Voraussetzung zum prägnanten Formulieren ist, dass Sie Ihr Ziel kennen und den Empfänger (Kunden) in seiner Situation berücksichtigen. Beachten Sie: Je mehr Ihr Empfänger weiß, desto weniger müssen Sie ihm mitteilen. Natürlich verlangt ein einfacher Sachverhalt weniger Informationen als ein sehr komplizierter.

Nehmen Sie zuerst einmal einige „Textverlängerer" genau unter die Lupe, damit Sie Ihren Stil gezielt „schlanker" machen können. Einen Schritt tun Sie, wenn Sie einfache Sätze formulieren, die in der Regel kürzer sind als kompliziert konstruierte Sätze. Formulierungen im Passiv *(Die Lieferung der Ware wurde bereits gestern an Sie zum Versand gebracht)* sind länger als die aktiven Varianten *(Wir haben die Lieferung bereits gestern abgeschickt)*. Genauso verhält es sich mit altmodischen *(in der Annahme, dass)* und modernen Wendungen *(weil)*.

Im beruflichen Alltag tauchen Formulierungen auf, bei denen ein Wort oder mehrere überflüssig sind *(Gebühren in Höhe von 25 € – Gebühren von 25 €)*. Verzichten Sie auf Doppelaussagen, sogenannte „weiße Schimmel" *(Rückantwort – Antwort)*.

Verzichten Sie auf Vorreiter *(Wir möchten Sie darauf hinweisen ... Hierzu teilen wir Ihnen mit, dass Beträge auf das folgende Konto zu überweisen sind)*, also auf überflüssige oder deutlich zu kürzende Satzanfänge *(Bitte überweisen Sie die Beträge auf das Konto 123456, BLZ 123 456 78)*. Dies ist umso wichtiger, denn der Satzbeginn wird sehr konzentriert gelesen, dort wird das Wichtigste erwartet.

Teilen Sie interne Sachverhalte, also unternehmensinterne Vorgänge oder Informationen *(Bei der Überprüfung unserer Unterlagen haben wir festgestellt ... Wir haben Ihre Reklamation einer Prüfung unterzogen und können Ihnen folgende Mitteilung machen ...)* dem Empfänger nur mit, wenn er sie braucht, oder wenn Ihre Argumentation damit verbessert wird *(Die Antwort auf Ihre Reklamation: ...)*.

Vermeiden Sie den Hauptwortstil. Ersetzen Sie die Hauptwörter *(Im Anschluss an unsere telefonische Unterredung ... Wir bitten um Übersendung der genannten Unterlagen)* durch Verben (nachdem wir telefoniert haben ... Bitte senden Sie uns die genannten Unterlagen. Vielen Dank). Unsere Sprache erhält ihre Lebendigkeit durch die Verben, sie sind viel kraftvoller und überzeugender.

Blähen Sie Ihre Texte nicht mit Streckverben auf. Streckverben braucht man, um das sinntragende Grundverb *(prüfen, bestätigen, berechnen)* zu substantivieren *(Überprüfung erfolgt, Bestätigung geben, in Rechnung stellen)*. Ein Nachteil dieser häufig anzutreffenden sprachlichen Unart ist, dass Hauptwörter – besonders solche auf -ung endende – die Sprache hölzern klingen lassen und übergewichtig erscheinen. Der Satz wird langatmiger und damit schwerer verständlich *(Dabei erfolgte auch eine Qualitätsprüfung ... Wir prüfen die Qualität)*.

Versuchen Sie, weitschweifige Formulierungen *(Im Frühjahr dieses Jahres wird voraussichtlich ein Workshop stattfinden)* durch prägnante *(Workshops sind im Frühjahr 20.. geplant)* zu ersetzen.

Telefonieren auf Englisch

Begrüßung

Englisch	Deutsch	Anmerkung
Hello, this is (your name) from (company).	Hallo, hier ist (Ihr Name) von (Firma).	formell
Hello, this is Sarah Walters from Büromöbel Hauser & Schulte.	Hallo, hier ist Sarah Walters von Büromöbel Hauser & Schulte.	
Hi, it's Sarah Walters from Büromöbel Hauser & Schulte.	Hallo, hier ist Sarah Walters von Büromöbel Hauser & Schulte.	freundlich
Hi, it's Sarah	Hallo, hier ist Sarah.	sehr vertraut, eher bei privaten Anrufen

Nach einem Gesprächspartner fragen

Englisch	Deutsch	Anmerkung
May I speak to (name) please?	Kann ich bitte mit (Name) sprechen?	formell
Please could I speak to (name)?	Wäre es möglich mit (Name) zu sprechen?	
I'd like to speak to Mr Gene, please.	Ich möchte gerne mit Herrn Gene sprechen.	
Is Rosie there?	Ist Rosie da?	sehr vertaut
Can I speak to Rosie please?	Kann ich mit Rosie sprechen?	

Gründe für den Anruf

Englisch	Deutsch
I am calling about …	Ich rufe an wegen…
I'm calling to …	Ich rufe an, um…
Could you tell me …	Ich möchte…
I was wondering if you could tell me …	Ich habe mich gefragt, ob Sie mir sagen könnten…
Could you tell me …	Könnten Sie mir sagen …
I was wondering if you could help me, I have (a problem) (a question)	Ich habe mich gefragt, ob Sie mir weiterhelfen könnten, ich habe (ein Problem – eine Frage)
I need …	Ich benötige…
I just wanted to ask …	Ich wollte nur nachfragen…
Just a quick question …	Nur eine kurze Frage…
Just a quick word …	Auf ein Wort…
Just a quick one …	Ganz kurz/schnell …

(vgl. Tolingo GmbH, 2014)

Der englische Geschäftsbrief

Englischsprachige Briefe sind in der ganzen Welt geläufig. Daher sollten Ihnen einige Formalien dazu bekannt sein. Genau wie der deutsche Brief nach DIN fangen alle Zeilen linksbündig an. Um den Text besser lesbar zu machen, sind auch Absätze mit jeweils einer freien Zeile üblich.

Der englische Brief unterscheidet sich jedoch in der Adresse, und zwar steht die Hausnummer vor dem Straßennamen. Nach der Angabe der Stadt folgt die Postleitzahl (engl. post code). Die Bezugszeichen bzw. der Informationsblock ist nicht so zwingend geregelt wie in der DIN 5008. Sie können die Bezugszeichen entweder als Block rechts neben die Anschrift setzen oder unterhalb der Anschrift mit dem Datum in eine Zeile schreiben.

Das Datum wird in der Reihenfolge Tag – Monat – Jahr geschrieben. Hierbei können Sie zwischen der traditionellen Form (z. B. 21st June 20xx) oder der zeitgemäßen Form (z. B. 21 June 20xx) wählen. Wie im deutschen Brief geläufig gibt es auch bei englischsprachigen Briefen Bemerkungen für die Zusatz- und Vermerkzone (engl. special markings).

Möchten Sie beispielsweise einen Brief „vertraulich" senden, so schreiben Sie oberhalb der Adresse an den oberen Rand des Fensters „confidential". Es ist im englischen Brief jedoch nirgends festgelegt, ob dieser Zustellungsvermerk fett, unterstrichen oder mit einer Leerzeile Abstand zur Adresse stehen muss, wichtig ist nur, dass der Vermerk noch im Fenster des Briefumschlags sichtbar ist.

Nach der Anrede wird kein Komma gesetzt. Die Betreffzeile steht nach der Anrede und wird unterstrichen und/oder in Großbuchstaben gesetzt. Anschließend schreiben Sie – im Gegensatz zum deutschen Geschäftsbrief – groß weiter.

Beim Briefabschluss ist nicht festgelegt wie groß der Abstand zwischen Unterschriftenblock und Anlagenverzeichnis sein muss. Bewährt haben sich ein bis zwei Leerzeilen. Nach der Grußformel lassen Sie Platz für die Unterschrift, danach folgen der ausgeschriebene Name und eine Zeile darunter die jeweilige Position des Unterzeichners, danach setzen Sie die Firmenbezeichnung.

Es folgt dann ein eventueller Anlagenvermerk. Es ist auch möglich, dass Sie die Firmenbezeichnung wie im deutschen Geschäftsbrief nach der Grußformel schreiben. (vgl. Barreth et al., 1998 und PKV-Informationszentrum, 2014)

Englische Vokabeln und Redewendungen

Deutsch	Englisch
Eilsendung/Eillieferung	Express/Express delivery
Eilt/Dringend	Urgent
Einschreiben	Registered/registered post/registered mail
Falls unzustellbar, bitte zurück an Absender	If undeliverable please return (to sender)
Luftpost	(By) Air mail
Postlagernd	Poste restante / to be called for
Drucksache	Printed matter
Bitte nach Ankunft des Empfängers aushändigen	Hold for arrival
Nachsenden/Weiterleiten	Please forward/to be forwarded
Per Fax und Briefpost gesandt	Faxed and posted
Persönlich/Privat	Personal/private
Überbringung per Boten	By Courier
Vertraulich	Confidential
Frau (verheiratet)	Mrs
Frau (ohne Angabe des Familienstands, moderne Geschäftsanrede)	Ms
Herr	Mr
Herren	Messrs
Herr oder Frau Dr.	Dr
Herr oder Frau Professor Dr.	Professor
Sehr geehrte Frau Dr. Brown	Dear Dr Brown
Sehr geehrter Herr Professor Dr. Johnson	Dear Professor Johnson
An die zuständige Abteilung	To whom it may concern
Sehr geehrte Damen und Herren	Dear Sirs and Mesdames Dear Sir or Madam (Vorsicht: „Madam“ wird ohne „e“ geschrieben.)
Mit freundlichen Grüßen	Yours faithfully (förmliche Variante) Yours sincerely (zeitgemäße Form) Best wishes (informelle Form)
Anlage	Enc
Anlagen	Encs/Encls

Werbebrief	Sales letter
Ihre Anschrift erhielten wir durch …	We have been given your name and address by ...
Wir haben erfahren, dass Sie sich mit dem Import und dem Verkauf von Möbeln beschäftigen.	We hear that you import and sell furniture.
Wir stellen uns Ihnen gerne vor.	We wish to inform you about our company.
Wir haben 150 Mitarbeiter.	We have a staff of 150.
Unsere Besonderheit ist …	We specialize in …
Unser Unternehmenskonzept baut auf Qualität für wenig Geld.	Our company's concept is quality at favourable prices.
Sie können unsere Produkte in unserem aktuellen Katalog sehen, den wir als Anlage mitsenden.	We have pleasure in enclosing our latest brochure – so you can have a look.
Wir bauen unser Geschäft weiter aus.	We are expanding our business.

Haben Sie Interesse an einer Zusammenarbeit? Dann freuen wir uns auf Ihre Antwort.	If you are interested in cooperating with us, please write. We look forward to hearing from you.
Anfrage/Angebot	**Enquiry/Offer**
Wir produzieren Möbel seit …	We produce furniture since …
Bitte teilen Sie uns mit, wenn Sie weitere Informationen benötigen.	If you need more information please tell us.
Wir freuen uns auf Ihre rasche Antwort.	We look forward to your early reply.
Es freut uns, dass Sie mit uns eine Geschäftsverbindung aufbauen wollen.	We are very pleased that you want to establish a business relationship with us./We are very much interested in cooperating with you.
Vielen Dank für Ihr Schreiben vom …	Thank you for your letter of …
Unser Unternehmen wurde gegründet im Jahre …	Our office shop was founded in …
Unser Unternehmen genießt einen hervorragenden Ruf in und um Trier.	Our company enjoys an excellent reputation in and around Trier.
Wir möchten gerne unsere Auswahl durch … erweitern.	We would like to expand our range by ...
Wir freuen uns auf das rasche Zusenden Ihres detaillierten Angebotes einschließlich Ihrer Geschäftsbedingungen.	We would be very pleased to receive your detailed offer, together with your terms as soon as possible.
Bitte antworten Sie uns so bald wie möglich.	We look forward to hearing from you at your earliest convenience.
Bestellung	**Order**
Ihre Anschrift erhielten wir über einen Geschäftsfreund.	We have received your address from a business friend.
Wir sind ein großes/kleines Unternehmen.	We are a large/small company.
Wir produzieren … und interessieren uns für vergleichbare Unternehmen auf dem Markt.	We produce … and are looking for companies who are in this market.
Sind Sie an einer Kooperation interessiert, zögern Sie nicht und schreiben Sie uns.	If you are interested in cooperating with us, please do not hesitate to write.
Wir liefern CIP (Fracht und Versicherung sind bezahlt).	Terms of delivery: CIP Carriage Insurance Paid
… sind neu in unserem Programm.	We have also recently … in our range.
Fordern Sie unseren Spezialkatalog an.	Ask for our special catalogue.
Wir hoffen, dass Ihnen unser Angebot gefällt und erwarten Ihren Auftrag.	We hope that this offer will meet with your approval and look forward to receiving your order.
Unsere Zahlungsbedingungen: Rechnungsbetrag fällig in 6 Wochen ohne Abzug, bei Zahlung innerhalb 8 Tagen gewähren wir 3 % Skonto.	Our terms of payment are: a discount of 3 % payment 8 days or 6 weeks net cash.
Bestellungsannahme/Auftragsbestätigung	**Receipt of Order/Acknowledgement of order**
Die Vielfalt Ihres Angebotes hat uns beeindruckt.	We are most impressed by the variety of your range of products.
Bitte senden Sie uns die Waren so früh wie möglich.	Please send the goods at the earliest possible date.
Sollten wir mit der Lieferung zufrieden sein, behalten wir uns vor, eine größere Menge zu bestellen.	If we find the above goods to our satisfaction we will be placing a larger order.
Wir sind mit Ihren Lieferungs- und Zahlungsbedingungen einverstanden.	We agree to your terms and conditions.

Wir hoffen, dies ist der Beginn einer langen und erfolgreichen Geschäftsbeziehung.	We hope that this first order is the beginning of a long and successful business relationship.
Wir sind interessiert an Ihrem Katalog. Bitte senden Sie uns ein Exemplar.	We are interested in the special catalogue and would be grateful to receive a copy.
Vielen Dank für Ihre Bestellung, die wir zu Ihrer Zufriedenheit ausführen werden.	Thank you for your order. We will do our best to carry it out to your satisfaction.
Wir werden Ihnen schnellstens senden:	We will deliver as follows:
Leider ist unser Sonderkatalog wegen der starken Nachfrage zurzeit nicht lieferbar. Wir werden ihn so schnell wie möglich nachsenden.	We regret to inform you that our special catalogue is not available at present. You will receive it as soon as we have printed new copies.
Lieferschein/Rechnung	**Specimen Delivery Note/Invoice**
Position	Item
Vermerke des Empfängers	Consignee's notes
Bezeichnung der Ware	Description of goods
Oben genannte Ware ordnungsgemäß erhalten	Received the above in good condition
Allgemeine Verkaufsbedingungen	General conditions of sale
Weitere Vokabeln des englischen Schriftverkehrs	**Further Vocabulary for Business Correspondence**
Ausschreibungsunterlagen	Tender documents
Bericht	Report
Bestellformular	Order form
Bewerbungsformular	Application form
Empfehlungsschreiben	Letter of recommendation
Garantie/Bürgschaft	Warranty/guarantee
Handzettel	Flyer
In doppelter/dreifacher Ausfertigung	In duplicate/triplicate
Lebenslauf	CV = curriculum vitae
Quittung	Receipt
Scheck	Cheque
Veröffentlichung	Publication
Zeitplan	Schedule
Gestörte Erfüllung des Kaufvertrages	Non-fulfilment of order and complaints
...	...

Kaufmännische Rechenarten

Überall wo Geld erwirtschaftet wird, kommt das kaufmännische Rechnen zum Einsatz. Hier werden keine komplizierten Rechenvorgänge verlangt wie Algebra oder Rechnungen mit mehreren Unbekannten, sondern es wird multipliziert, addiert, subtrahiert und dividiert. Am häufigsten werden Sie den Dreisatz im geraden und ungeraden Verhältnis benötigen. Ebenso wird Ihnen der zusammengesetzte Dreisatz aus der Schulzeit bekannt sein. Außerdem spielt im kaufmännischen Rechnen im Verkaufswesen das Prozentrechnen eine größere Rolle.

Dreisatz

Im geraden (direkten) Verhältnis			
Aufgabe	6 Bürostühle kosten 450,00 €. Berechnen Sie 14 Bürostühle.		
Gegeben	6 **Bürostühle** kosten **450,00 EUR**	Bedingungssatz	
Gesucht	14 **Bürostühle** kosten von x **EUR?**	Fragesatz	
Rechnung	450,00 : 6 = 75,00 EUR 1 Stuhl kostet 75 EUR	Bruchsatz	je **weniger**, desto **weniger**
	75 x 14 = 1.050,00 EUR		je **mehr** desto **mehr**
Ergebnis	14 Bürostühle kosten **1.050,00 EUR.**		

Merke für gerade und ungerade Verhältnisse:

Beim **Bedingungssatz** steht die gefragte Größe am Ende des Satzes.
Beim **Fragesatz** stehen die Maße, Bezeichnungen immer untereinander.

Beim **Bruchsatz** ist vom gegebenen Wert (6 Bürostühle) auszugehen und ihn dann auf eine Einheit (1 Bürostuhl) zurückzuführen. Anschließend wird dieser mit dem gesuchten Wert für die gesuchte Mehrheit (14 Bürostühle) berechnet.

Im ungeraden (indirekten) Verhältnis			
Aufgabe	Der Papiervorrat reicht bei einem täglichen Verbrauch von 4 Packungen noch für 24 Tage. Berechnen Sie den Vorrat, wenn pro Tag nur 3 Packungen benötigt werden?		
Gegeben	4 **Packungen** reichen **24 Tage**	Bedingungssatz	
Gesucht	3 **Packungen** reichen x **Tage?**	Fragesatz	
Rechnung	24 x 4 = 96 Tage Bei einem Verbrauch von 1 Paket reicht der Vorrat für 96 Tage.	Bruchsatz	je **weniger**, desto **mehr/länger**
	96 : 3 = 32 Tage		je **mehr/länger** desto **weniger**
Ergebnis	Bei einem Verbrauch von 3 Paketen reicht der Vorrat **32 Tage.**		

Man teilt den **zusammengesetzten Dreisatz** in einzelne einfache Dreisätze (mit geradem bzw. ungeradem Verhältnis) auf und ermittelt schrittweise das jeweilige Verhältnis.
(Aufgabe: Für einen Auftrag benötigen 7 Mitarbeiter 5 Tage bei 8 Arbeitstunden. Wie viele Tage brauchen 5 Mitarbeiter bei 8 Arbeitsstunden?)

Prozentrechnen

Ein Prozent ist nichts anderes als ein Hundertstel (lat./it.: per centum/cento - vom Hundert). Die Prozentrechnung ist eine angewandte Dreisatzrechnung. Wir unterscheiden:

Grundwert: Das Ganze gibt den Grundwert an, das entspricht 100 %.
Prozentsatz: Der Prozentsatz gibt an, welcher Anteil vom Ganzen zu bilden ist.
Prozentwert: Der Prozentwert gibt an, wie groß der Anteil ist.

Von den drei Größen müssen stets zwei Größen in der Aufgabe gegeben sein, um die dritte Größe mithilfe des Dreisatzes errechnen zu können.

Berechnung des Prozentwertes	
Aufgabe	Auf die Lieferantenrechnung der Bürostühle über 1.050 EUR gibt es 3 % Skonto. Berechnen Sie den Skontobetrag
Gegeben	Grundwert 1.050 EUR, Prozentsatz 3 %
Gesucht	Prozentwert
Bedingungssatz	100 % = 1.050,00 EUR
Fragesatz	3 % = ? EUR
Bruchsatz	1050 : 100 = 10,50 10,50 x 3 = 31,50
Ergebnis	Das Skonto beträgt 31,50 EUR.
Formel	Prozentwert = 1 % des Grundwertes x Prozentsatz

Berechnung des Grundwertes	
Aufgabe	Das Unternehmen konnte den Umsatz im Juni um 4,5 % oder 4.500,00 EUR steigern. Stellen Sie fest wie hoch der Umsatz im Mai war.
Gegeben	Prozentsatz 4,5 %, Prozentwert 4.500,00 EUR
Gesucht	Grundwert ?
Bedingungssatz	4,5 % = 4500,00 EUR
Fragesatz	95,5 % = ? EUR
Bruchsatz	4500 : 4,5 = 100.000 100.000 : x 95,5 = 95.500
Ergebnis	Der Umsatz betrug 95.500 EUR
Formel	Grundwert = Prozentwert : Prozentsatz x 100

Berechnung des Prozentsatzes		
Aufgabe	Die Bürostühle kosten 340 EUR. Sie sollen in der nächsten Woche für 270 EUR angeboten werden. Berechnen Sie den Rabattsatz.	
Gegeben	Grundwert = 340 EUR, Prozentwert = 70 EUR	
Gesucht	Prozentsatz = ?	
Bedingungssatz	340 = 100 %	
Fragesatz	70 EUR = ? %	
Bruchsatz	100 x 70 = 7000 7000/340 = 20,59 %	gekürzte Formel 70/340 = 20,59
Ergebnis	Der Rabattsatz beträgt 20,59 %	
Formel	Prozentsatz = Prozentwert : 1 % des Grundwertes	

Prozentrechnung im Hundert (vermindter Grundwert)

Aufgabe	Die Bürotische werden nun zu einem Sonderpreis von 658,50 EUR angeboten. Dies entspricht einem Preisnachlass von 16 %. Berechnen Sie den ursprünglichen Verkaufspreis und die Preissenkung.
Gegeben	Prozentsatz = 16 % Verminderter Grundwert in Prozent 84 % Verminderter Grundwert in EUR 658,50 EUR
Gesucht	Reiner Grundwert = regulärer Preis

Bedingungssatz	84 % = 658,50 EUR	
Fragesatz	100 % = ? EUR	
Bruchsatz	658,50 : 84 = 7,84 7,84 x 100 = 784	784 - 658,50 = 125,50
Ergebnis	Der reguläre Preis betrug **784 EUR**. Die Preissenkung beträgt **124,50 EUR**.	
Formel	Vermindeter Grundwert + Prozentsatz = reiner Grundwert	

Prozentrechnung auf Hundert (vermehrter Grundwert)

Aufgabe	Der Rechnungsbetrag für einen Einkauf von Schrauben beträgt einschließlich 19 % MwSt. 526,28 EUR. Berechnen Sie den Nettowarenwert und die Umsatzsteuer.
Gegeben	Prozentsatz = 19 % Vermehrter Grundwert in Prozent = 119 % Vermehrter Grundwert in EUR = 526,28 EUR
Gesucht	Reiner Grundwert = ? EUR

Bedingungssatz	119 % = 526,28 EUR	
Fragesatz	100 % = ? EUR	
Bruchsatz	526,28 x 100 = 52628 52628 : 119 = 442,25	52628 - 442,25 = 84,03
Ergebnis	Der Nettobetrag des Einkaufes beträgt **442,25 EUR**. Die Umsatzsteuer beträgt **84,03 EUR**.	
Formel	Vermehrter Grundwert - Prozentsatz = reiner Grundwert	

Auftragsbestätigung

Büromöbel
Hauser & Schulte GmbH

Büromöbel Hauser & Schulte GmbH - Postfach 12 34 - 54290 Trier

Ihr Zeichen:
Ihre Nachricht vom:
Unser Zeichen:
Unsere Nachricht vom:

Zeilenabstand genau 12 pt

Name:
Telefon:
Telefax:
E-Mail:
Internet:

Datum:

Auftragsbestätigung Nr.

Kunden-Nr.	Rechnungs-Nr.	Rechnungsdatum
Ihre Bestell.Nr.	Bestelldatum	Versandart
Lieferanschrift		

Pos.	Artikel-nummer	Artikelbezeichnung	Menge und Einheit	Preis je Einheit	Mengen-rabatt in %	Kunden-rabatt in %	Gesamt-preis in EUR
						Warenwert netto	
Versandkosten in EUR		Summe netto	USt. in %	USt. in EUR	Summe brutto in EUR		

Die Lieferung erfolgt auf der Grundlage unserer Allgemeinen Geschäftsbedingungen. Zahlbar innerhalb von 14 Tagen abzüglich 3 % Skonto oder innerhalb 30 Tagen netto Kasse.

Wir garantieren Ihnen eine sorgfältige Ausführung Ihres Auftrages.

Mit freundlichen Grüßen

Büromöbel
Hauser & Schulte GmbH

i. A.

A. Thome

Anschrift	Geschäftsführer	Kommunikationsangaben	Sitz und Register	Bankverbindungen
Balduinstraße 15 54296 Trier Postfach 1 23 54207 Trier	Nadine Hauser Joachim Schulte	**Telefon:** 0651 487-0 (Zentrale) **Freecall:** 0800 428737 **Telefax:** 0651 487-1345 **E-Mail:** info@hauser-schulte.de **Internet:** www.hauser-schulte.de	**Amtsgericht** Trier, R B 40392 **Steuer-Nr.** 10/201/0204/5 **USt-ID** DE 190453342	Sparkasse Trier IBAN DE67 2630 0000 0923 00 BIC: RLade21NOH

Lieferschein

Büromöbel
Hauser & Schulte GmbH

Büromöbel Hauser & Schulte GmbH - Postfach 12 34 - 54290 Trier

Ihr Zeichen:
Ihre Nachricht vom:
Unser Zeichen:
Unsere Nachricht vom:

Zeilenabstand genau 12 pt

Name:
Telefon:
Telefax:
E-Mail:
Internet:

Datum:

Lieferschein Nr.

Kunden-Nr.	Lieferschein-Nr.	Lieferdatum
Ihre Bestell-Nr.	Bestelldatum	Versandart
Lieferanschrift		

Pos.	Artikel-Nr.	Bezeichnung der Lieferung/Leistung	Einheit	Menge

Waren ordnungsgemäß erhalten:

____

Datum, Unterschrift

Die gelieferten Waren bleiben bis zur vollständigen Bezahlung unser Eigentum.

Anschrift
Balduinstraße 15
54296 Trier

Postfach 1 23
54207 Trier

Geschäftsführer
Nadine Hauser
Joachim Schulte

Kommunikationsangaben
Telefon: 0651 487-0 (Zentrale)
Freecall: 0800 428737
Telefax: 0651 487-1345
E-Mail: info@hauser-schulte.de
Internet: www.hauser-schulte.de

Sitz und Register
Amtsgericht Trier, R B 40392
Steuer-Nr. 10/201/0204/5
USt-ID DE 190453342

Bankverbindungen
Sparkasse Trier

IBAN DE67 2630 0000 0923 00
BIC: RLade21NOH

Rechnung

Büromöbel
Hauser & Schulte GmbH

Büromöbel Hauser & Schulte GmbH - Postfach 12 34 - 54290 Trier

Ihr Zeichen:
Ihre Nachricht vom:
Unser Zeichen:
Unsere Nachricht vom:

Zeilenabstand genau 12 pt

Name:
Telefon:
Telefax:
E-Mail:
Internet:

Datum:

Rechnung Nr.

Kunden-Nr.	Rechnungs-Nr.	Rechnungsdatum
Ihre Bestell.Nr.	Bestelldatum	Versandart
Lieferanschrift		

Pos.	Artikel-nummer	Artikelbezeichnung	Menge und Einheit	Preis je Einheit	Mengen-rabatt in %	Kunden-rabatt in %	Gesamt-preis in EUR
						Warenwert netto	
Versandkosten in EUR		Summe netto	USt. in %	USt. in EUR	Summe brutto in EUR		

Die Lieferung erfolgt auf der Grundlage unserer Allgemeinen Geschäftsbedingungen. Zahlbar innerhalb von 14 Tagen abzüglich 3 % Skonto oder innerhalb 30 Tagen netto Kasse.

Anschrift
Balduinstraße 15
54296 Trier

Postfach 1 23
54207 Trier

Geschäftsführer
Nadine Hauser
Joachim Schulte

Kommunikationsangaben
Telefon: 0651 487-0 (Zentrale)
Freecall: 0800 428737
Telefax: 0651 487-1345
E-Mail: info@hauser-schulte.de
Internet: www.hauser-schulte.de

Sitz und Register
Amtsgericht Trier, R B 40392
Steuer-Nr. 10/201/0204/5
USt-ID DE 190453342

Bankverbindungen
Sparkasse Trier

IBAN DE67 2630 0000 0923 00
BIC: RLade21NOH

Beschaffungsplanung

Beschaffungsobjekte

Die Aufgabe der Beschaffungsplanung ist es, ein Unternehmen langfristig mit den benötigten Beschaffungsobjekten zu versorgen. Die Beschaffungsobjekte, die ein Unternehmen benötigt, um Güter herzustellen, gliedern sich einerseits in die betriebswirtschaftlichen Produktionsfaktoren, andererseits in weitere Beschaffungsobjekte.

Die betriebswirtschaftlichen Produktionsfaktoren sind alle Güter und Dienstleistungen, die zur Leistungserstellung notwendig sind und somit eingesetzt werden müssen. Sie setzen sich zusammen aus:

Arbeit, d. h. alle von Menschen in einem Unternehmen erbrachte Arbeit. Ebenso aus den Betriebsmitteln und somit aus Gütern, die zur Leistungserstellung genutzt werden, jedoch nicht in das produzierte Gut eingehen. Sie schaffen die technischen Voraussetzungen, sodass eine Leistungserstellung möglich ist. Beispiele hierfür sind Grundstücke, Gebäude, Maschinen, Betriebs- und Geschäftsausstattung und der Fuhrpark. Letztlich werden Werkstoffe benötigt, um Güter zu fertigen. Werkstoffe sind alle Roh-, Hilfs-, Betriebsstoffe, Fertig- und Halbfertigerzeugnisse, die entweder in die produzierten Güter eingehen oder die zur Nutzung der Betriebsmittel eingesetzt werden müssen (vgl. Schierenbeck & Wöhle, 2008, S. 191). Zu den weiteren Beschaffungsobjekten gehören Handelswaren, Dienstleistungen, die das Unternehmen zur Leistungserstellung in Anspruch nimmt, Finanzmittel und Informationen.

Die in einem Unternehmen eingesetzte Arbeitskraft bzw. der Produktionsfaktor Arbeit unterteilt sich in die Bereiche exekutive, d. h. ausführende Arbeit und dispositive, d. h. leitende Arbeit. Während die ausführende Arbeit unmittelbar an der Gütererstellung beteiligt ist, wird sie durch die leitende Arbeit ergänzt. Die leitende Arbeit übernimmt beispielsweise die Unternehmens-, Geschäftsleitung, aber auch die Abteilungsleitung. Sie beschäftigt sich damit, die betriebswirtschaftlichen Produktionsfaktoren zu kombinieren, sodass eine Leistungserstellung möglich ist. Dabei enthält jede Arbeit sowohl körperliche als auch geistige Anteile, wenngleich in unterschiedlicher Gewichtung (vgl. Müller, 2009, S. 15).

Rohstoffe gehen als Hauptprodukt in das zu fertigende Gut ein, z. B. Holz bei der Möbelproduktion, Mehl bei der Teigherstellung durch den Bäcker usw. Hilfsstoffe gehen als Nebenbestandteil in das Produkt ein, d. h., das zu fertigende Gut kann ohne Hilfsstoffe nicht hergestellt werden, wie beispielsweise Leim oder Schrauben bei der Möbelfertigung, aber auch Eier und Wasser bzw. Milch bei der Teigherstellung. Betriebsstoffe gehen nicht in das fertige Gut ein, sind aber während des Herstellungsprozesses unbedingt notwendig, wie Öl, Strom usw. Fertig- und Halbfertigerzeugnisse gehen unverändert in das Produkt ein, wie Scharniere oder Griffe an einem Möbelstück oder die Zuckerperlen, Marzipanrosen usw. auf einem Kuchen.

Handelsware sind bereits fertige Güter, die ein Unternehmen unverändert in sein Sortiment aufnimmt und weiterveräußert, z. B. Papierkörbe, Schreibtischleuchten, Aktenvernichter usw. Jedes Unternehmen benötigt die Dienstleistungen anderer Unternehmen, beispielsweise eine Spedition, die gekaufte Rohstoffe liefert und die gefertigten Güter zum Käufer transportiert, die Dienstleistungen einer Werbeagentur bei der Bekanntmachung eines neuen Produktes, die Beratung einer Bank bei Kreditaufnahme oder Geldanlage usw. Finanzmittel dienen insbesondere der Beschaffung von Betriebsmitteln sowie Werkstoffen und müssen gegebenenfalls auf dem Kapitalmarkt beschafft werden.

Informationen stellen für ein Unternehmen einen Wettbewerbsfaktor dar, insbesondere bei Informationen, die nicht bereits durch interne Informationsquellen, wie Liefererdateien usw. vorliegen. Beispielsweise können kurzfristige Preisänderungen oder Lieferschwierigkeiten von benötigten Rohstoffen wesentliche Änderungen auf die betriebliche Produktivität bewirken.

Liegt für eines der obigen Beschaffungsobjekte eine Bedarfsmeldung vor, entscheidet der verantwortliche Mitarbeiter des Einkaufs, in der Fachsprache Disponent genannt, über Bestell- und Lieferzeitpunkt, Bestellmenge und den beauftragten Lieferanten.

Ökonomisches und ökologisches Prinzip

Alle von einem Unternehmen eingesetzten Beschaffungsobjekte müssen zu einem bestimmten Preis eingekauft und gegebenenfalls gelagert werden, bevor sie im Betriebsprozess genutzt werden können. Zu jedem Zeitpunkt verursacht dieses Gut Kosten, die das Unternehmen versucht durch den Verkauf von Gütern und Dienstleistungen zu erwirtschaften und, wenn möglich darüber hinaus Gewinn zu erzielen. Private Haushalte haben unbegrenzte Bedürfnisse, d. h., sobald ein Wunsch (Bedürfnis) gestillt ist, entsteht ein nächster. Zudem sind die meisten Güter nicht unbegrenzt auf unserer Erde vorhanden, sondern knapp. Für alle Menschen und Unternehmen ergibt sich daraus die Notwendigkeit, sparsam mit diesen Gütern umzugehen, d. h. zu wirtschaften. Wirtschaften ist im Wesentlichen ein zielgerichtetes Handeln, welches sich in einer Unternehmung auf die real ablaufenden Prozesse in der Leistungserstellung und der Leistungsverwertung, d. h. Beschaffung (Einkauf), Produktion (Fertigung) und Absatz (Verkauf) beziehen (vgl. Schierenbeck & Wöhle, 2008, S. 56). In der Wirtschaftswissenschaft wird dieses planvolle Handeln als ökonomisches Prinzip bezeichnet und kommt in zwei Formen vor: Das Maximal- und das Minimalprinzip.

Beim Maximalprinzip ist ein genau bestimmter Mitteleinsatz, z. B. Geld, vorgegeben. Mit diesen bekannten Mitteln soll ein größtmögliches (maximales) Ergebnis erzielt werden. Beispielsweise hat ein privater Haushalt 100,00 Euro für einen Einkauf zur Verfügung. Mit den gegebenen 100,00 Euro versucht die Familie möglichst viele Lebensmittel einzukaufen. Genau so verhält sich eine Unternehmung. Diese hat z. B. 150.000,00 Euro Gewinn erwirtschaftet. Für insgesamt 50.000,00 Euro möchte sie nun eine Werbekampagne starten, um ihren Marktanteil zu vergrößern. Sie versucht also möglichst viel (maximale) Werbung zu machen, indem sie Flyer druckt, einen Radiospot schaltet, Anzeigen in der Zeitung schaltet usw.

Die Vorgehensweise des Minimalprinzips ist umgekehrt. Hier ist das Ziel genau vorgegeben und soll mit möglichst wenig (minimalen) Mitteln erreicht werden. Der Haushalt hat beispielsweise einen Einkaufszettel geschrieben. Die darauf stehenden Lebensmittel möchte er möglichst preisgünstig einkaufen. Das Unternehmen hat sich vorgenommen Flyer zu drucken und in jeder Wochenendausgabe der Zeitung eine Anzeige zu schalten. Dieses Ziel möchte das Unternehmen mit einem minimalen Mitteleinsatz, d. h. möglichst preisgünstig realisieren.

Sowohl private Haushalte als auch Unternehmen sind daran interessiert, die für sie entstehenden Kosten möglichst gering zu halten. Haushalte haben so die Möglichkeit, z. B. auf einen Urlaub oder neue Möbel zu sparen; Unternehmen erzielen so einen höheren Gewinn. Diese Sichtweise ist recht kurzfristig und stellt lediglich die ökonomischen Interessen in den Vordergrund. Die Wirtschaftsteilnehmer sind jedoch auch für ihre Beziehung zur Umwelt, d. h. der Ökologie verantwortlich. Konkret bedeutet dies, dass sie schonend mit der Natur und den von ihr zur Verfügung gestellten Gütern umgehen sollen.

Beispielsweise steht reine Luft oder klares Wasser nicht in unendlichem Maßen zur Verfügung, sodass es sich dabei um schützenswerte Güter handelt. Diesen Schutz versucht das ökologische Prinzip zu achten, indem es fordert, dass bei allen wirtschaftlich orientierten Handlungen die Umweltbelastung minimiert wird. Oftmals ist dies mit höheren Kosten für die Beteiligten verbunden, sodass von einem Konflikt zwischen ökonomischen und ökologischen Zielen gesprochen wird. Zur Beachtung ökologischer Grundsätze greift der Staat mittlerweile regulierend ein und achtet einerseits auf die Einhaltung bestimmter Umweltstandards, andererseits kontrolliert er die tatsächliche Realisierung. Es gibt viele Alternativen, um nach dem ökologischen Prinzip zu handeln, sowohl für private Haushalte als auch für Unternehmen. Alle können mit den Rohstoffen dieser Erde wie Wasser, Energie usw. sparsamer umgehen und aufbereitetes, d. h. recyceltes Material verwenden sowie schadstoffarme Materialien wie Lacke, Farben usw. verwenden u. v. m.

Zeitplanung – Bestellpunkt- und Bestellrhythmusverfahren

Damit die Fertigung zu keinem Zeitpunkt ins Stocken gerät, muss die Bedarfsmeldung zeitnah erfolgen. Wann die Bestellung tatsächlich erfolgt, hängt davon ab, wann das Beschaffungsobjekt benötigt wird. Ist dieser Zeitpunkt bekannt, ist rückwärts zu rechnen, da für einige Arbeitsschritte mehrere Tage Zeit zu berücksichtigen sind. Zudem besteht eine zeitliche Abhängigkeit vom Lieferanten. Zu beachten sind im Einzelnen:

Die Bestellzeit innerhalb des Hauses, d. h. die Zeit, die die Bedarfsmeldung vom Lager oder der Fertigung bis zur Beschaffungsabteilung, inklusive der Zeit für die Einholung von Angeboten, deren Auswertung bis zur Bestellung benötigt. Als Bearbeitungszeit beim Lieferer gilt die Zeitspanne, die diese vom Eingang der Bestellung bis zum Versand benötigt. Die benötigte Lieferzeit der Spedition bzw. des Versanddienstes ist zu beachten. Auch die Warenannahme und Warenprüfung beim Empfänger muss eingerechnet werden, da die Güter sich zu dieser Zeit im Haus befinden, aber noch nicht in der Fertigung zur Verfügung stehen. Aus diesem Grund ist auch die Zeit für den Transport innerhalb des Unternehmens einzurechnen. Grundsätzlich ist bei einer Güterbestellung darauf zu achten, dass bei Eintreffen der Ware genügend Lagerkapazität zur Verfügung steht und die Ware lagerfähig ist.

Der Idealfall der Lieferung, bei reibungslosem Ablauf, ist die Just-in-Time-Lieferung. Hierbei werden die bestellten Beschaffungsobjekte „gerade zur rechten Zeit" immer dann geliefert, wenn sie in der Unternehmung benötigt werden. So können jegliche zusätzliche Kosten, wie Lagerhaltungskosten, vermieden werden. Im Lager werden lediglich kleine Sicherheitspuffer aufbewahrt. Ist keine Just-in-Time-Lieferung möglich, sind zwei Bestellverfahren zu unterscheiden. Einerseits das Bestellpunkt-, andererseits das Bestellrhythmusverfahren:

Beim Bestellpunktverfahren erfolgt die Bestellung immer dann, wenn im Lager ein bestimmter Bestand eines Beschaffungsobjektes erreicht wird. Wie hoch dieser Bestand ist, wird durch die Unternehmung festgelegt. Wird dieser Bestand erreicht, erfolgt eine Meldung vom Lager an die Abteilung Beschaffung, sodass dieser noch vorhandene Bestand als Meldebestand bezeichnet wird. Die Abteilung Beschaffung kümmert sich daraufhin um den Einkauf dieses Beschaffungsobjektes. Die Höhe des Meldebestandes wird so festgelegt, dass darin zunächst ein bestimmter Mindestbestand (eiserner Bestand) enthalten ist. Zudem wird der Materialbedarf der Produktion, aber auch Sicherheitsreserven bei einem höheren Materialbedarf oder Lieferengpässen berücksichtigt (Wöhe & Döring, 2010, S. 421).

Zu welchem Zeitpunkt die Bestellung erfolgt, ist immer vom Erreichen des Meldebestandes abhängig und kann somit in unregelmäßigen Zeitabständen erfolgen. Eine Unternehmung kann sich dafür entscheiden, nicht immer abhängig vom Meldebestand zu bestellen, sondern sich auch an Faktoren wie vorliegenden Angeboten, der Preisentwicklung des Beschaffungsobjektes oder seiner Lagerfähigkeit zu orientieren. Das Nutzen vorliegender Angebote bietet sich bei Saisonartikeln ebenso an, wie bei Rabattaktionen des Lieferanten. Die Beschaffung zu niedrigen Preisen bietet, bei Lagerfähigkeit der Ware, ein Einsparpotenzial für die Unternehmung.

Das Bestellrhythmusverfahren wird umgekehrt zum Bestellpunktverfahren angewendet, denn hierbei werden die Bestellzeitpunkte festgelegt. Durch diese Vorgehensweise entwickelt sich ein bestimmter Rhythmus, z. B. wöchentlich, monatlich, vierteljährlich, zu dem jeweils eine Bestellung erfolgt. Die Zeitabstände der Bestellungen sind dadurch regelmäßig. In Abhängigkeit zum Materialbedarf werden jeweils unterschiedliche Mengen an Beschaffungsobjekten eingekauft. Wie hoch die Bestellmenge ist, hängt sowohl vom vorhandenen Lagerbestand als auch der üblichen Lieferfrist ab. Das Lager wird bei jeder Bestellung bis an seine Kapazitätsgrenze aufgefüllt.

Bestell- und Lagerhaltungskosten

Bei jeder Bestellung, die ein Unternehmen tätigt, fallen Bestellkosten an. Bestellkosten sind die Kosten, die zur Materialbeschaffung ausgegeben werden müssen. Je mehr Bestellungen ein Unternehmen pro Jahr tätigt, desto höher ist die Summe der anfallenden Bestellkosten, die zusätzlich zu den Einkaufspreisen zu zahlen sind. Kauft ein Unternehmen nur wenige Male im Jahr und dafür größere Mengen, bietet dies den Vorteil, dass insgesamt geringe Bestellkosten anfallen. Bei wenigen oder gar nur einer Bestellung pro Jahr muss eine entsprechend große Menge eingekauft werden. Bei hohen Bestellmengen gewähren die Lieferanten in der Regel gute Konditionen, wie beispielsweise Mengenrabatt. Zudem wird bei einer großen Menge das Risiko von Fehlmengen und daraus resultierenden Fehlmengenkosten, z. B. durch Produktionsstillstand, minimiert. Zu beachten ist jedoch, dass die eintreffende und entsprechend große Warenlieferung angenommen, geprüft und letztlich gelagert werden muss. Abgesehen vom benötigten Lagerraum trägt der Käufer ein hohes Lagerrisiko, z. B. bei Verderb oder Verlust der Ware. Besonders ungünstig ist es für ein Unternehmen, wenn es Güter einkauft, lagert und dann nicht mehr verwenden kann, z. B. weil das Material verrostet ist. Dies bedeutet, dass bereits bezahlte Ware entsorgt und neue beschafft werden muss, womit zu den Lagerhaltungskosten doppelte Bestell- und Einkaufskosten anfallen. Häufigere Bestellungen mit geringen Bestellmengen haben dagegen den Vorteil, dass geringe Lagerhaltungskosten anfallen und das Risiko einer Qualitätsverschlechterung oder eines Verlustes geringer ist. Die Bestellkosten und die Lagerhaltungskosten weisen somit aufgrund der Bestellhäufigkeit gegenläufige Tendenzen auf (Wöhe & Döring, 2010, S. 419). Aufgrund der gegensätzlichen Entwicklung wird auch von einem vorliegenden Zielkonflikt für den Unternehmer gesprochen, denn er muss sich entscheiden:

Bestellt er häufig im Jahr, da er seine Lagerkosten und sein Lagerrisiko möglichst gering halten möchte, bezahlt er aufgrund der häufigen Bestellungen insgesamt hohe Bestellkosten. Tätigt ein Unternehmen dagegen nur wenige Bestellungen im Jahr, mit einer entsprechend großen Bestellmenge, entstehen geringe Bestell- und Fehlmengenkosten. Dafür zahlt er jedoch entsprechend hohe Lagerhaltungskosten und trägt ein hohes Lagerrisiko. Doch für ein Unternehmen gibt es eine Berechnung, die bei der Lösung dieses Konfliktes hilft.

Mengenplanung – die optimale Bestellmenge

Vereinfacht ausgedrückt streben die meisten Unternehmen danach, möglichst viel Gewinn zu erzielen. Häufiges Mittel dazu ist die Minimierung der Kosten innerhalb einer Unternehmung. Aufgrund des bestehenden Zielkonfliktes zwischen Bestell- und möglichen Fehlmengen- sowie Lagerhaltungskosten stellt sich die Frage, ob es einen Zeitpunkt oder eine Menge gibt, an der es für den Unternehmer ideal wäre, seine Bestellung in Auftrag zu geben.

Diese Menge, die sogenannte optimale Bestellmenge, gibt es und kann mittels Berechnung festgestellt werden. Bei der optimalen Bestellmenge, aus der sich die Anzahl der Bestellungen pro Jahr ableiten lässt, ist die Summe aus Bestell- und Lagerhaltungskosten am geringsten (vgl. Müller, Jürgen, 2009, S. 51). Die nachstehende Tabelle zeigt die allgemeine Vorgehensweise zur Ermittlung der optimalen Bestellmenge:

Bestellmenge [Stück]	Bestell-häufigkeit	Durchschnittlicher Lagerbestand [Stück]	Lagerhaltungskosten	Bestellkosten [Euro]	Gesamtkosten [Euro]
	$\frac{\text{Jahresbedarf}}{\text{Bestellmenge}}$	$\frac{\text{Bestellmenge}}{2}$	Durchschnittlicher Lagerbestand * Preis pro Stück * Lagerhaltungskostensatz/100	Bestellkosten pro Bestellung* Bestellhäufigkeit	Lagerhaltungskosten + Bestellkosten

Anfrage

Im Wirtschaftsleben stimmt die Vorgehensweise mit dem Handeln im privaten Bereich überein. Benötigen Sie bestimmte Informationen wie Preis, Qualität, Lieferzeit usw. über ein Produkt, erkundigen Sie sich bei einem Händler. Dieses Einholen von Informationen wird als Anfrage bezeichnet und kann sowohl schriftlich, beispielsweise per E-Mail, oder mündlich, z. B. per Telefon, erfolgen. Mithilfe einer Anfrage möchten Sie zunächst für Sie wesentliche Informationen über das Produkt und die gemachten Konditionen (Bedingungen) des Verkäufers sammeln. Im Idealfall richten Sie mehrere Anfragen an unterschiedliche Händler und werten die gemachten Angaben aus, um sich anhand des Vergleiches für einen Anbieter zu entscheiden. Mit dem Stellen einer Anfrage erkundigen Sie sich zunächst, sodass eine Anfrage rechtlich unverbindlich ist, d. h., weder für Sie noch für den Antwortenden entstehen Pflichten bzw. rechtliche Folgen.

Bitten Sie in einer Anfrage um allgemeine Informationen des Lieferprogrammes, wie die Zusendung eines aktuellen Kataloges, der gültigen Preisliste, eines Prospektes, der Allgemeinen Geschäftsbedingungen usw., handelt es sich um eine allgemeine Anfrage. Dagegen liegt eine bestimmte Anfrage vor, wenn Sie sich beim Anbieter bereits nach konkreten Produkten und ihren Preisen, den entsprechenden Liefer- und Zahlungsbedingungen, der Qualität usw. erkundigen. Voraussetzung für eine bestimmte Anfrage ist, dass Sie ihren Bedarf bereits ermittelt haben. Unabhängig davon, welche Anfrage Sie formulieren möchten, ist es notwendig einen möglichen Lieferanten zu kennen. Diesen erhalten Sie mithilfe der sogenannten Bezugsquellenermittlung.

Bezugsquellenermittlung

In jedem Unternehmen besteht die Möglichkeit, auf bereits vorhandene Informationen zurückzugreifen. Diese internen Informationsquellen liegen meist in Form von Lieferer- und Warendateien oder in Form der Einkaufsstatistik vor und geben Auskunft über Namen und Anschrift des Geschäftspartners, aber auch über bereits ausgehandelte Konditionen, Produktpreise, die Einhaltung ökologischer Aspekte und weitere Details. Während die Liefererdatei meist alphabetisch nach Lieferern geordnet ist, sortiert die Warendatei alle Angaben nach Waren. Sooft es möglich ist, greift ein Unternehmen auf die hauseigenen Informations- bzw. Bezugsquellen zurück. Zum einen kann dies rasch und somit kostengünstig erfolgen, zum anderen wurden die darin enthaltenen Angaben selbst erfasst, sodass sie als vertrauenswürdig gelten. Zudem ergänzen Unternehmen ihre internen Informationsquellen um Beurteilungspunkte, falls sie das benötigte Gut von mehreren Anbietern beziehen können. Beispielsweise kann die Einhaltung der Qualitätsangaben, des Liefertermins, der vereinbarten Menge, die geografische Lage bzw. Entfernung usw. die Entscheidung für einen Lieferanten beeinflussen.

Reichen die hauseigenen Informationen nicht aus, z. B. weil dieses Produkt noch nie bezogen wurde oder es eine Neuheit auf dem Markt darstellt, müssen externe Informationsquellen zurate gezogen werden. Die externe Bezugsquellenermittlung befasst sich mit der Suche nach einem geeigneten Lieferanten, mit dem das Unternehmen, z. B. die Büromöbel Hauser & Schulte GmbH, bislang nicht in Geschäftsverbindung steht. Um Produkt- bzw. Liefererangaben außerhalb des Unternehmens zu sammeln, ist es notwendig, entsprechende Informationsquellen zu beschaffen und auszuwerten. Als Beispiele gelten im Allgemeinen Kataloge, Prospekte, Preislisten und Werbematerial von Anbietern. Aber auch Artikel und Anzeigen in Tageszeitungen, Fachzeitschriften oder Messekatalogen. Darüber hinaus liefern auch Branchenverzeichnisse wie die „Gelben Seiten" oder Fachverbände bzw. Kammern, wie die Industrie- und Handelskammer, Markt- und Wirtschaftsforschungsunternehmen usw. die benötigten Auskünfte.

Angebot und seine Mindestbestandteile

Die Antwort auf eine Anfrage erfolgt in Form eines Angebotes. Hierbei handelt es sich um ein verlangtes Angebot. Denkbar ist es auch, dass ein Unternehmen von sich aus ein Angebot unterbreitet, ohne dass eine Anfrage vorausging. In diesem Fall liegt ein unverlangtes Angebot vor. Unternehmen senden unverlangte Angebote beispielsweise, wenn sie ihre Produktpalette erweitert haben, oder wenn sie erfahren, dass der Empfänger Interesse an den vertriebenen Gütern haben könnte. Beispielsweise hat die Büromöbel Hauser & Schulte GmbH erfahren, dass die ortsansässige Berufsschule renoviert wird. Die Schule benötigt neue Büromöbel, wie Tische und Stühle, die die Büromöbel Hauser & Schulte GmbH gerne liefern würde. Sie verfasst ein unverlangtes Angebot, indem sie zunächst die Unternehmung und die Produktpalette vorstellt. Ziel ist es, die Berufsschule als neuen Kunden zu gewinnen, sodass es sinnvoll ist, die eigenen Vorteile hervorzuheben. Zudem ist es dadurch möglich, sich von der Konkurrenz abzugrenzen, beispielsweise indem die Möbellieferung und -montage von Fachpersonal und kostenfrei erfolgt, ebenso die Entsorgung der Kartonage und Altmöbel im Preis enthalten ist usw. Neben der freundlichen Abschiedsformulierung, in der die Hoffnung auf Auftragserteilung enthalten ist, besteht die Möglichkeit, einen Kaufanreiz zu setzen, z. B.: „Für Sie als Erstkunden gilt unser Kennenlernrabatt in Höhe von zehn Prozent."

Oftmals ist ein Angebot der erste Kontakt zwischen Anfragendem und Anbietendem. Aufgrund dessen versucht der Verkäufer sein Angebot so attraktiv wie möglich zu gestalten. Dazu gehört es nicht nur mithilfe freundlicher Formulierungen einen positiven Eindruck zu hinterlassen. Vielmehr müssen in einem Angebot bestimmte Mindestinhalte enthalten sein, die die Vergleichbarkeit unterschiedlicher Anbieter gewährleisten. Unter den konkurrierenden Unternehmen wird dadurch einerseits der Druck erhöht, erspart aber andererseits ein zeitaufwendiges Nachfragen durch die Interessenten. Als Mindestinhalte gelten:

Art, Güte, Menge und Beschaffenheit der Ware

Die Art der Ware ist mit ihrer handelsüblichen Bezeichnung (Namen) gleichzusetzen. Qualitätsmerkmale, wie das Gütezeichen „Echtes Leder", Handelsklasse „A" bei Eiern, oder DIN-Normen, wie „Mehl Typ 405", bestimmen die Güte der Ware. Die Menge der Ware wird durch handelsübliche Maßangaben, wie Kilogramm, Meter oder Stück bestimmt. Die Beschaffenheit der Ware gibt jede vereinbarte Eigenschaft der Ware an. Beispielsweise wird ein TV-Gerät als internetfähig ausgewiesen, ein Smartphone hat eine Akkulaufzeit von 200 Stunden usw.

Preis, Preisnachlässe und Beschaffungskosten der Ware

Der Preis der Ware muss sich sowohl auf die einzelne Einheit als auch auf die Gesamtmenge beziehen und dabei eventuelle Preisnachlässe berücksichtigen. Möglich ist z. B. ein Mengenrabatt, weil die angebotene Menge sehr groß ist, Treuerabatte für Stammkunden, Sonderrabatte, weil der Verkäufer Jubiläum feiert, Skonto, für den Fall, dass die Ware früher gezahlt wird als notwendige oder einen Bonus, d. h. einen nachträglich gewährten Rabatt in Form einer Umsatzrückvergütung. Die Beschaffungskosten der Ware setzen sich aus dem Güterpreis und allen für die Beschaffung anfallenden Nebenkosten, wie Transportkosten, Versicherungsbeiträge, Verwaltungsaufwand usw. zusammen.

Liefer- und Zahlungsbedingungen

Käufer und Verkäufer legen die Lieferbedingungen fest, worunter sowohl Verpackungs- als auch Beförderungskosten fallen. Die Verpackungskosten sind vom Käufer der Ware zu tragen. Sie hängen u. a. davon ab, wie sicher die Ware verpackt wird, aber auch von der vereinbarten Versandart bzw. den Beförderungskosten. Grundsätzlich muss der Verkäufer die Ware nur bereitstellen. Der Käufer muss dann auf sein Risiko und seine Kosten die Ware dahin befördern, wo er sie benötigt. Die dafür anfallenden Kosten heißen Beförderungskosten. Käufer und Verkäufer können bestimmte Vertragsklauseln vereinbaren, die festlegen, bis wohin der Verkäufer die Ware liefern muss, und somit gleichzeitig festlegen, welche Kosten der Verkäufer trägt und ab wo der Käufer für die Beförderungskosten verantwortlich ist. Denkbar sind Alternativen wie „ab Werk" oder „ab Lager".

Bei beiden Klauseln trägt der Käufer alle Beförderungskosten, der Verkäufer stellt die Ware nur bereit. Bei der Vereinbarung „frei Waggon" übernimmt der Verkäufer alle Kosten, bis die Ware im Bahnhof in einen Waggon verladen wurde. Der Verkäufer ist ab dann für alle weiteren Kosten verantwortlich. Dagegen übernimmt der Verkäufer bei der Vereinbarung „frei Haus" alle Kosten bis die Ware beim Käufer angekommen ist.

Neben den Kosten ist relevant, wie schnell die Ware verfügbar sein kann. Die Lieferzeit ist aufgrund dessen die Zeit, die zwischen der Vereinbarung über die Lieferung der Ware und der tatsächlichen Ankunft vergeht. Wird ein genauer Termin, wie der 15.11.20.. vereinbart, liegt ein Fixkauf vor. Mögliche Formulierungen können „fest", „fix", „exakt" oder „genau" sein. Ist eine Lieferung innerhalb einer bestimmten Frist, z. B. innerhalb von 90 Tagen, möglich, handelt es sich um einen Terminkauf.

Von einem Zweckkauf wird gesprochen, wenn die Ware nur zu einem bestimmten Anlass benötigt wird, wie eine Hochzeitstorte. Letztlich ist die Ware noch zu zahlen. Die Bedingungen hierfür, auch als Zahlungsbedingungen bezeichnet, sind erneut frei vereinbar. Verlangt der Verkäufer die Zahlung bevor er die Ware liefert, handelt es sich um die Vereinbarung „Vorauszahlung". Möchte er lediglich einen Teilbetrag, liegt eine „Anzahlung" vor. Dem Käufer ist es lieber, wenn er die Ware erst einige Wochen nach Erhalt der Ware zahlen muss, er möchte somit ein „Zahlungsziel". Zahlt er die Ware nach und nach in Raten (Teilbeträgen) liegt eine „Ratenzahlung" vor. Bei der Vereinbarung „Skonto" darf der Käufer einen gewissen Prozentsatz vom Kaufpreis abziehen, falls er das eingeräumte Zahlungsziel nicht ganz ausnutzt und beispielsweise bereits nach zehn anstatt nach 30 Tagen bezahlt.

Erfüllungsort

Meistens sind Verkäufer und Käufer örtlich voneinander getrennt, sodass die Beförderung der Ware teuer werden kann. Um zu klären, bis wohin der Verkäufer bzw. ab wo der Käufer die Lieferkosten zu übernehmen hat, wird ein Erfüllungsort vereinbart. Der Erfüllungsort ist der Ort, an dem der Verkäufer seine Ware an den Käufer übergibt und der Käufer sie annimmt. Theoretisch erfolgt am Erfüllungsort die gesamte Kaufabwicklung, zu der auch die Übergabe der Ware, die Zahlung, aber auch die gegenseitige Abnahme von Ware bzw. Geld gehört. In diesem Augenblick erfolgt somit die Eigentumsübertragung an einer beweglichen Sache, denn Verkäufer und Käufer einigen sich unter anderem über den Preis der Ware, die Lieferbedingungen usw., dann wird die Sache bzw. der Kaufgegenstand übergeben und das Eigentum geht vom Verkäufer auf den Käufer über. Der Käufer ist neuer Eigentümer, dies bedeutet, er hat die rechtliche Herrschaft über eine Sache und kann damit tun, was er möchte, wie weiterverkaufen, verschenken usw. Wäre er nur Besitzer hätte er nur die tatsächliche Herrschaft über die Sache, er würde sie beispielsweise in der Hand halten, dürfte aber nichts damit tun. Stellen Sie sich beispielsweise vor, Sie denken darüber nach, das Smartphone Ihres Banknachbarn zu kaufen. Zunächst möchten Sie es sich einmal ausleihen, um zu testen, ob es Ihren Wünschen entspricht und ihr Banknachbar leiht es ihnen einen Tag lang aus. Sobald Sie das Smartphone in der Hand haben, sind Sie der Besitzer, denn Sie haben die tatsächliche Herrschaft. Ihr Banknachbar hat aber noch die rechtliche Herrschaft, d. h., er darf es verkaufen, verleihen usw. und ist somit der Eigentümer.

Der gesetzliche Erfüllungsort ist stets der Wohn- bzw. Geschäftssitz des Schuldners und gilt immer dann, wenn Käufer und Verkäufer keine abweichende Vereinbarung getroffen haben (§ 269 BGB). Aufgrund des bestehenden Schuldverhältnisses gegenüber dem Käufer ist der Erfüllungsort der Ware der Wohn- bzw. Geschäftssitz des Verkäufers. Für die Zahlung des Kaufpreises der Wohn- bzw. Geschäftssitz des Käufers, da er die rechtzeitige Zahlung schuldet.

Der vertragliche Erfüllungsort ist durch Käufer und Verkäufer frei wählbar und kommt zustande, wenn in einem Angebot bzw. der Annahme eine entsprechende Klausel enthalten ist. Gültig wird diese bei ausdrücklicher Annahme der Vertragspartner oder, wenn kein Widerspruch erfolgt. Wird eine Klausel über den Erfüllungsort nur in einer Rechnung ausgewiesen, genügt dies nicht, d. h., die Vereinbarung über den vertraglichen Erfüllungsort gilt als nicht geschlossen und der gesetzliche Erfüllungsort wird wirksam.

Mit der Vereinbarung des Erfüllungsortes wird festgelegt, wer die Kosten der Lieferung zu tragen hat. Der Verkäufer hat nach der gesetzlichen Regelung die Kosten der Übergabe zu tragen, d. h. beispielsweise anfallende Kosten für Messen, Wiegen, ... (§ 448 Absatz 1 BGB).

Fallen Kosten für die Abnahme an bzw. benötigt der Käufer die Ware an einem anderen Ort als dem Erfüllungsort, so kommt er für entstehende Kosten auf. Alle Kosten für die zu leistende Zahlung, wie Überweisungsgebühren oder Ähnliches, trägt der Käufer (§ 270 Absatz 1 BGB), außer es wurde eine abweichende Vereinbarung getroffen. Abgeleitet aus den gesetzlich festgelegten Bestimmungen für den Gefahren- und Kostenübergang ergeben sich zwei Regelungen. Zum einen gilt der Grundsatz, dass Warenschulden Holschulden sind, zum anderen sind Geldschulden sogenannte Schickschulden (Bringschulden). Die Erklärung dafür ist anhand von Beispielen nachvollziehbar:

Das Gesetz gibt vor, dass der Erfüllungsort für die Ware am Ort des Verkäufers ist, d. h. „ab Werk" und damit z. B. der Innenhof seines Unternehmens. Der Käufer muss die Ware von dort abholen. Deshalb werden Waren auch als Holschulden bezeichnet. Bei der Zahlung ist es genau umgekehrt. Hier muss der Käufer das Geld an den Verkäufer schicken, z. B. indem er Bargeld oder einen Scheck per Post übersendet. Aus diesem Grund sind Geldschulden sogenannte Schickschulden (Bringschulden).

Eigentumsvorbehalt

Weist ein Angebot die Klausel „Die Ware bleibt bis zur vollständigen Bezahlung des Kaufpreises unser Eigentum" auf, so veräußert der Verkäufer seine Ware nur unter der Bedingung des Eigentumsvorbehaltes. Diese Vereinbarung drückt aus, dass der Käufer, wenn er die Ware erhält, zunächst nur Besitzer (tatsächliche Herrschaft über die Sache) ist. Erst wenn er dem Verkäufer den vollständigen Kaufpreis bezahlt hat, geht das Eigentum an der Ware auf ihn über und er wird Eigentümer (rechtliche Herrschaft über eine Sache). In diesem Moment erlischt der vereinbarte Eigentumsvorbehalt. Außerdem wird diese Vereinbarung unwirksam, wenn der Käufer die Sache noch nicht ganz bezahlt hat, aber an einen gutgläubigen Dritten verkauft, d. h., diese Person weiß nicht, dass die Ware unter Eigentumsvorbehalt verkauft wurde (§ 932 BGB), der Käufer die Sache verarbeitet (§ 950 BGB) oder mit einer beweglichen bzw. unbeweglichen Sache fest verbindet (§§ 947 und 946 BGB). Auf diese Klausel bestehen Verkäufer häufig deshalb, da sie bei Insolvenz des Käufers und nicht entrichtetem Kaufpreis ein Anrecht auf Herausgabe ihrer Ware haben. Der Eigentumsvorbehalt dient somit als Absicherung.

Weitreichender als der oben beschriebene einfache Eigentumsvorbehalt ist der erweiterte Eigentumsvorbehalt. Er ist insbesondere hilfreich, wenn ein Käufer häufig bzw. regelmäßig Ware von einem bestimmten Verkäufer bezieht. Das Vorbehaltsrecht führt in diesem Fall dazu, dass der Käufer erst dann Eigentümer der Ware wird, wenn er alle seine Verbindlichkeiten bezahlt hat, d. h. alle offenen Rechnungen beglichen sind und der Verkäufer keinerlei Forderungen mehr an ihn hat. Ist dies nicht der Fall bleibt er Besitzer.

Vom verlängerten Eigentumsvorbehalt wird gesprochen, wenn der Käufer die Ware seinerseits entweder nur weiterveräußert oder sowohl verarbeitet als auch weiterverkauft hat, bevor er seinen fälligen Kaufpreis entrichtet hat, d. h., er verkauft Ware, die er nur besitzt. Ihm steht von seinem Käufer ebenfalls die Zahlung des Kaufpreises zu. Solange dieser nicht bezahlt hat, besteht eine Forderung. Wurde die Ware unverarbeitet weiterverkauft, wurde die bestehende Forderung mithilfe des verlängerten Eigentumsvorbehaltes an den „ersten" Verkäufer abgetreten, sodass theoretisch der Käufer der verarbeiteten Ware direkt an den „ersten" Käufer zahlen könnte. Bei Weiterverarbeitung der Ware ist der „erste" Verkäufer zum Miteigentümer an der Ware geworden.

Gefahrenübergang

Für den Fall, dass die Abwicklung eines Kaufvertrages einmal nicht reibungslos verläuft, definiert der Gesetzgeber die Verantwortlichkeit des Schuldners (§§ 276 und 278 BGB), den sogenannten Gefahrenübergang. Hierbei wird festgelegt, dass grundsätzlich derjenige Vertragspartner den Schaden zu tragen hat, der dafür verantwortlich ist, dass der Kaufgegenstand verloren gegangen ist oder beschädigt wurde. Des Weiteren ist der Verkäufer für eine warengerechte Verpackung sowie für geeignetes Beförderungspersonal und -unternehmen verantwortlich. Missachtet er dies oder bereits übermittelte Anweisungen des Käufers, haftet er für eventuelle Schäden (§ 447 Absatz 2 BGB). Bei zufälliger Verschlechterung oder vollständigem Untergang der Ware gelten besondere Regelungen: Mit der Übergabe der Ware vom Verkäufer an den Käufer oder dessen Erfüllungsgehilfen geht gleichzeitig die Gefahr an der Ware über, d. h., der Gefahrenübergang geht an den Käufer über (§ 446 BGB). Der Gefahrenübergang erfolgt unabhängig vom Erfüllungsort. Ebenso geht die Gefahr auf den Käufer über, wenn dieser die Versendung der Ware an einen anderen Ort als den Erfüllungsort wünscht und diese Aufgabe einem Spediteur, Frachtführer oder sonstigem Dritten überträgt (Versendungskauf, § 447 Absatz 1 BGB). Sobald die Ware zum Transport übergeben wurde, ist der Gefahrenübergang erfolgt. Die Transportgefahr liegt dagegen beim Verkäufer, wenn er die Beförderung durch eigene Mitarbeiter oder Hilfsmittel, wie LKW, durchführt. Die Gefahr bei Warenzahlung trägt grundsätzlich der Käufer, da er dafür verantwortlich ist, dass die korrekte Summe fristgerecht in die Verfügungsgewalt des Verkäufers gelangt (§ 270 Absatz 1 BGB). Die oben beschriebenen Risiken werden oftmals auf eine entsprechende Versicherung abgewälzt, die dann anfallende Kosten bei der Verschlechterung oder dem vollständigen Warenuntergang trägt. Beispiele hierfür sind die Transport-, Bruch-, Diebstahl-, Brandversicherung u. a. Die dafür entstehenden Kosten trägt derjenige, der die Gefahr zu verantworten hatte.

Ein Frachtführer ist ein beauftragter Dritter, der mithilfe eines Frachtvertrages dazu verpflichtet wird, die Ware auf dem Landweg, Binnengewässern oder per Flugzeug zu befördern und dem Empfänger zu übergeben. Dabei haftet der Frachtführer für eventuelle Schäden (§ 437 HGB). Ein Spediteur bietet die Organisation von Gütertransporten an, wozu er mit einem Speditionsvertrag verpflichtet wird (§ 453 HGB). Oftmals übernimmt er den Transport selbst (Selbsteintritt), wodurch er zum Frachtführer wird (§ 458 HGB).

Gerichtsstand

Kommt es bei der Erfüllung des Vertrages zwischen Käufer und Verkäufer zu Streitigkeiten, so kann die Hilfe eines Gerichtes beansprucht werden. Welches Gericht zuständig ist, richtet sich zum einen nach der Höhe des Streitwertes (sachliche Zuständigkeit) zum anderen nach dem Ort an dem zu klagen ist (örtliche Zuständigkeit). Die sachliche Zuständigkeit weist den Amtsgerichten Verfahren mit einem Streitwert bis 5.000,00 Euro zu, Landgerichte bearbeiten höhere Streitwerte, wobei einige Ausnahmen gelten (§ 1 ZPO, § 23 GVG). Das Gesetz gibt den jeweiligen Erfüllungsort als Gerichtsstand vor bzw. den Ort, an dem der Beklagte seinen Unternehmenssitz hat (§ 29 BGB).

Letztlich sind über die oben benannten Angaben eines Angebotes aber auch Kriterien wie die Zuverlässigkeit bzw. der Ruf eines Unternehmens, besondere Leistungen wie z. B. ein Kundendienst oder auch eine bereits langjährige Geschäftsverbindung ausschlaggebend für die Annahme eines Angebotes.

Die Allgemeinen Geschäftsbedingungen (AGB)

Die oben beschriebenen Bestandteile bzw. Mindestinhalte eines Angebotes können zum einen vollständig im Angebot benannt werden oder ganz bzw. teilweise durch Allgemeine Geschäftsbedingungen ersetzt werden. Unter den Allgemeinen Geschäftsbedingungen sind bereits vorformulierte Vertragsbedingungen zu verstehen, die entweder auf der Vertragsurkunde selbst, d. h. dem Angebot, der Bestellung usw., oder auf einem gesonderten Blatt abgedruckt sind. Für die Gültigkeit der Allgemeinen Geschäftsbedingungen ist es notwendig, dass beide Vertragspartner damit einverstanden sind. Insbesondere Verbraucher müssen ausdrücklich darauf hingewiesen werden. In Deutschland gilt grundsätzlich Vertragsfreiheit, d. h., die beiden Vertragspartner können den Inhalt des gemeinsam geschlossenen Vertrages frei vereinbaren. Die vorformulierten Geschäftsbedingungen werden eingesetzt, um den Abschluss von Verträgen zu vereinfachen und im alltäglichen Geschäftsleben zu beschleunigen, d. h., der Geschäftsverkehr wird rationalisiert. Bei der Vielzahl der täglich geschlossenen Verträge, insbesondere Kaufverträge, stellt dies einen großen wirtschaftlichen Vorteil dar. Das Bürgerliche Gesetzbuch achtet darauf, dass wirtschaftlich Schwächere, wie Verbraucher, dabei nicht benachteiligt werden (Verbraucherschutz). Ermöglicht wird dies, indem beispielsweise die Allgemeinen Geschäftsbedingungen lediglich für Kaufverträge gelten (§ 310 BGB), unangemessene Benachteiligungen unwirksam und somit nicht Vertragsinhalt sind (§ 307 BGB) und individuell getroffene Absprachen der Vertragspartner wichtiger sind als die Allgemeinen Geschäftsbedingungen (§ 305 b BGB). Des Weiteren darf die gesetzliche Gewährleistungspflicht des Verkäufers nicht beschränkt werden (§ 309 BGB).

Angebot und seine Gültigkeit (Bindung)

Das Gesetz versteht unter einem Angebot einen verbindlichen Antrag des Verkäufers an eine bestimmte Person, den potenziellen Käufer, der den Verkäufer an seine gemachten Angaben bindet (§ 145 BGB). Grundsätzlich ist die Unterbreitung eines Angebotes formfrei, d. h. kann sowohl mündlich, schriftlich als auch durch konkludentes Handeln geschlossen werden. Empfehlenswert ist jedoch die Schriftform, um Irrtümer auszuschließen.

Wird das Angebot unterbreitet, wenn alle Beteiligten anwesend sind, besteht das Angebot bis die Personen auseinandergehen (§ 147 Absatz 1 BGB). Dabei ist es gleichgültig, ob sich die Personen in einem Raum befinden oder über Telefon miteinander verbunden sind. Wichtig ist nur, dass das Gespräch nicht unterbrochen wird, da ansonsten die Möglichkeit, das Angebot anzunehmen oder abzulehnen, nicht mehr besteht.

Wird das Angebot unter Abwesenden unterbreitet, d. h. wenn die Beteiligten sich an unterschiedlichen Orten befinden, ist das Angebot länger gültig. Nach dem Gesetz solange, wie man eine „Antwort unter regelmäßigen Umständen erwarten darf" (§ 147 Absatz 2 BGB). Konkret bedeutet dies, dass ein per Post im Inland zugestelltes Angebot ca. sieben Tage gültig ist. Eingerechnet wird der Postweg zum Empfänger (2 – 3 Tage), ein Tag Bedenkzeit und der Postweg zurück. Entsprechend ist ein per Fax unterbreitetes Angebot ca. drei Tage gültig, eine E-Mail ca. einen Tag. (o. A.: BWL der Unternehmung, 2009, S. 57). Sind diese Fristen abgelaufen, besteht das Angebot nicht mehr.

Die Gültigkeit eines Angebotes ist auch durch die Angabe einer vertraglichen Frist zu begrenzen, z. B. durch die Angabe eines Zeitpunktes, bis zu dem eine Reaktion erfolgt sein muss (§ 148 BGB), wie beispielsweise die Angabe eines Datums. Erfolgt bis zu diesem keine Bestellung, gilt das Angebot als abgelehnt.

Darüber hinaus kann die Bindung durch bestimmte sprachliche Wendungen, ganz oder teilweise ausgeschlossen werden. Diese Formulierungen sind sogenannte Freizeichnungsklauseln. Soll die Bindung, d. h. die rechtliche Verpflichtung, zur Einhaltung des Angebotes vollständig ausgeschlossen werden, werden Begriffe wie „freibleibend", „unverbindlich", „ohne Gewähr" u. a. verwendet. Soll sich die Beschränkung nur auf die Menge beziehen, heißt es im Angebot „solange der Vorrat reicht", „Abgabe in haushaltsüblichen Mengen" usw. Diese Angaben sind insbesondere in Angeboten zu finden, die an die Allgemeinheit und nicht an eine bestimmte Person gerichtet sind. Hierbei handelt es sich beispielsweise um Werbeprospekte, Kataloge, Schaufensterauslagen usw. Ein an die Allgemeinheit gerichtetes Angebot wird als Anpreisung bezeichnet und hat keinerlei rechtliche Wirkung. Vielmehr soll es dazu dienen, dass der Empfänger der Anpreisung seinerseits einen Antrag an den Verkäufer formuliert.

Erlöschen und Widerruf eines Angebotes

Nicht mehr an ein unterbreitetes Angebot gebunden ist ein Unternehmen, wenn der Empfänger das Angebot ausdrücklich ablehnt oder schweigt, d. h. nicht reagiert. Ebenso, wenn die Annahme des Angebotes nicht rechtzeitig erfolgt (§ 146 BGB). Ändert der Empfänger das Angebot, weil er beispielsweise weniger Artikel möchte als im Angebot ausgewiesen, verliert es ebenfalls seine Gültigkeit. Das veränderte Angebot gilt als neuer Antrag des Käufers. Möchte der Anbieter sein Angebot widerrufen, z. B. weil er einen falschen Preis ausgewiesen hat, muss der Widerruf möglichst vor, jedoch spätestens mit dem Angebot beim Empfänger eingehen. Ist das Angebot vor dem Widerruf zugestellt worden, ist es gültig. Briefliche Angebote sollten somit beispielsweise per E-Mail, Fax oder telefonisch widerrufen werden.

Angebote vergleichen und bewerten

Nachdem mehrere Angebote eingegangen sind, gilt es nun, die Liefererauswahl zu treffen. Für einen Angebotsvergleich können quantitative und qualitative Kriterien verglichen werden. Es kommt immer auf die Situation an, in welchem sich das Unternehmen befindet, und um welche Art von Sachgütern es sich handelt.

Zu den quantitativen Faktoren gehören: Preis, Transportkosten und Ähnliches (Verpackungskosten, Fracht ...), Rabatt (Mengenrabatt, Großkundenrabatt, Barzahlungsrabatt, Saisonrabatt u.ä.), Sonderangebote, Skonto (Rabatt, wenn innerhalb einer bestimmten Zeitspanne bezahlt wird), Zahlungsspielraum (Zahlung auf Ziel – also auf ein Konto überwiesen – innerhalb von x Tagen) bzw. Verhandlungsspielraum bei Preis und Bezugskonditionen. Diese Faktoren lassen sich direkt in Bezug auf Geldbeträge vergleichen. Für Sachgüter, die sofort in der gewünschten Qualität zur Verfügung stehen, genügt ein Einfaktorenvergleich mit Bezugskalkulation auf der Basis des günstigsten Preises (siehe **Warenhandelskalkulation**).

Zu den qualitativen Faktoren gehören Termintreue, Qualität der Güter, Standortnähe, Umweltfreundlichkeit der Materialien, „Übernimmt Entsorgung", „Bereit zur Anpassung an eigene Prozesse" (z.B: Just-In-Time), Beratung, Service, Know-how und Weiterentwicklung der Materialien, Vertragsabwicklung bzw. Freundlichkeit. Diese Faktoren lassen sich nur im Mehrfaktorenvergleich mit den quantitativen Faktoren verrechnen. Dafür eignet sich das Instrument einer Nutzwertanalyse. Stellen Sie den Nutzen zweier oder mehrerer Lösungen einander gegenüber. Sie bilden eine gute Entscheidungsgrundlage. Nutzwertanalysen sind prinzipiell Entscheidungstabellen, bei denen einzelne Kriterien gewichtet werden. In Excel werden die Formeln nur einmal eingegeben und können mit wenig Anpassungsaufwand immer wieder verwendet werden.

1. Schritt: „Sammeln Sie alle Eigenschaften und Merkmale (quantitative und qualitative), die Ihnen zu der jeweiligen Anschaffung wichtig sind, und listen Sie diese auf. Für einen objektiven Vergleichen müssen Sie immer eine Anzahl quantitativer und qualitativer Kriterien mit in die Entscheidung einbeziehen.
2. Schritt: Definieren Sie K.o.-Kriterien (Mindest-/Höchstbedingungen, deren Erfüllung zwingend gefordert wird) für die einzelnen Merkmale.
3. Schritt: Bewerten Sie jedes einzelne Merkmal mit einer subjektiven Wichtigkeit (G). Sie können beliebige Wertebereiche wählen (1 bis 5; 1 bis 10; 0,1 bis 1,0 usw.)
4. Schritt: Untersuchen Sie alle Alternativen nach K.o.-Kriterien und sondern Sie alle Möglichkeiten aus, die ein solches K.o.-Kriterium aufweisen.
5. Schritt: Vergeben Sie nun für alle Alternativen Punkte für die jeweiligen Merkmale (M). Je besser das Merkmal erfüllt ist, desto höher ist die Punktzahl.
6. Schritt: Multiplizieren Sie die Bewertungen (M) mit den Gewichtungen (G) und summieren Sie dann alle Zahlen zu einem Gesamtergebnis. Das Angebot mit dem höchsten Zielerreichungsgrad ist das empfehlenswerteste." (VNR-Redaktion 3. Juni 2008).

Nutzwertanalyse: Bewertung eines Angebotvergleiches

	A	B	C	D	E	F	G	H
1			Angebot 1		Angebot 2		Angebot 3	
2	Entscheidungskriterien	Gewichtungspunkte	G	M	G	M	G	M
3								
4	Preis	25	1	25	3	75	1	25
5	Service	15	3	45	1	15	3	45
6	Qualität	35	2	70	1	35	2	70
7	Zahlungsziel	15	3	45	2	30	1	15
8	Entsorgung	10	2	20	3	30	1	10
9	Sume	100		205		185		165
10								
11			Die Entscheidung fällt auf Angebot 1.					
12								

Bestellung

Inhalt und Aufbau einer Bestellung

Einige Unternehmen verwenden für eine Bestellung dafür entwickelte Formulare bzw. Vordrucke, andere antworten individuell. Unabhängig davon sollte eine Bestellung stets Bezug auf die vorliegenden Unterlagen des Verkäufers, wie beispielsweise das Angebot, die Preisliste oder auch geschaltete Zeitungsanzeigen, Empfehlungen von Geschäftspartnern usw., nehmen. Des Weiteren sind Menge und Preis der bestellten Ware genau anzugeben, ebenso die gewünschte Art und Güte. Über die Zahlungs- und Lieferungsbedingungen hinaus können Sonderwünsche, die z. B. die Verpackung, Entsorgung, Rücknahme der auszutauschenden Ware usw. betreffen, festgehalten werden. Grundsätzlich werden in einer Bestellung, die bereits im Angebot beschriebenen Inhalte und Bedingungen wiederholt. Geht der Bestellung ein ausführliches Angebot voraus, ist ein Bezug auf die darin gemachten Angaben ausreichend.

Eine Bestellung sollte wie alle Geschäftsbriefe professionell und freundlich formuliert werden, d. h., die Ihnen bekannten DIN-Normen sind einzuhalten. Darüber hinaus wirkt sowohl eine persönliche Anrede als auch eine knappe Einleitung, z. B. in Form eines Dankes für das Angebot, aufgeschlossen. Im Mittelteil werden wesentliche Konditionen wiederholt bzw. Änderungen angegeben. Liegt ein ausführliches Angebot vor, reicht es, darauf Bezug zu nehmen. Den Schluss der Bestellung bildet ein positiver Ausblick auf die Geschäftsbeziehung, eventuell Angaben über Kontaktmöglichkeiten und die Grußformel mit der Firma am Ende.

Form und Bindung einer Bestellung (Auftrag)

Mit einer Bestellung drückt der Verkäufer stets seinen Willen aus, bestimmte Güter oder Dienstleistungen zu kaufen (vgl. Müller, u. a., 2010, S. 58). Der Käufer beauftragt den Verkäufer mittels einer Bestellung konkret, sodass eine Bestellung häufig auch als Auftrag bezeichnet wird. Die Willenserklärung darf der Käufer mündlich, schriftlich oder durch konkludentes (schlüssiges) Handeln abgeben, d. h., die Abgabe der Willenserklärung erfolgt formlos. Unabhängig davon, auf welche Art und Weise der Käufer seinen Willen ausdrückt, ist er rechtlich an seine Aussage gebunden, d. h.. eine Bestellung ist rechtlich bindend.

Notwendig dafür ist es, dass die Bestellung dem Verkäufer zugegangen ist, d. h., dass er von der Bestellung (Auftrag) Kenntnis nehmen musste. Ein Widerruf muss somit spätestens gleichzeitig mit der Bestellung eingehen, da es ansonsten sein kann, dass ein rechtskräftiger Vertrag zwischen Käufer und Verkäufer zustande gekommen ist. Dies ist wie folgt zu erklären:

Gültigkeit einer Bestellung (Auftrag)

Grundsätzlich kommt ein Vertrag zwischen zwei (Vertrags-)Parteien zustande, wenn beide übereinstimmende Willenserklärungen abgeben. Dies erfolgt durch eine erste Willenserklärung, d. h. den Antrag und die daraufhin stattfindende Annahme, d. h. die zweite Willenserklärung. Richtet beispielsweise der Käufer eine Anfrage an den Verkäufer, ist dies rechtlich nicht bindend. Antwortet der Verkäufer mit einem Angebot, liegt eine erste, rechtlich bindende, Willenserklärung vor. Auf diese antwortet der Käufer mit einer zweiten Willenserklärung, der sogenannten Bestellung bzw. Annahme. Stimmen Angebot und Bestellung überein, liegen zwei identische Willenserklärungen von Verkäufer und Käufer vor, sodass ein rechtsgültiger Vertrag zustande gekommen ist. Dieser Vertrag wird auch geschlossen, wenn dem Angebot keine Anfrage vorausgeht, da eine Anfrage rechtlich unverbindlich ist.

Eine weitere Vorgehensweise, wie ein Vertragsabschluss zustande kommen kann, ist die direkte Bestellung des Käufers beim Verkäufer. In diesem Fall ist die Bestellung die erste abgegebene Willenserklärung und dadurch der gestellte Antrag. Der Verkäufer reagiert mit der zweiten Willenserklärung, d. h. der Annahme, entweder durch unmittelbare Lieferung oder durch Bestellungsannahme bzw. einer Auftragsbestätigung. Es gibt Situationen in denen die Bestellungsannahme notwendig wird.

Bestellungsannahme (Auftragsbestätigung)

Die ausdrückliche Annahme einer Bestellung (Bestellungsannahme bzw. Auftragsbestätigung) ist immer dann erforderlich, wenn der Bestellung kein bzw. nur ein unbestimmtes Angebot vorausging. Dies ist dadurch zu erklären, dass mit dem Fehlen eines konkreten Angebotes die erste von zwei notwendigen rechtlich bindenden Willenserklärungen fehlt.

Eine identische Situation liegt vor, wenn der Verkäufer ein Angebot unterbreitet hat und der Käufer dieses nicht genau so durch Bestellung annimmt, sondern mindestens eine Angabe nach seinen Vorstellungen ändert. In diesem Fall stellt das vom Käufer geänderte Angebot die erste Willenserklärung dar (Antrag). Der Verkäufer hat nun die Möglichkeit den Käufer auf die Änderungen hinzuweisen und nicht darauf einzugehen, z. B. wenn der Käufer den Preis verändert hat. Andernfalls erklärt er sich durch eine Bestellungsannahme mit den Änderungswünschen des Käufers einverstanden.

Die Annahme der veränderten Vertragsbedingungen in Form der Bestellungsannahme ist die zweite Willenserklärung, sodass ein Vertrag zustande kommt. Hieran wird deutlich, dass die Bestellungsannahme die Einverständniserklärung des Verkäufers mit der Bestellung des Käufers ist und somit rechtlich verbindlich ist. Grundsätzlich kann die Bestellungsannahme formfrei erfolgen, wobei die Schriftform zu empfehlen ist, da somit eine Zusammenfassungs- und Beweisfunktion besteht.

Eine Bestellungsannahme ist zudem notwendig, wenn das Angebot des Verkäufers freibleibend erfolgt ist, d. h., der Verkäufer nicht an die unterbreiteten Konditionen halten muss. Die Bestellung des Käufers stellt wiederum die erste Willenserklärung (Antrag) dar, die der Verkäufer ablehnen oder annehmen kann. Erklärt er sich einverstanden, kommt durch die zweite Willenserklärung in Form der Bestellungsannahme ein Vertrag zustande. Ebenso ist die Vorgehensweise, wenn die im Angebot genannte Frist verstrichen ist.

Die Bestellungsannahme kann durch eine direkte Güterlieferung des Verkäufers ersetzt werden. In diesem Fall schließen Käufer und Verkäufer durch das konkludente Handeln, nämlich die Lieferung als Schlussfolgerung auf die Bestellung, einen Vertrag miteinander. Der Ware liegt meist ein Lieferschein (Warenbegleitschein) bei. Ein Lieferschein gibt Auskunft über die gelieferte Ware und dokumentiert idealerweise genau den Wareneingang, d. h. Bezeichnung, Menge, Gewicht, Lieferdatum usw. Die Erstellung eines Lieferscheines ist nicht verpflichtend, sodass auch keine gesetzlichen Vorgaben z. B. über den Inhalt bestehen. Gegebenenfalls liefert der Verkäufer seine Ware mit Lieferschein und Rechnung aus. Die gleichzeitige Übergabe mit der Ware ist nicht vorgeschrieben, sodass eine zeitnahe Übermittlung, z. B. per E-Mail oder auf dem Postweg, ausreicht.

Vertragspartner – Möglichkeiten Verträge zu schließen

Rechtssubjekte und ihre Fähigkeiten

Am Rechtsverkehr kann in der Bundesrepublik Deutschland nur teilnehmen, wer rechtsfähig ist. Dies sind alle Personen, die Rechte und Pflichten haben können. Man nennt sie auch Rechtssubjekte. Grundsätzlich werden zwei Arten von Personen (Rechtssubjekten) unterschieden: die natürlichen und die juristischen Personen.

Natürliche Personen. Zu den natürlichen Personen zählen alle Menschen, ohne Rücksicht auf ihr Alter, ihr Geschlecht oder ihre Rasse. Natürliche Personen sind von ihrer Geburt bis zu ihrem Tod rechtsfähig.

Juristische Personen. Juristische Personen sind Vereinigungen von natürlichen Personen mit eigener Rechtspersönlichkeit.

Es gibt zwei Arten von juristischen Personen. Juristische Personen des privaten Rechts und juristische Personen des öffentlichen Rechts. Während juristische Personen des privaten Rechts beispielsweise versuchen möglichst viel Gewinn zu erzielen, dienen juristische Personen des öffentlichen Rechts öffentlichen Zwecken und unterliegen der staatlichen Aufsicht.

Damit die Öffentlichkeit darüber informiert ist, welche juristischen Personen existieren, werden diese im Regelfall in öffentliche Register eingetragen. Die Öffentlichkeit darf diese Register einsehen, um beispielsweise Informationen über eine Gesellschaft mit beschrankter Haftung zu erhalten, muss sie im Handelsregister nachschlagen. Durch Eintragung in ein öffentliches Register erlangt die juristische Person ihre Rechtsfähigkeit, durch Löschung endet diese.

Juristische Personen des öffentlichen Rechts werden aufgrund eines Gesetzes gegründet oder aufgelöst. Eine Universität wird beispielsweise rechtsfähig durch staatliche Verleihung und verliert diese Eigenschaft bei Entzug. Juristische Personen können wie natürliche Personen Rechte wahrnehmen und haben auch Pflichten zu tragen. Diese stimmen weitgehend mit jenen der natürlichen Personen überein. Juristische Personen haben somit Vermögen, können Verträge abschließen, als Erben eingesetzt werden und in eigenem Namen klagen und verklagt werden.

Rechts- und Geschäftsfähigkeit

Unter Rechtsfähigkeit versteht das Gesetz die Fähigkeit einer Person, also eines Rechtssubjektes, Träger von Rechten und Pflichten zu sein. Sie hat also z. B. das Recht, ein Geldgeschenk anzunehmen, oder die Pflicht, die Schule zu besuchen. Die Rechtsfähigkeit reicht allerdings nicht aus, um beispielsweise einen Kaufvertrag abzuschließen. Dazu muss eine Person geschäftsfähig sein. Die Geschäftsfähigkeit einer Person ist die Fähigkeit, Rechtsgeschäfte selbstständig und gültig abzuschließen. Dabei sind drei „Stufen der Geschäftsfähigkeit" zu unterscheiden: die Geschäftsunfähigkeit, die beschränkte Geschäftsfähigkeit und die unbeschränkte Geschäftsfähigkeit.

Stufen der Geschäftsfähigkeit

Geschäftsunfähig sind Kinder unter sieben Jahren und Personen, die dauerhaft geistesgestört sind. Schließen diese Personen Rechtsgeschäfte ab, gelten diese als nicht zustande gekommen, d. h. als nichtig.

Die beschränkte Geschäftsfähigkeit bedeutet, dass ein Minderjähriger, zwischen dem vollendeten siebten und dem vollendeten 18. Lebensjahr, Rechtsgeschäfte in eigenem Namen abschließen kann. Dazu benötigt er jedoch die Zustimmung seiner Eltern bzw. gesetzlichen Vertreter im Voraus (Einwilligung) oder nachträglich (Genehmigung). Schließt er ein Rechtsgeschäft ohne Zustimmung ab, gilt das Rechtsgeschäft als „schwebend unwirksam". Bis der gesetzliche Vertreter es genehmigt hat, dann ist das Rechtsgeschäft gültig geworden. Bleibt die Genehmigung aus, ist das Rechtsgeschäft nichtig. Einige Rechtsgeschäfte darf ein beschränkt Geschäftsfähiger alleine abschließen: Zum einen darf er Geschäfte abschließen, die nur einen rechtlichen Vorteil für ihn mit sich bringen (§ 107 BGB), zum anderen darf er frei über sein Taschengeld verfügen (§ 110 BGB, Taschengeldparagraf). Allerdings darf er keine Ratengeschäfte abschließen, denn damit würde er über Taschengeld verfügen, welches er noch überhaupt nicht erhalten hat. Außerdem darf er Rechtsgeschäfte abschließen, wenn dies im Rahmen eines Arbeitsvertrages geschieht (§ 113 BGB). Arbeiten Sie beispielsweise in den Ferien als Aushilfe und verkaufen während ihrer Arbeitszeit eine Zeitung, ist dies rechtlich erlaubt. Gleiches gilt, wenn Sie bereits selbstständig ein Unternehmen leiten, z. B. weil Sie das Unternehmen Ihrer Eltern bereits mit 17 Jahren übernehmen (§ 112 BGB). Personen, die das achtzehnte Lebensjahr vollendet haben, gelten als unbeschränkt geschäftsfähig. Ihre Willenserklärungen sind voll rechtswirksam, d. h. gültig. Somit tragen Sie für alle von ihnen abgeschlossenen Rechtsgeschäfte die volle und alleinige Verantwortung. (vgl. BGB, 2002)

Verträge rechtsgültig abschließen

Rechtsgeschäft und Willenserklärung

Die Geschäftsfähigkeit definiert, ab welchem Lebensalter natürliche Personen rechtlich wirksam handeln, d. h. gültige Rechtsgeschäfte abschließen dürfen. Rechtsgeschäfte sind Geschäfte, wie z. B. der Abschluss eines Vertrages, aus denen sich Rechtsfolgen ergeben, d. h., für die Beteiligten entstehen Rechte und Pflichten (vgl. Palandt, 2014). Konkrete Rechtsfolgen ergeben sich aus mindestens einer abgegebenen Willenserklärung. Dies bedeutet, mindestens eine Person muss den Willen dazu haben, einen Vertrag abzuschließen, und diesen einer anderen Person mitteilen. Mit Bekanntgabe ihres Willens hat sie eine Willenserklärung abgegeben. Stellen Sie sich beispielsweise vor, dass Sie sich in der Mittagspause eine Brezel kaufen möchten. Der Verkäuferin gegenüber äußern Sie diesen Wunsch und geben somit eine Willenserklärung ab. Willenserklärungen können Sie aber nicht nur mündlich abgeben, sondern auch schriftlich, durch Schweigen oder indem Sie „konkludent", d. h. „schlüssig" handeln. „Schlüssig" handeln können Sie beispielsweise, indem Sie Geld in einen Getränkeautomaten werfen. Für die Gültigkeit der abgegebenen Willenserklärung ist es unerheblich, auf welche Art und Weise sie abgegeben wurde, sodass „Formfreiheit" besteht.

Aufgrund der Formfreiheit reicht es aus, wenn sich die Beteiligten mündlich einigen, sich die Hände schütteln oder aber einen schriftlichen Vertrag aufsetzen. Aus Beweisgründen werden die meisten Rechtsgeschäfte schriftlich abgeschlossen. Nur bei besonders wichtigen Rechtsgeschäften schreibt der Gesetzgeber vor, dass eine bestimmte Form einzuhalten ist, es herrscht „Formzwang". Solche Formvorschriften dienen dazu, die Beteiligten zu schützen und ihnen deutlich zu machen, wie wichtig die Abgabe ihrer Willenserklärung ist. Zu unterscheiden sind die:

- Schriftform, d. h., alle Beteiligten müssen den Vertrag eigenhändig unterzeichnen. Erst durch die persönliche Unterschrift wird der Vertrag gültig. (Ausbildungsvertrag)
- Öffentliche Beglaubigung, d. h., ein Notar oder eine Behörde bezeugt, dass die Unterschrift auf einem Vertrag tatsächlich „echt" ist. (Zeugnisbestätigung im Schulsekretariat)
- Notarielle Beurkundung, d. h., ein Notar bestätigt nicht nur, dass die Unterschrift unter dem Vertrag „echt" ist, sondern auch, dass die Vertragspartner den Inhalt des Vertrages verstanden haben und somit ihre Willenserklärung dem Inhalt des Vertrages entspricht. (Haus- oder Grundstückskauf)

Zustandekommen von Verträgen

Die meisten Verträge sind zweiseitige Verträge die durch zwei übereinstimmende Willenserklärungen zustande kommen. Wer einen Antrag unterbreitet, ist an diesen gebunden (§ 145 BGB). Ein Antrag kann alternativ auch als Angebot bezeichnet werden. Auf einen Antrag bzw. ein Angebot reagiert der Vertragspartner in der Regel, indem er seine Zustimmung, d. h. eine Annahme formuliert. Die zweite Willenserklärung heißt somit Annahme. Mit ihrer Formulierung kommt ein rechtsgültiger Vertrag zustande, da auf den Antrag die Annahme erfolgt ist und somit zwei übereinstimmende Willenserklärungen abgegeben wurden. Ein Antrag bzw. ein Angebot ist jedoch nicht unbefristet gültig, sondern nur solange, wie unter verkehrsüblichen Umständen mit einer Antwort, d. h. einer Annahme zu rechnen ist (§ 147 Absatz 2 BGB – vgl. zudem Abschnitt „Angebot und seine Gültigkeit"). Wurde ein Antrag bzw. ein Angebot befristet abgegeben, ist die Annahme nur innerhalb dieser Zeit möglich.

Rechte und Pflichten aus einem Vertrag

Gibt nur eine Person eine Willenserklärung ab, liegt ein einseitiges Rechtsgeschäft vor. Auch dieses ist gültig, z. B. reicht es bei einer Kündigung vollkommen aus, wenn der Arbeitgeber oder Auszubildende kündigt und dadurch seinen Willen erklärt. Bereits durch diese eine Willenserklärung ist ein gültiges Rechtsgeschäft geschlossen worden. Voraussetzung ist lediglich, dass der Empfänger die Möglichkeit hat, von dieser Willenserklärung zu erfahren, d. h., die Willenserklärung muss in den Herrschaftsbereich des Empfängers gelangen bzw. ihm zugegangen sein (§ 130 BGB). Reicht das Zustellen der Willenserklärung aus, liegt ein empfangsbedürftiges Rechtsgeschäft vor. Beispielsweise muss der Arbeitgeber bei Kündigung eines Auszubildenden dafür sorgen, dass diese in den Herrschaftsbereich des Auszubildenden gelangt, z. B. in seinen Briefkasten eingeworfen wird. Möchte er ganz sicher sein, dass sie in den Empfangsbereich gelangt ist, versendet er die Kündigung als Einschreiben mit Rückschein. Wird eine Willenserklärung bereits alleine dadurch gültig, dass sie formuliert bzw. abgegeben wird, handelt es sich um ein nicht empfangsbedürftiges Rechtsgeschäft. Wie bei einem Testament wird dieses gültig, ohne dass weitere Vertragspartner einverstanden sein müssen.

In den meisten Fällen sind mindestens zwei Personen am Abschluss eines Rechtsgeschäftes beteiligt. Bei diesen sogenannten mehrseitigen Rechtsgeschäften ist es notwendig, dass sich die beiden Vertragspartner einig sind, denn aus dem geschlossenen Vertrag entstehen unterschiedliche Rechte und Pflichten. Bei Verträgen, die lediglich einem Vertragspartner Pflichten auferlegen, handelt es sich um einseitig verpflichtende Verträge. Beispielsweise resultiert aus einer Schenkung für den Schenkenden die Pflicht, dass er das Eigentum an dem zu schenkenden Gegenstand auf den Beschenkten überträgt, ohne dafür eine Gegenleistung zu verlangen (§ 516 Absatz 1 BGB). Durch den Abschluss einer Bürgschaft übernimmt der Bürge die Pflicht, einem Dritten gegenüber zu leisten, z. B. in Höhe eines geschuldeten Kredites, wenn der ursprüngliche Vertragspartner, in diesem Fall der Kreditnehmer nicht zahlen kann (§ 765 Absatz 1 BGB).

Mehrseitig verpflichtende Rechtsgeschäfte kommen häufiger vor und bringen für alle Vertragspartner sowohl Rechte als auch Pflichten mit sich. Bei solchen gegenseitigen Verträgen bewirkt gerade die Leistung eines Vertragspartners, dass sich auch der andere Vertragspartner zu einer Leistung verpflichtet. Der Vertrag besteht somit aus zwei Teilen, dem Verpflichtungs- und dem Erfüllungsgeschäft. Das Verpflichtungsgeschäft ist die Grundlage des abgeschlossenen Vertrages, denn beide Vertragspartner verpflichten sich dazu, dem anderen eine Leistung zu erbringen.

Am Beispiel des Kaufvertrages verpflichtet sich der Verkäufer beispielsweise dazu, den Kaufgegenstand zur rechten Zeit, am rechten Ort, mangelfrei zu übergeben und den vereinbarten Kaufpreis anzunehmen. Der Käufer verpflichtet sich zur rechtzeitigen Zahlung und zur Abnahme des Kaufgegenstandes. Dieser Teil der Vertragsumsetzung ist das Verpflichtungsgeschäft. Kommen die beiden Partner ihren Pflichten nach, d. h., erfüllen sie ihre Pflicht, wird das Erfüllungsgeschäft vollzogen. Das Verpflichtungs- und Erfüllungsgeschäft sind voneinander unabhängige Rechtsgeschäfte, welche es ermöglichen, dass die Pflicht und die Erfüllung dieser Pflicht zeitlich voneinander abweichen können. Das heißt, dass das Verpflichtungs- und Erfüllungsgeschäft zwar unmittelbar aufeinander folgen können (z. B. beim Warenkauf in Geschäften), es jedoch auch möglich ist, dass erhebliche Zeiträume zwischen Verpflichtung und Erfüllung liegen (z. B. beim Kauf eines PKW mit einjähriger Lieferzeit).

Vertragsarten und ihre Bestandteile

Wenngleich Kaufverträge im Wirtschaftsleben eine wichtige Rolle spielen, so existieren weitere Vertragsarten, die durch das BGB geregelt werden. Sie alle bestehen aus unterschiedlichen Vertragspartnern, die aufgrund des Vertragsgegenstandes für die Beteiligten abweichende Rechte und Pflichten vorgeben:

Bei Abschluss eines Mietvertrages einigen sich Mieter und Vermieter darüber, dass der Vermieter eine Sache zur Nutzung bereitstellt. Der Vertrag hält fest, in welchem Zustand sich die Sache, z. B. eine Wohnung oder ein Auto, befindet. Der Vermieter hat darauf zu achten, dass sich dieser Zustand während der Mietzeit nicht verschlechtert, während der Mieter für dieses Zurverfügungstellen Geld zahlt und genau diese Sache nach Ablauf einer bestimmten Zeit wieder zurückgibt (§ 535 BGB).

Im Rahmen eines Werkvertrages wird ein Unternehmer durch einen Besteller dazu verpflichtet, ein bestimmtes Werk anzufertigen, welches er nach Herstellung vergütet bzw. bezahlt. Während sich der Unternehmer somit dazu verpflichtet, einen bestimmen Arbeitserfolg zu erbringen, z. B. fertigt ein Schreiner ein Bücherregal für ein Einfamilienhaus und baut es dort auf. So verpflichtet sich der Besteller dazu die Arbeitsleistung in Empfang zu nehmen und den Unternehmer für seine Leistung zu bezahlen (Werklohn), woraufhin der Unternehmer zur Annahme der Zahlung verpflichtet ist.

Bei einem Dienstvertrag, z. B. einem Arbeitsvertrag, verpflichtet sich ein Vertragspartner (z. B. Arbeitnehmer) zur Leistung der vereinbarten Dienste, der andere (z. B. Arbeitgeber) zur Gewährung der vereinbarten Vergütung. (§ 611 Absatz 1 BGB).

Bei einem Kaufvertrag einigen sich Käufer und Verkäufer über die Eigentumsübertragung einer Sache. Dabei bestehen die Pflichten des Verkäufers darin, die verkaufte Ware zu übergeben, das Eigentum an der Ware zu verschaffen und den vereinbarten Kaufpreis anzunehmen. Er muss die Ware zur rechten Zeit, am rechten Ort und frei von Mängeln übergeben. Die Pflichten des Verkäufers entsprechen den Rechten des Käufers und umgekehrt. Aus diesem Grund bestehen die Pflichten des Käufers darin, den vereinbarten Kaufpreis rechtzeitig zu zahlen und die gekaufte Ware anzunehmen.

Vertragspartner

Schließen natürliche Personen Verträge ab, die ausschließlich privaten Zwecken dienen, wie z. B. der Kauf eines Kaffeevollautomaten für die eigene Küche, werden Sie als Verbraucher bezeichnet (§ 13 BGB). Werden Verträge dagegen für gewerbliche oder beruflich selbstständige Zwecke geschlossen, handelt es sich um ein Rechtsgeschäft mit einem Unternehmer (§ 14 Absatz 1BGB). Beispielsweise kauft ein Rechtsanwalt einen Kaffeevollautomaten für sein Büro, um seinen Mandanten frischen Kaffee anbieten zu können.

Beim Abschluss von Kaufverträgen entscheidet zum einen die rechtliche Stellung der Vertragspartner, d. h. Verbraucher oder Unternehmer, zum anderen der Zweck des Kaufvertrages darüber, welche Art des Kaufvertrages vorliegt: Schließen zwei Verbraucher einen Kaufvertrag miteinander, liegt ein Bürgerlicher Kauf, der auch Privatkauf heißt, vor, beispielsweise kaufen Sie als Verbraucher das Auto ihres Patenonkels. Sind sowohl Käufer als auch Verkäufer Unternehmer, handelt es sich um einen zweiseitigen Handelskauf. Dieser liegt z. B. vor, wenn eine Spedition einen LKW für ihren täglichen Warentransport beim Autohändler in Trier kauft. Ist lediglich der Verkäufer Unternehmer und der Käufer Verbraucher schließen die beiden einen Verbrauchsgüterkauf bzw. einen einseitigen Handelskauf miteinander. Dies ist der Fall, wenn Sie sich ein neues Auto beim Autohändler kaufen. Kauft ein Unternehmer bei einem Verbraucher liegt ein sonstiger einseitiger Handelskauf vor.

Anfechtbarkeit und Nichtigkeit

Sicherlich kennen Sie es aus Ihrer Ausbildungszeit bereits, dass im Arbeitsalltag manchmal Fehler unterlaufen.

Selbstverständlich sollten diese vermieden werden, da es dennoch vorkommen kann, hat der Gesetzgeber rechtliche Grundlagen geschaffen, die es dem Benachteiligten des Rechtsgeschäftes ermöglichen, sich zur Wehr zu setzen, sodass er den Fehler seines Vertragspartners nicht dulden bzw. tragen muss. Auch für die Eventualität, dass der Geschäftspartner absichtlich einen Fehler begeht und somit eine Schlechterstellung absichtlich herbeiführt, hat der Gesetzgeber Lösungsmöglichkeiten im BGB fixiert. Ausgehend von den vorliegenden Gründen teilt der Gesetzgeber die Rechtsgeschäfte entweder in die Gruppe ein, bei der eine Anfechtung möglich ist oder er sieht eine Nichtigkeit des Vertrages vor.

Anfechtbarkeit

Rechtsgeschäfte, die anfechtbar sind, weisen die Besonderheit auf, dass sie zunächst rechtsgültig, d. h. voll wirksam zustande gekommen sind. Erst wenn der Anfechtungsberechtigte, d. h. der Vertragspartner, der getäuscht wird, das Rechtsgeschäft anficht, wird es unwirksam. In diesem Fall wird das vorliegende Rechtsgeschäft von Anfang an nichtig, d. h. ungültig. Es ist dann so, als wäre dieser Vertrag nie geschlossen worden. Bemerkt der Vertragspartner den Fehler nicht und erfolgt dadurch keine Anfechtung, dann bleibt das Rechtsgeschäft bestehen und wird abgewickelt. Die Möglichkeit der Anfechtung ist zeitlich begrenzt möglich und besteht nicht bei allen Rechtsgeschäften, die abgeschlossen werden, sondern beim Vorliegen der nachstehenden Gründe:

Verschiedene Arten von Irrtümern machen es notwendig, dass Rechtsgeschäfte und daran geknüpfte Verpflichtungen ungültig werden können. Ein Irrtum in der Erklärung (§ 119 Absatz 1 BGB – Erklärungsirrtum) liegt beispielsweise vor, wenn der vereinbarte Preis nicht eingehalten wird. Beispielsweise wurde zwischen Käufer und Verkäufer ein Preis in Höhe von 12,00 Euro vereinbart. Durch Verschreiben oder Versprechen bestätigt der Verkäufer jedoch einen Preis von 120,00 Euro (May, 2009, S. 48).

Denkbar ist auch, dass die Person oder Einrichtung, die damit beauftragt ist, eine bestimmte Information, wie den Preis zu übermitteln, ein Fehler unterläuft (§ 120 BGB - Übermittlungsirrtum). So fragt ein Käufer z. B. telefonisch bei seinem Anbieter den Preis für Kopierpapier nach und versteht 0,99 Euro pro Packung. Dies ist allerdings falsch, da der korrekte Preis 1,99 Euro lautet.

Anfechtbar sind Rechtsgeschäfte auch, bei welchen ein Irrtum in einer wesentlichen Eigenschaft einer Person oder Sache vorliegt (§ 119 Absatz 2 BGB – Inhaltsirrtum). Dieser Anfechtungsgrund liegt z. B. vor, wenn ein Maler- und Lackiererbetrieb einen neuen Mitarbeiter einstellt, und nachträglich stellt sich heraus, dass er farbenblind ist (Irrtum in der Eigenschaft einer Person). Möglich ist es auch, dass ein Bekleidungsgeschäft wasserdichte Sportkleidung verkauft, die jedoch beim kleinsten Regen vollständig durchnässt (Irrtum in der Eigenschaft einer Sache).

Anfechtungen aufgrund eines vorliegenden Irrtums, gleich ob Erklärungs-, Übermittlungs- oder Inhaltsirrtum, müssen unmittelbar dann erfolgen, wenn der Irrtum festgestellt wurde. Der Vertragspartner darf die Anfechtung nicht schuldhaft hinauszögern, hat jedoch längstens zehn Jahre Zeit, bis er die Anfechtung mitteilt (§ 121 BGB).

Liegt ein Irrtum bei einem Vertragspartner vor, weil er sich im Beweggrund irrt (Motiv-Irrtum) oder weil er nachlässig handelt (schuldhafte Unkenntnis) liegt kein Anfechtungsgrund vor, und das Rechtsgeschäft ist und bleibt gültig. Der sich irrende Vertragspartner trägt die Konsequenzen aus seinem Handeln bzw. Vertragsabschluss. Solche Fälle liegen beispielsweise vor, wenn ein Bankkunde Aktien kauft, da er persönlich der Ansicht ist, dass der Kurs steigt (Motiv-Irrtum). Leichtsinnig handelt ein Kunde, der eine Versicherung abschließt ohne die Allgemeinen Geschäftsbedingungen zu lesen und nachträglich feststellt, dass einige Schadensfälle ausgeschlossen sind, die ihm wichtig waren (schuldhafte Unkenntnis, vgl. May, Herrmann, 2009, S. 48).

Ein Rechtsgeschäft ist ebenfalls anfechtbar, wenn ein Vertragspartner bedroht oder arglistig getäuscht wird (§ 123 BGB). Widerrechtliche Bedrohung liegt z. B. vor, wenn eine alte Dame zum Abschluss eines einjährigen Zeitschriftenabonnements gezwungen wird. Ein Autohändler täuscht arglistig, wenn er ein Auto als unfallfrei verkauft und darüber informiert ist, dass es bereits einen Auffahrunfall hatte.

Rechtsgeschäfte, die durch widerrechtliche Drohung abgeschlossen wurden oder bei denen arglistig getäuscht wurde, sind innerhalb eines Jahres anzufechten. Die Anfechtungsfrist beginnt zu dem Zeitpunkt, an dem die Bedrohung durch den Vertragspartner endet bzw. bei arglistiger Täuschung sobald die Täuschung entdeckt wird. In beiden Fällen hat der Vertragspartner längstens zehn Jahre Zeit, bis die Anfechtung erfolgt sein muss (§ 124 BGB). Ist die Anfechtungsfrist abgelaufen, wird das Rechtsgeschäft endgültig wirksam. Ob ein Vertragspartner ein Rechtsgeschäft, auch bei vorliegendem Fehler anficht, ist seine alleinige Entscheidung. Verzichtet er auf die Anfechtung bleibt das Rechtsgeschäft gültig. Entscheidet er sich für eine Anfechtung, so kann diese formlos erfolgen, wenngleich die Schriftform aus Beweisgründen sinnvoll ist. Die Anfechtung muss dem Vertragspartner mitgeteilt werden (§ 143 Absatz 1 BGB), wobei erkennbar sein muss, dass der Anfechtende das Rechtsgeschäft als ungültig erklären möchte.

Bei vorliegender Anfechtung wird die abgegebene Willenserklärung eines Vertragspartners nachträglich ungültig und das gesamte Rechtsgeschäft dadurch nachträglich unwirksam (§ 142 Absatz 1 BGB). Das Rechtsgeschäft wird dadurch so behandelt, als wäre es nicht zustande gekommen, alle Vertragspartner müssen aufgrund dessen alle bereits empfangenen Leistungen zurückgeben.

Nichtigkeit

Nach der deutschen Rechtsordnung gibt es Rechtsgeschäfte, die im Gegensatz zu anfechtbaren Rechtsgeschäften nicht nachträglich unwirksam werden, sondern bereits in dem Moment ungültig, d. h. nichtig sind, wenn sich die Vertragspartner geeinigt haben. Die abgegebenen Willenserklärungen der Vertragspartner erfüllen nicht die Anforderungen, die das BGB vorschreibt und haben aus diesem Grund keine Rechtsfolge. Das Rechtsgeschäft ist in diesem Fall so zu behandeln, als wäre es nie abgeschlossen worden. (Wagner, Eberhard, 1994, S. 188). Die Nichtigkeit eines Rechtsgeschäftes kann nachstehende Gründe haben:

Ein Vertragspartner ist geschäftsunfähig, z. B. eine natürliche Person, die das siebte Lebensjahr noch nicht vollendet hat, schließt einen Vertrag ab. Denkbar ist dies, wenn ein sechsjähriger Junge in einem Geschäft eine Tafel Schokolade kauft. Die Erziehungsberechtigen haben das Recht das gezahlte Geld zurückzuverlangen, da der Kaufvertrag von Anfang an unwirksam ist. Die Nichtigkeit dient hier dem Schutz des Geschäftsunfähigen. (§ 105 Absatz 1 BGB – Willenserklärung von Geschäftsunfähigen)

Auszüge aus dem Bürgerlichen Gesetzbuh (BGB)

§ 105 Nichtigkeit der Willenserklärung

(1) Die Willenserklärung eines Geschäftsunfähigen ist nichtig.

(2) Nichtig ist auch eine Willenserklärung, die im Zustand der Bewusstlosigkeit oder vorübergehender Störung der Geistestätigkeit abgegeben wird.

§ 108 Vertragsschluss ohne Einwilligung

(1) Schließt der Minderjährige einen Vertrag ohne die erforderliche Einwilligung des gesetzlichen Vertreters, so hängt die Wirksamkeit des Vertrags von der Genehmigung des Vertreters ab.

(2) Fordert der andere Teil den Vertreter zur Erklärung über die Genehmigung auf, so kann die Erklärung nur ihm gegenüber erfolgen; eine vor der Aufforderung dem Minderjährigen gegenüber erklärte Genehmigung oder Verweigerung der Genehmigung wird unwirksam. Die Genehmigung kann nur bis zum Ablauf von zwei Wochen nach dem Empfang der Aufforderung erklärt werden; wird sie nicht erklärt, so gilt sie als verweigert.

(3) Ist der Minderjährige unbeschränkt geschäftsfähig geworden, so tritt seine Genehmigung an die Stelle der Genehmigung des Vertreters.

§ 117 Scheingeschäft

(1) Wird eine Willenserklärung, die einem anderen gegenüber abzugeben ist, mit dessen Einverständnis nur zum Schein abgegeben, so ist sie nichtig.

(2) Wird durch ein Scheingeschäft ein anderes Rechtsgeschäft verdeckt, so finden die für das verdeckte Rechtsgeschäft geltenden Vorschriften Anwendung.

§ 118 Mangel der Ernstlichkeit

Eine nicht ernstlich gemeinte Willenserklärung, die in der Erwartung abgegeben wird, der Mangel der Ernstlichkeit werde nicht verkannt werden, ist nichtig.

§ 125 Nichtigkeit wegen Formmangels

Ein Rechtsgeschäft, welches der durch Gesetz vorgeschriebenen Form ermangelt, ist nichtig. Der Mangel der durch Rechtsgeschäft bestimmten Form hat im Zweifel gleichfalls Nichtigkeit zur Folge.

§ 134 Gesetzliches Verbot

Ein Rechtsgeschäft, das gegen ein gesetzliches Verbot verstößt, ist nichtig, wenn sich nicht aus dem Gesetz ein anderes ergibt.

§ 138 Sittenwidriges Rechtsgeschäft; Wucher

(1) Ein Rechtsgeschäft, das gegen die guten Sitten verstößt, ist nichtig.

(2) Nichtig ist insbesondere ein Rechtsgeschäft, durch das jemand unter Ausbeutung der Zwangslage, der Unerfahrenheit, des Mangels an Urteilsvermögen oder der erheblichen Willensschwäche eines anderen sich oder einem Dritten für eine Leistung Vermögensvorteile versprechen oder gewähren lässt, die in einem auffälligen Missverhältnis zu der Leistung stehen.

Als schützenswert sieht das Gesetz ebenfalls Menschen an, die bewusstlos sind oder unter einer vorübergehenden Störung der Geistestätigkeit leiden, sodass auch die in diesem Zustand abgegebenen Willenserklärungen ungültig sind (und somit das gesamte Rechtsgeschäft), d. h. für den schützenswerten Menschen keine rechtlichen Konsequenzen nach sich ziehen. (§ 105 Absatz 2 BGB – Willenserklärung im Zustand der Bewusstlosigkeit bzw. vorübergehende Störung der Geistestätigkeit)

Gibt ein beschränkt Geschäftsfähiger eine Willenserklärung ab, die vom Vertragspartner als Antrag akzeptiert wird, d. h. er nimmt an, kommt ein Rechtsgeschäft zustande, welches zunächst schwebend unwirksam ist. Das endgültige Zustandekommen, d. h. die Gültigkeit des Vertrages, ist abhängig von der Genehmigung (nachträglichen Zustimmung) der Erziehungsberechtigten. Erklären sich diese mit dem Rechtsgeschäft einverstanden, erfolgt eine nachträgliche Heilung, sind sie nicht einverstanden, wird das Rechtsgeschäft mit sofortiger Wirkung nichtig. (§ 108 Absatz 1 BGB – Willenserklärung von beschränkt Geschäftsfähigen)

Formuliert ein Vertragspartner nur zum Schein eine Willenserklärung, so ist sie rechtlich nicht bindend. Ein Vertrag und damit eine rechtliche Folge sind damit nicht verbunden. Beispielsweise verkauft Herr V Frau K ein Grundstück. Das Grundstück kostet 50.000,00 Euro. Herr V und Frau K vereinbaren, dass sie übereinstimmend im Kaufvertrag sowie beim Notar angeben, das Grundstück würde nur 10.000,00 Euro kosten. Dadurch möchten die beiden Steuern und Gebühren sparen. In diesem Fall ist kein gültiger Kaufvertrag zustande gekommen. (§ 117 BGB - Scheingeschäft)

Ein Scherzgeschäft liegt vor, wenn eine Person eine für Außenstehende offensichtlich nicht ernst gemeinte Willenserklärung abgibt. Nachstehend ein Beispiel: Herr Fleißig kommt diesen Monat bereits zum zweiten Mal zu spät zur Arbeit. Vollkommen aufgebracht berichtet er, dass sein teures Auto, mit gerade 25.000 km Laufleistung, Lederausstattung, Panoramaschiebedach usw. wieder stehen geblieben ist. Wütend wie er ist, sagt er: „Wenn das noch einmal passiert, verkaufe ich dir die Karre für 1,00 €!". Der Arbeitskollege von Herrn Fleißig freut sich, denn am nächsten Tag bleibt das Auto wieder liegen. (§ 118 BGB - Scherzgeschäft)

In Ausnahmefällen legt der Gesetzgeber eine bestimmte Form für den Abschluss eines Vertrages fest (Formzwang), z. B. muss ein Verbraucherdarlehen immer schriftlich gewährt werden (§ 492 Absatz 1 BGB), denn nur so können alle notwendigen Vertragsbestandteile nachvollziehbar festgehalten werden. Wird ein solcher Darlehensvertrag nur mündlich geschlossen, ist er nichtig. (§ 125 BGB – Verstoß gegen Formvorschrift)

Verstößt ein Vertrag gegen zwingende Bestimmungen der deutschen Rechtsordnung, d. h. liegt ein Verstoß gegen ein gesetzliches Verbot vor, ist der Vertrag nichtig. Dazu reicht es aus, dass einzelne Vertragsabschnitte gegen geltendes Recht verstoßen, um den gesamten Vertrag als nichtig einzuordnen. Beispielsweise hat ein 15-Jähriger am Wochenende das Ziel, sich zu betrinken. Zu diesem Zweck kauft er sich im Supermarkt eine Flasche hochprozentigen Schnaps. Die unaufmerksame Kassiererin hat besonders viel zu tun und versäumt es, ihn nach seinem Alter und Ausweis zu fragen. Sie verkauft ihm die Flasche Schnaps. (§ 134 BGB - Verstoß gegen gesetzliches Verbot)

Ein sittenwidriges Geschäft gilt ebenso als nichtig wie ein wucherisches Geschäft. Während das sittenwidrige Geschäft gegen die „guten Sitten" verstößt, d. h. gegen das Gerechtigkeits- und Anstandsgefühl verstößt, beutet das Wuchergeschäft mindestens einen Vertragspartner unangemessen aus. Gegen die guten Sitten verstößt beispielsweise Herr Pohl, der in einer örtlichen Partei sehr engagiert ist und gerne gewählt werden möchte. Damit Herr Winter ihm seine Stimme gibt, bietet er ihm 500,00 Euro. Wucher dagegen ist es, wenn ein Darlehensgeber von jemandem, der dringend Geld benötigt, einen Zinssatz von 50 Prozent verlangt. (§ 138 BGB – Sittenwidrigkeit, Wucher)

Die Schlechtleistung als Kaufvertragsstörung

Mängelarten der Schlechtleistung

Ein Kaufvertrag verpflichtet den Verkäufer, das vereinbarte Gut frei von jeglichen Mängeln, also Sach- und Rechtsmängeln, zu liefern. Ein Sachmangel in der Lieferung (Schlechtleistung) des Verkäufers liegt vor, wenn er Ware liefert, die nicht der im Vertrag vereinbarten Art und Güte entspricht. Zu unterscheiden sind hierbei Mängel wie die Falschlieferung (falsche Farbe, mindere Qualität, ...), fehlerhafte Ware (Ware ist beschädigt oder defekt), Zuweniglieferung (gekaufte und gelieferte Menge stimmen nicht überein), falsche Werbeaussage (der Ware fehlt eine zugesicherte Eigenschaft), Montagemangel (gekaufte Ware wurde vom Verkäufer falsch zusammengebaut), falsche Montageanleitung, sogenannte „IKEA-Klausel" (aufgrund der falschen Beschreibung kann der Kunde die Ware nicht richtig zusammenbauen).

Schließlich kann noch ein Rechtsmangel vorliegen, wenn der Verkäufer nicht Eigentümer der verkauften Ware ist. Die Gewährleistung legt die Rechte fest, die dem Käufer bei einer vorliegenden Schlechtleistung zustehen, gibt jedoch auch die einzuhaltenden Pflichten vor.

Rechte und Pflichten aus einer Schlechtleistung

Bei einer mangelhaften Warenlieferung hat der Käufer zunächst das Recht, vom Verkäufer eine Nacherfüllung zu verlangen, z. B. eine Reparatur bzw. eine Ersatzlieferung bei beschädigter Ware oder eine Nachlieferung, falls zu wenig geliefert wurde. Eine Reparatur bzw. Ersatzlieferung darf der Verkäufer ablehnen, wenn für ihn damit unverhältnismäßig hohe Kosten verbunden sind. In den meisten Fällen versucht der Verkäufer, den Mangel durch eine Reparatur zu beheben, bevor er neue Ware liefert. Dies darf er zwei Mal.

Falls dem Käufer ein Schaden entstanden ist, kann der Käufer neben der bisher schon vereinbarten Leistung Schadenersatz verlangen. Voraussetzung dafür ist, dass der Verkäufer die Schuld an diesem Schaden trägt. Vorstellbar ist beispielsweise, dass der Käufer die fehlende Ware bei einem anderen Anbieter gekauft hat und diese teurer war. Den so bezahlten Mehrpreis wird der Käufer vom Verkäufer einfordern. Die bislang beschriebenen Rechte sind die sogenannten vorrangigen Rechte, d. h., diese Rechte muss der Käufer an erster Stelle geltend machen.

Weitere Rechte kann er im Rahmen der nachrangigen Rechte geltend machen. Diese heißen so, da sie zunächst hinter den vorrangigen Rechten zurückstehen. Liegen geringfügige Mängel vor, kann der Käufer eine Minderung verlangen, d. h. eine Reduzierung des Kaufpreises. Ist ihm zudem ein Schaden entstanden, kann er neben der vereinbarten Warenlieferung eine Erstattung dieser Aufwendungen vom Verkäufer verlangen (Schadenersatz neben der Leistung).

Sind die Mängel nicht geringfügig, hat der Käufer zur Geltendmachung der weiteren nachrangigen Rechte bestimmte Pflichten zu erfüllen. So muss er dem Verkäufer eine Nachfrist setzen und eine Frist mitteilen, innerhalb derer dieser die Gelegenheit hat, die Mängel auszugleichen. Reagiert der Verkäufer in dieser Zeit nicht, d. h., ist die Nachfrist erfolglos verstrichen, hat der Käufer die weiteren nachstehenden Rechte:

Der Verkäufer kann vom Vertrag zurücktreten, d. h., er verlangt die Wandelung des Vertrages, womit dieser als niemals geschlossen gilt. Trägt der Verkäufer die Schuld am Mangel, kann der Käufer zur Wandelung zusätzlich entweder Schadenersatz statt der Leistung oder den Ersatz vergeblicher Aufwendungen verlangen. Schadenersatz statt der Leistung bedeutet, dass der Käufer auf die Warenlieferung verzichtet und stattdessen vom Verkäufer verlangt, dass dieser ihm alle Kosten erstattet, die ihm aufgrund der mangelhaften Warenlieferung entstanden sind. Alternativ zum Schadenersatz statt der Leistung kann der Käufer den Ersatz vergeblicher Aufwendungen verlangen. Dies ist möglich für Aufwendungen die dem Käufer dafür entstanden sind, dass er von einer mangelfreien Warenlieferung ausgegangen ist (§ 284 BGB). Musste der Verkäufer beispielsweise ein Darlehen aufnehmen, um die gekaufte Ware bezahlen zu können, ist er für eine bestimmte Laufzeit, zu einem bestimmten Effektivzins an die Rückzahlung gebunden. Es entstehen ihm folglich Kosten, auch ohne Warenlieferung, die er sonst nicht aufbringen müsste. Diese vergeblichen Aufwendungen soll nun der Verkäufer ersetzen. Letztlich hat der Käufer noch die Möglichkeit, eine Minderung zu verlangen und gleichzeitig Schadenersatz neben der Leistung zu fordern.

Einen vorliegenden Mangel festzustellen, ist die Aufgabe des Käufers, indem er die Ware unverzüglich, d. h. nach Eingang der Lieferung prüft. Dies ist besonders leicht bei Mängeln, die deutlich sichtbar sind (offene Mängel), wie Kratzer an der Ware oder eine zu geringe Menge. Bei Mängeln, die nicht sofort sichtbar sind (versteckte Mängel), bleibt dafür zwei Jahre Zeit. Verschweigt der Verkäufer einen Mangel arglistig, verkauft er beispielsweise einen gebrauchten PKW als unfallfrei, hat der Käufer drei Jahre Zeit, seine Ansprüche geltend zu machen, d. h. zu rügen. (vgl. May & May, 2009)

Die Nicht-Rechtzeitig-Lieferung als Kaufvertragsstörung

Voraussetzungen einer Nicht-Rechtzeitig-Lieferung

Neben der Schlechtleistung hat der Verkäufer auch die Möglichkeit zu spät, d. h. nicht rechtzeitig oder überhaupt nicht zu liefern. Diese Art des Mangels wird als Nicht-Rechtzeitig-Lieferung bzw. Lieferungsverzug bezeichnet.

Der Verkäufer befindet sich lediglich dann in Lieferungsverzug, wenn drei Voraussetzungen gegeben sind:

1. Die Lieferung muss fällig sein.
2. Der Käufer muss die ausgebliebene Lieferung angemahnt haben. Dabei gilt keine Formvorschrift.
3. Den Lieferer muss ein Verschulden treffen (Vorsatz oder Fahrlässigkeit).

Ein Verschulden des Lieferers liegt nicht vor, wenn die Ware wegen höherer Gewalt (Katastrophen, Unwetter, Streiks u. a.) zu spät eintrifft.

Rechte und Pflichten aus einer Nicht-Rechtzeitig-Lieferung

Hält ein Verkäufer die vereinbarte Lieferzeit nicht ein bzw. den vereinbarten Liefertermin (Fixkauf), hat der Käufer das Recht, auf die Lieferung zu bestehen. Ausschlaggebende Gründe für diese Reaktion des Käufers können sowohl sein, dass er die Ware auch bei einem anderen Lieferanten nicht mehr rechtzeitig erhält, als auch, dass die Warenpreise im Allgemeinen angestiegen sind. Zur verlangten Lieferung kann der Käufer Schadenersatz wegen Verzögerung der Lieferung verlangen, d. h., es liegt ein Verzögerungsschaden vor (§ 280 Absatz 2 und § 286 BGB). Beispielsweise hat eine Möbelfertigung eine neue Maschine zum Holzzuschnitt gekauft. Diese wird dringend für bereits „auf dem Papier" verkaufte Schreibtische benötigt. Die Nicht-Rechtzeitig-Lieferung führt dazu, dass mit der Produktion nicht begonnen werden kann und die Schreibtische nicht wie vereinbart verkauft werden können, d. h., der Unternehmung entgeht Gewinn. Zudem war zum vereinbarten Liefertermin ein Montageunternehmen mit dem Aufbau beauftragt, welches trotzdem in vereinbarter Höhe entlohnt werden möchte, d. h., dem Unternehmen entsteht ein Schaden in Höhe der berechneten Montagekosten. Sowohl für den entgangenen Gewinn als auch für den Ersatz des entstandenen Schadens hat der Verkäufer aufzukommen.

Bei der Berechnung des Schadenersatzes besteht die Möglichkeit, eine exakte Berechnung vorzunehmen, die die Differenz zwischen dem ursprünglich gezahlten Preis und dem tatsächlichen Preis ermittelt. Hinzu kommen sonstige Kosten, die aufgrund der Nicht-Rechtzeitig-Lieferung angefallen sind, wie z. B. Montagekosten. Wird so vorgegangen, liegt eine konkrete Berechnung des Schadenersatzes vor. Eine abstrakte Berechnung des Schadenersatzes umfasst neben dem konkret messbaren Schaden auch den entgangenen Gewinn. Wie hoch dieser Gewinn tatsächlich gewesen wäre, lässt sich meist nicht genau ermitteln, sodass von dem Gewinn ausgegangen wird, der unter normalen Umständen zu erwarten gewesen wäre (§ 252 BGB). Um den beschriebenen Schwierigkeiten der Ermittlung des entgangenen Gewinns zu entgehen, vereinbaren Unternehmen oftmals eine Vertragsstrafe, die sogenannte Konventionalstrafe. Diese legt für den nicht wie vereinbart leistenden Geschäftspartner eine Strafzahlung in vorher vereinbarter Höhe fest.

Bei Nicht-Rechtzeitig-Lieferung hat der Käufer das Recht, die Lieferung abzulehnen, wenn er seine Pflicht eingehalten und dem Verkäufer eine angemessene Nachfrist gesetzt hat, die dieser nicht einhält. Eine Nachfrist ist dabei eine Zeitspanne, die es dem Verkäufer nochmalig ermöglicht, die vereinbarte Leistung zu erbringen. Das Setzen der Nachfrist ist nicht notwendig, wenn ein Fix- bzw. ein Zweckkauf vorliegt oder der Verkäufer endgültig mitgeteilt hat, dass er nicht liefern wird. (§ 323 Absatz 1 und 2 BGB). Nicht auf Lieferung zu bestehen, ist für den Käufer sinnvoll, wenn er die Ware bei einem anderen Verkäufer günstiger beziehen kann. In diesem Fall tritt er vom Vertrag zurück und dieser gilt als nicht abgeschlossen (§ 323 Absatz 1 BGB). Muss der Käufer, beispielsweise um eigene Vertragsverpflichtungen einzuhalten, einen Deckungskauf tätigen, der es ermöglicht, dass er die Ware noch fristgerecht, aber zu einem höheren Preis erhält, dass hat er das Recht, Schadenersatz statt der Leistung zu verlangen (§ 281 BGB). Die beiden Rechte vom Vertrag zurückzutreten und Schadenersatz statt der Leistung zu verlangen können gleichzeitig geltend gemacht werden, falls dem Käufer Kosten entstanden sind, die er bei fristgemäßer Lieferung nicht bezahlt hätte (§ 325 BGB).

Ebenso wie der Verkäufer hat der Käufer verschiedene Möglichkeiten, seinen Pflichten nicht nachzukommen und somit vertragsbrüchig zu werden. Entweder nimmt er die Ware nicht rechtzeitig oder überhaupt nicht an (Annahmeverzug). Dies ist beispielsweise der Fall, wenn er in der Zwischenzeit einen anderen Verkäufer gefunden hat, bei dem er die Ware günstiger beziehen kann. Denkbar ist auch, dass er die Ware nicht rechtzeitig oder gar nicht zahlt (Nicht-Rechtzeitig-Zahlung, Zahlungsverzug). Dies kann vorkommen, wenn der Käufer momentan selbst Zahlungsschwierigkeiten hat, beispielsweise weil seine Kunden ihn nicht bezahlen.

Tätigkeiten bei der Warenannahme

Im Wesentlichen bestehen die Aufgaben des Handels bei der Warenannahme darin, die gelieferte Quantität und Qualität der Ware zu prüfen und dadurch die gelieferte mit der bestellten Ware zu vergleichen. Diese Kontrollen sind notwendig, damit der Käufer bei mangelhafter Warenlieferung nicht sein Recht auf Mängelrüge verliert. Dazu muss er beweisen, dass die vorliegenden Mängel nicht in seinem Unternehmen entstanden sind. Aus diesem Grund muss die Warenkontrolle sofort, d. h. ohne jegliche Verzögerung erfolgen.

Innerhalb Deutschlands werden Waren insbesondere durch die Deutsche Post AG, Paketzustelldienste oder Speditionen zugestellt. Ein Spediteur, d. h. der Eigentümer einer Spedition, hat die Möglichkeit die Ware selbst zu transportieren, d. h. vom Verkäufer zum Käufer zu bringen. In diesem Fall liegt ein Selbsteintritt des Spediteurs nach § 458 HGB vor. Ein Spediteur ist eigenständiger Kaufmann (§ 1 HGB) und übernimmt den Waren- bzw. Gütertransport gewerbsmäßig. In den meisten Fällen tritt er nicht selbst ein, sondern schließt selbst als Absender mit einem anderen Transportunternehmen einen Frachtvertrag. Bei einem Frachtvertrag handelt es sich um einen Werkvertrag, der die Beförderung von Gütern gegen ein Entgelt regelt. Während der Frachtführer, d. h. die

Person, die die Fracht befördert, Anspruch auf Zahlung der Fracht, d. h. des vereinbarten Entgeltes hat, trägt er das Risiko, die Ware zu befördern und somit das Risiko auf Verlust oder Schäden. Der Frachtführer transportiert die Ware zum Käufer und übergibt sie. Als Beweisurkunde für den geschlossenen Frachtvertrag dient der Frachtbrief. Der Käufer erhält bei Ankunft der Ware den Frachtbrief und schuldet ab diesem Zeitpunkt den auf dem Frachtbrief ausgewiesenen Betrag (§ 412 Absatz 2 HGB). Die Güterbeförderung durch die Post stellt keinen Frachtvertrag dar.

Äußere Warenprüfung

Unter Anwesenheit des Frachtführers ist zunächst die äußere Beschaffenheit der Lieferung zu überprüfen. Hierbei werden unverzüglich die der Ware beiliegenden Begleitpapiere, z. B. der Lieferschein, kontrolliert, um festzustellen, ob die Ware überhaupt rechtmäßig geliefert wurde. Im Detail wird geprüft, ob die Anschriften des Absenders und Empfängers richtig sind, d. h. die Ware für den Käufer bestimmt ist und vom Vertragspartner abgesandt wurde. Es ist zu kontrollieren, ob die gelieferte Ware tatsächlich bestellt wurde, sodass Frachtbrief, Lieferschein und Bestellung abzustimmen sind. Dann erfolgt die Mengenerfassung, die abstimmt, ob die auf dem Frachtbrief, dem Lieferschein und der Bestellung genannten mit der tatsächlich gelieferten Anzahl an Packstücken (Collis) und dem ausgewiesenen Gewicht übereinstimmt. Letztlich ist die gelieferte Ware auf Beschädigungen zu prüfen. Denkbar ist, dass die Verpackung beschädigt ist, Flüssigkeit ausläuft usw. Ergeben sich Beanstandungen, füllt der Mitarbeiter unter Anwesenheit des Frachtführers ein Schadensprotokoll (Tatbestandsaufnahme) aus. Die sichtbaren Mängel werden aufgeführt und sowohl Frachtführer als auch Entgegennehmender unterzeichnen das Protokoll. Grundsätzlich sind alle Mängel zu dokumentieren. Bei Ausbleiben der Dokumentation bestätigt der annehmende Mitarbeiter sonst durch seine Unterschrift den ordnungsgemäßen Zustand der Ware, und das Unternehmen verliert seine Ansprüche aus einer mangelhaften Lieferung. Aus diesem Grund ist es sinnvoll, Ware „unter Vorbehalt" anzunehmen, falls Unsicherheiten vorliegen, ob Beschädigungen, z. B. eine Delle im Karton usw., vorliegen. Welche Unsicherheit besteht, ist schriftlich festzuhalten. Bei schwerwiegenden Mängeln ist die Annahme der Ware zu verweigern, auch dies ist einschließlich der Gründe auf dem Frachtbrief zu notieren. Je nach hausinterner Vereinbarung ist der Vorgesetzte über den Zustand der Lieferung zu informieren. Weist die Lieferung keinerlei Mängel auf, ist sie durch den Mitarbeiter anzunehmen. Zusätzlich zum Frachtbrief wird der Empfang der Ware auf dem Warenbegleitschein quittiert. Nach Abschluss der äußeren Warenprüfung lädt der Frachtführer die Ware vollständig ab (§ 412 HGB) und die Abteilung „Einkauf/Beschaffung" wird über die erfolgte Lieferung in Kenntnis gesetzt.

Innere Warenprüfung

Die innere Warenprüfung ist mit dem Auspacken der Ware verbunden und muss unverzüglich erfolgen. Unverzüglich bedeutet in diesem Fall, dass die Ware ohne schuldhaftes Verzögern auf mögliche Mängel hin zu untersuchen ist. Ist die Warenlieferung sehr groß, kann die Warenkontrolle stichprobenartig erfolgen. Versäumt der Käufer diese Pflicht, verliert er seine Ansprüche aus der Mängelrüge (vgl. Lernaufgabe zum Thema „Schlechtleistung als Kaufvertragsstörung"). Beispielsweise erhält die Büromöbel Hauser & Schulte GmbH um 17:00 Uhr die Warenlieferung der Aktenvernichter und die äußere Prüfung im Beisein des Frachtführers ergibt keine Mängel. Die innere Warenprüfung hat noch taggleich zu erfolgen, da ansonsten ein schuldhaftes Verzögern vorliegt und Ansprüche bei Mängeln verloren gehen. Die innere Warenprüfung besteht zunächst aus dem Auspacken der Ware. Danach ist zu prüfen, ob es sich bei der gelieferten Ware um die bestellte Ware handelt, z. B. anhand der Artikelnummer. Es kann eine erneute Mengenprüfung stattfinden, z. B. durch die Ermittlung der genauen Stückzahl.

Im Wesentlichen ist auch die Qualität und Beschaffenheit der Ware zu prüfen. Bei Vorliegen von Warenmustern ist die gelieferte Ware mit diesen zu vergleichen. Ergab auch die innere Warenprüfung keine Mängel, so ist die Ware zu erfassen, die Begleitpapiere sind an die Abteilung „Einkauf/Beschaffung" zu geben und die notwendigen Arbeitsschritte zur Warenlagerung sind einzuleiten. Liegen Mängel vor, ist die Abteilung „Einkauf/Beschaffung" zu informieren, sodass schnellstmöglich eine Mängelrüge an den Lieferanten gesandt werden kann.

Lagerhaltung

Ein Lager ist der Ort, an dem die zu lagernde Ware aufbewahrt wird und sich während dieser Zeit nicht „bewegt". Mit der Lagerung von Waren sind verschiedene Aufgaben und Grundsätze verbunden:

Aufgaben der Lagerhaltung

Hauptziel eines Mischunternehmens wie der Hauser & Schulte GmbH ist es, einen Ausgleich zwischen der Produktion eines Unternehmens, wie z. B. dem Hersteller der Aktenvernichter, und dem Verkauf an den Einzelhandel herzustellen. Eine Aufgabe ist somit die möglichst rasche Auslieferung der gewünschten Ware an den Kunden. Des Weiteren ist es wichtig, die Kosten für die Lagerung zu minimieren, um Gewinn zu erzielen und dadurch als Unternehmen weiter zu existieren. Diese beiden Ziele miteinander zu vereinbaren ist schwierig, denn wenn ein Unternehmen versucht, jederzeit lieferbereit zu sein, dann lagert es viele Waren ein. Diese Lagerhaltung ist aber teuer und spricht dadurch gegen die Absicht, möglichst viel Gewinn zu erzielen. Das Ziel „Lieferbereitschaft" konkurriert somit mit dem Ziel „Minimierung der Lagerhaltungskosten".

Lagerzonen

Um im Lager möglichst optimale Arbeitsbedingungen für die anfallenden Arbeiten zu ermöglichen, ist es hilfreich, ein Lager in unterschiedliche Zonen (Lagerzonen), wie die Warenannahme, Warenkontrolle, Entfernen der Umverpackung, eventuelles Umpacken, die eigentliche Lagerung und Auslagerung, einzuteilen. Innerhalb des eigentlichen Lagerbereiches muss ein Lager möglichst übersichtlich sein. Dies wird durch unterschiedliche Methoden erreicht, sodass auf die benötigte Ware rasch zugegriffen werden kann. Für die Lagerorganisation bedeutet dies, dass schwere Ware möglichst bodennah gelagert wird, häufig verkaufte Ware leicht zugänglich ist oder große Ware einfach mit technischen Geräten wie dem Gabelstapler zu erreichen ist.

Innerhalb der jeweiligen Ware wird das Lager nach unterschiedlichen Methoden (Lagermethoden) eingeräumt: Gilt das Prinzip „first in – first out (Fifo)", dann wird die neue Ware im Regal hinter die alte Ware geräumt. Wird das Regal stets von vorne gefüllt, d. h. die neue Ware vor die alte gestellt, handelt es sich um das Prinzip „last in - first out (Lifo)". Die neue Ware wird bei dieser Methode immer als Erstes entnommen. Dadurch rutscht die ohnehin schon ältere Ware immer weiter nach hinten ins Regal. Diese Methode ist deshalb nur bei Ware geeignet, deren Qualität durch eine lange Lagerung nicht schlechter wird.

Ein Lagerbestand ist ständig zu kontrollieren. Zum einen kann er sich verändern, zum anderen kann sich die Qualität der Ware verschlechtern. In beiden Fällen entstehen für das Unternehmen Kosten, da die Ware bereits bezahlt ist und einige Zeit gelagert wurde.

Grundsätze der Lagerhaltung

Neben den Lagerhaltungskosten, die für ein Unternehmen einen wesentlichen Kostenfaktor darstellen, stehen die zu lagernden Waren im Vordergrund. Diese werden eingekauft und müssen bezahlt werden. Aus diesem Grund ist es wichtig, die Qualität dieser Ware zu erhalten, da ansonsten wiederum Kosten anfallen.

Um den Verderb und die Beschädigung der Waren zu vermeiden, gilt es, einige warenangepasste, d. h. artgerechte Grundsätze der Lagerhaltung zu beachten:

Beispielsweise benötigen Bücher, Holz, Tabak usw. durchlüftete Lagerräume. Lebensmittel müssen gekühlt gelagert werden, besonders bei Tiefkühlprodukten darf die sogenannte Tiefkühlkette nie unterbrochen werden, da sonst die Qualität der Lebensmittel nicht zugesichert werden kann. Gleiches gilt für Lebensmittel, die ihren Geschmack auf andere übertragen können, wie z. B. Kaffee, Käse, ... Unverpackte Ware muss vor Staub geschützt werden, z. B. technische Geräte, Kleidung usw. Wichtig ist auch der Schutz vor Schädlingsbefall, wie der Holzwurm bei Möbeln, Schimmel bei Lebensmitteln, der Mottenbefall von Kleidung, ... Bestimmte Produkte wie Kleidung oder technische Geräte müssen auch vor Licht bzw. Hitze bewahrt werden, sodass auf Lichteinfall und Temperatur im Lager zu achten ist.

Wie bereits erwähnt, spielen die Kosten der Lagerhaltung eine große Rolle. Ist ein Lager besonders groß, ist es auch teuer. Diese Kosten werden sowohl durch das Grundstück als auch durch das Gebäude, falls ein solches errichtet wird, verursacht. Neben diesen anfänglichen Kosten ist auch die Unterhaltung teuer, z. B. Versicherungskosten oder Kosten für Strom, Heizung, ...

In einem Großhandelsunternehmen werden häufig weitere Arbeiten im Lager ausgeführt. Beispielsweise wird die Ware von den gelieferten großen Einheiten, z. B. 100 Stück pro Packung, in kleinere Einheiten umgepackt, die sich leichter an den Einzelhandel weiterverkaufen lassen. Für diese Arbeiten muss im Lager genügend Raum zur Verfügung stehen. Ist ein Lager zu klein, können beispielsweise keine Hilfsmittel wie ein Gabelstapler verwendet werden und die Mitarbeiter müssen diese Aufgaben gegebenenfalls selbst erledigen. Zeit ist für ein Unternehmen mit dem Einsatz von Geld gleichzusetzen, da die Mitarbeiter, z. B. vier Stunden nur mit dem Umpacken von Ware beschäftigt sind, nicht mit einer anderen Arbeit beschäftigt werden können. Ein zeitintensiver Einsatz von Mitarbeitern verursacht Kosten und ist deshalb zu vermeiden.

Lagerstandort

Bei der festen Lagerplatzzuordnung werden für jeden Artikel feste Lagerplätze bereitgestellt, die nur für diese Artikel reserviert sind („Gleiches zu Gleichem"). Der Vorteil liegt in der einfachen Bestimmbarkeit des Lagerortes. Durch die im Zeitablauf schwankenden Lagerstände je Artikel wird ein Teil des fix zugeteilten Lagerplatzes nicht genutzt, wodurch es zu einer schlechten Auslastung der Lagerkapazität kommt.

Bei der dynamischen Lagerplatzzuordnung (Open Warehouse System) werden die Artikel an einem freien Lagerplatz gelagert. Die Einlagerung erfolgt beliebig. Ein Vorteil dieser Methode ist, dass wenn z. B. Störungen in einer Lagergasse auftreten, dasselbe Material von einer anderen Lagergasse entnommen werden kann. Der größte Vorteil jedoch ist eine sehr hohe Auslastung der Lagerkapazität.

Um den späteren Zugriff auf die Lagerartikel zu gewährleisten, müssen jedoch die Lagerplätze genau dokumentiert werden. Dies kann mit einer Lagerfachkarte erfolgen, welche dann die Daten im EDV-System abspeichert, oder der Lagerplatz wird von einem Lagerverwaltungssystem vorgegeben. Bei der Lagerung von Gefahrstoffen (z. B. bestimmte Klebstoffe, Prozesschemikalien) sind Beschränkungen und Zusammenlagerungsverbote zu berücksichtigen, damit gefährliche Reaktionen bei Störfällen vermieden werden. (vgl. Domschke & Scholl, 2010; Wöhe & Döring, 2010 und vgl. Tietz, 1993)

Zahlungsalternativen

Barzahlung

Nach Abschluss eines Kaufvertrages und Lieferung der Ware ist es notwendig, diese zu bezahlen. Sind Käufer und Verkäufer am gleichen Ort, ist es möglich, dass der Käufer an den Verkäufer Scheine (Banknoten) bzw. Münzen übergibt. Hierbei handelt es sich um eine Barzahlung, bei der weder der Käufer noch der Verkäufer ein Konto benötigen.

Als Beweis für die erfolgte Übergabe von Bargeld sollte sich der Käufer stets einen Beleg ausstellen lassen, die sogenannte Quittung. Banknoten sind ein unbeschränktes gesetzliches Zahlungsmittel, d. h., der Verkäufer ist in unbegrenzter Höhe zur Annahme verpflichtet, damit der Käufer seine Rechnung begleichen kann. Dagegen ist er nicht verpflichtet, mehr als 50 Münzen anzunehmen, denn Münzen sind nur in begrenztem Umfang gesetzliches Zahlungsmittel.

Halbbare Zahlung

Kein gesetzliches Zahlungsmittel sind die nachstehenden Zahlungsarten, die zwischen Käufer und Verkäufer frei vereinbart werden können. Als wesentliches Unterscheidungsmerkmal dient dabei, ob Käufer und/oder Verkäufer ein Konto verwenden:

Nutzt entweder der Käufer oder der Verkäufer ein Konto zur Zahlung, handelt es sich um eine **halbbare Zahlung**. Verfügt lediglich der Käufer über ein Konto ist es möglich, dass er dem Verkäufer einen Barscheck ausstellt. Ein Scheck ist eine auf einem Vordruck erteilte Anweisung an eine Bank eine bestimmte Geldsumme an den Zahlungsempfänger, den Überbringer des Barschecks, auszuzahlen. Bei der Auszahlung wird das Konto des Ausstellers bzw. des Käufers belastet. Konkret bedeutet dies, dass der Empfänger des Schecks, d. h. der Käufer, zur Bank des Käufers muss, um sein Geld zu erhalten.

Eine Zahlung über Postnachnahme ist möglich, wenn der Verkäufer ein Konto bei der Postbank führt und seine Ware, bis zu einem Wert von 1.600,00 Euro, nur gegen Barzahlung ausliefert. Der Postbote nimmt bei Auslieferung des Paketes das Bargeld an, stellt eine Quittung aus und zahlt den Betrag später auf das Postbankkonto des Verkäufers ein.

Bargeldlose Zahlung

Eine andere Möglichkeit der Barzahlung durch den Käufer ist die Zahlung mithilfe eines Zahlscheines. Dazu geht der Käufer zu jeder beliebigen Bank und zahlt dort mithilfe eines Vordruckes, dem Zahlschein, das Geld auf das Konto des Verkäufers ein. Das Original des Zahlscheines bleibt bei der Bank, den Durchschlag erhält der Käufer als Quittung. Je nachdem, ob der Verkäufer sein Konto bei dieser Bank hat und je nach Höhe des Einzahlungsbetrages, berechnet die Bank Gebühren, für die der Käufer, d. h. der Einzahlende, aufkommen muss.

Ein Zahlschein ist zugleich ein Überweisungsauftrag und kann somit auch für den bargeldlosen (unbaren) Zahlungsverkehr genutzt werden. Hierbei handelt es sich um die Zahlung einer Rechnung ganz ohne Bargeld, nur mithilfe von „unsichtbarem" Geld, dem Buchgeld.

Unbare Zahlungsalternativen

Bei einer Überweisung erhält die kontoführende Bank vom Käufer den Auftrag, die im Überweisungsvordruck gemachten Angaben genau auszuführen. Dazu belastet sie das Konto des Käufers. Hat der Verkäufer das Konto bei derselben Bank, schreibt sie gleichzeitig dem Verkäufer den Betrag auf dessen Konto gut. Führt eine andere Bank das Konto des Verkäufers, so wird diese darüber informiert, dass eine Gutschrift auf dem Konto des Verkäufers zu erfolgen hat. Die Bank des Käufers übermittelt an die Bank des Verkäufers den Überweisungsbetrag.

Genau umgekehrt erfolgt der Ablauf bei der Einzugsermächtigung. Bei dieser Zahlungsart stimmt der Käufer zu, dass der Verkäufer mithilfe seiner Bank dazu berechtigt ist, sein Konto zu belasten. Sobald der ausstehende Rechnungsbetrag vom Konto des Käufers eingezogen wurde, erfolgt die Gutschrift auf dem Konto des Verkäufers und die Rechnung gilt als beglichen. Eine Einzugsermächtigung kann einmalig oder mehrfach zur Begleichung einer Rechnung genutzt werden: nur einmal, beispielsweise beim Kauf der Aktenvernichter, mehrfach z. B., wenn Rechnungen eines Handyanbieters anfallen. Sinnvoll ist eine Lastschrift immer dann, wenn mehrfach Beträge zu zahlen sind, die aber unterschiedlich hoch sind.

Ist eine Rechnung nur einmal zu begleichen, kann auch ein Verrechnungsscheck verwendet werden. Dieser Vordruck entspricht dem eines Barschecks, enthält aber die Aufschrift „Nur zur Verrechnung". Ein Verrechnungsscheck darf nicht wie ein Barscheck ausgezahlt werden. Die Abwicklung verläuft wie bei einer Einzugsermächtigung.

Zahlt der Käufer seine Rechnung in mehreren gleichbleibenden Teilbeträgen, kann er bei seiner Bank einen Dauerauftrag einrichten. Damit veranlasst er, dass in regelmäßigen Abständen (wöchentlich, monatlich, vierteljährlich, halbjährlich, jährlich) die gleiche Summe auf das Konto des Verkäufers überwiesen wird. Damit handelt es sich bei einem Dauerauftrag um eine mehrfach ausgeführte Überweisung. Der Unterschied besteht darin, dass der Käufer nur einmalig die Zahlung seiner Rechnung veranlassen muss und nicht z. B. jeden Monat erneut, wie dies bei einer Überweisung der Fall wäre. Angewendet wird diese Zahlungsart insbesondere bei Rechnungen, die regelmäßig gezahlt werden, deren Höhe aber gleich bleibt. Beispielsweise die monatliche Mietzahlung einer Wohnung oder die wöchentliche Zahlung von Taschengeld.

Die Kartenzahlung als Zahlungsalternative

Befinden sich Käufer und Verkäufer am selben Ort, z. B. in einem Einzelhandelsunternehmen, besteht auch die Möglichkeit mithilfe von „Plastikgeld", d. h. mit einer Karte zu zahlen. Zunächst ist hierbei die Bankkarte von Kreditkarten zu unterscheiden:

Bankkarte

Bei einer Bankkarte handelt es sich um eine Debitkarte. Die bekannteste Debitkarte in Deutschland ist die Electronic-Cash-Karte (EC-Karte) bzw. Maestro-Karte. Mit der EC-Karte kann sowohl bezahlt als auch über Bargeld an Geldautomaten verfügt werden. Um zu erfahren, ob dies möglich ist, muss der Berechtigte lediglich die Symbole auf der Kartenrückseite mit den Symbolen im Geschäft bzw. am Geldautomaten vergleichen.

Die verwendeten Symbole dienen somit der Verständigung, auch wenn man die Landessprache nicht spricht. Dies ist wichtig, da die EC-Karte in mehr als einhundert Ländern genutzt werden kann. Die EC-Karte wird nur in Verbindung mit einem Girokonto ausgegeben, da der jeweilige Barverfügungs- bzw. Rechnungsbetrag unmittelbar nach Nutzung der Karte vom Konto, mittels einer Lastschrift, belastet wird.

Wird die EC-Karte zur Zahlung in einem Geschäft eingesetzt, gibt es unterschiedliche Bezahlarten. Zum einen ist es möglich, die Berechtigung zum Einsatz der EC-Karte anhand einer PIN (Persönliche Identifikationsnummer bzw. Geheimzahl) nachzuweisen. Dazu wird die Karte zunächst in ein Kartenlesegerät geschoben, der Karteninhaber gibt seine vierstellige PIN mittels von Tasten ein und bestätigt die Zahlung, d. h., er stimmt sowohl dem Betrag als auch der Zahlungsart zu.

Wiederum erfolgt die Zahlung über eine Lastschrift. Ohne PIN ist diese Art der Zahlung nicht möglich. Umso wichtiger ist es, dass nur der Karteninhaber die Geheimzahl weiß und er sie nicht weitererzählt oder im Geldbeutel aufbewahrt.

In einigen Geschäften wird nicht die Eingabe der PIN verlangt, sondern das Kartenlesegerät erstellt aufgrund des Rechnungsbetrages automatisch mit dem Kassenbeleg einen Lastschriftausdruck. Diesen unterzeichnet der Karteninhaber und stimmt somit zu, dass das Geschäft den Rechnungsbetrag mittels einer Lastschrift von seinem Konto einzieht. Bei dieser Art der Zahlung wird die Unterschrift auf der Kartenrückseite mit der Unterschrift auf dem Beleg verglichen und eventuell noch ein Ausweis verlangt, damit das Geschäft sicher sein kann, dass es sich beim Zahlenden tatsächlich um den Karteninhaber handelt.

Kreditkarten

Bei Kreditkarten erfolgt die Belastung nicht nach jeder Kartenzahlung, sondern gesammelt zu einem bestimmten Termin im Monat, z. B. dem 30. eines jeden Monats. Während der Zwischenzeit, d. h. vom 1. bis zum 30. eines Kalendermonats, werden alle mit der Karte gezahlten Rechnungsbeträge gesammelt und letztlich in einer Summe dem Girokonto des Karteninhabers belastet. In dieser Zeit, in der keine Kontobelastung des Käufers erfolgt, wird ihm für die Zeit von maximal 30 Tagen ein Kredit gewährt. Dies ist möglich, da das Geschäft seine Zahlung bereits erhält, die Bank, die die Kreditkarte an ihren Kunden ausgibt, während dieser Zeit in Vorlage geht, d. h. bereits bezahlt. Dies tun Banken z. B. weil sie ihrem Kunden großes Vertrauen entgegenbringen, es in der Geschäftsverbindung nie zu Schwierigkeiten kam und der Kunde stets zuverlässig war, indem er beispielsweise über Jahre hinweg ein regelmäßiges Einkommen hatte. Der Einsatz von Kreditkarten macht es notwendig, dass der Zahlende sich stets merkt, wie viel Geld er bereits ausgegeben hat, denn sonst kann es passieren, dass er am Monatsende mehr Geld ausgegeben hat, als ihm tatsächlich zur Verfügung steht. Geschieht dies ein paar Monate hintereinander, ist der Karteninhaber schnell verschuldet, d. h., er kann seine Rechnungen nicht mehr zahlen.

Das Risiko der Überschuldung nimmt noch zu, wenn jemand nicht nur eine Kreditkarte besitzt, sondern mehrere, z. B. noch in Form einer Kundenkreditkarte. Diese Kreditkarte ist an ein bestimmtes Unternehmen gebunden. Über einen Zeitraum von einem Monat werden alle anfallenden Rechnungsbeträge dieses Geschäftes gesammelt und mittels einer Lastschrift in einem Betrag dem Girokonto des Karteninhabers belastet.

Ablauf des gerichtlichen Mahnverfahrens

Wird nach Abschluss eines Kaufvertrages der ausstehende Rechnungsbetrag versehentlich oder absichtlich nicht bezahlt, gerät der Käufer (Schuldner) rasch in Zahlungsverzug und das kaufmännische bzw. außergerichtliche Mahnverfahren beginnt. Zunächst erinnert der Verkäufer (Gläubiger) den Schuldner mit einer Zahlungserinnerung, der ersten Mahnung, an seine unbezahlte Rechnung.

Mithilfe der Zahlungserinnerung wird der Kunde höflich daran erinnert, dass er bislang noch nicht gezahlt hat. Erfolgt auf dieses Schreiben keine Reaktion, formuliert der Gläubiger nach ca. 10 – 14 Tagen eine ausdrückliche Mahnung in Form eines zweiten Mahnbriefes. Mit diesem Schreiben wird der Schuldner erneut an die offene Rechnung erinnert. Allerdings wird ihm eine konkrete Zahlungsfrist von beispielsweise 10 Tagen gesetzt. Zudem wird er auf die Folgen bei Nichtzahlung hingewiesen, beispielsweise dass ihm im weiteren Verlauf des Mahnverfahrens Mahngebühren und auch Verzugszinsen berechnet werden. Mahngebühren dienen dazu, die dem Gläubiger entstehenden Kosten für Porto, Briefpapier, Umschlag, Bearbeitung, … zu ersetzten. Verzugszinsen werden geltend gemacht, da der Gläubiger bei rechtzeitiger Zahlung den Rechnungsbetrag bei einer Bank anlegen könnte. Dafür würde ihm die Bank Zinsen zahlen. Wenn der Schuldner seine Rechnung nicht zahlt, kann der Gläubiger den Rechnungsbetrag nicht anlegen und erhält so keine Zinsen, d. h., sie entgehen ihm. Als Ersatz kann der Gläubiger vom Schuldner deshalb Verzugszinsen verlangen. Zahlt der Schuldner nach der zweiten Mahnung noch nicht, mahnt ein Gläubiger in der Regel ein drittes Mal und droht mit weiteren Schritten, wie dem Einleiten eines gerichtlichen Mahnverfahrens oder einer Klage.

Das gerichtliche Mahnverfahren wird meist erst nach dem außergerichtlichen Mahnverfahren angestrebt. Diese Vorgehensweise ist jedoch nicht zwingend. Um das gerichtliche Mahnverfahren einzuleiten, ist es notwendig, dass der Gläubiger einen Erlass des Mahnbescheides beantragt. Hierbei besteht Vordruckzwang, der entweder in den Schreibwarengeschäften gekauft oder im Internet direkt ausgefüllt werden kann. Dieser Vordruck wird beim zuständigen Amtsgericht eingereicht. Zuständig ist dabei das Amtsgericht, an dem der Schuldner seinen Wohn- bzw. Geschäftssitz hat. Die Gebühren des Amtsgerichtes richten sich nach der Höhe der Forderung. Ohne zu überprüfen, ob der Anspruch des Gläubigers berechtigt ist, erlässt das Amtsgericht nun den Mahnbescheid und stellt diesen dem Schuldner zu.

Der Schuldner hat zwei Wochen Zeit, um zu reagieren. Er kann die Rechnung bezahlen und das Verfahren ist beendet oder er widerspricht beim Amtsgericht, woraufhin der Gläubiger Klage erhebt oder der Schuldner schweigt. Reagiert der Schuldner nicht, beantragt der Gläubiger den „Erlass eines Vollstreckungsbescheids". Wiederum prüft das Gericht nicht, ob die Forderung gerechtfertigt ist, sondern stellt dem Schuldner den Vollstreckungsbescheid lediglich zu.

Erneut hat der Schuldner zwei Wochen Zeit. Falls er zahlt, ist das Verfahren beendet, falls nicht, hat er die Möglichkeit, beim Amtsgericht zu widersprechen, woraufhin ein streitiges Verfahren eingeleitet wird. Schweigt er, wird der Vollstreckungsbescheid „vollstreckbar".

Der Gläubiger kann Zwangsvollstreckung in das Vermögen des Schuldners beantragen, um so zu versuchen, die bislang nicht gezahlte Rechnung, einschließlich aller entstandenen Kosten zu decken. Ein beauftragter Gerichtsvollzieher, d. h. ein Angestellter des Amtsgerichtes, führt die Zwangsvollstreckung durch. Eine Zwangsvollstreckung erfolgt durch Pfändung und öffentliche Versteigerung. Dabei gelten Gegenstände als unpfändbar, die zur Berufsausübung benötigt werden. Wenn die Pfändung erfolglos verlief oder der Versteigerungserlös zu gering war, kann der Gläubiger generell vom Schuldner eine Aufstellung seiner Vermögensteile verlangen, deren Richtigkeit er eidesstattlich bestätigen muss. Dies ist die sogenannte Abgabe der Vermögensauskunft". Eine „falsche Versicherung an Eides statt" wird mit bis zu drei Jahren Gefängnis bestraft. Kann der Schuldner seine Rechnung immer noch nicht zahlen, darf der Gläubiger alle zwei Jahre eine erneute Vermögensauskunft verlangen, um zu prüfen, ob der Schuldner mittlerweile, einschließlich aller Kosten und Zinsen, zahlen könnte.

Eine weitere Alternative des gerichtlichen Mahnverfahrens ist es, direkt Klage beim zuständigen Gericht einzureichen. Bei einem Streitwert, d. h. einem Rechnungsbetrag, bis zu 5.000,00 € ist das Amtsgericht zuständig, bei dem der Schuldner seinen Wohn- bzw. Geschäftssitz hat. Darüber hinaus das entsprechende Landgericht. Kommt es zu einem rechtskräftigen Urteil, beauftragt das Gericht einen Gerichtsvollzieher, der das Vermögen des Schuldners pfändet oder versteigert. Zum Vermögen des Schuldners gehört nicht nur Bargeld oder Geld auf einem Bankkonto, sondern auch sein Lohn als Arbeitnehmers, Schmuck, Münzsammlungen oder andere Gegenstände, die leicht zu verkaufen sind bzw. einen gewissen Wert haben.

Die private Überschuldung – Auswirkungen und Lösungsansatz

Kann eine natürliche Person (Verbraucher) alle seine Rechnungen nicht mehr zahlen, d. h., ist er überschuldet, dann kann er sich an eine anerkannte Schuldnerberatung wenden. Die Mitarbeiter in der Schuldnerberatung versuchen dann, im Namen des Verbrauchers, mit den Gläubigern eine außergerichtliche Einigung zu erzielen, z. B. eine Ratenzahlung, bis die gesamten Schulden abbezahlt sind. Scheitert dieser Versuch, muss ein Anwalt oder ein staatlich anerkannter Schuldenberater schriftlich bestätigen, dass eine Einigung zwischen Schuldner und Gläubigern nicht möglich war. Diese Einigung zwischen Schuldner und Gläubigern versucht nun ein Gericht zu erzielen, indem es den Gläubigern einen Schuldenbereinigungsplan vorlegt. Lehnen die Gläubiger erneut ab oder falls das Gericht vermutet, dass es der Schuldner nicht schafft, wird das Verfahren der Verbraucherinsolvenz eröffnet. Möglich ist das aber nur, wenn alle Gläubiger einverstanden sind.

Bei Eröffnung der Verbraucherinsolvenz bestimmt das Gericht einen Treuhänder für den betroffenen Verbraucher. Dieser verwaltet das pfändbare Vermögen und achtet darauf, dass alle Gelder, die über einen minimalen Betrag, der dem Lebensunterhalt dient, hinausgehen, an die Gläubiger gezahlt werden. Dies gilt für eine Zeit von sechs Jahren. In dieser sogenannten „Wohlverhaltensphase" dürfen keine Kredite aufgenommen werden, Erbschaften werden dazu genutzt, die Schulden zu zahlen usw. Nach Ablauf von sechs Jahren werden dem Schuldner die verbleibenden Schulden erlassen. Allerdings wird die zurückliegende Verbraucherinsolvenz in die SCHUFA (Schutzgemeinschaft für allgemeine Kreditsicherung) eingetragen, d. h., alle Unternehmen und Banken wissen von nun an, dass der Schuldner an einem Insolvenzverfahren beteiligt war und seine Schulden nicht zurückzahlen konnte. Unter Umständen ist es von nun an schwer, einen Kredit, einen Leasingvertrag z. B. für ein Auto oder auch nur einen Handyvertrag zu bekommen. Der Grund für potenzielle Vertragspartner ist leicht nachzuvollziehen, denn bereits einmal konnte der Verbraucher seine Rechnung nicht begleichen.

Ermittlung des Nettoverkaufspreises (Warenhandelskalkulation)

Der Bezugspreis

Ein Handels- bzw. Produktionsbetrieb wie die Büromöbel Hauser & Schulte GmbH ist meist ein Mehrproduktunternehmen, d. h. im Falle der Hauser & Schulte GmbH, dass nicht nur Aktenvernicher, sondern noch weitere Produkte, wie z. B. Büromöbel, angeboten werden.

Für alle angebotenen Artikel muss der Händler, d. h. der Verkäufer, seinen Verkaufspreis ermitteln. Dazu muss er zunächst einmal wissen, wie teuer er die Ware selbst eingekauft bzw. bezogen hat. Aus diesem Grund ist es notwendig, den Bezugspreis zu kalkulieren (berechnen). Um den Bezugspreis zu erhalten, sind alle anfallenden Nebenkosten zu beachten: Zunächst erhält ein Händler von seinem Anbieter den Listeneinkaufspreis. Eventuell gewährt ihm der Anbieter Liefererrabatte, d. h., vom ursprünglichen Listeneinkaufspreis darf sich der Händler einen gewissen prozentualen Betrag abziehen. So gelangt er zunächst zum Zieleinkaufspreis. Gewährt der Verkäufer noch Liefererskonto, welches abgezogen wird, errechnet sich aus all dem der Bareinkaufspreis.

	Listeneinkaufspreis
-	Liefererrabatt
	= Zieleinkaufspreis
-	Liefererskonto
	= Bareinkaufspreis

Diesen Preis müsste der Händler zahlen, wenn er die Ware selbst beim Anbieter abholt und bar zahlt. Meist befinden sich beide an unterschiedlichen Orten, sodass Kosten für Verpackung, Versand, Transportversicherung usw. anfallen. Diese Bezugskosten muss der Händler tragen. Bezugskosten werden folglich zum Bareinkaufspreis addiert, sodass der Bezugspreis ermittelt werden kann. Der Bezugspreis ist der Preis, den der Händler für die Ware einschließlich aller Nebenkosten für den Erwerb (Einkauf) zahlen muss.

Der Selbstkostenpreis

Der Händler möchte selbst Gewinn erzielen, sodass er noch andere Überlegungen berücksichtigen muss, bis er bei seinem eigenen Verkaufspreis angelangt ist. Ihm entstehen Kosten, die sein Unternehmen erst handlungsfähig machen, d. h. dazu beitragen, dass es ihm möglich ist, Ware einzukaufen, eventuell umzupacken und selbst zu verkaufen. Kosten, die dabei anfallen, sind beispielsweise Löhne, die er seinen Mitarbeitern zahlt, Miete für die Geschäfts- und Lagerräume. Aber auch Strom, damit die Mitarbeiter Licht haben, Heizungskosten, damit es im Gebäude warm ist, Versicherungskosten, weil er die teure Ware z. B. gegen Diebstahl oder Brand versichert. Alle diese Kosten sind Handlungskosten, die zum Bezugspreis addiert werden müssen, damit der Selbstkostenpreis errechnet werden kann. Der Selbstkostenpreis ist der Preis, den der Händler selbst zahlt, bis er soweit ist, die Ware verkaufen zu können. Berücksichtigt sind darin nun Vergünstigungen, wie Rabatte, aber auch alle Kosten für den Bezug der Ware einschließlich der im Unternehmen selbst anfallenden Kosten für das Lagern, die Mitarbeiter usw.

	Bareinkaufspreis
+	Bezugskosten
	= Bezugspreis
+	Handlungskostenzuschlag
	= Selbstkostenpreis

Der Barverkaufspreis

Ziel des Händlers ist es, nicht nur die Ware einzukaufen und seine Kosten zu decken, sondern er selbst benötigt auch Geld, um sein eigenes Leben und das seiner Familie zu sichern, d. h., er versucht Gewinn zu erzielen. Darüber hinaus dient der Gewinn der Verzinsung des vom Unternehmer eingesetzten Eigenkapitals (also eine Art Entschädigung dafür, dass dieses Geld nicht in eine lohnende Kapitalanlage investiert worden ist). Einen Gewinn möchte der Händler auch als eine Art Prämie erzielen, die ausgleicht, dass er verschiedene Risiken zu tragen hat, wie z. B. das Risiko, dass er seine Ware nicht verkauft oder sich die Qualität dieser Ware verschlechtert.

Da ein Unternehmen keinen exakten Geldbetrag, z. B. in Euro, festlegen kann, der mit dem Verkauf einer Handelsware als Gewinn erwirtschaftet werden soll, wird der Gewinn anteilig angegeben. Dies geschieht über den Gewinnzuschlag, der auf den Selbstkostenpreis aufgeschlagen wird. Die Höhe des Gewinnzuschlags lässt sich über den Gewinnzuschlagssatz ermitteln.

Der Grundwert (= 100 %) dieser anteiligen Gewinnberechnung ist der Selbstkostenpreis. Der Gewinnzuschlagssatz drückt nun aus, wie viel Prozent des Selbstkostenpreises berücksichtigt werden muss, damit die Ware den gewünschten Anteil zum Gewinn beiträgt. Aus diesem Grund wird zunächst der Gewinnzuschlag ermittelt, indem der Gewinnzuschlagsatz mit dem ermittelten Selbstkostenpreis multipliziert wird. Der Barverkaufspreis errechnet sich nun aus dem Selbstkostenpreis und dem Gewinnzuschlag. Der Barverkaufspreis ist somit der Preis, den der Händler verlangt, wenn er die Ware verkauft. Berücksichtigt in diesem Preis sind sowohl die ihm durch den Einkauf der Ware entstandenen Kosten als auch ein Zuschlag, der seinem Gewinn dient.

Um den Verkaufspreis von Handelswaren zu ermitteln, müssen die beiden Kaufanreize „Kundenskonto" und „Kundenrabatt", die dem Kunden als Nachlässe gewährt werden können, berücksichtigt werden. Beide Größen vermindern den Preis, den der Kunde für die Handelsware bezahlt. Der Händler möchte aber trotzdem seine Kosten decken und seinen gewünschten Gewinn erzielen. Aus diesem Grund müssen sowohl Kundenskonto als auch Kundenrabatt in den Verkaufspreis eingerechnet, d. h. addiert werden.

Rabatt wird häufig in Form von Mengenrabatten bei Abnahme sehr großer Mengen oder für besonders treue Kunden als Treuerabatt gewährt. Er wird direkt bei Abschluss des Kaufvertrages ausgehandelt und vermindert unmittelbar den Preis, sodass für den Kunden ein geringerer Zahlbetrag entsteht. Von diesem verbleibenden „Restbetrag" zieht er dann gegebenenfalls noch Skonto ab. Dies ist möglich, wenn der Verkäufer Skonto auf der Rechnung ausweist. Dies kann durch eine Formulierung wie „Zahlbar in 10 Tagen unter Abzug von 2 % Skonto, in 30 Tagen ohne Abzug" geschehen. Der Käufer darf in einem solchen Fall den zu zahlenden Betrag um die angegebene Prozentzahl des Skontos verringern, falls er frühzeitig (hier innerhalb von 10 Tagen) zahlt und nicht den spätestmöglichen Zeitpunkt abwartet (hier 30 Tage).

	Selbstkostenpreis
+	Gewinnzuschlag
=	Barverkaufspreis

Der Zielverkaufspreis

Die Kalkulation der Verkaufspreise erfolgt aus Sicht des Verkäufers, sodass zunächst der Skontoabzug zu beachten ist. Dabei wird der Barverkaufspreis um den Betrag des Kundenskontos erhöht. Möglich ist es aber auch, dass der Käufer die Skontomöglichkeit nicht ausnutzt und zum spätestmöglichen Zeitpunkt, z. B. erst nach 30 Tagen zahlt. In diesem Fall nutzt der Käufer sein gesamtes Zahlungsziel (Zeitraum zwischen Lieferung und Zahlung der Ware). Der um den Kundenskonto in Euro erhöhte Barverkaufspreis wird Zielverkaufspreis genannt und ist der Grundwert (= 100 %), denn aus Sicht des Kunden wird von diesem Wert der Skontoabzug berechnet.

	Barverkaufspreis
+	Kundenskonto
	= Zielverkaufspreis

Der Barverkaufspreis stellt in dieser Rechnung folglich einen verminderten Grundwert (= z. B. 98 % bei 2 % Skonto) dar, da der Wert, von welchem die Kunden den Skontoabzug vornehmen, erst ermittelt werden muss.

Der Nettoverkaufspreis

Schließlich wird der Zielverkaufspreis erhöht um den Kundenrabatt, welcher in Prozent angegeben wird. Der Rabatt mindert den Betrag, den der Kunde zu zahlen hat erneut, sodass der ermittelte Zielverkaufspreis ein verminderter Grundwert ist (= z. B. 90 % bei einem Kundenrabatt in Höhe von 10 % vom Listenverkaufspreis). Auch in diesem Fall ist der Wert, von dem der Kunde den Rabatt abzieht, erst zu ermitteln, indem der Zielverkaufspreis um den Kundenrabatt erhöht werden muss: Es ergibt sich somit der Listenverkaufspreis.

	Zielverkaufspreis
+	Kundenrabatt
	= Listenverkaufspreis

Schema einer Warenhandelskalkulation						
Anbieter	**Angebot 1**		**Angebot 2**		**Angebot 3**	
	Einzel-position	Gesamt-position	Einzel-position	Gesamt-position	Einzel-position	Gesamt-position
Abnahmemenge						
Listeneinkaufspreis						
- Liefererrabatt						
= Zieleinkaufspreis						
- Liefererskonto						
= Bareinkaufspreis						
+ Bezugskosten						
= Bezugspreis						
+ Handlungskostenzuschlag						
= Selbstkostenpreis						
+ Gewinnzuschlag						
= Barverkaufspreis						
+ Kundenskonto						
= Zielverkaufspreis						
+ Kundenrabatt						
= Listenverkaufspreis						

Lernstrategien anwenden

Im Berufsleben wird von Ihnen erwartet, dass Sie zu einem lebenslangen Lernen bereit sind – analog dem Motto „Was heute als richtig und wichtig angesehen wird, kann morgen schon überholt sein" (Moschner & Wagener, 2006, S. 48). Das Fachwissen wächst auf allen Gebieten in immer rasanterem Tempo. Wer bei diesem Wachstum mithalten will, sollte über eine große Lernbereitschaft verfügen und wissen, wie neue Wissensinhalte aufgenommen werden.

Die Schule unterstützt Sie dabei, dass Sie sich Lernstrategien mit entsprechenden Arbeits- und Lerntechniken aneigenen, die Ihnen ein lebenslanges Lernen ermöglichen. Sie lernen zum Beispiel Techniken kennen, um selbstständig Fachtexte zu durchdringen, berufsbezogene Inhalte zu präsentieren und zu reflektieren oder sich selbstständig Ziele zu setzen (vgl. Hellmich & Wernke, 2009).

Sie verfügen bereits über Lernstrategien, die Sie sowohl bewusst als auch unbewusst anwenden. Die Lösung liegt allerdings darin, über ein großes Repertoire an Lern- und Arbeitstechniken zu verfügen und dann bewusst und gezielt die Lernstrategien einzusetzen. Dann wird die Kompetenz bzw. das Ziel schneller und oft auch qualitativ höher erreicht. Die Lernstrategien können in drei Kategorien unterschieden werden:

Ressourcenbezogene Lernstrategien – Lernen organisieren

Diese beziehen sich in erster Linie auf die Organisation des Lernens. Dazu gehören Anstrengung, Aufmerksamkeit, Willensstärke und Konzentration, auch bei ungeliebten Stoffgebieten, das Ausdehnen der Lernzeiten auch auf Abend und Wochenende, das Zeitmanagement (Lernzeiten, Pausen festlegen und einhalten), die Arbeitsplatzgestaltung, dass keine Ablenkungen auftreten können (z. B. TV, Haustier, Kollegen) und dass notwendige Hilfsmittel greifbar sind (Stifte, Rechner, Papier), die Nutzung zusätzlicher Informationsquellen (Lexika, Wörterbücher, Internet, CD-ROMS, Bücher) oder das Lernen im Team (Lerngruppe). (Schmalenbach, 2008, S. 6 ff.)

Kognitive Lernstrategien – Informationen verarbeiten (Wissen erwerben)

Dies sind Aspekte, die mit der unmittelbaren Informationsaufnahme zu tun haben. Es sind Arbeitstechniken, die Sie zum Einprägen von neuen Informationen anwenden. Beispiele dazu sind: effizientes Lesen, Skizzen anfertigen, Textstellen markieren, Inhalte präsentieren usw.

Metakognitive Lernstrategien – Lernfortschritt kontrollieren

Diese beziehen sich weniger auf den eigentlichen Lernvorgang, sondern mehr auf die Kontrolle des eigenen Lernfortschrittes, also das selbstständige Planen der Lernschritte. Beispiele dafür sind: Reihenfolge festlegen, das Überwachen des Lernerfolges und der Lernschritte usw.

Motivation aufbauen

Sie kennen bestimmt das Problem, sich aufzuraffen und sich selbst zu motivieren. Aufgaben schieben viele ewig vor sich her. Doch immer wenn Sie kurz davor sind, das zu erledigen, was Sie sich vorgenommen haben, fallen Ihnen doch noch Dinge ein, die Sie für wichtiger halten, z. B. eine Sendung im TV zu schauen oder im Internet zu surfen. Wenn Ihnen das bekannt vorkommt, dann fehlt Ihnen der richtige Motivationsweg.

Die Motivation setzt sich mit motivationalen Bedingungen des Lernens auseinander. Sie ist neben emotionalen, kognitiven und sozialen Einflüssen für den Lernerfolg verantwortlich und entscheidet, wie ein Lernprozess verlaufen kann. Sind Sie richtig motiviert, findet eine erhöhte Auseinandersetzung mit dem Lernstoff statt.

Motive, aus denen die Motivation wächst, sind z. B. Neugierde/Interesse, Belohnung und Gruppendruck. Zu der positiven **intrinsischen Motivation** kommen Neugier und Interesse aus einem selbst, dem Inneren (d. h., dass die Beziehung zum Lernstoff den Lernenden motiviert). Bei der **extrinsischen Motivation** sind die Einflüsse von außen, dazu gehören z. B. Belohnungen, Gruppendruck. Sie sollten den Sinn der Lerntätigkeit erkennen, um sich nachhaltig intrinsisch zu motivieren (vgl. Mock, 2013).

Es ist sehr hilfreich, wenn zu Beginn geklärt wird was zu tun ist. Sie können Ihre Motivation aktivieren, indem Sie überlegen, was Sie bereits wissen, und Ihre bereits gesammelte Erfahrungen mit einbeziehen. Es fällt Ihnen leichter, etwas zu erreichen, wenn Sie sich Dinge positiv ausmalen. Reden Sie sich selbst gut zu, dass Sie das Vorgenommene bewältigen können. Stellen Sie sich vor, wenn Sie ein gewisses Pensum erreicht haben, dass Sie sich belohnen durch Sport treiben, Freunde treffen oder Shoppen gehen. Schaffen Sie sich künstlichen Zeitdruck. Belohnen Sie sich auch zwischendurch und seien Sie stolz darauf, wie viel Sie schon geleistet haben. Und wenn alles nichts hilft, sollten Sie an solchen Tagen einfach aufhören. (vgl. Senftleben, 2013)

Mit Zeit umgehen

Sie kennen sicher das Problem, dass viel Zeit mit Dingen vergeudet wird, die nicht wirklich wichtig sind und Sie von der eigentlichen Aufgabe ablenken. Zum Beispiel bemerken Sie erst viel zu spät, dass am nächsten Tag eine Überprüfung ansteht und Sie sich noch darauf vorzubereiten haben. Ihr Zeitmanagement stimmt nicht, also das systematische und disziplinierte Planen Ihrer Zeit.

Das Zeitmanagement ist eine Vorgehensweise, die Ihnen dabei hilft, anstehende Aufgaben und Termine innerhalb des zur Verfügung stehenden Zeitraums abzuarbeiten. Durch eine Zeitplanung kann täglich erstaunlich viel Zeit gewonnen werden. Sie können schon im Vorfeld Probleme und mögliche Krisenherde erkennen. Mit der **ALPEN-Methode** des Zeitmanagement-Experten Prof. Dr. Lothar Seiwert lässt sich ein Tagesablauf oder eine Terminarbeit sehr gut planen.

Im ersten Schritt erstellen Sie eine To-do-Liste. Notieren Sie sich alle Aufgaben, die Sie zu erledigen haben. Wichtig dabei sind die Art, der Ort und die Dauer der Tätigkeit. Probleme gibt es oft mit dem Abschätzen der Zeit, die Sie für eine Aufgabe benötigen. Dies verlangt etwas Erfahrung. Sind Sie also bei den ersten Zeitplänen nicht so streng mit sich. Setzen Sie sich für jede Tätigkeit ein Zeitlimit. Bedenken Sie aber, dass auch einmal Ungeplantes dazwischen kommen kann oder dass sie den Zeitaufwand falsch eingeschätzt haben. Um Ihren Zeitplan nicht zu gefährden, müssen Sie deshalb Pufferzeiten einplanen. Pufferzeiten helfen Ihnen außerdem, Stress zu vermeiden und führen zu mehr Gelassenheit.

Bei der Erstellung der To-do-Liste werden Sie feststellen, dass die eingetragenen Aufgaben an einem Tag nicht alle zu bewältigen sind. Sie müssen Entscheidungen treffen: Was ist die wichtigste Aufgabe? Was ist weniger wichtig? Die Nachkontrolle hilft Ihnen, Ihren Tagesablauf immer besser zu organisieren. Überlegen Sie sich, ob Sie die Pufferzeiten ausreichend lang gewählt haben, überprüfen Sie, ob Sie die Prioritäten richtig gesetzt haben. Haben Sie das Tagespensum ohne Stress geschafft und haben Sie am Abend ein gutes Gefühl? Wenn ja, haben Sie alles richtig gemacht, wenn nein, müssen Sie Ihre Planung noch verfeinern (vgl. Benesch, 2013).

Konzentration steigern

Sie kennen sicher das Gefühl, eine Arbeit muss erledigt werden, es gehen Ihnen aber tausend Gedanken durch den Kopf. Oder die Aufgabe ist langweilig und die Ablenkung von außen groß, sodass die Konzentration gestört wird. Konzentration ist die Fähigkeit, eine Arbeit gewissenhaft und bewusst auszuführen mit voller Aufmerksamkeit für die Sache. Diese Lerntechnik ist ein wichtiger Punkt, wenn es darum geht, ein gutes Ergebnis zu erzielen. Jedoch kann sehr leicht die Konzentration verloren gehen, dies können Sie aber durch einfache Tricks vermeiden.

Zunächst sollten Sie sich auf Ihre Aufgabe vorbereiten. Arbeiten Sie in einem geschlossenen Raum und reduzieren Sie die Umweltreize: das heißt, Musik, Fernseher und alles, was einen stören oder ablenken könnte, ausmachen. Erstellen Sie einen Ablaufplan, also wie Sie genau vorgehen. Zuletzt legen Sie sich alle Materialien griffbereit zusammen. Wenn das alles erledigt ist, fällt es einem schon deutlich leichter, sich auf die Aufgabe zu konzentrieren. Wenn Sie die Lernstrategie „Konzentration" beherrschen, können Sie Ihr eigenes Lernen selbstständig steuern. Sie trägt, wie alle anderen Lernstrategien auch, dazu bei, ein gutes Ergebnis zu erreichen, hier durch die volle Ausschöpfung der Konzentration. In der Regel können sich Menschen nicht länger als 20 Minuten am Stück konzentrieren. Deshalb gibt es viele Möglichkeiten, wie Sie danach weiter konzentriert arbeiten können. Auch gewisse Grundvoraussetzungen müssen gegeben sein, um erfolgreich und konzentriert arbeiten zu können.

Wenn Sie merken, dass die Konzentration nachlässt, sollten Sie kurze Pausen einlegen. Sie können sich dann etwas bewegen **(spezielle Übungen durchführen)** oder etwas trinken, gegebenenfalls essen. Eine Unterhaltung ist auch eine gute Möglichkeit, um sich etwas abzulenken. Zwischendurch aus dem Fenster schauen und die Gedanken für einige Sekunden schweifen lassen kann die Konzentration anregen. Wichtige Voraussetzungen, die zum konzentrierten Arbeiten gegeben sein müssen, hängen mit den Umweltfaktoren zusammen. Zu starker Lärm nimmt die Aufmerksamkeit, was dazu führt, dass die Konzentration sinkt.

Eine weitere Voraussetzung sind die Lichtverhältnisse. Der Arbeitsplatz muss optimal ausgeleuchtet sein, damit die volle Konzentration gefördert wird. Das künstliche Licht sollte daher dem Sonnenlicht möglichst ähnlich sein. Zudem ist auf das Raumklima zu achten, denn überheizte Räume machen müde. Der letzte Aspekt ist die farbliche Raumgestaltung. Ist diese vorteilhaft ausgewählt, so kann dies die Leistungsfähigkeit erhöhen, Farbkontraste bringen eine belebende Wirkung, so zum Beispiel weiß und blau (vgl. Geisselhart & Hofmann, 2013).

Arbeitsumfeld gestalten

Bedenken Sie, dass ein Arbeitsumfeld ohne Ablenkung für mehr Konzentration sorgt und somit die Produktivität beim Arbeiten steigert. Den richtigen Ort zum Arbeiten muss jeder für sich selbst herausfinden. Allgemein sollten Sie sich einen ruhigen Ort suchen, an dem Sie ungestört sind und alle wichtigen Hilfsmittel zur Hand haben. Den eigenen Schreibtisch sollten Sie also dem Sofa vor dem Fernseher vorziehen.

Arbeitsplatz. Es sollten alle Dinge vorhanden sein, die zur Bewältigung der Arbeit nötig sind. Schreibmaterialien (Bleistift, Lineal, Papier etc.), die Materialien, die ausgewertet werden müssen, Computer mit notwendigem Zubehör (Drucker, rechtzeitig besorgte Tintenpatronen, USB-Stick etc.), eventuell eine Pinnwand o. Ä. für wichtige Notizen. Dinge, die nicht zur Arbeit gehören, haben hier nichts zu suchen. Sie lenken nur von der Arbeit ab. Machen Sie sich die **Fünf-A-Methode** zur Gewohnheit:

Aussortieren	Werfen Sie allen Abfall und nicht benötigtes Material weg
Aufräumen	Stellen Sie alles auf einen geeigneten Platz für schnelles Wiederfinden
Arbeitsplatzsauberkeit	Reinigen Sie Ihren Arbeitsplatz
Anordnung zur Regel machen	Behalten Sie die Sauberkeit und Ordnung bei
Alle Punkte einhalten	Praktizieren Sie 5-A-Methode täglich!

In Reichweite sollten jene Materialien bereitliegen, die recht häufig, aber nicht dauernd gebraucht werden (z. B. Lexikon, Duden, Fremdwörterbuch, Fachliteratur). Dinge, die nur selten gebraucht werden, können so weit entfernt liegen, dass Sie aufstehen müssen, um sie zu erreichen. Dies verschafft eine kurze Pause und etwas Bewegung (vgl. Metzger, 2008, S. 41). Weil durchaus viel Zeit am Arbeitsplatz verbracht wird, ist auf die ergonomische Gestaltung zu achten. Zumindest ein guter, rückenschonender Bürostuhl sollte vorhanden sein. Ebenso wichtig sind ausreichendes Licht und frische Luft.

Äußere Störungen. Werden Sie durch äußere Einflüsse abgelenkt, versuchen Sie diese zu beseitigen (z. B. durch die Änderung der Rahmenbedingungen, eine Umorganisation des Arbeitsplatzes oder der Arbeitszeiten). Vermeiden Sie Lärmquellen (z. B. Musik, Straßenlärm, laute Mitschüler) und visuelle Ablenkungen (z. B. Fernseher oder Handy). Legen Sie das für eine Arbeit nötige Material in Griffnähe bereit, bevor Sie beginnen. Ansonsten besteht die Gefahr, dass der „Arbeitsfaden“ dauernd reißt (vgl. Metzger, 2008, S. 37). Freunde werden Sie bestimmt immer wieder ablenken. Halten Sie sich bei Anrufen kurz und sagen Sie auch mal nein (vgl. Mattes, 2002, S. 86).

Innere Störungen. Fehlt Ihnen die Motivation für die Arbeit, die vor Ihnen liegt, sollten Sie, den Stoff, den Sie gerade bearbeiten, auf seine Wichtigkeit für die Facharbeit überprüfen. Ist die Arbeit unumgänglich, sollten Sie sich andere Motivationsverstärker (Belohnungen) suchen und/oder die Arbeitsphasen verkürzen. Fühlen Sie sich übermüdet oder einseitig beansprucht (z. B. durch zu langes Sitzen), sorgen Sie für entsprechenden Ausgleich (erst ausschlafen, spazieren gehen o. Ä.). Machen Sie bewusst und regelmäßig Pausen. Unterbrechen Sie Ihre Arbeit auch dann, wenn Sie feststellen, dass es gar nicht mehr weitergeht. Nutzen Sie die Pausen für Konzentrations- und Entspannungsübungen.

Gehen Ihnen andere Probleme, Aufgaben oder Wünsche durch den Kopf, entscheiden Sie sich bewusst, was Sie vorrangig tun wollen. Wenn Sie sich gegen das Lernen entscheiden, setzen Sie zuvor einen Termin fest, wann Sie weiterarbeiten wollen. Fällt Ihre Entscheidung für die Arbeit aus, dann legen Sie genauso konsequent fest, wann Sie den ablenkenden anderen Problemen, Aufgaben oder Wünschen nachkommen wollen (dann fällt es leichter, die Gedanken daran erst einmal wegzuschieben).

Mit Stress umgehen

Sie kennen sicher das Gefühl, wenn Körper und Geist aufgewühlt sind und scheinbar ferngelenkt. Die Hände werden leicht feucht, Sie fangen an zu zittern, das Herz klopft oder die Hitze steigt Ihnen in den Kopf. Sie geraten in Stress. Nach den Erkenntnissen des bekannten Stressforschers Hans Selye gibt es eine positive (Eustress) und eine negative Ausprägung (Disstress). Den Eustress erleben wir beispielsweise unmittelbar vor einer Siegerehrung, für eine Belohnung bei einer guten Leistung oder vor dem ersten Kuss. Sie verspüren ein wohliges, beflügelndes Gefühl. Sie sind der Aufgabe gewachsen, Sie fühlen sich motiviert.

Dagegen ist Disstress jener, auf den der Körper nicht reagieren kann. Er entsteht besonders dann, wenn bestimmte Situationen den betroffenen Menschen einfach überfordern. Für manche Schüler sind dies beispielsweise wichtige Klassenarbeiten, vor der Klasse Fragen beantworten oder Referate präsentieren. Die Aufregung bzw. die Angst steht im Vordergrund; Sie fühlen sich der Aufgabe nicht gewachsen.

Zusammenfassend bedeutet dies, dass Disstress die geistige Leistung und die Bereitschaft zum Lernen hemmt, dagegen Eustress zu höheren Leistungen animiert. Von Ihnen selbst hängt es ab, ob Sie eine Situation als positiv herausfordernd empfinden oder als beängstigend. Es gibt Strategien, um Angst erst gar nicht entstehen zu lassen bzw. mit aufkommender Angst richtig umzugehen (vgl. Metzger, 2008, S. 45). Sie können die Gefühle steuern.

Das **Selbstgespräch** ist eines der wichtigsten Werkzeuge, das unser Verhalten steuert. Sie können damit Ihre Leistung negativ sowie positiv beeinflussen. Es kommt also auf das Wie an. Wählen Sie positive Formulierungen (*Meine Gedanken bleiben bei der Aufgabe. Der nächste Schritt ist ...*), dadurch wird die Motivation gefördert. Im Vergleich dazu ist die negative Formulierung leistungshemmend (*Ich kann mich nicht konzentrieren.*). Sportler setzen Selbstgespräche bewusst zur Konzentration ein, sie beruhigen sich damit oder feuern sich an. Ein positiver Denkstil lässt sich einüben.

Entwerfen Sie, wann immer Sie Zeit haben, ein **inneres Bild**, indem Sie sich sehen, wie Sie Ihr Problem mit Erfolg lösen (*Sie stehen vor der Klasse und halten erfolgreich ein Referat.*). Wichtig ist, dass Ihre inneren Bilder immer zum Erfolg führen. Die Vorstellung wird zum Modell der Wirklichkeit. Die Visualisierung gehört zu den wichtigsten Instrumenten der Selbstbeeinflussung. Sollten Sie bei Stresssituationen (*Klassenarbeit*) negative Gedanken oder Gefühle haben, so stellen sie sich eine positive Situation vor (*Sommertag mit Freunden*), um sich kurz zu entspannen. (vgl. Metzig & Schuster, 2010, S. 179 ff.)

Bei wichtigen Anforderungssituationen setzen Sie sich **realistische Ziele**. Sie sollten weder zu hoch noch zu tief sein. Maßgebend sind die vergangenen Leistungen. Hatten Sie in einer Klassenarbeit eine 3, so ist das nächste Ziel eine 3+ oder 2-. Fragen Sie sich kritisch, ob Sie immer zu den Besten oder Schnellsten gehören müssen (vgl. Metzig & Schuster, S. 179 ff.).

Schätzen Sie sich **realistisch ein**, um vor Prüfungen oder schwierigen Situationen keine allzu großen Ängste aufzubauen. Stellen Sie sich Fragen: Habe ich den Unterrichtsstoff wirklich verstanden? Habe ich genügend Zeit investiert? Habe ich meine Lernzeit optimal genutzt?

Die **körperlichen** sowie die **äußeren Bedingungen** sind entscheidend, um schwierige Situationen zu meistern. Eine gesunde Ernährung mit vielen Kohlehydraten, regelmäßige Bewegung, genügend regelmäßigen Schlaf und ein gutes Zeitmanagement sind Grundvoraussetzungen.

Erfolgreiches Teamverhalten

Eine gute Teamarbeit funktioniert nur dann, wenn sich innerhalb des Teams konstruktiv verhalten wird. Dazu empfiehlt Pabst-Weinschenk (2004) folgende Gesprächsregeln zu beachten:

Gesprächsregeln Teil 1

Ausreden lassen und gut zuhören: Gutes Zuhören erfordert zwar etwas mehr Zeit, aber diese Zeit ist eine ausgezeichnete Investition in die Qualität der Diskussion. Wir sind gut beraten, wenn wir unsere eigene Meinung manchmal für eine gewisse Zeit beiseitelassen, um den Standpunkt eines Diskussionspartners zu verstehen und uns in seine Perspektive einzufühlen.

Ich-Botschaften statt Man-Formeln: Pauschale Verallgemeinerungen (man) machen aus einem kooperativen Miteinander schnell ein Sieg-Niederlagen-Spiel: Die anderen fühlen sich angegriffen, wenn sie so belehrt oder vereinnahmt werden. Ich-Botschaften bieten jedem mehr Chancen, den Reichtum seiner eigenen Anschauungen und Kreativität auszuschöpfen.

Körpersprache und Sprechausdruck beachten: „Der Ton macht die Musik" wird oft gesagt, wenn auf die grundlegende Bedeutung von Körpersprache und Sprechausdruck hingewiesen wird. Das Nonverbale ist ein ursprüngliches Kommunikationsmittel des Menschen. Widersprechen die nonverbalen Botschaften den Worten, entstehen Verwirrung und Zweifel an der Glaubwürdigkeit des Kommunikationspartners.

Das Positive betonen: Optimismus und Wohlwollen werden gefördert, wenn die positiven Aspekte einer Situation, eines Problems oder einer Person herausgestellt werden. So zeigen Sie auch Respekt und Wertschätzung anderen gegenüber. Das Positive, das Sie aussenden, kommt in der Regel zu Ihnen zurück.

Rückmeldungen ernst nehmen: Je wichtiger Sie für Ihre Kommunikationspartner sind, desto aufmerksamer werden Sie beobachtet. Darum lohnt es sich, die Beobachtungen und Rückmeldungen Ihrer Partner ernst zu nehmen.

Nicht übertreiben oder immer bei Adam und Eva anfangen: Sie diskutieren unter Zeitdruck, und Ihre Diskussionspartner sind darauf angewiesen, nicht immer erst die Spreu vom Weizen trennen zu müssen. Deshalb: Drücken Sie sich vernünftig und realistisch aus und vermeiden Sie Übertreibungen oder lange Herleitungen.

Annahmen explizit überprüfen: Sie sollten überprüfen, was Sie glauben gehört zu haben: „Meinen Sie damit, dass ..." Nur mit einer solchen ausdrücklichen Überprüfung und Kontrolle des eigenen Verstehens können Missverständnisse vermieden werden.

Gesprächsregeln Teil 2

Sich genau und klar ausdrücken: Vermeiden Sie eine unklare Terminologie und bestehen Sie darauf, dass die anderen Diskussionspartner sich ebenfalls klar und genau ausdrücken. Das gilt für Ideen oder Vorschläge genauso wie für Gefühle, Feedbacks usw.

Jedes Ding hat viele Seiten: Es sollte eine gewisse Vielfalt von Perspektiven existieren, weil Sie dann mehrere Optionen zur Problemlösung haben. Jedes Ereignis und jedes Problem kann man von verschiedenen Standpunkten aus betrachten. Verschiedene Standpunkte müssen nicht zum Streit führen, sondern sie bereichern jedes Gespräch.

Relevant und kongruent sprechen: Finden Sie heraus, was Sie für wichtig halten, und illustrieren Sie das durch Beispiele. Keine Zeit mit Nebensächlichkeiten verschwenden. Wer so spricht, wird ernst genommen und als Gesprächspartner geschätzt.

Mut zu abweichender Meinung: Wenn Sie eine abweichende Meinung haben, sollten Sie sie mutig immer wieder auch vertreten. Versuchen Sie dabei jedoch nicht, klüger als die anderen zu sein oder den eigenen Standpunkt rücksichtslos durchzusetzen. Tragen Sie Ihre abweichende Meinung freundlich und mit einsichtigen Argumenten vor, damit die anderen hören, was Sie meinen.

Keine unfairen Tricks: Sarkasmus, Unterbrechen, Ignorieren, Themenwechsel, persönliche Angriffe, Übertreibungen usw. sind Verhaltensweisen, die andere verletzen und aus einem Miteinander ein Sieg-Niederlagen-Spiel machen. Die Quittung: Gemeinheiten erweisen sich als Bumerang, und das sachbezogene Gespräch gleitet ab in anstrengende, aufreibende Kämpfe einzelner Teilnehmer.

Mit Takt, Rücksicht und Wohlwollen: Nutzen Sie keine persönlichen Schwächen anderer aus, stellen Sie sie nicht bloß. Bemühen Sie sich um ein Klima, das von gegenseitigem Wohlwollen bestimmt ist.

Nicht predigen oder Vorlesungen halten: Lange Monologe belasten jede Gesprächsbeziehung. Wer in Selbstüberschätzung meint, er habe schon die richtige Lösung parat, zieht in einer Diskussionsrunde für die Beobachter auf jeden Fall den Kürzeren.

Positiv werden Sie abschneiden, wenn Sie mit stichhaltigen Argumentationen die Diskussion in Gang bringen, zu Zwischenergebnissen kommen und wortkarge Teilnehmer mit Aufforderungsgesten mit einbeziehen. Machen Sie sich Notizen, um später die Gruppenmeinung zusammenzufassen. Die Beobachter überprüfen, wie Sie sich bei der Ergebnisfindung verhalten.

Phasen zur Teamentwicklung nach Tuckmann

Ein Team muss zusammenwachsen, die Möglichkeit haben, sich zu orientieren, Konflikte zu bewältigen und zu beseitigen, Kompromisse zu schließen und sich zu integrieren und zu wachsen. Jede Gruppe erlebt Höhen und Tiefen während ihrer Zusammenarbeit.

Ein Team wächst zusammen (entwickelt sich), wenn die Mitglieder auf der Sachebene Kompetenzen wie Organisationstalent, Engagement und auf der Beziehungsebene soziale Kompetenzen wie Empathie, Wertschätzung etc. mitbringen. Die fünf Phasen der Teamentwicklung beschreiben modellhaft einen Ablauf, wie er mehr oder weniger intensiv in allen sich neu bildenden Teams auftritt.

Forming (Gründungsphase)

In dieser Phase entsteht das Team. Es herrscht allgemein ein freundlicher Umgangston, die Gruppenmitglieder lernen sich kennen. Sie beginnen sich gegenseitig „abzutasten" – Konflikte werden in der Regel vermieden. Die Mitglieder sind auf der Suche nach ihrer Rolle innerhalb des Teams. Die Anfangsbegeisterung ist noch groß. Auf der Sachebene werden erste Informationen gesammelt, gemeinsame messbare Ziele formuliert, Aufgaben zugeordnet und Methoden festgelegt.

Storming (Streitphase)

Bald darauf beginnt die Konfliktphase. Wettbewerb unter den Teammitgliedern setzt ein, verdeckte Konflikte treten zutage. Häufig werden lange Diskussionen über Vorgehensweisen und Methoden geführt. Dazu kommt, dass die eingesetzten Methoden und die Teamleitung diskutiert oder gar angegriffen werden. Jeder versucht sein Terrain abzustecken. Die Leistungsfähigkeit sinkt rapide. Am Ende dieser Phase sollten die Definition der Aufgabenverteilung und der Konsens hinsichtlich der Aufgabenbewältigung sowie der Zielsetzung stehen.

Norming (Vertragsphase)

Hat die Gruppe die Konfliktphase ausgetragen, kommt es in der Normingphase zur Teambildung – ein Wir-Gefühl entsteht. Teamregeln werden festgelegt, die Arbeitsleistung steigt an. Gedanken, Daten und Ideen werden offen ausgetauscht und bewertet.

Performing (Arbeitsphase)

Die Integrationsphase ist der eigentliche „Sollzustand" einer Gruppe. Das Team kennt sich und vertraut sich. Die Aufgabenbearbeitung erfolgt konstruktiv, Problemlösungen und die Orientierung auf die Ziele stehen im Vordergrund. Die Gruppe steuert sich überwiegend selbstständig. Konflikte und andere Probleme werden in Feedbacksitzungen diskutiert und in der Regel auch gelöst. Das Team ist effizient und die Arbeitsleistung ist in dieser Phase am besten.

Reforming (Orientierungsphase)

Die Themen werden sowohl auf der Sachebene sowie auf der psychosozialen Ebene zu Ende geführt. Will die Gruppe aus ihren Erfahrungen lernen, muss sie sich nach getaner Arbeit die Frage stellen: „Wo wollten wir hin und wo stehen wir jetzt?" Die Bilanzierung umfasst sowohl die persönliche Bilanz als auch die Gruppenbilanz, in der Erfahrungen ausgetauscht werden. Weiterhin erfolgt ein Transfer, indem die Lernenden sich intensiv damit auseinandersetzen, in welchen anderen Situationen das Gelernte/Erarbeitete angewendet werden kann.

Kognitive Lernstrategien – Informationen verarbeiten

Lesestrategien einsetzen

Sie kennen sicher das Problem bzw. die innere Sperre, einen umfangreichen Text zu lesen. Lesestrategien helfen Ihnen, einen Text gut zu verstehen. Sie helfen Ihnen – wie Werkzeuge beim Bauen –, den Text möglichst selbstständig zu erschließen. Die Lesestrategie wird in die drei Phasen Vorbereitung, Durchführung und Nachbereitung eingeteilt.

Vorbereitungsphase

Sie sollten sich in dieser Phase folgende Fragen stellen:

Wozu benötige ich den Text?	Referat, Prüfung, Projektarbeit ...
Wie gründlich muss ich den Text lesen?	Überblick, Ergänzung, Zusammenhänge verstehen
Um welche Art von Text handelt es sich?	Zeitung, Lehrbuch, Unterrichtsnotizen
Um welches Fachgebiet handelt es sich?	Biologie, Betriebswirtschaftslehre
Wie viel Zeit steht mir zur Verfügung?	Abgabetermin, Lesestrategie, Lesetempo
Wo und wie lese ich den Text?	Ruhige, ungestörte Leseatmosphäre, passenden Arbeitsplatz aussuchen, aufrechte Haltung (**Konzentration**)
Welche weiteren Materialien benötige ich?	Textmarker, Bleistift, Notizpapier

Durchführungsphase

Verschaffen Sie sich also zunächst einen Überblick, indem Sie den Text überfliegen. Achten Sie auf Überschriften, Untertitel, Vorwort, Inhaltsverzeichnis, Hervorhebungen (Fettdruck, Farbe usw.), grafische Darstellungen und Glossar oder Literaturverzeichnis.

Beim zweiten Schritt überlegen Sie sich, auf welche Fragen Ihnen der Text eine Antwort gibt. Damit bereiten Sie sich auf zielgerichtetes Lesen vor und fördern das Interesse. Halten Sie diese Fragen schriftlich fest, um immer wieder darauf zurückzugreifen.

Lesen Sie nun den Text gründlich durch. Achten Sie auf Ihre Fragen, indem Sie kleine Pausen einlegen und über das Gelesene nachdenken. Machen Sie sich eigene Gedanken über den Text. Fremdwörter schlagen Sie im Wörterbuch nach.

Nachdem Sie einen Abschnitt gelesen haben, machen Sie sich **Randnotizen**. Schreiben Sie die Hauptgedanken, Fragen oder eigene Gedanken auf. Machen Sie sich zusätzliche Markierungen. Setzen Sie höchstens vier Farben ein. **Markieren** Sie sparsam!

Nachbereitungsphase

Fassen Sie nun das Gelesene gedanklich oder laut sprechend mithilfe der Überschriften, Ihrer Notizen bzw. Markierungen zusammen und fragen Sie sich: Was sind die Hauptgedanken bzw. -erkenntnisse? Was habe ich noch nicht verstanden? Wo liegen die Schwierigkeiten?

Lesen Sie effektiv, d. h., nachdem Sie Markierungen und Randnotizen beim Text vorgenommen haben, **strukturieren** bzw. **visualisieren** Sie die Inhalte mit **grafischen Mitteln**. So werden Zusammenhänge deutlicher und können auch zu einem späteren Zeitpunkt leicht und schnell wieder ins Gedächtnis gerufen werden, ohne den ganzen Text noch einmal zu lesen.

Am einfachsten ist es, Sie erhalten zu dem Text Fragen, die Sie beantworten. Als leichte Fragen zählen hier die Fragen, die sich explizit auf Informationen im Text beziehen, anspruchsvolle ergeben sich aus dem Zusammenhang des Textes. Erhalten Sie keine Fragen, so überlegen Sie im Nachhinein, worum es in diesem Text ging. Welches sind die Hauptgedanken? Welches ist meine Erkenntnis? Wo sehe ich Schwierigkeiten? Was habe ich nicht verstanden? Welche Fragen sind noch offen? Damit Sie das Gelesene besser verstehen, erzählen Sie sich selbst oder jemand anderem den Inhalt des Textes. Verwenden Sie die Fachsprache. Schwierige Textteile lesen Sie wiederholt. Ergänzen Sie ggf. Ihre Notizen.

Informationen beschaffen und filtern – (Internetrecherche)

Bei der Suche nach Inhalten für eine Präsentation, ein Referat oder Firmen für einen Ausbildungsplatz ist das Internet die erste Anlaufstelle. Nicht immer haben wir die passenden Bücher zum Inhalt des Referates zur Hand, aber auf Informationen aus dem Internet können wir rund um die Uhr zugreifen. Allerdings finden wir dort Unmengen an Informationen, sodass wir strategisch recherchieren sollten. Einige mögliche Vorgehensweisen werden hier vorgestellt:

Suchmaschinen: Am häufigsten wird auf große bzw. namhafte Suchmaschinen zurückgegriffen. Die Maschine arbeitet standardmäßig mit einer UND-Verknüpfung, um die Suchanfrage genauer zu formulieren und schneller an die gewünschten Informationen zu gelangen.

Und-Verknüpfung: Ausbildung Einzelhandel Lebensmittel

Bei manchen Suchmaschinen werden die Suchbegriffe mit Leerzeichen abgetrennt, bei anderen wiederum mit einem Pluszeichen. So werden nur Informationen zu Ausbildungen bzw. Ausbildungsmöglichkeiten im Einzelhandel, und zwar speziell im Sektor Lebensmittel angezeigt. Die Informationen können mithilfe der „erweiterten Suche" noch stärker gefiltert werden.

Es wird nach Seiten gesucht, die	Eingabe in das Suchfeld	Hinweise
... all diese Wörter enthalten:	Ausbildung Einzelhandel Kompetenzen Fähigkeiten Interessen	Geben Sie die wichtigsten Wörter ein.
... diese Wortgruppe enthalten	„Ausbildung Einzelhandel Perspektive nach der Ausbildung"	Setzen Sie die gesuchten Wörter zwischen Anführungszeichen.
... eines dieser Wörter enthalten	Schulabschluss OR Zugangsvoraussetzungen	Geben Sie **OR** zwischen allen gesuchten Wörtern ein.

Die Suchergebnisse können weiterhin hinsichtlich Sprache, Land, letzte Aktualisierung etc. eingegrenzt werden. Suchmaschinen erlauben außerdem die Suche nach einer bestimmten Textpassage. Um eine solche Suche zu starten, muss man meist die gesamte Phrase in Anführungszeichen setzen.

Beispiel: „Er hat sich stets bemüht, die ihm übertragenen Aufgaben in"

Um herauszufinden, ob dieser Passus in einem Arbeitgeberzeugnis positiv oder eher negativ auszulegen ist, gibt man die Textpassage in Anführungszeichen an.

Suchleiste: Mit der Suchleiste kann auf der aktuellen Seite nach bestimmten Wörtern gesucht werden.

Lesezeichenleiste: Informative Websites bzw. Webadressen sollten als Lesezeichen gespeichert werden. Die Lesezeichenleiste ist standardmäßig unter der Adressleiste verankert. Um einen Überblick zu behalten, sollte mit dem Lesezeichenmanager die gespeicherte Website durch das Anlegen von Ordnern thematisch eingeordnet werden.

Newsgroups: Es werden fachliche Diskussionsforen aller Art zur Verfügung gestellt, an denen jeder teilnehmen kann. Jemand schreibt einen Artikel bzw. eine Nachricht für die Newsgroup. Ein anderer nimmt anschließend Bezug und äußert sich zu dem Artikel. Es folgen ggf. andere Leserbriefe, die sich auf den Artikel beziehen. Sie können hier also Fragen an ein Publikum stellen, das über spezielle Fachkenntnisse in einem bestimmten Themengebiet verfügt.

Internetforum: Hier können Sie sich in ein virtuelles Diskussionsforum zum Austausch und Archivieren von Gedanken, Meinungen und Erfahrungen einklicken. Jeder kann Diskussionsbeiträge (Postings) schreiben, die andere lesen und beantworten können.

Webkataloge: Vergleichbar mit einer Bücherei, in der die Bücher nach Themen katalogisiert werden, finden Sie in Webkatalogen Adressen von Webseiten nach Themen sortiert aufgelistet.

Wikipedia: Öffentliches Online-Nachschlagewerk, auf das jeder zugreifen kann. Es eignet sich besonders, um einen ersten Überblick über das Gesuchte zu bekommen. Wikipedia ist allerdings keine zitierfähige Quelle.

Wikis: Hier werden Informationen erfasst, gesammelt und anderen Menschen zur Verfügung gestellt, die sich ebenso an der Erfassung beteiligen können. Der Austausch findet in einer geschlossenen Gruppe, einer Art Intranet statt.

Informationen festhalten und darstellen

Die vermeintliche Fülle der Informationen aus dem Internet verführt geradezu zu einem schnellen und unreflektierten Kopieren und Einfügen. Aber ist das korrekt bzw. erlaubt? Andererseits sollten doch die Erkenntnisse bzw. Standpunkte Dritter in einem Referat oder einer Präsentation genannt werden, um so die eigenen Fachkenntnisse begründen zu können. Mit den rechtlichen Grundlagen im Internet oder sozialen Medien sollten Sie sich auskennen, um Konflikte und schlimmstenfalls Haftungsrisiken zu vermeiden. Beachten Sie:

Datenschutz (Internet)

Eigene Texte und Fotos ins Netz stellen ist erlaubt. Sobald eine weitere Person auf dem Bild zu sehen ist, darf das Foto nur mit Zustimmung dieser Person veröffentlicht werden. Bei ungefragter Veröffentlichung wird deren Persönlichkeitsrecht verletzt. Bei der Veröffentlichung von Fotos sollte bedacht werden, dass z. B. Fotos von betrunkenen Leuten auf einer Party lustig für andere anzusehen sind, die Person selbst aber so unter Umständen zum Objekt allgemeiner Belustigung oder gar von Mobbing wird.

Fremde Inhalte, wie z. B. Musik, Filme, Texte, Fernsehsendungen, Computerprogramme, Grafiken etc. sind in der Regel urheberrechtlich geschützte Werke, die mit dem ©-Logo versehen sind. Die Nutzung dieser Inhalte ist in der Regel im privaten Bereich auch ohne Zustimmung der Rechteinhaber erlaubt.

Die Weitergabe an Dritte ist zulässig, Voraussetzung ist jedoch, dass die Kopien im privaten Bereich verbleiben, also nicht an nur flüchtig Bekannte weitergegeben werden. Da eine Kontrolle der Haushalte nicht durchsetzbar war, wurde vom Gesetzgeber die legale Privatkopie (§ 53 Absatz 1 Satz 1 UrhG) eingeräumt. Zum finanziellen Ausgleich für die Urheber und Verwerter wurden Urheberabgaben eingeführt. Der § 53 (1) 1 UrhG besagt aber, dass Privatkopien nicht zulässig sind, sofern zur Vervielfältigung „eine offensichtlich rechtswidrig hergestellte oder öffentlich zugänglich gemachte Vorlage" verwendet wird.

Beim Ansehen von Videos oder Hören von Musik verstoßen Sie nicht gegen das Urheberrecht, unabhängig davon, ob diese rechtmäßig oder illegal ins Netz gestellt wurden. Verboten ist, Filme hochzuladen oder Musikdateien von einer CD oder aus dem Internet in einer Tauschbörse zum Download bereitzustellen. Dann nutzen Sie die Werke nicht mehr für den privaten Bereich, sondern machen sie öffentlich zugänglich (vgl. klicksafe, 2011). Hierbei macht es auch keinen Unterschied, ob die fremden Inhalte ohnehin frei online zugänglich sind oder ob der Urheber selbst kommerziell oder nicht-kommerziell tätig ist. Wenn Sie einen Text von einer fremden Webseite auf die eigene stellen, bedarf es der Zustimmung des Autors. Wenn Sie auf den Text hinweisen wollen, sollten Sie einen Hyperlink setzen, denn das ist keine Urheberrechtsverletzung.

Freie Inhalte (Musik, Texte, Fotos, Filme) sind am dem CC-Logo zu erkennen und deren Nutzung wurde von den Urhebern ausdrücklich gestattet. Ein Klick auf das CC-Logo führt auf eine Webseite, auf der erklärt wird, was mit dem Inhalt gemacht werden darf und welche Regeln dabei zu beachten sind.

Urheberrecht

Es wird geschützt, wenn die Quellen der gewonnenen Informationen korrekt zitiert werden. Dabei ist zu beachten:

Alle wörtlich oder sinngemäß aus fremden Quellen übernommenen Gedanken (= Zitate) müssen als solche zu erkennen und prüfbar sein; sie sind im Text eindeutig zu kennzeichnen. Es gibt verschiedene Zitiertechniken. Alle Prüfungskommissionen geben jedoch eigene Zitierrichtlinien heraus oder erwarten die Einhaltung bestimmter Varianten. Die praktizierte Zitiertechnik ist durchgehend in der gesamten Arbeit durchzuhalten.

Wörtliche (direkte) Zitate: Sie werden in Anführungszeichen gesetzt. Von wörtlichen Zitaten spricht man, wenn fremde Ausführungen original- und buchstabengetreu in den eigentlichen Text übernommen werden. Sie sollten maximal zwei bis drei Sätze umfassen und allenfalls dann verwendet werden, wenn sie gelungen oder originell formuliert sind. Bei der **Harvard-Zitierweise** werden nach einem Zitat in Klammern im laufenden Text Verfasser, Erscheinungsjahr und Seite der Fundstelle angegeben.

> *„Zu den schwachen Hervorhebungen, die erst während des Lesens auffallen, zählen Anführungszeichen und Kursivschrift" (Brämer & Blesius, 2008, S. 94).*

Veränderte Zitate: Jede Veränderung im wörtlichen Zitat ist durch eckige Klammern kenntlich zu machen. Wer Text, Hinweise bzw. Anmerkungen in das Originalzitat einfügt, klammert diese Ergänzung ein und kennzeichnet sie mit dem Hinweis [xxx; Anm. d. Verf.].

> *„Zu den schwachen Hervorhebungen [genaue Differenzierung; Anm. d. Verf.], die erst während des Lesens auffallen, zählen Anführungszeichen und Kursivschrift" (Brämer & Blesius, 2008, S. 94).*

Weglassung innerhalb eines Zitats sind wie folgt zu kennzeichnen: [.] für ein ausgelassenes Wort [...] für mehr als ein ausgelassenes Wort.

> *„Zu den schwachen Hervorhebungen [...] zählen Anführungszeichen und Kursivschrift" (Brämer & Blesius, 2008, S. 94).*

Indirekte Zitate: Bei sinngemäßen (indirekten) Zitaten werden Gedanken bzw. Ausführungen anderer übernommen oder sich daran angelehnt, ohne indessen den betreffenden Text wörtlich wiederzugeben. Indirekte Zitate werden nicht zwischen Anführungszeichen gesetzt. Bezieht sich die Quellenangabe lediglich auf den Satz, steht sie vor dem Satzschlusspunkt in Klammern. Bezieht sie sich auf den Absatz, steht sie hinter dem Satzschlusspunkt in Klammern. Der Quellenverweis bei sinngemäßen Zitaten muss unbedingt mit dem Zusatz „vgl." beginnen. Dieser entfällt, falls ein einleitender Satz den Autor bzw. die Autoren nennt; dann erscheinen in Klammern lediglich Jahr und Seite(n).

> *Zu den starken Hervorhebungen zählen Einrückung und Zentrieren (vgl. Brämer & Blesius, 2011).*

> *Zu den starken Hervorhebungen zählen Einrückung und Zentrierung. Die Anführungszeichen und Kursivschrift gehören zu den schwachen Hervorhebungen, da sie erst während des Lesens auffallen. (vgl. Brämer & Blesius, 2011)*

> *Brämer und Blesius (2011, S. 94) vertreten die Auffassung, dass Einrückung und Zentrieren innerhalb einer Textseite nur einmal verwendet werden sollten.*

Mehrere Autoren: Bei mehr als drei Autoren genügt es, im Text den ersten Verfasser mit dem Zusatz „u. a." bzw. „et al." zu versehen. Bezieht sich das Zitat auf zwei aufeinanderfolgende Textseiten, so schreibt man „S. 1 f."; bei mehr als zwei Seiten lautet die korrekte Angabe „S. 1 - 7" bzw. S. 1 ff.". Ein längeres Zitat kann im Text mit einer entsprechenden Formulierung eingeleitet werden. Enthalten Internetquellen keine Seitenzahl, genügt es, den Autor bzw. Herausgeber und das Jahr zu nennen.

> *Der Inhalt des folgenden Abschnitts basiert im Wesentlichen auf Müller u. a. (2010, S. 94 ff.) ...*

Abbildungen, Tabellen und Grafiken erstellen

Schaubilder oder Tabellen werden verwendet, damit die Ergebnisse verständlicher werden. Sie dienen als „Eyecatcher" und lockern das Schriftbild auf. Sehr einfach lassen sich **Abbildungen** und **Tabellen** mit den MS-Office-Funktionen erstellen. Jede Abbildung, Tabelle oder Grafik sollte einen aussagekräftigen Titel erhalten. Der Informationsgehalt von Abbildungen, Tabellen und Grafiken muss immer im Text ausformuliert werden. An jener Stelle, wo mit inhaltlichen Aussagen der Tabelle oder Grafik argumentiert wird, sollte ein entsprechender Hinweis stehen (z. B. „vgl. Abb. 2" oder „vgl. Tab. 3").

> Abb. 1: Meilensteine definieren
> Quelle: Brämer & Blesius (2011, S. 38).

Quellenangaben für Darstellungen (Tabellen, Grafiken, Abbildungen) stehen nicht in der Fußnote, sondern direkt unter der Tabelle bzw. Abbildung. Abbildungen und Tabellen in den Anhang zu verlagern, ist nicht ratsam und zugleich schädlich, weil dann nicht kraftvoll genug argumentiert werden kann.

Je nachdem, wie stark die Abbildungen etc. sich inhaltlich von einer oder mehreren Quellen entfernen, kann zwischen folgenden Optionen gewählt werden:

Quelle: Brämer & Blesius (2011, S. 106).
Quelle: Brämer & Blesius (2011, S. 106); leicht modifiziert.
Quelle: Brämer & Blesius (2011, S. 106); stark modifiziert.
Quelle: eigene Darstellung auf der Basis von Brämer & Blesius (2011, S. 106).
Quelle: eigene Erhebung.

Literaturverzeichnis erstellen

Das Literaturverzeichnis soll dem Leser ermöglichen, die Quellen ohne unnötige Mühe zu beschaffen, um sie nachvollziehen und überprüfen zu können. Es beginnt mit der Überschrift „Literaturverzeichnis". Im Literaturverzeichnis sind alle in der Arbeit verwendeten Texte, **Bücher**, Aufsätze, Gesetzestexte, Internetseiten etc. aufzuführen.

Es gibt eine nicht mehr überschaubare Anzahl von verschiedenen akademischen Zitierweisen. Wichtig ist, in einer Arbeit die gewählte Zitierweise strikt durchzuhalten. So ist die Quelle im APA-Standard (American Psychological Association) wie folgt anzugeben: Nachname, Vorname als Initiale. (Erscheinungsjahr). *Titel.* (ggf. Aufl.). Verlagsort: Verlag.

Satzzeichen, wie Punkt, Komma, Semikolon, Klammer und Doppelpunkt sind zu beachten. Die Namen werden herausgerückt (Hängender Einzug um 1 cm). Titel wie „Dr." oder „Prof." werden nie angegeben. Die Einträge sind alphabetisch nach den Nachnamen der Verfasser zu ordnen. Innerhalb gleicher Nachnamen wird nach den Vornamen sortiert.

Müller, A. (2014). *Anleitung für die Erstellung und Publikation wissenschaftlicher Arbeiten.* (3. Aufl.). Buxtehude: Phantasie-Verlag.

Müller, K. (2012). *Hausarbeiten richtig verfassen.* (2. Aufl.). Trier: Verlag an der Mosel.

Mehrere Titel eines Verfassers werden in zeitlich aufsteigender Reihenfolge angeordnet. Die Auflage wird immer als Aufl. abgekürzt und erst ab der 2. Auflage genannt.

Müller, A. (2014). *Wissenschaftliches Arbeiten.* Buxtehude: Phantasie-Verlag.

Müller A. (2014). *Technik des wissenschaftlichen Arbeitens.* (4. Aufl.). Buxtehude: Phantasie-Verlag.

Beispiel: Haben mehrere Titel mit Co-Autoren den gleichen ersten Autor, wird innerhalb dieser Gruppe nach dem Namen des zweiten Autors sortiert. Das Trennzeichen zwischen zwei Autoren ist das Et-Zeichen; bei mehreren Autoren wird lediglich vor dem letztgenannten das Et-Zeichen geschrieben. Bei mehr als drei Autoren folgt hinter dem ersten Namen der Zusatz „u. a." oder „et al.".

Müller, A. & Becker, J. (2014). *Publizieren im Bereich der Sozial- und Humanwissenschaften.* Buxtehude: Phantasie-Verlag.

Müller A. & Schmitt, K. (2014). *Leitfaden zum wissenschaftlichen Arbeiten.* (6. Aufl.). Buxtehude: Phantasie-Verlag.

Müller A., Ullrich, G. & Becker, J. (2014). *Wissenschaftliches Arbeiten und Wissenschaftstheorie: Eine Einführung für Studierende.* Buxtehude: Phantasie-Verlag.

Zitate aus **Zeitschriftenartikeln** werden nach folgendem Schema angegeben:

Nachname, Vorname als Initiale. *Titel des Beitrages.* Name der Zeitschrift, Jahrgang (Ausgabe), Seitenzahl(en).

Müller, A. *Erfolgreich wissenschaftlich publizieren.* Das Magazin für strategisches Marketing, 2014 (2), S. 35-38.

Internetquellen: Grundsätzlich gelten für die Angabe von Internetquellen die gleichen Grundregeln wie für gedruckte Quellen. Internetinhalte haben oft nur einen kurzen Bestand mit unbekannter Dauer.

Da die Quellen überprüfbar sein müssen, sollten die Internetseiten ausgedruckt oder auf einem eigenen Datenträger gespeichert werden. Zitierte Quellen müssen grundsätzlich so nachgewiesen werden, dass der Leser sie auch zu einem späteren Zeitpunkt finden und nachvollziehen kann. Internetseiten können nach folgendem Schema angegeben werden:

Name, Vorname als Initiale. (Erscheinungsjahr). *Titel des Beitrages.* Gefunden am Datum. unter URL. ggf. Seitenzahl bei PDF-Dateien.

Müller, A. (2014).*10 Tipps zum Erstellen von wissenschaftlichen Arbeiten.* Gefunden am 29. April 2014. unter www.phantasieverlag.de/tipps.

Das Datum für Internet-Quellen ist nur dann international eindeutig, wenn der Monat in Buchstaben (ggf. abgekürzt) und das Jahr vierstellig geschrieben werden. Auf die einleitende Angabe von „http://" wird verzichtet. Internet-Adressen (URL) sollten am Zeilenende an einer sinnvollen Stelle (z. B. hinter einem Schrägstrich) getrennt und nicht mit einem Trennstrich gekennzeichnet werden; er könnte sonst leicht als Adressbestandteil missverstanden werden.

Werden von einem Internetauftritt mehrere Seiten zitiert, so sollte zur besseren Übersicht nach der Jahreszahl durchnummeriert werden.

Müller, A. (2014-1).*10 Tipps zum Erstellen von wissenschaftlichen Arbeiten.* Gefunden am 29. April 2014. unter www.phantasieverlag.de/phasen.

Müller, A. (2014-2).*10 Tipps zum Erstellen von wissenschaftlichen Arbeiten.* Gefunden am 29. April 2014. unter www.phantasieverlag.de/literaturverzeichnis.

Müller, A. (2014-3).*10 Tipps zum Erstellen von wissenschaftlichen Arbeiten.* Gefunden am 29. April 2014. unter www.phantasieverlag.de/gliederungsarten.

Texte markieren

Wichtige Textstellen sollten hervorgehoben werden, damit sie leicht wiederzufinden sind. Es können Texte durch Codes oder Stichwörter ergänzt oder Wichtiges durch Farbe und Symbole markiert werden. Pfeile zeigen Zusammenhänge. Auch eigene Fragen, Widersprüche und Zustimmungen können durch Bildzeichen verdeutlicht werden. Es kommt auf das Thema der Arbeit, die Fragestellung bzw. das Erkenntnisinteresse an, was hervorzuheben ist. Häufig sind es:

- Fachbegriffe
- Thematisch relevante Schlüsselwörter
- Definitionen
- Regeln
- Jahresangaben
- Literaturhinweise
- Zentrale Thesen
- Textstellen, die Widerspruch erregen

Techniken: Mit Unterstreichungen (am besten eignet sich dazu ein Bleistift) können schon bei der ersten Lektüre eines Textes wichtige Gesichtspunkte hervorgehoben werden. Allerdings sollten Sie sich vor zeilenweisem Unterstreichen hüten. Stattdessen ist ein Längsstrich am Rand des Textes angebracht, wenn Passagen länger als zwei Zeilen, gekennzeichnet werden. Im zweiten Lektüredurchgang können dann bei genauerer Textkenntnis einzelne Begriffe und Wendungen in dem so markierten Abschnitt hervorgehoben werden. (Nun kann ein Textmarker eingesetzt werden.)

Randbemerkungen oder Markierungen am Rand oder innerhalb eines Textes bewirken den nötigen Überblick. Ziel ist es, die Schlüsselbegriffe zu erfassen, die Hauptthesen zu erkennen und den gedanklichen Aufbau des Textes herauszuarbeiten. Im Prinzip sollte es möglich sein, mit den markierten Stellen den Text kurz zusammenzufassen. Fehlen zur Logik Punkte, wurde unvollständig markiert!

Um das Markieren und Hervorheben übersichtlich zu gestalten und die Markierungen auch nach längerer Zeit noch verstehen zu können, können bestimmte Arten von Randmarkierungen oder -kommentaren verwendet werden. Hierzu ein paar Vorschläge:

Randmarkierungen	Markierungen innerhalb des Textes	Randkommentare
⇨ / wichtig	⇨ einkreisen	⇨ Th (These)
⇨ // sehr wichtig	⇨ einrahmen	⇨ Arg (Argument)
⇨ ! erstaunlich	⇨ unterstreichen	⇨ Def (Definition)
⇨ ? fragwürdig	⇨ Wellenlinien	⇨ Log (Logik)
⇨ + gut	⇨ mehrfarbig markieren	⇨ Bsp (Beispiel)
⇨ – schlecht		

Inhalte strukturieren und visualisieren

Um sich das Strukturieren der Texte, einzelner Textpassagen oder Sinnabschnitte zu erleichtern, können Sie z. B. grafische Strukturierungshilfen nutzen. Listen Sie dazu zunächst alle Textelemente, die Sie in eine Struktur bringen möchten, auf und bringen Sie sie in einem nächsten Schritt in eine räumliche Ordnung zueinander. Das kann durch typografische bzw. durch grafische Mittel geschehen.

Zu den **typografischen** Mitteln zählen Absätze, mehrspaltiger Text, Nummerierung und Aufzählung.

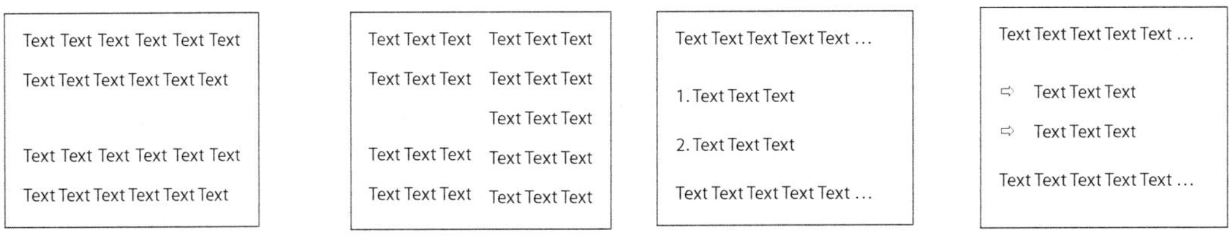

Grafische Mittel (Visualisierungen) bieten sich an, um Texte und Textinhalte zu ordnen, Verbindungen zu erkennen und Zusammenhänge herzustellen. MS-Word bietet hier unter „Illustrationen – SmartArt" eine große Vielfalt von grafischen Darstellungen an.

Was wird geordnet?	Wie wird geordnet?	Beispiele
Gleiche Ebene Aufzählung	Liste	
Über- und Unterordnung	Organigramm/Hierarchie, MindMap (siehe nächste Seite)	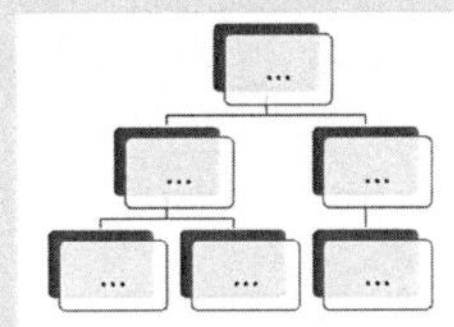
Elemente, die zu vergleichen oder zu beurteilen sind	Matrix Entscheidungsmatrix	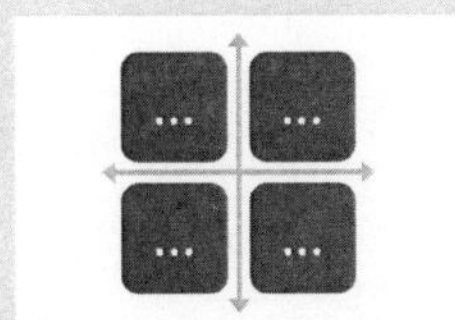
In welcher Beziehung stehen die Aussagen zueinander?	Pro und Kontra, Ideen vergleichen, Beziehungsnetz	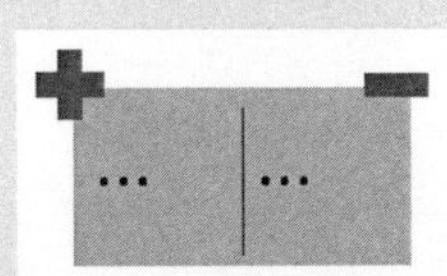
Dinge, die in einer Entwicklung stehen	Prozessablauf	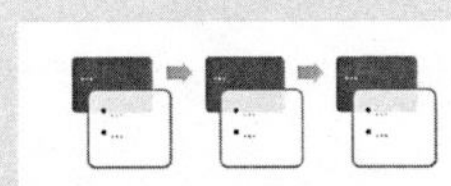

MindMaps erstellen

MindMapping ist eine gehirngerechte Kreativitätstechnik, die in den Siebzigerjahren von Tony Buzan erfunden worden ist. In MindMaps notieren Sie Ihre Gedanken nicht wie üblich hinter- oder untereinander. Stattdessen schreiben Sie das Hauptthema Ihrer Notizen auf die Mitte des Blattes und notieren Ihre Gedanken als Schlüsselwörter auf Linien, die von der Mitte der MindMap ausgehen. Dadurch entsteht eine bildhafte Darstellung Ihrer Gedanken, also so etwas wie eine Gedankenkarte.

MindMaps unterstützen das radiale Denken, sprich die unterschiedlichen Funktionen der Gehirnhälften. Die rechte Hälfte ist bestimmend für Räumlichkeit, Gestalt, Vorstellungsvermögen, Rhythmus und emotionale Verarbeitung. Die linke Seite hingegen steht für Symbole, Wörter, Zahlen sowie Logik. Somit haben MindMaps gegenüber linearen Notizen und Aufzeichnungen viele Vorteile: Man spart beim Anfertigen, Lesen oder Wiederholen viel Zeit, da man sich auf wichtige Schlüsselwörter und Themen konzentriert. Kreativität und Erinnerung werden aktiviert, und damit wächst auch der Gedankenstrom.

MindMaps von Hand

- Das Papier wird im Querformat genutzt. In die Mitte der Seite wird ein einprägsames Bild gezeichnet oder das Hauptthema geschrieben.
- Von dem zentralen Bild/Hauptthema ausgehend wird für jeden tiefergehenden Gedanken bzw. Unterpunkt eine Linie gezeichnet.
- Auf diese Linien werden die einzelnen Schlüsselwörter zu den Unterpunkten geschrieben. Diese Wörter sollten in Druckbuchstaben eingetragen werden, um die Lesbarkeit und Einprägsamkeit der MindMap zu erhöhen (nur Wörter – keine ganzen Sätze).
- Von den eingezeichneten Linien können wiederum Linien ausgehen, auf denen die einzelnen Hauptgedanken weiter untergliedert werden. Von diesen weiterführenden Linien können wieder andere ausgehen etc.
- Benutzen Sie unterschiedliche Farben, um die Übersichtlichkeit zu erhöhen. Gleichzeitig können beispielsweise auch zusammengehörende Gedanken und Ideen leicht durch Verwendung der gleichen Farbe verdeutlicht werden.
- Symbole, wie z. B. Pfeile, geometrische Figuren, kleine Bilder, gemalte Ausrufe- oder Fragezeichen und selbst definierte Sinnbilder, sind so oft wie möglich zu nutzen; sie erleichtern die Erfassung des Inhalts und können helfen, einzelne Bereiche abzugrenzen oder hervorzuheben.

Bei kreativen Überlegungen sollten Sie sich nicht allzu lange damit beschäftigen, an welcher Stelle die MindMap ergänzt wird. Das stört nur den freien Gedankenfluss; schließlich kann schneller gedacht als geschrieben werden. Umstellungen können später immer noch in einer Neuzeichnung vorgenommen werden. Dieses Vorgehen hat außerdem den Vorteil, sich ein weiteres Mal mit der gemappten Thematik zu befassen. So kann der Inhalt besser erinnert und verstanden werden, und es besteht die Chance, den entscheidenden Gedanken gerade bei dieser Neugestaltung zu bekommen. MindMapping kommt überall dort zum Einsatz, wo kreatives Denken, Entscheidungsfindung, Brainstorming, Teamarbeit oder Projektmanagement gefragt sind.

MindMaps am PC

MindMapping am Computer ist einfach praktisch. Man kann den kreativen Teil des Prozesses strikt von seinem auszuführenden Teil trennen. Mit der Zoom-Technik des Programms ist es möglich, sehr große Mappen zu erstellen. Befinden sich mehrere MindMaps auf verschiedenen Ebenen, kann man sie durch Links miteinander verbinden.

Es gibt eine MindManager-Software für den Schulgebrauch, den sogenannten MindManager-Smart. Diese Version wird von der Firma Mindjet für Schulen kostenlos zur Verfügung gestellt. Schulen aus Deutschland können die Version von den Bildungsservern ihrer Länder downloaden. Geeignet ist der MindManager-Smart für die Unterrichtsvorbereitung, Erarbeitung von Inhalten, Vorbereitung von Referaten und Projektarbeit.

Der Aufbau einer MindMap gliedert sich typischerweise in folgende Schritte:

1. Start mit dem zentralen Thema/Konzept
2. Erzeugen von Zweigen und Unterzweigen, die alle damit verbundenen Ideen und Themen aufnehmen
3. Hinzufügen von Bildern, Dokumenten und Hyperlinks zu jedem Zweig nach Bedarf
4. Logische Anordnung der Zweige
5. Erzeugen von sichtbaren Links zwischen miteinander in Beziehung stehenden Zweigen
6. Präsentieren oder Veröffentlichen der MindMap

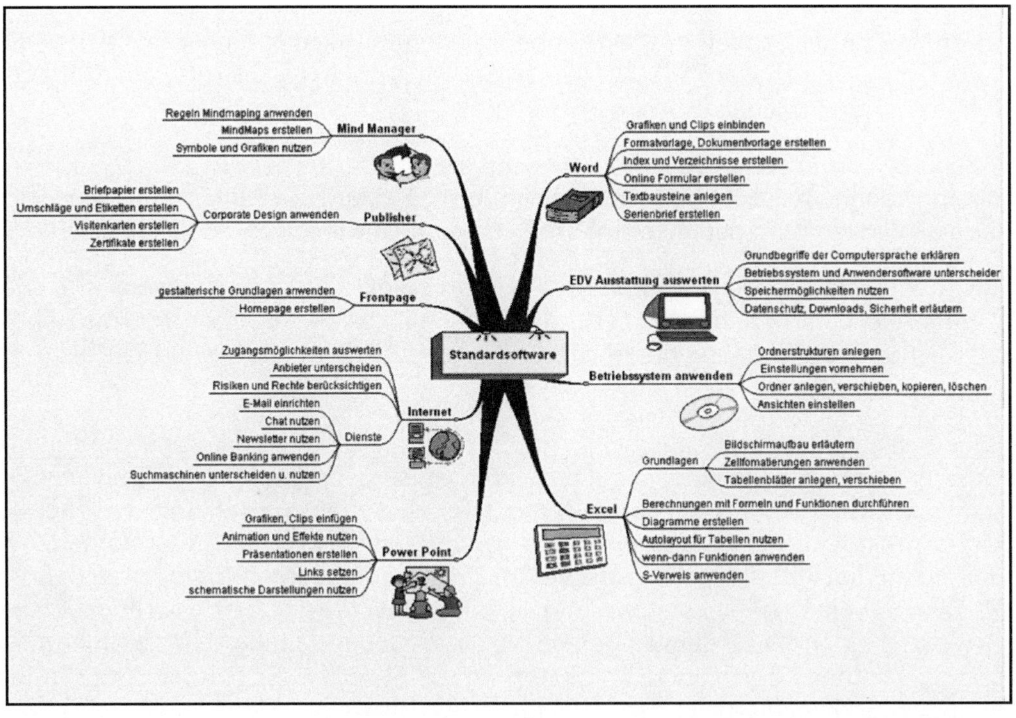

Checklistentechnik anwenden

Die Checkliste ist eine Zusammenstellung von Fragen, mit denen versucht wird, alle Problemfelder des Istzustandes zu behandeln und systematisch Schwachstellen zu finden. Entscheidungsrelevante Merkmale werden als Frage formuliert und zu einem Katalog zusammengefasst. Bei der Zusammensetzung spielen sowohl die logische Betrachtung des Untersuchungsbereiches als auch die Erfahrungen aus der Praxis eine relevante Rolle.

Zwei Zielvorstellungen müssen bei der Erstellung beachtet werden: Zum einen sollen Schwachstellen und Mängel erkannt werden, zum anderen geläufige Lösungsmöglichkeiten des Untersuchungsbereichs geprüft werden. Für viele Aufgaben gibt es bereits Checklisten, die von Experten erstellt wurden, und die dem Nutzer aufzeigen wollen, wie er eine Lösung für seine Aufgabe findet. Man findet sie im Internet, in Büchern oder Fachzeitschriften. Problem dabei ist, die jeweils richtige und passende Checkliste für die eigene Aufgabe zu finden.

Checklisten dienen der Übersicht, dem Einstieg in eine neue Arbeitsaufgabe sowie einer strukturierten Vorgehensweise. Selten machen sie das Nachdenken überflüssig. Erst in Kombination mit den eigenen Erfahrungen werden sie zu einem nützlichen Arbeitsinstrument.

Folgende Aspekte sind zu beachten:

1. Erstellen Sie eine Arbeits- bzw. Formatvorlage für Ihre Checklisten, die wichtige Informationen enthält wie: Name des Erstellers, Themenbereich, Thema, Datum der Erstellung oder Versionsnummer. Das Layout sollte ansprechend und übersichtlich sein.

2. Sammeln Sie so viele Aspekte wie möglich, die in der Checkliste für das jeweilige Thema aufgenommen werden können.

3. Sprechen Sie mit Experten zum Thema, sammeln Sie Informationen aus dem Internet, aus Fachbüchern oder aus bestehenden Checklisten.

4. Erstellen Sie Ihre eigene Checkliste. Achten Sie darauf, dass diese den Nutzern genug Freiraum bietet, damit zu arbeiten.

5. Hilfreich sind Tabellen mit leeren Spalten, in die Nutzer eigene Ideen oder spezifische Aspekte eintragen können.

6. Eine besondere Form sind „Erinnerungs-Checklisten" oder „Analyse-Checklisten": Hier werden viele Fragen gestellt, die Nutzer mit Ja/Nein oder ähnlichen Kategorien beantworten. Sie dienen dazu, dass alle wichtigen Aspekte berücksichtigt werden.

Informationsblätter erstellen

Informationsblätter sollten zielgruppenorientiert, ansprechend und nach den Regeln des Corporate Designs (Schriftzug, Logo, Farbe usw.) gestaltet sein, damit der Leser sich schnell auf dem Blatt zurechtfindet und die Informationen einen Wiedererkennungswert haben. Aufgrund dieses Erscheinungsbild ist der Leser sofort in der Lage den Absender zuzuordnen. Im Kopfteil sollten Lenkungsinformationen stehen: Logo, Name, Datum und Titel. In der Fußzeile stehen die Kontaktdaten wie E-Mail-Adresse, Anschrift bzw. Telefonnummer. Die Officeprogramme bieten einen breiten Gestaltungsspielraum für das Layout. Allerdings sollten Sie die typografischen Regeln beachten, um einen ansprechenden Gesamteindruck zu erzielen.

Typografische Regeln für die Gestaltung von Informationsblättern

Verwenden Sie niemals mehr als drei verschiedene Schriftarten, Schriftfarben, Schriftgrößen oder Schriftschnitte (fett, kursiv usw.). Wir unterscheiden zwischen schwachen, mittleren und starken Hervorhebungen. Zu den schwachen Hervorhebungen, die erst während des Lesens auffallen, zählen Anführungszeichen und Kursivschrift.

Fettdruck und Farbe gehören zu den mittleren Hervorhebungen. Satzzeichen innerhalb einer Hervorhebung werden in die Formatierung mit einbezogen, wenn sie inhaltlich zum hervorzuhebenden Teil gehören (vgl. DIN, 2011, S. 19). Wählen Sie die Farben passend zum Corporate Design und nutzen Sie Farben, um die Wortaussage zu verstärken (z. B. „Sale" in roter Farbe, „gesunde Ernährung" in grüner Farbe)

Zu den starken Hervorhebungen gehören die Einrückung und das Zentrieren, die innerhalb einer Textseite nur einmal verwendet werden sollten. Eingerückte und zentrierte Textteile werden vom vorausgehenden und vom folgenden Text durch je eine Leerzeile abgesetzt. Unterstreichungen sollten Sie vermeiden, da die Unterlängen weder gestreift noch geschnitten werden sollten (vgl. DIN 2011, S. 19).

Benutzen Sie in einem Text keine ähnlichen Schriften (Arial und Helvetica oder Garamond und Times), sondern gestalten Sie ihn mit klar unterscheidbaren Schriften (Arial mit Times). Bei größeren Textmengen (die auch gelesen werden sollen, also ab einer Seite) sollten Sie Serifenschriften[1] verwenden (Garamond, Times), bei geringeren Textmengen (Visitenkarten, Zeitungsanzeigen, Plakaten) sind serifenlose (Arial, Helvetica) oft sinnvoll, die aber im Grundsatz schlechter lesbar sind.

Nutzen Sie Ihren Platz nicht bis zum Letzten! Lassen Sie Raum! Oft ist ein Text mit kleinerer Schrift, aber größerem Zeilenabstand, besser lesbar. Eine freie, unbedruckte Fläche unterstreicht Ihre Botschaft besser, als marktschreierischer Fett- und Riesendruck. Das Layout (Text und Grafiken) sollte über das ganze Blatt reichen – auf keinen Fall das untere Drittel oder sogar die Hälfte des Blattes freilassen.

Gliedern Sie Texte in sinngemäße Absätze und verschaffen Sie dem Leser einen raschen Überblick durch Teilüberschriften. Formulieren Sie die Überschriften prägnant und Interesse weckend. Der Text wird immer ein Drittel kleiner geschrieben als die Überschrift (also Schriftgrad 12/18 oder 16/24). Umfangreiche Texte können in Spalten aufgeteilt werden, um den Augen das Lesen zu erleichtern Bilder und Grafiken müssen zu den Inhalten passen (vgl. Brämer & Blesius, 2011, S. 96). Zur Unterstützung des Textverständnisses sind Bilder bzw. grafische Mittel ein unentbehrliches Hilfsmittel.

Bilder sagen mehr als Tausend Worte

1 Serifen sind kleine Endstriche eines Buchstabens, umgangssprachlich auch „Füßchen" genannt.

Referate halten

Referate vorbereiten, durchführen, nachbereiten

Ein Referat schreiben ist spannend und zugleich anspruchsvoll. Hierzu benötigen Sie **ressourcenbezogene** und **kognitive Lernstrategien**. Einerseits sind die inhaltlichen (Lesen, Exzerpieren, Zitieren ...) und andererseits die arbeitsökonomischen Aspekte (Wie mache ich was und in welcher Reihenfolge?) zu beachten.

Im ersten Schritt erstellen Sie einen Arbeits- bzw. Zeitplan mit den notwendigen Schritten und deren sinnvolle zeitliche Abfolge. Im zweiten Schritt beschaffen Sie sich Informationen (Schulbücher, Lexika, Fachbücher, Zeitschriften, Zeitungen ...). Lesen, unterstreichen und exzerpieren Sie die Literatur. Wählen Sie die wesentlichen Informationen aus und bringen Sie die ausgewählten Informationen/Inhalte in eine schlüssige Reihenfolge. Schreiben Sie eine Gliederung Ihres Referats und skizzieren Sie eine Einleitung.

Im dritten Schritt erstellen Sie den Hauptteil des Referates. Beachten Sie den roten Faden in Ihrem eigenen Argumentationsgangs und die angemessene sowie korrekte Verwendung der Quellenangaben (Zitieren) der zu berücksichtigenden Literatur. Überprüfen Sie noch einmal Ihre Gliederung und erstellen Sie die Endfassung der Einleitung. Für den Referatsschluss wählen Sie eine Zusammenfassung oder persönliche Bemerkungen, Bewertungen oder konkrete Möglichkeiten der Anwendung. Im vierten Schritt überarbeiten Sie Ihr Konzept nach inhaltlichen, sprachlichen und formalen Aspekten. Stellen Sie Ihr Referat mit Deckblatt, Gliederung, darstellendem Text und Literaturverzeichnis fertig. Überprüfen Sie die Textgestaltung nach Layout und **Typografie**.

Im fünften Schritt bereiten Sie sich auf die Präsentation vor. Erstellen Sie einen Stichwortzettel für den Vortrag, welcher max. fünfzehn bis zwanzig Minuten dauern sollte. Fassen Sie die wesentlichen Aussagen schriftlich in einem Handout für Ihre Mitschüler(innen) zusammen. Entwerfen Sie eine zusätzliche Aufgabe, die Ihre Mitschüler(innen) nach Ihrem Referat lösen müssen (Fragebogen, Kreuzworträtsel o. Ä.).

Während des Vortrages sprechen Sie laut und deutlich und möglichst frei. Verwenden Sie bei Bedarf Ihre Stichwortzettel. Formulieren Sie kurze und verständliche Sätze, machen Sie kurze Pausen, wenn ein Gedanke abgeschlossen ist. Schauen Sie die Zuhörerinnen und Zuhörer an. Veranschaulichen Sie Ihre Ausführungen mithilfe der verfügbaren Medien (OHP/Folie, Tafel, Plakate, Wandzeitungen, Bilder ...). Nach dem Vortrag lassen Sie sich von den Zuhörerinnen und Zuhörern ein Feedback geben in Bezug auf Stärken und Schwächen hinsichtlich der Inhalte und der Art des Vortrags.

Referaten zuhören

Stimmen Sie sich auf das Referat ein. Nehmen Sie sich vor, zuhören zu wollen. Inneres Sprechen kann diesen Vorgang unterstützen („Ich höre zu!"). Hören Sie genau zu. Achten Sie auf Hinweiswörter (z. B. Hervorzuheben ist, ...) auf Literaturhinweise, schriftlich präsentierte Informationen und auf Betonungen, Wiederholungen und Hervorhebungen. Schauen Sie auf die Referentin bzw. den Referenten. Achten Sie auf Gestik, Mimik und Körperhaltung der bzw. des Vortragenden. Sie erhalten so zusätzliche Hinweise, was als wichtig erachtet wird. Schreiben Sie Wesentliches stichwortartig mit. Fangen Sie bei jedem neuen Gedanken einen neuen Absatz an. Stellen Sie Fragen. Erbitten Sie zusätzliche Erläuterungen. Ersuchen Sie um Begriffserklärungen. Reflektieren Sie das gehörte Referat. Erstellen Sie eine systematische Übersicht mit Stichwörtern und Diagrammen. Fragen Sie sich: Was habe ich gelernt? Wurden meine Erwartungen erfüllt? Gibt es weiterführende Fragen oder ist nun der Vorgang abgeschlossen?

Metakognitive Lernstrategien – Lernfortschritt kontrollieren

Lernzuwachs reflektieren

Sie haben schon Erfahrung mit Kontrollen, sei es in Hausaufgaben oder Prüfungen. Doch die Kontrollen sollten nicht immer von einer anderen Person durchgeführt werden. Zum selbstständigen Lernen ist es wichtig, sich selbst zu kontrollieren und noch einmal über alles nachzudenken. Nachdenken ist quasi die Vorstufe zum Reflektieren. Es ist etwas Alltägliches und jeder Mensch tut es unbewusst. Reflektieren jedoch sollten Sie bewusst und zwar mit Abstand zu der Sache (d. h., vor bzw. nach dem Geschehen sich bewusst einige Dinge klarmachen).

Sie können in verschiedenen Ebenen reflektieren: Im Dialog, alleine oder auch indem Sie es nochmals auf Papier bringen. Es gibt viele Dinge, die Sie reflektieren können: Erinnerungen, Wissen, Techniken usw.

Beim Reflektieren können Sie nochmals über sich selbst und das Erlernte nachdenken. Sie können Ihre eigenen Stärken und Schwächen reflektieren. Es hilft dabei, Fehler zu erkennen, um sie beim nächsten Mal zu vermeiden. Über das Erlernte noch einmal nachzudenken kann auch helfen, sich das Wissen noch einmal einzuprägen bzw. zu vertiefen. Manchmal erkennen Sie erst beim Reflektieren, dass Sie doch etwas nicht verstanden haben, und können sich dann wieder neues Wissen aneignen. Stellen sich also für die Reflexion nachfolgende Fragen:

- Welche neuen Fachkompetenzen habe ich in dieser Lernsituation erweitert?
- Welche persönlichen Erfahrungen oder Einsichten habe ich gewonnen?
- Welche Methoden, Arbeitstechniken oder Lernstrategien habe ich vertieft?
- Was hat mich am Lernen behindert?
- Welche Emotionen habe ich in dieser Lernsituation empfunden?
- Wie bewerte ich die Lernsituation?
- Welche inneren Zustände habe ich empfunden?
- Welche Erwartungen resultieren aus dem neuen Kompetenzerwerb?
- Welche Ziele setze ich mir für die Zukunft?

Lernprozess planen

Jedoch bedeutet Reflektieren nicht nur, über Geschehenes nachzudenken, sondern auch den ganzen Lernprozess von Anfang bis Ende zu lenken. Vor dem Beginn der Aufgabe sollten Sie sich überlegen, wie Sie sich in einer Lernsituation verhalten wollen. Dieser Prozess wird in drei Schritte unterteilt:

⇨ Erst einmal denken Sie über die Lernsituation nach und machen sich klar, um was es überhaupt geht.

⇨ Als Zweites überlegen Sie, welche Strategien Sie zum Bewältigen dieser Aufgabe anwenden können.

⇨ Zum Schluss wählen Sie ein bestimmtes Vorgehen für diese Lernsituation aus.

Portfolio erstellen

Um Ihren Lernprozess systematisch zu steuern, sollten Sie regelmäßig Reflexionen durchführen, aber auch Ihre erstellten Handlungsprodukte (abgeschlossene Arbeitsergebnisse, z. B. Checkliste, MindMap, Aufzeichnung des szenischen Spiels usw.) in einer Mappe chronologisch abheften. Diese Mappe zeigt Ihren Kompetenzzuwachs, sowohl im Fachlichen als auch in Ihrer Persönlichkeit, und wird als Portfolio bezeichnet.

Kreativitätstechniken einsetzen

Brainstorming organisieren

Das Brainstorming ist der Klassiker unter den Kreativitätsmethoden. Es eignet sich zum Finden möglichst vieler Ideen – zu einem vorgegebenen Thema oder zur Lösung eines vorgegebenen Problems. Moderatoren überwachen die Einhaltung der Regeln und dokumentieren die Ideen. Sie geben Impulse bzw. stellen Fragen. Eine kreisförmige oder quadratische Sitzordnung wird als sinnvoll angesehen.

Vor dem Brainstorming

Der Brainstorming-Sitzung sollte eine Problemanalyse durch den Moderator (evtl. unter Hinzuziehung von Experten) vorausgehen. Wird dabei erkannt, dass es sich um ein sehr komplexes Problem handelt, so sollte dieses in übersichtlichere Teilprobleme untergliedert werden. Zum Beginn der Brainstorming-Sitzung wird dann die zu behandelnde Fragestellung allen Teilnehmern dargestellt, damit alle wissen, um was es geht. Gleichzeitig werden die Spielregeln des Brainstormings bekannt gegeben. Auf deren Einhaltung muss der Leiter achten. Grundregeln:

- Jede auch noch so ausgefallene Idee ist willkommen. „Je ausgefallener, desto besser."
- Ideen werden knapp und kurz formuliert.
- Ideen anderer können/sollten aufgegriffen und ausgebaut werden.
- Keine Bewertung der Beiträge der anderen.

Durchführung des Brainstormings

Während der Brainstorming-Sitzung hat der Moderator die Aufgabe, die Gruppe zur Erarbeitung und Darstellung ihrer Vorschläge zu motivieren, zu stimulieren und zu ermutigen. Er sollte unsichere oder zögernde Teilnehmer unterstützen und darauf achten, dass jeder in der Gruppe zu Wort kommt.

- Äußerungen sind in beliebiger Reihenfolge mölglich.
- Alle Ideen werden für alle sichtbar stichwortartig festgehalten (z. B. auf Karten an der Pinnwand oder auf dem Fußboden = Brainpool).
- Das Aufschreiben der Ideen darf den Ideenfluss nicht hemmen.
- Denkpausen sind notwendig und zulässig.

Befindet sich die Gruppe in einer festgefahrenen Situation, so ist es Aufgabe des Moderators, diese wieder aufzubrechen. Dies kann zum Beispiel durch einen Wechsel der Perspektive geschehen: Das Problem wird umformuliert, vergrößert, verkleinert oder mit anderen Fragestellungen in Verbindung gebracht. Der Moderator sollte auch dafür sorgen, dass man sich nicht schon zu Anfang in Detailfragen verliert, sondern zunächst aus einer breitangelegten Sichtweise heraus auf das Problem eingeht. Und schließlich sollte der Moderator auch die Ideen ordnen, auswerten und mit eigenen Worten zusammenfassen.

Kartenabfrage arrangieren

Bei der Kartenabfrage schreiben die Teilnehmer(innen) ihre Äußerungen auf Karten, die anschließend an der Pinnwand nach Ähnlichkeit sortiert werden. Hierdurch entsteht eine Sammlung verschiedenster Informationen zu einem Thema. Gleichzeitig sind alle Teilnehmer(innen) an dem Prozess beteiligt. Für diese Methode inkl. Auswertung sollten ca. dreißig Minuten eingeplant werden.

- Visualisierung der Frage-/Problemstellung
- Problemstellung nicht zu komplex anlegen

Das Moderatorenteam gibt ein Problem vor und schreibt dieses als Überschrift auf ein großes Blatt Papier. An die Teilnehmer(innen) werden Karten verteilt, worauf sie spontan ihre Gedanken zur Ausgangsfrage notieren sollen. Jede Karte sollte nur mit einem Gedanken stichwortartig beschrieben werden. Am besten eignet sich die Druckschrift in ca. fünf Zentimeter Höhe!

Das Moderatorenteam sammelt die Karten ein und sortiert sie gemeinsam mit der Gruppe auf dem vorbereiteten Plakat. Das kann auf dem Boden (im Sitzkreis) oder mit Klebestreifen an einer Stellwand geschehen. Kommentare sind nur den Kartenverfassern gestattet. Alternativ können die Lernenden die Karten einzeln an die Pinnwand heften und den Gedanken entsprechend kommentieren. Mehrfach genannte Begriffe werden übereinandergepinnt, um alle Beiträge zu honorieren und die Wichtigkeit eines Themas/Problems darzustellen.

Zwangsläufig zeichnen sich hierbei deutlich Sortierkriterien ab. Diese eigenen Problembereiche werden mit Überschriften versehen, durchnummeriert, mit einem dicken Filzstift umrandet und dadurch abgeschlossen.

Diese Sinneinheiten können für eine Gruppeneinteilung oder generell für die weitere Arbeit genutzt werden. Kriterien für die Zuordnung:

- Was lässt sich gemeinsam bearbeiten?
- Wofür sind ähnliche Lösungen denkbar?

Clustering im Team durchführen

- Methode zur Ideenentwicklung und um die Verbindungen zu verdeutlichen
- Geeignet für Gruppen von drei bis fünf Personen
- Flipchart-Papier/Folie und Filz- bzw. Folienstifte

Visualisierung der Frage-/Problemstellung

- Den Kernbegriff, von dem das Clustering ausgehen soll, in die Mitte der Folie/Papier schreiben
- Um den Kernbegriff ein Rechteck zeichnen

Grundregeln des Clusterings

- Das Team schließt eine Minute die Augen, um sich auf seine Assoziationen zum Kernbegriff konzentrieren zu können.
- Das erste Teamitglied notiert einen Einfall auf das Papier/Folie, setzt ihn in einen ovalen Rahmen und verbindet ihn mit dem Kernbegriff.
- Die Folie wird an den rechten Partner weitergereicht.
- Das zweite Teammitglied notiert seinen Einfall genauso wie sein Vorgänger – wenn sich sein Einfall aber irgendwie besser an den Einfall des Vorgängers anknüpfen lässt, verbindet er seinen eigenen Einfall nicht mit dem Kernbegriff in der Mitte, sondern nur mit dem seines Vorgängers.
- Sollte ein Begriff nicht an andere anzuknüpfen sein, so bleibt er freischwebend ohne Verbindung.

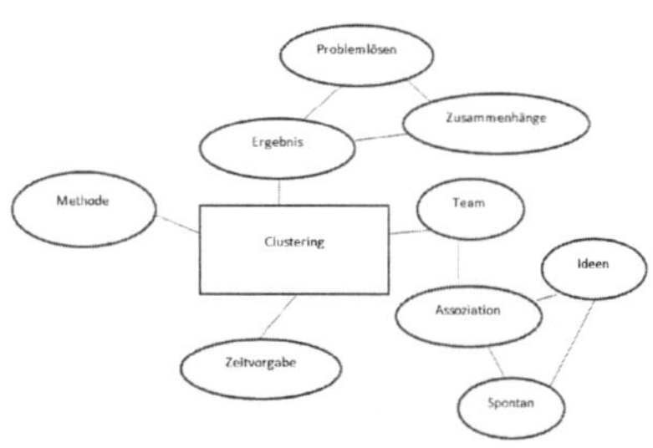

- Das Clustering wird entweder nach einer bestimmten Zeitvorgabe weitergereicht oder so lange bis keine Ideen mehr kommen.
- Es darf weder verbal noch mit Mimik und Gestik kommuniziert werden.

Auswertung des Clusterings

- Erläuterung der Ideen und Zusammenhänge
- Auswertung nach Erfordernissen und Zielen

Placemat

Die Methode Placemat eignet sich zum Austauschen von Ideen, zur Verbesserung der Kommunikation, um Konsens zu entwickeln und um Ideen zu strukturieren.

Es werden Dreier- oder Vierergruppen gebildet. Auf Flip-Chart-Papier oder DIN-A3-Papier erhält jeder sein eigenes Schreibfeld. In der Mitte wird ein Kreis oder ein Viereck für die Zusammenfassung gezeichnet. Optimal ist, wenn das mittlere Feld leicht vom Placemat zu entfernen ist (Folie oder zusätzliches Papierblatt), damit es für die Präsentation separat zur Verfügung steht.

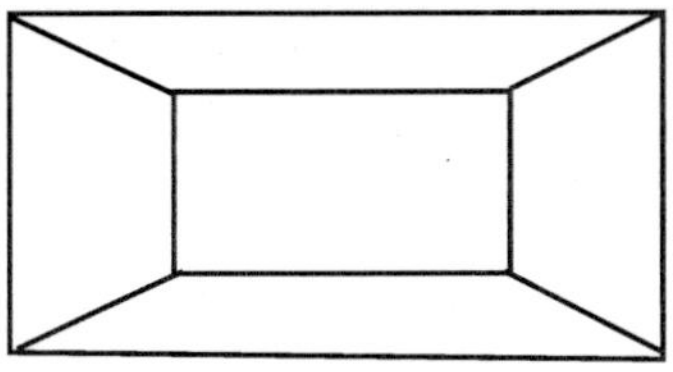

1. Phase

Nachdem das Thema bzw. die Fragestellung bekannt ist, schreiben die Teammitglieder zwei bis drei Minuten Ihre Ideen auf. Es können jedoch auch Fragen, Unklarheiten, Widersprüche oder Querverweise festgehalten werden. Während dieser Zeit wird nicht gesprochen (vgl. Green & Green, 2010, S. 136).

2. Phase

Nach der Stillarbeit diskutieren Sie im Team dann über alle Ideen. Sie einigen sich – berücksichtigen Sie dabei die Ideen der Teammitglieder – und notieren das Gruppenergebnis (Antworten bzw. Aussagen) in die Mitte.

3. Phase

In der dritten Phase werden nun die Ergebnisse aus den Teams im Plenum präsentiert. Als Hilfestellung dient hierzu das Feld aus der Mitte des Placemats, auf dem zuvor in der Gruppenarbeitsphase die zentralen Ergebnisse der Diskussion festgehalten wurden (vgl. Brüning & Saum 2008, S. 25).

Abwandlung

Nach der Stillarbeit wird das Placemat im Uhrzeigersinn gedreht, sodass Sie die Notizen im Segment eines anderen Gruppenmitgliedes lesen können. Tauschen Sie sich nur bei Verständnisproblemen aus (stummes Vergleichen). Wiederholen Sie den Vorgang. Anschließend diskutieren Sie, welche Hauptthemen in die Blattmitte geschrieben werden.

Medien gestalten

Plakate gestalten

Flipcharts und Plakate stehen während der gesamten Stunde bzw. Unterrichtseinheit zur Verfügung. Sie sind ein Dauermedium – also als Ankerpunkt für das Auge anzusehen. Sie eignen sich für Regeln, Übersichten oder als Leitfaden. Sie können vorbereitet oder während des Vortrages entwickelt werden.

Regeln für die Plakatgestaltung

- Flipcharts sind nur bis zu einem Abstand von sechs Metern lesbar.
- Die Schriftgröße muss mindestens fünf Zentimeter betragen.
- Verschiedene Farben (max. vier) verwenden: eine Grundfarbe und die restlichen Farben für Betonungen.
- Spezielle Flipchartstifte verwenden.
- Auf dem Flipchart wird immer mit dicken Stiften geschrieben.
- Druckschrift verwenden, da sie am besten lesbar ist.
- Das Flipchart darf nicht voll beschrieben sein. Es sollen unbeschriebene Flächen auf dem Plakat erhalten bleiben.
- Flipcharts sollen so knapp wie möglich gehalten werden. Sie sollen eine klare, erkennbare Struktur aufweisen. Die Zusammenhänge sind durch Über- und Unterordnungen klar erkennbar zu machen.
- Besonders gut bleiben Flipcharts im Gedächtnis, wenn sie Merk-Anker und optische Auflockerungen enthalten:
  - Skalen (um die Einschätzungen sichtbar zu machen)
  - Koordinaten-Einschätzungen durch einen Punkt
  - Listen (Ideen- und Problemsammlung gewichten)
  - Tabellen (Beziehungen und Verknüpfungen herstellen)
  - Bäume (Über- und Unterordnung)
  - Netze (komplexe Zusammenhänge überschaubar machen)

Einsatzmöglichkeiten

- Unterstützung eines Vortrags durch Notizen
- Präsentation von vorbereiteten Texten
- Dokumentation von Beiträgen und Fragen von Teilnehmenden
- Dokumentation der Arbeitsergebnisse von Kleingruppen
- Aufreihung der Flipcharts an der Wand, um den Seminarablauf zu dokumentieren

Overheadfolien gestalten

Vor der Präsentation sollten Sie die Funktionstüchtigkeit des Overheadprojektors ausprobieren. Standort: Das Gerät nicht in der Mitte des Raumes platzieren, sondern in der fensterfernen Ecke des Raumes. Neben dem Projektor sollen Ablageflächen für die Unterlagen des Referenten vorgesehen sein. Eine Verdunkelung des Raumes ist nicht erforderlich.

Regeln für die Foliengestaltung

- Die Zuhörer benötigen einige Zeit (ca. zehn Sekunden), um die Folie zu betrachten. Während dieser Zeit hören sie nicht zu. Für die Erklärung benötigen Sie aber die Aufmerksamkeit der Zuhörer. Aus diesem Grund wird erst dann weitergesprochen, wenn sie die Folie gelesen haben. Der Text der Folie soll nicht wortwörtlich vorgelesen werden, da jeder Zuhörer selbst lesen kann.

- Die Zuhörer sollen die Folien nicht abschreiben. Nach dem Vortrag bekommen sie die zusammengefasste Präsentation als Unterlage.

- Ihre Mitschüler(innen) betrachten die Folie wesentlich länger, als sie über die gesprochenen Sätze nachdenken. Daher wiegen Fehler bei der Foliengestaltung wesentlich schwerer.

- **Weniger ist mehr.** Es sollen nur wenige Folien verwendet werden. Nur die wichtigsten Aussagen werden visualisiert.

  Auch für die Folie selbst gilt „Weniger ist mehr". Die Folie enthält nur wenige Aussagen, sie müssen aber übersichtlich gestaltet und gut lesbar sein. Die Folie soll das Verstehen der Inhalte erleichtern und nicht selbst Erklärungsbedarf benötigen.

- **Bild schlägt Text.** Wie schon erwähnt, sagt ein Bild mehr als tausend Worte. Die verwendeten Bilder müssen aber mit den Aussagen der Folie im Zusammenhang stehen.

- **Farben beleben.** Die Verwendung von Folien, die nur mit einer Farbe beschriftet sind, ist zu vermeiden. Für identische Aussagen sollen immer die gleichen Farben verwendet werden. Mehr als fünf Farben sollten aber nicht benutzt werden (Schwarz und Weiß zählen als Farben mit).

- **Schriftgröße.** Für gleiche Textarten immer die gleiche Schriftgröße verwenden (Überschrift, Zwischenüberschrift, Unterpunkte, Text ...). Als Faustregel gilt, dass die Folie ohne Projektor aus zwei Metern Entfernung noch lesbar sein muss. Bei handschriftlichen Folien soll die Schrift mindestens einen Zentimeter groß geschrieben werden. Bei computererstellten Folien mindestens Schriftgröße 16 pt Punkt, Fettdruck und eine serifenlose Schrift (z. B. Arial, Helvetica) verwenden (Überschriften = 24 pt, Zwischenüberschriften = 20 pt).

Professionell präsentieren

Präsentation planen

Die Planung einer Präsentation beginnt mit der Vorgabe oder der Wahl eines Themas. Mit den folgenden vier bewährten Schritten (Planen, Vorbereiten, Üben und Präsentieren) erleichtern Sie sich das Erstellen einer Präsentation und werden mit Ihrem Auftreten und Ihren Aussagen einen bleibenden Eindruck beim Publikum hinterlassen.

Ziel. Sie möchten Ihr Anliegen, Ihre Thesen, Ihre Ideen, Ihre Gefühle dem Besucher mitteilen und visuell die wichtigsten Elemente zeigen/aufzeichnen, sodass er am Schluss des Vortrages positiv beeindruckt den Raum verlässt.

Zeitaufwand. Bei der Planung der Präsentation muss das Auftrittsdatum als Endmeilenstein festgelegt werden. Ab diesem Datum sollten Sie nichts mehr an der Präsentation ändern, denn Sie haben den Vortrag geübt und können den Ablauf „fast" auswendig. Alle Änderungen, die Sie noch vornehmen, werden den reibungslosen Ablauf stören, und Sie treten nicht als der/die souveräne Präsentator(in) auf und gehen das Risiko ein, dass die Zuhörer Ihren Vortrag als improvisiert empfinden.

Die Länge von Vorträgen ist selten kürzer als fünfzehn Minuten. Es wird zwischen Sachvortrag (nach max. fünfundvierzig Minuten eine Pause) und einer Präsentation (nach max. zwanzig Minuten eine Pause) mit dem Ziel, zu verkaufen, zu überzeugen, zu beeinflussen oder zu werben, unterschieden. Das lange Zuhören, Zusehen und Verarbeiten des Gehörten verlangt von den Teilnehmern eine große Aufmerksamkeit. Um dem Rechnung zu tragen, sollten Sie öfters (themenabhängig) eine Pause einplanen (vgl. Widmer, 2007).

Sender und Empfänger. Präsentieren bedeutet, auf einer Veranstaltung ein Produkt vorzuzeigen oder Neuigkeiten mitzuteilen. Zwischen dem Publikum und der Präsentation findet permanent ein Wechsel von verschiedenen Aktivitäten statt. Diese Aktivität nennt man auch Interaktion. Der Präsentator (Sender) kann spüren, ob das Publikum angespannt zuhört, ob es mitgerissen wird oder aber, ob es sich langweilt. Auf der anderen Seite spürt das Publikum (Empfänger), ob der Vortragende das Thema beherrscht oder nicht; improvisiert er, hat der Vortrag einen roten Faden, steht der Vortragende hinter dem, was er mitteilt, oder wirkt er gelangweilt. Die Nachricht sollte auf die Empfänger abgestimmt werden. Die Sprache sollte von allen verstanden werden. Der Empfänger formt die Informationen, die er erhalten hat, für sich selber um – Betrachtungsweise durch seine Brille. Er hört nur die Informationen, die im Moment seinen Bedürfnissen entsprechen und für die er empfänglich ist.

Damit der Sender das Optimum an die Empfänger weitergeben kann, sollten Sie einige Merkpunkte beachten:

- Inhaltlich klare Informationen (kein Zickzack zwischen den verschiedenen Themen)
- Erkennbares Ziel der Präsentation
- Strukturierte Aufbereitung der Daten
- Richtige Dosierung der Informationsabgabe
- Sinnvolle Zusammenfassung des Vortrages
- Überprüfung, ob die Botschaft des Vortrages beim Empfänger auch richtig angekommen ist und verstanden wurde

Wer sitzt im Publikum

Oft wird vergessen, das Publikum zu analysieren und zu hinterfragen, zu welchem Zweck Sie Ihren Vortrag halten. Es passiert immer wieder, dass der Vortrag nicht dem Publikum entspricht, oder es sitzt das falsche Publikum im Vortrag. Es darf nicht sein, dass das Publikum nach dem Vortrag mit Fragen, Unwahrheiten oder mit der Aussage: „schade um die verlorene Zeit, hätte sie besser nutzen können" den Raum verlässt. Klären Sie vorher ab, welche Besucher Sie zu erwarten haben: Sind es Jugendliche, Erwachsene, Freunde, Laufpublikum oder handelt es sich um ein Fachpublikum (Fachspezialisten wie Techniker, Kaufleute oder Ärzte). Je nachdem, wie Sie dieses Zielpublikum analysiert haben, können Sie mit Bildern, Tabellen, Zahlen, Musik, Videos, Grafiken, Farben usw. den Vortrag unterschiedlich aufbauen.

Folgende Fragen helfen Ihnen bei der Publikumsanalyse/Zielgruppenanalyse weiter:

- Wer sind die Teilnehmer?
- Was erwarten die Teilnehmer?
- Welches Vorwissen haben die Teilnehmer?
- Welche Haltung haben die Teilnehmer zum Thema?
- Welche Fragen sind zu erwarten?
- Welche Widerstände sind zu erwarten?
- Welche Besonderheiten bestehen?

Sie wissen nun, welche Leute Sie bei Ihrem Vortrag zu erwarten haben. Aus diesem Grund überlegen Sie sich nun den Zweck des Vortrages und welchen „Auslöser" Sie beim Publikum erreichen wollen. Wollen Sie informieren, überzeugen, zum Handeln motivieren, verkaufen, unterrichten oder ausbilden. Im Großen und Ganzen werden zwei Ziele unterschieden: informieren oder überzeugen.

Informierende Präsentation. Es werden nur Fakten (Bericht, Fortschritt eines Projekts usw.) im Vortrag eingesetzt. Es wird keine Beeinflussung oder Meinungsänderung des Teilnehmers angestrebt.

Überzeugende Präsentation. Sie versuchen bewusst, die Teilnehmer zu beeinflussen, sodass es zu einer Meinungsänderung kommt (vgl. Widmer, 2007).

Inhalte gekonnt aufbereiten

Informationen sammeln. Wenn Sie eine Präsentation planen, sollten Sie zunächst aktuelle Daten und Materialien sammeln. Doch welche Daten sind wirklich relevant und welche Informationen sind geeignet? Antwort: Jene, die zum Thema gehören, die verstanden werden können, die Ihre Teilnehmer interessieren und die gleichzeitig zu den vorabdefinierten Zielen führen.

Selektieren. Sie sammeln alle brauchbaren Materialien. Anschließend selektieren Sie, welche am nützlichsten sind, um die Präsentationsziele zu erreichen. Setzen Sie noch einmal Prioritäten. Bewerten Sie die gesammelten Materialien und sondern Sie gründlich aus.

Komprimieren. Während sich die Informationen für Ihre Präsentation zunehmend verdichten, können Sie mit dem Entwurf eines Ablaufplanes beginnen. Welche Inhalte sollen in die Eröffnung, welche in den Hauptteil und welche in den Schluss der Präsentation? Erarbeiten Sie einen „roten Faden". Entfernen Sie überflüssiges Datenmaterial und fügen Sie gegebenenfalls Neues ein.

Sie komprimieren das Material. Nur die wichtigsten Informationen bleiben übrig. Denn Ihre Präsentationszeit ist meistens kurz bemessen. Und Ihr Publikum ist begrenzt aufnahmefähig. Bei Präsentationen gilt die Regel: „Weniger ist mehr."

Visualisieren. Danach können Sie die Visualisierung entwickeln.

Präsentation gestalten

Sind die Vorbereitungen abgeschlossen, wird ein präziser Ablaufplan („Drehbuch") für die Präsentation erstellt. In diesem Ablaufplan sind die einzelnen Schritte bezüglich der Inhalte, des Medieneinsatzes und der Zeitvorgaben enthalten. Jeder Ablaufplan einer Präsentation besteht aus den drei Teilen: Einstieg, Hauptteil und Schluss. Zusätzlich sollten Sie sich einen Plan für die Action Items (Aktionspunkte) erstellen, z. B. den Programmablauf visualisieren.

Der Einstieg. In der Einstiegsphase nehmen Sie das erste Mal Kontakt zum Zuhörerkreis auf. Dies kann in einer sachlichen oder auch persönlichen Art und Weise geschehen. Im nächsten Schritt werden Ziel und konkretes Thema der Präsentation genannt. Schließlich erfolgt die Information der Teilnehmer über den geplanten Verlauf der Veranstaltung. Dazu gehören die Hauptgliederungspunkte des Vortrages, der zeitliche Ablauf und die Pausenregelungen. In der letzten Phase des Einstiegs werden Sie Ihre Mitschüler(innen) auf das Thema der Präsentation einstimmen. Diese Einstimmung soll Interesse und Betroffenheit für die folgende Präsentation wecken.

Der Hauptteil. Jetzt wird das Thema den Zuhörern systematisch vorgetragen. Dazu sollte ein Blickkontakt zu ihnen hergestellt werden. Außerdem ist es erforderlich, klar und verständlich zu sprechen. Die Präsentation sollte durch Teilzusammenfassungen gegliedert werden. Für Rückfragen und Wortmeldungen der Teilnehmer muss ausreichend Zeit vorhanden sein. Schließlich sollten Sie die Reaktionen der Zuhörer beachten, um zu überprüfen, ob Ihr Ablaufplan den tatsächlichen Erwartungen entspricht oder verändert werden muss.

Der Abschluss. Der Abschluss ist ein wichtiger Bestandteil der Präsentation. Seine Durchführung ist abhängig von den angestrebten Zielen. Es ist üblich, zunächst eine Zusammenfassung der wichtigsten Aspekte der Präsentation durchzuführen. War es z. B. das Ziel der Veranstaltung, über ein Fachgebiet zu informieren, ist es an dieser Stelle angebracht, Verständnisfragen zu klären und eine Diskussion zu führen. Auf diese Diskussion müssen Sie vorbereitet sein (vgl. Manthei et al. 2007).

Unterstützen Sie mit Schrift, Farbe und Layout

Nicht jeder, der vorträgt, ist auch ein guter Redner, der das Publikum in seinen Bann zieht. Umso wichtiger ist es, dass Präsentationen nicht überladen, unübersichtlich oder gar unstrukturiert sind. Die wesentlichen Aufgaben beim Konzipieren einer Präsentation sind inhaltliche Klarheit und erkennbare Zielrichtung, strukturierte Aufbereitung und richtige Dosierung der Informationsmengen sowie sinnvolle Zusammenfassung der Hauptinhalte.

Seien Sie sich stets bewusst, dass ein Vortrag immer ein Lernprozess ist. Die unbedingte Orientierung auf das Publikum ist und bleibt die zentrale Herausforderung für alle, die vortragen. Inhalt und Gestaltung müssen sich an den Teilnehmern orientieren, an deren Wissensstand, Aufnahmebereitschaft und -fähigkeit. Unterstützen Sie Ihren Vortrag bewusst mit den Mitteln der Gestaltung – und dazu gehören in erster Linie Schrift, Farbe und Layout (vgl. Schiecke et al. 2006, S. 27).

- Lenken Sie mit farbigen Flächen, mit Bildern, Rahmen, Aufzählungspunkten und Symbolen den Blick und die Aufmerksamkeit der Zuschauer.
- Verwenden Sie auf jeder Folie eine Überschrift, stets an gleicher Stelle.
- Ordnen Sie die Aufzählungstexte, Bilder und Diagramme so an, dass sie immer an der gleichen Position links oben beginnen.
- Ordnen Sie alle Informationselemente unterhalb der Überschrift an einem (unsichtbaren) Raster an.
- Verwenden Sie dazu die Führungslinien des Präsentationsprogramms oder arbeiten Sie mit einem Gitternetz.
- Achten Sie auf ausreichende Leerfläche auf der Folie und lassen Sie mindestens dreizig Prozent der Fläche frei.
- Verwenden Sie für gleiche Sachverhalte gleiche Gestaltungsmerkmale (Formen, Farben, Symbole usw.). Ein Vortrag, der vorwiegend aus Text besteht, kann schnell langweilig wirken. „Beleben" Sie daher Ihre Folien mit Diagrammen, Schaubildern, kleinen Fotos und haben Sie Mut zu kreativen Darstellungen (vgl. Schiecke et al. 2006, S. 34 - 35).

Aus Texten mehr machen

Die Teilnehmer einer Präsentation müssen gleichzeitig den Worten des Vortragenden folgen und den Inhalt der Folie verarbeiten. Die Textfolien müssen übersichtlich gestaltet sein, damit sie vom Publikum auf einen Blick zu erfassen sind. Das Publikum soll dem Vortragenden zuhören und auf den Folien wirklich nur die Kernaussagen sehen als visuelle Begleitung des gesprochenen Wortes und nicht als dessen Ersatz. Je weniger auf der Folie steht, umso weniger ist der Vortragende versucht, Folien vorzulesen. Und das Publikum seinerseits wird sich viel stärker auf den Vortragenden konzentrieren und ihn auch eindeutig als den Mittelpunkt des Vortrags erkennen und anerkennen.

Die Reduktion der Inhalte ist nicht immer leicht, aber der Nutzen rechtfertigt den Aufwand. Das Komprimieren teilweise langatmiger Inhalte auf einen Begriff bietet für beide Seiten, Publikum und Vortragenden, Vorteile: Das Publikum kann dem Vortragenden konzentriert zuhören und nimmt das eine Wort als zusätzlichen visuellen „Anker" auf. Der Vortragende erhält ein Stichwort, um den nächsten Gedanken auszuformulieren, erhält gleichzeitig den roten Faden und kommt definitiv nicht mehr in Versuchung, die Folieninhalte einfach abzulesen.

Verwenden Sie nur einzeilige Überschriften und halten Sie den gleichen Schriftgrad bei. Formulieren Sie schlag- und stichwortartig statt in vollständigen Sätzen. Pro Aufzählungspunkt formulieren Sie max. zwei Zeilen Text. Vermeiden Sie bei zweizeiligen Texten sinnentstellende Trennungen.

Gliedern Sie normgerecht – vermeiden Sie einzelne Unterpunkte, wenn Sie mehrere Textebenen einsetzen. Verwenden Sie nur so viele Aufzählungspunkte, wie Sie ohne Reduzierung des Schriftgrads unterbringen können – ggf. arbeiten Sie zweispaltig oder verwenden eine zweite Seite. Als Aufzählungszeichen eignen sich auch Bilder. Diese transportieren neben ihrer gestalterischen Wirkung auch inhaltliche Aussagen. Pfeile, die in verschiedene Richtungen gehen, unterstreichen wirkungsvoll die Aussage (nach oben – positiv, nach rechts – neutral, nach unten negativ) oder Smilies verdeutlichen die Stimmung. Sind nur wenige Aussagen vorhanden, kann jede von ihnen durch ein passendes Bild als „Bullet" aufgewertet werden.

Nicht jeder Text lässt sich in Aufzählungspunkte zerlegen, beispielsweise Fließtexte wie Firmenphilosophie, Zitate oder Kurzbeschreibungen eines Produktes. Diese sollten vom üblichen Layout abweichen und den Text vor einem farbigen Hintergrund oder vor einem Hintergrundmotiv zeigen (vgl. Schiecke et al. 2006, S 40 - 49).

Ein besonderes Augenmerk sollte dem Beamer gelten. In der Regel treffen Sie ältere Geräte an. Das bedeutet, dass der Raum relativ dunkel sein muss, um ein optimales Bild anzeigen zu können. Die Geräte sind nicht auf Tageslicht oder Halbdunkel ausgelegt. Die Lichtstärke der Geräte ist zu schwach.

Je düsterer der Raum ist, um so weniger haben Sie Blickkontakt mit den Zuhörern. Die Leute sind nur noch auf die Projektion fixiert und hören Ihnen nicht so genau zu (vgl. Widmer 2007).

Präsentationsmöglichkeiten nutzen

Sprache

Bei Ihren Präsentationen gehört die Sprache zu Ihrem Hauptmedium. Die Sprache besitzt einen wunderbaren Fundus an Wendungen und Bildern (Metaphern). Bauen Sie Spannung mit einer Metapher auf, um Besonderheiten hervorzuheben. Belegen Sie, was Sie zu sagen haben, mit Beispielen, damit eine lebendige Präsentation gelingt. Helfen Sie sich, indem Sie für die Präsentation einen A6-Handzettel erstellen, auf dem Sie stichwortartig Ihren Vortrag notieren.

Körpersprache

Setzen Sie Ihre Mimik, Gestik und Körperhaltung bewusst ein. Ein freundlicher, offener Blick stimmt den Zuschauer positiv. Auch Gesten, die in Höhe der Taille ablaufen, werden positiver gewertet als jene, die sich unterhalb der Taille abspielen.

Hände sollten sichtbar bleiben. Sie sollten freundliche und öffnende Gesten zeigen, aber nicht übertreiben. Eine aufrechte Körperhaltung signalisiert, dass Sie hinter dem Gesagten stehen und sich Ihrer Argumente sicher sind.

Anschauungsmaterial

Neben der Sprache bringen Sie durch alltägliche Gegenstände (z. B. Hüte, Sportgeräte, Pflanzen, Musikinstrumente) die nötige Würze in Ihre Präsentation. Wenn Sie reale Gegenstände verwenden, um abstrakte Sachverhalte zu verdeutlichen, dann fällt Ihren Teilnehmern das Zuhören leichter. Die Präsentation wird anschaulich und lebendig.

Durch den Einsatz von derartigem Anschauungsmaterial wird nicht nur das Interesse der Zuschauer geweckt, es wird auch ein unmittelbarer Bezug zur Realität hergestellt, und dadurch bleibt das Gesagte in Erinnerung. Sie sollten allerdings darauf achten, dass der Gegenstand groß genug und so für alle Anwesenden im Raum gut erkennbar ist.

Auf gar keinen Fall sollten Sie aber bestimmte Gegenstände nach Ihrem Einsatz im Publikum herumreichen. Das schafft nur Unruhe und lenkt von Ihrer weiteren Präsentation ab. Sie können aber einen Gegenstand, insbesondere wenn er außergewöhnlich und spektakulär ist, wirkungsvoll platzieren.

Bühnenbild

In einem weiteren Punkt unterscheidet sich die Präsentation besonders klar vom Vortrag: Sie kann auch als ein Schauspiel verstanden werden, als eine Aufführung, die eine Inszenierung durchlaufen hat und auf einer Bühne mit einem wechselnden Bühnenbild – der Projektion – stattfindet (Lobin, 2011).

Sie als Präsentator reden auf dieser medialen Bühne frei und können sich mit Gestik oder raumgreifenden Bewegungen in Szene setzen. Bedenken Sie, dass es neben der Vermittlung von Inhalten dabei um Ihre Selbstpräsentation geht.

Präsentation vorbereiten

So aktivieren Sie Ihr Publikum

Erinnern Sie sich, wann ein Redner Sie das letzte Mal so richtig begeistert und gedanklich gefesselt hat? Genau, als er Sie zum Mitdenken anregte, Sie mitnahm auf seine gedankliche Reise, als er Sie provozierte und geistig forderte. Es gibt viele Elemente, die aus Ihnen im Handumdrehen einen aktivierenden und faszinierenden Redner machen.

Setzen Sie visuelle Anker. Bringen Sie reale Gegenstände mit in Ihre Präsentation und stellen Sie so Bezüge zu Ihrem Thema her: Zeigen Sie einen echten roten Faden, setzen Sie Handpuppen ein, nutzen Sie einen Staffelstab oder halten Sie alte Schuhe hoch. Geben Sie Ihren Zuhörern auch ein „Give-away" (z. B. eine Glasmurmel, einen Würfel) als Begleiter für die Hosentasche mit. Dann erinnert sich jeder Einzelne an Ihren fesselnden Vortrag, noch Wochen später.

Lassen Sie Ihre Zuhörer murmeln. Fordern Sie nach einem zehn- bis fünfzehnminütigem Input Ihre Zuhörer auf, mit dem Sitznachbarn zu einer provozierenden Frage (mit Themenbezug) zu reden. Ein Murmeln wird im Raum hörbar. Stellen Sie anschließend eine zweite, weiterführende Frage ins Plenum. Sie werden von der Beteiligung begeistert sein!

Erschrecken Sie Ihre Zuhörer. Wechseln Sie Ihre Position im Raum. Setzen Sie sich ins Publikum. Sie erschrecken damit, machen munter, zeigen, dass Sie „einer von ihnen" sind und zu Diskussionen und Fragen einladen.

Provozieren Sie Ihre Teilnehmer. Übertreiben Sie hin und wieder mal. Setzen Sie in der entscheidenden Phase einen Hut auf oder lassen Sie sich ein T-Shirt mit einem Motto bedrucken und ziehen Sie es sich im entsprechenden Moment über. All das sind „Hingucker", die Ihnen die Augen und Ohren Ihrer Zuhörer öffnen und auch offen halten!

Gestalten Sie die Pause. Legen Sie eine Karibik-CD ein, das bringt Bewegung in den Raum. Verteilen Sie in der Pause Knobelspiele, Kopfnüsse (Rätsel) oder Spielzeug (Bälle). Sie werden erstaunt sein, wie begeistert Ihre Zuhörer dies annehmen und versuchen zu jonglieren oder das Rätsel zu lösen.

Aufmerksamkeit wecken. Wenn Sie mit einer Präsentations-Software präsentieren und die Aufmerksamkeit von den Folien auf Ihren Vortrag lenken wollen, schalten Sie einfach zwischendurch den Bildschirm ab. Dazu drücken Sie auf den Punkt [.]. Sofort wird der Bildschirm schwarz und nichts lenkt die Zuhörer mehr von Ihnen ab. Ein weiterer Druck auf [.] schaltet den Schirm wieder ein.

Nonverale Kommunikation

Mimik. Ein Lächeln ist die kürzeste Entfernung zwischen Menschen. Diese alte Weisheit lässt die Bedeutung der Mimik bei der Kommunikation erahnen. Wer lächelt, hat eine positivere Ausstrahlung. Vermieden werden sollte aber auf jeden Fall, bewusst die Mimik zu verändern – dies würde gekünstelt und damit unecht wirken. Ein freundlicher, offener Blick stimmt den Zuschauer positiv. Wer den anderen „keines Blickes würdigt", wirkt arrogant, abweisend oder gar unsicher. Tatsächlich ist der Blick die wichtigste Möglichkeit, ohne körperliche Berührung Kontakte zu anderen Menschen aufzunehmen. Dabei ist aber nicht das Fixieren eines Einzelnen gemeint. Dies grenzt den Rest der Zuschauer aus und man verliert deren Aufmerksamkeit. Während einer Argumentation sollte der Redner versuchen, einen Blick der Neugierde aufzusetzen, und zwar Neugierde auf die Reaktion des Publikums. Oft reagieren Zuhörer darauf mit Kopfnicken im Sinne der Zustimmung. Dies gibt jedem Redner mehr Selbstbewusstsein und Sicherheit.

Gestik. Als Gestik bezeichnet man die Bewegung der Hände und Arme beim Sprechen. Diese ist stark von der Mentalität und dem Temperament des Einzelnen abhängig. Gesten, die in Höhe der Taille ablaufen, werden positiver gewertet als jene, die sich unterhalb der Taille abspielen. Hände sollten sichtbar bleiben. Versteckte Hände, z. B. in den Hosentaschen oder auf dem Rücken, werden als negativ gewertet. Hände sollten vielmehr freundliche und öffnende Gesten zeigen. Das leidige Problem „Wohin mit meinen Händen?" kann z. B. durch den Einsatz von Stichwortkarten teilweise gelöst werden. Gekreuzte Arme drücken Ablehnung aus. Schulterzucken lässt auf Hilflosigkeit und Unterwerfung schließen. Beides führt nicht zu einer positiven Atmosphäre bei einer Präsentation. Hektisches Fuchteln mit den Armen irritiert den Zuschauer. Gesten sollten grundsätzlich harmonisch und nicht übertrieben sein.

Standpunkt. Ein schlechter Redner stresst seine Zuhörer mit ständigem Herumzappeln, hektischem Nesteln in den Unterlagen. Nicht von einem Bein auf das andere treten! Ein gezieltes, selbstbewusstes Schreiten zu dem Standort, auf welchem man ruhig und aufrecht verweilt, bringt Aufmerksamkeit und Ruhe in den Raum.

Haltung. Eine aufrechte Körperhaltung signalisiert, dass man hinter dem Gesagten steht und sich seiner Argumente sicher ist. Eine gebeugte Haltung wirkt unsicher und wenig selbstbewusst. Wie sollte da das Publikum von dem Gesagten beeindruckt sein?

Bewegung. Ein Redner, der hektisch durch den Raum eilt oder zappelnd vor der Metaplan-Wand oder der Tafel steht, verhindert, dass sich das Publikum auf den Inhalt konzentrieren kann. Die Bewegungen und der Gang sollten immer ruhig und überlegt sein (vgl. Braun 2008).

Stimme

Auch unsere Stimme hat ganz enormen Anteil an der Kommunikation. Ist Ihnen schon mal aufgefallen, wie sich die Stimme verändert, je nachdem wie wir uns fühlen. Wenn wir aufgeregt sind, dann zittert sie. Wenn wir traurig sind, dann bringt man fast keinen Ton zustande. Wenn wir froh sind, dann überschlägt sie sich manchmal. Für unsere Stimme sind ebenfalls fast 50 Muskeln verantwortlich. So benutzten wir 43 Muskeln, um zu lächeln. Das gesprochene Wort gewinnt erst an Bedeutung durch den Ausdruck unserer Stimme. Man kann mit den gleichen Worten unzählig verschiedene Dinge ausdrücken. Zum Beispiel die Aussage: „Heute siehst du aber gut aus!" Wenn Sie dies freundlich formulieren und mit einem Lächeln sagen, bedeutet dies etwas ganz anderes, als wenn Sie einen abwertenden Tonfall anschlagen. Wenn Sie erschrecken und in Panik geraten, klingt Ihre Stimme automatisch höher. Sprechen Sie aus einer entspannten Position heraus, wird sie tiefer klingen.

Andere optische Zeichen

Haben Sie schon mal Ihre Stars beim Konzert oder in einer Talkshow erlebt? Dann werden Sie schnell zahlreiche Bilder vor Augen haben. Diese Bilder bzw. Bewegungen kann man auch bei Menschen beobachten. Je nachdem, wie Sie körperlich in Erscheinung treten, erzeugen Sie eine Wirkung auf Ihre Umgebung und diese muss Ihr Erscheinen interpretieren. Wenn Sie aufrecht und stolz mit geradem Rücken einen Raum betreten, wird man vermuten, dass es Ihnen gut geht und Sie selbstbewusst sind. Betreten Sie hingegen den Raum mit hängenden Schultern und gekrümmtem Rücken, so erzeugen Sie die Vermutung, dass Sie traurig sind. Eine aufrechte und straffe Körperhaltung macht frei von Blockaden, ermöglicht eine optimale Konzentration. Sie zeigen sich entgegenkommend, wach und interessiert, was Sie darüber hinaus durch einen offenen Blick nach außen transportieren.

Das schlaffe, in sich zusammengesunkene Sitzen auf einem Stuhl signalisiert Müdigkeit oder Desinteresse. Man könnte auch interpretieren, dass Sie nicht belastbar sind. Nehmen Sie hingegen eine straffe Körperhaltung ein, so setzen Sie Energie frei, sie können sich besser konzentrieren und erzeugen Selbstbewusstsein. Eine überstraffe Körperhaltung signalisiert wiederum Verteidigungsposition. Sie zeigen, dass Sie sich ärgern und signalisieren Ihrem Gegenüber: Vorsicht! Bis hierher und nicht weiter.

Stehen Sie mit beiden Füßen locker auf dem Boden signalisieren Sie Bodenständigkeit und Selbstbewusstsein. Sobald Sie die Füße nach innen verdrehen oder eng zusammenstellen verlassen Sie Ihre sichere Position und drücken aus: Ich stehe nicht fest im Leben. Sie machen sich klein und man könnte glauben, Sie seien nicht belastbar. Die Art und Weise, wie Sie gehen, stehen, sitzen, gibt Auskunft darüber, wie Ihre momentane Gefühlslage ist. Dies können Sie nicht verhindern, aber beeinflussen.

Die verschiedenen Facetten der Körpersprache können nie isoliert voneinander eingesetzt werden. Mimik ist immer verbunden mit Gestik und anderen optischen Zeichen. Auch der Ausdruck unserer Stimme variiert in zahlreichen Facetten und kann nie losgelöst von den anderen Anteilen betrachtet werden.

Sei immer du selbst

Entscheidend ist, dass die Präsentation immer im Einklang mit der präsentierenden Person ist. Sprache, Körpersprache, Mimik und Gestik müssen echt sein – es soll Stimmigkeit mit der eigenen Persönlichkeit herrschen.

Nur dann, wenn der Präsentator wirklich er selbst sein kann, wird er sich bei seiner Präsentation auch wohlfühlen – und für das Gelingen einer guten Präsentation ist letztendlich immer der durchführende Mensch verantwortlich.

Für die Vortragssprache ist das Wichtigste, dass sie verständlich ist. Zu viel Aufmerksamkeit auf die Rhetorik und Sprechweise zu richten ist eher hinderlich und bringt zusätzliche Nervosität. Zu beachten sind: Intonationswechsel, variierende Geschwindigkeit und Lautstärke der Stimme sowie Sprechpausen.

Vor allem zu vermeiden ist ein monotoner Tonfall, da dadurch das Gesagte wie ein Schlafmittel wirkt. Die Stimme sollte lebendig wirken, dies kann durch körperliche Lockerungsübungen – Bewegung der Arme und Beine – erreicht werden. Eine weitere Möglichkeit, einen monotonen Tonfall zu bekämpfen ist, laut von eins bis zehn zu zählen, wobei man ganz leise beginnt und so laut wie möglich endet.

Mit der Lautstärke der Stimme kann man über längere Zeit die Aufmerksamkeit der Zuhörer an sich binden (Versuch, mit der Stimme zu spielen – leiser werden, bis man kaum mehr verständlich ist – dann laut werden – und normal weitersprechen).

Ein großes Problem kann die Sprechgeschwindigkeit sein. Die normale Sprechgeschwindigkeit liegt bei ca. einhundertzwanzig Wörtern pro Minute, die sich jedoch durch Nervosität erheblich steigert. Sprechpausen bewusst einschalten, z. B. nach wichtigen Aussagen bis fünf zählen, dann erst weiterreden; dadurch wird einerseits die Sprechgeschwindigkeit verringert, andererseits ermöglicht die Pause dem Zuhörer, die Aussage zu verarbeiten.

Versprecher sind kein Problem

Die Zuhörer sind wegen des Themas hier und nicht, um die „ähs" des Vortragenden zu zählen. Sie achten wesentlich weniger auf Versprecher und Füllwörter als der Präsentator selbst.

Man muss Hänger und Blackouts den Zuhörern nicht auf die Nase binden; meist fallen sie den Zuhörern gar nicht auf – wenn doch, tief durchatmen, die letzten Punkte wiederholen und weitersprechen. Gut hilft der rote Faden auf einem Plakat. (Der rote Faden ist der klar erkennbare Aufbau des Vortrags.) Die Präsentation soll kein Irrgarten sein, sondern der Zuhörer soll der Grundstruktur des Vortrags folgen können (vgl. Mayer, 2008).

Ohne Lampenfieber geht es nicht

Vor lauter Aufregung eine zittrige Stimme oder gar den Faden verloren? Für dieses Phänomen gibt es in der deutschen Sprache den treffenden Begriff des Lampenfiebers. Wie können wir das Lampenfieber vom Feind zum Freund wandeln?

1. Lampenfieber ist keine Angst vor dem Reden, sondern eine Angst vor den Menschen: sich zu blamieren, steckenzubleiben, sich lächerlich zu machen.
2. Trainieren Sie das Reden vor einem Publikum, das Ihnen „wohlgesonnen" ist.
3. Lampenfieber ist ein Angstgefühl. Ersetzen Sie dieses Gefühl durch Sicherheit. Sprechen Sie über Themen, bei denen Sie „sattelfest" sind. Das Lampenfieber wird einer wohltuenden Sicherheit Platz machen, wenn Sie gut vorbereitet und vom Gegenstand Ihres Vortrags überzeugt sind.
4. Lassen Sie sich nicht durch Versprecher, grammatikalische Fehler oder den verlorenen Faden irritieren. Oft werden Ihre Zuhörer das Manko gar nicht bemerken. Und wenn Ihre Teilnehmer etwas merken, werden Sie feststellen, dass sie oft viel toleranter mit Ihnen sind als Sie selbst. Perfektion weckt Aggression. Überzeugen Sie also nicht mit Perfektion, sondern lieber durch Ehrlichkeit, Glaubwürdigkeit und Authentizität.
5. Gewinnen Sie durch Üben Sicherheit im Formulieren Ihres Vortrags. Ihre schriftliche Vorbereitung sollte sich auf die Niederschrift von Stichworten beschränken. Lesen Sie nie ein fertiges Manuskript oder Folieninhalte vor. Erst das Ausformulieren im laufenden Vortrag gibt Ihrem Auftritt die nötige Würze.
6. Reden Sie mit den Händen. Überwinden Sie Ihr Vorurteil gegen körperlichen Einsatz zur Unterstreichung Ihrer Worte. Mit richtig eingesetzter Gestik gewinnen Ihre Worte an Klarheit. Können Sie sich vorstellen, dass ein stocksteif dastehender Mensch interessant wirkt?

7. Entspannen Sie sich vor Ihrer Rede. Beschäftigen Sie sich eine Stunde vor Ihrem Einsatz nicht mehr mit Ihrem Vortrag. Stellen Sie sich vor, wie schön es klingt, Beifall zu bekommen.
8. Haben Sie keine Angst vor Fragen. Fragen zeigen Ihnen, dass die Zuhörer Ihren Ausführungen interessiert folgen. Sollten Sie einmal keine Antwort aus dem Stand finden, bieten Sie dem Frager eine Klärung nach dem Vortrag an (vgl. Adler 2008).

Den Auftritt vorbereiten

Ein gut gestaltetes Manuskript ist laut Dedecek (2008) der Schlüssel für eine erfolgreiche Präsentation! Sie sollten keine Mühen scheuen, Ihr Manuskript sorgfältig und übersichtlich zu erstellen. Gestalten Sie es so, dass Sie jederzeit auf die gerade benötigten Informationen Zugriff haben. Mit Hilfe von Karten im DIN-A5-Querformat können Sie gut Ihre Nervosität verbergen. Hier gelten folgende Regeln:

1. Nur einseitig ausfüllen (bessere Orientierung)
2. Mit großer Schrift beschriften (Hand – Augenabstand)
3. Mit verschiedenen Farben arbeiten (bessere Übersichtlichkeit)
4. Viel Freifläche einbauen, damit Sie schnell Text und Stichwörter finden, auch hier nichts durchstreichen
5. Karten durchnummerieren (könnten herunterfallen)
6. Den ersten Satz wörtlich ausformulieren, das bietet die nötige Sicherheit
7. Den letzten Satz immer wörtlich formulieren und ihn auch so vortragen (das ist wesentlich für den Erfolg Ihrer Präsentation)
8. Wichtige Schlussfolgerungen ausführlich formulieren (evtl. andere Farbe)
9. Regiehilfen einbauen (Querverweise, Erinnerung zum langsamen Sprechen, Pausenzeichen, Verweis auf Schaubilder ...)

Präsentation nachbereiten

Reflexion des Vortragenden

Die Auswertung einer Präsentation bietet die Chance, Stärken und Schwächen herauszustellen und das eigene Präsentationsverhalten zu verbessern. Zunächst sollte überdacht werden, was während der Präsentation gut gelaufen ist, damit sie für künftige Präsentationen nicht verloren gehen können. Machen Sie sich Gedanken über ...

- Ablauf der Präsentation
- Ziele der Präsentation (erreicht oder nicht?)
- Beziehung zum Publikum
- Beteiligung des Publikums
- Eigene Reaktionen auf Interesselosigkeit, Angriffe, Fragestellungen oder konträre Positionen des Publikums

Anschließend ist zu überlegen, was während der Präsentation zu den obengenannten Aspekten schlecht gelaufen ist. Diese Punkte sollten unbedingt verbessert werden. Es gilt zum einen, eine Lösung oder einen neuen Weg zu finden, und zum anderen darum, neue Punkte und Informationen in die Präsentation miteinzubauen. Schwachstellen machen sich während der Präsentation häufig z. B. durch Unruhe, mangelnde Konzentration oder Fragen des Publikums bemerkbar.

Eine andere Alternative besteht allerdings auch im Fallenlassen ähnlicher Punkte, wenn dieses bei den Zuhörern schlecht ankommt. Keiner wird dazu gezwungen, alles preisgeben zu müssen, wenn dadurch nicht das Ziel verfehlt wird.

Reflexion der Teilnehmer

Besteht neben der Eigenanalyse auch die Möglichkeit, ein Feedback eines Teilnehmers der Präsentation zu bekommen, ist dies ganz besonders wertvoll, da sich die Nachbereitung im Wesentlichen am Publikum orientieren soll. Eine Meinung eines Teilnehmers dient somit mehr der Intention der Nachbearbeitung als eine alleinige ich-bezogene Analyse. Neben dem Aspekt der persönlichen Verbesserung und der Verbesserung der Präsentation gibt es einen weiteren Punkt, der in der Nachbereitung bearbeitet werden muss. Dieser besteht in der Abarbeitung der während der Präsentation definierten Arbeitspakete, die sogenannten Action Items (Aktionspunkte):

- Vereinbarungen visualisieren
- Präsentationsmaterial an alle Teilnehmer verteilen
- Noch ausstehende Fragen beantworten
- Informationsmaterial austeilen
- Neue Visitenkarten in Datenbank aufnehmen
- Persönliche Kontaktaufnahme im Sinne des Networking planen

Natürlich erfordert eine intensive Nachbereitung einer Präsentation eine Menge Zeit, insbesondere, wenn man diese zum ersten Mal auf diese ausführliche Art durchführt. Jedoch fördert sie auch neben der allgemeinen Verbesserung die Routine der nächsten Präsentationen, sodass die Vorbereitungen als auch die Präsentationen selber deutlich leichter von der Hand gehen als zuvor.

Gestaltungsregeln für digitale Präsentationen

1. Passender Folieninhalt

Beim Erstellen von digitalen Präsentationen ist es wichtig, dass der Folientitel zum Inhalt der Folie passt. Der Folientitel sollte nur eine Zeile umfassen. Sehr ansprechend ist es, wenn Sie für den Folientitel einen einheitlichen Sprachstil wählen, z. B. immer als Frage.

2. Nichts überladen

Sehr komplexe, umfangreiche Inhalte müssen auf mehrere Folien verteilt werden. Auf keinen Fall dürfen sie in kleiner Schrift zusammengedrängt auf einer Seite vorgestellt werden. Der schlimmste Fehler: eine DIN-A4-Textseite, eng beschrieben, an die Wand projizieren. Das finden zwar viele Redner prima, denn so haben sie ständig ihr Manuskript vor Augen und brauchen nur von der Wand abzulesen, die Zuschauer aber finden das grausam!

3. Wenig Text, viel Bild

Wozu haben Sie eine Präsentationssoftware, wenn Sie nur Texte präsentieren? Ein paar mündliche Informationen und die Sache wird lebendig. Komplexe und abstrakte Themen sollten durch Zeichnungen oder Strukturbilder veranschaulicht werden. Grafiken und Diagramme vereinfachen die Informationsaufnahme. Gut gestaltete Texte und Listen sind optimal lesbar, übersichtlich und verständlich. Ein Bild sagt mehr als tausend Worte. Daher sollten Sie an geeigneter Stelle Bilder einfügen, um die Aufmerksamkeit auf den richtigen Punkt zu lenken. Objekte werden so verteilt, dass der zu Verfügung stehende Raum genutzt wird.

4. Übersichtlich gestalten

Beim Text ist zu beachten, dass nur wichtige Kernaussagen geschrieben und diese einfach und klar formuliert werden (keine ausformulierten Sätze, keine Schachtelsätze). Die Schriftgröße sollte mindestens 16 pt und der Zeilenabstand mindestens 1,5-zeilig sein. Es sind maximal drei Schriftarten und drei Schriftgrößen zu verwenden. Die Schriftart ist entscheidend! Die geeignetste Schriftart ist Arial. Die Folien werden nicht bis zum Rand beschriftet. Bei Aufzählungen sollte der Textumfang auf maximal sieben Infopunkte begrenzt sein. Es sollten höchstens sechs Wörter in einer Zeile stehen.

5. Professionell arbeiten

Interaktive Schaltflächen erleichtern die Navigation innerhalb einer Bildschirmshow. Hyperlinks und interaktive Schaltflächen lösen Aktionen aus. Sie können sie mit Auto-Formen, Grafiken, Tabellen, Texten oder Audio- und Videosequenzen verbinden. Mit ihrer Hilfe gelangen Sie blitzschnell an jede beliebige Stelle in der aktuellen oder in einer anderen Präsentation, zu einer E-Mail-Adresse oder ins Internet.

6. Aufsehen erregen

Zuschauer sollten den Blick nicht mit Grauen von Ihrem Chart abwenden, sondern aufsehen und hinsehen, also den Blick auf das richten, was Sie ihnen angerichtet und zubereitet haben. Die Zuhörer möchten bei Vorträgen, Reden und Präsentationen beeindruckt, unterhalten, angeregt und informiert werden. Also überlegen Sie, was Ihr Publikum beeindrucken könnte! Wenn die Zuschauer hin- und aufsehen sollen, müssen Sie Aufsehen erregen! Aber mit Animationen sollten Sie sparsam umgehen!

7. Vorlesen verboten

Das, was der Zuschauer sieht, und das, was er hört, darf nicht dasselbe sein. Sonst ist es nicht spannend! Also niemals wörtlich vorlesen, was auf der Folie steht. Lautet der Folientext zum Beispiel „Umsätze 1. Quartal" sagen Sie: „Jetzt zu den Umsätzen vom ersten Quartal".

8. Mut zum Humor

Eine witzige Karikatur aus der Morgenzeitung vom Tag, kurz eingescannt und in die Präsentationssoftware eingebaut – schon haben Sie die Lacher auf Ihrer Seite. Entspannte Mienen danken es Ihnen.

9. Mut zur Variation

Sprechen Sie grundsätzlich um die Hälfte lauter und an besonders geeigneten Stellen doppelt so laut wie sonst. Dann klingt Ihre Stimme enthusiastischer und gleichzeitig sicherer. Das überträgt sich auf das Publikum. Und Ihr Körper baut Spannungen ab. Variieren Sie: Betonen Sie unterschiedlich, als ob Sie das, was Sie zu sagen haben, ganz ohne die Präsentationssoftware vor lauter Blinden erklären müssten.

10. Frei sprechen

Die Folien sind tolle Gedächtnisstützen. Ganz Sicherheitsbewusste können zu jeder Folie Kommentare eingeben, die bei der Präsentation auf dem eigenen Bildschirm erscheinen, für die Zuschauer aber unsichtbar bleiben.

11. Keine „Folienschleuder"

Jede Minute eine Folie, das hält kein Publikum aus. Die Folien (Charts) sollen visualisieren und Ihren Vortrag ergänzen, sie sollen ihn nicht ersetzen (vgl. Redenwelt.de 2008)..

Kugellager

Die Intention des Kugellagers ist, dass Sie Ihren Zufallspartnern gegenüber in freier Rede über ein eng abgestecktes Thema berichten, und zwar so, dass jeweils die Hälfte der Klasse für kurze Zeit spricht. Sie sollen durch mehrfachen Partnerwechsel Gelegenheit erhalten, sich zum anstehenden Thema richtiggehend „warmzureden", sprachliche Sicherheit zu gewinnen und Selbstvertrauen zu tanken.

Zuvor bereiten Sie sich in einer kurzen Besinnungsphase auf Ihre themenzentrierten Ausführungen vor. Dann setzen oder stellen Sie sich in Kreisform paarweise gegenüber, sodass ein Innenkreis und ein Außenkreis entstehen (evtl. stehen dazwischen Tische).

Nun erläutern zunächst alle im Außenkreis sitzenden Schüler(innen) ihr Thema. Ihre jeweiligen Gesprächspartner hören zu, machen sich Notizen und fragen eventuell nach. Anschließend rücken die im Innenkreis sitzenden Schülerinnen bzw. Schüler z. B. zwei Stühle nach rechts weiter, sodass neue Gesprächspaare entstehen. Nun werden die Schüler(innen) im Innenkreis aktiv und berichten ihrerseits über das gleiche Thema.

Alsdann rücken die Innenkreis-Vertreter erneut zwei Stühle weiter etc. Diese gegenläufige Bewegung von Innen- und Außenkreis gleicht einer Kugellager-Bewegung, deshalb Kugellager-Methode.

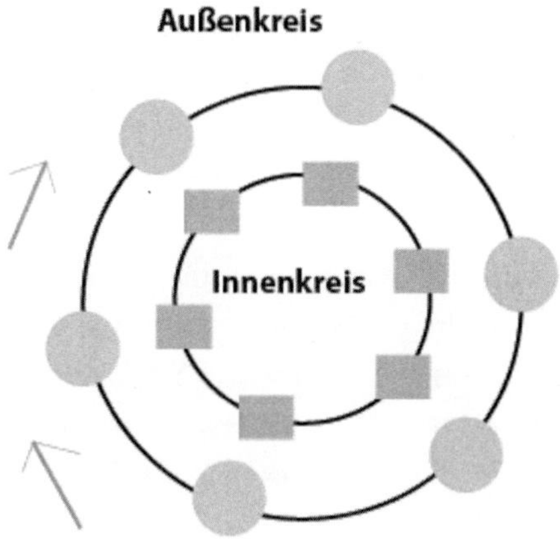

Gruppenpuzzle

Das Gruppenpuzzle ist eine Form von Gruppenunterricht. Sie erarbeiten einen Teil des Themas mit Selbststudienmaterial.

1. Stammgruppe – Informationsmaterial

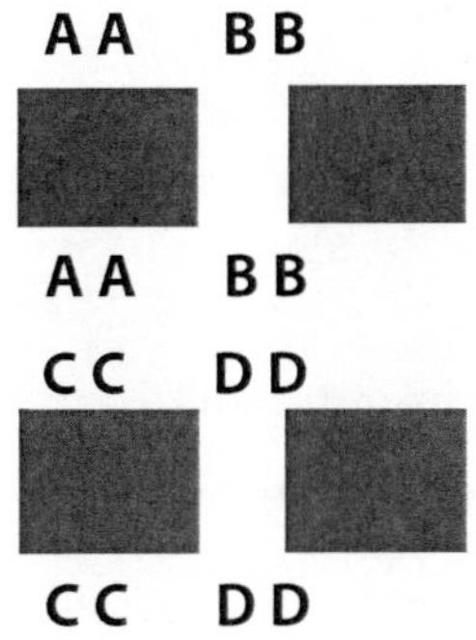

Die Lerninhalte werden in mehrere Gebiete aufgeteilt. Jedes Gruppenmitglied bekommt ein Gebiet. Nach einiger Erfahrung können Sie die Themen auch wählen lassen. Danach gehen Sie in Ihre Expertengruppe.

2. Expertengruppe

Selbststudium

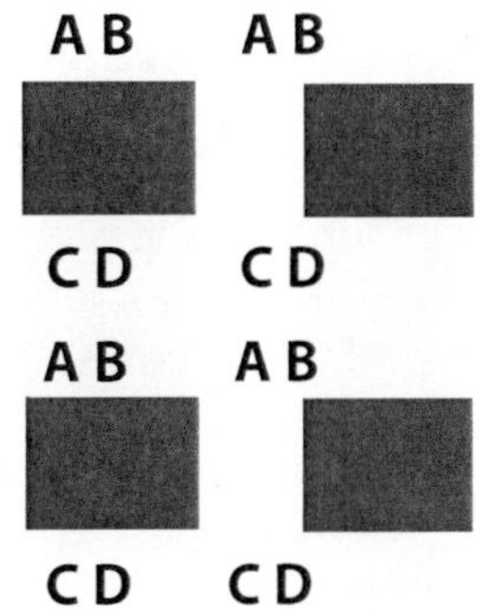

Sie bearbeiten nun in Einzelarbeit Ihren Teil des Themas. Sie strukturieren Ihre Informationen auf einem Spickzettel oder mit einer MindMap. Es ist wichtig, dass Sie Ihr Thema verstanden haben, um Ihre Informationen korrekt und vollständig an Ihre Mitschüler(innen) weitergeben zu können. Deshalb folgt nach dem Selbststudium die Expertenrunde.

Kontrolle

Nun tauschen Sie sich mit Ihrer Expertengruppe – Mitschüler(innen) mit demselben Thema – aus. Hier besprechen Sie das zuvor Gelernte. Sie beantworten sich gegenseitig offene Fragen. Sie helfen einander, sich zu Experten zu machen.

Vorbereitung

Danach besprechen Sie, wie Sie Ihr Wissen am wirkungsvollsten vermitteln, welche Hilfsmittel Sie einsetzen und wie Sie die Zeit einteilen. Die Lerninhalte sind bekannt. Schließlich überlegen Sie gemeinsam einige Aufgaben, mit denen Sie Ihre Mitschüler(innen) überprüfen wollen.

3. Stammgruppe

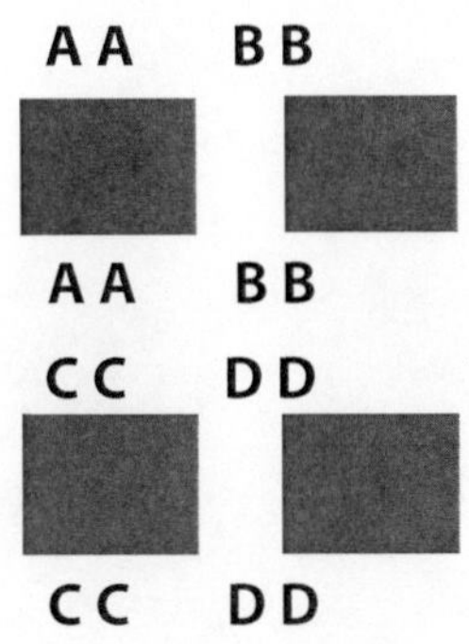

Sie gehen in Ihre Stammgruppe zurück. Reihum erläutern Sie Ihren Mitschüler(innen) Ihr vorbereitetes Thema und kontrollieren den Wissensstand. Nun sollten Sie optimal vorbereitet sein, um das in der Lernaufgabe gestellte Problem zu lösen.

Leittextmethode

Die Leittextmethode bietet vielfältige Möglichkeiten, Sie zu selbstorganisiertem Lernen anzuregen. Leittexte sind meist schriftliche, arbeitsbegleitende Materialsammlungen, die zu Beginn einer Unterrichtsstunde von der Lehrkraft ausgeteilt werden. Sie strukturieren den Lernprozess vor, geben jedoch nicht alle Informationen, die zur Bewältigung der Aufgabe nötig sind. Vorgegeben werden nur solche, die für Sie nicht direkt zugänglich sind oder in den Begleitmaterialien als zu umständlich empfunden wurden. Leittexte sollen Sie zum eigenen Lernen anregen.

Die Leittextmethode basiert auf dem **Modell der vollständigen Handlung**, das die folgenden Schritte umfasst:Sechs Phasen der vollständigen Handlung

1. **Informieren und Analysieren** *(Beschaffen und Verarbeiten von Informationen)*
2. **Planen** *(Planen von Lösungswegen für Aufgaben und Problemstellungen)*
3. **Entscheiden** *(Gestalten von Entscheidungsprozessen)*
4. **Ausführen** *(Ausführung der Planung)*
5. **Kontrollieren** *(Kontrollieren und Bewerten von Arbeitsergebnissen)*
6. **Auswerten/Bewerten** *(Auswerten und Bewerten des Lernprozesses)*

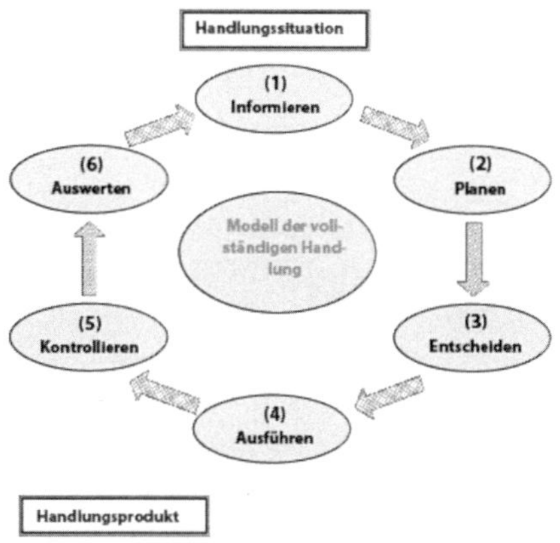

Bei der Leittextmethode führen Sie selbstständig die genannten Schritte aus. Sie erhalten dadurch eine möglichst genaue Vorstellung des Ziels Ihrer Tätigkeit und der möglichen Wege zur Erreichung dieses Ziels. Sie kontrollieren Ihre Vorstellungen und Wege selbst, sollten aber auch der Lehrkraft eine konkrete Rückmeldung zu Ihrer Arbeit geben (vgl. BBS 1 Hannover).

Zielsetzung der Methode

Mit dem Einsatz der Leittextmethode sollen folgende Kompetenzen vermittelt und geübt werden:

Methodenkompetenz: Sie werden durch die Leittexte zum selbstorganisierten Lernen geführt. Sie lernen unterschiedliche Wege des Wissenserwerbs kennen und Sie lernen kreativ und problemlösend zu denken.

Fachliche Kompetenz: Durch die höhere Methodenkompetenz und die damit verbundene höhere Selbstständigkeit und Selbstsicherheit steigt auch Ihre fachliche Kompetenz. Sie lernen, Probleme eigenständig zu lösen, und können dadurch Ihr Wissen auch in neuen Situationen anwenden und in unvorhersehbaren Situationen angemessen reagieren.

Sozialkompetenz: Beim Erarbeiten der Leittexte in Gruppen wird die Teamfähigkeit der Lernenden gefördert. Sie tragen die Verantwortung für Ihr Lernen und erleben Fortschritte, aber auch Rückschläge und Probleme unmittelbar.

Seite einrichten

Bewerbungen oder Geschäftsbriefe werden mit nachfolgenden Seitenrändern eingestellt:

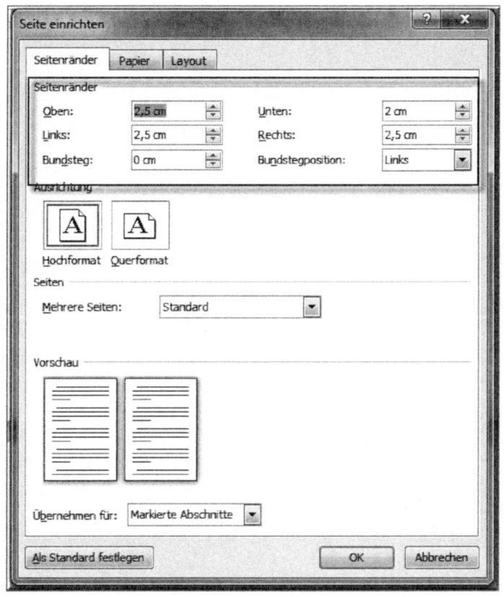

Oben: 5,08 cm
Unten: 2 cm
Links: 2,5 cm
Rechts: 2,5 cm

Word 2003

Um die Seitenränder oder das Papierformat zu verändern, gehen Sie auf Menü **Datei** – **Seite einrichten**.

Word 2007/2013

Um die Seitenränder oder das Papierformat zu verändern, gehen Sie auf die Registerkarte **Seitenlayout** – Gruppe **Seite einrichten**.

Klicken Sie auf den Pfeil in der rechten unteren Ecke. Nun öffnet sich das nebenstehende Dialogfeld. Im Register **Seitenränder** geben Sie die neuen Maße ein. Wollen Sie die Maße für alle Dokumente verwenden, klicken Sie Standard an. Die Abfrage beantworten Sie mit Ja.

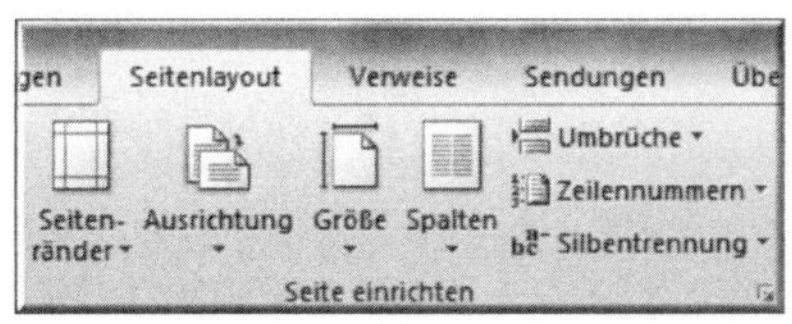

In diesem Register können Sie auch zwischen Hochformat und Querformat wählen.

Rechtschreibprogramm

Aktivieren Sie die automatische Rechtschreibprüfung (F7). Dann können Sie sich während der Eingabe sicherer sein, dass Sie bei der Fertigstellung des Dokuments nicht noch viele Rechtschreibfehler korrigieren müssen. Falsch geschriebene Wörter werden während der Arbeit vom Microsoft Office-Programm gekennzeichnet, sodass Sie sie leicht entdecken können.

Markieren Sie das Wort und klicken mit der rechten Maustaste, dann werden im Kontextfeld Korrekturvorschläge angeboten.

Kopf- und Fußzeilen gestalten

Die Kopf- und Fußzeile werden auf jeder Folgeseite wiederholt, wenn keine weiteren Einstellungen vorgenommen werden. Die Bewerbungsunterlagen z. B. werden in einem einheitlichen Design gestaltet. Das Design sollte zu Ihnen passen. In die Kopfzeile kommen die Absenderangaben und Kontaktdaten. Sie können aber auch die Absenderangaben in die Kopfzeile und die Kommunikationsdaten (Telefon, Handynummer bzw. E-Mail) in die Fußzeile setzen. Bei mehreren Seiten fügen Sie in die Fußzeile auch die Seitennummerierung ein.

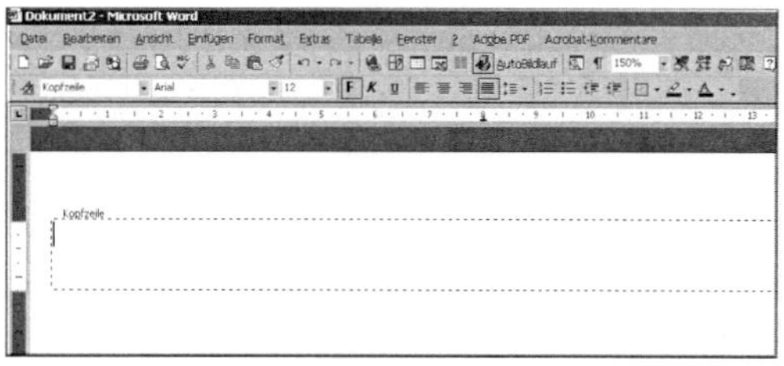

Word 2003

Sie finden den Befehl über das Menü **Ansicht – Kopf- und Fußzeile**. Word wechselt zur Seitenlayout-Ansicht. Die Einfügemarke befindet sich im Kopfzeilenbereich und die Symbolleiste „Kopf- und Fußzeile" wird angezeigt.

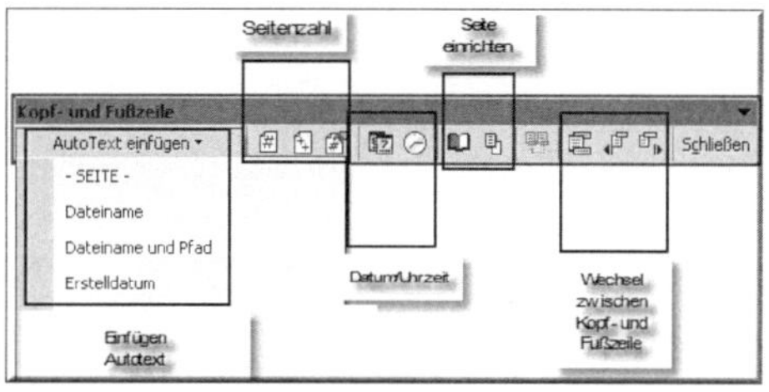

Geben Sie Ihren gewünschten Text ein. Zum Einfügen der Seitenzahlen stehen die Schaltflächen der Symbolleiste Kopf- und Fußzeile zur Verfügung.

Word 2007/2013

Sie finden die Befehle in der Registerkarte **Einfügen** – Gruppe **Kopf- und Fußzeile**. Klicken Sie auf den gewünschten Befehl. Wählen Sie ein Layout aus. Word wechselt nun zur Seitenlayout-Ansicht. Die Einfügemarke befindet sich im Kopfzeilenbereich und die Kopf- und Fußzeilentools – Entwurf werden angezeigt.

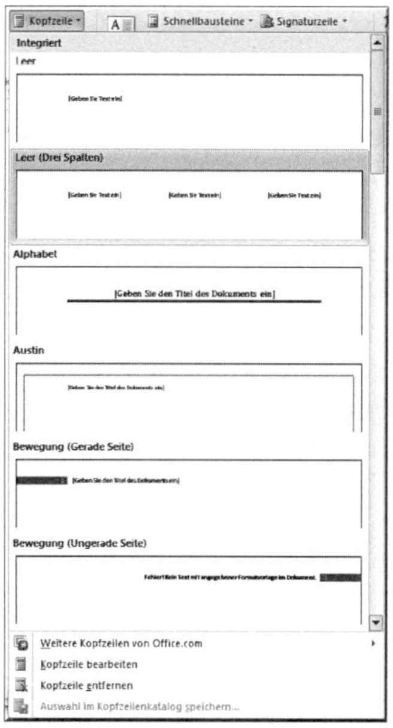

Geben Sie im Kopfzeilenbereich den gewünschten Text ein, den Sie beliebig formatieren können. In der Registerkarte **Entwurf der Kopf- und Fußzeile** stehen Ihnen weitere Befehle (Einfügen von Bildern, Seitenzahlen etc.) zur Verfügung.

Kopf- und Fußzeilen schließen

Nachdem Sie Ihre Kopfzeile fertig erstellt haben, schließen Sie sie, indem Sie einen Doppelklick in das Textfeld vornehmen.

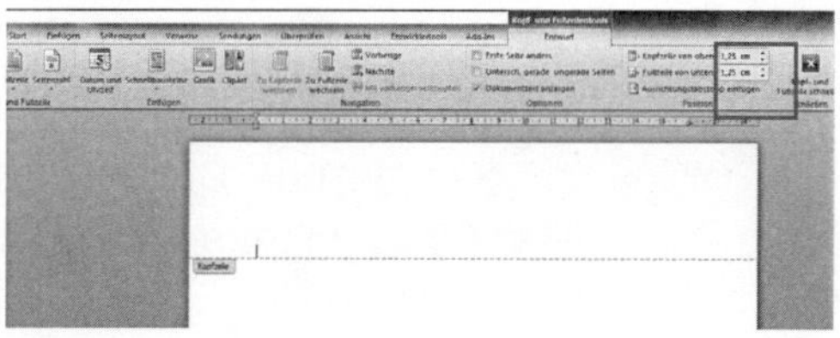

Kopf- und Fußzeilen bearbeiten

Wollen Sie bereits bestehende Kopf- und Fußzeilen weiterbearbeiten, müssen Sie diesen Bereich erneut aktivieren. Doppelklicken Sie dazu im Kopf- bzw. Fußzeilenbereich. Die Überarbeitung findet über die Symbolleiste **Kopf- und Fußzeile** (Word 2003) bzw. über die kontextbezogene Registerkarte **Kopf- und Fußzeilentools/Entwurf** statt.

Absender in der Kopfzeile gestalten

Fügen Sie in die Kopfzeile Ihren Absender und formatieren Sie Ihn nach Ihren Vorstellungen. Probieren Sie mehrere Möglichkeiten aus, bis Sie sich endgültig entscheiden.

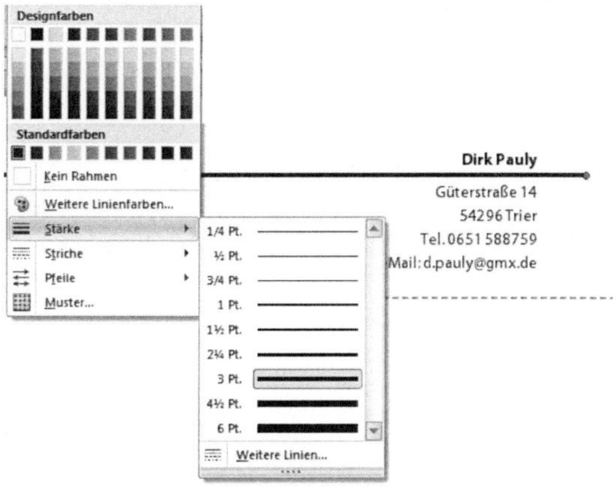

Word 2003

Möchten Sie einen waagerechten Strich hinzufügen, so öffnen Sie die Symbolleiste Zeichenleiste. Wählen Sie die gerade Linie aus und ziehen Sie sie waagerecht zwischen Name und Straße. Formatieren Sie anschließend die Linie in Ihrer gewünschten Farbe und Strichstärke oder -form.

Word 2007/2013

Möchten Sie einen waagerechten Strich hinzufügen, so gehen Sie auf die Registerkarte **Einfügen** – **Formen**. Wählen Sie die gerade Linie aus und ziehen Sie diese waagerecht zwischen Name und Straße. Formatieren Sie anschließend die Linie in Ihrer gewünschten Farbe und Strichstärke oder -form.

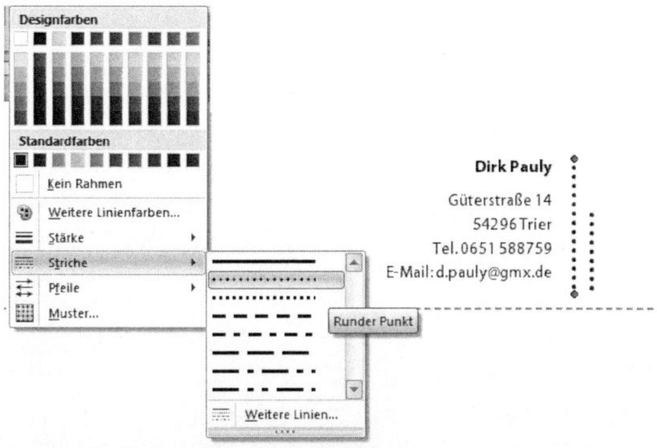

Symbole einfügen

Für die Absenderangaben können Sie auch entsprechende Symbole verwenden.

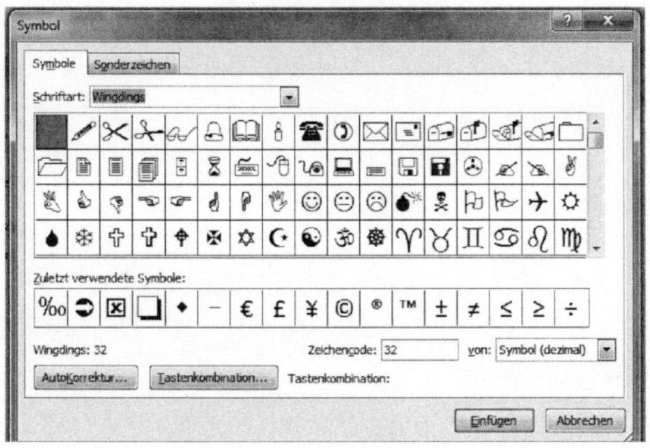

Word 2003/2007/2013

Unter dem Menü **Einfügen** bzw. der Registerkarte Einfügen – **Symbol** – **Symbole** wählen Sie das gewünschte Zeichen. Durch Schriftartwechsel z. B. **Wingdings** werden andere Symbole angezeigt.

Dokumentvorlagen erstellen

Das Layout z. B. für Ihre Bewerbungsunterlagen haben Sie erstellt. Speichern Sie sie nun in eine eigene Dokumentvorlage unter einem aussagekräftigen Dateinamen ab. Auf diese Dokumentvorlage können Sie dann immer wieder zurückgreifen.

Word 2003

Speichern. Um eine neu erstellte Vorlage zu speichern, muss unter **Datei** – **Speichern unter** wie gewohnt der Dateiname angegeben werden und zusätzlich der Dateityp **Word-Vorlage** ausgewählt werden. Word vergibt die Datei-Endung *.dot.

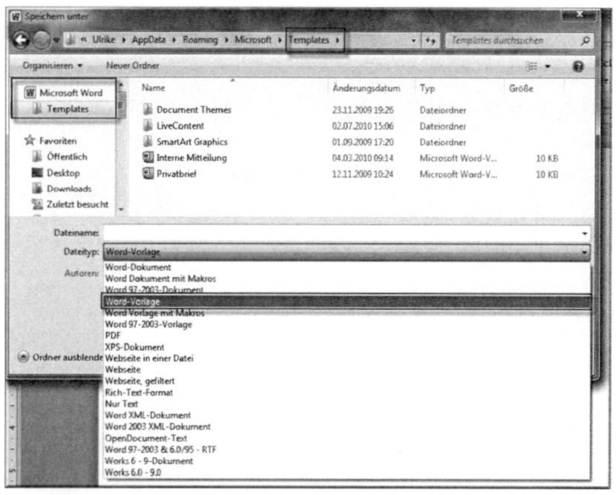

Öffnen. Die so gespeicherte Vorlage finden Sie unter dem Menü **Datei** – **Neu** – **Allgemein** wieder. Sie können Ihre Vorlage nun nicht mehr versehentlich ändern.

Word 2007/2013

Speichern. Um eine neu erstellte Vorlage zu speichern, muss unter der Office-Schaltfläche/Registerkarte **Datei** – **Speichern unter** wie gewohnt der Dateiname angegeben werden und zusätzlich der Dateityp **Word-Vorlage** ausgewählt werden. Achten Sie darauf, dass die Dokumentvorlage im Standardvorlagenordner abgespeichert wird, damit sie im Bereich „verfügbare Vorlagen" auf **Meine Vorlagen** erscheint. Der Dateibutton erhält einen gelben Balken (normales Dokument = blauer Balken). Word vergibt die Datei-Endung *.dotx.

Öffnen. Die so gespeicherte Vorlage finden Sie unter der Registerkarte **Datei** – **Neu** – **Meine Vorlagen** wieder. Sie können Ihre Vorlage nun nicht mehr versehentlich ändern.

Formatvorlagen einrichten

Gerade bei umfangreichen schriftlichen Arbeiten bietet der professionelle Umgang mit Formatvorlagen eine schnelle und einheitliche Formatierung. Legen Sie für Überschriften, Texte, Aufzählungen, Erläuterungstexte, Fußnoten etc. Ihre entsprechende Formatvorlage an. Die Formatvorlagen werden mit dem jeweiligen Dokument bzw. mit der aktuellen Dokumentvorlage verbunden.

Wird eine definierte Formatvorlage später einem markierten Text oder einem Absatz zugewiesen, so wendet Word alle in der Formatvorlage zusammengefassten Formatierungsanweisungen mit einem einzigen Befehl auf den Text an. Word kennt zwei Typen von Formatvorlagen.

Der Formatvorlagentyp **Absatz** beinhaltet Formatierungsanweisungen, die ganzen Absätzen zugewiesen werden; er kann beliebige Formatierungsanweisungen enthalten.

Der Formatvorlagentyp **Zeichen** wird markierten Texten zugewiesen und kann ausschließlich Formate aus dem Bereich Zeichen und Sprache (Wörterbücher) aufnehmen. Die Definition erfolgt auf die gleiche Weise wie die Formatierung über das Befehlsmenü. Wird ein formatierter Text markiert, so werden die Formate, bei entsprechender Bestätigung, in die Formatvorlage übernommen.

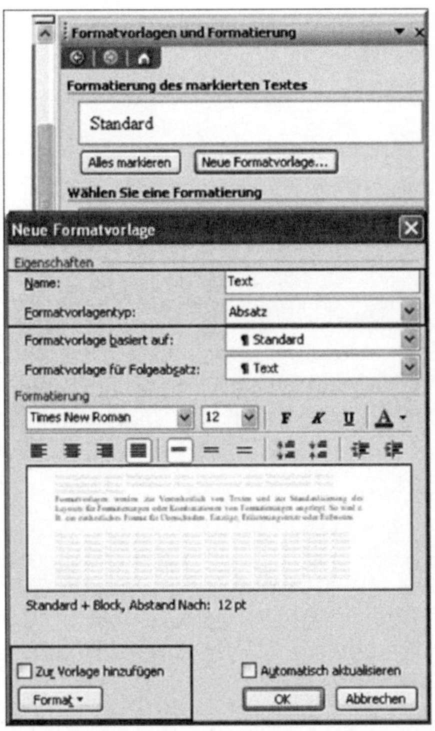

Word 2003

Über den Befehl **Format** – **Formatvorlagen und Formatieren** wird eine neue Formatvorlage erstellt. Diese ist standardmäßig im aktuellen Dokument, der Normal.dot.

Die Formatvorlage rufen Sie sowohl über die Formatierungsleiste als auch über das Befehlsmenü ab.

Die Option „Zur Vorlage hinzufügen" aktivieren Sie, wenn die Formatvorlage in einer anderen Dokumentvorlage zur Verfügung stehen soll.

Formatvorlagen ändern

Eine Formatvorlage kann jederzeit verändert werden. Nach Aufruf des Befehls **Format** – **Formatvorlage** wird zunächst die zu verändernde Vorlage ausgewählt. Mit der Maus auf den Pfeil klicken und anschließend über den Befehl **Ändern** die gewünschten Formatierungen korrigieren.

Formatvorlagen zuweisen

Die Anwendung von Formatvorlagen erfolgt entweder über die Befehlsfolge **Format** – **Formatvorlage** oder über die Schaltfläche in der Symbolleiste. Der Cursor muss dabei im zu formatierenden Absatz stehen oder der betreffende Text muss markiert sein.

Formatvorlagen anzeigen

Um innerhalb von Dokumenten mehr Übersicht über die Formatvorlagen zu behalten, schalten Sie im Aufgabenbereich „Formatvorlage" ganz unten unter Anzeigen: **Benutzte Formatierungen** ein. Unter **Verfügbare Formatierungen** erhalten Sie die Gesamtübersicht.

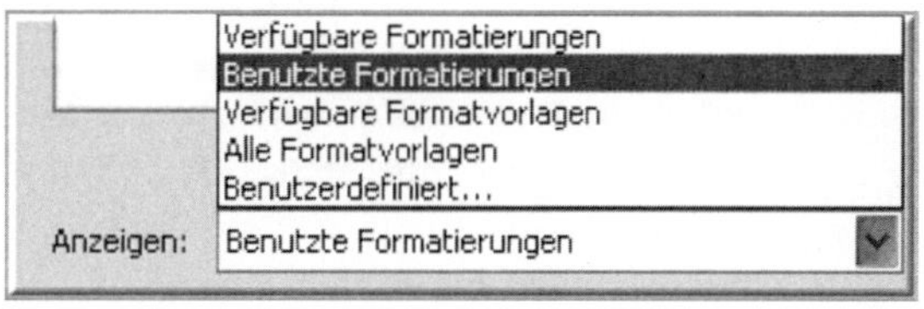

Neue Formatvorlage

Unter **Format** – **Formatvorlagen und Formatierung** befindet sich oben der Befehl **Neue Formatvorlage**. Unter Name tragen Sie einen aussagekräftigen Namen ein, bestimmen den Formatvorlagentyp und stellen dann die entsprechenden Formatierungen ein.

Word 2007/2013

1. Möglichkeit. Markieren Sie den Text, dem Sie eine Formatvorlage zuweisen möchten, und wählen Sie aus den Schnellformatvorlagen der Multifunktionsleiste/des Menübandes eine aus. Weitere Formatvorlagensätze finden Sie unter der Schaltfläche **Formatvorlagen ändern** – **Formatvorlagensatz/Stil-Set**.

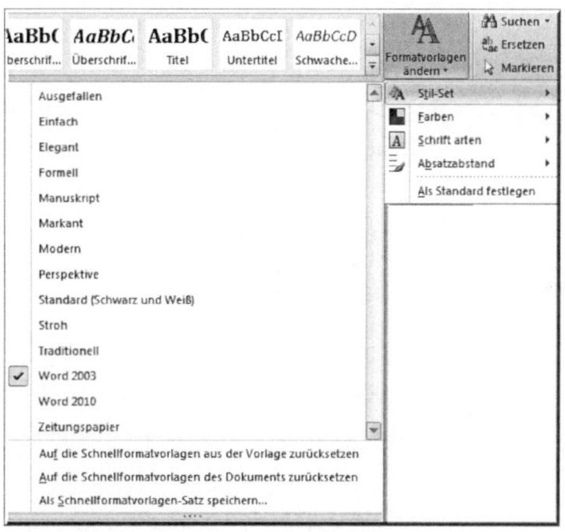

2. Möglichkeit. Gehen Sie auf die Registerkarte **Start** – Gruppe **Formatvorlagen** – **Startprogramm für ein Dialogfeld**, um den Aufgabenbereich **Formatvorlagen** einzublenden. Aktivieren Sie das Kontrollkästchen **Vorschau anzeigen**, um die Liveschau prüfen zu können. Klicken Sie im Aufgabenbereich auf die gewünschte Formatvorlage.

Unter bestimmten Umständen kann es jedoch sinnvoll sein, die Attribute einer Formatvorlage in den Schnellformatvorlagen zu ändern.

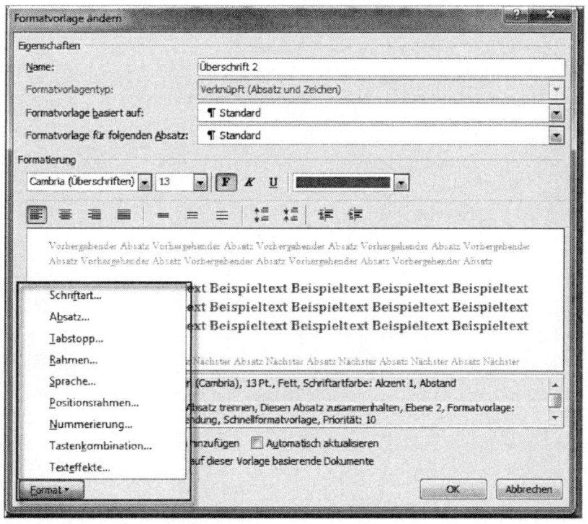

Eine Formatvorlage kann jederzeit verändert werden. Sie gehen in der Gruppe **Formatvorlagen** auf das Startprogramm, um das Dialogfeld Formatvorlagen zu öffnen. Sie wählen die entsprechende Formatvorlage aus (z. B. Überschrift 2), klicken rechts mit der Maus auf den **Pfeil** – Befehl **Ändern**.

Formatvorlagen zuweisen

Es öffnet sich das Dialogfeld **Formatvorlagen ändern**. Hier können Sie nun die gewünschten Änderungen vornehmen. Weitere Befehle finden Sie in der linken unteren Ecke unter **Format**. In der Schnellformatvorlage erscheinen direkt die Veränderungen.

Formatvorlagen anzeigen

Um innerhalb von Dokumenten mehr Übersicht über die Formatvorlagen zu behalten, schalten Sie im Aufgabenbereich „Formatvorlage" ganz unten unter Anzeigen **Benutzte Formatierungen** ein. Unter **Verfügbare Formatierungen** erhalten Sie die Gesamtübersicht.

Neue Formatvorlagen anlegen

Unabhängig von den angelegten Formatvorlagen können Sie auch eigene Formatvorlagen erstellen. Dazu gehen Sie auf das Startprogramm für das Dialogfeld **Formatvorlagen**. Unten in der linken Ecke befindet sich der Befehl **Neue Formatvorlage.**

Unter **Name** tragen Sie einen aussagekräftigen Namen ein, bestimmen den Formatvorlagentyp und stellen dann die entsprechenden Formatierungen ein.

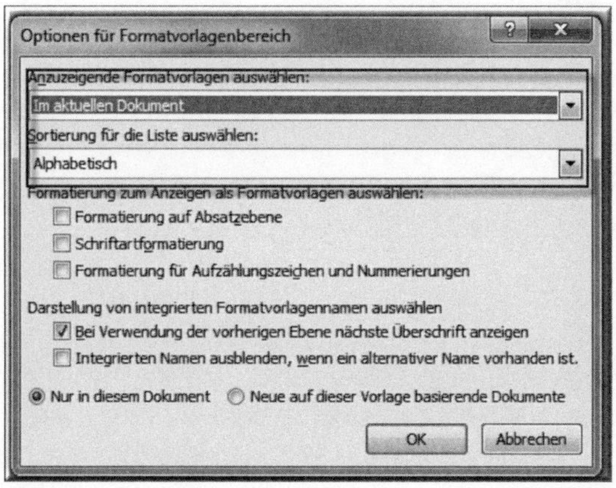

Formatvorlagen verwalten

Es ist wichtig, dass Sie den Überblick über Ihre Formatvorlagen behalten. Klicken Sie im Aufgabenbereich „Formatvorlagen" rechts auf **Optionen** und legen Sie hier zum Beispiel fest, dass nur die verwendeten Formatvorlagen angezeigt werden.

Seitenzahl einfügen

Word 2003

Klicken Sie im Menü – **Einfügen** – **Seitenzahlen**. Wählen Sie die Position und die Ausrichtung.

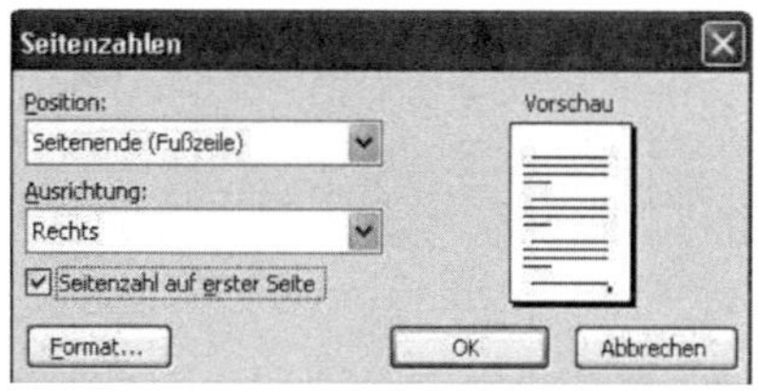

Unter **Format** erreichen Sie das Dialogfeld **Seitenzahlformat**. Hier finden Sie eine Auswahl von verschiedenen Zahlenformaten.

Word 2007/2013

Diesen Befehl finden Sie unter der Gruppe **Kopf- und Fußzeile** – **Seitenzahl** – **Seitenzahlen**.

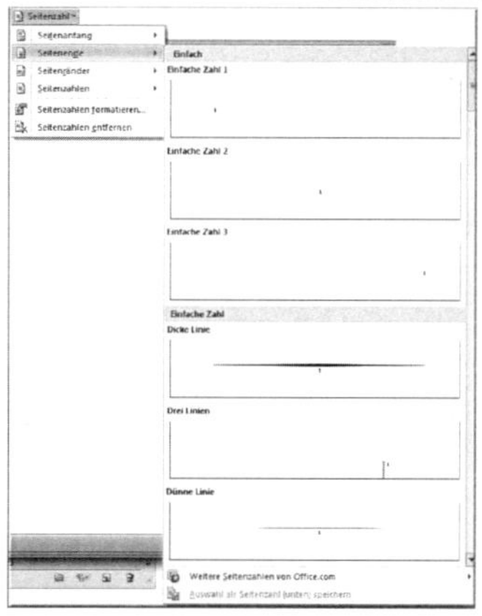

Klicken Sie auf den Eintrag **Seitenende**, wählen Sie im Untermenü den Eintrag **Einfache Zahl**.

Klicken Sie auf die Schaltfläche **Kopf- und Fußzeile schließen** – oder klicken Sie doppelt in den Textbereich.

Datei drucken

Überprüfen Sie Ihre Dokumente in der Seitenansicht und gehen Sie über **Datei** – **Drucken** –**Drucken**.

PDF-Datei erstellen

Die Online-Bewerbung versenden Sie am besten in den kilobytesparenden PDF-Dateien – außerdem ist es schwieriger, sie zu manipulieren. Diese Dateien werden mit dem Acrobat Reader gelesen – dieses Programm befindet sich auf fast allen Rechnern.

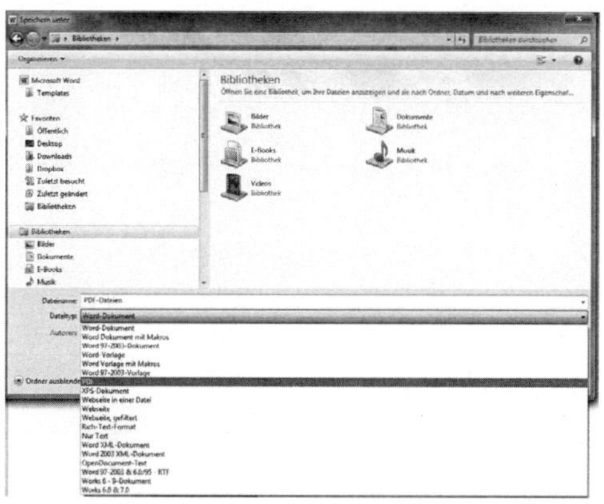

Erstellt werden die PDF-Dateien mit einem PDF Creator. Dieses Programme können Sie kostenlos downloaden.

Ab Word 2007 ist ein PDF-Umwandlungs-Programm integriert und der Download ist kostenlos.

Speichern Sie Ihre Datei unter dem Dateityp **PDF** ab.

Zeichenformatierung

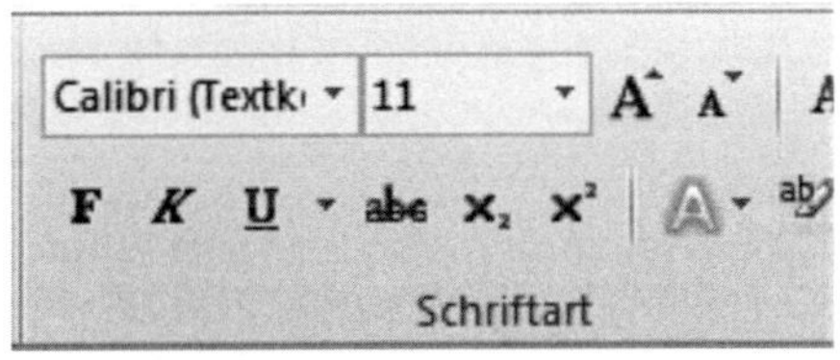

Markierte Textteile können Sie schnell über die Registerkarte **Start** – Gruppe **Schriftart** gestalten.

Alle zur Verfügung stehenden Zeichenformatierungen finden Sie unter dem Dialogfeld **Schriftart**. Dieses wird mit STRG + D geöffnet oder Sie klicken rechts unten auf das Startprogramm.

Unter der Registerkarte **Zeichenabstand** können Sie die Wörter sperren, indem Sie die Laufweite um eine entsprechende pt-Zahl erweitern.

Absatzformatierung

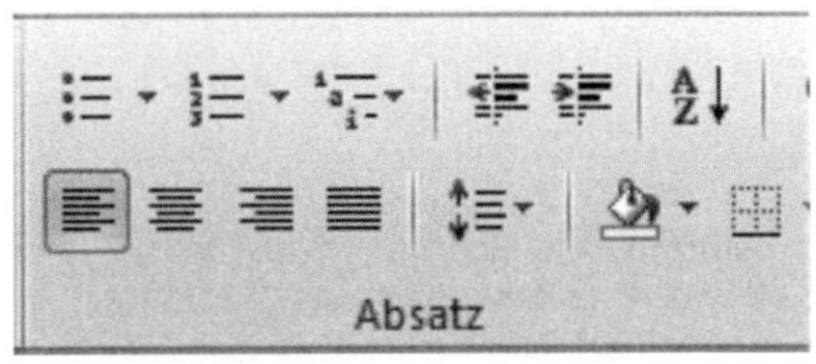

Markierte Textobjekte können Sie auch mit Absatzattributen gestalten. Direkt sind sie über die Registerkarte **Start** – Gruppe **Absatz** zu erreichen.

Hier können Sie den **Text einrücken**: Einzug – Links: 2,5 cm.

Alle Absatzformatierungen finden Sie rechts unten unter dem Startprogramm **Absatz**. Die Absatzattribute (Einzug rechts oder links, Zeilenabstand, Absatzabstand) beziehen sich immer auf einen oder mehrere Absätze, also den Textbereich zwischen zwei Absatzschaltungen.

Spalten einrichten

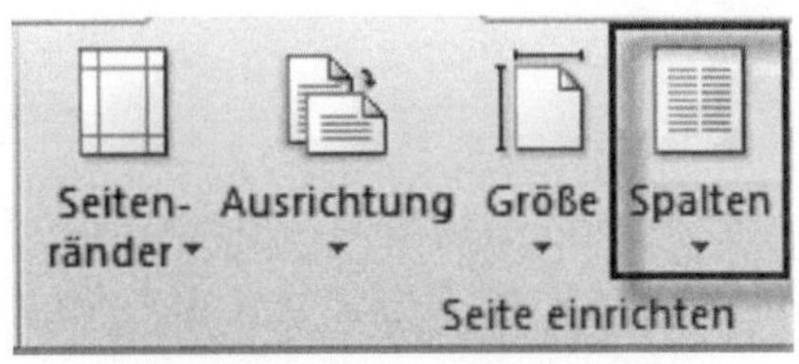

Markieren Sie den Text, der in mehrere Spalten angeordnet werden soll. Über die Registerkarte **Seitenlayout** – Gruppe **Seite einrichten** – Befehl **Spalte** – **Weitere Spalten** erreichen Sie das Dialogfeld **Spalten.**

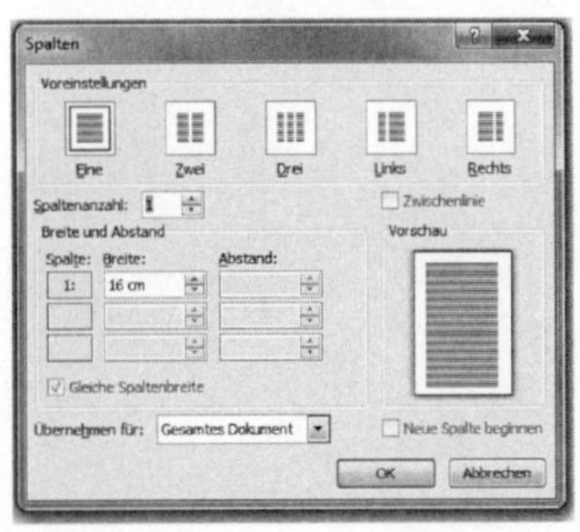

Tipp: Damit die Spalten gleich lang werden, markieren Sie hinter dem Text nicht die Zeilenschaltung

Schattierung einstellen

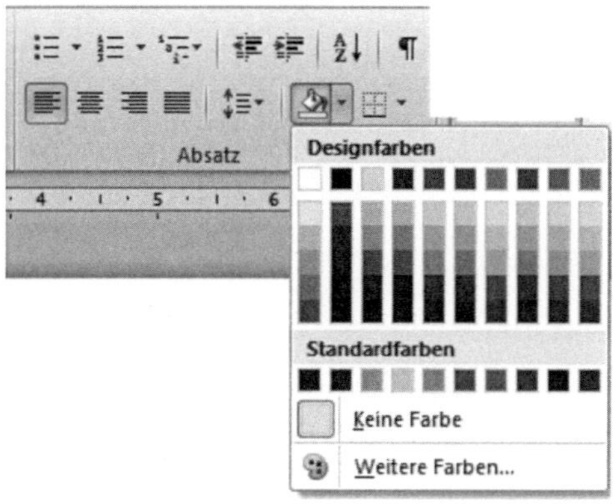

Auf der Registerkarte **Start** – Gruppe **Absatz** – Befehl **Schattierung** können Sie das Dialogfeld **Designfarben** öffnen.

Hier wählen Sie die entsprechende Farbschattierung aus. Möchte man andere Farbnuancen, so geht man auf **Weitere Farben**. Möchte man die Schattierung entfernen, so wird die Textstelle markiert und im Dialogfeld **Keine Farbe** angeklickt

Rahmen setzen

Auf der Registerkarte **Start** – Gruppe **Absatz** – Befehl **Rahmen** – (ganz unten) **Rahmen und Schattierung** können Sie das Dialogfeld **Rahmen und Schattierung** öffnen.

Nun wählen Sie die Linienart, Farbe und Breite aus und unter **Übernehmen für**: den Bereich des Rahmens. In der Vorschau können einzelne Linien angeklickt werden.

Seitenrand gestalten

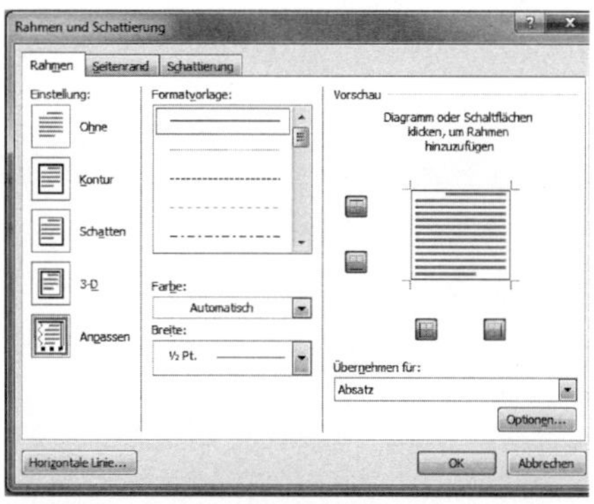

Wählen Sie die Registerkarte **Seitenrand** aus. Hier können Sie für die ganze Seite Ränder mit und ohne Effekte einfügen und unter **Übernehmen für**: den Bereich des Seitenrandes auswählen.

Tipp: Wird beim Ausdruck ein Linienrand nicht angezeigt, kann unter **Optionen** – **gemessen von** der Abstand vom Text eingestellt werden.

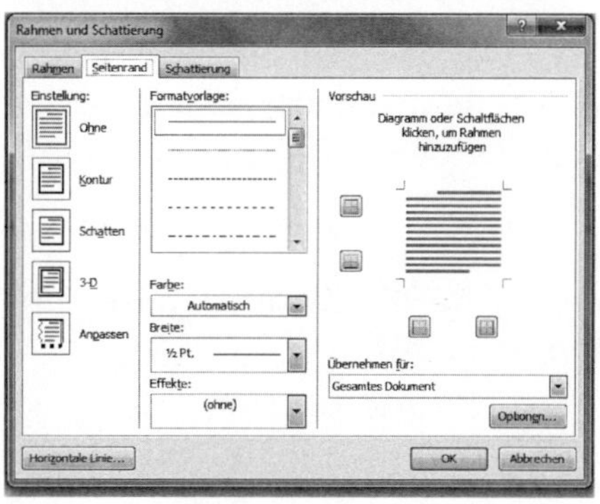

Word 2007/2010

Gehen sie auf die Registerkarte **Seitenlayout** – Gruppe **Seite einrichten** – Schaltfläche **Silbentrennung** und aktivieren Sie **Automatisch**. Bestimmen Sie im Dialogfeld **Silbentrennung** die Position am rechten Rand und geben Sie an, wie viele aufeinanderfolgende Zeilen mit einem Trennungsstrich enden dürfen.

Format übertragen

Wenn mehrere Textstellen gleich formatiert werden, arbeitet man rationell mit dem Befehl **Format übertragen**. Diesen finden Sie in der Registerkarte **Start** – Gruppe **Zwischenablage** – Befehl **Format übertragen**.

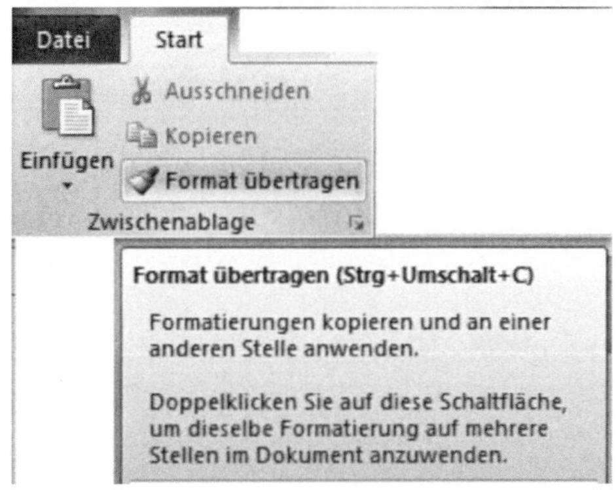

Dazu markiert man die richtig formatierte Textstelle und klickt mit der Maus das Symbol **Format übertragen** an. Der Mauszeiger wird zu einem Pinsel. Mit diesem Pinsel kann nun die gewünschte Textstelle formatiert werden.

TIPP: Wenn mehrere Textstellen mit diesem Format gestaltet werden sollen, müssen Sie auf das Symbol **Format übertragen doppelt** klicken.

Initial einfügen

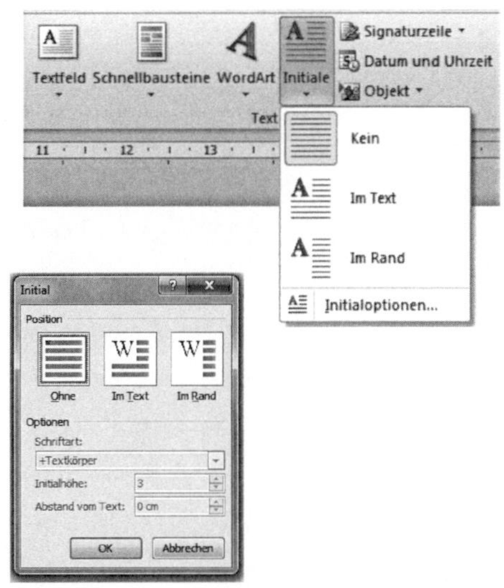

Repräsentative Texte werden gerne mit Initialen gestaltet. Über die Registerkarte **Einfügen** – Gruppe **Text** – Befehl **Initial** – **Initialoptionen** wird das Dialogfeld **Initial** aufgerufen.

Hier können Sie die Position, Schriftart, Initialhöhe und den Abstand vom Text angeben.

Symbol einfügen

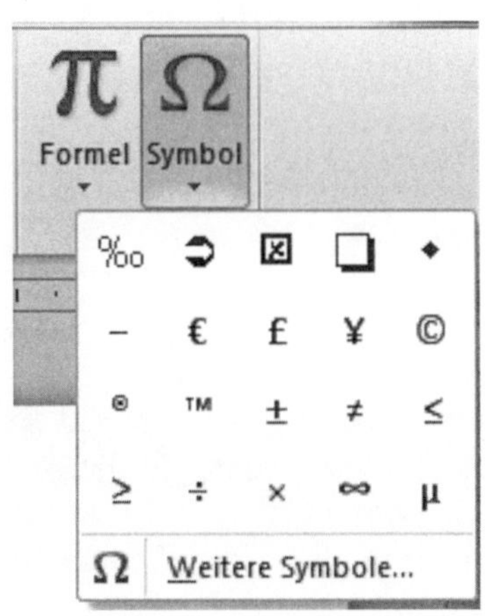

In der Registerkarte **Einfügen** – Gruppe **Symbole** – Befehl **Symbol** – **Weitere Symbole** finden Sie das Dialogfeld **Symbol**. Hier können Sie unter der Registerkarte **Symbol** Zeichen auswählen. Markieren Sie das gewünschte Zeichen und fügen Sie es ein.

Durch Wechsel der Schriftarten werden andere Symbole angezeigt.

Text suchen

Bei umfangreichen Dokumenten ist es oft schwierig, eine bestimmte Textstelle oder ein bestimmtes Wort im Text schnell zu finden. Word hilft Ihnen dabei mit der Funktion **Suchen**. Außerdem bietet Word an, Begriffe, Zeichen oder Sonderzeichen, die in einem Dokument häufiger vorkommen, gezielt zu ersetzen.

Über die Registerkarte **Start** – Gruppe **Bearbeiten** – Befehl **Suchen** öffnet sich rechts der Aufgabenbereich **Navigation** oder drücken Sie **Strg + F**. Geben Sie im Textfeld den Suchbegriff ein. Word durchsucht das gesamte Dokument und listet alle Fundstellen im Aufgabenbereich auf.

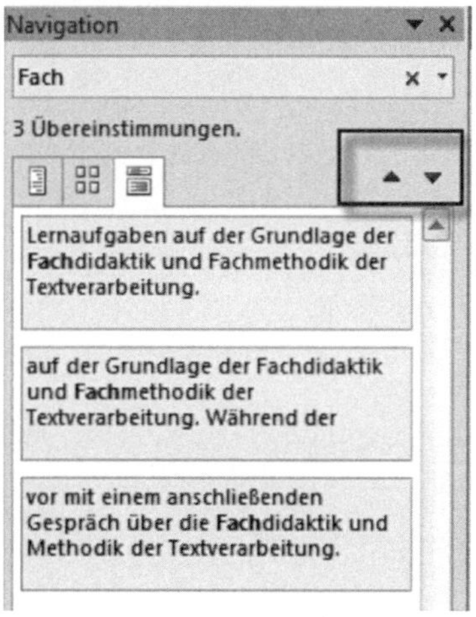

Klicken Sie auf den nach unten bzw. auf den nach oben zeigenden Pfeil, um zu den jeweiligen Fundstellen zu kommen. Sie bekommen die Textstellen sowohl im Aufgabenbereich angezeigt als auch rechts im Dokument selbst.

Weitere Suchmöglichkeiten

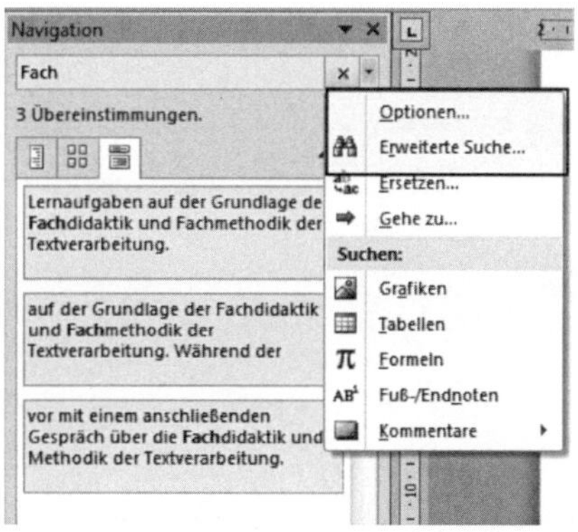

Klicken Sie im Aufgabenbereich Navigation auf den rechten Pfeil und öffnen Sie das Dialogfeld **Suchoptionen**.

Aktivieren bzw. deaktivieren Sie die gewünschten Optionen. Eine recht häufig verwendete Option ist **Platzhalter verwenden**. Sie können mit einem „?" oder „*" alle Suchbegriffe mit einem bestimmten Wortstamm finden, z. B. bei „leben*" wird auch lebendig gefunden.

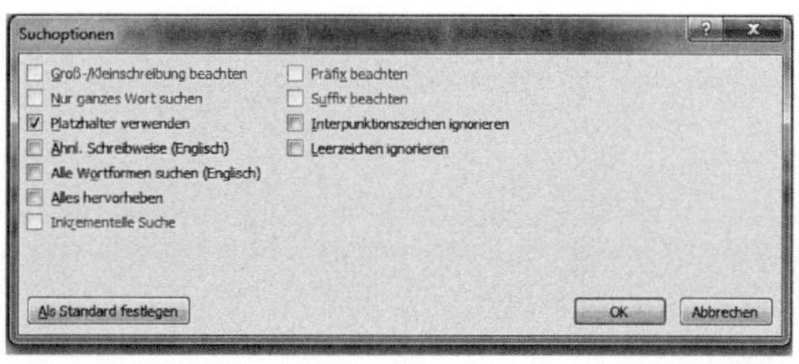

Text ersetzen

Über die Registerkarte **Start** – Gruppe **Bearbeiten** – Befehl **Ersetzen** erreichen Sie das Dialogfeld **Ersetzen**.

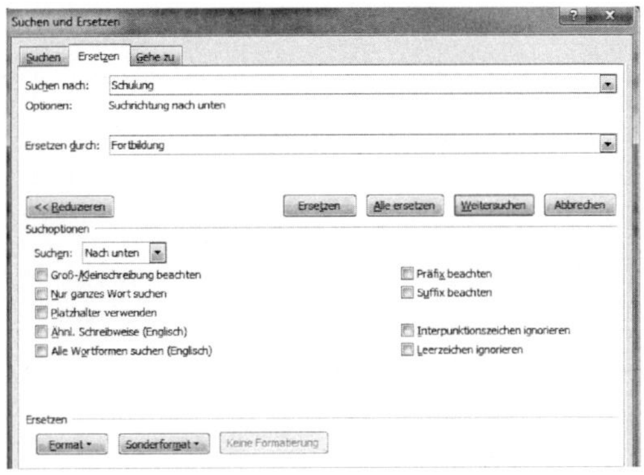

Geben Sie im Dialogfeld **Ersetzen** im Listenfeld das Suchwort (= zu ersetzender Begriff) und das Ersatzwort ein. Durch Anklicken der Schaltfläche **Erweitern** können Sie weitere Kriterien festlegen. Mit der Schaltfläche **Weitersuchen** starten Sie die Suche. Stoppt die Suche an einer Fundstelle, haben Sie folgende Möglichkeiten:

- Bestätigen Sie das Ersetzen des ursprünglichen Begriffs durch den neuen Begriff mit **Ersetzen**.
- Mit **Alle Ersetzen** wird der Suchbegriff an jeder Fundstelle ohne Rückfrage ersetzt.
- Durch erneutes Anklicken der Schaltfläche **Weitersuchen** gelangen Sie ohne Änderungen zur nächsten Textstelle.

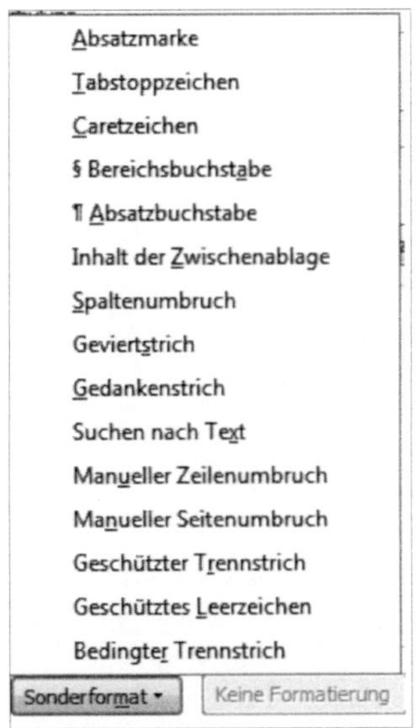

- In der erweiterten Anzeige des Dialogfeldes **Suchen und Ersetzen** können Sie über die Schaltflächen **Format und Sonstiges** Formatierungen und Sonderzeichen suchen und ersetzen lassen, z. B. geschützte Leerschritte können hinterher eingefügt werden.

- Mit der Schaltfläche **Keine Formatierungen** können Sie die gewählten Suchoptionen im Dialogfeld komplett deaktivieren.

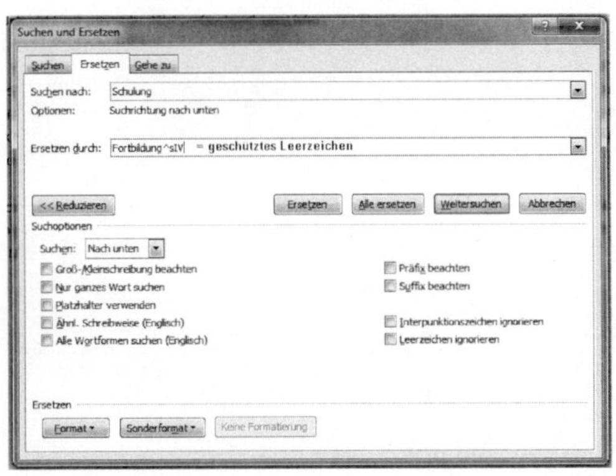

Tabstopp setzen

Natürlich können Sie z. B. Ihren Lebenslauf auch mit Tabstopps formatieren. Dies ist allerdings umständlicher, und es gibt nicht so vielseitige Gestaltungsmöglichkeiten wie mit der Tabellenfunktion.

Dazu setzen Sie die Tabtaste an Ihre gewünschte Position.

Gehen Sie auf die Registerkarte **Start** – Gruppe **Absatz** unten rechts auf das Startprogramm – Tabstopps und geben Sie im Dialogfeld **Tabstopps** die gewünschte Tabstoppposition ein.

Weiterhin ist die gewünschte Ausrichtung (links, zentriert, rechts, dezimal) anzugeben und ob Sie den Zwischenraum zwischen den Wort- oder Zahlenkolonnen mit Punkten, Strichen oder einer Linie auffüllen wollen. Bestätigen Sie Ihre Auswahl mit der Schaltfläche **Festlegen**.

Die Standardtabstopps im Abstand von 1,25 cm erscheinen im Zeilenlineal als senkrechte hellgraue Linien.

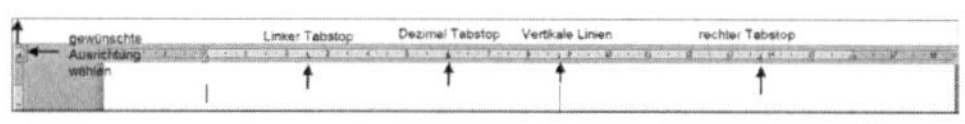

Arbeiten Sie rationell. Über das Zeilenlineal können Sie die Tabstopps sehr schnell setzen. Klicken Sie am linken Linealende die Schaltfläche an, um die gewünschte Ausrichtung des Tabulatorstopps festzulegen. Setzen Sie anschließend den Mausanzeiger an die gewünschte Position im Zeilenlineal und bestätigen Sie die Position mit der linken Maustaste.

Tabstopp verschieben. Um einen Tabstopp zu verschieben, klicken Sie mit der Maus auf den gesetzten Tabstopp und ziehen ihn anschließend mit gedrückter Maustaste an die gewünschte Position. Um einen Tabstopp millimetergenau zu setzen oder zu verschieben, muss zusätzlich zum Mausanzeiger die Alt-Taste gedrückt werden.

Ein Tabstopp im Zeilenlineal lässt sich einfach löschen, indem man mit dem Mauszeiger auf den Tabstopp klickt und mit gedrückter Maustaste den Tabstopp aus dem Lineal herauszieht und die Taste loslässt.

Tabellen gestalten

Mit dieser Tabellenfunktion formatieren Sie übersichtlicher und strukturierter. Word bietet eine Vielzahl von Möglichkeiten, Ihre Tabellen zu optischen Anziehungspunkten zu gestalten.

Word 2003

Rufen Sie die Symbolleiste **Tabelle und Rahmen** auf – Mauszeiger in den Bereich der Symbolleisten bringen – rechte Maustaste klicken – **Tabelle und Rahmen** auswählen. Die Symbolleiste enthält hilfreiche Werkzeuge:

Tabelle einfügen. Icon anklicken und die gewünschte Zellenzahl markieren und Maustaste klicken.

Rahmen gestalten. Icon anklicken und die gewünschten Zellen markieren. Die Rahmenlinien bestimmen und Maustaste klicken.

Tabelle schattieren. Icon anklicken und die gewünschten Zellen markieren. Die Schattierung bestimmen und Maustaste klicken.

Zellen verbinden oder teilen. Die entsprechenden Zellen markieren und Maustaste klicken.

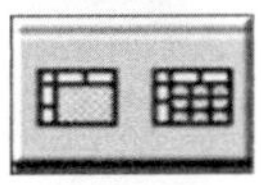

Zellenausrichtung bestimmen. Icon anklicken und die gewünschten Zellen markieren. Die Ausrichtung aussuchen und Maustaste klicken. Nach der DIN 5008 sollte der Inhalt einer Tabellenzelle immer einen gleichen Zeilenabstand nach oben und unten haben (z. B. Mitte links ausrichten).

Spalten und Zellen gleichmäßig gestalten. Die gewünschten Zellen markieren und das entsprechende Icon anklicken. Eine Tabelle, in der die Zeilen unterschiedlich hoch sind, wirkt sehr unruhig auf den Leser.

Zeilen/Spalten löschen. Markieren Sie die zu löschende Zeile oder Spalte; führen Sie den Mauszeiger in den Bereich der Markierung und öffnen Sie mit der rechten Maustaste das Kontextmenü; hier ist nur noch **Zeilen löschen** oder **Spalten löschen** anzuklicken.

Zeilen einfügen. Über das Menü **Tabelle** – **Einfügen** können Zeilen eingefügt werden.

Word 2007/2013

Auf der Registerkarte **Einfügen** – Gruppe **Tabelle** – Schaltfläche **Tabelle** können mit der Maus die gewünschten Zeilen und Spalten aufgerufen werden. Ist die Tabelle erstellt und mit dem Cursor aktiviert, so öffnet sich die Registerkarte **Tabellentools** für den Entwurf und das Layout. Diese Tools bieten sehr übersichtlich viele Gestaltungsmöglichkeiten.

Mit der Registerkarte **Tabellentool** – **Entwurf** können Sie viele Tabellen-Formatvorlagen nutzen. Sie müssen einfach nur eine Formatvorlage aussuchen. Die Gruppe **Optionen für Tabellenformat** ermöglicht es Ihnen, in manchen Fällen die Tabellen lesefreundlicher zu gestalten.

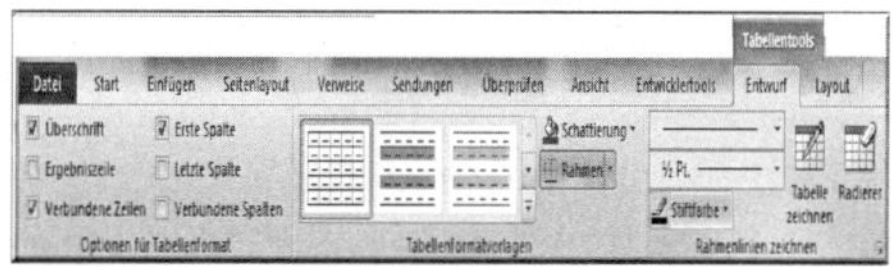

Die Gruppe **Rahmenlinien zeichnen** ermöglicht, Linien, Linienstärke und Farbe auszusuchen. Mit dem Radierer können Linien entfernt werden. Sie können auch eine komplexe Tabelle zeichnen, die unterschiedliche Zeilen oder unterschiedlich viele Spalten pro Zeile enthält. Wenn Sie auf den rechten unteren **Pfeil** klicken, so öffnet sich das Dialogfeld **Rahmen und Schattierung**.

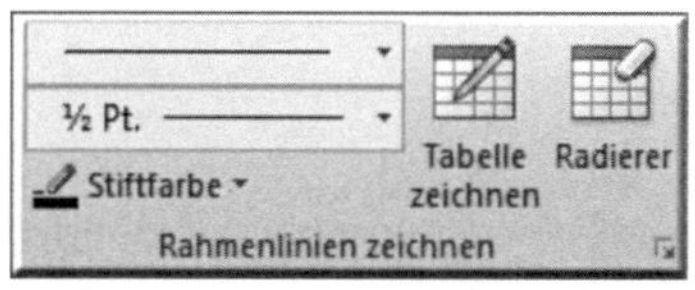

Mit der Registerkarte **Tabellentool** – **Layout** stellt Word Ihnen viele Werkzeuge zur Tabellengestaltung zur Verfügung.

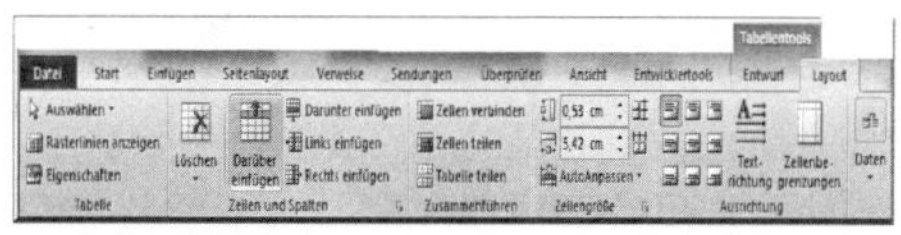

Die Gruppe **Zeilen und Spalten** ermöglicht, Zeilen und Spalten einzufügen und zu löschen.

Eine Tabelle, in der die Zeilen unterschiedlich hoch sind, wirkt sehr unruhig auf den Leser. Hier bietet die Gruppe **Zellengröße** an, Zeilen und Spalten gleichmäßig zu verteilen, um Zeilenhöhe und Spaltenbreite einander anzupassen.

Die Gruppe **Ausrichtung** ermöglicht, den Text in der Zelle an entsprechende Positionen zu bringen. Außerdem kann der Text in verschiedene Richtungen fließen.

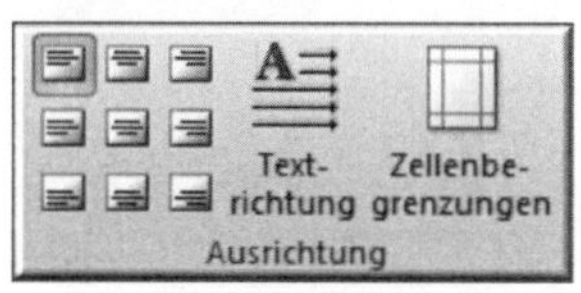

Die Gruppe **Zusammenführen** bietet Befehle, um Zellen zu verbinden, Zellen zu teilen bzw. die Tabelle zu teilen. Sie können in derselben Zeile bzw. Spalte zwei oder mehrere Zellen zu einer einzigen Zelle verbinden.

Tabelle positionieren

Zum Anpassen des Tabellenlayouts stehen noch zahlreiche weitere Möglichkeiten zur Verfügung. Um eine ganze Tabelle, bezogen auf die Seitenränder auszurichten, markieren Sie zuerst die gesamte Tabelle und verwenden in der Gruppe **Ausrichtung** – den Befehl **Zellenbegrenzung**.

Die Ausrichtung, einen linken Einzug und den Textumbruch um eine Tabelle, können Sie in der Gruppe **Tabelle** – Befehl – **Tabelleneigenschaften** festlegen.

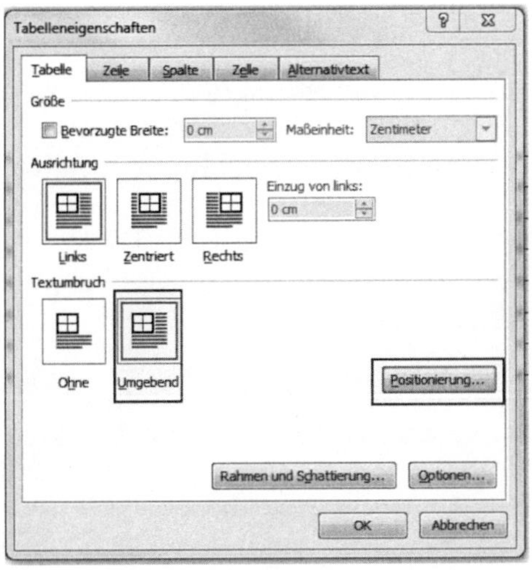

Möchten Sie eine Tabelle an eine bestimmte Position bringen, so aktivieren Sie unter dem Befehl **Tabelleneigenschaften** – Textumbruch **Umgebend** und klicken nun auf das Feld **Positionierung**.

Hier stellen Sie nun Ihre gewünschten Werte ein, z. B. für den Geschäftsbrief mit Bezugzeichenzeile – Form B – die vertikale Position 9,74 cm, gemessen von der ganze Seite.

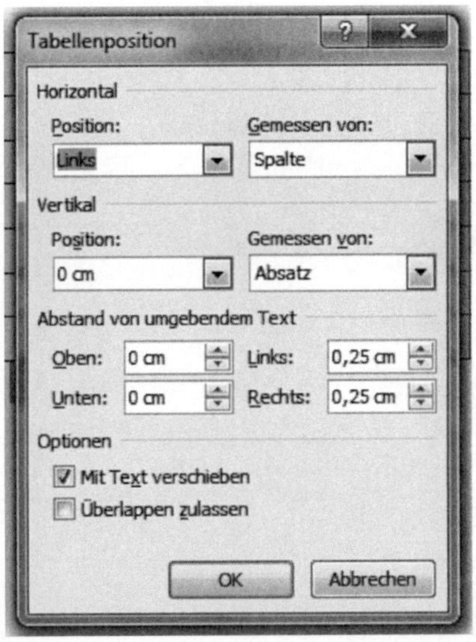

Um den Text innerhalb einer Tabellenzelle auszurichten, markieren Sie den entsprechenden Bereich und klicken in der Gruppe **Ausrichtung** auf die gewünschte **Zellenausrichtung**. Hier können Sie auch den Text vertikal und horizontal ausrichten.

Gleiche Kopfzeile einfügen

Stellen Sie sich in die Tabelle und klicken auf die rechte Maustaste. Aktivieren Sie unter – **Tabelleneigenschaft** – **Registerkarte Zeile** – **Gleiche Kopfzeile auf jeder Seite wiederholen**.

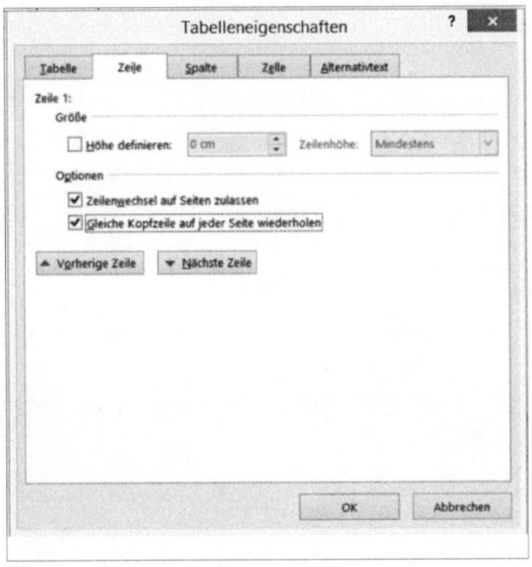

Formulare gestalten

Gehen Sie auf die Registerkarte **Entwicklertools**. Sollte diese nicht angezeigt werden, müssen Sie über die Registerkarte **Datei** – **Word-Optionen** – **Menüband anpassen** – **Entwicklertools aktivieren**.

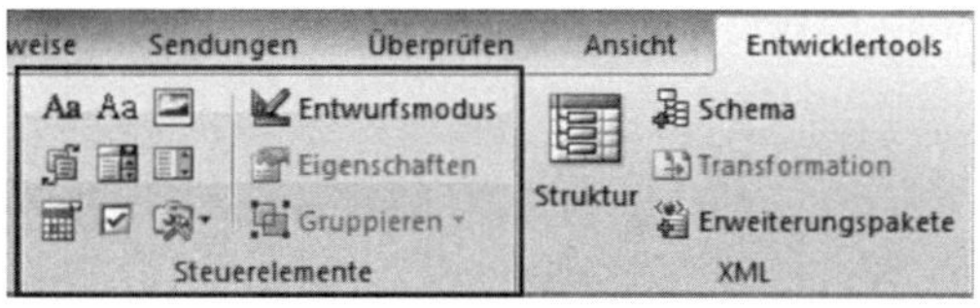

Ein Formular wird grundsätzlich in ein Tabellenraster eingefügt. Jedes Textfeld, Kontrollkästchen oder Dropdown-Formularfeld erhält eine eigene Zelle. Die Linien der Tabelle können ohne Rand gestaltet werden. Wichtig ist, dass das Formular übersichtlich, klar gegliedert und ablaufgerecht konzipiert wird.

Wenn Sie eines der Steuerelemente einfügen, bekommen Sie einen Text vorgegeben, den der User als Eingabeaufforderung sehen kann. Diesen Text können Sie verändern, wenn Sie den Entwurfsmodus einschalten.

Beim Klicken auf die Vorversionstools öffnet sich eine Auswahl von Formular-Steuerelementen aus Vorversionen (Formularsymbolleiste).

Für einfache Texte wählen Sie das Textfeld (Formularsteuerelement). Für Entscheidungsfragen wählen Sie das Kontrollkästchen. Für Auswahlmöglichkeiten bietet sich das Dropdown-Formularfeld an. Für die Auswahl anderer Daten (Datum und Uhrzeit) klicken Sie auf das entsprechende Steuerelement.

Mit einem Doppelklick auf das **Dropdown-Formularfeld** erreichen Sie die Optionen. Hier werden die Auswahlbegriffe ins Dropdownelement geschrieben und hinzugefügt. Bedenken Sie, dass später nur in den Formularfeldern geschrieben werden kann. Mit der Tabtaste erreichen Sie die einzelnen Felder.

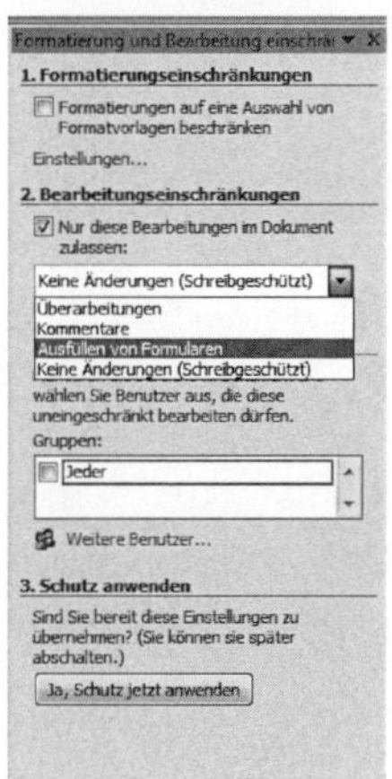

Damit das Formular ausgefüllt werden kann, muss es nach Fertigstellung geschützt werden. Achten Sie darauf, dass der Entwurfsmodus ausgeschaltet ist. Wenn Sie auf die Gruppe **Schützen** – **Bearbeitung einschalten** klicken, öffnet sich der Arbeitsbereich **Formatierung und Bearbeitung einschränken**. Hier klicken Sie unter **2. Bearbeitungseinschränkungen** — **Nur diese Bearbeitungen im Dokument zulassen**: **Ausfüllen von Formularen** und **Ja, Schutz jetzt anwenden** an. Geben Sie ein Passwort an. Testen Sie Ihr Formular.

Falt- und Lochmarken einfügen

Falt- und Lochmarken dienen dazu, den fertigen Brief an der richtigen Stelle zu falten bzw. zu lochen. Die Faltmarken werden innerhalb des Kopfzeilenfensters eingesetzt und dann an den linken Rand verschoben. Die genaue Position und Größe der Marken sind in der DIN festgelegt. Gehen Sie schrittweise für den Geschäftsbrief Form B vor:

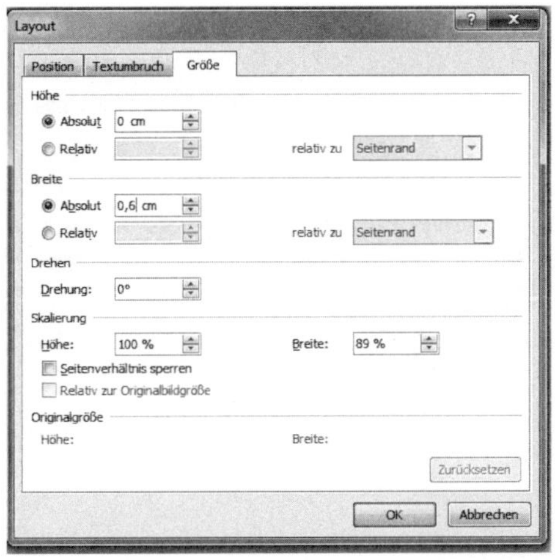

Schritt 1: **Faltmarke 1 – einfügen**

- Aktivieren Sie die Kopfzeile.
- Klicken Sie das Symbol **Linie** an und ziehen Sie bei gedrückter Maus eine waagerechte Linie. (Word 2003 – Symbolleiste **Zeichnen**; Word 2007/2010 Registerkarte **Einfügen** – **Illustrationen** – **Formen**)

Schritt 2: **Faltmarke 1 – formatieren**

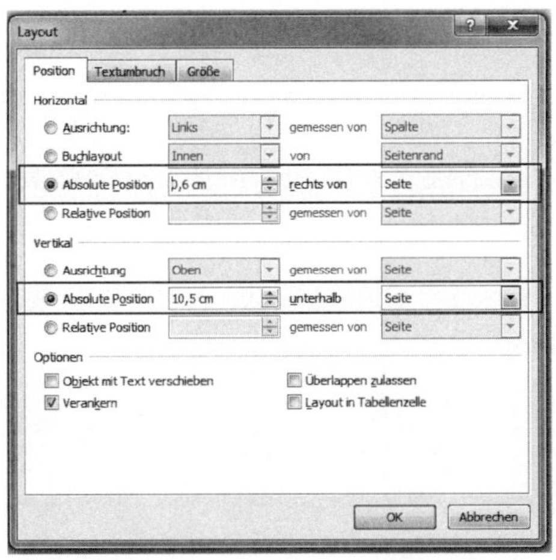

- Klicken Sie die Linie an.
- Öffnen Sie mit der rechten Maustaste das **Kontextmenü** – (Word 2003 **AutoForm formatieren**; Word 2007/2010 **Weitere Layoutoptionen**).
- Geben Sie in der Registerkarte **Größe** die Breite für die Faltmarke mit 0,6 cm an.
- Geben Sie in der Registerkarte **Layout/Position** die in der Abbildung rechts angegebenen Positionen und Bezugsstellen ein.
- **Verankern** Sie die Marke.

Schritt 3: **Faltmarke 2 einfügen – formatieren**

- Wiederholen Sie Schritt 1.
- Formatieren Sie die zweite Faltmarke mit einer Breite von 0,6 cm .
- Platzieren Sie die zweite Faltmarke bei 0,6 cm. „rechts von" Seite und bei 21 cm „unterhalb" Seite.
- **Verankern** Sie die Marke.

Schritt 4: **Lochmarke einfügen – formatieren**

- Wiederholen Sie Schritt 1
- Formatieren Sie die Breite mit 0,75 cm.
- Platzieren Sie die Lochmarke bei 0,6 cm „rechts von" .Seite und bei 14,85 cm „unterhalb" Seite.
- **Verankern** Sie die Marke.

Aufzählung bzw. Nummerierung einfügen

Zur besseren Übersicht sollten Sie zum Beispiel im Lebenslauf die Tätigkeiten mit Aufzählungen bzw. Nummerierungen auflisten. Dazu markieren Sie Ihren Text.

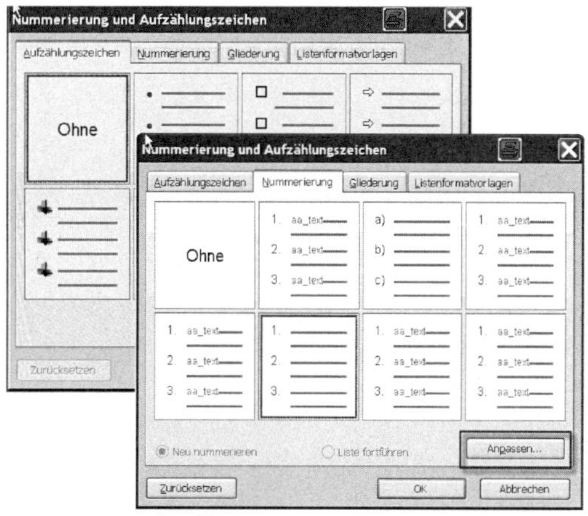

Word 2003

Unter dem Menüpunkt Format – Nummerierung und Aufzählungszeichen gehen Sie auf die Registerkarte **Aufzählungszeichen** oder **Nummerierung**. Sie klicken mit der Maus auf Ihr gewünschtes Zeichen oder Ihre Nummerierung und bestätigen mit **OK**.

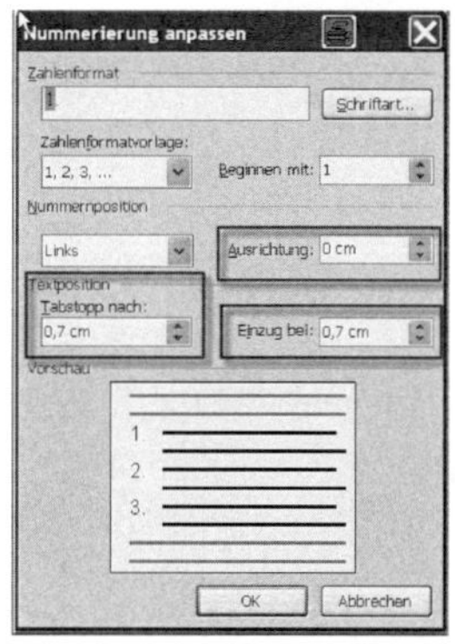

Ist das Gewünschte eingestellt, so können Sie sehr schnell über die Symbolleiste **Format** Ihre Aufzählung bzw. Nummerierung aktivieren.

Steht die Nummerierung nicht an der gewünschten Stelle, so gehen Sie über **Anpassen** in **Nummerierung anpassen**. Hier können Sie die gewünschten Abstände einstellen.

Word 2007/2013

Wählen Sie in der Registerkarte **Start** – Gruppe **Absatz** – entweder den Befehl **Aufzählung** oder **Nummerierung** aus.

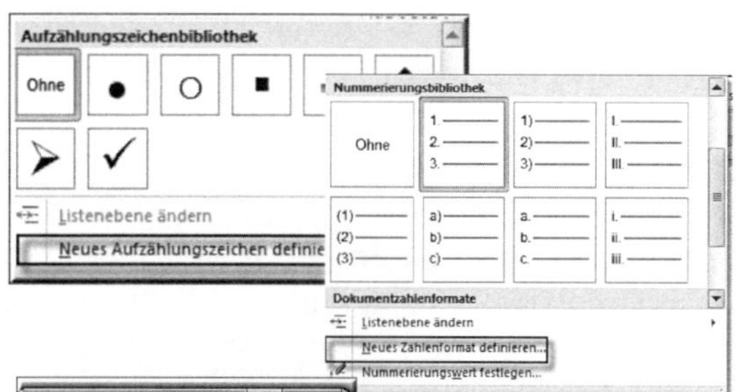

Ist das Gewünschte eingestellt, so können Sie sehr schnell über das **Symbol** – auf den rechten Pfeil klicken – Ihre Aufzählung oder Nummerierung aktivieren.

Wünschen Sie für die Nummerierung oder Aufzählung ein anderes Zahlenformat oder ein anderes Symbol, so gehen Sie über den Befehl **Nummerierung** auf **Neues Zahlenformat definieren** oder über den Befehl **Aufzählung** auf **Neues Aufzählungszeichen definieren**.

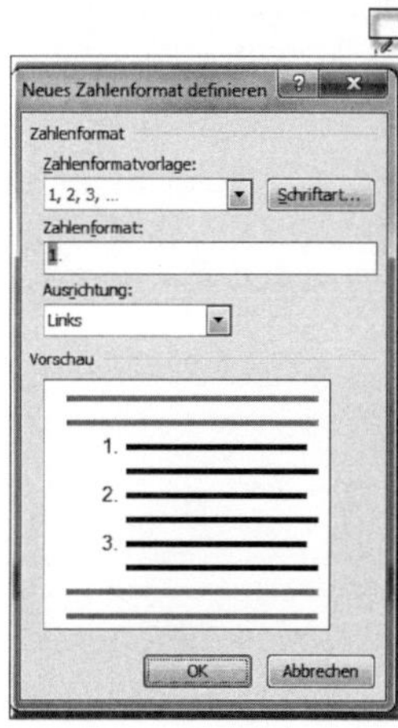

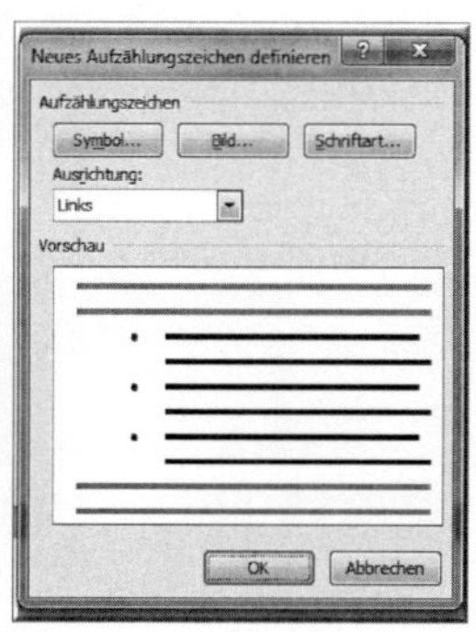

Nach der DIN 1421 steht die Aufzählung/Nummerierung links an der Fluchtlinie, und Beginn und Ende sind vom folgenden Text jeweils durch eine Leerzeile zu trennen.

Abstände vergrößern. Sie setzen eine Leerzeile zwischen die Aufzählungsglieder, indem Sie eine geschützte Zeilenschaltung SHIFT + Return vornehmen.

Listeneinzug an die Fluchtlinie anpassen. Klicken Sie mit der rechten Maustaste im Kontextmenü auf **Einzug verkleinern**.

Liste neu nummerieren. Klicken Sie mit der rechten Maustaste auf den Listeneintrag, ab dem neu nummeriert werden soll. Klicken Sie mit der rechten Maustaste im Kontextmenü auf **Neu beginnen mit 1** oder wählen Sie eine andere gewünschte Option aus.

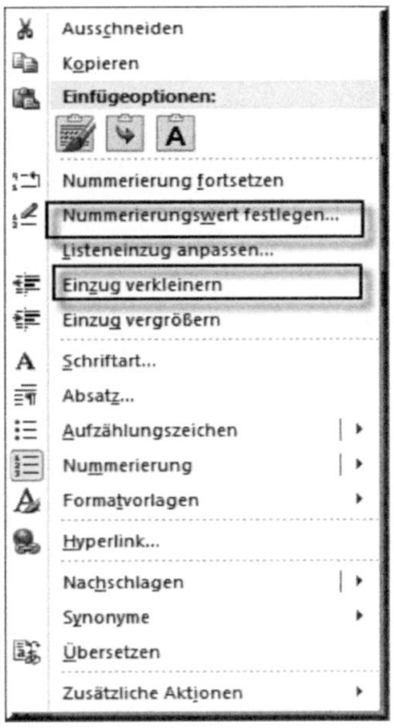

Liste mit Ebenen erstellen

Eine Gliederung besteht aus mehreren Ebenen, die individuell eingestellt werden können. Unter Position wird die Ausrichtung eingestellt, die im Vorschaufenster angezeigt wird.

Word 2003

Unter dem Menüpunkt **Format** – **Nummerierung und Aufzählung** gehen Sie auf die Registerkarte **Gliederung**. Hier suchen Sie sich die gewünschte Gliederung aus bzw. gehen über **Anpassen** in **Gliederung anpassen**. Unter **Ausrichtung** wird die Position eingestellt, die im Vorschaufenster angezeigt wird.

Gemäß DIN 1421 beginnen alle Abschnittsnummern an derselben Fluchtlinie. Nach einer Abschnittsnummer folgt der Abstand von mindestens zwei Leerzeichen. Am Ende einer Abschnittsnummer steht kein Punkt. Um diese Regeln einzuhalten, wird die **Ausrichtung** auf 0 cm eingestellt, der **Texteinzug** entsprechend erweitert und der letzte Punkt unter **Formatierung für Zahl eingeben** entfernt.

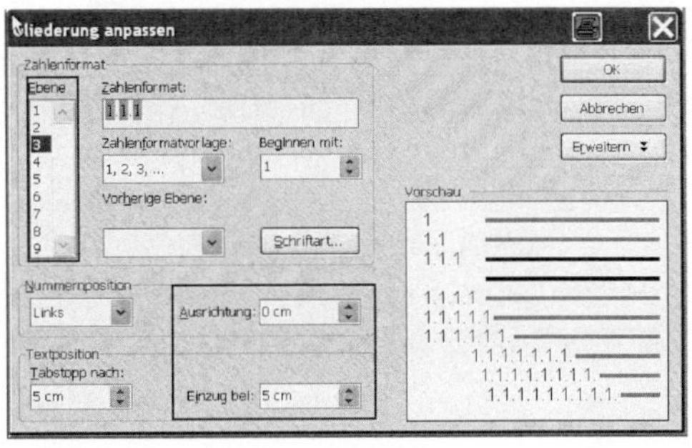

Word 2007/2010

Zunächst markieren Sie Ihren Text und wählen dann auf der Registerkarte **Start** – Gruppe **Absatz** – Befehl **Liste mit mehreren Ebenen**. Hier suchen Sie sich die gewünschte Gliederung aus bzw. Sie gehen über **Neue Liste mit mehreren Ebenen definieren**.

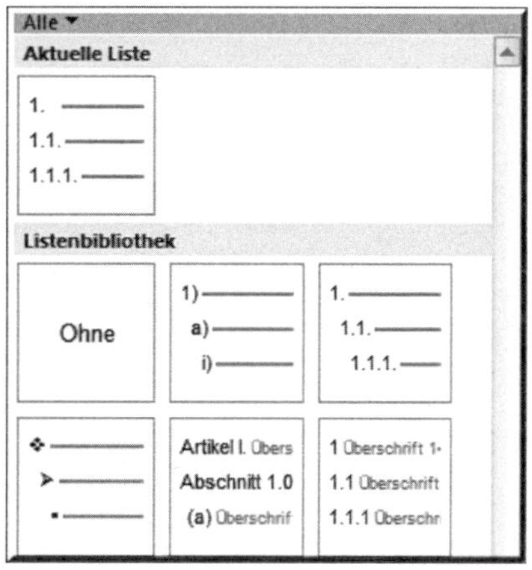

Gemäß DIN 1421 beginnen alle Abschnittsnummern an derselben Fluchtlinie. Nach einer Abschnittsnummer folgt der Abstand von mindestens zwei Leerzeichen. Am Ende einer Abschnittsnummer steht kein Punkt.

Um diese Regeln einzuhalten, wird die **Ausrichtung** auf 0 cm eingestellt, der **Texteinzug** entsprechend erweitert (z. B. bei drei Ebenen auf 2 cm) und der letzte Punkt unter **Formatierung für Zahl eingeben** entfernt. Möchten Sie alle Ebenen auf einmal verändern, gehen Sie auf **Für alle Ebenen festlegen** und stellen dort Ihre Werte ein.

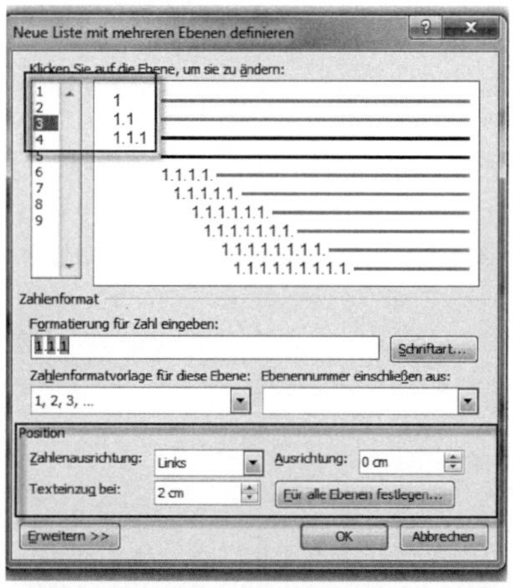

Ebenen einstellen

Während der Texteingabe oder später erstellen Sie die verschiedenen Ebenen über die Symbole **Einzug verkleinern** – **Einzug vergrößern**.

- Klicken Sie auf **Einzug vergrößern**, um von der Ebene 1 auf die Ebene 1.1 zu gelangen.
- Klicken Sie auf **Einzug verkleinern**, um auf den Gliederungspunkt 2 zu gelangen.

Silbentrennung aktivieren

Sie sollten grundsätzlich die Silbentrennung aktivieren, damit am rechten Rand in linksbündigen Texten die Zeilen nicht zu unregelmäßig umgebrochen werden oder im Blocksatz zu große Leerräume zwischen den Wörtern eingefügt werden. Überprüfen Sie die Trennungen immer, da sich manchmal falsche Trennungen einschleichen. Wenn Sie eine Wortkopplung wie MS-Word nie am Zeilenende trennen möchten, drücken Sie die Tastenkombination Strg + – (Bindestrich).

Word 2003

Gehen Sie über das Menü **Extras** – **Sprachen** – **Silbentrennung** und aktivieren Sie **Automatische Silbentrennung**.

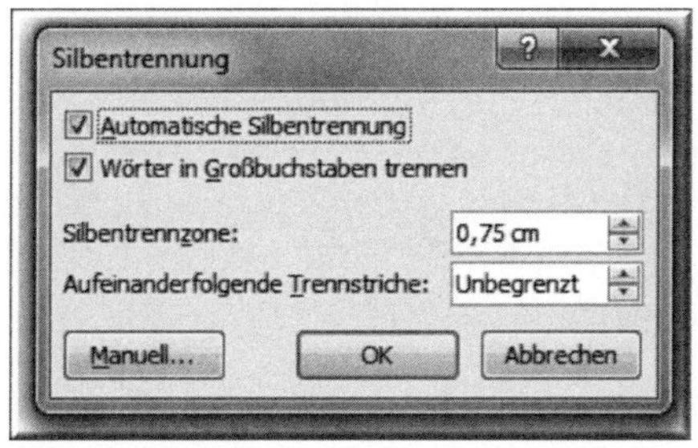

Word 2007/2013

Gehen sie auf die Registerkarte **Seitenlayout** – Gruppe **Seite einrichten** – Schaltfläche **Silbentrennung** und aktivieren Sie **Automatisch**.

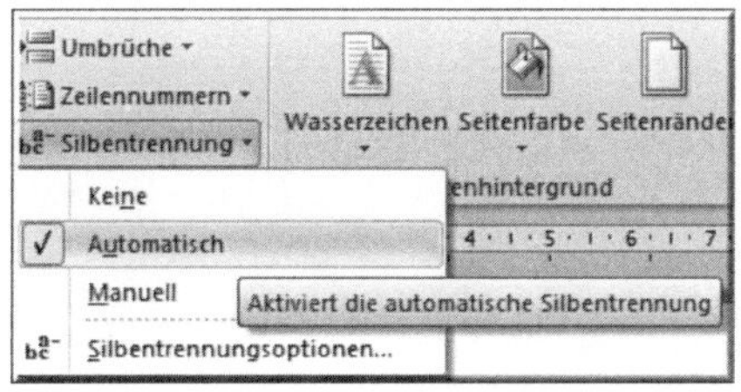

Bestimmen Sie im Dialogfeld Silbentrennung die Position am rechten Rand und geben Sie an, wie viele aufeinanderfolgende Zeilen mit einem Trennungsstrich enden dürfen.

In längeren Dokumenten nehmen Fußnoten u. a. zusätzliche Informationen auf. Die Anmerkungen sollten sich aber auf solche Informationen beschränken, die im Fließtext den Gedankenfluss stören würden, die aber trotzdem für erwähnenswert gehalten werden. Anmerkungen sollten aber keine wesentlichen Informationen enthalten.

Fußnoten werden direkt hinter dem jeweiligen Begriff durch hochgestellte Fußnotenzeichen dargestellt und am Ende der Seite aufgelistet. Positionieren Sie den Cursor an den gewünschten Begriff und drücken Sie **Strg** + **Alt** + **F**.

Fußnote anlegen

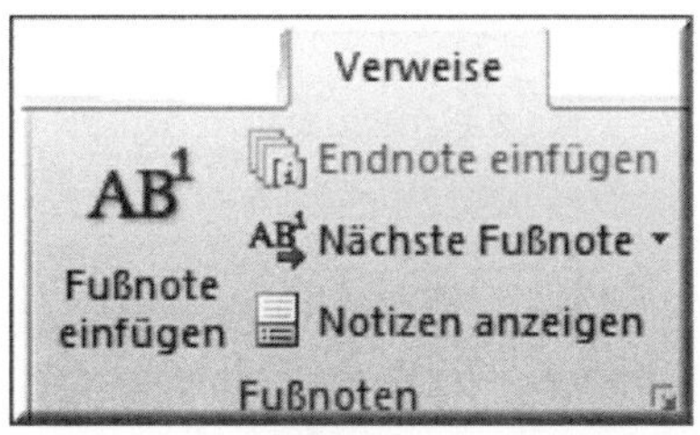

Word 2003

Klicken Sie auf das Menü – **Einfügen** – **Fußnote**. Legen Sie ggf. eine andere Nummerierung fest.

Word 2007/2010

Klicken Sie auf der Registerkarte **Seitenlayout** in der Gruppe **Seite einrichten** auf die Schaltfläche **Umbrüche**. Wählen Sie Ihren gewünschten Abschnittswechsel (Fortlaufend = wenn keine neue Seite angelegt werden soll; Nächste Seite = wenn Sie einen Seitenumbruch wünschen).

Gehen Sie auf das **Startprogramm**, um die Nummerierung und sonstige Fußnoteneinstellungen zu ändern.

Grafiken und Bilder einfügen

Rechts oben im Lebenslauf oder auf das Deckblatt fügen Sie ein ansprechendes Foto ein.

Word 2003

Unter dem Menü **Einfügen**– **Grafik** – **Datei aus** werden die Grafiken oder Bilder von dem entsprechenden Laufwerk/Verzeichnis gewählt und eingefügt.

Innerhalb des Textes gibt es mehrere Möglichkeiten, Grafiken zu positionieren. Sehr rationell geht es über die Schaltfläche **Textfluss** in der Symbolleiste **Grafik** oder über das Kontextmenü **Grafik formatieren** – **Layout**. Markieren Sie die Grafik oder das Bild und verändern Sie den Textfluss auf **Oben und unten**.

Word 2007/2013

Auf der Registerkarte **Einfügen** – Gruppe **Illustrationen** finden Sie verschiedene Elemente zum Einfügen. Klicken Sie auf das Symbol **Grafik**, so öffnet sich der Dateimanager, Sie wählen das entsprechende Laufwerk/Verzeichnis und fügen Ihr gewünschtes Bild ein.

Innerhalb des Textes gibt es mehrere Möglichkeiten, Grafiken zu positionieren. Sehr rationell geht es über die Schaltfläche **Textfluss** in der Symbolleiste **Grafik** oder über das Kontextmenü **Grafik formatieren** – **Layout**. Markieren Sie die Grafik oder das Bild und verändern Sie den Textfluss auf **Oben und unten**.

Bildgröße verändern

Markieren Sie Ihre Grafik. Zeigen Sie mit der Maus auf die Ziehpunkte. Der Mauszeiger verändert sich in einen Doppelpfeil. Ziehen Sie mit gedrückter Maustaste einen der Ziehpunkte nach innen bzw. nach außen, um das Bild zu verkleinern bzw. zu vergrößern. Beim Ziehen wird der Mauszeiger als Pluszeichen angezeigt. Lassen Sie die Maustaste los, wenn die gewünschte Größe erreicht ist.

Schaubilder erstellen

In Word, aber auch in PowerPoint lassen sich sehr einfach ansprechende Schaubilder erstellen. Es stehen Ihnen **AutoFormen/Illustrationen** zur Verfügung.

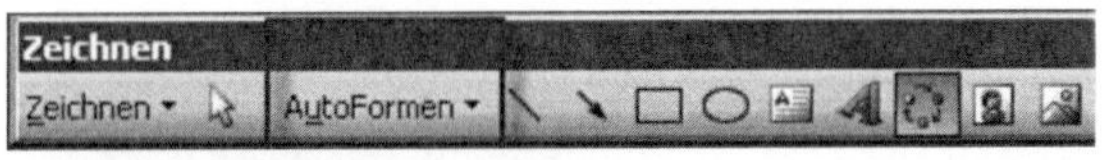

Word 2003

Unter **Ansicht** – Symbolleiste **Zeichnen** finden Sie verschiedene AutoFormen.

Die gewünschte Form klicken Sie mit der linken Maustaste an und ziehen diese in entsprechender Größe in Ihren Textbereich.

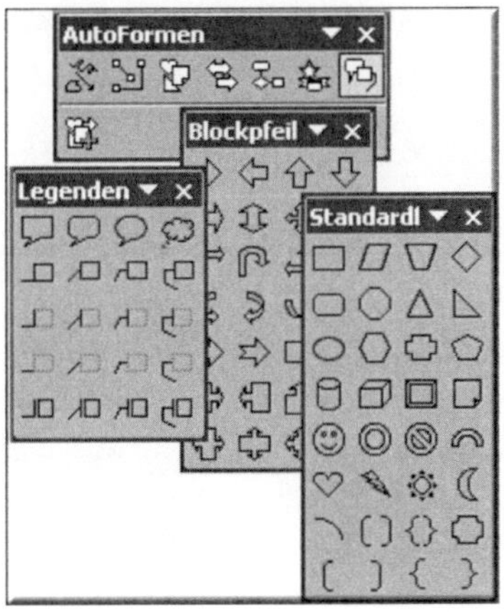

Die AutoFormen lassen sich beschriften, indem Sie mit der rechten Maustaste das **Kontextmenü** öffnen und auf **Text hinzufügen** gehen.

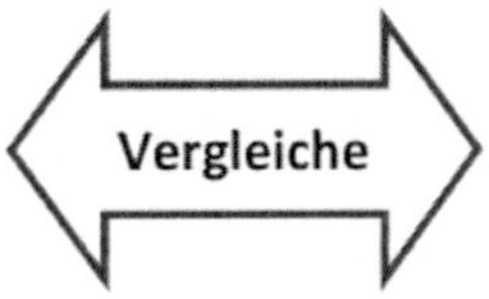

Ebenso befinden sich in der Zeichnenleiste verschiedene Farben, Strichstärken, Schattierungen, um der Autoform ein ausdrucksvolles Layout zu geben.

Diagramme. Im Menü Einfügen oder in der Symbolleiste „Zeichnen" finden Sie die **Schematischen Darstellungen**. Positionieren Sie vorab den Cursor an die Textstelle, in die das Organigramm eingefügt werden soll. Wählen Sie einen **Diagrammtyp** und klicken Sie auf **OK**.

Word öffnet eine diagrammspezifische Symbolleiste, in der sich die entsprechenden Formatierungsbefehle befinden, die Sie zur individuellen Gestaltung der Grafik benötigen.

Ausblenden des Zeichenbereiches. Unter **Extras** – **Optionen** – **Allgemein** blenden Sie diesen aus, wenn Sie „Automatisch beim Einfügen von AutoFormen einen neuen Zeichnungsbereich erzeugen" deaktivieren.

Word 2007/2010

Klicken Sie auf die Registerkarte **Einfügen** – Gruppe **Illustrationen** – Schaltfläche **Formen**. Suchen Sie sich im Katalog die gewünschte Form aus, klicken sie mit der linken Maustaste an und ziehen sie in entsprechender Größe in Ihren Textbereich.

Die Formen lassen sich beschriften, indem Sie mit der rechten Maustaste das **Kontextmenü** öffnen und auf **Text hinzufügen** gehen.

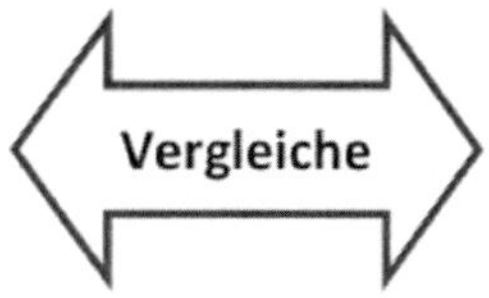

Es öffnet sich nun die Registerkarte **Format/Zeichentools**. Damit können Sie nun das Erscheinungsbild (Farben, Strichstärken, Schattierungen) der Form verändern.

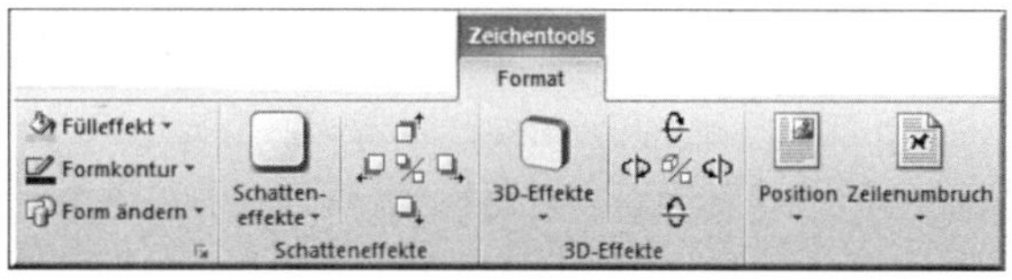

Die **SmartArt-Grafik** bietet viele Möglichkeiten, ein Thema visuell darzustellen, sei es die Befehlsstruktur am Arbeitsplatz oder ein Flussdiagramm eines Projektes.

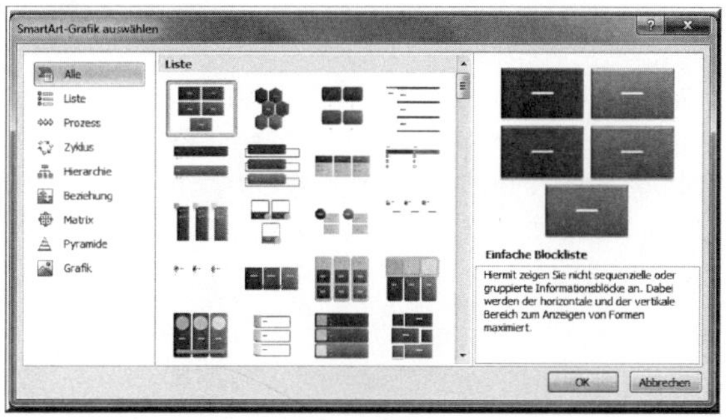

Klicken Sie auf die Registerkarte **Einfügen** – Gruppe **Illustrationen** – **SmartArt**. Wählen Sie den Organigrammtyp aus. Klicken Sie auf die **Kategorie**, lesen Sie die Beschreibung und klicken Sie auf **OK**.

Klicken Sie links auf das erste Element im Textbereich und geben Sie den Text ein.

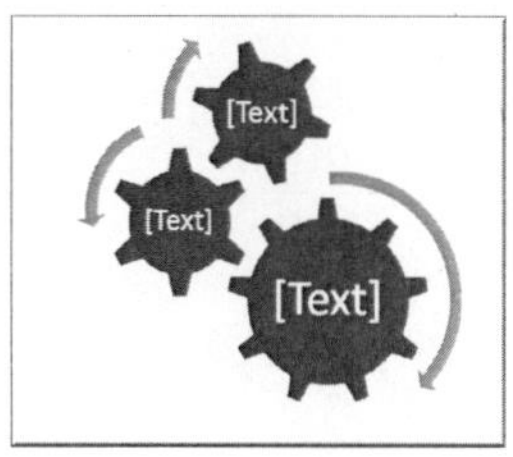

Wird der Textbereich nicht angezeigt, klicken Sie unter der Registerkarte **SmartArt-Tools** auf die Registerkarte **Entwurf** – **Textbereich**. Drücken Sie die Tab-Taste oder den Pfeil nach unten, um zum nächsten Element zu wechseln. Mithilfe der Registerkarte **Entwurf** können Sie die Optik und den Aufbau verändern.

Ganz rechts in der Multifunktionsleiste bzw. im Menüband können Sie auf die Schaltfläche **Grafik zurücksetzen** klicken, um alle Änderungen rückgängig zu machen.

Abbildungen einfügen

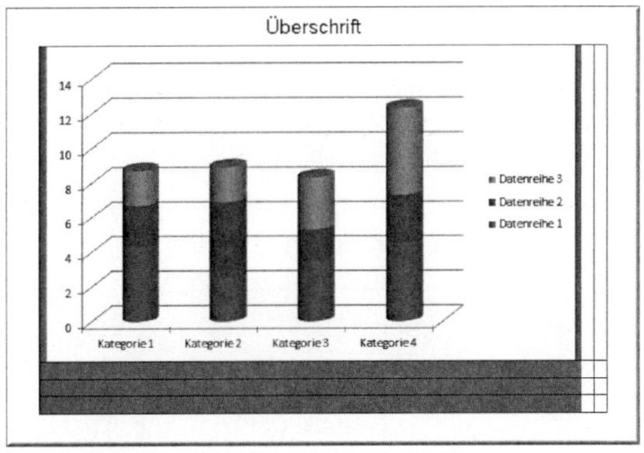

In Fachtexten werden Sie zum besseren Verständnis sicherlich Diagramme, Grafiken bzw. Tabellen einfügen. Word verfügt über verschiedene Möglichkeiten zum Einfügen von Objekten in ein Dokument. Sie können beispielsweise ein Objekt, ein Diagramm oder eine Tabelle auf einfache Weise kopieren.

Sie können eine Tabelle auch als Objekt einfügen oder verknüpfen. Verknüpfen und Einfügen unterscheiden sich im Ort, an dem die Daten gespeichert werden, und in der Art der Aktualisierung nach dem Einfügen in das Dokument.

Bei der Verknüpfung enthält das Word-Dokument lediglich einen Verweis auf die Originaldaten (z. B. einer **Excel-Tabelle**). Die **Verknüpfung** ist eine Pfadangabe, die festhält, wo die Datei eines Objektes zu finden ist und welche eingefügt wurde. Der Vorteil einer Verknüpfung ist zunächst, dass z. B. die Excel-Tabelle, welche in ein Word-Dokument eingefügt wird, dort automatisch aktualisiert wird, wenn sich Änderungen in der Quelldatei ergeben. Ein weiterer Vorteil ist, dass eine Pfadangabe platzsparender ist als die sogenannte Einfügung. Allerdings darf die Quelldatei nicht gelöscht oder zerstört werden.

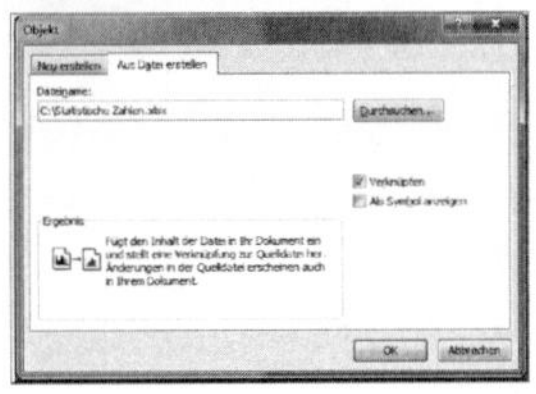

Word 2003

Unter dem Menüpunkt **Einfügen** – **Objekt** öffnet sich das Dialogfeld **Objekt**.

Hier öffnen Sie das Registerblatt **Aus Datei erstellen** und suchen Ihre entsprechende Excel-Datei mit einem Doppelklick aus.

Aktivieren Sie **Verknüpfen** und klicken auf **OK**.

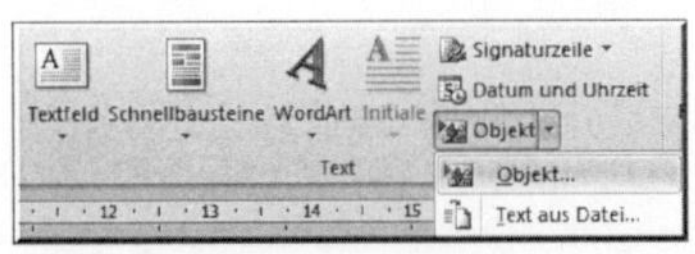

Word 2007/2013

Gehen Sie auf die Registerkarte **Einfügen** – Ordner **Text** – Befehl **Objekt**. Hier öffnen Sie das Registerblatt **Aus Datei erstellen** und suchen Ihre entsprechende Excel-Datei mit einem Doppelklick aus.

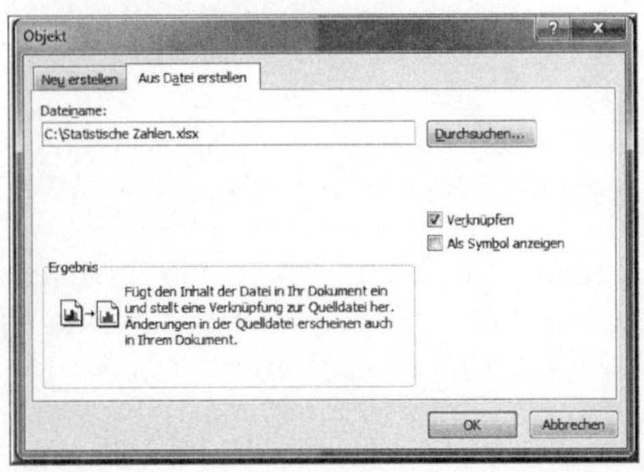

Aktivieren Sie **Verknüpfen** und klicken auf **OK**.

Bildgröße verändern

Markieren Sie Ihre Grafik. Zeigen Sie mit der Maus auf die Ziehpunkte. Der Mauszeiger verändert sich in einen Doppelpfeil. Ziehen Sie mit gedrückter Maustaste einen der Ziehpunkte nach innen bzw. nach außen, um das Bild zu verkleinern bzw. zu vergrößern. Beim Ziehen wird der Mauszeiger als Pluszeichen angezeigt. Lassen Sie die Maustaste los, wenn die gewünschte Größe erreicht ist.

Abbildungen beschriften

Klicken Sie auf die rechte Maustaste und wählen Sie **Beschriftung einfügen**. Ergänzen Sie die Beschriftung – wählen Sie die Bezeichnung und die Position **Über dem ausgewählten Element**. Möchten Sie eine andere Bezeichnung bzw. die Abkürzung von Abbildungen verwenden, so fügen Sie unter **Neue Bezeichnung** Ihren Text hinzu und positionieren den Titel der Abbildung über dem ausgewählten Element. Wiederholen Sie den Vorgang, um die Quelle anzugeben und sie unter dem ausgewählten Element zu positionieren.

Logo erstellen

Im Internet gibt es mittlerweile einige Programme mit denen Sie kostenlos Logos erstellen können. Allerdings können Sie mit wenigen Strichen, Formen oder Buchstaben Ihr eignes Logo gestalten.

Unter **Einfügen** – **Illustrationen** finden Sie die Formen. Stellen Sie ein Logo zusammen. Markieren Sie die Formen, Striche oder Buchstaben. Klicken Sie auf die rechte Maustaste und gruppieren Sie alles. Fügen Sie anschließend die Grafik z. B. unter Windows-Zubehör in **Paint** ein und speichern Sie Ihr Logo unter *.jpg ab. Nun können Sie unter **Einfügen** – **Grafik** Ihr Logo einfügen. Nun können Sie an den Seiten diagonal ziehen, um es in die richtige Größe zu bringen.

H&S

Bevor Sie damit beginnen, sollten Sie sich Gedanken über die Farbgestaltung machen. Für ein Unternehmen, das mit Pflanzen handelt, würde sich sehr gut Grün eignen, dagegen für eine Feuerlöscherfirma eher Rot. Auch sollte darauf geachtet werden, dass auch eine Schwarz-Weiß-Wiedergabe (Darstellung in Graustufen) möglich ist.

Mathematische Formeln einfügen

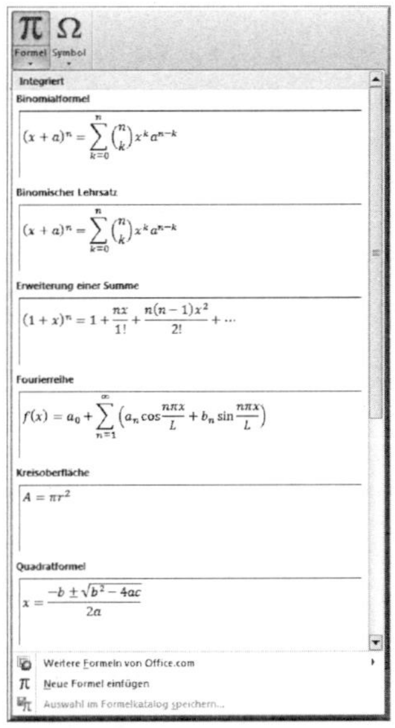

Ab Word 2007 können Sie vorgefertigte mathematische Formeln verwenden.

Klicken Sie auf die Registerkarte **Einfügen** – Gruppe **Symbol** – Schaltfläche **Formel**.

Wählen Sie aus dem Bereich des Listenfelds die vorgefertigte Formel oder klicken Sie auf den Eintrag **Neue Formel einfügen**, um eine leere Formel zu erzeugen. Das entsprechende Inhaltselement wird eingeblendet.

Klicken Sie in die Formel, um sie zu bearbeiten. Geben Sie die Formel ein. In der Gruppe **Symbole** können Sie dabei weitere Symbole auswählen und der Formel hinzufügen.

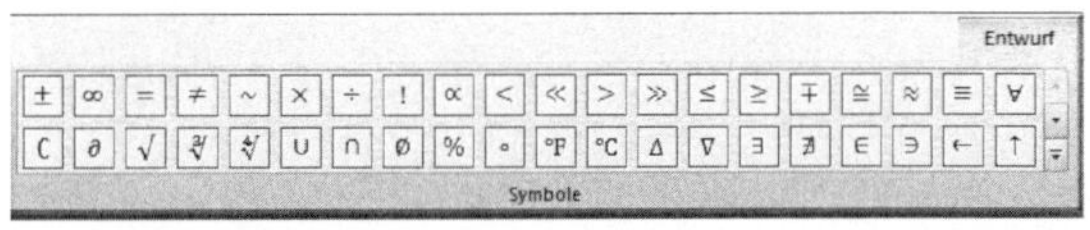

In der Gruppe **Strukturen** können Sie weitere Formelbestandteile auswählen. Klicken Sie nach Fertigstellung der Formel auf einen freien Bereich außerhalb des Inhaltssteuerelements.

Formatieren Sie Ihre Formel. Die Standardeinstellung ist **Professionell**. Ansonsten können Sie zwischen **Linear** oder **Normaler Text** wählen.

Verschieben: Klicken Sie mit der Maus links auf das Symbol Ihrer Formel und ziehen Sie sie an die gewünschte Position.

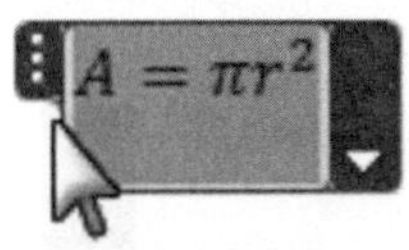

Löschen: Klicken Sie mit der Maus links auf das Symbol Ihrer Formel. Drücken Sie Entf-Taste.

Add-in: Microsoft Math: Außerdem gibt es ein Plug-in für mathematische Funktionen. Der kostenlose Download des „Word 2007 Add-in: Microsoft Math" ist unter der Website von Microsoft zu finden, wenn Sie nach dem Begriff Microsoft Math suchen.

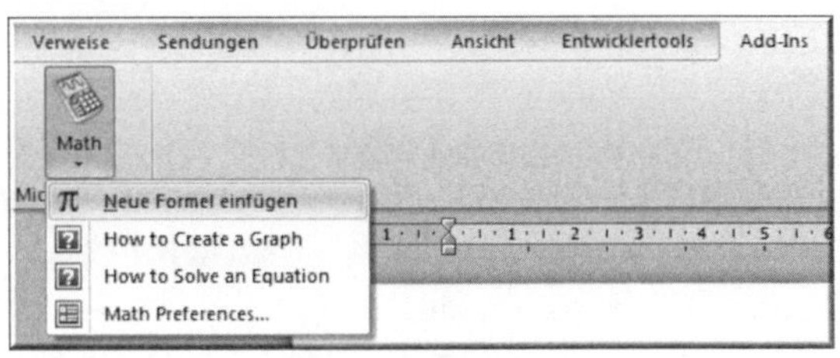

Nach der Installation steht unter Add-Ins in der Multifunktionsleiste/Menüband der Punkt Math zur Verfügung.

Word 2010: Sollen die Add-Ins nicht angezeigt werden, so aktivieren Sie unter **Datei** – **Optionen** – **Menüband anpassen** – Hauptregisterkarten **Add-Ins**.

Verknüpfungen mit Excel oder andere Objekte einfügen

Word verfügt über verschiedene Möglichkeiten zum Einfügen von Excel-Daten in ein Word-Dokument. Sie können beispielsweise ein Objekt oder eine Tabelle auf einfache Weise kopieren.

Sie können eine Tabelle auch als Objekt einfügen oder verknüpfen. Verknüpfen und Einfügen unterscheiden sich im Ort, an dem die Daten gespeichert werden, und in der Art der Aktualisierung nach dem Einfügen in das Dokument.

Bei der Verknüpfung enthält das Word-Dokument lediglich einen Verweis auf die Originaldaten (z. B. eine Excel-Tabelle). Die Verknüpfung ist eine Pfadangabe, die festhält, wo die Datei eines Objektes zu finden ist und welche eingefügt wurde. Der Vorteil einer Verknüpfung ist zunächst, dass z. B. die Excel-Tabelle, welche in ein Word-Dokument eingefügt wird, dort automatisch aktualisiert wird, wenn sich Änderungen in der Quelldatei ergeben. Ein weiterer Vorteil ist, dass eine Pfadangabe platzsparender ist, als die sogenannte Einfügung. Allerdings darf die Quelldatei nicht gelöscht oder zerstört werden.

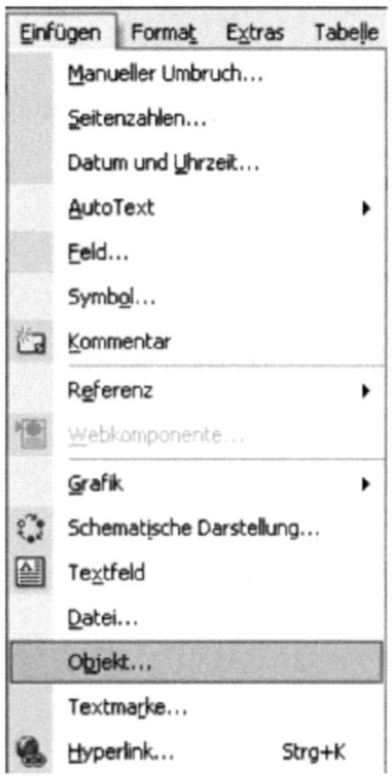

Word 2003

Gehen Sie über das Menü Einfügen auf den Befehl **Objekt** – **Aus Datei erstellen**.

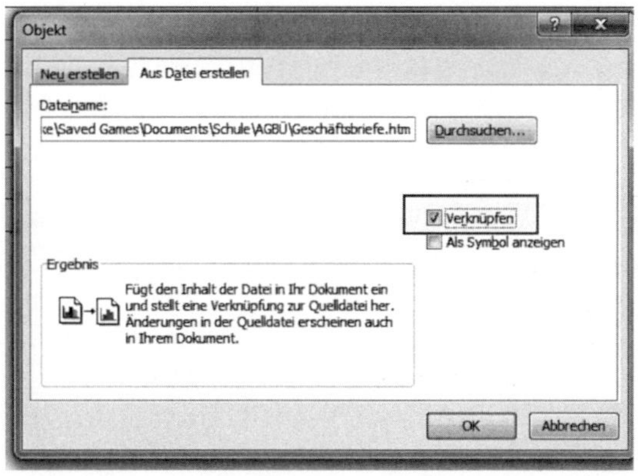

Word 2007/2010

Gehen Sie auf die Registerkarte **Einfügen** – **Ordner** Text – Befehl **Objekt**. Hier öffnen Sie das Registerblatt **Aus Datei erstellen** und suchen Ihre entsprechende Excel-Datei mit einem Doppelklick aus.

Aktivieren Sie **Verknüpfen** und klicken auf **OK**.

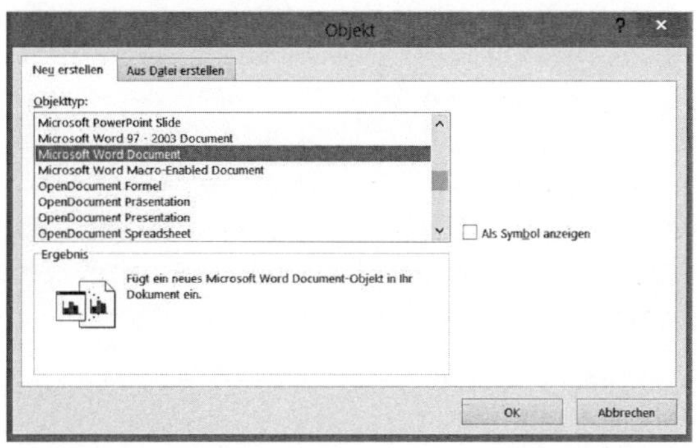

Seriendruck

Erstellen Sie den Brief (Hauptdokument) wie üblich, aber lassen Sie die Stellen frei, an denen Daten aus einer Adressliste eingesetzt werden. Speichern Sie den Brief.

Word 2003

Unter **Extras** – **Briefe und Sendungen** – **Serienbrieferstellung** aufrufen. Es erscheint das Arbeitsfenster „Seriendruck".

Von hier aus werden Sie Schritt für Schritt durch die Funktion geführt.

- Im Schritt 1 wählen Sie **Briefe** aus.
- Als Schritt 2 entscheiden Sie sich für das **aktuelle Dokument**.
- Im Schritt 3 wählen Sie die **Empfänger** aus.

Besteht noch keine Empfängerliste, so aktivieren Sie **Neue Liste eingeben**. Es erscheint das Dialogfenster **Neue Anschriften**.

Schritt 1

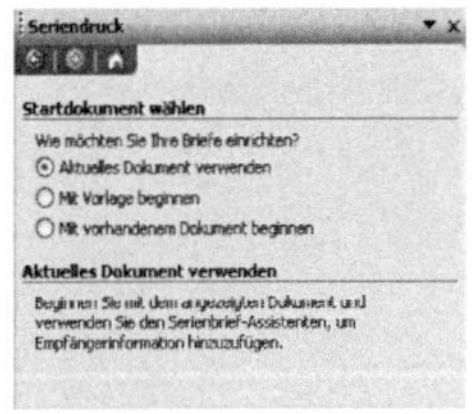

Schritt 2

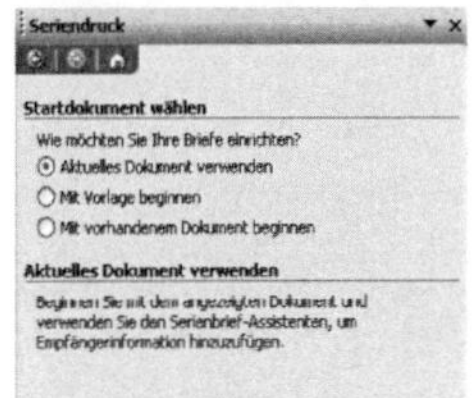

Schritt 3

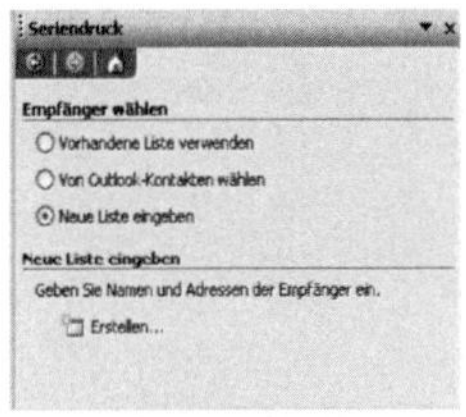

Neue Datenquelle erstellen

Um das Dialogfenster an die eigenen Feldnamen anzupassen, klicken Sie auf **Anpassen**. Nun löschen Sie die Feldnamen, die Sie nicht benötigen und fügen Ihre neuen Feldnamen hinzu.

Ordnen Sie nach Ihren Wünschen die Reihenfolge, indem Sie den Feldnamen **Nach oben** oder **Nach unten** verschieben.

Es erscheint die **Neue Adressliste**. Hier geben Sie Ihre Daten ein. Achten Sie darauf, dass hinter Ihren Daten kein Leerzeichen folgt, sonst funktioniert die Seriendruckfunktion nicht korrekt. Für den nächsten Datensatz klicken Sie auf **Neuer Eintrag**.

Nachdem Sie alle Datensätze eingegeben haben, **schließen** Sie Ihre Adressliste. Automatisch werden Sie aufgefordert, Ihre Adressliste **abzuspeichern**. Wählen Sie einen aussagekräftigen **Dateinamen** für Ihre Adressliste.

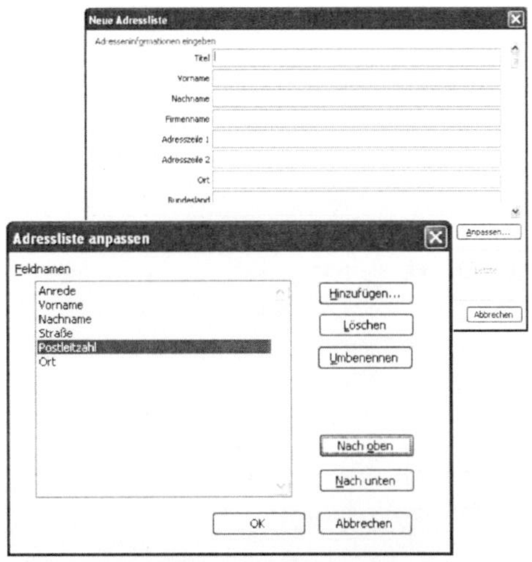

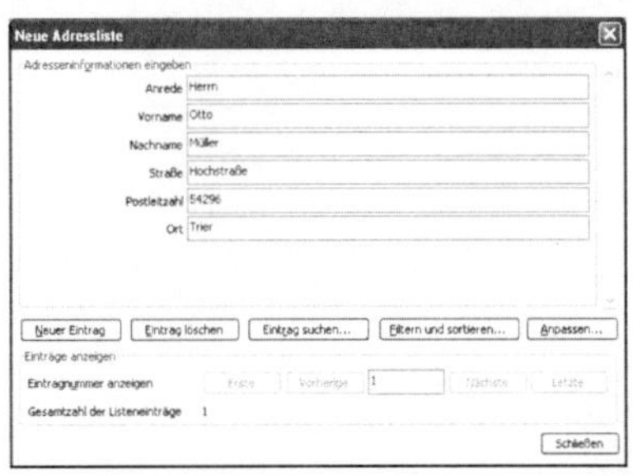

In der Symbolleiste **Seriendruck** das Symbol **Seriendruckfeld einfügen** anklicken.

Nun werden an entsprechender Stelle die Felder eingefügt. Zwischen den einzelnen Feldern werden entsprechende Leerzeichen gesetzt.

Bürobedarf Hauser & Schulte – Balduinstraße 15 – 54290 Trier

«Branche»
«Firma»
«Anrede» «Vorname» «Name»
«Straße_Postfach»
«Postleitzahl» «Ort»

Klicken Sie in der Symbolleiste „Serienbrief“ auf das Symbol **ABC**, so erscheint der 1. Datensatz.

Mit den Pfeiltasten können Sie durch die Datensätze blättern.

Zusammenführen und Drucken

Wählen Sie das Symbol **Dokumente drucken**. Hier können Sie die Datensätze auswählen, die zusammengeführt werden.

Word 2007/2013

Erstellen Sie den Brief (Hauptdokument) wie üblich, aber lassen Sie die Stellen frei, an denen Daten aus einer Adressliste eingesetzt werden. Speichern Sie den Brief.

Klicken Sie in der Registerkarte **Sendungen** – Gruppe **Seriendruck starten** – **Seriendruck starten** und im Dropdown-Menü auf **Briefe**. Anschließend klicken Sie auf die Schaltfläche Empfänger auswählen.

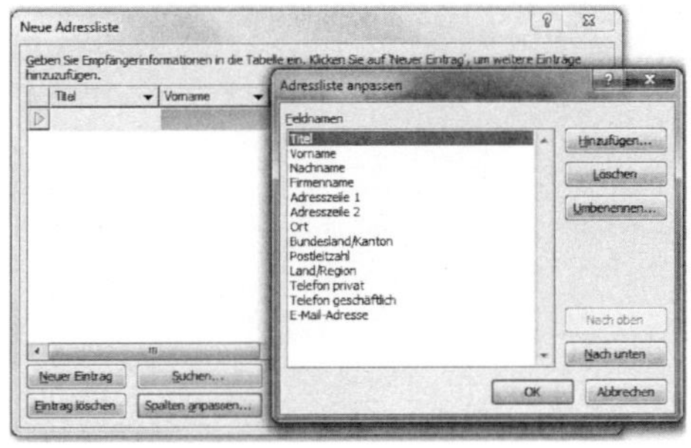

Neue Datenquelle erstellen

Wenn Sie bisher noch keine Datenquelle erstellt haben, die Sie für den Seriendruck verwenden wollen, dann wählen Sie die Option **Neue Liste eingeben**. Word zeigt daraufhin ein Formular an, in dem Sie die Adressdaten eingeben können.

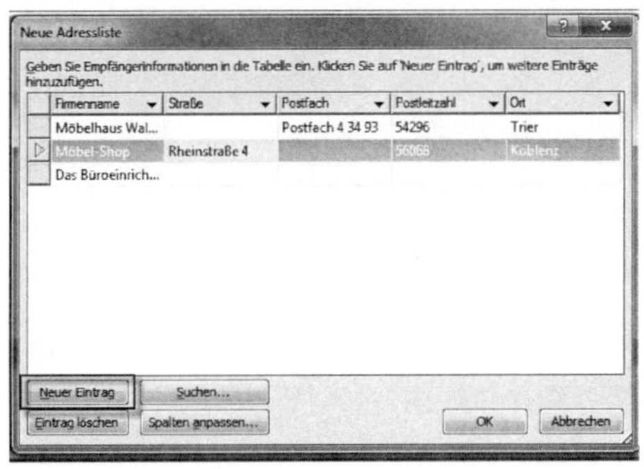

Klicken Sie zunächst auf **Spalten anpassen** und geben Sie entsprechend Ihrer Datenquelle die Feldnamen ein. Dazu löschen Sie die unnötigen und ergänzen die fehlenden Feldnamen. Berücksichtigen Sie für das rationelle Arbeiten die richtige Reihenfolge der Datenbank.

Um einen weiteren Listeneintrag zu erstellen, klicken Sie die Schaltfläche **Neuer Eintrag** an. Wenn Sie im Formular auf **OK** klicken, wird das Dialogfeld **Adressliste speichern** angezeigt.

Geben Sie dort einen aussagekräftigen Namen für die Liste ein. Achten Sie unbedingt darauf, an welcher Stelle/Speicherort Sie die Datei ablegen und klicken Sie dann auf **Speichern**.

Vorhandene Datenquelle öffnen

Wählen Sie unter der Registerkarte **Sendungen** – Gruppe – **Seriendruck starten** – **Empfänger auswählen** die Option **Vorhandene Liste verwenden** aus. Öffnen Sie Ihre Datenquelle. Klicken Sie auf **Empfängerliste bearbeiten**. Aktivieren Sie die Kontrollkästchen der Personen, die das Schreiben erhalten sollen.

Adressen aus Outlook

Wenn Sie Ihre Adressen im Kontakte-Ordner von MS Outlook verwalten, klicken Sie die Option **Aus Outlook-Kontakten** auswählen an. Word zeigt daraufhin das Dialogfeld **Kontakte auswählen** an, in dem alle Kontaktordner aufgeführt werden, die in Ihrem Outlook-Profil enthalten sind. Klicken Sie in der Liste zuerst die Kontakte an, die Sie verwenden wollen, und dann auf **OK**.

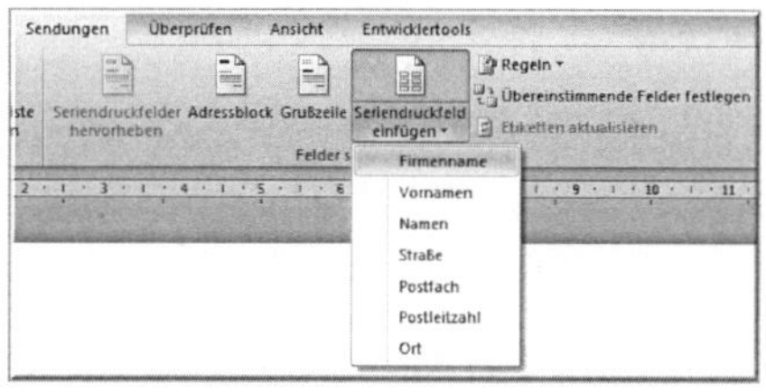

Klicken Sie nun im Dokument auf die Stelle, an der Daten aus der Datenquelle eingefügt werden sollen.

Gehen Sie auf die Gruppe **Felder schreiben und einfügen** und auf der Schaltfläche **Seriendruckfeld einfügen** auf den entsprechenden Feldnamen.

Um sich vor dem tatsächlichen Zusammenführen von Hauptdokument und Datenquelle die Ergebnisse auf dem Bildschirm anzusehen und so eventuelle Fehler erkennen und beheben zu können, verwenden Sie die Seriendruckvorschau.

Klicken Sie dafür in der Gruppe **Vorschau Ergebnisse** auf die gleichnamige Schaltfläche. Nun können Sie mit den Pfeiltasten durch die Datensätze blättern.

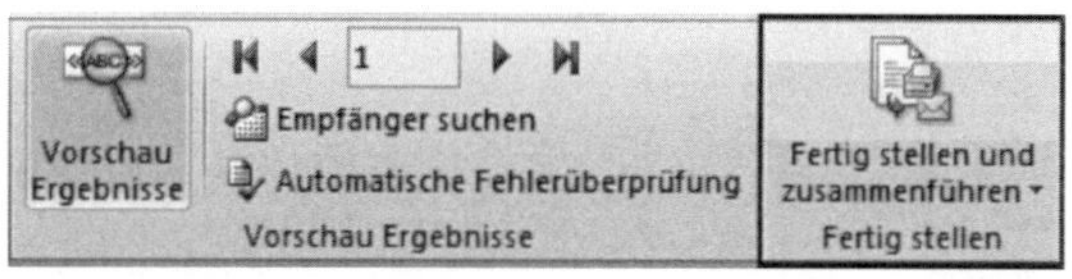

Zusammenführen und Drucken

Klicken Sie in der Gruppe **Fertig stellen** die Schaltfläche **Fertig stellen und zusammenführen** an. Wählen Sie die Option **Dokumente drucken**. Hier können Sie die Datensätze auswählen, die zusammengeführt werden.

Seriendruck – Bedingungsfeld

Bei der persönlichen Anrede ergibt sich einmal das Problem, dass bei weiblicher Anrede „Sehr geehrte" und bei männlicher Anrede „Sehr geehrter" zu schreiben ist. Zudem werden die männlichen Briefempfänger mit „Herr" angesprochen, in der Datenquelle befindet sich aber in der Regel im Seriendruckfeld „Anrede" der Begriff „Herrn" (im Anschriftfeld erforderlich). Dieses Problem löst das Einfügen eines Bedingungsfeldes.

Positionieren Sie den Cursor an die Stelle, an der das Bedingungsfeld eingefügt werden soll.

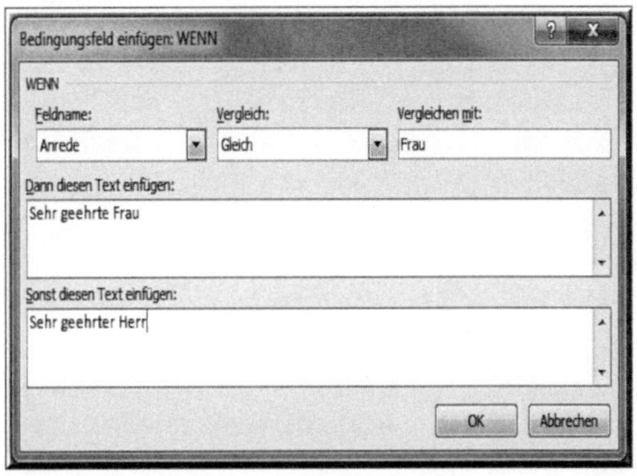

Word 2003

Wählen Sie über die Schaltfläche **Bedingungsfeld einfügen** die Option **Wenn** … **Dann** … **Sonst** …

Word 2007/2013

Wählen Sie über die Registerkarte **Sendungen** den Ordner Schaltfläche **Regeln** die Option **Wenn** … **Dann** … **Sonst** …

Geben Sie die folgenden Daten ein; achten Sie darauf, dass Sie hinter den Eintragungen **kein Leerzeichen** setzen!

Fügen Sie hinter der Anrede das Seriendruckfeld **Nachname** – mit einem Leerzeichen abgesetzt – ein. Denken Sie an das Komma nach der Anrede!

Seriendruck – Filtern von Daten

Im Serienbrief kann eine Auswahl bestimmter Empfänger getroffen werden. Wenn Sie z. B. aus der Datenquelle nur die Empfänger aus einer bestimmten Stadt anschreiben möchten, dann wählen Sie ...

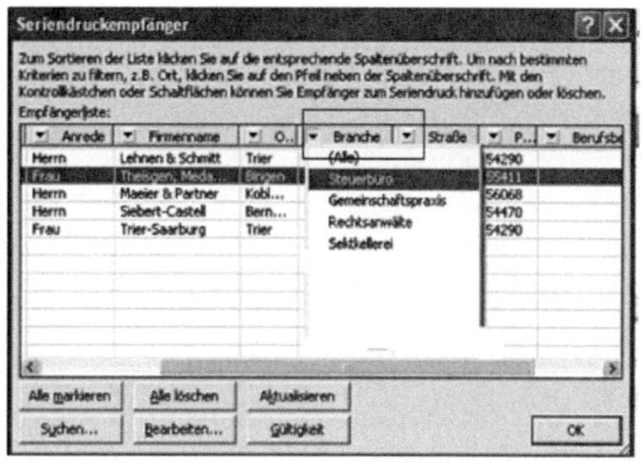

Word 2003

... in der Seriendruck-Symbolleiste das Icon **Seriendruckempfänger**, klicken den Pfeil in der Spaltenüberschrift „Ort" an – **Weitere Optionen** – **Abfrageoptionen**.

Word 2007/2013 in der Registerkarte **Sendungen** – Ordner **Seriendruck starten** – Schaltfläche Empfängerliste bearbeiten. Markieren Sie unten links die Datenquelle, damit die Funktionen unter **Empfängerliste verfeinern** aktiviert werden.

1. Möglichkeit

Legen Sie nun unter **Empfängerliste verfeinern** – Option **Filtern** die Kriterien fest, die für den Filter verwendet werden sollen.

2. Möglichkeit

Sie können den **Pfeil** in der Spaltenüberschrift „Ort" anklicken und in dem sich öffnenden Fenster **Weitere Optionen** wählen. Es öffnet sich das Dialogfeld **Filtern und Sortieren**. Wählen Sie nun die Registerkarte **Datensätze filtern**. Hier führen Sie nun den Vergleich durch, z. B. **Ort** – **gleich** – **Trier**. Es werden alle Datensätze mit dem Ort „Trier" herausgefiltert.

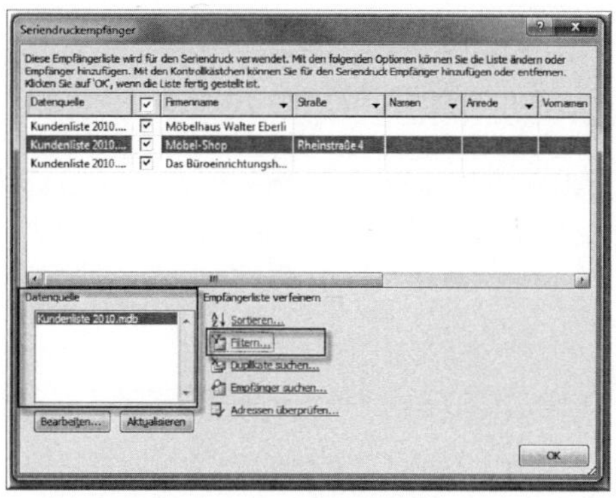

Textbausteine – AutoText

Wenn Sie dasselbe Wort oder dieselbe Wendung wieder und wieder eingeben, sparen Sie eine Menge Zeit, wenn Sie den Eintrag als Schnellbaustein speichern. Er bekommt einen kurzen Namen, mit mindestens vier Buchstaben. Sie tippen nur den Kurznamen ein und rufen den Baustein dann aus dem Speicher ab.

Die Funktion ist nicht auf Text beschränkt, sondern nimmt alles auf, was auch im Dokument Platz findet – Tabellen, Bilder oder komplette Seiten. Bausteine werden in verschiedenen Katalogen gespeichert, die jeweils in mehrere Kategorien geteilt werden können.

Word 2003

Textbausteine definieren

Markieren Sie im Dokument die Information, die Sie als Schnell bzw. Textbaustein speichern möchten.

1. Möglichkeit: Über das Menü **Einfügen** – **AutoText** – **AutoText** unter **„AutoText-Einträge hier eingeben:"**, geben Sie dem Baustein einen Namen und klicken dann auf **Hinzufügen**.

2. Möglichkeit: Die Symbolleiste „AutoText" einfügen. Text markieren und unter **Neu** den Bausteinnamen eingeben. Mit der Eingabetaste bestätigen.

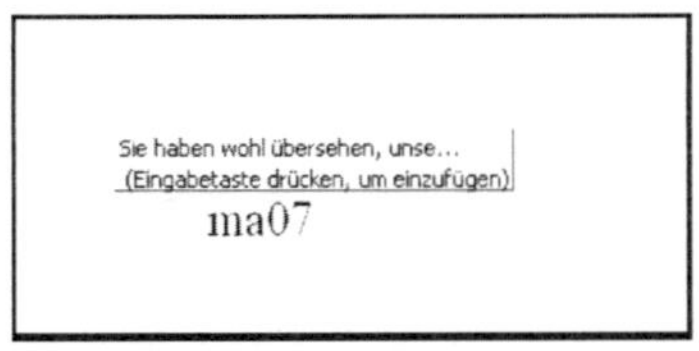

Textbausteine aufrufen

1. Möglichkeit: Den Bausteinnamen eingeben. Es erscheint oberhalb der Textbaustein. Um den Baustein einzufügen, die **Eingabetaste** oder die Funktionstaste **F3** drücken.

2. Möglichkeit: Unter **Einfügen** – **AutoText** – **AutoText** wird in „AutoText-Einträge" der Bausteinname eingegeben. Der Textbaustein erscheint in der Vorschau. Auf **Einfügen** klicken, um den Textteil einzufügen.

Word 2007/2010

Klicken Sie auf die Registerkarte **Einfügen** – Gruppe **Text** – **Schnellbausteine** und dann auf **Auswahl im Schnellbaustein-Katalog speichern** (oder drücken Sie Alt + F3), um das Dialogfeld **Neuen Baustein erstellen** zu öffnen. Übernehmen Sie den vorgeschlagenen Namen, oder geben Sie einen neuen ein.

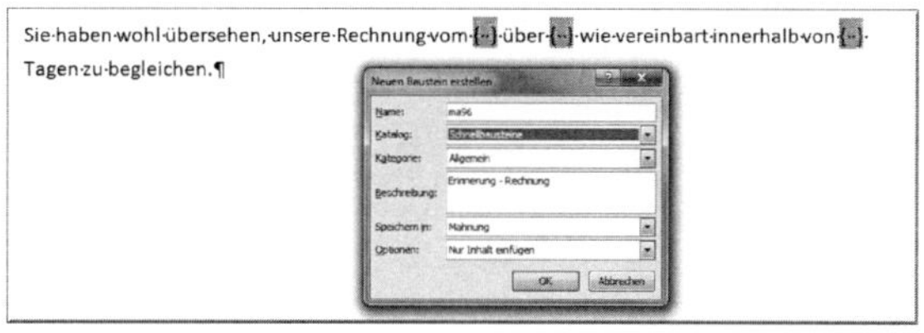

Wenn das Element zukünftig angezeigt werden soll, wählen Sie **Schnellbausteine** in der Liste **Katalog** aus. Wählen Sie eine Kategorie aus oder klicken Sie auf **Neue Kategorie**.

Legen Sie den Speicherort des Eintrags fest – die aktuelle Vorlage oder eine der globalen Vorlagen **Normal** oder **Building Blocks**.

Die Schnellbausteine der globalen Vorlage Building Blocks stehen immer zur Verfügung, egal mit welcher Dokumentvorlage Sie arbeiten. Geben Sie an, auf welche Art der Eintrag eingefügt werden soll und klicken Sie auf **OK**.

Schnellbausteine einfügen

1. Möglichkeit: Setzen Sie die Einfügemarke an die Stelle, an der Sie den Baustein einfügen möchten, geben Sie den Namen ein und drücken Sie **F3**.

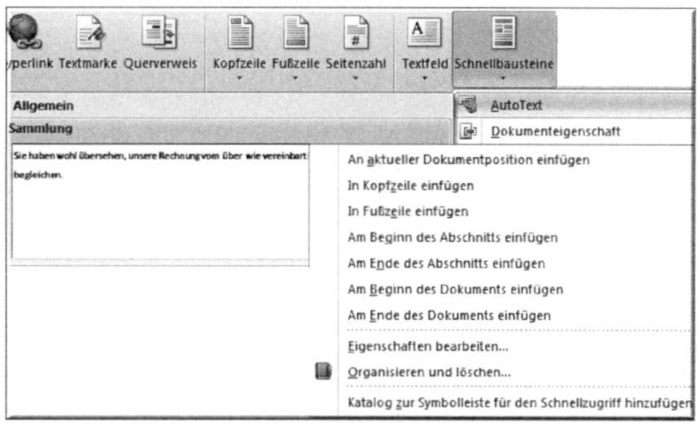

2. Möglichkeit: Klicken Sie auf die Registerkarte **Einfügen** Gruppe **Text** – **AutoText.** Scrollen Sie ggf. in der Liste, um den gesuchten Eintrag zu finden, und führen Sie einen dieser Schritte aus:

- Klicken Sie auf den Eintrag, um ihn an der Einfügemarke im Dokument einzufügen.
- Klicken Sie mit der rechten Maustaste auf den Eintrag und wählen Sie die Einfügeposition.

Bausteine organisieren

Word stellt vielseitige Bausteine für AutoTexte, Deckblätter, Kopf- und Fußzeilen usw. zur Verfügung. Alle Bausteine, die Sie in Ihre Dokumente einfügen können, werden an einer zentralen Stelle, dem sogenannten **Organizer für Bausteine** verwaltet.

Inhaltsverzeichnis

Word bietet die überaus praktische Funktion, ein Inhaltsverzeichnis automatisch zu erstellen. Voraussetzung dafür ist, dass Sie allen Überschriften die **speziellen Formatvorlagen** zugewiesen haben und somit eine Gliederungsstruktur des Dokumentes vorhanden ist. Positionieren Sie die Einfügemarke an jener Stelle, an der das Inhaltsverzeichnis eingefügt werden soll.

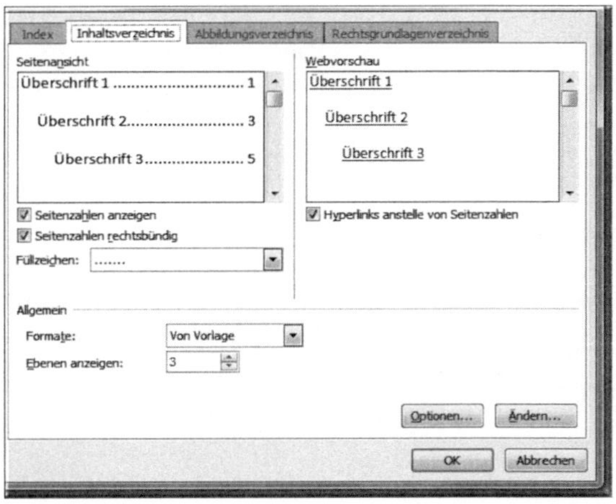

Inhaltsverzeichnis erstellen – Word 2003

Klicken Sie auf **Einfügen** – **Referenz** – **Index und Verzeichnisse**. Wählen Sie auf der Registerkarte **Inhaltsverzeichnis** das gewünschte Format aus.

Inhaltsverzeichnis erstellen – Word 2007/2013

Klicken Sie auf die Registerkarte **Verweise** - Gruppe **Inhaltsverzeichnis** – **Inhaltsverzeichnis** – **Inhaltsverzeichnis einfügen**.

Zunächst legen Sie die Anzahl der Ebenen fest, die in das Inhaltsverzeichnis übernommen werden. Um ein normgerechtes Inhaltsverzeichnis nach DIN 1421 zu erstellen, müssen Sie das Format **Von Vorlage** nehmen. Passen Sie über die Schaltfläche **Ändern** die Formatierung der Formatvorlagen Verzeichnis 1 bis 3 an. Klicken Sie dazu wiederum auf die Schaltfläche **Ändern** – **Format** – **Absatz.** Den Einzug links setzen Sie auf 0. Klicken Sie auf **OK**. Anschließend klicken Sie auf **Format** – **Tabstopp** und setzen zwei Tabstopps. (1. Tabstopp 2 cm, Ausrichtung links – 2. Tabstopp z. B. 16 cm, Ausrichtung rechts, Füllzeichen). Ebenso passen Sie die Schriftart Ihrem Text an.

Nach einem Klick auf **OK** wird das Inhaltsverzeichnis (als Feldfunktion) in das Dokument eingefügt. Drücken Sie die **Strg-Taste** und klicken Sie auf eine **Überschrift im Inhaltsverzeichnis**, so wechselt Word zu dieser Stelle im Text.

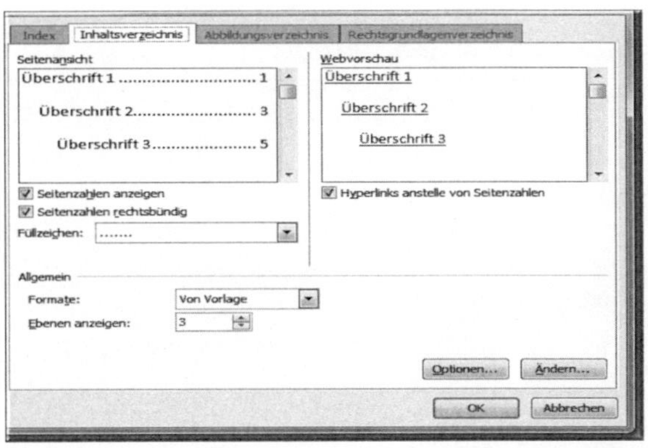

Inhaltsverzeichnis aktualisieren

Aktualisieren Sie zwischendurch Ihr Inhaltsverzeichnis. Klicken Sie zum Aktualisieren in das Inhaltsverzeichnis und drücken Sie **F9** oder wählen Sie im Kontextmenü **Felder aktualisieren**. Entscheiden Sie, ob Sie nur die Seitenzahlen aktualisieren oder das gesamte Inhaltsverzeichnis neu erstellen möchten.

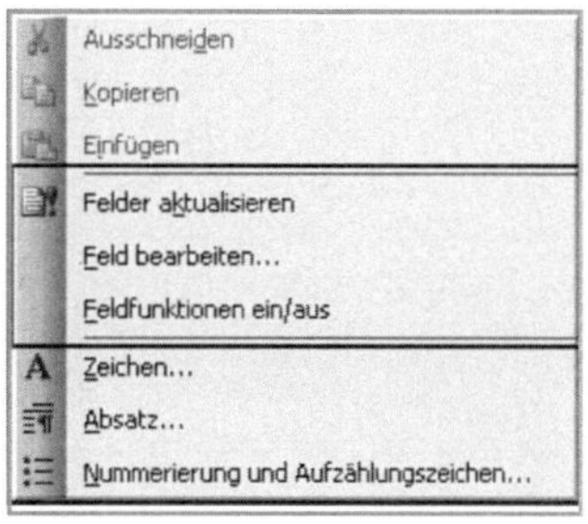

Abbildungsverzeichnis

Wenn Sie Ihre Abbildungen und Ihre sonstigen Elemente wie Formeln, Tabellen oder Schaubilder einheitlich beschriftet haben, können Sie sehr schnell ein Verzeichnis automatisch erstellen.

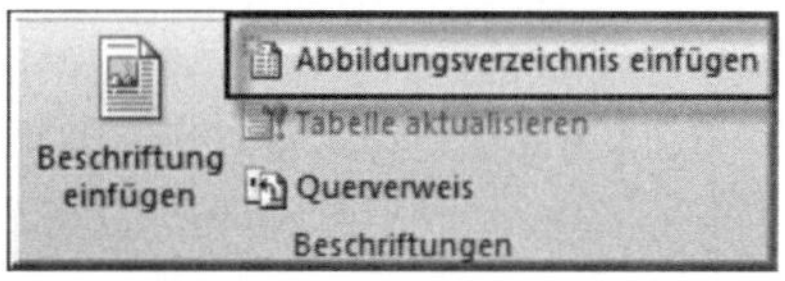

Klicken Sie in Ihrem Dokument an die Stelle, wo Sie das Abbildungsverzeichnis einfügen möchten.

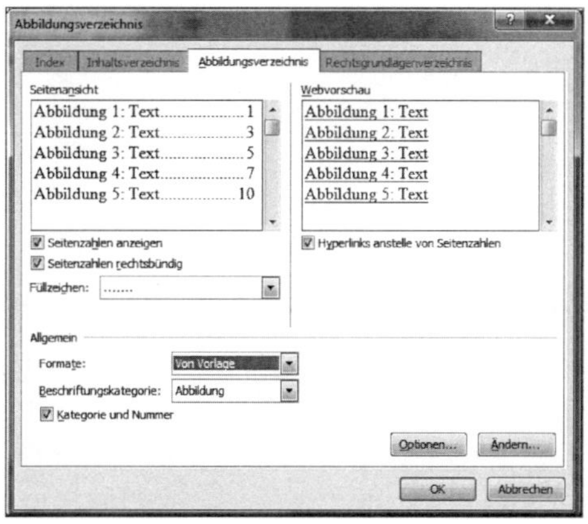

Word 2003

Klicken Sie auf **Einfügen** – **Referenz** – **Index und Verzeichnisse**. Wählen Sie die Registerkarte **Abbildungsverzeichnis**.

Word 2007/2013

Gehen Sie auf der Registerkarte **Verweise** – Gruppe **Beschriftungen** – Schaltfläche **Abbildungsverzeichnis einfügen**.

Screenshot erstellen

Bei einem Screenshot handelt es sich um ein Bild, welches den vollständigen Bildschirminhalt enthält, der zum Zeitpunkt der Aufnahme angezeigt wurde.

Drücken Sie einmal auf der Tastatur die Taste „Druck", sie befindet sich meist in der ersten Reihe neben der F12-Taste. Anschließend gehen Sie in Word und fügen über das Kontext-Menü das Bild ein. Nun wird das Bild nach Belieben zugeschnitten.

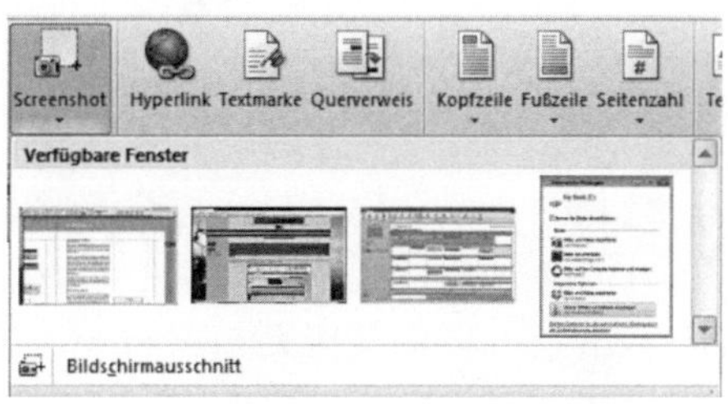

Ab **Word 2010** gibt es die Funktion unter der Registerkarte **Einfügen** – Gruppe **Illustrationen** – **Screenshot**. Dort stehen alle geöffneten Dateien zur Verfügung.

Index erstellen

In umfangreichen Dokumenten sind Stichwortverzeichnisse sehr wichtige Hilfsmittel für die Leser. Bei einem gedruckten Dokument wird dadurch das rasche Auffinden einer bestimmten Textstelle wesentlich erleichtert.

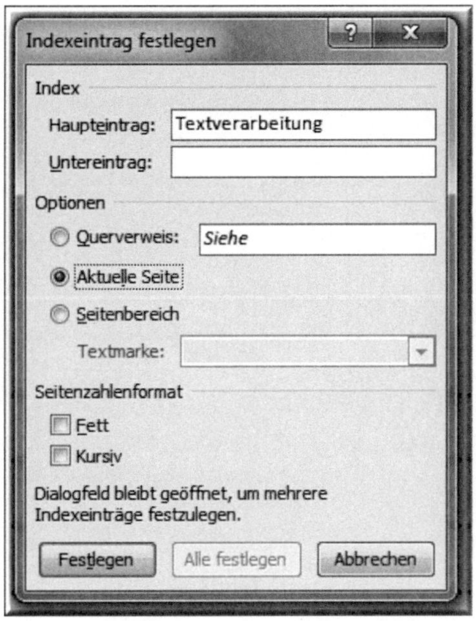

Als ersten Schritt müssen Sie bestimmen, welche Wörter Ihres Textes in das Stichwortverzeichnis aufgenommen werden sollen. Markieren Sie dazu ein Wort, oder nur einen Wortteil oder auch mehrere Wörter, und drücken Sie **Alt** + **Shift** + **X**. Der markierte Text erscheint nun unter „Haupteintrag". Ändern Sie eventuell diesen Eintragungstext und klicken Sie auf **Festlegen**.

Dadurch wird im Text ein Indexeintrag eingefügt. Das Dialogfeld **Indexeintrag festlegen** bleibt im Vordergrund. Markieren Sie im Text das nächste Stichwort und klicken Sie in das Feld **Haupteintrag**. Wenn Sie auf **Alle festlegen** klicken, wird das Wort überall im Text als Stichwort gekennzeichnet.

Word 2003

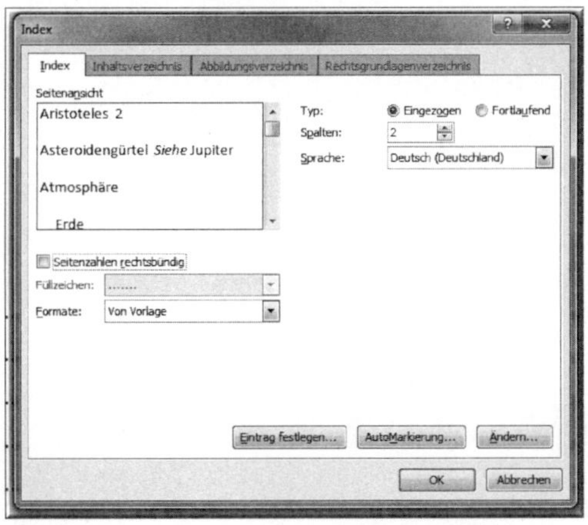

Positionieren Sie die Einfügemarke an jener Stelle, an der das Stichwortverzeichnis eingefügt werden soll. Klicken Sie auf **Einfügen** – **Referenz** – **Index** und auf die Registerkarte **Index**.

Word 2007/2013

Klicken Sie auf die Registerkarte **Verweise** – **Index einfügen**, um das Dialogfeld **Index einfügen** anzuzeigen.

Wählen Sie Format, Typ und Position der Seitenzahl aus. Geben Sie die Anzahl der Spalten ein. Klicken Sie auf **OK**.

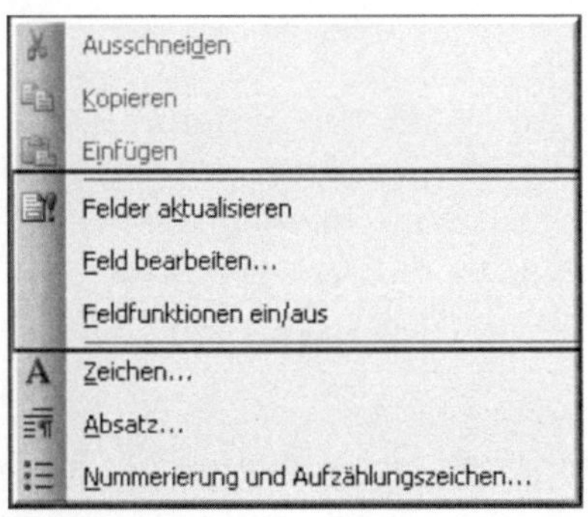

Index aktualisieren

Wenn Sie nachträglich noch Stichwörter festgelegt haben oder durch Bearbeitungen der Seitenumbruch verändert wurde, müssen Sie das Indexverzeichnis aktualisieren. Markieren Sie dazu den Index und drücken Sie **F9** oder wählen Sie im Kontextmenü **Felder aktualisieren**.

Dokumente überprüfen

Ein einziges Dokument wird oft mehrmals von vielen verschiedenen Personen gelesen, überprüft und geändert. Mit der Überarbeitungsfunktion behält man ganz leicht die Übersicht.

Änderungen nachverfolgen – Word 2003

Aktivieren Sie unter **Extras** – **Änderungen nachverfolgen** (Strg + Shift + E). Unter **Ansicht** – **Symbolleisten** finden Sie die Leiste für **Überarbeiten**.

Um mit dem Überarbeitungsvorgang und der Nachverfolgung der Änderungen in Word zu beginnen, klicken Sie in der Symbolleiste **Überarbeiten** auf den Button **Änderungen verfolgen**. Damit Word Änderungen während der Eingabe in eine Sprechblase einfügt, müssen Sie unter **Extras** – **Optionen** – **Änderungen verfolgen** – **Sprechblasen: „Immer"** einschalten.

Word speichert Änderungen, die im Dokument vorgenommen werden – vom Löschen eines überzähligen Kommas bis hin zum Verschieben ganzer Absätze. Dabei sehen Sie stets, wie der Text vor der Änderung ausgesehen hat, was sich nach den Korrekturen ändert und wer die Änderungen vorgenommen hat (jeder Bearbeiter erhält eine andere Farbe).

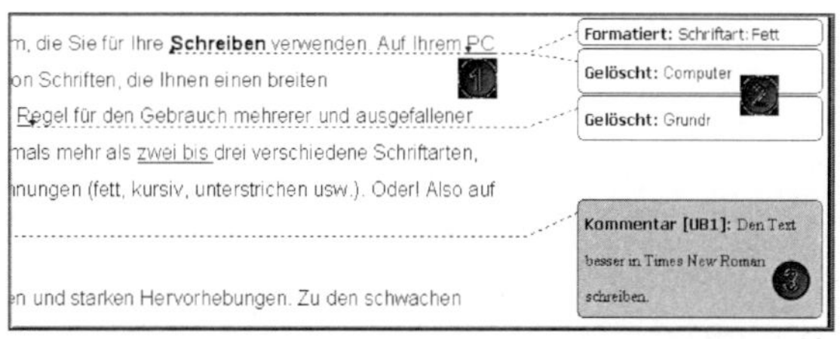

1.	Eingefügter Text wird durch farbliche Kennzeichnung vom restlichen Text unterschieden. Word weist jeder Person, die am Dokument arbeitet, eine andere Farbe zu (bis zu acht Personen/Farben). Damit sehen Sie auf einen Blick, welche Kommentare und Änderungen welcher Person zuzuordnen sind. Wenn Sie den Mauspfeil über dem eingefügten Text ruhen lassen, erscheinen weitere Informationen.
2.	Gelöschter Text wandert in eine farblich gekennzeichnete Kommentarblase an der rechten Seite des Dokuments.
3.	Auch Änderungen des Formats, z. B. der Schriftart, werden in der Kommentarblase erwähnt.

Änderungen nachverfolgen - Word 2007/2010

Aktivieren Sie auf der Registerkarte **Überprüfen** – Gruppe **Nachverfolgen** die Schaltfläche **Änderungen nachverfolgen**.

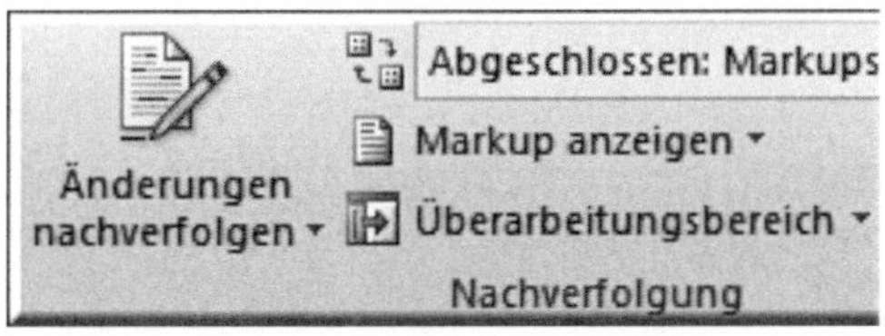

Um die Änderungen anzuzeigen, muss **Abgeschlossen: Markups anzeigen** aktiviert sein. Klicken Sie auf **Überarbeitungsbereich**, um Ihre Aktionen zu protokollieren. Bearbeiten Sie den Text. **Eingefügter Text** wird unterstrichen, **gelöschter Text** durchgestrichen; **verschobener Text** wird an der neuen Position doppelt unterstrichen und an der ursprünglichen Position doppelt durchgestrichen.

Klicken Sie auf die Schaltfläche **Markups anzeigen** – **Sprechblasen** und legen Sie fest, welcher Inhalt in den Sprechblasen angezeigt wird.

Kommentar einfügen

Das Einfügen von Kommentaren funktioniert in Word genauso wie mit Papier und Bleistift, wo Sie Ihre Notizen am Rand des Dokuments machen. In Word erscheinen diese Notizen rechts vom Text zusammen mit weiteren Informationen in einer Kommentarblase, die ebenfalls in der persönlichen Farbe der jeweiligen Person gehalten ist.

Wählen Sie den Text aus, den Sie kommentieren möchten, oder klicken Sie ans Ende des betreffenden Textabschnitts.

Word 2003

Klicken Sie in der Symbolleiste **Überarbeiten** auf das Symbol **Neuer Kommentar**. Geben Sie Ihren Kommentar direkt in die Kommentarblase ein.

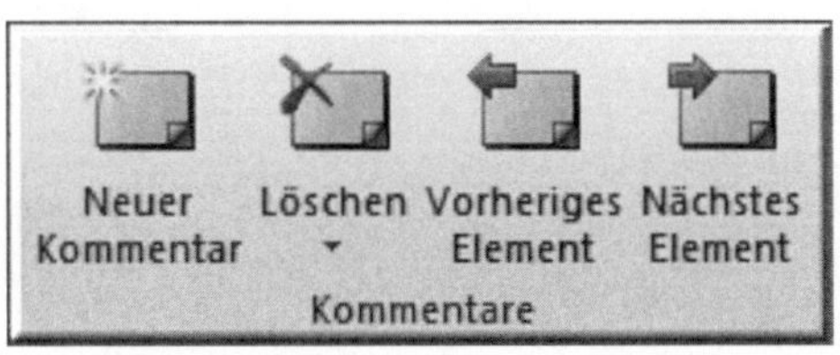

Word 2007/2010

Klicken Sie auf die Registerkarte **Überprüfen** – **Neuer Kommentar**. Geben Sie Ihren Kommentar direkt in die Kommentarblase ein.

Änderungen bearbeiten

Word 2003

Nachdem alle Bearbeiter über das betreffende Dokument gegangen sind, können Sie die Änderungen begutachten, akzeptieren oder auch individuell ablehnen. Öffnen Sie das Dokument mit den Änderungen. Klicken Sie in der Symbolleiste **Überarbeiten** auf **Nächste** oder **Vorherige**, um die geänderten Bereiche im Dokument zu sehen.

Nach der Begutachtung stehen Ihnen zwei Optionen offen: Um die Änderung in das Dokument einzubinden, klicken Sie auf **Änderungen akzeptieren**. Um eine Änderung nicht zu übernehmen, klicken Sie auf **Änderungen ablehnen/ Kommentar löschen**.

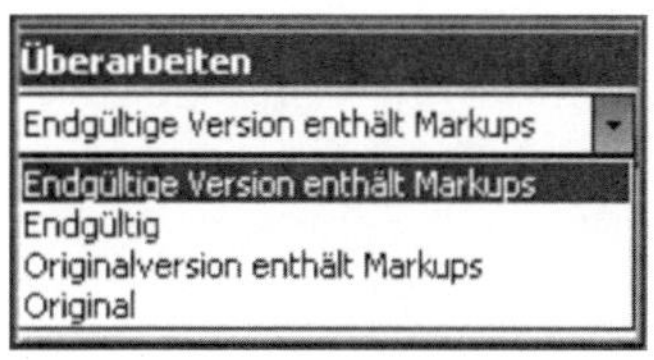

Ansicht des Dokuments ändern

Ein überarbeitetes Dokument kann – besonders wenn viele Bearbeiter an der Korrektur beteiligt sind – sehr schnell unübersichtlich werden. Viele Kommentarsprechblasen in unterschiedlichen Farben können den Blick aufs Wesentliche verstellen. Für diesen Fall bietet Word einige Alternativen zum Betrachten eines überarbeiteten Dokuments.

Diese Alternativen finden Sie im Pop-up-Menü ganz links in der Symbolleiste **Überarbeiten**. Hier können Sie festlegen, ob Sie alle Änderungen sehen wollen (Endgültige Version enthält Markups), oder nur den Originaltext ohne Änderungen (Original).

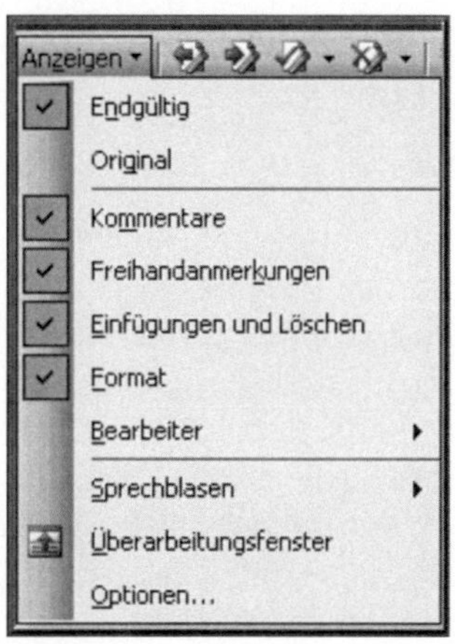

Änderungselemente einblenden

Ebenfalls in der Symbolleiste **Überarbeiten** können Sie mit dem Menü **Anzeigen** bestimmte Änderungselemente ein- und ausblenden. Zum Beispiel können Sie lediglich Kommentare und Einfügungen/Löschungen anzeigen lassen, während Sie die Formatänderungen ausblenden. Hier können Sie die Anzeige auch auf die Änderungen bestimmter Personen beschränken.

Änderungen bearbeiten – Word 2007/2010

Nachdem alle Bearbeiter über das betreffende Dokument gegangen sind, können Sie die Änderungen begutachten, akzeptieren oder auch individuell ablehnen.

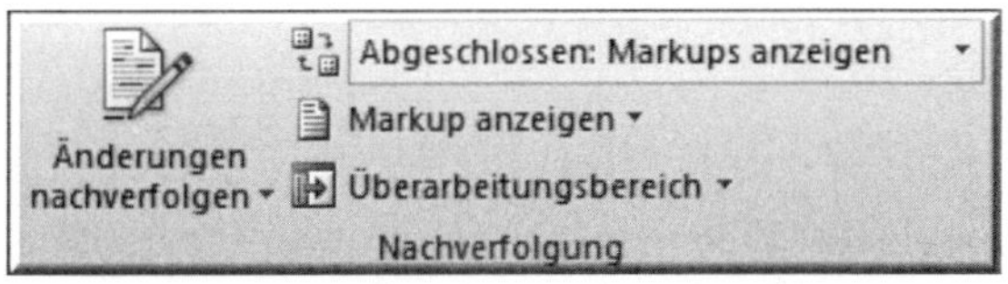

Öffnen Sie das Dokument mit den Änderungen. Deaktivieren Sie ggf. auf der Registerkarte **Überprüfen** – **Nachverfolgung** die Funktion **Änderungen nachverfolgen**.

Klicken Sie auf das Feld **Für Überarbeitung anzeigen** auf (Word 2007) **Endgültige Version enthält Markups** oder (Word 2010) **Abgeschlossen: Markups anzeigen**.

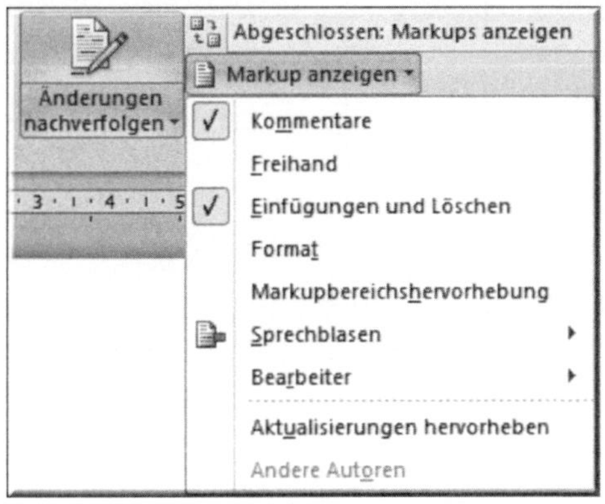

Klicken Sie auf **Markup anzeigen** und wählen Sie aus, welche Änderungen angezeigt werden sollen. Geben Sie ggf. den Bearbeiter an, dessen Änderungen Sie prüfen möchten.

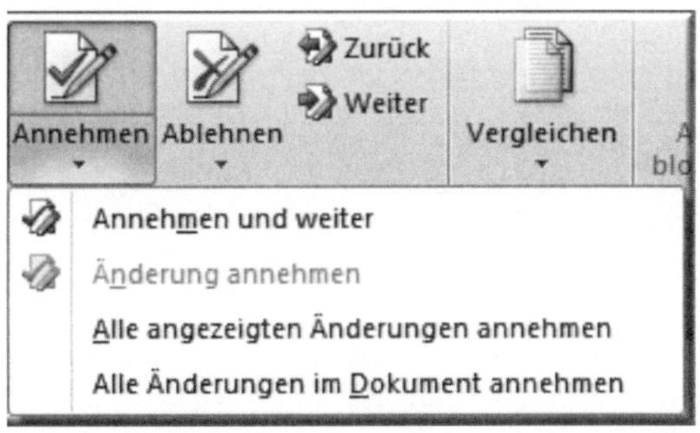

Klicken Sie in der Gruppe **Änderungen** auf **Weiter**, um die nächste Änderung anzuzeigen.

Klicken Sie auf **Annehmen**, um die Änderung zu integrieren, oder auf **Ablehnen**, um sie zu verwerfen. Um alle Änderungen zu übernehmen, klicken Sie auf den Pfeil der Schaltfläche **Annehmen** und dann auf **Alle Änderungen im Dokument annehmen**.

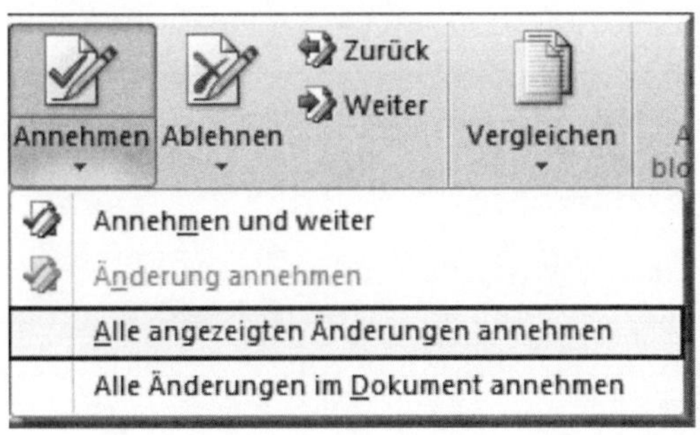

Um Änderungen zu verwerfen, klicken Sie auf den Pfeil der Schaltfläche **Ablehnen** und dann auf **Alle Änderungen im Dokument ablehnen**.

Wechseln Sie zum Schluss zur Ansicht **Endgültig/Abgeschlossen**, prüfen Sie das Dokument abschließend noch einmal auf Fehler, speichern und schließen Sie es.

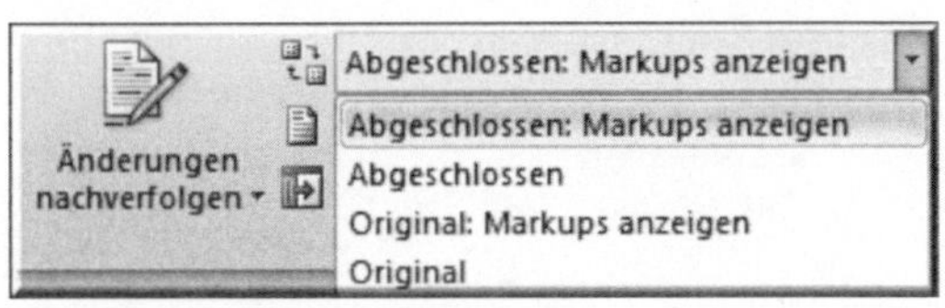

PowerPoint-Bildschirm 2003

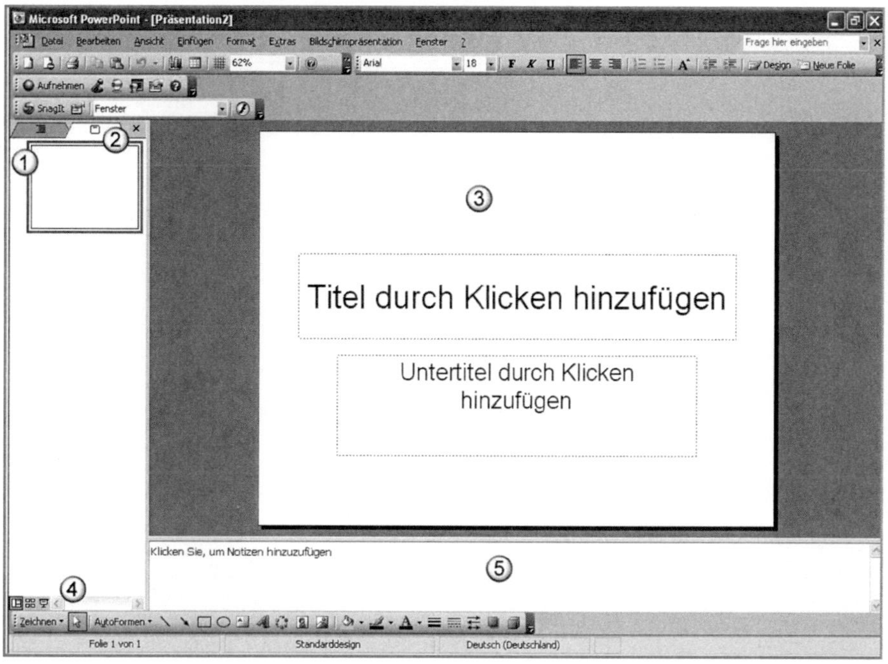

1. Registerkarte Gliederung
2. Registerkarte Folie
3. Folienfenster
4. Ansicht-Schaltflächen
5. Notizfenster

PowerPoint-Bildschirm 2010

1. Menüband
2. Registerkarte Folie
3. Registerkarte Gliederung
4. Registerkarte Start
5. Folienfenster
6. Notizfenster
7. Ansicht-Schaltflächen

PowerPoint-Bildschirm 2013

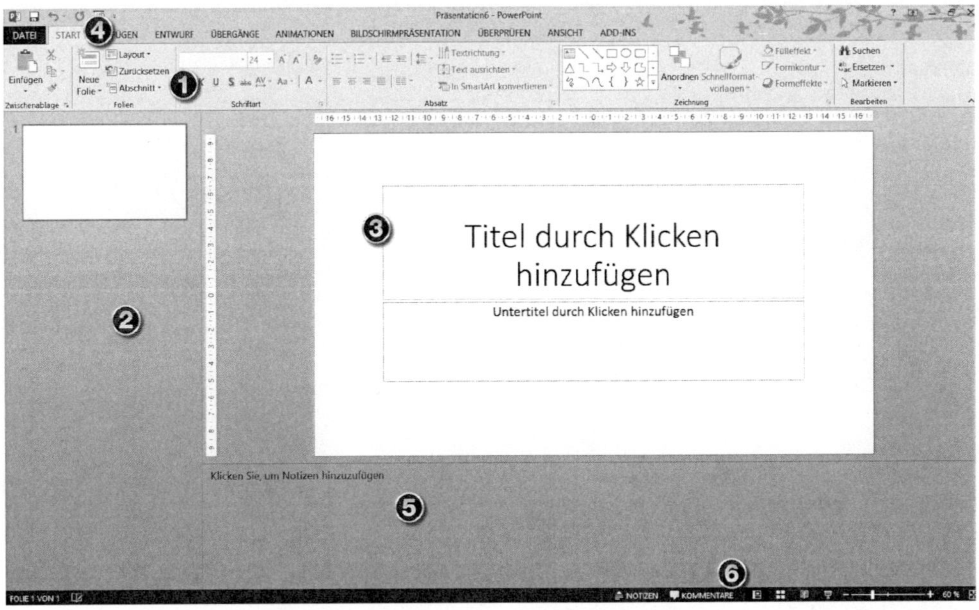

1. Menüband
2. Folienübericht
3. Folienfenster
4. Registerkarte Start
5. Notizfenster
6. Ansicht-Schaltflächen/Zoom

Folienansichten

Für die Folienerstellung ist die Normalansicht die wichtigste. Sie umfasst vier Arbeitsbereiche, die es Ihnen ermöglichen, an allen Bestandteilen Ihrer Präsentation in einem Fenster zu arbeiten.

- In der Registerkarte **Gliederung** können Sie den gesamten Text Ihrer Präsentation eingeben und Aufzählungszeichen, Absätze sowie Folien anordnen.
- In der Registerkarte **Folien** erleichtert Ihnen die Miniaturansicht der Folien die Navigation durch die Präsentation.
- Im **Folienfenster** sehen Sie, wie Ihre Folie aussieht.
- Das **Notizfenster** ermöglicht Ihnen das Einfügen von Notizen, die Sie Ihrem Publikum mitteilen möchten.

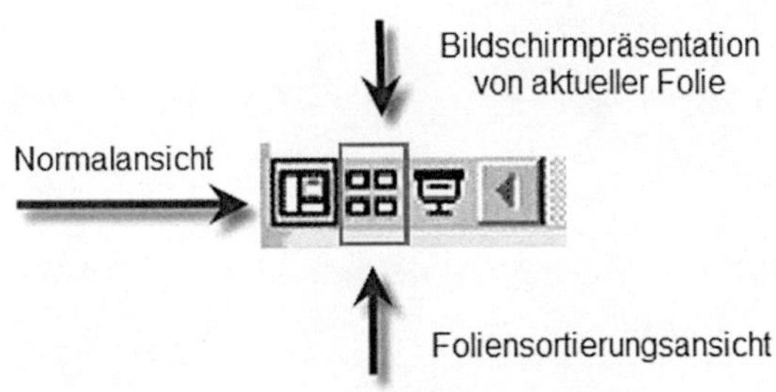

Neue Präsentation

PowerPoint 2003

Klicken Sie auf **Datei** – **Neu**, um eine leere Präsentation zu starten.

Über **Installiert Designs** erstellen Sie eine neue Präsentation mit den grafischen Elementen einer Designvorlage.

PowerPoint 2007/2013

Wählen Sie unter der Office-Schaltfläche/der Registerkarte **Datei** den Eintrag **Neu**. Damit starten Sie das Dialogfeld **Neue Präsentation**. Um eine leere Präsentation ohne grafische Hintergrundelemente zu erstellen, wählen Sie in den Vorlagen **Leere Präsentation**.

Entwurfsvorlagen

PowerPoint bietet vielfältige Entwurfsvorlagen für das Design von Folien an. Über die Registerkarte **Entwurf** – Gruppe **Designs** zeigen Sie mit der Maus auf eine der Miniaturansichten. PowerPoint zeigt in einer Live-Vorschau die Folie mit dem ausgewählten Design. Erst per Mausklick wird das Design auf die Präsentation übernommen.

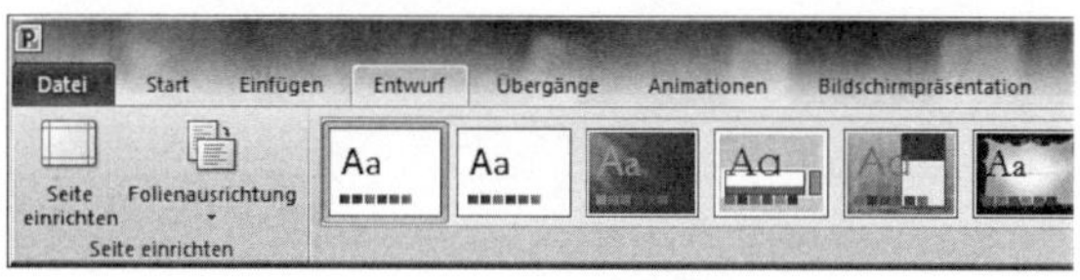

Ein Design sollte der gesamten Präsentation zugewiesen werden und nicht nur der aktuellen Folie.

Firmeneigene Designvorlagen

In Unternehmen gibt es häufig firmeneigene Designvorlagen sowie Gestaltungsrichtlinien für den Einsatz von Schrift, Layout und Farbe, die Sie beim Erstellen von Präsentationen beachten müssen.

Über **Neu aus Vorhandenem** wählen Sie eine vorhandene Präsentation aus, um das Design der bereits erstellten Folien in die neue Präsentation zu übernehmen.

Neue Folien erstellen

Jede Präsentation besteht aus einzelnen Folien. PowerPoint bietet Ihnen für jede mögliche Anforderung Folienarten an.

Durch die Wahl eines AutoLayouts werden einer Folie die Platzhalter zum Eingeben von Text und Einfügen von Objekten zugewiesen. Durch Klicken in die Platzhalter kann der gewünschte Text eingegeben werden. Nicht erwünschte Platzhalter sollten markiert und mit der Entfernungstaste gelöscht werden. Mit Ziehpunkten können Sie die Platzhalter vergrößern oder verkleinern.

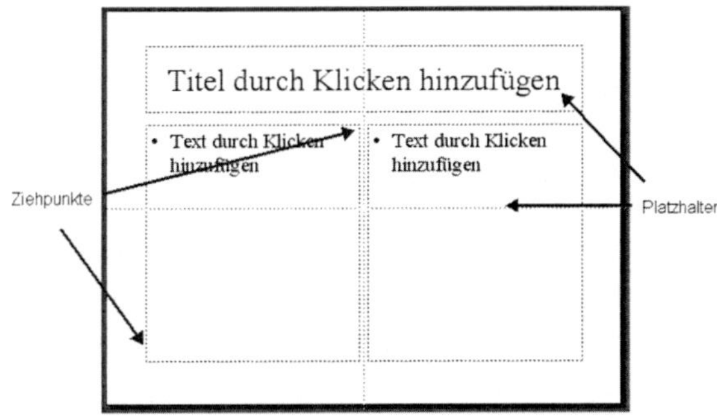

PowerPoint 2003

Weitere Folien können Sie über das Menü **Einfügen – Neue Folie** erstellen. Mithilfe des Aufgabenbereichs Folienlayout können Sie ein Auto-Layout wählen; das Programm erstellt dann die entsprechende Folie.

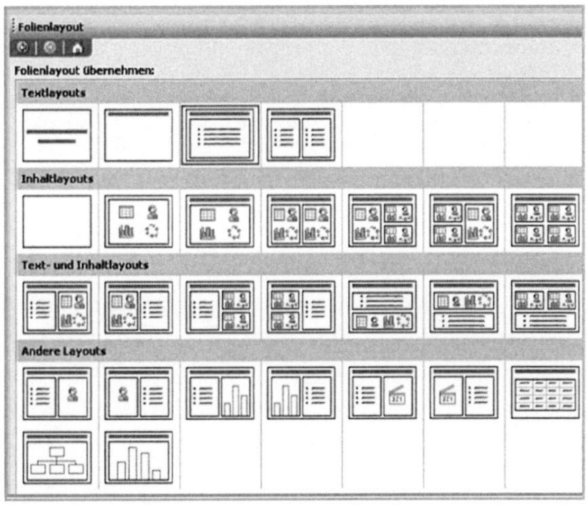

PowerPoint 2007/2013

Weitere Folien können Sie über die Registerkarte **Start** – Gruppe **Folien** – **Neue Folie** erstellen.

Verschiedene Layoutmöglichkeiten der Folien können Sie unter der Registerkarte **Start** – Gruppe **Folie** – **Layout** auswählen.

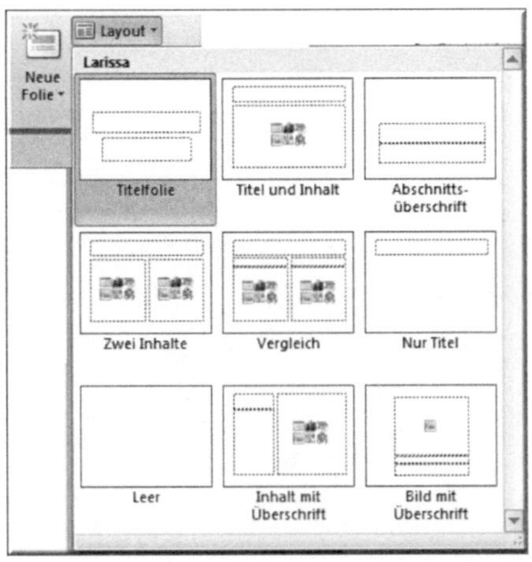

Neue Folien

Weitere Folien können Sie über die Schaltfläche **Neue Folie** erstellen.

Fußzeile einfügen

Über **Einfügen** – **Kopf- und Fußzeile** werden Datum, Foliennummer und Fußzeile eingefügt. Auf der Titelfolie wird die Fußzeile nicht angezeigt. In der Masterfolienansicht können Sie die Position und Schriftgröße und -farbe bestimmen.

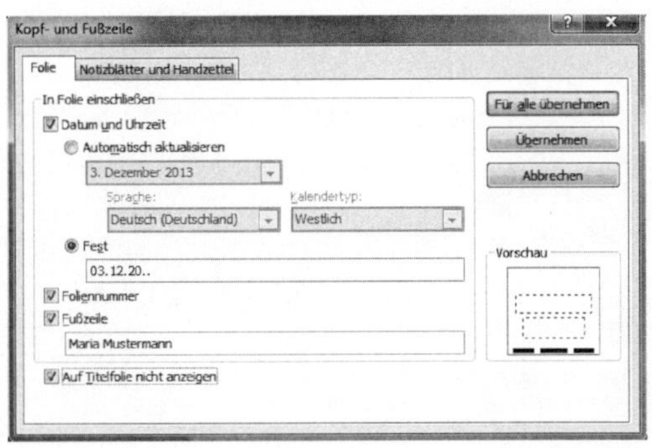

Masterfolie erstellen

Grundlage eines jeden Designs der Folien ist die Masterfolie – eine neue Folie bekommt als Grunddesign das der zugewiesenen Masterfolie. Dadurch ist es einfach, eine Serie von Folien im einheitlichen Design anzulegen. Ein Masterfoliendesign beinhaltet: die auf der Folie vorhandenen Objekte (Textfelder, Bilder, Linien ...), die Eigenschaften der auf der Folie vorhandenen Objekte (Farben, Linienstärken, Zeichen- und Absatzformatierungen ...).

Auf den Masterfolien hinzugefügte Texte erscheinen nicht auf den Folien, sondern sind nur Platzhalter, um beim Entwurf einen Eindruck vom Aussehen der Schrift zu bekommen.

PowerPoint 2003

Um eine eigene Masterfolie komplett neu zu erstellen, gehen Sie über **Ansicht – Master – Folienmaster** oder über den entsprechenden Button der Folienmaster-Symbolleiste (wird automatisch angezeigt, wenn Sie in die Masterfolienansicht kommen).

PowerPoint 2007/2013

Um eine eigene Masterfolie komplett neu zu erstellen, gehen Sie über **Ansicht** – Gruppe **Masteransicht** – **Folienmaster.** PowerPoint wechselt in die Folienmasteransicht und blendet die zugehörige Registerkarte ein.

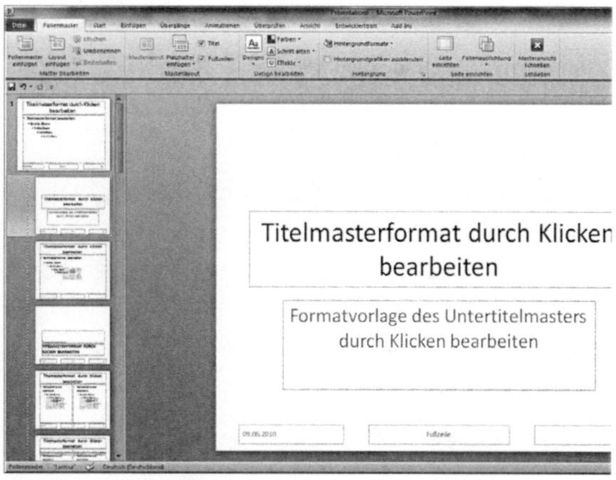

Masteransicht schließen

Um zu den eigentlichen Folien zurückzukommen, klicken Sie auf den Button **Masteransicht schließen.**

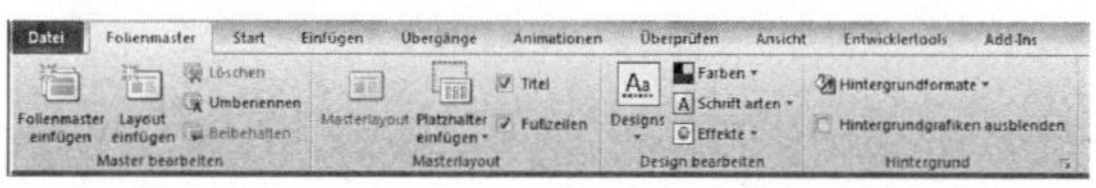

Die abgeänderten Vorlagen speichern Sie unter der Registerkarte **Ansicht** – Registerkarte **Folienmaster** – **Design bearbeiten** – **Aktuelles Design speichern.**

Ihr eigenes Foliendesign finden Sie unter der Registerkarte **Ansicht** – **Design bearbeiten** – **Design** – **Benutzerdefiniert.**

Folienmaster einrichten

Schriftformate für alle Folien ändern

Wählen Sie dazu im Menü **Ansicht** die Befehlsfolge **Master – Folienmaster**. Markieren Sie die Platzhalter, deren Schriftart Sie ändern möchten, und weisen Sie über **Format** – **Zeichen** oder über die Format-Symbolleiste die gewünschte Schriftart zu.

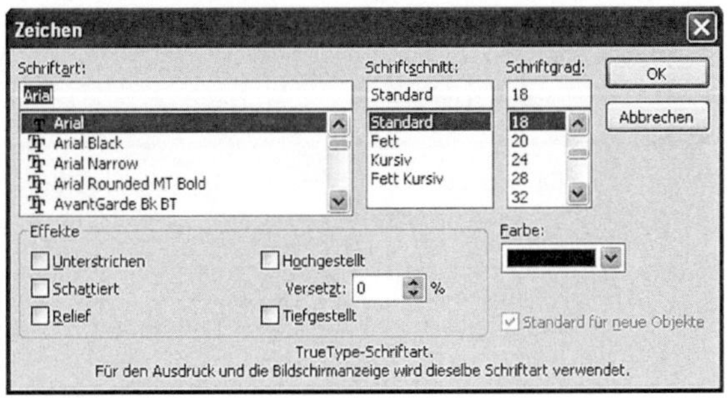

PowerPoint 2007/2013

Wählen Sie dazu die Registerkarte **Ansicht – Masteransichten** – **Folienmaster**. Markieren Sie die Platzhalter, deren Schriftart Sie ändern möchten, und weisen Sie auf der Registerkarte **Start** – **Schriftart** die gewünschte Schriftart zu.

Aufzählung. Im Platzhalter für Aufzählungstext können Sie auf diese Weise jede der fünf Ebenen individuell formatieren. Auf dem gleichen Weg können Sie auch die Schriftgröße oder -farbe sowie den Schriftschnitt (fett, kursiv) folienübergreifend ändern.

Schrift für Textfelder/Formen definieren. Auch die Schriftformate für frei gezeichnete Textfelder und für beschriftete Formen können Sie gleich hier im Folienmaster definieren. Klicken Sie neben die Folie, damit nichts markiert ist. Weisen Sie nun den Textfeldern und beschrifteten Formen die gewünschte Schriftart und -größe zu.

Abstände und Einzüge bestimmen. Die Abstände zwischen den Zeilen eines Absatzes und zwischen den Absätzen stellen Sie über **Format – Zeilenabstand** ein. Mit den Drop-down-Feldern im Dialogfeld **Zeilenabstand** können Sie den Zeilenabstand sowie die Abstände vor und nach einem Absatz definieren.

Absatzabstände sind die Leerräume vor oder nach einem Absatz. Voreingestellt sind 0,2 Zeilen vor einem Absatz und kein Abstand danach. Die Abstände davor und danach addieren sich. In den meisten Fällen ist es am besten, den Abstand vor einem Absatz auf 0,5 Zeilen zu vergrößern und den Abstand danach bei 0 Zeilen zu belassen.

Schließen Sie nun die **Masteransicht**.

Textfelder einfügen

Zusätzliche Textfelder lassen sich über das Menü/ die Registerkarte **Einfügen (– Text)** – **Textfeld** erstellen. Wie bei jedem Objekt lassen sich über dessen Kontextmenü diverse Einstellungen zur Formatierung vornehmen. Die Formatierungen eines markierten Objekts erreichen Sie auch über das Kontextmenü.

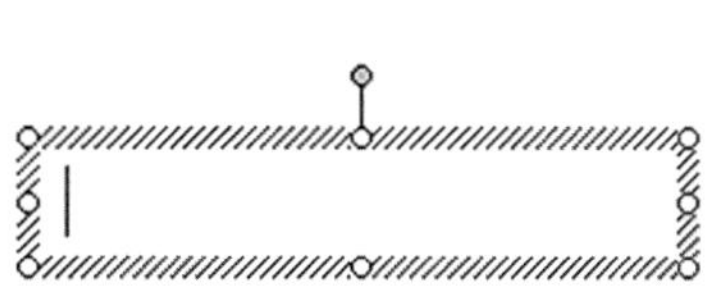

Größe und Position der Textfelder

Die Textfelder (allgemein Objekte) lassen sich markieren: Klicken Sie dazu auf den Rand des Textfeldes. Angewählte Textfelder tragen einen grauen Rahmen. Markierte Objekte lassen sich frei durch Drag & Drop verschieben und skalieren. Drag & Drop = mit linker Maustaste greifen, bei gedrückter Maustaste ziehen (engl. drag), linke Maustaste loslassen (engl. drop). An den Eckpunkten lässt sich Höhe und Breite einstellen, an den Mittelpunkten der Seitenlinien jeweils nur die Höhe bzw. nur die Breite. Zum Positionieren das Objekt mit der Maus am grauen Markierungsrand greifen und verschieben. Geringe Positionsänderungen lassen sich meist besser mit der Tastatur statt mit der Maus vornehmen. Die Strg-Taste + die Cursortasten verschieben das markierte Objekt pixelgenau.

Textumbruch

Wenn der Text den rechten Rand eines Platzhalters erreicht, schaltet PowerPoint automatisch in die nächste Zeile. Es entsteht ein Zeilenumbruch. Brechen Sie den Text dagegen manuell um, entsteht ein neuer Absatz – in der Regel hat eine Absatzschaltung einen größeren Abstand.

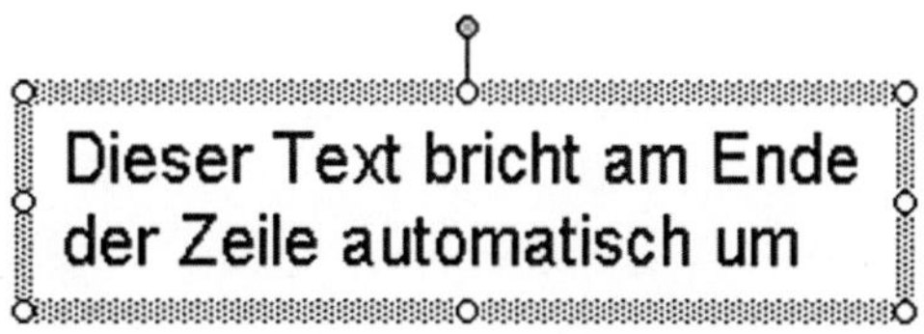

- Manuelle Absatzschaltung = ENTER
- Geschützte Absatzschaltung = SHIFT + ENTER

Silbentrennung

Eine automatische Silbentrennung wird in PowerPoint nicht unterstützt. Text mit Silbentrennung ist in einer Präsentation schlecht lesbar. Setzen Sie die manuelle Silbentrennung nur in Ausnahmefällen ein. Spätere Änderungen am Text führen nämlich dazu, dass der Trennstrich mitten in der Zeile steht.

23

Nummerierung und Aufzählung

Absätze in Textfeldern können automatisch nummeriert oder mit Aufzählungszeichen versehen werden. Die Aufzählungszeichen und die Art der Nummerierung können Sie selbst einstellen.

PowerPoint 2003

Gehen Sie auf das Menü **Format – Nummerierung und Aufzählungszeichen**.

Bei den Aufzählungszeichen können neben den Vorgaben von PowerPoint auch eigene Zeichen festgelegt werden.

Klicken Sie unter **Nummerierung und Aufzählung** auf **Benutzerdefiniert**. Es öffnet sich das Dialogfeld **Symbol**.

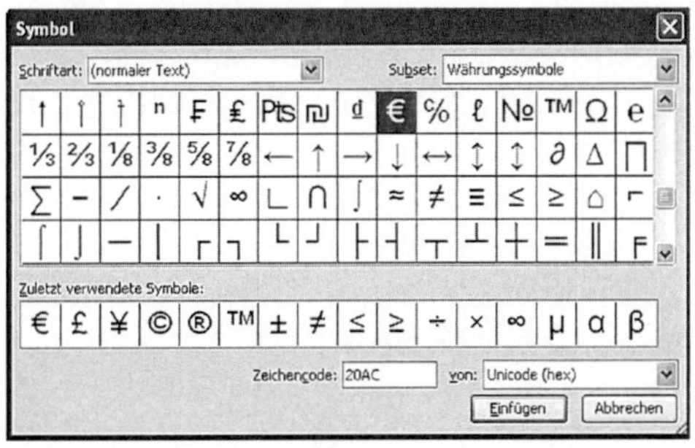

PowerPoint 2007/2013

Unter der Registerkarte **Start** – Gruppe **Absatz – Nummerierung** oder **Aufzählung** finden Sie auch den **Katalog für Bilder und Symbole**.

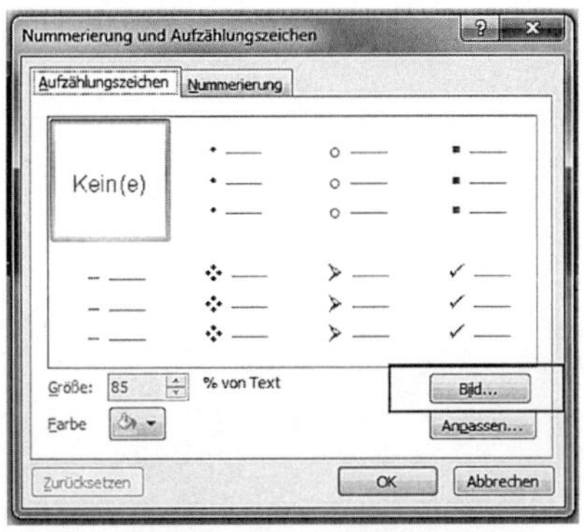

Hier können Sie aus verschiedenen Schriftarten Symbole aussuchen und später farbig gestalten.

Sind nur wenige Aussagen vorhanden, kann jede von ihnen durch ein passendes Bild als „Bullet" aufgewertet werden. Allerdings erfordert das Suchen von geeigneten Bildern mehr Zeit, aber bei wichtigen Folien ist dies ein Aufwand, der sich durchaus lohnt.

Wenn Sie die Aufzählungszeichen auf einer Folie ändern, gelten die Änderungen nur für diese Folie. Möchten Sie die Aufzählungszeichen für alle Folien ändern, so müssen Sie dies auf dem Folienmaster tun.

Grafik und ClipArt

Verwenden Sie in PowerPoint nach Möglichkeit Bilder in Formaten .jpg, .png, oder .gif. Diese Formate benötigen vergleichsweise wenig Speicherplatz und halten die Dateigröße der PowerPoint-Präsentation in einem angemessenen Rahmen.

PowerPoint 2003

Wählen Sie im Menü **Einfügen** - **Grafik** - **ClipArt**. Geben Sie im Aufgabenbereich ClipArt im Textfeld **Suchen nach** einen Begriff ein und bestätigen Sie durch einen Klick auf die Schaltfläche **OK**.

Grafik bearbeiten

In begrenztem Maße bietet die Grafik-Symbolleiste (Menüleiste: Ansicht - Symbolleisten - Grafik) die Möglichkeit, Bilder in PowerPoint zu bearbeiten.

- Beim **Rahmen** müssen Sie lediglich wissen, dass sich das Liniensymbol auf der Grafik-Symbolleiste auf den Rahmen bezieht. Mit der Entscheidung für eine bestimmte Linie wählen Sie also zugleich einen Rahmen aus.
- Das **Zuschneide-Werkzeug** ist hilfreich, wenn Sie unschöne Ränder von Bildern ausblenden wollen.
- Mit dem **Transparenz-Werkzeug** können Sie den Hintergrund einer GIF-Grafik transparent gestalten. Das bedeutet, wenn Sie ein transparentes GIF in eine gelbe Tabellenzelle einfügen, wird der Hintergrund der Grafik gelb.

Kostenlose Bildarchive

Im Internet finden Sie u. a. die kostenlose Bilddatenbank „www.pixelio.de" mit über dreißigtausend lizenzfreien Fotos, die Sie auch für kommerzielle Zwecke nutzen können. Sie dürfen diese Bilder weiterverarbeiten und praktisch beliebig einsetzen. Ebenso können Sie unter „www.photocase.de" zahlreiche Bilder, die nach verschiedenen Haupt- und Unterkategorien geordnet sind, für Ihre Präsentationen nutzen.

PowerPoint 2007/2013

Wählen Sie in der Registerkarte **Einfügen** - Gruppe **Illustrationen** oder Gruppe **Bilder** - die entsprechenden Grafiken oder Formen. Geben Sie im Aufgabenbereich ClipArt im Textfeld **Suchen nach** einen Suchbegriff ein, im Feld **Suchen in** wählen Sie die Quelle. Unter den angezeigten Abbildungen wählen Sie ein Motiv aus und fügen es per Doppelklick auf der Folie ein.

Nachdem Sie ein ClipArt oder eine Grafik eingefügt haben, wechseln Sie auf die Registerkarte **Format/Bildtools**. Dort haben Sie eine große Auswahl, Ihr ausgewähltes Bild zu bearbeiten.

Foliendesign

PowerPoint bietet vielfältige Entwurfsvorlagen (*.pot) für das Design von Folien an.

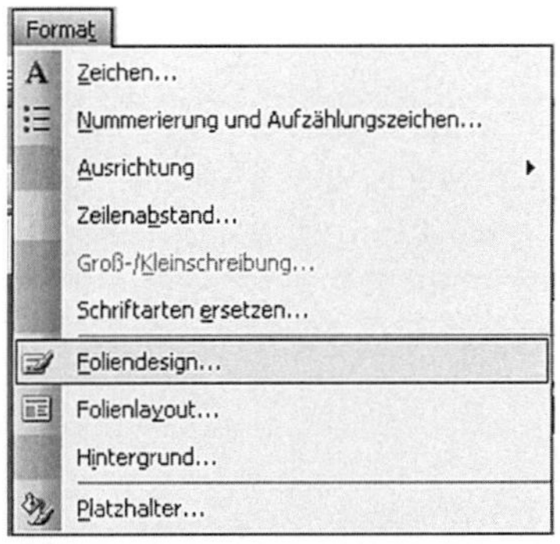

PowerPoint 2003

Über den Menüpunkt **Format – Foliendesign** können die Entwurfsvorlagen im Aufgabenbereich in der Vorschau betrachtet und den Folien zugewiesen werden.

Um eine Entwurfsvorlage auf alle Folien anzuwenden, klicken Sie auf die gewünschte Vorlage oder handeln Sie wie in der Abbildung. Um eine Vorlage auf eine einzelne Folie anzuwenden, markieren Sie das Miniaturbild auf der Registerkarte „Folien". Rufen Sie im Aufgabenbereich das Kontextmenü zur gewünschten Vorlage auf und klicken Sie dann auf **Für ausgewählte Folien übernehmen**.

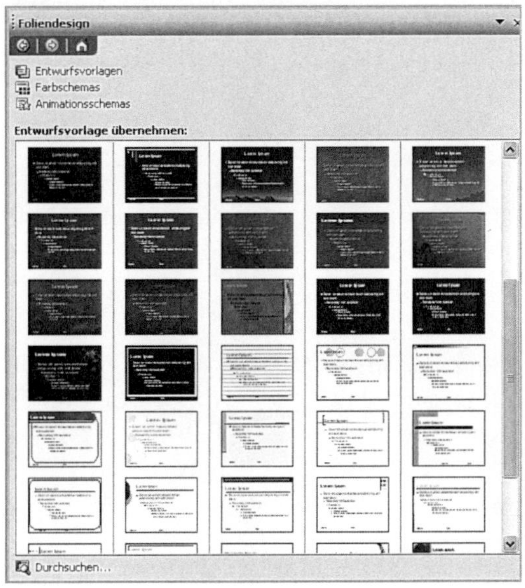

PowerPoint 2007/2013

Über die Registerkarte **Entwurf** – Gruppe **Design** können die Entwurfsvorlagen in der Vorschau betrachtet und den Folien zugewiesen werden.

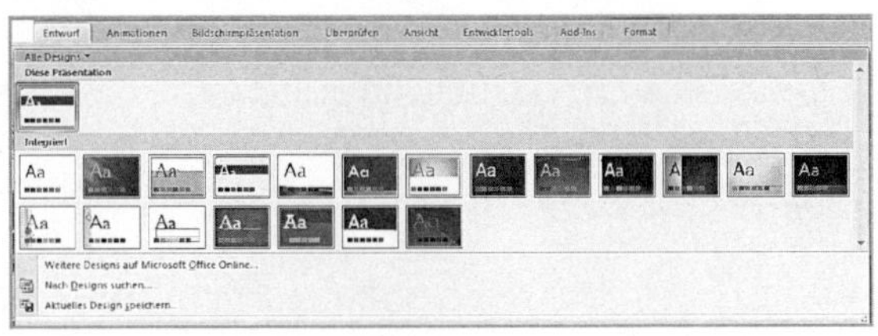

Durch Zuweisen des Designs lassen sich die Farben, Schriftarten und Effekte aller Folien einer Präsentation mit einem Mausklick verändern.

Um eine Vorlage auf eine einzelne Folie anzuwenden, markieren Sie das Miniaturbild, öffnen das Kontextmenü (rechte Maustaste) und bestätigen **Für ausgewählte Folien übernehmen**.

Zeichnen in PowerPoint

In den meisten Präsentationen überwiegen Textfolien. Ein Vortrag, der vorwiegend aus Text besteht, kann schnell langweilig wirken. „Beleben" Sie daher Ihre Folien mit Schaubildern. Haben Sie Mut zu kreativen Darstellungsweisen.

PowerPoint 2003

In der Zeichnenleiste finden Sie unter AutoFormen die unterschiedlichsten Möglichkeiten, Ihre Folien zu gestalten: Einfach mit der Maus auf die gewünschte Form klicken. Es erscheint am Mauszeiger ein kleines Kreuz. Anschließend die Form in die entsprechende Größe ziehen.

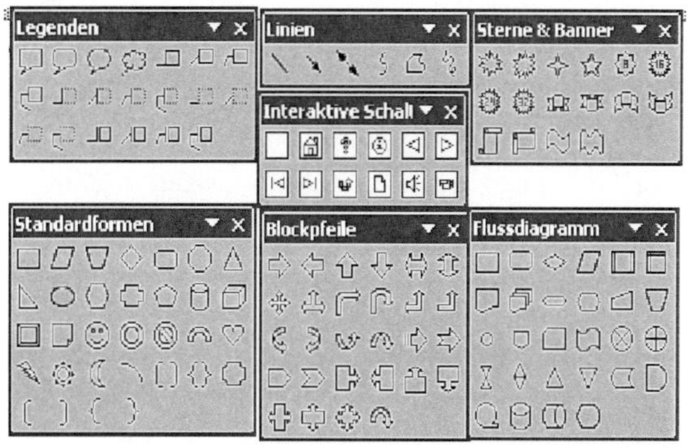

Verwenden Sie für gleiche Sachverhalte gleiche Gestaltungsmerkmale (Formen, Farben, Symbole etc.).

PowerPoint 2007/2013

Unter der Registerkarte Einfügen – Gruppe Illustrationen – Formen finden Sie viele Möglichkeiten für die Gestaltung Ihrer Folien. Sobald auf der Folie eine Form markiert ist, wird die Registerkarte Format der Zeichentools mit Befehlen zum Formatieren und Anordnen von Formen eingeblendet. Auf Ihrer linken Seite haben Sie direkten Zugriff auf den Formenkatalog.

Formen beschriften

Markieren Sie Ihre Form, drücken Sie die rechte Maustaste und klicken Sie auf Text bearbeiten.

Tipps und Tricks zum Zeichnen

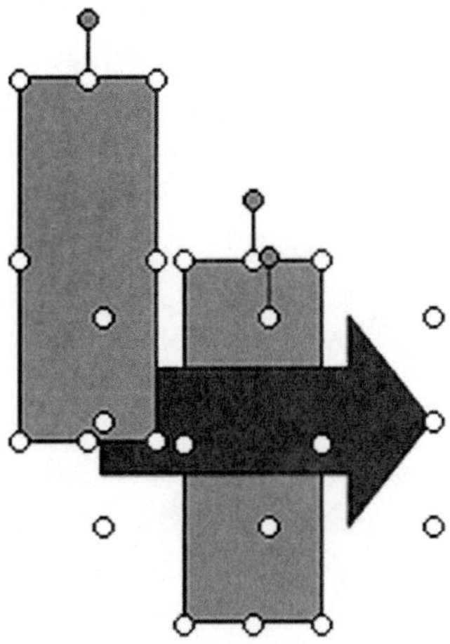

Die Shift-Taste bewirkt, dass Objekte in Höhe und Breite die gleichen Maße erhalten. Rechtecke werden zu Quadraten, Ellipsen zu Kreisen etc. Beim Zeichnen von Linien erreichen Sie durch Festhalten der Shift-Taste, dass sich der Winkel der Linie in Fünfzehn-Grad-Schritten ändert. Nachdem Objekte gezeichnet wurden, bewirkt die gedrückte Shift-Taste, dass Sie mehrere Objekte zu einer Markierung hinzufügen können. Klicken Sie auf die rechte Maustaste, dann können Sie die Objekte zu einem Objekt gruppieren.

Das Drücken der Shift-Taste beim Ziehen von Objekten mit der Maus hat zum Ergebnis, dass die Objekte genau horizontal oder vertikal bewegt werden.

Die Strg-Taste sorgt beim Zeichnen von Objekten dafür, dass Sie diese nicht von einem Eckpunkt her, sondern aus der Mitte heraus erstellen. Beim Ziehen von Objekten mithilfe der Maus können Sie durch das gleichzeitige Festhalten der Strg-Taste erreichen, dass eine Kopie des Objekts erstellt wird. Halten Sie beim Ziehen von Objekten mit der Maus gleichzeitig Strg- und Shift-Taste gedrückt, stellen Sie eine Kopie vom Original her, die vertikal in der gleichen Flucht bzw. horizontal auf gleicher Höhe liegt.

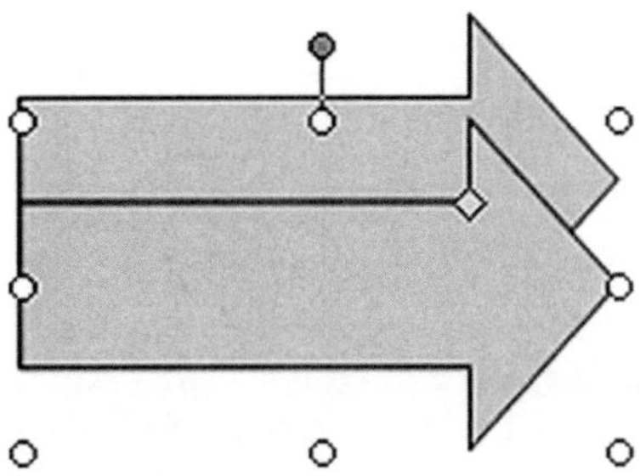

Duplizieren Sie ein Objekt mit Strg + Shift und verschieben anschließend die Position des Duplikats gegenüber dem Original, wird beim Erstellen weiterer Duplikate diese Verschiebung relativ übernommen. Den Verlauf einer gewinkelten Verbindungslinie beeinflussen Sie, indem Sie an der gelben Raute ziehen.

Verdeckte Objekte auf einer Folie auswählen (markieren)

Klicken Sie auf eine Fläche außerhalb der Folie. Betätigen Sie nun einmal die Tab-Taste. Daraufhin wird ein Objekt markiert, egal, in welcher Ebene es liegt. Drücken Sie ein weiteres Mal die Tab-Taste, und das nächste Objekt wird markiert. Auf diese Weise können Sie auf einer Folie nacheinander die Objekte markieren. Wenn Sie einmal zu schnell auf der Tab-Taste sind und das gewünschte Objekt übersprungen haben, legen Sie mit Shift + Tab den Rückwärtsgang ein.

Tabelle

PowerPoint 2003

Fügen Sie über **Einfügen** – **Neue Folie** eine neue Folie mit einem Tabellenfeld ein.

PowerPoint 2007/2013

Gehen Sie auf die Registerkarte **Start** – Gruppe **Folie** – **Neue Folie.**

Mit einem Doppelklick auf den Tabellenrahmen wird das **Tabellentool MS Word** gestartet. Stellen Sie die gewünschte Spalten- und Zeilenzahl ein und bestätigen Sie diese.

Gleichzeitig erscheinen zwei zusätzliche Registerkarten für **Tabellentools** (**Entwurf** und **Layout**) für die Arbeit mit Tabellen. Markieren Sie die entsprechenden Zellen und klicken Sie auf das gewünschte Formatsymbol, um Ihre gewünschte Formatierung durchzuführen.

Diagramm

Es gibt sehr viele Funktionen und Optionen, mit denen Sie Ihr Diagramm gestalten können. Doch bedenken Sie: Weniger ist mehr! Mit einem Diagramm wollen Sie Zusammenhänge erkennbar machen, die aus den nackten Zahlen nicht zu ersehen sind. Erschweren Sie diesen Prozess nicht durch hemmungsloses Formatieren.

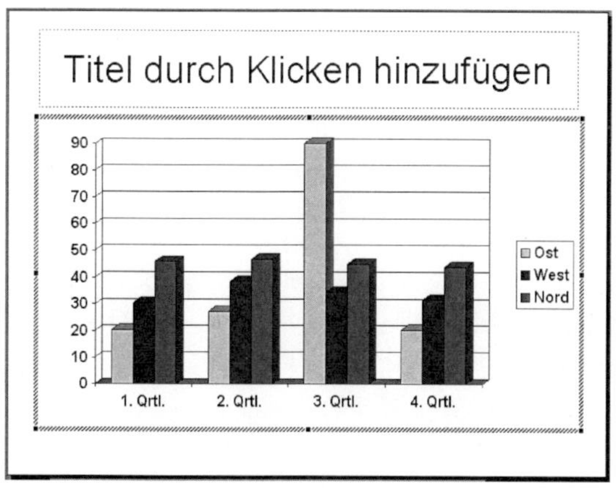

Diagramm einfügen

Mit PowerPoint lassen sich sehr brauchbare Diagramme ruckzuck erstellen. Dafür ist eigens eine Art Mini-Excel in das Programm integriert.

PowerPoint 2003

Sie erstellen ein einfaches Balkendiagramm, indem Sie über das Menü – **Einfügen** – **Diagramm** gehen.

PowerPoint 2007/2013

Sie erstellen ein einfaches Balkendiagramm, indem Sie über die Registerkarte **Einfügen** – Gruppe **Illustrationen** – **Diagramm** gehen.

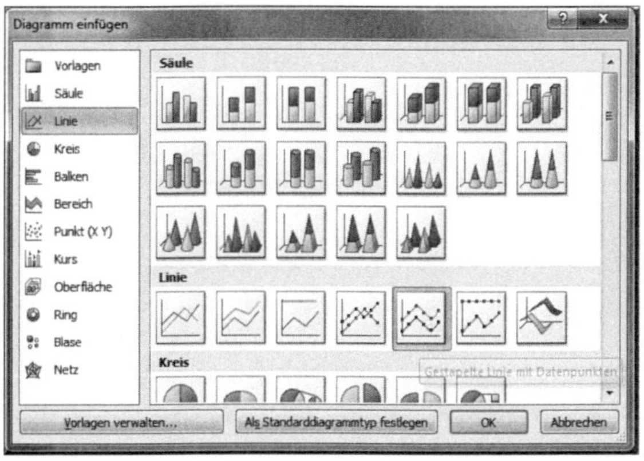

Automatisch wird nun ein vorgegebenes Diagramm mit dazugehörigem Datenblatt eingeblendet, das Sie für Ihre Zwecke verändern können.

Das Datenblatt lässt sich wie von Excel gewohnt bearbeiten. Die Daten werden entsprechend ausgetauscht. Sie können die Zeilen- und Spaltendaten gemäß Ihrer Vorstellung verändern. Ganze Zeilen oder Spalten entfernen Sie, indem Sie auf den Zeilen- oder Spaltenkopf mit der rechten Maustaste klicken und im Kontextmenü **Zellen löschen** auswählen. Achten Sie darauf, dass das Diagramm die Daten der Tabelle „nach Zeile" oder „nach Spalte" darstellt, also dass die Datenpunkte aus den einzelnen Werten der Zeilen oder Spalten der Datentabelle im Diagramm dargestellt sind.

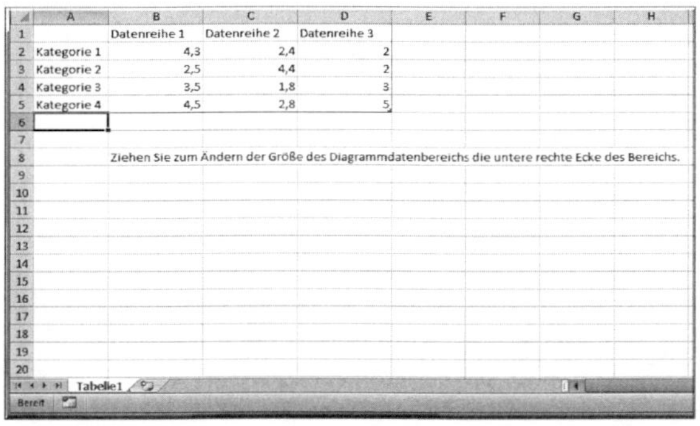

	A	B	C	D
1		Datenreihe 1	Datenreihe 2	Datenreihe 3
2	Kategorie 1	4,3	2,4	2
3	Kategorie 2	2,5	4,4	2
4	Kategorie 3	3,5	1,8	3
5	Kategorie 4	4,5	2,8	5

Ziehen Sie zum Ändern der Größe des Diagrammdatenbereichs die untere rechte Ecke des Bereichs.

Tabelle1

Diagramm umwandeln. Mit ein paar Mausklicks lässt sich ein Diagramm formatieren bzw. in einen anderen Diagrammtyp umwandeln. Mit der rechten Maustaste in das Diagramm klicken, **Diagrammtyp ändern** wählen. Entscheiden Sie sich für einen anderen Diagrammtyp.

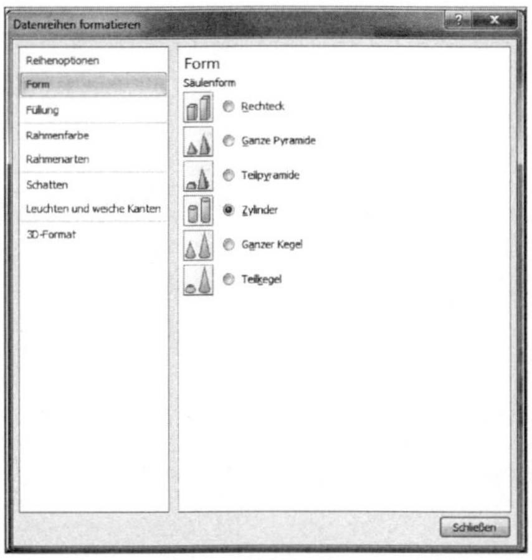

Bild statt Säule. Klicken Sie auf eine der Säulen, klicken Sie in der Registerkarte **Diagrammtools/ Formate** – **Formenarten** – **Fülleffekte** – **Bild** ... Suchen Sie die gewünschte Grafik aus und bestätigen Sie mit **Einfügen**.

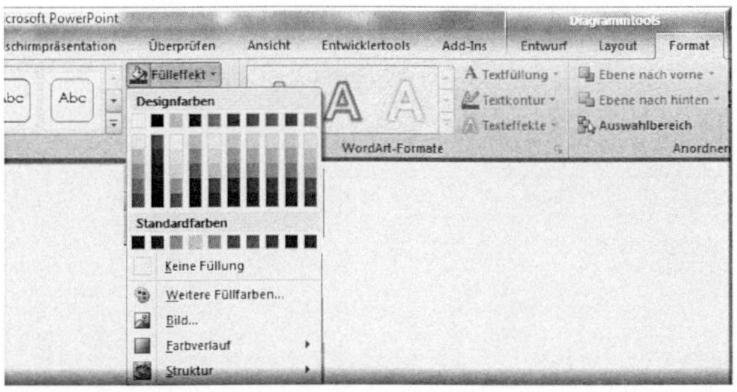

Organigramm

PowerPoint 2003

In der Zeichnenleiste finden Sie auch eine **Diagrammsammlung**.

Wählen Sie das **Organigramm**, es öffnen sich drei Untergebene. Zusätzlich wird die Organigramm-Symbolleiste geöffnet. Über die erste Schaltfläche **Form einfügen** können Sie neue Elemente aus drei Kategorien einfügen:

- Untergebene sind neue Elemente in einer Hierarchieebene tiefer.
- Kollegen sind Elemente in der gleichen Hierarchieebene.
- Assistent fügt eine Stabsstelle in seitlicher Position ein.

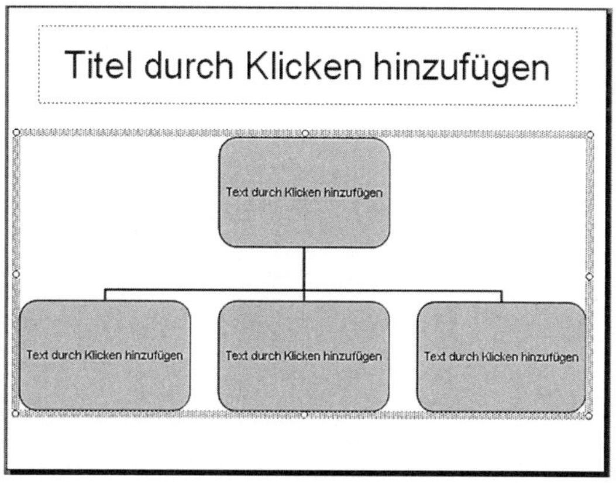

Per Layout definieren Sie, wie Untergebene unterhalb des Managers angeordnet werden. Wichtig ist hier die Option **AutoLayout**. Sie ist standardmäßig aktiviert und sorgt für die automatische Anpassung von Größe und Anordnung der Organigrammelemente, wenn Sie Elemente hinzufügen oder löschen. Markieren unterstützt bei der gezielten Auswahl identischer Organigrammelemente.

So können Sie beispielsweise alle Verbindungslinien mit einem Mausklick markieren, um sie zu formatieren. Mit einem Klick auf **AutoFormat** gelangen Sie in ein Dialogfeld, in dem Sie unter verschiedenen Varianten für das Erscheinungsbild aussuchen können.

Schematische Darstellungen haben gegenüber (Auto)Formen mehrere Nachteile. Untergebene können nur hängend und nicht in gerader Linie angeordnet werden. An der Spitze eines Organigramms ist nur ein Element möglich. Die automatische Schriftanpassung ist irritierend.

Felder löschen. Sie löschen die Felder, indem Sie sie markieren und die Entf-Taste drücken.

PowerPoint 2007/2013

Unter der Registerkarte **Illustrationen** finden Sie unter **SmartArt** Grafiken zur Hierarchie. Verfahren Sie wie bei PowerPoint 2003.

Visuelle Darstellungen

PowerPoint 2003

In der Zeichnenleiste finden Sie auch eine **Diagrammsammlung**. Hier können Sie außer einem Organigramm auch Zyklusdiagramm, Radialdiagramm, Pyramidendiagramm, Venn-Diagramm und Zieldiagramm wählen.

PowerPoint 2007/2013

Unter der Registerkarte **Illustrationen** gehen Sie auf **SmartArt**. Hier finden Sie eine vielfältige Auswahl, um Ihre Informationen visuell zu gestalten.

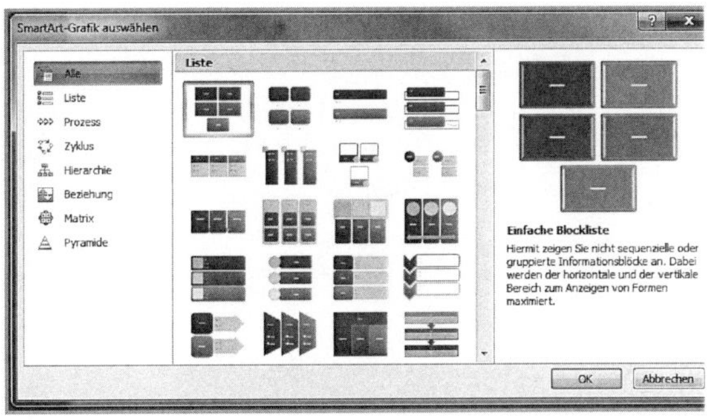

Zweck der Grafik	Grafiktyp
Nicht sequenzielle Informationen anzeigen	Liste
Schritte in einem Prozess oder auf einer Zeitachse anzeigen	Prozess
Einen kontinuierlichen Prozess anzeigen	Zyklus
Eine Entscheidungsstruktur anzeigen	Hierarchie
Ein Organigramm erstellen	Hierarchie
Verbindungen veranschaulichen	Beziehung
Anzeigen, wie sich Teile auf ein Ganzes beziehen	Matrix
Anzeigen der proportionalen Beziehungen zur größten Komponente auf der Ober- oder Unterseite	Pyramide

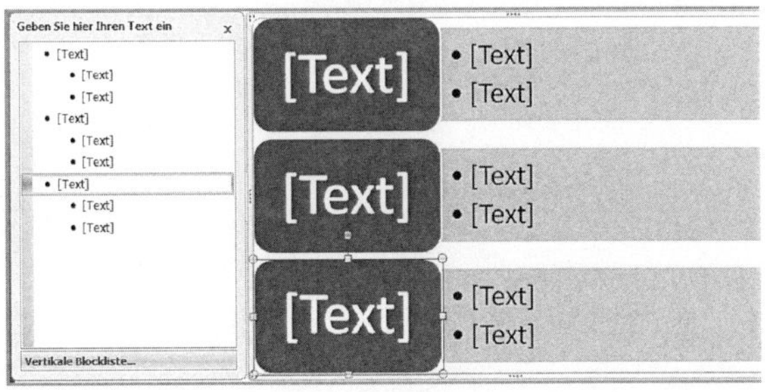

Sobald Sie die Grafik aktiviert haben, können Sie mit der Beschriftung links beginnen.

Hyperlink einfügen

Als Hyperlink (auch Link; aus dem Englischen für „Verknüpfung", „Verbindung", „Verweis") bezeichnet man einen Verweis innerhalb eines Dokuments auf eine andere Stelle in demselben Dokument, einem anderen Dokument oder auf eine Internetseite. Während der Präsentation erfolgt die Verknüpfung automatisch, sobald Sie auf das verlinkte Wort klicken.

In einer PowerPoint-Folie können Sie Hyperlinks einfügen.

Zuerst markieren Sie das Wort, das eine Verknüpfung erhalten soll. Anschließend fügen Sie einen Hyperlink ein.

PowerPoint 2003

Gehen Sie über das Menü **Einfügen** – **Hyperlink**.

PowerPoint 2007/2013

Gehen Sie über die Registerkarte **Einfügen** – **Hyperlink**.

Nun öffnet sich ein neues Fenster mit dem Titel **Hyperlink einfügen**. Sie haben nun vier Möglichkeiten zu bestimmen, an welche Stelle der Link führen soll, wenn Sie ihn anklicken:

1. Zu einer bestimmten Datei oder Webseite
2. Zu einer bestimmten Stelle im aktuellen Dokument
3. Zu einem neuen Dokument, das bisher noch nicht existiert hat
4. Zu einer E-Mail-Adresse

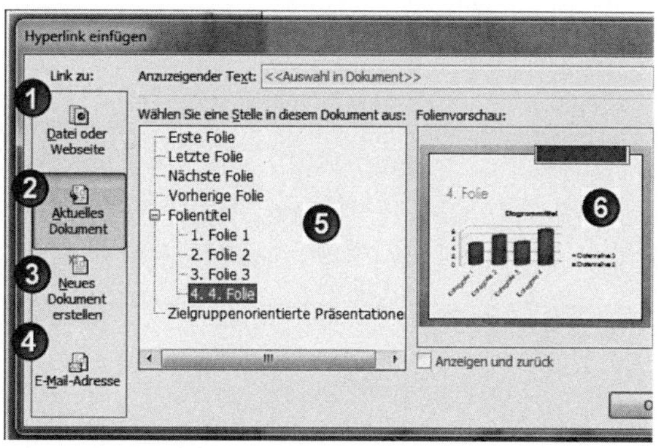

Wenn Sie **Aktuelles Dokument** (2) anklicken, wählen Sie im nebenstehenden Fenster eine bestimmte Folie an, auf die der Link gesetzt werden soll (5). Mit **OK** bestätigen Sie die Auswahl und kehren zurück zur Präsentation.

Wenn Sie nun in den Präsentationsmodus wechseln, können Sie sich per Klick durch die Präsentation bewegen.

Interaktive Schaltflächen

PowerPoint 2003

In der Zeichnen-Symbolleiste finden Sie sie unter **AutoFormen** - **Interaktive Schaltflächen**.

PowerPoint 2007/2013

Unter der Registerkarte **Einfügen** - **Formen** finden Sie ganz unten **Interaktive Schaltflächen**.

Sie suchen sich also einfach eine Schaltfläche aus, klicken sie an und ziehen dann die Schaltfläche auf der Folie auf. Es öffnet sich sofort das Dialogfeld **Aktionseinstellungen**.

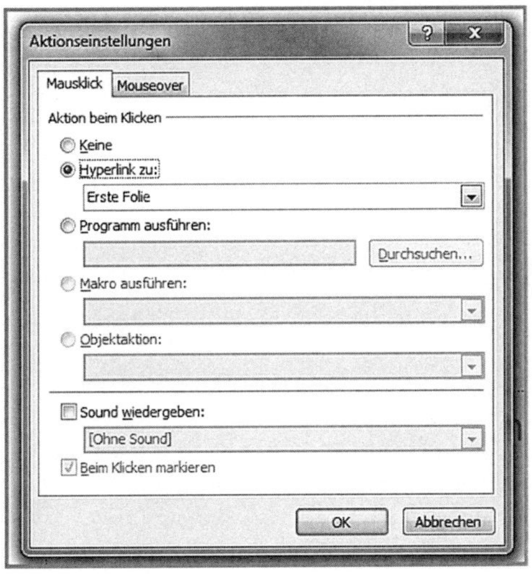

Bei den Schaltflächen ist bereits ein entsprechender Link eingerichtet, den Sie aber ändern können. Wenn Sie keine vordefinierten Aktionen einsetzen, sondern eine ganz bestimmte Folie der Präsentation aufrufen möchten, verwenden Sie die Schaltfläche **Anpassen**.

Aktivieren Sie die Option **Hyperlink** und scrollen Sie nach unten, bis der Eintrag **Folie** ... zu sehen ist. Wählen Sie nun anhand des Folientitels die Folie aus, zu der die Schaltfläche verweisen soll. Beschriften Sie die Schaltfläche mit einem aussagekräftigen Namen.

.

Vorführen der Bildschirmpräsentation

Die wichtigsten Befehle beim Vorführen der Präsentation:	
Aufrufen der nächsten Folie (sofern keine Animation)	Return-Taste
Aufrufen der letzten Folie (sofern keine Animation)	Backspace-Taste
Aufrufen bestimmter Folien	Foliennummer + Return-Taste
Schwarzer Bildschirm (an- und ausstellen)	Punkt-Taste
Weißer Bildschirm (an- und ausstellen)	Komma-Taste
Bildschirmpräsentation beenden	Esc-Taste

Vorbereiten und Durchführen einer Präsentation

Jede Idee ist nur so gut wie ihre Präsentation. Deshalb soll aus den erstellten Folien nun eine Präsentation entstehen. Auch hier gilt die Devise: Weniger ist mehr.

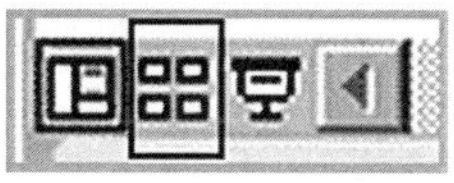

Alle Einstellungen erfolgen in der Foliensortierungsansicht, wo alle Folien als Miniaturbilder dargestellt werden. Das erleichtert es, mit dem Kontextmenü Folien zu verschieben, zu kopieren oder auszublenden. Folien können hier auch gelöscht werden.

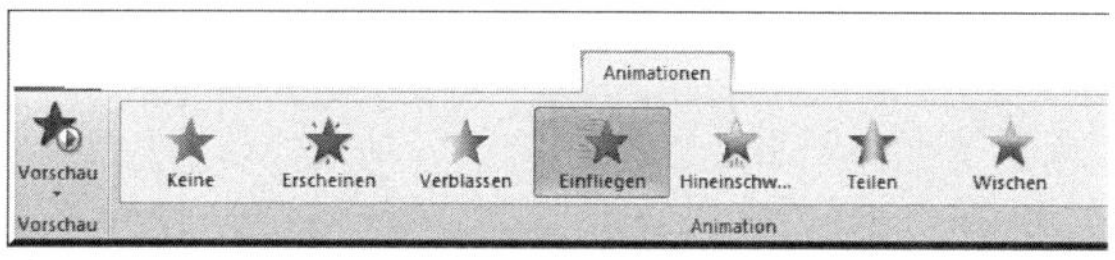

PowerPoint 2003

Der Folienübergang ist auszuwählen, um von Folie zu Folie zu wechseln. Es können für einzelne oder alle Folien Übergänge im Aufgabenbereich Folienübergang über den Menüpunkt **Bildschirmpräsentation** – **Folienübergang** festgelegt werden.

Über den Menüpunkt **Bildschirmpräsentation** – **Animationsschemas** öffnen Sie den Aufgabenbereich Foliendesign. Weisen Sie Ihren Texten und Grafiken Animationseffekte zu. Bedenken Sie, dass Sie sparsam und einheitlich animieren.

Im Menü **Bildschirmpräsentation** wird unter **Bildschirmpräsentation vorführen** der Vortrag am Bildschirm gestartet.

PowerPoint 2007

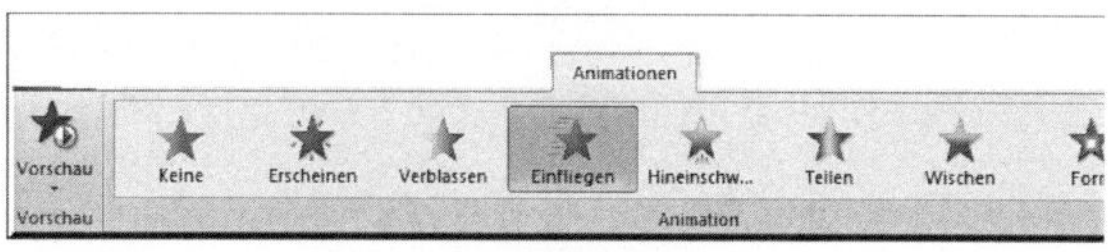

Gehen Sie auf die Registerkarte **Animation**. Wählen sie zunächst den Folienübergang aus, um von Folie zu Folie zu wechseln. Anschließend klicken Sie auf **Benutzerdefinierte Animation**. Es wird der Aufgabenbereich eingeblendet. Klicken Sie im Aufgabenbereich auf **Effekt hinzufügen**. Wählen Sie die Effektgruppe **Eingang**, um ein Objekt erst per Mausklick auf der Folie einzublenden.

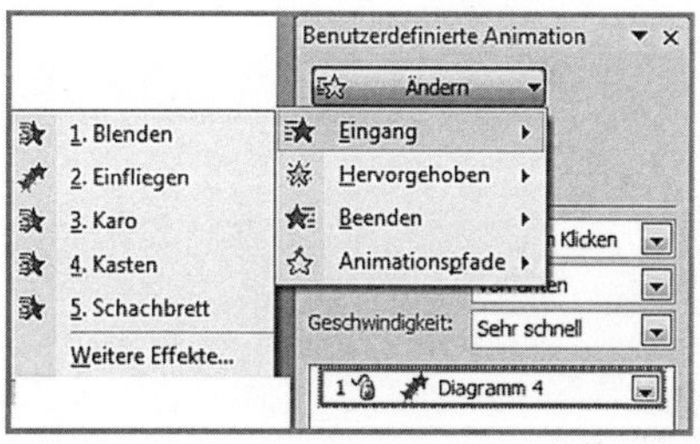

Klicken Sie auf **Weitere Effekte**. Markieren Sie im Dialogfeld **Eingangseffekt hinzufügen** einen Effekt und bestätigen Sie mit **OK**.

PowerPoint 2010/2013

Gehen Sie auf die Registerkarte **Übergang** – **Übergang zu dieser Folie**. Wählen Sie zunächst den Folienübergang aus, um von Folie zu Folie zu wechseln.

Anschließend klicken Sie auf die Registerkarte **Animation** – **Animation**. Wählen Sie aus der Effektgruppe Eingang einen Effekt aus, um ein Objekt erst per Mausklick auf der Folie einzublenden.

PowerPoint 2010

Öffnen Sie den Aufgabenbereich **Foliendesign**. Weisen Sie Ihren Texten und Grafiken **Animatonseffekte** zu. Bedenken Sie, dass Sie sparsam und einheitlich animieren.

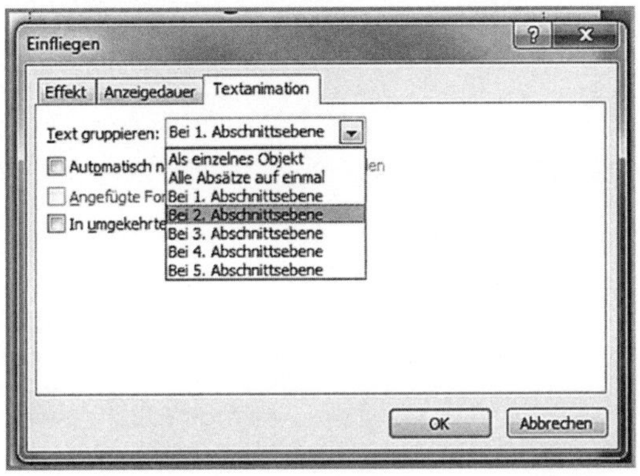

PowerPoint 2013

Weisen Sie Ihren Texten und Grafiken und Effektoptioonen die entsprechenden **Animaitonseffekte** zu.

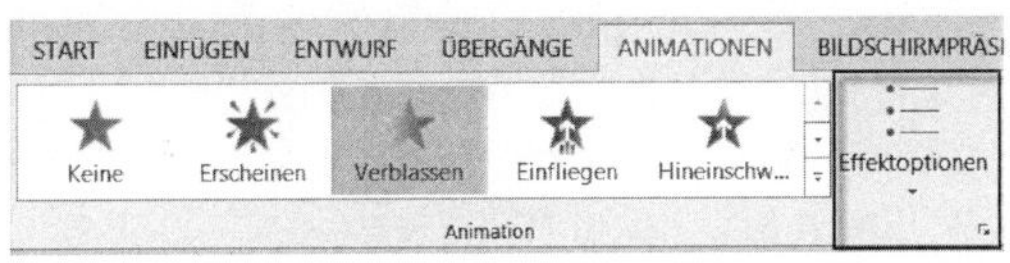

Aufzählungen und Formen animieren

Gliederungspunkte einer Aufzählung können einzeln animiert werden.

Dazu klicken Sie auf den Effekt in der Animationsleiste im Aufgabenbereich, öffnen die **Effektoptionen** und rufen die Registerkarte **Textanimation** auf.

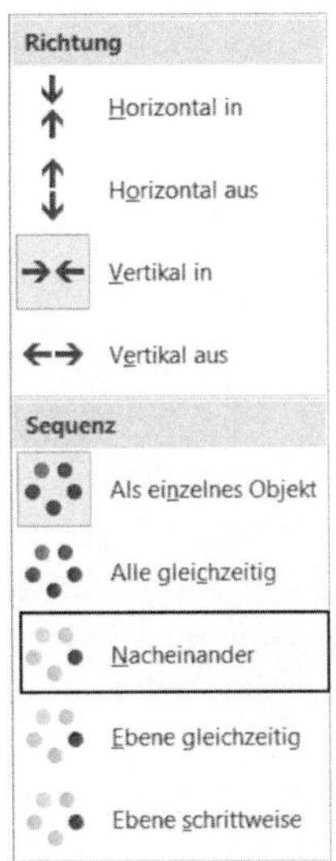

Wählen Sie den **Eintrag bei 2. Abschnittsebene**.

SmartArt-Objekte animieren

Dazu markieren Sie Ihr Objekt und klicken im Aufgabenbereich auf Effektoptionen und rufen die Registerkarte SmartArt-Animation auf.

Sie können, je nach verwendetem Layout, aus folgenden Optionen auswählen:

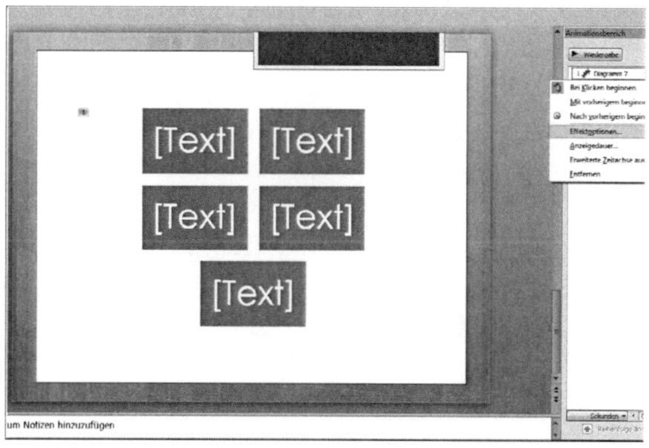

Als einzelnes Objekt	Die Animation wird angewendet, als sei die gesamte SmartArt-Grafik ein großes Bild oder ein Objekt.
Alle gleichzeitig	Alle Formen in der SmartArt-Grafik werden gleichzeitig animiert. Die Unterschiede zwischen dieser Animation und „Als einzelnes Objekt" kommen vor allem bei Animationen zum Vorschein, bei denen sich die Formen drehen oder wachsen.
Schrittweise	Jede Form wird einzeln nacheinander animiert.
Sofort nach Ebene	Alle Formen auf derselben Ebene werden gleichzeitig animiert.
Schrittweise nach Ebene	Die Formen in der SmartArt-Grafik werden zuerst nach Ebene und anschließend in der betreffenden Ebene einzeln animiert.

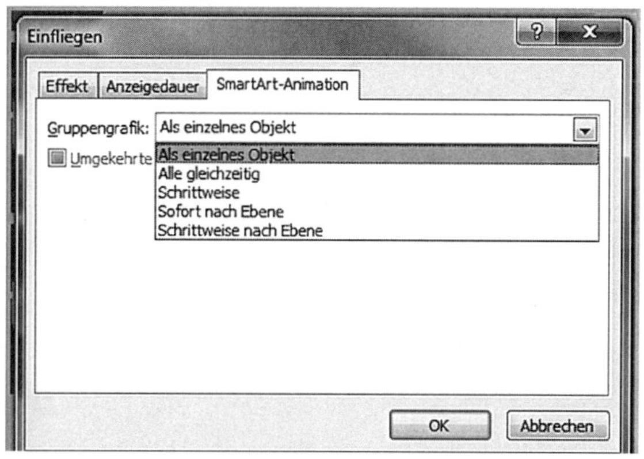

Bildschirmpräsentation einrichten

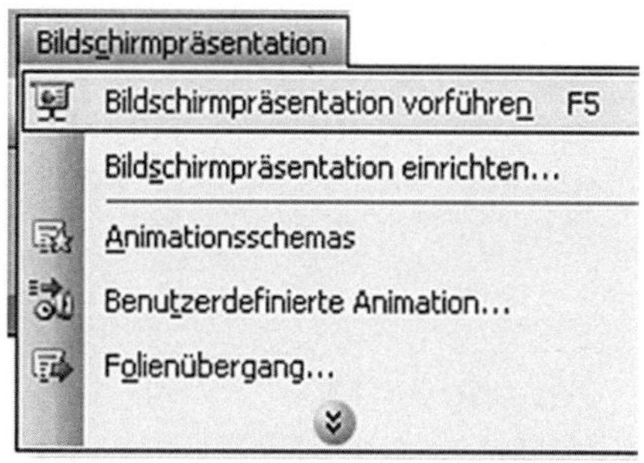

PowerPoint 2003

Im Menü **Bildschirmpräsentation** können Sie unter **Bildschirmpräsentation einrichten** die verschiedenen Einstellungen wählen.

Sollte eine Präsentation selbstständig durchlaufen, so müssen Sie die Option **Wiederholen, bis „ESC" gedrückt wird** aktivieren.

Anschließend zeichnen Sie die Folienanzeigedauer auf. Klicken Sie dazu auf **Neue Einblendezeiten testen**. Führen Sie einen Testlauf durch.

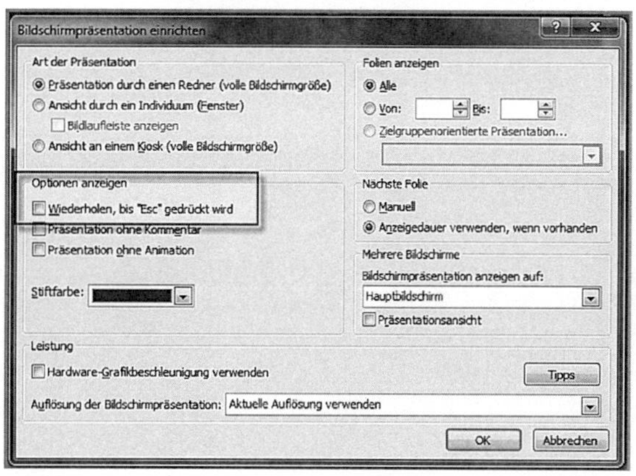

PowerPoint 2007/2013

Über die Registerkarte **Bildschirmpräsentation** – Gruppe **Einrichten** – Schaltfläche **Bildschirmpräsentation einrichten** können Sie die verschiedenen Einstellungen wählen.

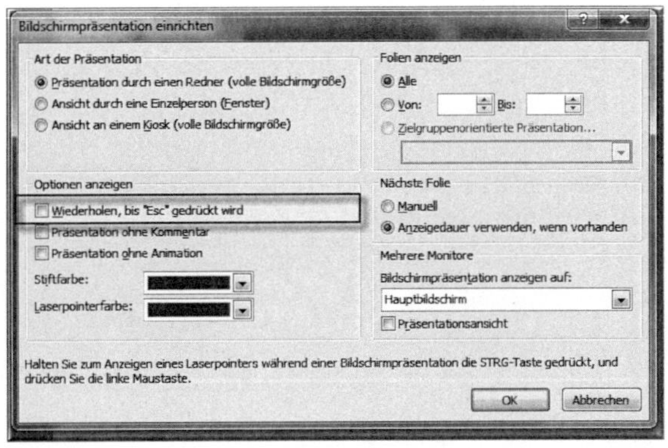

Sollte eine Präsentation selbstständig durchlaufen, so müssen Sie die Option **Wiederholen, bis „ESC" gedrückt wird** aktivieren.

PowerPoint 2007

Unter der Registerkarte **Animation** ganz rechts **Nächste Folie** – **Automatisch nach**: die Zeit einstellen.

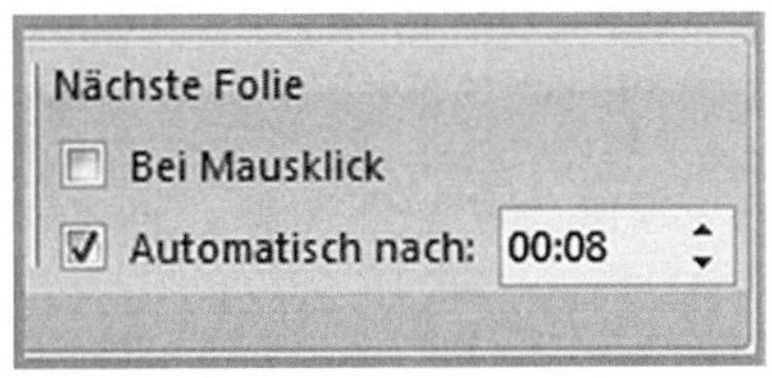

PowerPoint 2010/2013

Unter der Registerkarte **Animation** ganz rechts **Anzeigedauer** – **Dauer**: die Zeit einstellen.

PowerPoint-Präsentationen drucken

Natürlich können Sie die Präsentation auch komplett auf Papier ausdrucken.

PowerPoint 2003

Über das Menü **Datei** – **Drucken** kommen Sie zum gleichnamigen Dialogfenster. Hier können Sie genau festlegen, was und wie Sie drucken möchten.

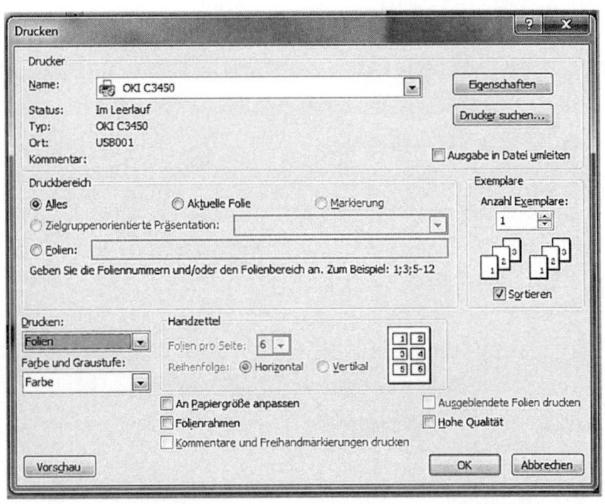

PowerPoint 2007

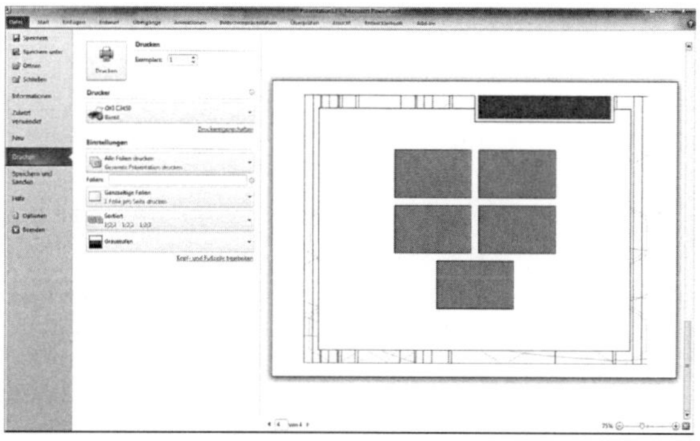

Gehen Sie auf die **Office-Schaltfläche** – **Drucken**, um auf der rechten Seite das Dialogfeld **Drucken** zu öffnen. Hier können Sie genau festlegen, was und wie Sie drucken möchten.

PowerPoint 2010/2013

Gehen Sie auf **Datei** – **Drucken**, um auf der rechten Seite die Backstage-Ansicht zu öffnen. Hier können Sie genau festlegen, was und wie Sie drucken möchten.

Für das Ausdrucken bietet Microsoft PowerPoint vier Ausgabetypen an: Folien, Handzettel, Notizseiten und Gliederungsansicht.

Folien drucken

Bei der Einstellung **Folien** werden die Folien so ausgedruckt, wie Sie sie auf dem Bildschirm sehen. Diese Einstellung müssen Sie wählen, wenn Sie Overheadfolien drucken möchten.

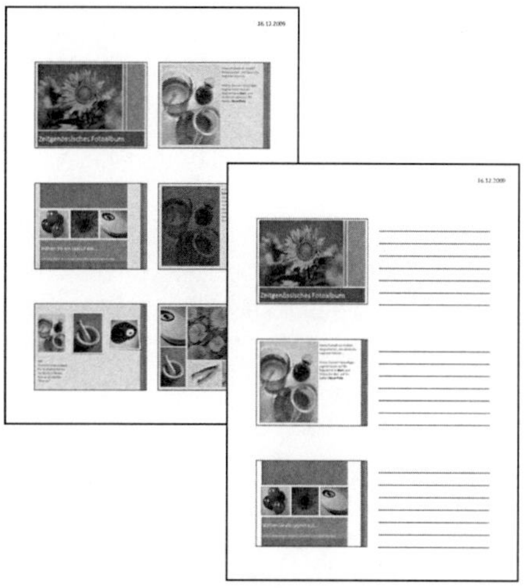

Wählen Sie **Handzettel**, werden mehrere Folien zusammen auf einer Seite ausgedruckt.

Wählen Sie **3 Folien**, so werden auf der rechten Seite Linien für Notizen mit ausgedruckt.

Die Notizen werden bei der Auswahl **Notizseiten pro Folie** mitgedruckt.

Die Auswahl **Gliederungsansicht** gibt den Ausdruck so wieder, wie er auf der Registerkarte **Gliederung** zu sehen ist.

Handzettel erstellen

PowerPoint 2003

Öffnen Sie das Menü **Datei** – **Senden an** – **Microsoft Word**. Klicken Sie im Dialogfenster **An Microsoft Word senden** unter **Seitenlayout in MS Word** die erste Option an. In Word können Sie nun in der dritten Spalte Ihre Notizen, die Ihnen als Spickzettel für Ihren Vortrag dienen, notieren.

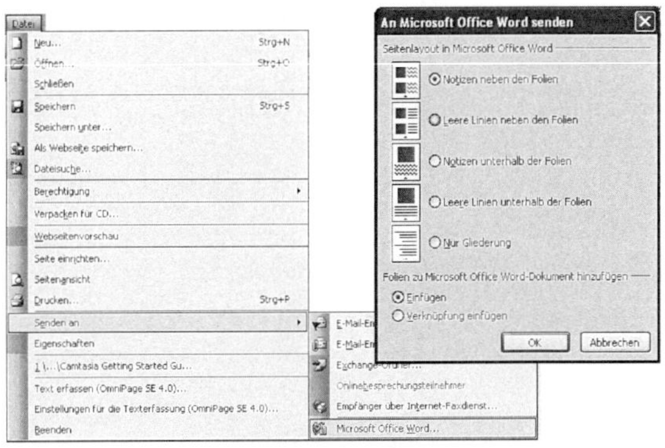

PowerPoint 2007

Gehen Sie auf die Office-Schaltfläche auf **Veröffentlichen** – **Handzettel in Microsoft Office Word erstellen**. Klicken Sie im Dialogfenster das gewünschte Seitenlayout an. In Word können Sie nun in der dritten Spalte Ihre Notizen, die Ihnen als Spickzettel für Ihren Vortrag dienen, notieren.

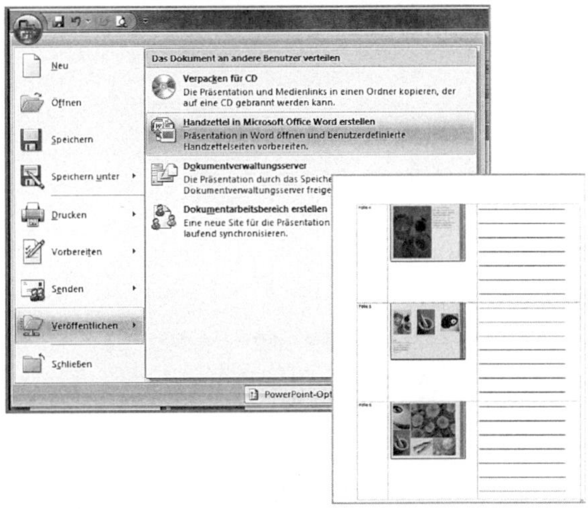

PowerPoint 2010

Öffnen Sie **Datei** – **Speichern und Senden** – **Handzettel erstellen**, um die Präsentaton in Word zu öffnen. Sie können nun in der dritten Spalte Ihre Notizen, die Ihnen als Spickzettel für Ihren Vortrag dienen, notieren.

PowerPoint 2010

Öffnen Sie **Datei** – **Exportieren** – **Handzettel** erstellen und exportieren Sie Ihre Datei in Word.

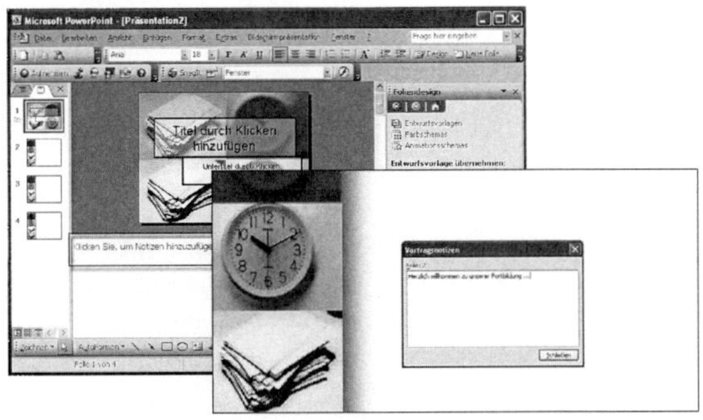

Vortragsnotizen

In der Normalansicht erscheint unter der Folie der Hinweis **Klicken Sie, um Notizen einzufügen**.

Im Präsentationsmodus erscheinen diese Notizen nicht, was auch nicht sinnvoll wäre. Sie können sich während eines Vortrages die Notizen anzeigen lassen, indem Sie das Kontextmenü öffnen und die **Vortragsnotizen einblenden**.

Beim Drucken Ihrer Notizen wählen Sie **Drucken** – **Notizseiten**.

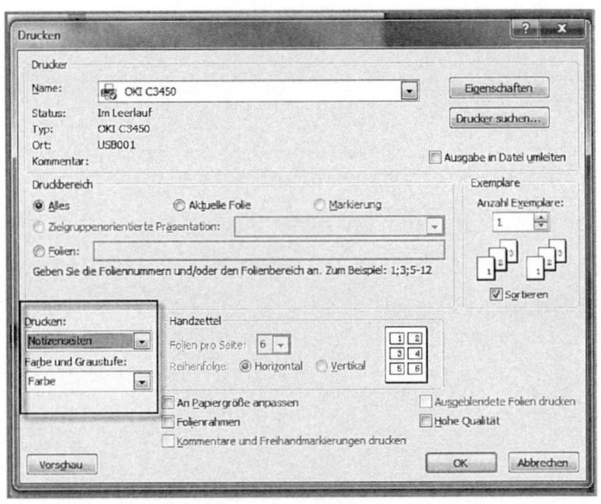

Neben der Textverarbeitung ist die Tabellenkalkulation im Bürobereich eine der am häufigsten verwendeten Anwendersoftware. Für kaufmännische Tätigkeiten sind Softwarekenntnisse in diesem Bereich unerlässlich.

In vielen Unternehmen wie auch bei Prüfungen wird das Tabellenkalkulationsprogramm Excel eingesetzt. Die Software findet Anwendungsmöglichkeiten bei Produktionsplanungen, Vertriebssteuerung, Lohnabrechnung, Lagerverwaltung usw. Mit diesem Programm können Sie äußerst zeitsparend arbeiten, da jederzeit Tabellen und Diagramme aktualisiert werden können.

Excel-Bildschirm

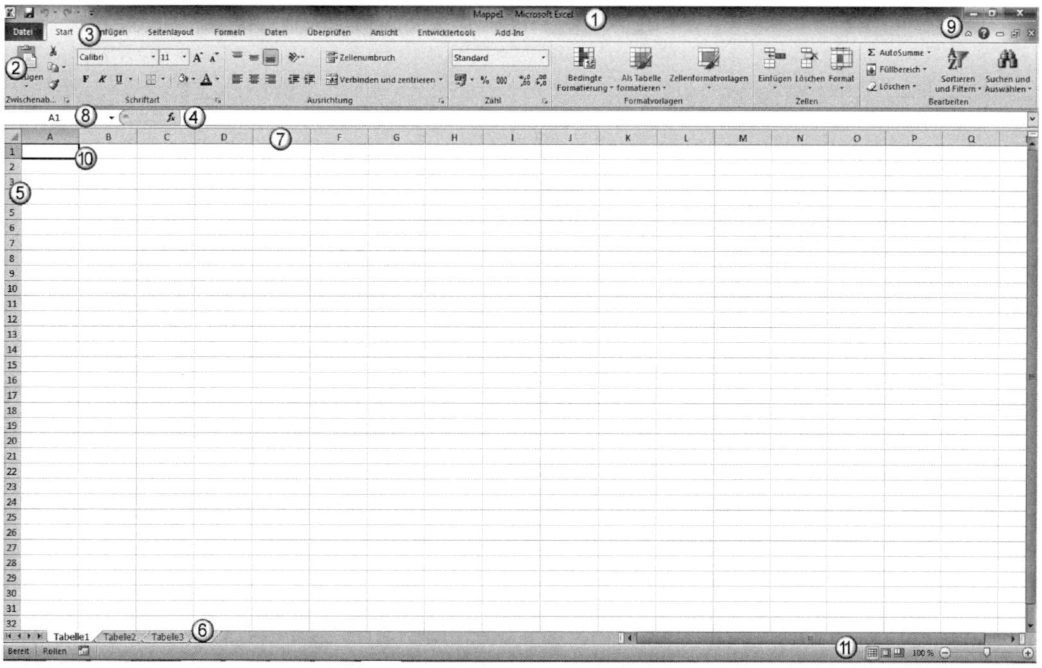

Ein Tabellenkalkulationsprogramm basiert auf Tabellen, die wiederum aus einer Vielzahl von einzelnen Zellen bestehen. Eine Excel-Tabelle kann maximal 65 536 Zeilen und 256 Spalten enthalten. Das ergibt über 16 Millionen Zellen. Eine Zelle kann bis zu 32 000 Zeichen für Text oder 10 240 Zeichen für den Formelinhalt enthalten.

Die Zellen können unterschiedliche Inhalte ausweisen. Ebenso können sie logische (z. B. <, >) und arithmetische (z. B. +, *) Operationen miteinander verknüpfen.

Anwendungsfenster

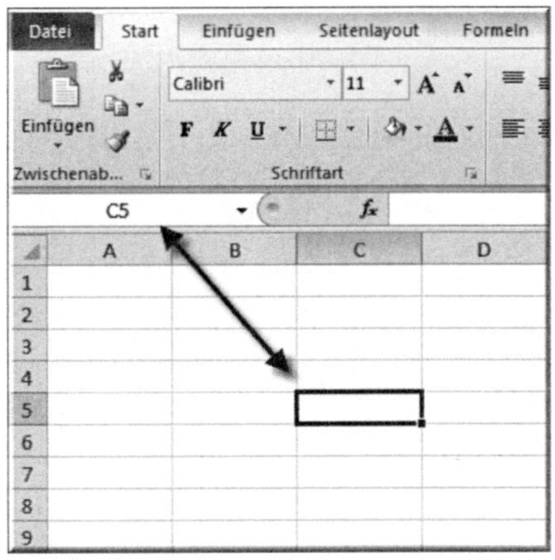

Daten eingeben. Die Bearbeitungsleiste dient zur Eingabe von Daten in die ausgewählte Zelle. Änderungen können mit der Eingabetaste bestätigt werden oder mit der Taste Esc abgebrochen werden. Im **Namenfeld** wird die Adresse der Zelle angezeigt, in der die Daten eingegeben werden. Die Eingabe der Daten kann auch direkt in der Zelle erfolgen.

Tabellenblätter, deren Daten zusammenhängen, können in einer Arbeitsmappe als Dateityp *.xlsx gespeichert werden. Um von einem Tabellenblatt zum nächsten zu gelangen, wird das entsprechende Tabellenblatt angeklickt.

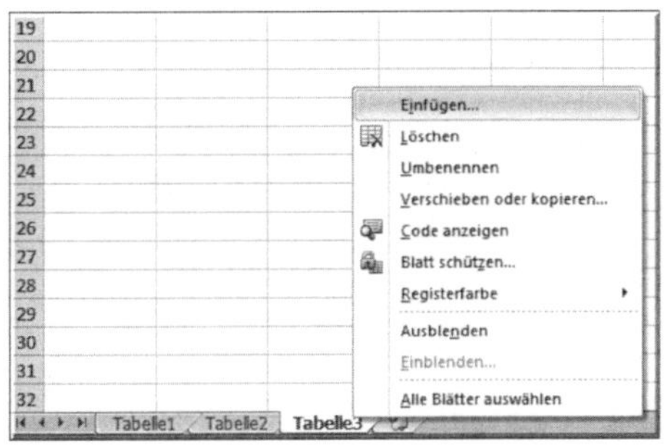

Über die Registerkarte **Start** - **Zellen** - **Einfügen** - **Blatt einfügen** oder über das Kontext-Menü zum Tabellenblatt können einzelne Tabellenblätter eingefügt werden.

Durch einen Doppelklick auf den Tabellennamen kann das Tabellenblatt schnell umbenannt werden.

Zum Navigieren in einer Arbeitsmappe stehen folgende Symbole zur Verfügung.

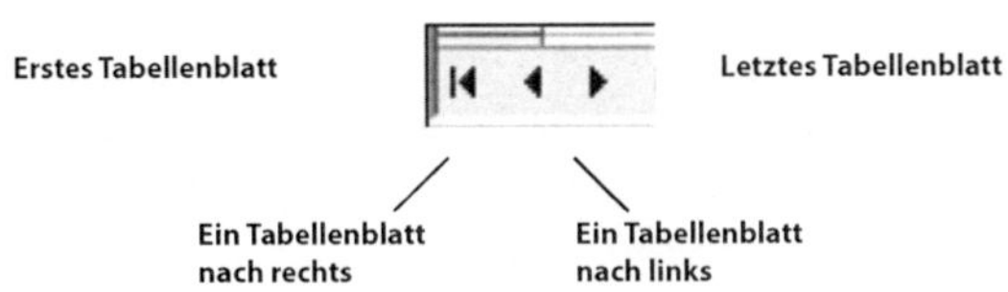

Daten eingeben

Nachdem die gewünschte Zelle markiert ist, kann mit der Eingabe von Daten (Texten, Zahlen, Formeln) direkt in die Zelle oder in die Bearbeitungszeile begonnen werden. Die Texteingabe wird standardmäßig linksbündig geschrieben und die Zahlen rechtsbündig ausgerichtet.

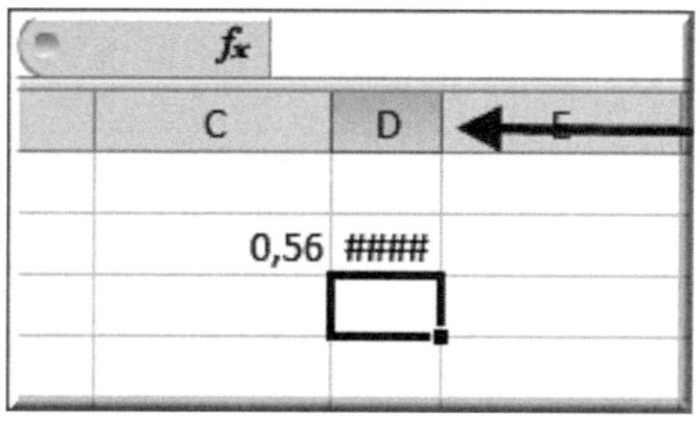

Werden die Zeichen "#######" in einer Zelle angezeigt, dann ist die Spalte für die eingegebenen Zahlen zu klein. Mit einem Doppelklick im Spaltenkopf zwischen der Spalte D und E wird die optimale Breite erreicht.

Reicht eine Spalte für den eingegebenen Text nicht aus, wird die rechte Nachbarzelle mit verwendet. Ist diese Zelle nicht leer, wird der Text abgeschnitten und nur von der Bearbeitungszeile komplett angezeigt. Der Text kann durch das Tastenkürzel [Alt] + [⇦] (Return) entsprechend aufgeteilt werden oder unter der Gruppe **Ausrichtung** – Startmenü – **Zellen formatieren** – Textsteuerung – **Zeilenumbruch** aktivieren. Alternativ kann im Spaltenkopf die Spalte erweitert werden.

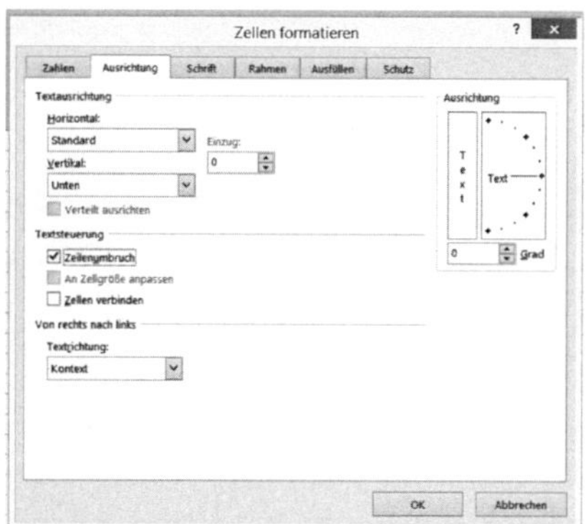

Soll die Zahl als Text (linksbündig) erkannt werden, muss die Eingabe mit einem Apostroph beginnen. Mit dieser Zahl kann dann allerdings in einer Formel nicht gerechnet werden.

Zelleninhalte löschen

Markieren Sie die Zelle und drücken Sie die Entfernen-Taste oder Rücklöschtaste.

Wird die Löschung über die Leertaste vorgenommen, entsteht ein leerer Eintrag in der Zelle. Dies kann bei späteren Aufgabenstellungen zu Problemen führen.

Markieren von Zellen

Markiert ist die Zelle oder der Bereich, der von einem schwarzen Rahmen umgeben ist und in dessen rechter unterer Ecke sich ein kleines Quadrat (Anfasser) befindet.

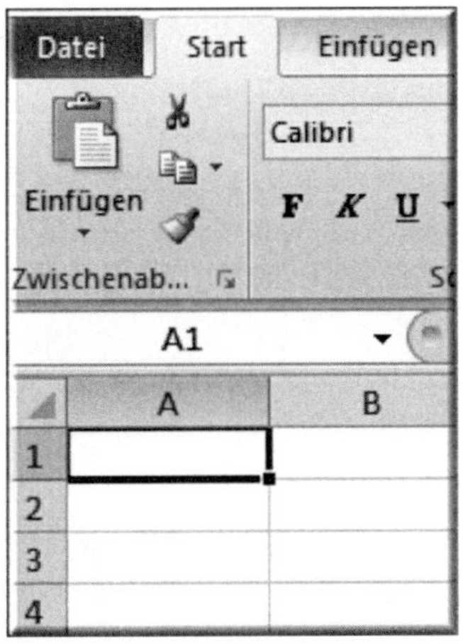

Markierte Zelle (A1)

- Um eine Spalte/Zeile in ihrer gesamten Länge zu markieren, klicken Sie auf den Spalten-/Zeilenkopf.

- Mit [Strg] können Sie voneinander entfernte Zellen markieren.

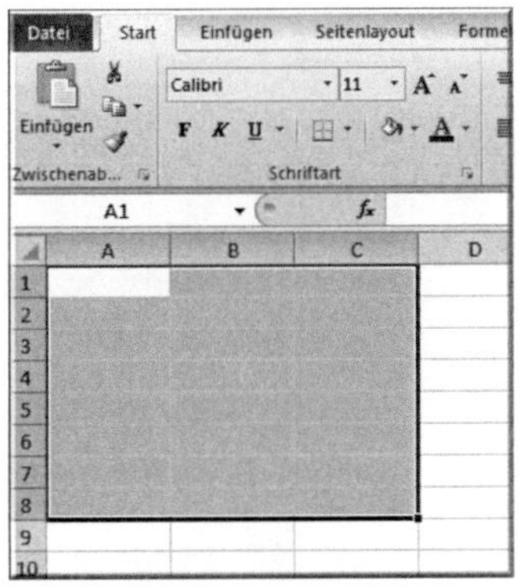

Markierter Bereich (A1:C8)

- Um den gesamten Inhalt eines Tabellenblattes schnell zu kopieren, markieren Sie das gesamte Tabellenblatt sowohl beim Kopieren als auch beim Einfügen.

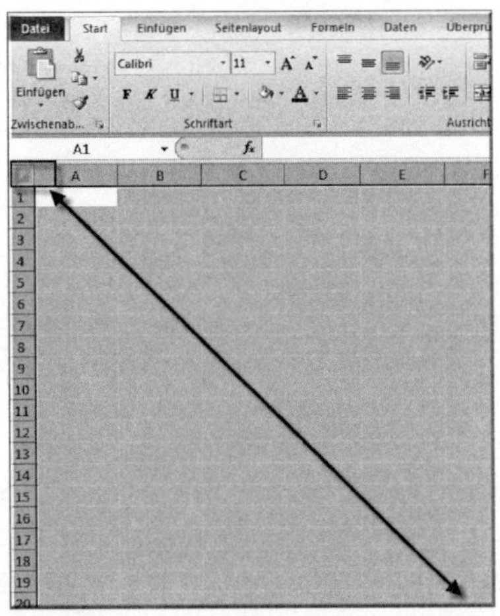

Schaltfläche zum Markieren des gesamten Tabellenblattes

Markiertes Tabellenblatt

AutoAusfüllen von Zellen

Ausgehend von einem Eintrag lassen Sie eine Reihe von vorgegebenen Einträgen automatisch folgen. Wenn der Mauszeiger auf dem Anfasser steht, wird der Auto-Ausfüllen-Mauszeiger (Fadenkreuz) angezeigt. Der Ausgangswert bzw. die Ausgangswerte müssen markiert sein, damit die Systematik der Aufzählung durch Ziehen mit dem Auto-Ausfüllen-Mauszeiger erkannt wird.

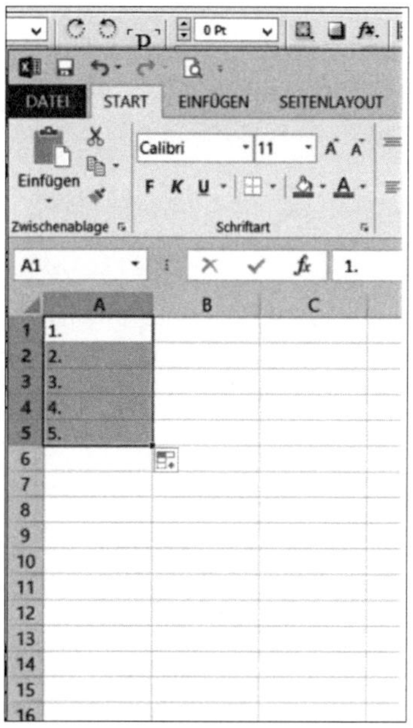

Die Schaltfläche **Auto-Ausfülloptionen** wird unmittelbar unterhalb der Füllauswahl eingeblendet, nachdem Sie ein Tabellenblatt mit Text oder Zahlen gefüllt haben. Wenn Sie auf die Schaltfläche klicken, wird eine Liste angezeigt, die Optionen für den Umgang mit dem Text oder den Daten beim Ausfüllen enthält.

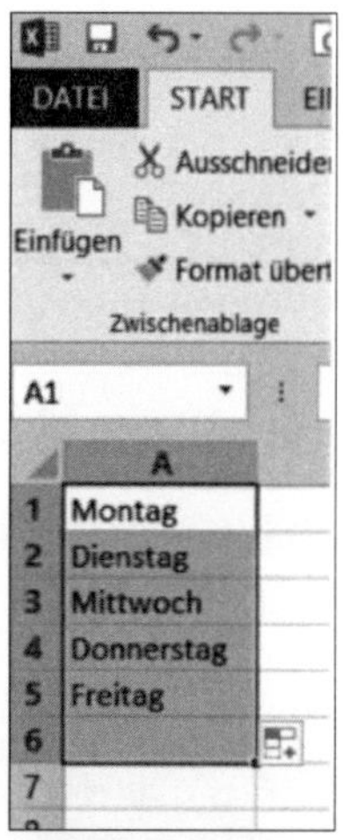

Wird Auto-Ausfüllen-Mauszeiger (Fadenkreuz) mit der Strg-Taste gezogen, wird immer der gleiche Textinhalt kopiert. Anders ist es beim Kopieren von Zahlenreihen. Hier muss die Strg-Taste gedrückt werden, ansonsten wird die eingegebene Zahl kopiert.

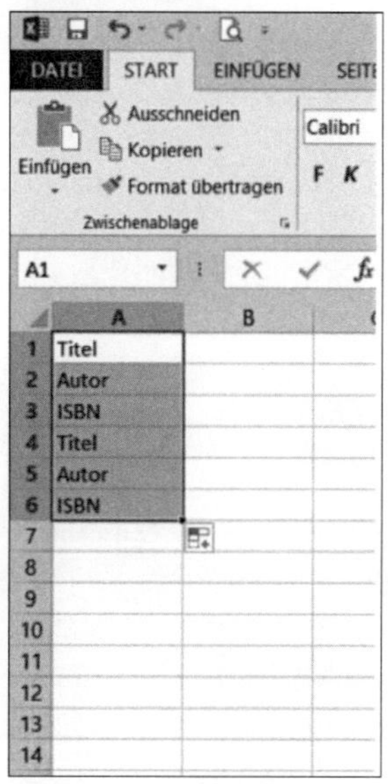

Formatierungsmöglichkeiten

Die Gitternetzlinien auf Ihrem Bildschirm sind nur als Orientierung gedacht und werden nicht mitgedruckt. Daher sollten Sie Ihre Tabellen so formatieren, dass sie schnell verstanden werden.

Zellen formatieren

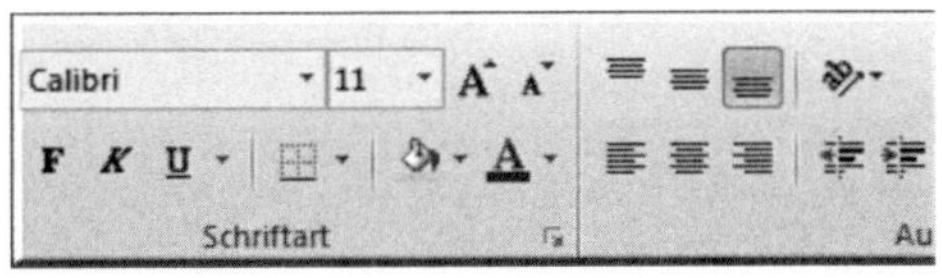

Auch Tabellen werden ansprechend gestaltet. Dazu müssen Formatierungen (Schriftart, Farbe, Rahmen, Zahlenformate usw.) vorgenommen werden. Vor jeder Formatierung müssen die zu bearbeitenden Zellen markiert werden.

Texte formatieren

Mit Textformaten können Schriftart, Schriftgrad und Ausrichtung gewählt werden. Auf der Registerkarte **Start** – Gruppe **Schriftart** und **Ausrichtung** oder über das Kontext-Menü Zellen formatieren.

Zahlen formatieren

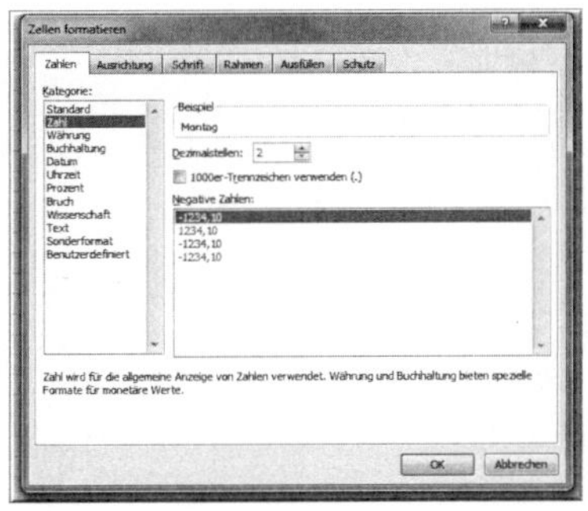

Tabellenkalkulationsprogramme bieten die Möglichkeit, Zahlen optisch unterschiedlich zu formatieren (1.000er Trennzeichen, als Währung, Nachkommastellen).

Standard	2500
1000er-Teilung	2.500
Währungsformat	2.500 €
Nachkommastellen	2.500,00 €

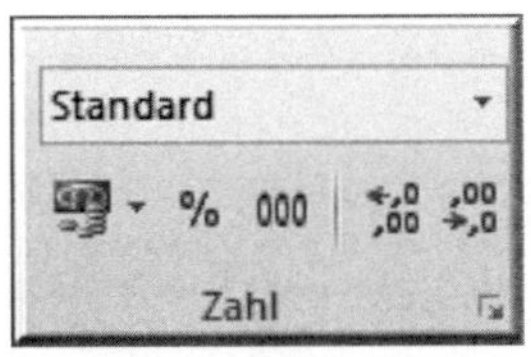

Durch Zahlenformatierungen ändert sich nur die Ansicht, der interne Wert, mit dem die Berechnungen durchgeführt werden, bleibt gleich.

Über die Registerkarte **Start** – Gruppe **Zahl** klicken Sie auf das **Startprogramm**, oder über das Kontext-Menü **Zellen formatieren** haben Sie die Möglichkeit, Zahlen zu formatieren.

In der Kategorie **Benutzerdefiniert** können Sie ein eigenes Zahlenformat, z. B. zum Rechnen mit Mengenangaben (Liter, Stück) kreieren.

Anzeige	Code
+345,23 Gewinn	+0,00 „Gewinn"
34566,56 als 34566,6	#####,#
4,3	#,00

- Um Text mit Zahlen in einer Zelle darzustellen, setzen Sie den Text in Anführungszeichen.
- Um Zahlen mit Dezimalstellen darzustellen, fügen Sie Ziffernplatzhalter ein.
  - # = zeigt nur bedeutende Ziffern an
  - 0 = zeigt nichts bedeutende Nullen an

Hintergrundfarben

Das Verwenden von Hintergrundfarben für einzelne Zellen und Zellbereiche ist zum Beispiel dann sinnvoll, wenn zwischen Eingabefeldern und Ergebnisfeldern unterschieden wird. Der Nutzer dieser Excel-Tabelle sieht dann sofort, in welchen Zellen Formeln oder Funktionen hinterlegt wurden, die durch Eingaben von neuen Werten gelöscht würden. Unter **Zellen formatieren** – **Ausfüllen** können Sie die verschiedensten Farben auswählen.

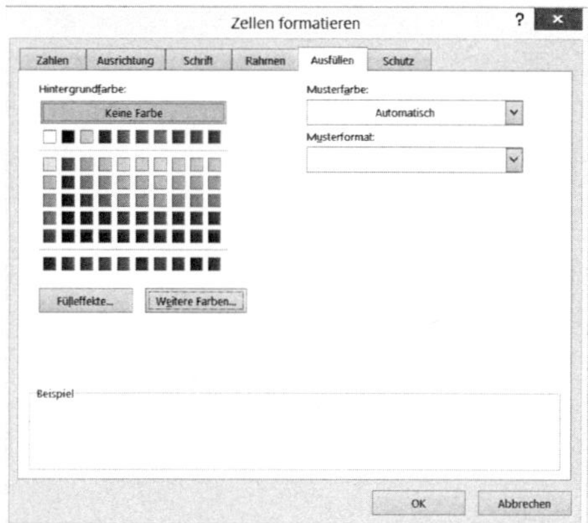

Zellausrichtung

Standardmäßig werden Zahlen rechts- und Texte linksbündig formatiert. Diese Einstellung können Sie schnell über die Symbole abändern.

Über das Dialogfenster **Zellen formatieren** werden Register **Ausrichtung** weitere Möglichkeiten der Zellausrichtung angeboten. Die Textausrichtung kann Horizontal und Vertikal verändert werden, ebenso kann bei der Ausrichtung nach links ein Einzug gesetzt werden. Unter **Orientierung** können Texte auch senkrecht eingerichtet werden. Dazu wird mit der Maus ein beliebiger Winkel festgelegt. Unter **Textsteuerung** können Sie den Zeilenumbruch und die Spaltenbreite bestimmen. Mehrere Zellen können zu einem Zellbereich verbunden werden, wenn Sie an entsprechender Stelle einen Haken setzen.

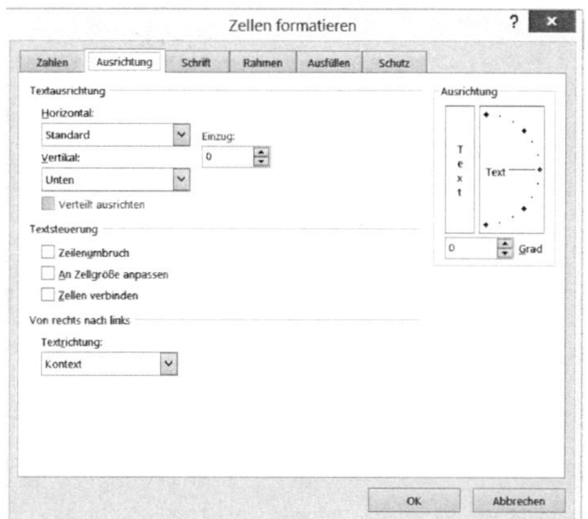

Befehle Wiederholen/Rückgängig machen

Über den Befehl **Rückgängig** bzw. dem Shortcut **Strg + Z** machen sie den letzten Befehl rückgängig um fehlerhafte Eingaben zu beheben.

Über den Befehl **Wiederholen** oder dem Shortcut **Strg + Y** kann der zuletzt eingegebene Befehl beliebig oft wiederholt werden.

In der Symbolleiste für den Schnellzugriff können die gewünschten Befehle aktiviert werden.

Zellen mit Prozent formatieren

Anders ist es, wenn die Zelle auf das **Format Prozent** formatiert wird. Der eingegebene Wert erhält automatisch als Erweiterung das Prozentzeichen (%). Zunächst werden die Zellen markiert und dann das Prozentformat zugewiesen.

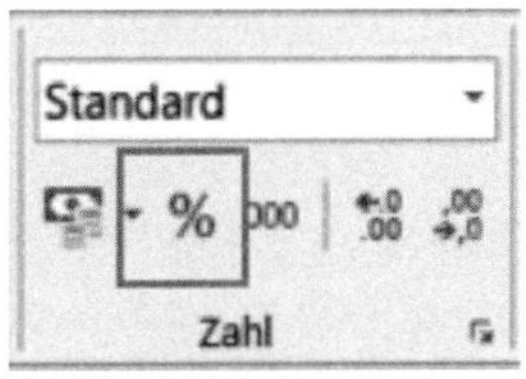

Wenn die Zellen erst später auf Prozent formatiert werden, müsste für 25 % müsste dann die Zahl 0,25 eingegeben werden.

Format übertragen

Besonders schnell können Sie die Formate mit dem Pinsel kopieren. Markieren Sie zunächst die Zelle mit dem zu kopierenden Format – klicken Sie auf das Symbol mit dem Pinsel – klicken Sie auf eine Zelle oder ziehen Sie den Pinsel über den Bereich, auf den das Format übertragen werden soll.

Formeln

Grundrechenarten, Prozent und Potenz

Operatoren mit Zellbezügen

Verwenden Sie in der Formel **Zellbezüge** anstelle von konstanten Werten (Zahlen).

Erfassen Sie zunächst die Zahlen. Um das Ergebnis zu errechnen, beginnt die Formel immer mit einem **Gleichheitszeichen**. Klicken Sie bei der

56	schreiben Sie in Zelle B1
578	schreiben Sie in Zelle B2
581	schreiben Sie in Zelle B3
Ergebnis	=
Addition	klicken Sie auf Zelle B1 + klicken Sie auf Zelle B2 + klicken Sie auf Zelle B3
Summe	klicken Sie auf Return

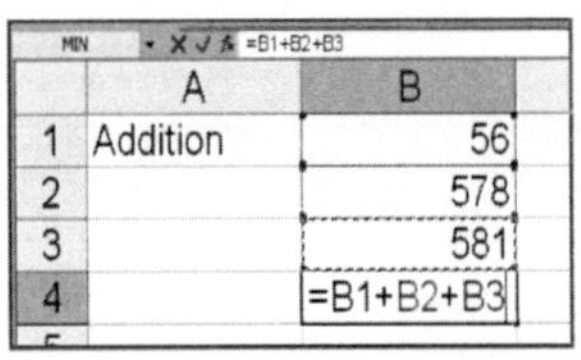

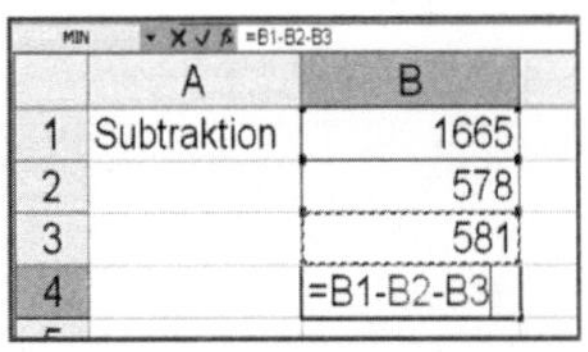

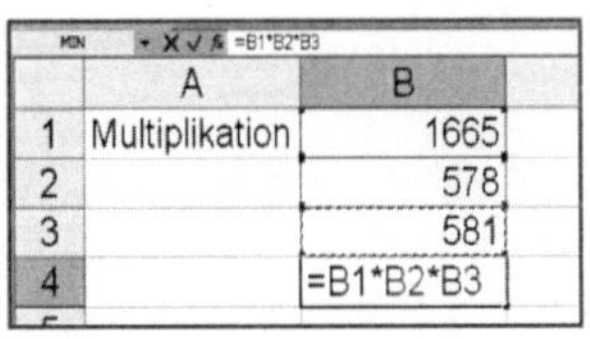

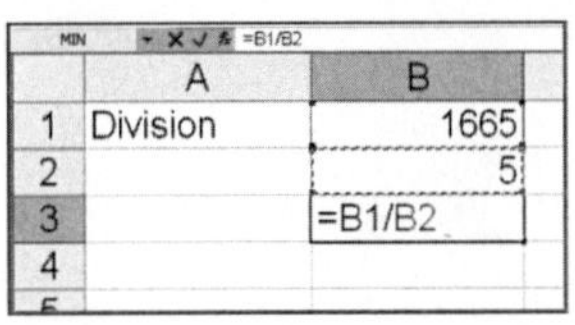

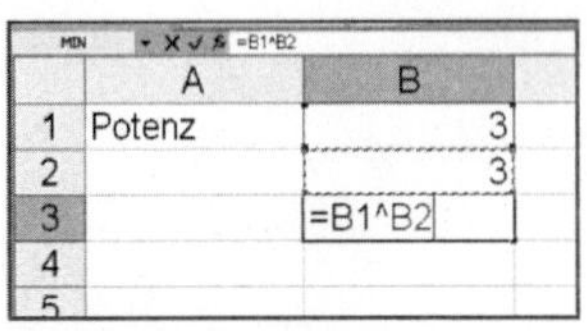

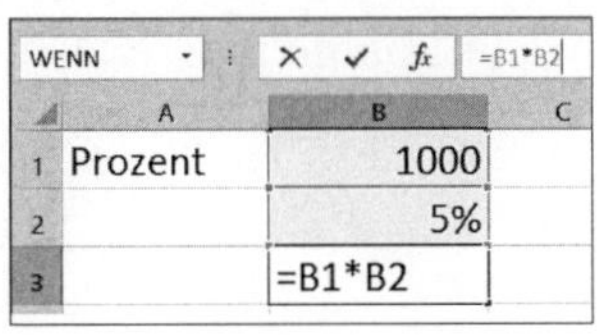

Rationelles Arbeiten mit Excel

Kopieren von Formeln

Beim Kopieren von Formeln mit Zellbezügen wird die Zelle, in der die zu kopierende Formel steht, markiert. Der Mauszeiger wird dann auf den Anfasser platziert und mit dem Auto-Ausfüllen-Mauszeiger wird die Formel in die gewünschten Zellen kopiert. Dabei ist es wichtig, zwischen relativen und absoluten Bezügen zu unterscheiden.

Relative Adressierung (Zellbezüge)

Ein relativer Bezug berechnet Zellen relativ zu seiner Position. Werden Zellen mit relativem Bezug kopiert, wird der Bezug angepasst.

Wird die Formel von der Zelle D2 in die Zelle D3 und D4 kopiert, wird der Bezug angepasst.

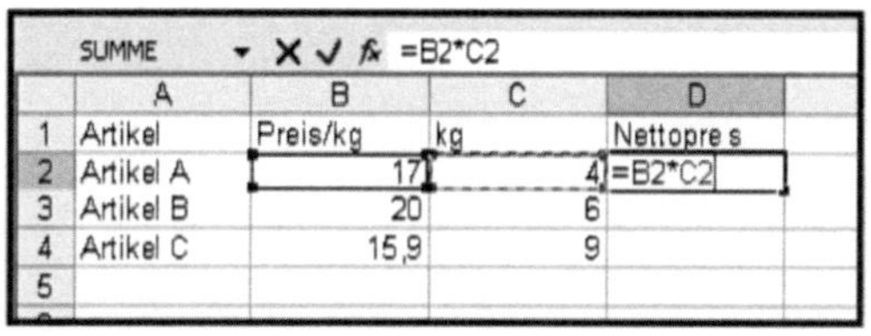
SUMME ▾ X ✓ fx =B2*C2

	A	B	C	D
1	Artikel	Preis/kg	kg	Nettopreis
2	Artikel A	17	4	=B2*C2
3	Artikel B	20	6	
4	Artikel C	15,9	9	
5				

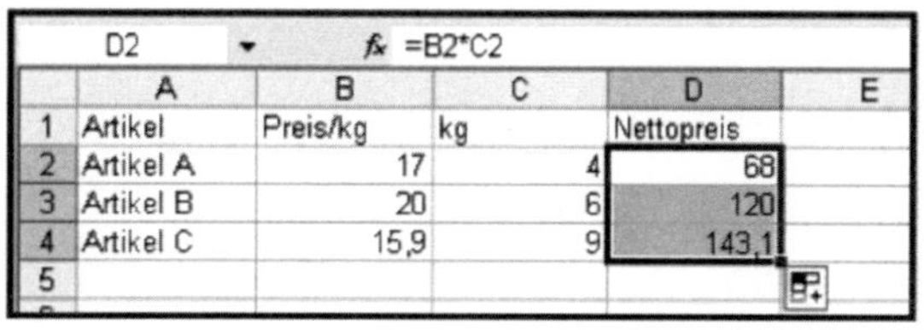
D2 ▾ fx =B2*C2

	A	B	C	D	E
1	Artikel	Preis/kg	kg	Nettopreis	
2	Artikel A	17	4	68	
3	Artikel B	20	6	120	
4	Artikel C	15,9	9	143,1	
5					

Absolute Adressierung (Zellbezüge)

Wollen Sie verhindern, dass ein Bezug beim Kopieren einer Formel angepasst wird, müssen absolute Bezüge verwendet werden. Ein $-Zeichen vor einer Zeile/Spalte verhindert deren Veränderung. Dies erreichen Sie auch mit der Taste F4.

Wird die Formel von der Zelle E2 in die Zellen E3 und E4 kopiert, wird der absolute Bezug $B$5 nicht angepasst. Also es wird immer Bezug auf Zelle B5 genommen.

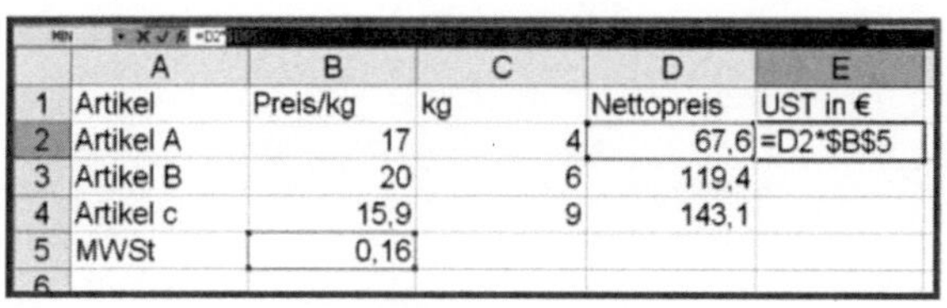

	A	B	C	D	E
1	Artikel	Preis/kg	kg	Nettopreis	UST in €
2	Artikel A	17	4	67,6	=D2*$B$5
3	Artikel B	20	6	119,4	
4	Artikel c	15,9	9	143,1	
5	MWSt	0,16			

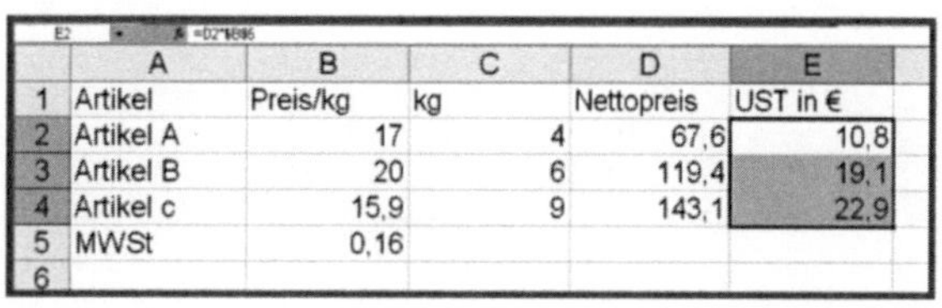

	A	B	C	D	E
1	Artikel	Preis/kg	kg	Nettopreis	UST in €
2	Artikel A	17	4	67,6	10,8
3	Artikel B	20	6	119,4	19,1
4	Artikel c	15,9	9	143,1	22,9
5	MWSt	0,16			
6					

Syntax von Excel-Funktionen

Eine Funktion muss immer in einer bestimmten Form, der sogenannten Syntax, geschrieben werden. Zusätzlich sind einige Regeln einzuhalten, damit eine Funktion fehlerlos und gültig ist.

Funktion	Syntax
Sie wird immer mit = eingeleitet.	=E2+E4
Sie hat immer einen Funktionsnamen.	=HEUTE()
Zu ihr gehören immer runde Klammern. Innerhalb dieser Klammern können Argumente (Werte, Zahlen etc.) stehen. Einige Funktionen benötigen innerhalb der Klammern keine Argumente. Trotzdem müssen die Klammern vorhanden sein.	Funktion ohne Argumente: =HEUTE() Funktion mit Argumenten: =SUMME(28;50;41)
Der Doppelpunkt steht in Excel für „bis" nicht aber als Divisionszeichen.	=SUMME(B3:B12)
Zwischen Funktionsname und der öffnenden Klammer darf kein Leerzeichen sein.	=SUMME(28;50;41)
Wenn sie Argumente besitzt, so werden die Argumente mit einem Semikolon (;)getrennt.	=SUMME(28;50;41).
Sie kann mit weiteren mathematischen Formeln verknüpft werden.	=MITTELWERT(28;54;89)+15
Als Argumente einer Funktion können Sie Zahlen eingeben.	=MITTELWERT(24;50)
Als Argumente einer Funktion können Sie Zellbezüge eingeben. Die Zahlen in den Zellen werden von Excel automatisch ausgelesen.	=MITTELWERT(A2;A5)
Als Argumente einer Funktion können Sie eine Formel eingeben.	=MITTELWERT(A2+A7;A9-A16)
Als Argumente werden nicht nur Zahlen, Zellbezüge oder Formeln benötigt, sondern oftmals zusätzliche Informationen über die Berechnung. Beispielsweise möchten Sie den Wert einer Zelle runden. Excel braucht die Anzahl der Nachkommastellen, nach denen gerundet werden soll, als Argument. Die Zelle A2 wird in diesem Beispiel nach der dritten Nachkommastelle gerundet. Die Zahl 3 steht für die Anzahl der Nachkommastellen.	=RUNDEN(A2;3)
Sie können auch mehrere Funktionen verschachteln. Beachten Sie dabei, dass jede Funktion sein Klammerpaar behält. In diesem Beispiel haben wir zwei Funktionen sowie 2 Klammerpaare. Mit dieser Funktion wird das Ergebnis vom Mittelwert(B2;B3) auf die zweite Nachkommastelle gerundet.	=RUNDEN(Mittelwert(B2;B3);2)
Argumente können auch Textkonstanten sein. Diese müssen in Anführungszeichen geschrieben sein. Bei dieser Funktion wird geprüft, ob in der Zelle F4 der Text „MwSt" steht. Soll keine Zahl und kein Text erscheinen, sondern die Zelle leer bleiben, werden doppelte Anführungszeichen gesetzt.	=WENN(F4=„MwSt";1;0) =WENN(F4=„MwSt";1;"")

Formeleingabe mit der Maus auf die gewünschte Zelle, um die Zellbezüge herzustellen.

Funktionen

SUMME, MAX, MIN, MITTELWERT

Die Funktion **Summe** veranlasst Excel, markierte Zellen automatisch zu addieren.

Die Funktion **Mittelwert** bewirkt, dass die Werte in zuvor markierten Zellen addiert werden. Das Ergebnis wird durch die Anzahl der markierten Zellen dividiert, um den Durchschnitt zu ermitteln.

Der Doppelpunkt [= Summe (A1:A3)] steht in Excel für „bis" nicht aber als Divisionszeichen.

Syntax	Bedeutung	Ergebnis
=SUMME (Zahl1:Zahl2 ...)	Summe	bildet die Summe des angegebenen Bereiches
=MITTELWERT (Zahl1:Zahl2 ...)	Durchschnitt	bildet den Durchschnitt des angegebenen Bereiches
=MIN ((Zahl1:Zahl2 ...)	kleinster Wert	ermittelt den minimalen Wert aus dem angegebenen Bereich
=MAX (Zahl1:Zahl2 ...)	größter Wert	ermittelt den maximalen Wert aus dem angegebenen Bereich
=HEUTE()		gibt das aktuelle Datum aus
=JETZT()		gibt das Datum sowie die aktuelle Uhrzeit aus

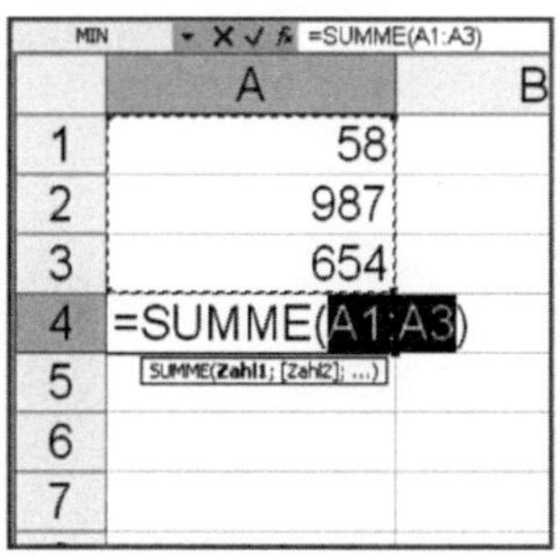

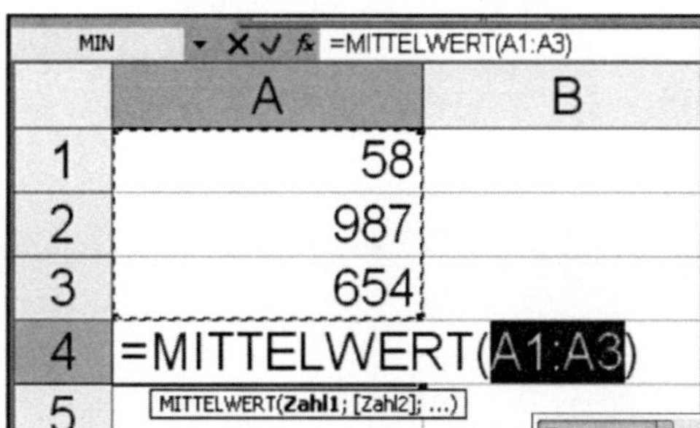

Auf- und Abrunden, Ganzzahl und Kürzen

Mit diesen Funktionen können Zahlen mit Dezimalstellen auf die gewünscht Art gerundet werden.

Unterhalb von AutoSumme gehen Sie auf **Weitere Funktionen** und geben unter **Funktion suchen** die gewünschte Funktion ein. Markieren Sie die Funktionen und bestätigen Sie mit **OK**.

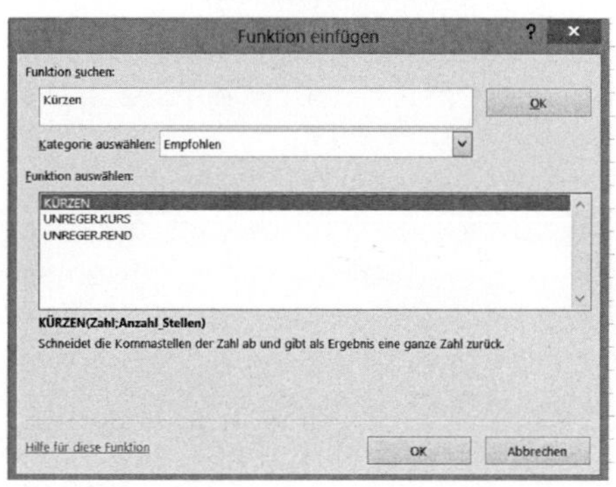

ANZAHL und ANZAHL2

Die Funktion ANZAHL und ANZAHL2 gibt an, wie viele Zahlen sich in einem vorgegebenen Zellbereich befinden. Zellen, die keinen Zahlenwert enthalten, werden nicht mitgezählt. Ebenso kann auch gezählt werden, wie oft eine bestimmte Zahl vorkommt.

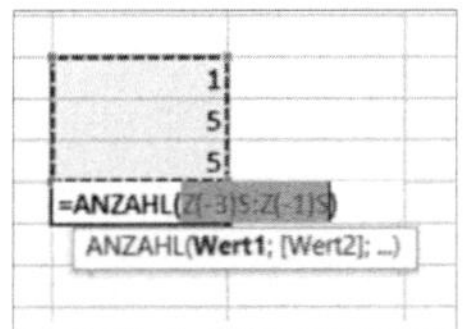

Verwenden Sie die Funktion ANZAHL, um herauszufinden, aus wie vielen Einträgen ein Zahlenfeld besteht, das in einem Bereich gespeichert ist.

Verwenden Sie die Funktion ANZAHL2, wenn Sie herausfinden möchten, wie viele zu einem Bereich gehörende Zellen Daten enthalten. In diesem Fall werden also auch Zellen mit Text gezählt.

Sortieren der Daten

Oft müssen umfangreiche Tabellen nachträglich sortiert werden. Markieren Sie zunächst die komplette Tabelle, die sortiert werden soll. Klicken Sie das entsprechende Symbol an, um die Tabelle entweder absteigend oder aufsteigend zu sortieren.

Über **Benutzerdefiniert** haben Sie die Möglichkeit, nach einem oder mehreren Sortierschlüsseln, bzw. auch einer individuellen Reihenfolge zu sortieren.

Matrix. Ist die Tabelle mit Informationen, in denen die Daten nachgeschlagen werden. Verwenden Sie einen Bezug auf einen Bereich oder einen Bereichsnamen. Um einen Bereichsnamen festzulegen, markieren Sie die Zellen – rechte Maustaste – **Name definieren** oder unter der Registerkarte **Formeln** – **Definierte Namen** – **Namen definieren**.

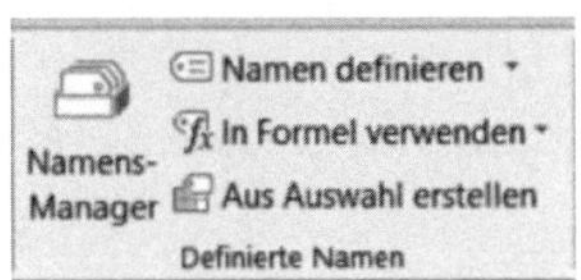

Suchkriterium. Wert, nach dem die Matrix durchsucht werden soll. Suchkriterium kann eine Zahl, eine Zeichenfolge (ein Text), ein Wahrheitswert oder ein Name bzw. ein Bezug sein, der sich auf einen Wert bezieht.

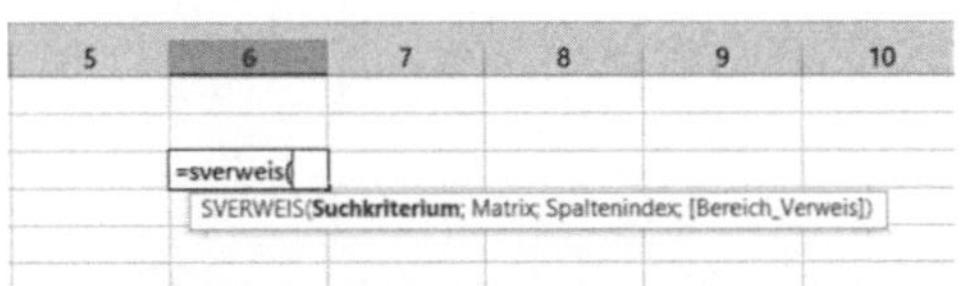

Zeilenindex. Zeilenindex ist die Nummer der Zeile in der **Matrix**, aus der der entsprechende Wert zurückgegeben wird.

Spaltenindex. Spaltennummer, aus der der Wert stammt, der mit dem Suchkriterium übereinstimmt.

Einfache WENN-Funktion

Die WENN-Funktion wird benötigt, wenn z. B. mit Provisionen gearbeitet wird. Ein Außendienstmitarbeiter erhält 3 % Provision – wenn der Umsatz 200.000 € überschreitet erhält er 4 % Provision.

Der Provisionssatz wird mit dem Umsatz multipliziert.

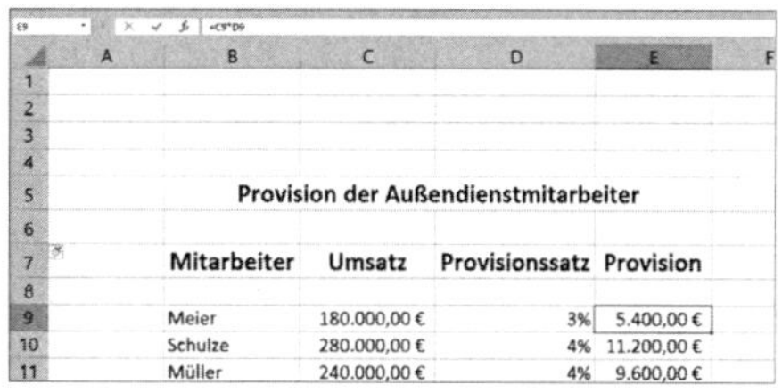

Provision der Außendienstmitarbeiter

Mitarbeiter	Umsatz	Provisionssatz	Provision
Meier	180.000,00 €	3%	5.400,00 €
Schulze	280.000,00 €	4%	11.200,00 €
Müller	240.000,00 €	4%	9.600,00 €

=WENN(Aussage;DANN-Anweisung;SONST-Anweisung)	=WENN
Zu prüfende Aussage: Ist der Umsatz größer als 200.000 €?	=WENN(C9>200000;
DANN-Anweisung: Der Provisionssatz beträgt 4 %.	=WENN (C9>200000;4%;
SONST-Anweisung: Ist die Bedingung > (größer) nicht erfüllt, beträgt die Provision **3 %.**	=WENN (C9>200000;4%; 3 %)

Verschachtelte WENN-Funktion

Als weiteren Anreiz bekommen die Außendienstmitarbeiter bei einem Umsatz von 400.000 € 5 % Provision.

In diesem Fall wird mit einer verschachtelten WENN-Funktion gearbeitet.

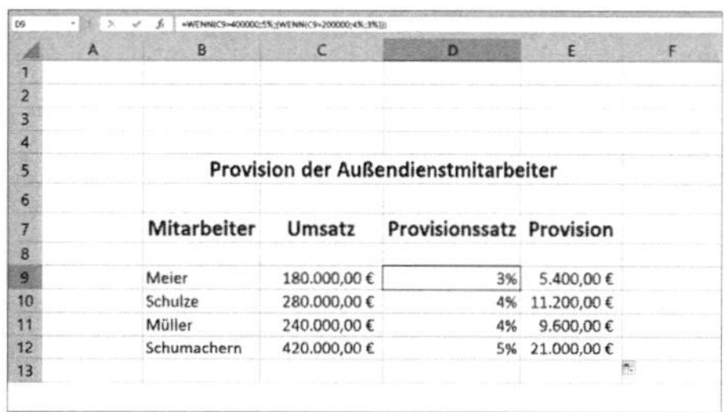

Provision der Außendienstmitarbeiter

Mitarbeiter	Umsatz	Provisionssatz	Provision
Meier	180.000,00 €	3%	5.400,00 €
Schulze	280.000,00 €	4%	11.200,00 €
Müller	240.000,00 €	4%	9.600,00 €
Schumachern	420.000,00 €	5%	21.000,00 €

WENN-Funktion	=WENN
1. Zu prüfende Aussage: Ist der Umsatz größer als 400.000 €?	=WENN(C9>400000;
DANN-Anweisung: der Provisionssatz beträgt 5 %	=WENN (C9>400000;5%;
2. Zu prüfende Aussage: Ist der Umsatz größer als 200.000 €?	=WENN (C9>400000;5%;WENN(C9>200000;4%
DANN-Anweisung: Der Provisionssatz beträgt 4 %	=WENN (C9>400000;5%;WENN(C9>200000;4%;3%))
SONST-Anweisung: Ist die Bedingung > (größer) nicht erfüllt, beträgt die Provision **3 %.**	=WENN (C9>400000;5%; WENN(C9>200000;4%;3 %)

Erweiterte WENN-Funktion

1. Innerhalb der DANN- oder SONST-Anweisung kann auch eine Rechnung erfolgen (z. B. A3 + B3). Das Ergebnis wird direkt in die gewünschte Zelle geschrieben.
2. Statt Zahlen können auch Texte als Ergebnis herauskommen. Der Text muss in Anführungszeichen geschrieben werden.

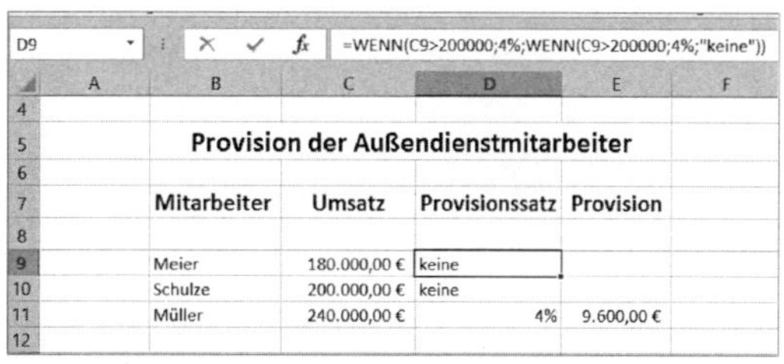

D9 =WENN(C9>200000;4%;WENN(C9>200000;4%;"keine"))

Provision der Außendienstmitarbeiter

Mitarbeiter	Umsatz	Provisionssatz	Provision
Meier	180.000,00 €	keine	
Schulze	200.000,00 €	keine	
Müller	240.000,00 €	4%	9.600,00 €

WENN-Funktion	=WENN
Zu prüfende Aussage: Ist der Umsatz größer als 200.000 €?	=WENN(C9>200000;
DANN-Anweisung: Der Provisionssatz beträgt 4 %.	=WENN (C9>200000;4%;
SONST-Anweisung: Ist die Bedingung > (größer) nicht erfüllt, gibt es **keine** Provision.	=WENN (C9>200000;4%; "keine")

Funktionsassistent

Die Arbeit mit dem Funktionsassistenten vereinfacht das Handling und es verringert die Fehlerquote. Rufen Sie den Assistenten auf (f_x) und wählen Sie die WENN-Funktion. Geben Sie in das jeweils dafür vorgesehene Feld die einzelnen Funktionsargumente ein:

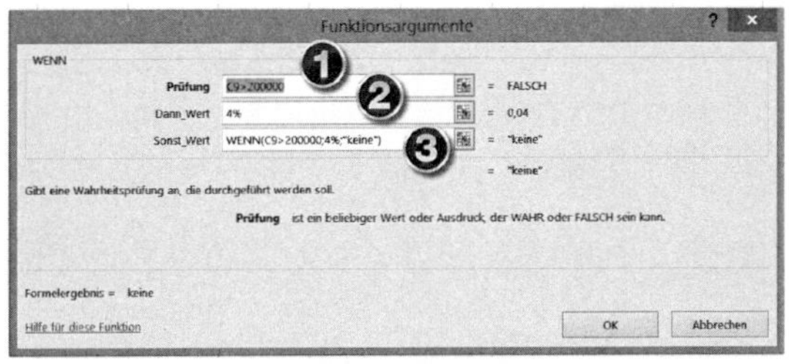

1. Prüfende Aussage
2. DANN-Anweisung
3. SONST-Anweisung

WENN-UND-Funktion

Die WENN-UND-Funktion wird benötigt, wenn z. B. mit Provisionen gearbeitet wird, die aber zwischen zwei Beträgen liegen. Ein Außendienstmitarbeiter erhält 4 % Provision – wenn der Umsatz zwischen 200.000 € und 300.000 € liegt, andernfalls erhält er 3 %.

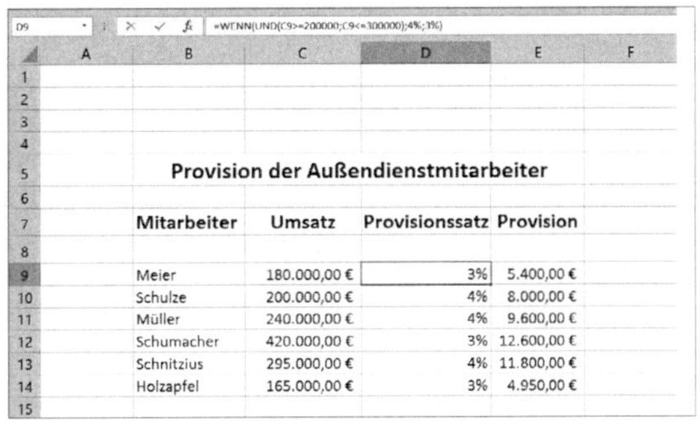

Provision der Außendienstmitarbeiter

Mitarbeiter	Umsatz	Provisionssatz	Provision
Meier	180.000,00 €	3%	5.400,00 €
Schulze	200.000,00 €	4%	8.000,00 €
Müller	240.000,00 €	4%	9.600,00 €
Schumacher	420.000,00 €	3%	12.600,00 €
Schnitzius	295.000,00 €	4%	11.800,00 €
Holzapfel	165.000,00 €	3%	4.950,00 €

WENN-UND-Funktion(Aussage1;Aussage2;...) Die Funktion liefert das Ergebnis „wahr".	=WENN(UND(C9>=200000;C9<=300000);4%;3%)

WENN-ODER-Funktion

Hier muss mindestens eine Aussage „wahr" sein. In diesem Beispiel bleibt die Spalte leer, ansonsten soll mit den Mitarbeitern ein Gespräch geführt werden.

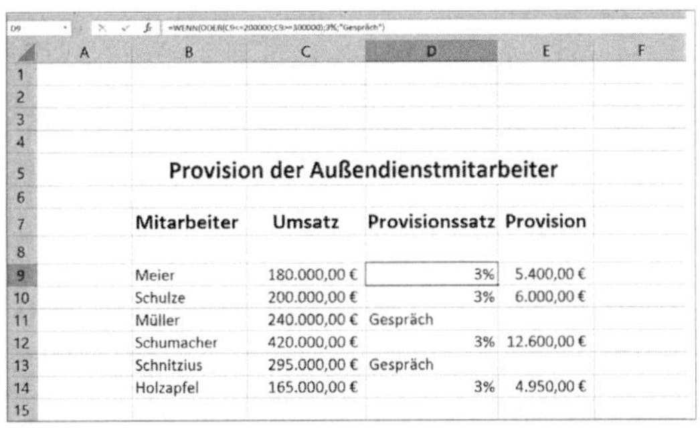

Provision der Außendienstmitarbeiter

Mitarbeiter	Umsatz	Provisionssatz	Provision
Meier	180.000,00 €	3%	5.400,00 €
Schulze	200.000,00 €	3%	6.000,00 €
Müller	240.000,00 €	Gespräch	
Schumacher	420.000,00 €	3%	12.600,00 €
Schnitzius	295.000,00 €	Gespräch	
Holzapfel	165.000,00 €	3%	4.950,00 €

WENN-ODER-Funktion(Aussage1;Aussage2;...)	=WENN(ODER(C9<=200000;C9>=300000);3%;"Gespräch")

WENN-NICHT-Funktion

Hier wird der Wahrheitswert umgedreht. Wenn die Provision nicht kleiner ist als 300.000 € werden 4 %, ansonsten 3 % gezahlt.

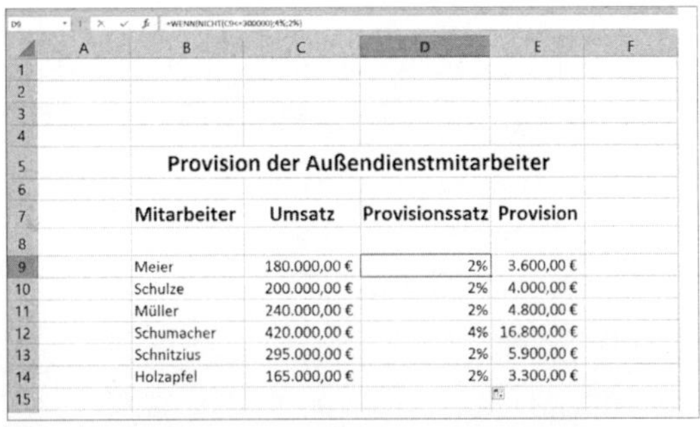

Provision der Außendienstmitarbeiter

Mitarbeiter	Umsatz	Provisionssatz	Provision
Meier	180.000,00 €	2%	3.600,00 €
Schulze	200.000,00 €	2%	4.000,00 €
Müller	240.000,00 €	2%	4.800,00 €
Schumacher	420.000,00 €	4%	16.800,00 €
Schnitzius	295.000,00 €	2%	5.900,00 €
Holzapfel	165.000,00 €	2%	3.300,00 €

WENN-NICHT-Funktion(Aussage)	=WENN(NICHT(C9<=300000);4%;3%)

ZÄHLENWENN-Funktion

Die Funktion ZÄHLENWENN beantwortet zum Beispiel die Frage: „Wie häufig wurde der Umsatz überschritten?"

Dazu zählt die Funktion jede Position, bei der die Mitarbeiter die Provision von 250.000 EUR überschritten haben Zu beachten ist hierbei, dass das Suchkriterium in Anführungszeichen gesetzt werden muss.

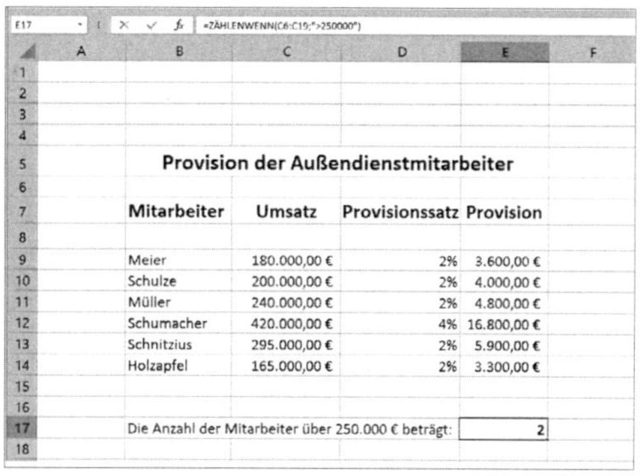

E17 =ZÄHLENWENN(C6:C19;">250000")

	Mitarbeiter	Umsatz	Provisionssatz	Provision
5	Provision der Außendienstmitarbeiter			
9	Meier	180.000,00 €	2%	3.600,00 €
10	Schulze	200.000,00 €	2%	4.000,00 €
11	Müller	240.000,00 €	2%	4.800,00 €
12	Schumacher	420.000,00 €	4%	16.800,00 €
13	Schnitzius	295.000,00 €	2%	5.900,00 €
14	Holzapfel	165.000,00 €	2%	3.300,00 €
17	Die Anzahl der Mitarbeiter über 250.000 € beträgt:			2

=ZÄHLENWENN(Suchbereich;Suchkriterium) =ZÄHLENWENN(C6:C19;"<250000")

SUMMEWENN-Funktion

Im Gegensatz zur ZÄHLENWENN-Funktion addiert die Funktion =SUMMEWENN noch die Werte, welche dem Suchkriterium entsprechen.

Also die erreichten Provisionen werden addiert.

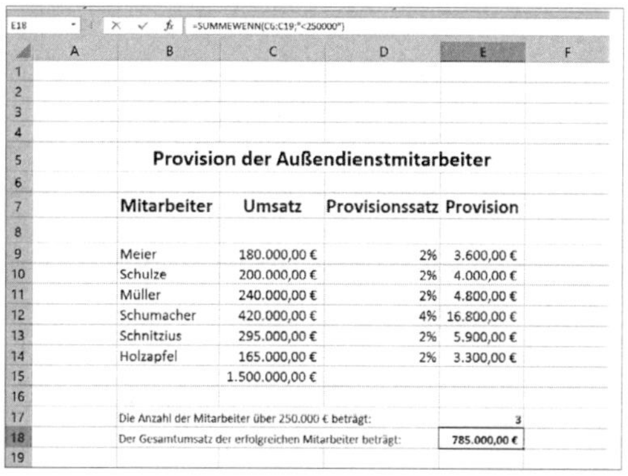

E18 =SUMMEWENN(C6:C19;"<250000")

	Mitarbeiter	Umsatz	Provisionssatz	Provision
5	Provision der Außendienstmitarbeiter			
9	Meier	180.000,00 €	2%	3.600,00 €
10	Schulze	200.000,00 €	2%	4.000,00 €
11	Müller	240.000,00 €	2%	4.800,00 €
12	Schumacher	420.000,00 €	4%	16.800,00 €
13	Schnitzius	295.000,00 €	2%	5.900,00 €
14	Holzapfel	165.000,00 €	2%	3.300,00 €
15		1.500.000,00 €		
17	Die Anzahl der Mitarbeiter über 250.000 € beträgt:			3
18	Der Gesamtumsatz der erfolgreichen Mitarbeiter beträgt:			785.000,00 €

=SUMMEWENN(Suchbereich;Suchkriterium) =SUMMEWENN(C6:C19;"<250000")

RANG-Funktion

Diese Funktion wird genutzt, um z. B. die Reihenfolge festzulegen.

Wer hat den höchsten, wer den niedrigsten Umsatz?

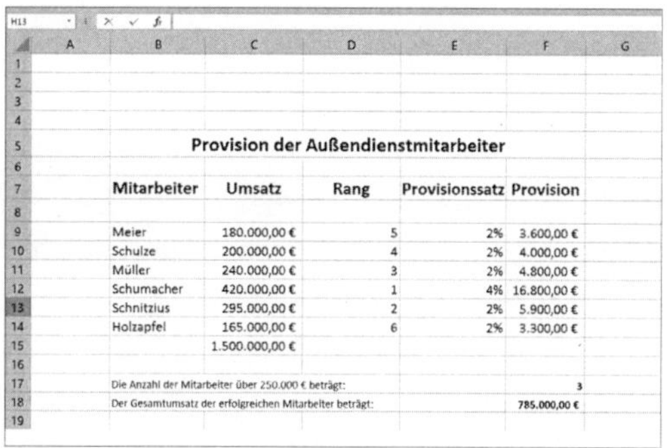

H13

	Mitarbeiter	Umsatz	Rang	Provisionssatz	Provision
5	Provision der Außendienstmitarbeiter				
9	Meier	180.000,00 €	5	2%	3.600,00 €
10	Schulze	200.000,00 €	4	2%	4.000,00 €
11	Müller	240.000,00 €	3	2%	4.800,00 €
12	Schumacher	420.000,00 €	1	4%	16.800,00 €
13	Schnitzius	295.000,00 €	2	2%	5.900,00 €
14	Holzapfel	165.000,00 €	6	2%	3.300,00 €
15		1.500.000,00 €			
17	Die Anzahl der Mitarbeiter über 250.000 € beträgt:				3
18	Der Gesamtumsatz der erfolgreichen Mitarbeiter beträgt:				785.000,00 €

=RANG(Zahl;Bezugbereich;Reihenfolge =RANG(C9;$C$9:$C$14;0)

Ist Reihenfolge mit 0 (Null) belegt oder nicht angegeben, bestimmt Excel den Rang von Zahl so, als wäre Verweis eine in absteigender Reihenfolge sortierte Liste (vom höchsten Wert zum kleinsten Wert. Beispiel: =Rang(B1;$B$1:$B$8)

Ist Reihenfolge mit einem Wert ungleich 0 belegt, bestimmt Excel den Rang von Zahl so, als wäre Verweis eine in aufsteigender Reihenfolge sortierte Liste (vom kleinsten Wert zum höchsten Wert. Beispiel: =Rang(B1;$B$1:$B$7;1)

SVERWEIS

Neben der verschachteten WENN-Funktion kann auch die Suchfunktion SVERWEIS gewählt werden. Bei umfangreichen Werten ist dies viel bequemer.

Für die Außendienstmitarbeiter wurden detailliertere Provisionssätze ausgearbeitet. Für jede Steigerung um 40.000 € gibt es 0,4 % mehr Provision.

D9 =SVERWEIS(C9;$G$9:$H$20;2)

	A	B	C	D	E	F	G	H	I
7		Mitarbeiter	Umsatz	Provisionssatz	Provision		Provisionstabelle	Provisionsatz	
8									
9		Meier	180.000,00 €	1,6%	2.880,00 €		0	0,0%	
10		Schulze	200.000,00 €	2,0%	4.000,00 €		40.000,00 €	0,4%	
11		Müller	240.000,00 €	2,4%	5.760,00 €		80.000,00 €	0,8%	
12		Schumacher	420.000,00 €	4,0%	16.800,00 €		120.000,00 €	1,2%	
13		Schnitzius	295.000,00 €	2,8%	8.260,00 €		160.000,00 €	1,6%	
14		Holzapfel	165.000,00 €	1,6%	2.640,00 €		200.000,00 €	2,0%	
15		Schneider	55.000,00 €	0,4%	220,00 €		240.000,00 €	2,4%	
16		Baumann	370.000,00 €	3,6%	13.320,00 €		280.000,00 €	2,8%	
17							320.000,00 €	3,2%	
18							360.000,00 €	3,6%	
19							400.000,00 €	4,0%	
20							440.000,00 €	4,4%	
21									

=SVERWEIS(Suchwert;Suchbereich;Ergebnisspalte	
Beispiel für Herrn Meier: Suchwert (180.000 €)	= SVERWEIS(C9;
Suchbereich (Provisionstabelle und Provisionssatz, die erste Zelle links und die letzte Zelle rechts)	= SVERWEIS(C9; $G$9:$H$20
Ergebnisspalte (in der 2. Spalte des Suchbereichs stehen die zu ermittelnden Ergebnisse)	= SVERWEIS(C9; $G$9:$H$20;2)

Der SVERWEIS sucht senkrecht nach dem Suchwert in der ersten Spalte des Suchbereichs.

WVERWEIS

Der WVERWEIS sucht waagerecht nach dem Suchwert in der ersten Spalte des Suchbereiches.

=WVERWEIS(Suchwert;Suchbereich;Ergebnisspalte)	
Beispiel für Herrn Meier: Suchwert (180.000 €)	= WVERWEIS(C9;
Suchbereich (Provisionstabelle und Provisionssatz,die erste Zelle links und die letzte Zelle rechts)	= WVERWEIS(C9; $B$25:$M$26;
Ergebnisspalte (in der 2. Spalte des Suchbereichs stehen die zu ermittelnden Ergebnisse)	= WVERWEIS(C9; $B$25:$M$26;2)

I28

	A	B	C	D	E	F	G	H	I	J	K	L	M
5		Provision der Außendienstmitarbeitei											
6													
7		Mitarbeiter	Umsatz	Provisionssatz	Provision								
8													
9		Meier	180.000,00 €	1,6%	2.880,00 €								
10		Schulze	200.000,00 €	2,0%	4.000,00 €								
11		Müller	240.000,00 €	2,4%	5.760,00 €								
12		Schumacher	420.000,00 €	4,0%	16.800,00 €								
13		Schnitzius	295.000,00 €	2,8%	8.260,00 €								
14		Holzapfel	165.000,00 €	1,6%	2.640,00 €								
15		Schneider	55.000,00 €	0,4%	220,00 €								
16		Baumann	370.000,00 €	3,6%	13.320,00 €								
17													
21													
23		Provisionstabelle											
24													
25	Umsatz	- €	40.000,00 €	80.000,00 €	120.000,00 €	160.000,00 €	200.000,00 €	240.000,00 €	280.000,00 €	320.000,00 €	360.000,00 €	400.000,00 €	440.000,00 €
26	Provisionssatz	0%	0,4%	0,8%	1,2%	1,6%	2,0%	2,4%	2,8%	3,2%	3,6%	4,0%	4,4%
27													

Diagramm

Um ein Diagramm zu erstellen müssen die Daten zuerst in einem Tabellenblatt erstellt sein. Excel stellt zur Erzeugung von Diagrammen einen Assistenten zur Verfügung. Sie werden in Dialogfenstern schrittweise zum fertigen Diagramm geführt. Zunächst müssen Sie den in Form eines Diagramms darzustellenden Bereich markieren. Dann klicken Sie auf die Registerkarte **Einfügen** – Gruppe **Diagramme**. Sie können nun einen passenden Diagrammtyp (z. B. **Balkendiagramm**) auswählen. Es besteht die Möglichkeit, den gewählten Diagrammtyp im Nachhinein noch zu verändern. Excel fügt das neue Diagramm dann direkt auf dem aktuellen Arbeitsblatt ein.

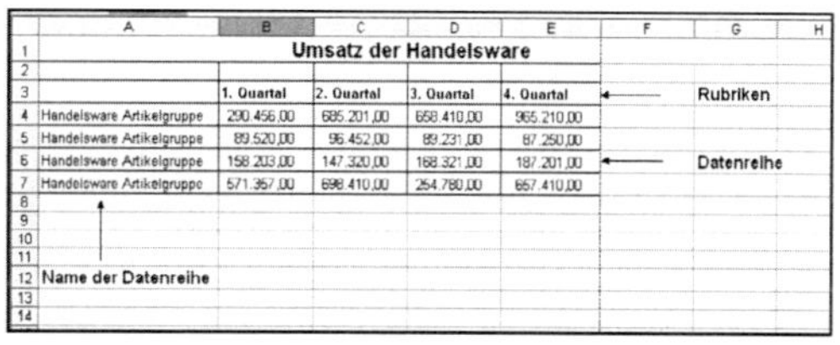

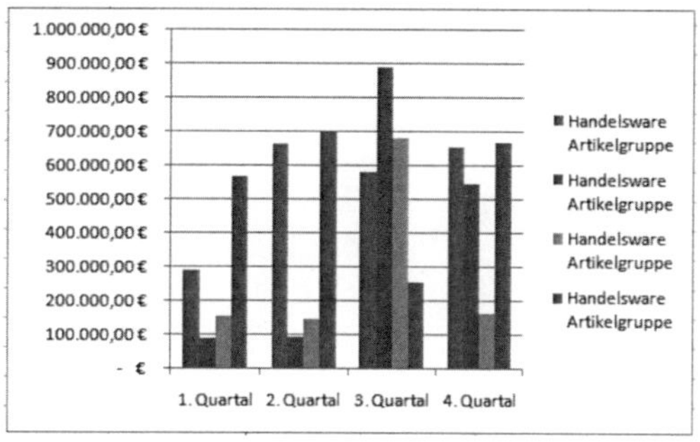

Beachten Sie, dass in der Multifunktionsleiste drei neue Registerkarten aufgetaucht sind. Schieben Sie das Diagramm an eine geeignete Position auf dem Blatt. Mit dem Anfasser lassen sich die Diagramme vergrößern und verkleinern.

Diagrammlayout. Jedes Excel-Diagramm besteht aus verschiedenen Elementen wie zum Beispiel einem Titel, einer Legende, Beschriftungen usw. Jedes Element kann separat bearbeitet werden. Oft ist es jedoch gar nicht nötig, da das Programm mit den Diagrammlayouts eine ganze Palette fertiger Alternativdarstellungen anbietet. Markieren Sie das Diagramm und gehen Sie über die Registerkarte **Entwurf** auf die Gruppe **Diagrammlayout**. Wählen Sie Ihr gewünschtes Layout aus. Die farbliche Gestaltung lässt sich am einfachsten über die Gruppe Diagrammformatvorlage erledigen.

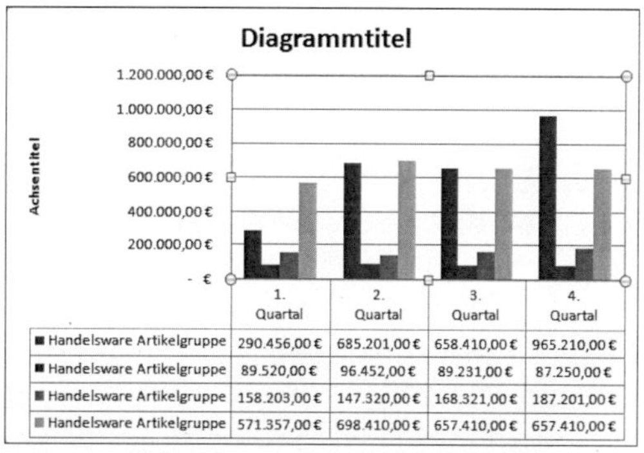

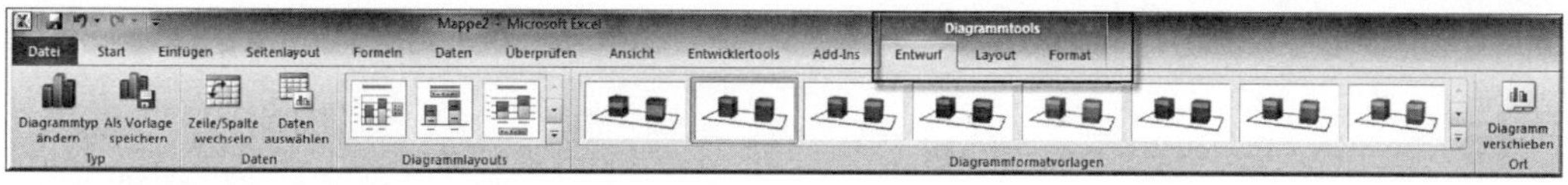

Beschriftung ändern. Die Beschriftungen in einem Diagramm können Sie individuell positionieren und formatieren. Auf der Registerkarte **Layout** – Gruppe **Beschriftung** finden Sie Funktionen für den Diagrammtitel, den Achsentitel, die Datenbeschriftung und um die Legende zu verändern oder zu ergänzen. Die einzelnen Werte einer Datenreihe werden als Datenbeschriftung bezeichnet.

Falls Excel nicht alle Elemente optimal positionieren konnte, klicken Sie die Elemente an und ziehen Sie sie dann mit der Maus an die gewünschte Stelle.

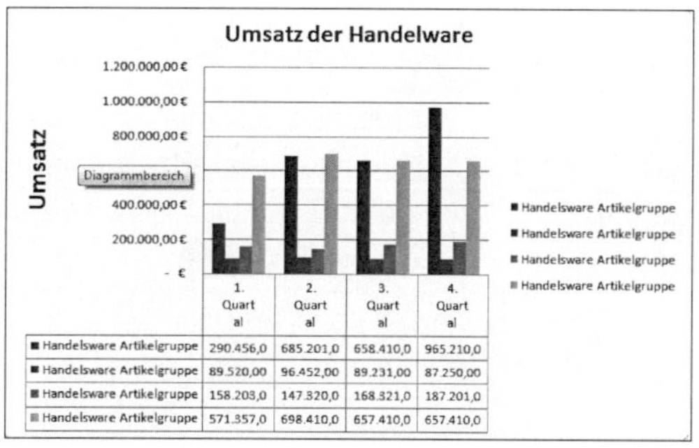

Drucken

Beim Drucken müssen Sie sich genau überlegen was gedruckt werden soll (Tabellenblatt oder Arbeitsmappe). Das Seitenlayout, das Papierformat, die Seitenränder, der Seitenwechsel, Kopf- und Fußzeile und evtl. der Drucktitel wird eingerichtet.

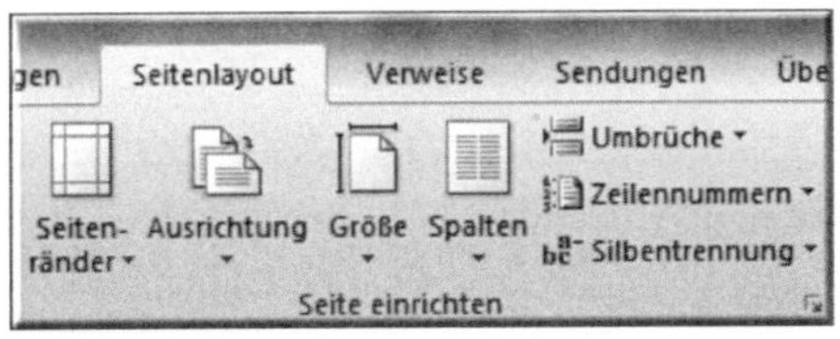

Über die Registerkarte **Seitenlayout** – Startprogramm **Seite einrichten** kommen Sie auf die Registerkarten: Papierformat, Kopf- und Fußzeile, Seitenränder und Tabelle.

Kopf- und Fußzeile. Die Einstellungen für die Kopf- und Fußzeilen sind sehr komfortabel. Über die benutzerdefinierte Schaltfläche können Sie direkt dreispaltig arbeiten. Für Datum, Seitenzahlen bzw. Dateipfad stehen dort Icons zur Verfügung.

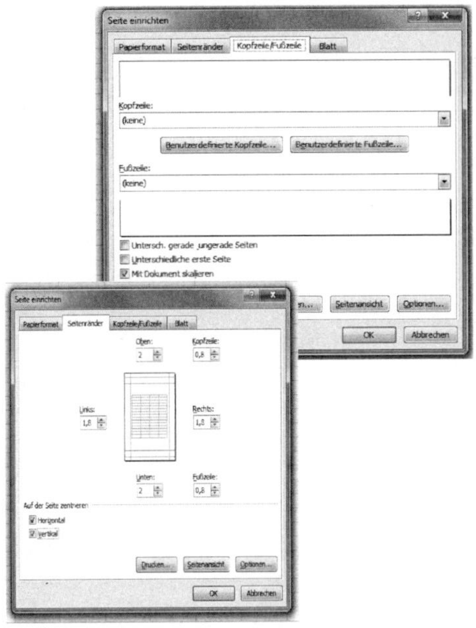

Tabelle zentrieren. Damit die Tabelle auf dem A4-Blatt genau in der Mitte steht, muss das Kontrollkästchen **Horizontal** und **Vertikal** aktiviert sein.

Seitenumbruch. In der Registerkarte **Ansicht** finden Sie die Gruppe **Arbeitsmappenansichten**. Unter **Umbruchvorschau** können Sie mit der Maus Ihre Tabelle auf eine Seite schieben. Unter **Seitenlayout** können Sie den Originalausdruck kontrollieren.

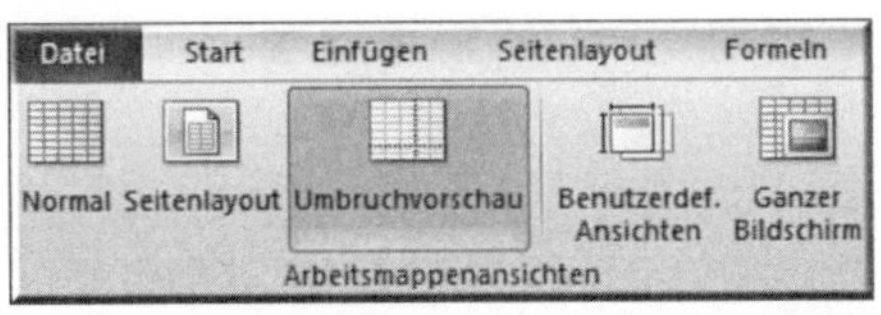

Drucken. Haben Sie alles eingestellt, so können Sie unten auf die Schaltfläche **Drucken** klicken.

Folgende Optionen stehen Ihnen zur Verfügung:

Druckbereich	Erläuterung
Alles	Standardmäßig aktiviert, Tabellenblatt wird komplett gedruckt
Seiten	Bestimmte Seiten drucken
Ausgewählte Blätter	Druckt ausgewählte Tabellenblätter innerhalb einer Arbeitsmappe
Gesamte Arbeitsmappe	Gesamte Arbeitsmappe mit allen Tabellenblättern wird gedruckt

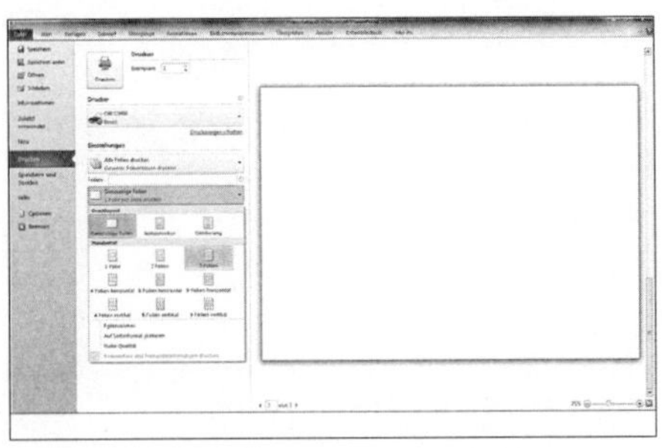

Ahrens, A. (2009) *Ausbildung, Studium, Praktika, Jobs, Uni + Karriere*. Gefunden am 06. 032012 unter http://www.stellenboersen.de.

Angele, C. (2014). Burn-out. Gefunden am 17.02.2014 unter http://www.hilfe-bei-Burn-out.de/allgemeines/Burn-out-symptome/.

Barreth, A. et al. (1998). *Simulierte Geschäftskorrespondenz im handlungsorientieren Unterricht*. Darmstadt: Winklers-Verlag.

BBS 11 Hannover (2002). *Mit Methoden lernen. Ein Angebot für Interessierte.*

Benesch, H. (2013) *Zeitmanagement – Alpen-Methode*. Gefunden am 28.05.2013. www.brain-fit.com/html/alpenmethode.html. Wörrishofen.

Berekoven, L. (1995). *Erfolgreiches Handelsmarketing: Grundlagen und Entscheidungshilfen*. München: C. H. Beck Verlag.

Betriebsverfassungsgesetz (BetrVG) in der Fassung vom 25.09.2001 (BGBl. I S. 2518), zuletzt geändert durch Artikel 3 Absatz 4 des Gesetzes vom 20. 04.2013 (BGBl. I S. 868).

Bierle, K. (2002). *Grundlagen der Betriebswirtschaftslehre*. Saarbrücken: Alpha-Verlag GmbH.

Bischoff, I. (2007). *Körpersprache und Gestik trainieren*. Weinheim, Beltz-Verlag.

Boeree, C. G. (2006): *Persönlichkeitstheorien*. Gefunden am 15.02.2014. Shippensburg University unter www.social-psychology.de/do/PT_maslow.pdf.

Bohlinger, S. (2007). *Einführung in wissenschaftliches Arbeiten – Eine Anleitung für Studierende.* (4. Aufl.) Fachgebiet Berufspädagogik des Instituts für Allgemeine Pädagogik und Berufspädagogik. (Hg.), Technische Universität Darmstadt.

Boos, F. et. al. (1992). *Soziale Netzwerke sind anders*. Gefunden am 11.01.2013. unter www.exner-beratung.at. Wien.

Brämer, U. & Blesius, K. (2010). *Fit für das Projektmanagement – Arbeitsbuch mit Lernarrangements für Planungs- und Organisationskompetenz*. München: SOL-Verlag GmbH.

Brämer, U. & Blesius, K. (2010). *Fit für die Präsentation – Arbeitsbuch mit Lernarrangements für Berufsorientierungs- und Bewerbungskompetenz*. München: SOL-Verlag GmbH.

Brämer, U. & Blesius, K. (2011). *Fit für das wissenschaftliche Arbeiten – Arbeitsbuch mit Lernarrangements für selbst- und Wissenschaftskompetenz*. München: SOL-Verlag GmbH.

Brämer, U. & Blesius, K. (2012). *Fit für die Berufsorientierung – Arbeitsbuch mit Lernarrangements für Selbst- und Wissenschaftskompetenz*. München: SOL-Verlag GmbH.

Brämer U. & Blesius K. (2012). *Fit für die Büroorganisation – Arbeitsbuch mit Lernarrangements für Büropraxis- und Textverarbeitungskompetenz*. Düsseldorf: SOL-Verlag GmbH.

Brämer U. & Blesius K. (2012). *Fit fürs Büro – Arbeitsbuch mit Lernarrangements für die professionelle Textverarbeitungskompetenz*. Düsseldorf: SOL-Verlag GmbH.

Brämer, U. et al. (2013). *Fit für die kaufmännische Praxis – Arbeitsbuch mit Lernarrangements für fachtheoretische und fachpraktische Kompetenz*. Düsseldorf: SOL-Verlag GmbH.

Braun, H. (2008). *Aspekte zur Körpersprache*. Gefunden am 24. Januar 2008. unter www.lehrerfortbildung-bw.de/kompetenzen/projektkompetenz/durchfuehrung/abschlusspraes/koerpersprache/praesentation.htm.

Braun, R. (2007) *Die Macht der Rhetorik*. München, Piper-Verlag.

Buchberger, C. (2011-2). *TALENTS - Die Jobmesse*. bmv Consulting GmbH Hamburg. Gefunden am 29. 11.2011 unter www.talents.de/bewerber/tipps-fuer-die-messe/lebenslauf.html.

Bürgerliches Gesetzbuch (BGB) (2002) - (BGBl. I S. 42, 2909; 2003 I S. 738), zuletzt geändert durch Art. 6 G v. 28.8.2013 I 3458.

Bürohaus Leuchs GmbH (2013). *Büroeinrichtung*. Gefunden am 24.09.2013 unter www.buerohaus-leuchs.de/einrichtung/bueroeinrichtung.

Bundesagentur für Arbeit (2011). *Rechte und Pflichten der Auszubildenden*. Gefunden am 14.01.2013 unter www.arbeitsagentur.de.

Bundesagentur für Arbeit (2009). *Nationaler Pakt für Ausbildung und Fachkräftenachwuchs – Kriterienkatalog zur Ausbildungsreife.* Bundesagentur für Arbeit, Marketing.

Bundesgesetz über individuelle Förderung der Ausbildung (Bundesausbildungsförderungsgesetz - BAföG) vom 26.08.1971 (BGBl. I S. 1409), in der Fassung der Bekanntmachung vom 06.061983 (BGBl. I S. 645, ber. 1680), zuletzt geändert durch Art. 31 des Gesetzes vom 20.12.2011 (BGBl.I S. 2854).

Bundesministerium für Arbeit und Soziales (2011). *Praktika – Nutzen für Praktikanten und Unternehmen.* Bonn: BMAS.

Caritas. (2014). Sucht (Definition). Gefunden am 03.04.2014 unter www.caritas.de/glossare/sucht-definition.

Gollwitzer, M. & Schneider, (2014) *Drucker und Scanner.* C. Chip Digital GmbH: München. Gefunden am 13.05.2014 unter http://www.chip.de/Test-Drucker-Scanner_13658304.html.

Computeruniverse GmbH (1999 - 2014). *Kaufberatung Kopierer.* Gefunden am 15.05.2014 http://www.computeruniverse.net/kaufberatung/186-30000219/kopierer.asp.

Crames, A. (2014). Burn-out-Prävention - Stress als Warnsignal nutzen. Gefunden am 17.02.2014 unter http://www.praxis-alice-crames.de/trier-luxemburg/Burn-out-praevention.php

Dedecek, R. (2008). *Vorüberlegungen zur Präsentation.* Gefunden am 5. Februar 2008. unter www.magic-point.net/fingerzeig/praesentation/praesentation-ausfuehrlich/vorueberlegungen/vorueberlegungen.html; und: *Formen des Manuskripts.* Gefunden am 8. Februar 2008. unter www.magic-point.net/fingerzeig/praesentation/praesentation-ausfuehrlich/manuskript/manuskript.html.

Deutsche Gesellschaft für Ernährung e. V. (2004). *Essen am Arbeitsplatz und in der Kantine.* Gefunden am 27. Januar 2013 unter www. dge.de.

Diab, H. (2014). *Mobbing, was ist das.* Gefunden am 12.02.2014 unter www.Behindertenzentrum-Hessen.de.

DIN Deutsches Institut für Normung e. V. (2013). *DIN-Formate.* Gefunden am 14. Januar 2013. www.din.de/sixcms_upload/media/2896/DIN_Formate_2.pdf.

DIN e. V. (2013) *Normen erarbeiten.* Gefunden am 14.01.2013. http://www.din.de.

DIN (2011). *Schreib- und Gestaltungsregeln für die Textverarbeitung – Sonderdruck von DIN 5008:2011 (5 Aufl.).* Berlin: Beuth Verlag GmbH.

Domschke, W. & Scholl, A. (2008): *Grundlagen der Betriebswirtschaftslehre: Eine Einführung aus entscheidungsorientierter Sicht.* Berlin: Axel Springer Verlag AG.

Duden (2002). *Duden - das Fremdwörterbuch.* Augsburg: Weltbild Verlag.

Egle G. (2010). *Prioritäten setzen – ABC-Analyse.* Gefunden am 14.04.2014 unter www.teachsam.de/arb/zeitmanagement/zeitmanag_2_3_3.htm.

Falterbaum, H., Reiß W. & Kirchner, T. (2010): *Buchführung und Bilanz: Unter besonderer Berücksichtigung des Bilanzsteuerrechts und der steuerrechtlichen Gewinnermittlung bei Einzelunternehmen und Gesellschaften.* Achim bei Bremen: Efv Erich Fleischer Verlag GmbH & Co. KG.

Frey, K. (1996). *Der Weg zum bildenden Tun.* Weinheim/Basel: Beltz.

Gabler Wirtschaftslexion (2014). *Termingeschäfte.* Gefunden am 20.02.2014 unter http://wirtschaftslexikon.gabler.de/Definition/termin.

Geisselhart R. & Hofmann, Ch. (2013) *Die besten Tipps und Tricks für eine bessere Konzentration.* Gefunden am 28. 05.2013 www.arbeits-abc.de/die-besten-tipps-und-tricks-fuer-eine-bessere-konzentration.

Gerichtsverfassungsgesetz in der Fassung der Bekanntmachung vom 09. 05.1975 (BGBl. I S. 1077), zuletzt geändert durch Artikel 5 Absatz 1 des Gesetzes vom 10.10.2013 (BGBl. I S. 3799).

Gesetz zum Schutz der arbeitenden Jugend (Jugendarbeitsschutzgesetz - JArbSchG) in der Fassung vom 12.04.1976 (BGBl. I S. 965), Zuletzt geändert durch Art. 3 Abs. 7 G v. 20.4.2013 I 868.

Glaubitz, U. (2011). *Warum kann ich mich nicht für einen Beruf entscheiden?* Gefunden am 24. Februar 2012 unter www.zeit.de/campus/2012/s1/entscheiden-interview.

Gralki, H. (2010). *Wie gestalte ich meinen Vortrag?*. Gefunden am 04. 06.2010. unter www.staff.uni-marburg.de/~kersting/lehre/gralki98.htm.

Grauert, Dr. (2010) Die Ordnungssysteme. Gefunden am 12.05.2014 unter www.drgrauert.de/organisation/grundlagen/die-ordnungssysteme

Hankes, J. & Ollenik, J. (2009). *Tipps und Übungen zum Assessment-Center*. Gefunden am 29.02.2012 unter www.ruv.de/de/r_v_ratgeber/ausbildung_berufseinstieg/bewerbung/2_bewerbungac.jsp.

Heiring, W. & Lippens, W. (2002). *Im Kreislauf der Wirtschaft – Einführung in die Volkswirtschaftslehre*. Köln: Bank-Verlag Köln.

Hellmich, F. & Wernke, St. (2009) *Was sind Lernstrategien ... und warum sind sie wichtig? Stuttgart:* Kohlhammer.

Hillebrand, M. et al. (2004). *Ausbildung im Einzelhandel*. Berlin: Cornelsen-Verlag.

Hinkel, J. (2013): *Mehr Umsatz pro Quadratmeter!: In 5 Schritten zu Erfolg im Fashion Retail*. Frankfurt am Main, Deutscher Fachverlag GmbH.

Hofert, S. (2009). *Praxismappe für die perfekte Internet-Bewerbung. E-Mail-Berwerbung, Online-Formulare, Online-Assessment, Online-Bewerbung auf Englisch*. Frankfurt am Main: Eichborn Verlag.

ifb - Institut zur *Fortbildung von Betriebsräten* KG. (2014). Gefunden am 07.03.2014. unter www.betriebsrat.de/portal/lexikon-fuer-die-taegliche-betriebsratsarbeit.html.

IHK Köln (2012). *Merkblatt Praktika – was Arbeitgeber wissen müssen*. Köln: Industrie- und Handelskammer Bonn/Rhein-Sieg.

Jinarek H. et. al. (2007). *Konfliktmanagement. Konflikten vorbeugen, sie erkennen und lösen*. München: Rudolf Haufe Verlag & Co. KG.

Klenk, G. (2010). *Crosswater Job Guide*. Gefunden am 06.03.2012 unter www.crosswater-job-guide.com.

Krengel, M. (2014). *Das Pareto-Prinzip*. Gefunden am 13.04.2014 unter www.studienstrategie.de/zeitmanagement/pareto-prinzip .

Krengel, M. (2014). *Das Eisenhower-Prinzip*. Gefunden am 14.04.2014 unter www.studienstrategie.de/zeitmanagement/eisenhower-prinzip.

Kündigungsschutzgesetz (KSchG) In der Fassung vom 25.08.1969 (BGBl. I S. 1317), zuletzt geändert durch Gesetz vom 20.04.2013 (BGBl. I S. 868) m. W. v. 01.08.2013

Lauth, W. & Schlottke, P. F. (2002). Training mit aufmerksamkeitsgestörten Kindern. (5. Aufl.). Weinheim: Beltz.

Mahlmann, R. (2000). *Konflikte managen. Psychologische Grundlagen, Modelle Fallstudien*. Weinheim: Beltz Verlag.

Manthei, H., Schieke, D., Schieke, V. & Walter, S. (2007) *PowerPoint aktuell* (Hrsg.). *Präsentieren ist mehr als reden und zeigen – so aktivieren Sie Ihr Publikum*. Ausgabe 8/2007. Bonn: VNR Verlag für die Deutsche Wirtschaft AG.

Manthei, H., Schieke, D., Schieke, V. & Walter, S. (2008) *PowerPoint aktuell* (Hrsg.). Ausgabe 1 - 12/2008. Bonn: VNR Verlag für die Deutsche Wirtschaft AG.

Martin, P. & Rundnagel, R. (2004). *Gute Arbeit im Büro. Hrsg. Industriegewerkschaft Metall, Vorstand*. Frankfurt (Main). Gefunden am 12.03.2014. http://library.fes.de/pdf-files/netzquelle/igm/ah20_bueroarbeit_0015256.pdf.

Martin, P. (2006). *Mobile Büroarbeit – Neue Arbeitsformen human gestalten*. Düsseldorf: Hans Böckler Stiftung.

Mattes, W. (2002). *Methoden für den Unterricht*. Paderborn: Schöningh.

May, H. & May, U. (2009). *Wirtschaftsbürgertaschenbuch – wirtschaftliches und rechtliches Grundwissen*. München: Oldenbourg Verlag.

Mayer, M. (2000). *Einführung in die Präsentation.* Gefunden am 04.06.2010 unter home.schule.at/teaching/art/Infoblaetter/Präsentation.rtf.

Mayer, L. & Gebley, S. (2001). *Projekt und Präsentation.* Linz: Trauner Verlag.

Merkle, R. Dr. (2014). Stress – Was versteht man darunter. Gefunden am 01.04.2014 unter www.palverlag.de/stress-symptome.html.

Metzger, Ch. (2008). *Wie lerne ich? Eine Anleitung zum erfolgreichen Lernen für Mittelschulen und Berufsschulen.* Oberentfelden: SauerländerVerlage AG.

Michelsen, J. (2013) *Kaufvertrag.* Gefunden am 04.02.2013 unter www.buerokauffrau-online.de/Downloads/Lernskripte/Wiso/Kaufvertrag.pdf.

Mock, U. (2013). *Motivation.* Gefunden am 26.01.2013 unter: www.lernen-heute.de/motivation.html.

Molcho, S. (2006) *ABC der Körpersprache.* München, Heinrich Hugendubel.

Moschner, B. & Wagener, U. (2006). *Lernstrategien – der Weg zum Lernerfolg? Ein Überblick über den Stand der Lernstrategien-Forschung. I*n: Grundschule 7-8/2006.

O. A. (2012). *Geld und Geldpolitik,* Frankfurt am Main: TH. Mann Verlag & Co. KG.

Oberberg, M. (2014). *Die Folgen von Mobbing.* Gefunden am 03.03.2014 unter http://www.mobbing-beenden.de/mobbing-folgen/mobbing-folgen.htm.

OMCON24 GmbH, Romrod (2014). Gefunden am 16.05.2014 unter www.pc-special.net/verschiedenes-f182/was-ist-ein-scanner-und-wie-arbeitet-er-t28231.html.

Pabst-Wienschenk, M. (2004) *Spielregeln für die gemeinsame Projekt-Arbeit – Team-Vertrag.* Gefunden am 20. 06.2008 unter www.uni-duesseldorf.de/muendlichkeit/Projekt-Netz/regeln.htm.

Palandt, Heinrichs : *Bürgerliches Gesetzbuch*: BHB mit Nebengesetzen, insbesondere mit Einführungsgesetz (Auszug) einschließlich Rom I-, Rom II- und Rom III-Verordnungen sowie Haager Unterhaltsprotokoll und EU-Erbrechtsverordnung, Allgemeines Gleichbehandlungsgesetz (Auszug), ..., Gewaltschutzgesetz (2014): München: Verlag C. H. Beck OHG.

Peterßen, W. H. (1994). *Wissenschaftliche(s) Arbeiten. Eine Einführung für Schüler und Studenten.* (4. Aufl.). München: Ehrenwirth.

Püttjer, Ch. & Schnierda, U. (2011) *Ihre beste Bewerbung. Perfekte Unterlagen im Originalformat. Mit Insider-kommentaren.* Frankfurt. Campus Verlag.

Püttjer, Ch. & Schnierda, U. (2003) *Die Bewerbungsmappe mit Profil. Für Führungskräfte.* Frankfurt: Campus Verlag.

PZ Rheinland-Pfalz. (2009). *Handreichung zur höheren Berufsfachschule.* Pädagogisches Zentrum Rheinland-Pfalz.

Redenwelt (2008). *So gestalten Sie Präsentationen als Blickfang.* Gefunden am 20.02.2008. unter www.redenwelt.de/rede-tipps/medieneinsatz.html.

Richtlinie 2005/36/EG des Europäischen Parlaments und des Rates vom 07. 09.2005 über die *Anerkennung von Berufsqualifikationen* in der Fassung vom 30.09.2005 (ABl. EG Nr. L 255 S. 22-142), geändert durch Richtlinie 2013/55/EU des Europäischen Parlaments und des Rates vom 20.11.2013 (ABl. EG Nr. L 354/132).

Ringelsiep, M. (2013). *Normen, DIN & Co. – Sinn und Unsinn der Normung.* Gefunden am 14.01.2013. unter www.planet-wissen.de/politik_geschichte/wirtschaft_und_fnanzen/geburt_normen.jsp.

Schwaibold, B. (2010). *Non-territorial Office.* Gefunden am 20.06.2014 unter www.buero-forum.de/de/buerowelten/formen-der-bueroarbeit/non-territorial-office/.

Schiecke, D.; Becker T. & Walter, S. (2006). *Das Ideenbuch für kreative Präsentationen.* Unterschleißheim: Microsoft Press Deutschland.

Schierenbeck, H. & Wöhle, C. (2008): *Grundzüge der Betriebswirtschaftslehre.* München: Oldenbourg Wissenschaftsverlag GmbH.

Schmalenbach, L. (2008) *Lernstrategien, Lerntypen und Lernstile.* Norderstedt: Grin Verlag.

Schmidt, N. (2010). *Auswirkungen des Strukturwandels der Wirtschaft auf den Bildungsstand der Bevölkerung in Wirtschaft und Statistik.* Ausgabe 06/2010. Wiesbaden: Statistisches Bundesamt.

Schönherr (2004). *Wovon 80 % Ihres Erfolgs bei Präsentationen abhängen.* Gefunden am 29.01.2008. unter www.schoenherr.de/download/pdf-06-tipp_005.php.

Schwoppe, A. (2008). *Eine Präsentation nachbereiten.* Gefunden am 10.01.2008. unter www. selbstmanagen.de/Selbstmanagement/Prasentation/prasentation.html.

Seifert, J. (2000). *Visualisieren/Präsentieren/Moderieren.* (15. Aufl.). Offenbach: Gabal Verlag.

Senftleben, R. (2013), *10 Tipps sich selbst zu motivieren.* Gefunden am 26.01.2013 unter. www. zeitzuleben.de/2044-10-tipps-sich-selbst-zu-motivieren/. Lüneburg: Zeit zu leben Verlags- und Trainingsgesellschaft mbH.

Springer Gabler Verlag (2013). *Gabler Wirtschaftslexikon* (Hg.), Stichwort: *Zahlungsverkehr.* Gefunden am 21.07.2013. Online im Internet: www.wirtschaftslexikon.gabler.de/Archiv/398/zahlungsverkehr-v6.html.

Springer Gabler Verlag (Hrsg.).Gabler Wirtschaftslexikon, Stichwort: *Enterprise-Resource-Planning-System.* Gefunden am 25.05.2014. unter www-wirtschaftslexikon.gabler.de/Archiv/17984/enterprise-resource-planning-system-v10.html.

Stary, J. & Kretscher, H. (1999). *Umgang mit wissenschaftlicher Literatur. Eine Arbeitshilfe für das sozial- und geisteswissenschaftliche Studium.* Frankfurt a. M.: Cornelsen Scriptor.

Stein, G. (2011). *So bereiten Sie Mitarbeiterbesprechungen richtig vor.* Hg. BWRmedia. Gefunden am 02.04.2014 unter http://www.bwr-media.de/personal-arbeitsrecht/3408_so-bereiten-sie-mitarbeiterbesprechungen-richtig-vor/

Teubener, K. & Harders, C. (2004). *Das Internet als Quelle des wissenschaftlichen Arbeitens.* Gefunden am 24. Juni 2010. unter www.katy-teubener.de/Ringvorlesung/start.htm.

Thormann, H. (2014). *Kreatives Denken.* Gefunden am 16.02.2014 unter www.kreatives-denken.com/tipps/eisenhower-prinzip-abc-analyse-pareto-prinzip.

Tille, B. (2008). *Schlüsselqualifikationen werden im Beruf immer wichtiger.* Gefunden am 07.05.2008 unter www.nlp-trainings-tille.de/nlp/blog/schluesselqualifikationen-werden-im-beruf-immer-wichtiger-397.html.

Tietz, B. (1993): *Der Handelsbetrieb: Grundlagen der Unternehmenspolitik.* München: Verlag Franz Vahlen GmbH.

Tolingo GmbH (2014). *Business-Englisch; Telefongespräch beginnen.* Gefunden am 23.04.2014 unter http://www.tolingo.com/sites/de/ratgeber/business-englisch/telefonieren-auf-englisch-1

Top The Web Ltd. (2014). Gefunden am 06.03.2014. www.mevaleo.de/info/studium/der-unterschied-zwischen-fortbildung-und-weiterbildung/.

Vahs, D. & Schäfer-Kunz, J. (2012): *Einführung in die Betriebswirtschaftslehre.* Stuttgart: Schäffer-Poeschel.

Ver.di. (2014). *Mobbing.* Gefunden am 03.03.2014 unter http//www.verdi.de/service/fragen-antworten.

Walter, S. (2007). *Präsentionen mit PowerPoint 2007.* München: Markt + Technik Verlag.

Wagner, E. (1994): *Vertragliche Abtretungsverbote im System zivilrechtlicher Verfügungshindernisse.* (Tubinger Rechtswissenschaftliche Abhandlungen). Tübingen: Verlag Mohr Siebeck Gmbh & Co. KG.

Weis, H.-Ch. (2012). *Maketing.* Ludwigshafen am Rhein: Kiehl Verlag.

Wels A. u. a. (2014) *Alpen-Methode.* Gefunden am 14.04.2014 unter www.jobmensa.de/ratgeber/karriere/zeitmanagement/alpen-methode.

Widmer, M. (2007). *PowerPoint für Fortgeschrittene.* Gefunden am 14. 12.2008. unter www.wings.ch/images/LP_PowerPoint_F_03.pdf.

Wiesner, H.-J. (2009). *Wissenschaftliche Publikationen – Grundlagen der Gestaltung.* Berlin: Beuth Verlag.

Wienemann, E. Dr. (2014). *Suchtprävention im betrieblichen Gesundheitsmanagement.* Gefunden am 03.04.2014 unter www.wa.uni-hannover.de/wa/WIR/.../WienemannGesundheitsman.pdf.

Winter, F. (2004). *Leistungsbewertung. Eine neue Lernkultur braucht einen anderen Umgang mit den Schülerleistungen.* Hohengehren: Schneider Verlag.

Wöhe, G. & Döring, U. (2010). *Einführung in die Betriebswirtschaftslehre.* München: Verlag Franz Vahlen GmbH.

Wöltje, J. Murzin, M. & Giesecke, St. (2010). *Marketing – just the facts.* Rinteln: Merkur Verlag Rinteln Hutkap GmbH & Co. KG.

youngdata (2014). *Cybermobbing – Was ist das?* Gefunden am 03.03.2014 unter www.youngdata.de/cybermobbng/gefahren.

Zeller, G. (2007). *Besprechungen sicher und sinnvoll protokollieren.* Kurzprotokoll – Ergebnisprotokoll, Seite 5. Hamburg: Zypern & Verlag Dashöfer GmbH.

Zivilprozessordnung in der Fassung der Bekanntmachung vom 05.12.2005 (BGBl. I S. 3202; 2006 I S. 431; 2007 I S. 1781), zuletzt geändert durch Artikel 1 des Gesetzes vom 10.10.2013 (BGBl. I S. 3786)

Index

A

B

N

O

P

Index

Bildverzeichnis